EDITION SEL-STIFTUNG

Herausgegeben von Gerhard Zeidler

Rainer Kuhlen

Hypertext

Ein nicht-lineares Medium
zwischen Buch und Wissensbank

Mit 100 Abbildungen

Springer-Verlag

Berlin Heidelberg New York
London Paris Tokyo
Hong Kong Barcelona
Budapest

Prof. Dr. Rainer Kuhlen
Universität Konstanz
Fachgruppe Informationswissenschaft
Postfach 5560
W-7750 Konstanz

ISBN-13: 978-3-540-53566-9   e-ISBN-13: 978-3-642-95649-2
DOI: 10.1007/978-3-642-95649-2

CIP-Titelaufnahme der Deutschen Bibliothek
Kuhlen, Rainer: Hypertext: ein nichtlineares Medium zwischen Buch
und Wissensbank / Rainer Kuhlen. – Berlin; Heidelberg; New York;
London; Paris; Tokyo; Hong Kong; Barcelona; Budapest: Springer, 1991
(Edition SEL-Stiftung)
ISBN-13: 978-3-540-53566-9

Umschlagabbildung: "Through the Trap Door"
© 1979 Robert Tinney Graphics, P.O. Box 778, Washington, LA 70589, USA

Datenkonvertierung: Elsner & Behrens GmbH, Oftersheim
45/3140-543210 – Gedruckt auf säurefreiem Papier

Vorwort

Unter dem Eindruck der Pittsburgh-'89-Konferenz, mit einer geringen deutschen Beteiligung, verstärkte sich der Wunsch, die neue Hypertextwelt, an der die Konstanzer Gruppe der Informationswissenschaft schon länger mitgebaut hatte, dem deutschen Publikum näherzubringen. Dies ist auch heute noch mehr als nötig, obgleich viele zwar jetzt über Hypertext sprechen, aber kaum konkrete Vorstellungen davon haben. Aufklärung über Möglichkeiten und Grenzen von Hypertext tut nach wie vor not.

In die Faszination, die von dem hohen technologischen Stand der auf der Pittsburgh-Konferenz präsentierten Systeme ausging, mischte sich die Befürchtung, daß die kulturkritischen Fragen an Hypertext und die weitgehend ungelösten informationsmethodischen Probleme der Hypertextforschung, z. B. Fragen der kognitiven Plausibilität, der hypertextspezifischen Kohärenz oder nicht-linearer Darstellungs- und Erarbeitungsformen, bei den eher ingenieurmäßigen Ansätzen ausgeblendet bleiben. Die vernichtende Reaktion des amerikanischen Publikums auf die höchst reflektierten, eben kulturkritischen Ausführungen von Stuart Moulthrop bei seinem Vortrag über „Hypertext and <the Hyperreal>", welche die schöne heile Welt des Hypertextspielzeugs durch Hinweise auf mögliche Realitätsverluste zu bedrohen schienen, verstärkte diesen Eindruck. Etwas von dieser Sorge sollte in diesem Buch geblieben sein, auch wenn auf sie hier nicht erschöpfend eingegangen werden kann. Es müssen gewiß noch mehr Bücher über Hypertext geschrieben werden.

Der erste Zweck dieses Buches ist der Überblick. Jedoch schon heute – wenige Jahre nach Beginn der großen öffentlichen Fachdiskussion über Hypertext, der vielleicht mit der 1987er-Konferenz in Chapel Hill angesetzt werden kann – ist es nicht mehr möglich, ein Buch über Hypertext zu schreiben, das alle Aspekte, alle Systemvariationen oder gar alle Anwendungen gleichermaßen berücksichtigt – allein zu HyperCard, der Hypertextsoftware, die seit 1987 standardmäßig mit jedem Macintosh mitgeliefert wird und durch die Hypertext zu einem Spielfeld für das breite Publikum geworden ist, mögen weltweit einige tausend Hypertexte (die sogenannten „stacks") aufgebaut sein. Kaum mehr ist die einschlägige Literatur überschaubar, geschweige denn vollständig aufzuarbeiten. Das hier vorgelegte Literaturverzeichnis enthält fast schon 500 Titel; es lohnte sich, eine auf Hypertext ausgerichtete On-line-Literaturdatenbank aufzubauen und anzubieten, vor allem, wenn man sich den interdisziplinären Charakter der Forschung und Anwendung vergegenwärtigt.

Was soll mit diesem Buch erreicht werden? Es ist zunächst als eine *einführende aufklärende Gesamtdarstellung* in die Hypertextfragestellung konzipiert und soll den Stand der Kunst wiedergeben. Insofern nimmt der Text reichlich Bezug auf die veröffentlichte Literatur und verwendet graphische Aufbereitungen und Systembeispiele, weitgehend aus den theoretischen und experimentellen Arbeiten der Hypertext-„community" des angelsächsischen, primär US-amerikanischen Bereichs. In dieser Hinsicht soll das Buch Anfänger einführen und Spezialisten orientieren, vielleicht zuweilen verunsichern, indem neue Perspektiven aufgezeigt werden. Da wir in der Konstanzer Informationswissenschaft selber an der Entwicklung zukünftiger wissensbasierter, pragmatisch konzipierter Informationssysteme arbeiten, werden viele Hinweise und Anregungen für weitere experimentelle und theoretische Arbeit gegeben, hoffentlich nicht zu betont aus der lokalen Sicht. Nicht zuletzt sollte das Buch auch als Grundlage für *Kurse an Hochschulen* verwendet werden können. Dieser Test ist im Sommersemester 1990 an der Universität Konstanz im Diplom-Aufbaustudium der Informationswissenschaft mit einer Veranstaltung „Theoretische Grundlagen von Hypertext" durchgeführt worden. Dabei hat es sich gezeigt, daß das Buch für einen solchen, eher theoretischen Kurs verwendet werden kann, aber für sich alleine nicht als Anweisung zum praktischen Umgang mit Hypertext, wie vielleicht das erste deutschsprachige Hypermedia-Buch von Peter Gloor (1990) mit dessen gewisser Ausrichtung auf HyperCard. Parallel zum erwähnten theoretischen Kurs wurde eine Veranstaltung angeboten, in der Studierende eigene Hypertextbasen unter Verwendung kommerzieller, auf PC laufender Software aufbauen mußten. Erst beides, die theoretische Darstellung und die praktische Übung, die Anweisungen und Erfahrungen im Detail, lassen die Kompetenz beim Umgang mit Hypertext entstehen, die im späteren Berufsleben Durchblick und Können verschafft. Insofern wird die Lektüre dieses Buches das Nacharbeiten vieler konkreter, hier angegebener Literatur nicht ersparen. Wer es wirklich wissen will, wie man z. B. eine „guided tour" aufbaut oder Fischaugen-Prinzipien bei der Gestaltung eines hypertextgemäßen Inhaltsverzeichnisses berücksichtigt, muß in speziellere Literatur einsteigen und versuchen, sich die entsprechenden Techniken zu erarbeiten.

Neben diesen eher globalen Aspekten setzt dieses Buch auch seine Akzente. Zwar dürfen in einer Darstellung von Hypertext die multimedialen Aspekte nicht ausgeklammert sein; systematisch im Vordergrund steht aber in dieser Darstellung das Verhältnis von Text und Hypertext. Ansatzweise mit Blick auf (schöne) Literatur (vgl. Abschnitt 1.3.2), aber vorwiegend mit Blick auf Texte bzw. Hypertexte in der Fachkommunikation. Diese dominierende Ausrichtung auf fachkommunikative Probleme wird den reichen Verwendungsmöglichkeiten von Hypertext sicher nicht gänzlich gerecht. Hypertexte werden nicht nur zur Darstellung von Wissen und zur Erarbeitung von Information verwendet, sondern dienen auch dem ästhetischen Vergnügen, dem Spiel oder der Selbstdarstellung, so wir nicht nur deshalb Erzählungen lauschen oder Bücher lesen, um für uns neues Wissen zu gewinnen. Wir werden auch auf diese Aspekte eingehen; trotzdem wird die Sicht der Fachkommunikation dominieren, bei der wir annehmen, daß Informationssysteme – und Hypertexte sind ja eine spezielle Ausprägung von ihnen – benutzt werden, um Wissen bzw. deren Darstellungsformen zu speichern und aus ihnen Information zu gewinnen. Deshalb behandeln wir Hypertext im wesentlichen unter zwei Fragestellungen:

(i) Kann man informationelle Mehrwerte des elektronischen Mediums gegenüber den papiernen Formen ausmachen[1], die es rechtfertigen, sich Hypertexten anzuvertrauen? Was bietet die Hypertexttechnologie und -methodologie an, was in gedruckten Texten nur sehr schwierig oder gar unmöglich zu realisieren ist? Können Hypertextnutzer sich mit Vorteil gegenüber anderen Medien die Information erarbeiten, die sie aktuell in kritischen Situationen benötigen? Geht man bei Informationsproblemen mit Hypertexten anders um als bei linearen oder anderen elektronischen Formen?

(ii) Wie und mit welchem Ergebnis kann man aus Texten Hypertexte aufbauen, und zwar auch auf automatischem Wege? Läßt sich individuelles und kollektives Wissen angemessen und mit Vorteil gegenüber anderen Medien in Hypertext darstellen? Können auf Hypertexte die Kriterien des traditionellen Kohärenzbegriffs als semantisch und argumentativ stimmige Darstellung von Wissen in ganzen Texten oder Textpassagen angewendet werden, oder sollte der Kohärenzbegriff mit Blick auf Hypertext reformuliert oder gar ganz fallengelassen werden?

---

[1] Wir diskutieren den Begriff „informationeller Mehrwert" ausführlicher in Abschnitt 1.4 im Zusammenhang mit der informationswissenschaftlichen Relevanz von Hypertext. Angesprochen ist damit der von R. Taylor (1986) thematisierte „value-added" Prozeß, der durch Veredelung, Auf- oder Umarbeitung von primär produziertem Wissen, wie es z. B. in textuellen Veröffentlichungen dargestellt wird, beruht. Dadurch entstehen informationelle Produkte oder Informationsdienstleistungen, die für den Benutzer unter bestimmten Gesichtspunkten einen höheren Wert haben als das Ausgangsprodukt. So erbringt eine On-line-Dokumentenbank gegenüber einem Bibliothekskatalog, z. B. aufgrund der größeren Selektionsleistung und der höheren Verarbeitungskapazität, einen Mehrwert, der in der Regel Kosten verursacht und deshalb bei Produkten auf dem Markt kostenrelevant werden kann. Mehrwerte sind häufig nicht absolut erreichbar, sondern müssen nicht selten mit Nachteilen oder Kosten für die Benutzer erkauft werden, z. B. bei On-line-Systemen gegenüber gedruckten Diensten das unbequeme Aneignen neuer Kompetenz zur Manipulation elektronischer Systeme oder Einbußen bei der zuweilen erwünschten Möglichkeit, einfach nur auf Verdacht herumzustöbern.

Die Beantwortung der zweiten Frage wird mit dafür verantwortlich sein, ob die erste Frage nach dem informationellen Mehrwert von Hypertext positiv beantwortet werden kann. Wie wir sehen werden, bestehen Hypertexte meistens aus vielen einzelnen, in sich selbständigen fragmentierten Einheiten, die untereinander verknüpft sind. Welche hypertext-spezifischen Mittel können eingesetzt werden, um den durch diese Fragmentierung von Wissenseinheiten zunächst offensichtlichen Verlust von kohäsiven, sicherlich für Texte konstitutiven und Zusammenhänge erzeugenden Phänomenen zu kompensieren? Hypertexte werden zur Zeit noch häufig durch Konversion eines (größeren) Textes in eine nicht-lineare Form erzeugt. Daher wird gerne die Kohärenz des einen Textes mit der des einen Hypertextes verglichen. Hypertexte werden aber in der Zukunft vermehrt Wissen aus sehr vielen Texten zusammenbringen, auch Wissen, das überhaupt nicht in textueller Form erzeugt worden ist. Hypertexte beschäftigen sich auch mit inter- und extratextuellen Wissensstrukturen. Natürlich realisieren auch Texte diese inter- und extratextuellen Bezüge, weitgehend als interpretatorische Leistungen ihrer Leser, die ihre Lektüre in den Kontext ihres Wissens stellen. In Hypertexten können diese in Texten häufig nur implizit angelegten Strukturen jedoch explizit gemacht werden, wenn auch gewiß nicht vollständig. Möglicherweise erhöhen sich sogar durch dieses Explizieren die Chancen für semantische und argumentative Stimmigkeit bei größeren Objektbereichen, wie sie durch Texte, die in der Regel lediglich einzelne Aspekte behandeln oder bestimmte Sichten ihrer Autoren widerspiegeln, kaum zu erreichen ist. Wir stellen daher die These auf – und wollen sie im Verlauf der Darstellung belegen –, daß die für Hypertext konstitutive *entlinearisierte* Darstellung von Wissen(sstrukturen), also die Herauslösung der einzelnen Wissenseinheiten aus ihrem linearen Zusammenhang, nicht zwangsläufig zu Kohärenzverlust führt. Entlinearisierung bedeutet nicht, daß ein Hypertext nichts anderes als eine bloße Versammlung kleiner informationeller Einheiten ist, in die Ordnung zu bringen, man alleine dem Benutzer überläßt. Grundlegend für Hypertext sind die vielfältigen Möglichkeiten der Verknüpfung. Und Verknüpfungen sind, wie wir verdeutlichen werden, auch in Hypertexten durchaus nicht nur formal definiert, d. h. legen nicht nur bloße Reihenfolgen fest und erbringen nicht nur assoziative Leistungen, sondern können explizit in semantischer und argumentativer Hinsicht spezifiziert werden. Ebenso scheinen uns die oft beschriebenen Probleme des Orientierungsverlustes oder des kognitiven Ballastes („cognitive overhead")[2] nicht systemimmanent und gleich-

---

[2] Nach Conklin (1987, 40) bezeichnet man mit „cognitive overhead" die Anstrengung (zusätzlich zur Anstrengung, sich Wissen anzueignen), die ein „Leser" eines Hypertextes aufbringen muß, um sich im Verknüpfungsgeflecht überhaupt noch zurechtzufinden. Neben den inhaltlichen Informationen muß jeder Leser (auch jeder Autor bei der Erstellung) eine Vielzahl von Metainformationen aufnehmen und verarbeiten, die, dafür

sam zwingend vorprogrammiert zu sein. Allerdings wird die Lösung dieser Probleme noch längere Zeit eine Herausforderung an Forschung und Entwicklung darstellen.

Träten Hypertexte und Texte unter demselben Anspruch in Konkurrenz zueinander, versuchten Hypertexte lediglich die Leistungen von Texten zu simulieren, bestünde vermutlich nur ein geringer Bedarf nach Hypertexten; im Zweifelsfall würden sich Benutzer vermutlich auf absehbare Zeit für Bücher/Texte entscheiden (vgl. Simpson 1989, 242). Wir halten daher weitgehende Imitationen von Texteigenschaften in Hypertexten nicht für erstrebenswert, wenn sie auch aus experimentellen Gründen zuweilen sinnvoll sein mögen. Hypertexte sind gegenüber Texten selbständige Medien und sollten ihre Leistungen aufgrund eigener Funktionalität erbringen. Zu dieser Funktionalität gehört wesentlich der interaktiv dialogische Charakter von Hypertext, wenn auch eingeräumt werden muß, daß zur Zeit dialogische Prinzipien bei Hypertexten in dem Sinne noch kaum realisiert sind, daß Nutzer und System kooperativ wechselseitig initiativ werden können. Obgleich jetzige Hypertextsysteme bislang eher auf Manipulationen der Nutzer reagieren, also nicht von sich aus auf individuelle Bedürfnisse ihrer Benutzer oder gar situative Rahmenbedingungen der Benutzung eingehen können, ist dies keine prinzipielle Einschränkung. Hypertext ist von seiner Idee aus dialogisch, d. h. kooperativ. Die zweifellos jetzt auszumachenden pragmatischen Defizite gegenwärtiger Systeme sind nicht von den Grenzen des Mediums her bestimmt. Texte in gedruckter Form können die Barrieren der faktischen Eindimensionalität nur partiell, aber nicht grundsätzlich überwinden. Hypertexte hingegen sind auf Flexibilität und Dialogcharakter ausgelegt. Wir werden daher im folgenden für einen pragmatischen Primat beim Entwurf von Hypertextsystemen eintreten (vgl. Kuhlen 1989a bzw. Abschnitte 1.4.2 und Kap. 4), auch wenn er faktisch bislang kaum eingelöst ist.

Wenn es gelingt, das Zusammenspiel von Fragmentierung und Relationierung in Hypertextbasen derart zu organisieren, daß neuartige flexible, d. h. auf den aktuellen Benutzerbedarf hin ausgerichtete Kohärenzstrukturen in und zwischen Wissensobjekten aufgebaut werden können, dann sollten Hypertexte, unterstützt durch ihre attraktiven (multimedialen) Eigenschaften, wirklich neue Medien der Darstellung und Verwaltung von Wissen und der Erarbeitung von Information werden können. Es spricht einiges dafür, daß neue Medien die alten nicht prinzipiell in Frage stellen. Also werden wir weiter Texte lesen, Datenbanken, Expertensysteme, Wissensbanken und andere multimediale

---

konzipiert, ihm die Übersicht und die Orientierung zu ermöglichen bzw. zu erleichtern, oft genug aber, eben durch die zusätzliche (ablenkende) Anstrengung, das Gegenteil bewirken. Zu einer Gegenposition vgl. Streitz/Hannemann/Thüring (1989), die die These des kognitiven Ballastes für Hypertext nicht akzeptieren.

Systeme aufbauen und nutzen, aber auch Hypertext zum selbstverständlichen Repertoire der uns umgebenden Informationssysteme zählen. Vielleicht nur, um in einer Übergangsphase aus Hypertexten benutzerspezifische Texte abzuleiten; Hypertext also zunächst nur als Verwaltungssystem zu gebrauchen, da über Hypertexte, sicherlich in frühen Phasen der Erstellung von Texten, das vielfältige Material in seinen verschiedenen Versionen leichter verwaltet werden kann, als es über die klassischen linearen Techniken, wie in Aktenordnern gesammelte Exzerpte oder Kommentare oder Zettelkästen, möglich ist.

Wir wollen die attraktiven Eigenschaften von Hypertexten, die vielleicht zur Zeit noch mehr Potentiale als Realität sind, darstellen und die beiden erwähnten Fragestellungen – durchaus kontrovers – diskutieren und gehen dazu den folgenden Weg: Wir werden im ersten Kapitel das allgemeine Konzept und die zentralen wesentlichen Ideen von Hypertext darstellen und das theoretische Interesse an Hypertext, in erster Linie aus einer informationswissenschaftlichen Perspektive, diskutieren. Dazu gehört ein kurzer Aufriß der Entwicklung und des Standes der Hypertextforschung. Im zweiten Kapitel wollen wir methodische Aspekte der Modellierung, des Aufbaus und der Nutzung von Hypertext behandeln und schwerpunktmäßig auf die zentralen Hypertextbestandteile, Hypertexteinheiten und Verknüpfungsmöglichkeiten, sowie auf die Orientierungs- und Navigationsproblematik eingehen. Aus der Diskussion bis dahin sollten die Anwendungsmöglichkeiten von Hypertext, mit spezieller Rücksicht auf informationswissenschaftliche und -praktische Interessen, weitgehend deutlich geworden sein. Wir werden diese im dritten Abschnitt mit besonderer Berücksichtigung der Fragestellungen des (erweiterten) Information Retrieval und der Einsatzmöglichkeiten in Lernumgebungen (Ausbildung) genauer besprechen, um danach in Kapitel 4 auf die bisherigen Konstanzer experimentellen Arbeiten über Hypertext und auf das Design des in der Entwicklung befindlichen Hypertextsystems WITH einzugehen, das wissensbasiert, textorientiert und mit einigen pragmatischen, d. h. hier handlungs- und benutzerorientierten Komponenten ausgestattet sein soll. Am Ende wollen wir noch einige Schlüsse aus unseren Darstellungen ziehen und versuchen, auf die hier zu Beginn gestellten spekulativen Fragen zumindest Hinweise, wenn nicht Antworten zu geben.

Wenn wir auch den theoretischen Rahmen dieses Buches durch die oben angegebenen beiden Fragen nach informationellem Mehrwert und hypertextspezifischer Kohärenz abgesteckt haben, so wollen wir doch hier zu Anfang nicht vergessen, daß der Umgang mit Hypertext zunächst einfach Spaß macht. Einige Semester praktischen Umgangs mit Hypertext, zusammen mit doch schon recht vielen Studentinnen und Studenten, bezeugen das. Auch wenn die Modellierung des Objektbereichs eines Hypertextes, die aufwendige programmtechnische Realisierung komplizierter Details, der Kampf mit den beschränkten Möglichkeiten bestehender Software sehr bald Arbeit werden, bleibt doch dauerhaft die positive Einschätzung: die Freude über gelungene Graphiken, über akzeptierte Pfade, die Überraschungseffekte selbst bei selber entworfenen Hypertexten. Der theoretische und kognitive Status von Hypertext mag in vieler Hinsicht offen sein, in emotionaler Hinsicht sind die Weichen längst gestellt. Über die eher rationalistischen Aspekte einer Optimierung des Umgangs mit Wissen und Information wird Hypertext insgesamt unsere Möglichkeiten der Aneignung von Welt beeinflussen, hoffentlich in einer weniger restriktiven Weise, als es bisherige Softwareprodukte, zumindest für Nicht-Spezialisten, tun.

Danksagung

Obwohl das Buch schnell entstanden ist, waren doch sehr viele daran beteiligt. Zunächst einmal die Konstanzer Mitarbeiter, die erst einzelne Abschnitte, dann Kapitel, einige den gesamten Text kritisch durchgesehen haben. Ich erwähne in alphabetischer Reihenfolge Peter Dambon, Fabian Glasen, Klaus Mußgnug, Hans Nagel, Marc Rittberger, Dr. Ulrich Reimer, Gabi Sonnenberger, Dr. Ulrich Thiel (jetzt am IPSI-Institut der GMD in Darmstadt), Dr. Martin Thost, Fahri Yetim, wobei ich aus der alphabetischen Reihenfolge Dr. Rainer Hammwöhner herausstelle, der die gesamte Arbeit vom ersten Entwurf an kritisch und anregend begleitet, mit seiner eigenen Dissertation zum Verhältnis von Hypertext und Retrieval und zur Kohärenzproblematik viele Anregungen gegeben und nicht zuletzt einen Großteil der in Konstanz erstellten Abbildungen angefertigt hat. Einige der eher geisteswissenschaftlichen Aspekte, so die Ausführungen zu Arno Schmidts „Zettels Traum", beruhen auf kurzer, intensiver gemeinsamer Arbeit mit Frau Dr. Jutta Thellmann. Auch Dr. Rolf Eichler, ebenso Eco nahe, hat einige Anregungen gegeben. Bei der Korrektur und der Kontrolle des Literaturverzeichnisses konnte ich auf die bewährte Hilfe von Frau Bettina Reuter-König, eine unserer Dokumentarinnen, zurückgreifen.

Zum Entstehen des Buches haben ebenfalls die Konstanzer Studierenden beigetragen, sei es, wie es Teilnehmer an einschlägigen Projektkursen, einige Hilfskräfte und DiplomandInnen getan haben, durch faktische Unterstützung, oder sei es einfach durch ihre Erwartungshaltung, eine für sie lesbare Gesamtdarstellung von Hypertext zu bekommen. Ein solcher Druck motiviert zumindest, die leeren Seiten rascher mit Text zu füllen. Auch für Studierende ist gerade bei neuen und heterogenen Gebieten Orientierungswissen unentbehrlich.

Das Manuskript haben sich viele Kollegen außerhalb von Konstanz angesehen. Dies sind alles sehr beschäftigte Leute, und ich bedanke mich sehr herzlich, daß sie doch einige Stunden für den Text eines Kollegen aufgebracht haben. Ich nenne wieder nur in alphabetischer Ordnung, da ich die Hilfe nicht gewichten kann: Ralf Cordes von Telenorma, Frankfurt; Prof. Brigitte Endres-Niggemeyer, zur Zeit am Deutschen Forschungszentrum für Künstliche Intelligenz in Saarbrücken; Dr. Norbert Fuhr aus der informationswissenschaftlichen Forschungsgruppe im Fachbereich Informatik der Technischen Hochschule Darmstadt; Dr. Peter Gloor von der Universität Zürich; Prof. Gerhard Lustig, Leiter der erwähnten Darmstädter Forschungsgruppe; Prof. Hermann Maurer, Institut für Grundlagen der Informationsverarbeitung und Computergestützte Neue Medien an der Universität Graz; Prof. Wolf Rauch vom Institut für Informationswissenschaft an der Universität Graz; Prof. Dagobert Soergel von der University of Maryland; Prof. Herbert Stoyan (früher Kollege in der Konstanzer Informationswissenschaft, jetzt an der Universität Nürnberg/Erlangen, im Fachbereich Informatik); Dr.Dr. Norbert Streitz von dem IPSI-Institut der GMD in Darmstadt. Trotz kritischer Anmerkungen im Detail, aber auch aus globaler Sicht, überwog deutlich die Ermutigung, den Text der Fachöffentlichkeit vorzulegen. Die dem Autor bewußten Unzulänglichkeiten können nicht den erwähnten Helfern angelastet werden, sondern bleiben in der Verantwortung des Autors.

Ausdrücklich sei an dieser Stelle der SEL-Stiftung gedankt, deren Verantwortliche und Zuständige – ich nenne hier die Herren Dr. Gerhard Zeidler und Dieter Klumpp sowie Prof. Fritz-Rudolf Güntsch vom Kuratorium – den Mut gezeigt haben, dem Autor auf der Grundlage der Nullversion dieses Buches den Preis für „Technische Kommunikation" 1990 zu verleihen. Danken möchte ich zudem den verschiedenen Verlagen und anderen Autoren, die Abbildungen zur Veröffentlichung hier überlassen haben, und nicht zuletzt dem Springer-Verlag – für dieses Buch personifiziert durch Dr. Hans Wössner –, der den Text rasch akzeptiert und technisch auf hohem Niveau zur Publikation gebracht hat. Auch der Titel des Buches in seiner endgültigen Fassung – ursprünglich mit dem programmatischen, aber etwas länglichen Untertitel „ein nicht-lineares Medium zur Darstellung von Wissen und Erarbeitung von Information" versehen – wurde erst ganz am Schluß im Gespräch mit Dr. Wössner festgelegt.

Inhaltsverzeichnis

Prolog: „Hyper"-Reflexionen zu Umberto Ecos Reise ins Reich der Hyperrealität

Wer Umberto Ecos Kapitel „Reise ins Reich der Hyperrealität" aus dem 1985 erschienenen Buch „Über Gott und die Welt" gelesen hat, wird Bezeichnungen mit „hyper" nicht mehr unvoreingenommen aufnehmen können. Die für Eco vor allem in der amerikanischen Kultur der Westküste auszumachenden Versuche, „the real thing" durch groteske Übersteigerung („more reality") des ursprünglichen „thing" zu erfahren – z. B. die griechischen Tempel in der Wüste von Nevada, an deren eine Säule sich die „Venus de Milo" mit kompletten Armen, also in der ursprünglichen, realen, nicht abgebrochenen Schönheit, anlehnt – diese Grotesken hätten auch Anlaß für Hypertext[1] sein können:

---

[1] Die Diskussionen in diesem Abschnitt setzen ein gewisses Vorverständnis von Hypertext schon voraus. Wer dieses noch nicht hat, kann ohne Verlust erst einmal in Abschnitt 1.2 nachlesen, was unter Hypertext zu verstehen ist, und mag sich dann dem Anfang erneut zuwenden. Dies ist ein alltägliches Beispiel für die Schwierigkeiten in linearen Medien: Von welchem Vorwissen kann man ausgehen? Wie tief muß man zu Beginn schon erklären, ohne den roten Faden zu verlieren. Als Grundregel in Texten, vor allem in Texten, die der Wissensvermittlung dienen, wird man sicherlich annehmen, daß keine Aussagen formuliert und keine Begriffe verwendet werden, die für die anvisierte Zielgruppe des Textes nicht verständlich sind. Zumindest muß man einen Hinweis anbringen – so wie wir es zu Beginn dieser Fußnote gemacht haben –, wie das fehlende Wissen, das man als Autor jetzt nicht explizit entfalten will, schnell erworben werden kann. In einem Hypertext geschieht dies prinzipiell auch nicht anders. In einem Hypertext würde vermutlich die Stelle im Text – nämlich „Hypertext" –, von der diese Fußnote ihren Ausgang nimmt, als ein Verknüpfungsanzeiger („button") deklariert werden, der dem Leser durch Anklicken mit der Maus gestattet, ein Fenster zu eröffnen, in dem zunächst auf generischem, schließlich aber beliebig detailliertem Niveau Erklärungen und Beispiele zu Hypertext gegeben werden. Wäre man daran interessiert, quasi nominalistisch zu lernen, was Hypertext ist, folgte man diesen Angeboten und würde sich damit die hier folgenden Bemerkungen, die nicht in erster Linie informieren, sondern problematisieren, ersparen bzw. zu ihnen mit dem ausführlicheren Wissen über Hypertext aus Abschnitt 1.2 zurückkehren. Mit Texten ginge das, wie gesagt, prinzipiell ebenfalls. Aber abgesehen davon, daß zu häufiges Springen in linearen Texten mühsam ist, daß Fußnoten eine gewisse Technik des parallelen Lesens voraussetzen, die nicht alle Leser lieben, oder daß Hinweise auf andere Arbeiten, die das aktuelle Problem ausführlicher behandeln, zwar nützlich sind, aber ihnen kaum zur Lesezeit nachgegangen wird, besteht der Vorteil von Hypertext nicht in der Referenzierung, sondern in der festen „Verdrahtung" der Verweise und Verknüpfungen und damit in der Verfügbarkeit ohne Zeitverzug und ohne Nachschlagen. Eine Hypertextverknüpfung referenziert nicht nur, sondern realisiert.

Ausdruck einer Kultur, in der das Schreiben und Lesen von Texten nicht (mehr) das entscheidende Medium des Umgangs mit Wissen und Information ist. Nicht mehr damit zufrieden sein, Wissen in textueller sequentieller Form niederzulegen, auch nicht mehr damit, gezielt aus elektronischen Informationsbanken abzufragen, sondern lieber der spontanen Idee, freien Assoziationen folgen. Kreativität, so die Enthusiasten, Chaos, so die Skeptiker, zum Prinzip der Wissensdarstellung und der Informationserarbeitung schlechthin machen. *Hyper*texte gehen nach dem Sinn des Wortes über Texte hinaus; aber was heißt das? Sind sie damit etwas ganz anderes als Texte? Fügen sie dem bisherigen Wert von Texten noch einen neuen, einen informationellen Mehrwert hinzu? Sind sie damit sozusagen *Supertexte* oder *Ultratexte*?

Gehen wir dem Eco'schen Gedanken der Hyperrealität noch etwas nach, und versuchen wir dabei schon, „Hypertext" mitzudenken. Wer, wie nach Eco offenbar der (durchschnittliche) Amerikaner in Kalifornien, Geschichte nicht selbstverständlich in der Gegenwart erlebt, kann dazu neigen, Geschichte, besser sollte man einfach „Vergangenes" sagen, als pseudo-authentische Wirklichkeit in die Gegenwart zu transponieren. Daß es für ein aufgeklärt geschichtliches Bewußtsein keine authentische Wirklichkeit aus der Vergangenheit geben kann, sondern immer nur die Rezeption vor dem Horizont der Gegenwart, stört *geschichtsloses Denken* nicht (Homann 1974). Der schwierige hermeneutische Zirkel des Verstehens – wir nähern uns Hypertext – soll durch Hyperrealität gebannt werden, durch eine Realität, die in der Zusammenfassung von Vergangenheit und Gegenwart, durch Zusammenschau des Nahen und beliebig Entfernten ihre Objekte aus den Begrenzungen des historisch Realen, der Originale, „befreit". Hyperrealität läßt uns durch Erzeugung von Kopräsenz des real Unverträglichen aus *Raum und Zeit* heraustreten, z. B. wenn wir, wie Eco, bei einem Besuch in einem der vielen amerikanischen Wachsfigurenkabinette

in einem Café à la Strandpromenade von Brighton an ein und demselben Tisch Mozart und Caruso sitzen sehen, dahinter stehend Hemingway, während am Nebentisch Shakespeare mit Beethoven plaudert, in der Hand eine Mokkatasse (Eco 1985, 45)

oder im „Palace of Living Arts" in Buena Park, Los Angeles, „hyperreale" Kunst erleben:

Der Palace of Living Arts reproduziert in Wachs, dreidimensional, in natürlicher Größe und selbstverständlich in Farbe, die großen Meisterwerke der Malerei aller Zeiten. Hier sehen wir Leonardo, wie er eine vor ihm sitzende Dame porträtiert: Es ist die Gioconda, die Mona Lisa höchstpersönlich, komplett mit Stuhl und Beinen und Hinterpartie. Leonardo hat neben sich eine Staffelei, und auf dieser Staffelei steht eine zweidimensionale Kopie der Mona Lisa, was will man mehr? Hier sehen wir auch den Aristoteles von Rembrandt, wie er die Büste Homers betrachtet, dort den Kardinal de Guevara von El Greco, ...

Neben jeder Wachsfigur hängt das „originale" Gemälde. Auch hier ist es keine photographische Reproduktion, sondern eine Kopie in Öl, sehr primitiv, in Madonnenmalertechnik, und wieder erscheint die Kopie überzeugender als das Modell, und der Besucher überzeugt sich „mit eigenen Augen", daß der Palace of Living Arts die National Gallery oder den Prado nicht bloß ersetzt, sondern verbessert.

Die Philosophie des Palace heißt nicht „wir geben euch die Reproduktion, damit ihr Lust auf das Original bekommt", sondern „wir geben euch die Reproduktion, damit ihr kein Verlangen mehr nach dem Original habt" (Eco 1985, 53 f).

Ist Hypertext die Hyperrealität von Text? Machen Hypertexte Text überflüssig? Lassen die „chunks of knowledge" oder deren multimediale Entsprechungen – isoliert, partitioniert, portioniert, vielleicht relationiert – die Argumentation, die Begründung, das Interpretieren und Verstehen obsolet erscheinen? Müssen wir nicht mehr Geschichten erzählen, Texte schreiben und lesend verstehen? Haben wir nun das wahre Medium, „the real thing", das kognitiv und ästhetisch gleichermaßen plausible? Müssen, sollen wir von der Annahme mancher Philosophen und Geisteswissenschaftler abrücken, daß Texte quasi das „naturgegebene" Medium der Darstellung von Wissen und der Erarbeitung von Information seien?

Was verlieren wir mit Hypertext – zwangsläufig oder nur, wenn wir nicht aufpassen oder uns der Auseinandersetzung verweigern? Lassen uns Hypertexte, wie die Produkte der Hyperrealität, aus Raum und vor allem Zeit heraustreten, so daß wir die Knoten, die Karten, die „units" oder „items", die „information blocks", die „chunks" – oder wie auch immer die informationellen Hypertexteinheiten heißen mögen – ohne Rücksicht auf Herkunft und Kontext einfach „glauben" müssen? Sind Hypertexte damit, nach den ebenfalls tendenziell durch Kontextlosigkeit gekennzeichneten und damit Wissen im klassischen Sinne bedrohenden Datenbanken oder Expertensystemen ein weiterer Ausdruck eines positivistischen, bloß an den isolierten Fakten orientierten Verständnisses von Wissen? Oder sind diese Fragen mehr Ausdruck unserer Sorgen, den Anschluß (woran?) zu verpassen? Oder könnte es sein, daß nur unsere eingespielten Rezeptionsmuster uns bei der Lektüre oder bei der Besichtigung eines komplexen Hypertextes ausrufen lassen: „Zu viele Knoten, zu viele Verknüpfungen"? Die Geschichte gab natürlich nicht dem Kaiser Joseph recht, der Mozart nach den Erzählungen aus der Geschichte „zu viele Noten" vorwarf, sondern Mozart. Ist die Methodologie von Hypertext schon so weit entwickelt, daß genial komponiert werden kann?

1. Zum Konzept von Hypertext

Dieses Kapitel besteht aus den folgenden vier Hauptabschnitten:

1.1 problematisiert das Vorhaben, über ein nicht-lineares Objekt, Hypertext, ein lineares Produkt, ein Buch, zu schreiben, in der Absicht, dabei auch schon über Hypertext zu informieren.

1.2 stellt die Architektur von Hypertextsystemen in einer Allgemeinheit vor, die für alle Ausprägungen den Rahmen abgeben sollte.

1.3 schlägt das Hauptthema dieses Buches an: das Verhältnis text- und hypertextspezifischer Kohärenz.

1.4 stellt Hypertext in einen informationswissenschaftlichen Kontext und zeichnet die Entwicklung von Hypertext nach.

1.1 Hypertext als Text?

Zusammenfassung: In diesem Abschnitt problematisieren wir den gewissen Widerspruch, der darin liegt, ein lineares Buch über einen nicht-linearen Gegenstand, Hypertext, zu schreiben und kommen zu dem leicht skeptischen Schluß, daß es, zumindest auf der Basis kommerziell erhältlicher Hypertextsoftware, zur Zeit noch äußerst schwierig ist, einen großen Hypertext zu erstellen, der mit der Buchform ernsthaft konkurrieren kann. Gerade dies – die gegenwärtigen Defizite – wird als Herausforderung für dieses Buch angesehen, die Potentiale von Hypertext herauszuarbeiten.

Kurzhinweise auf Literatur: Nielsen (1990); Shneiderman/Kearsley (1989); Smith/Weiss/Ferguson (1987); Streitz/Hannemann/Thüring (1989); Trigg/Irish (1987); Weyer (1982)

Dies wird – zur Zeit des Schreibens – und ist – zur Lesezeit – ohne Zweifel ein Buch und zwar ein Buch über Hypertext. Bislang hat es kaum einen Anlaß gegeben, die Produktion eines Buches über einen beliebigen Objektbereich gesondert zu rechtfertigen, werden doch Bücher als quasi naturgegebene[1] Mittel

---

[1] Bei Büchern von „naturgegeben" zu sprechen, wie es in geisteswissenschaftlichen und philosophischen Kontexten häufiger der Fall ist, ist nicht unproblematisch, wenn man bedenkt, daß Bücher, zumal in gedruckter und verteilter Form, erst seit etwa 500 Jahren die wesentliche Form der Kommunikation von Wissen sind und auch lange Zeit gebraucht haben, um die „Texte" in Form von Rollen abzulösen (vgl. Hunger et al. 1975/ 1988, 43ff; Hinweis auf die „Rollen", die noch lange als zumindest edler angesehen

zur Darstellung von Wissen und der Erarbeitung von Information angesehen. Hier ist es anders: Hypertext ist von der Grundkonzeption her eine nicht-lineare Form der Darstellung bzw. der Aneignung von Wissen oder allgemeiner: eine nicht-lineare Form, während ein Buch nach herrschender Meinung eine lineare Form ist.

Hier werden dem Autor schon die Einschränkungen der linearen Form bzw. die Vorteile der nicht-linearen Darstellung deutlich: Sollte hier nicht eine Erklärung dessen folgen, was „Nicht-Linearität" bedeutet, sowohl aus der Autorensicht – wie stellt dieser sein Wissen nicht-linear dar? – als auch aus der Benutzersicht – wie erarbeitet sich dieser nicht-linear Information? Nicht-Linearität ist natürlich ein wesentliches Thema dieses Buches, das aber nicht unbedingt erschöpfend zu Beginn dieses Textes behandelt werden muß. In einem Hypertext[2] würde man jetzt die Bezeichnung „Nicht-Linearität", die auf irgendeine Weise (farbig, blinkend oder sonstwie markiert) im Text oder in einem gesonderten Bereich außerhalb des Textes als eine Möglichkeit der Verzweigung, z. B. zu spezifischerer Information, ausgewiesen wäre, anwählen. In der Regel geschieht das durch ein Anklicken der Stelle mit einem Maus-Knopf, und sofort tauchen, eingebettet in den alten Text oder in einem anderen Fenster des Bildschirms oder in einem ganz neuen Bildschirm, weitere Informationen zu „Nicht-Linearität" auf. Handelt es sich um ein einfaches Konzept, dann würde eine Annotation in Form einer Gebrauchsdefinition ausreichen, z. B.

(Fortsetzung Fußnote 1)
wurden als Bücher, von Rainer Hammwöhner). In der allgemeinen Informatisierungsdebatte – unter „Informatisierung" wollen wir die der Tendenz nach vollständige Durchdringung entsprechender Lebensbereiche mit Informations- und Kommunikationstechnologien verstehen – wird, z. B. unter den Stichworten „On-line-Informationsbanken", Wissensbanken oder „Elektronisches Publizieren", auch ernsthaft diskutiert, inwieweit elektronische Medien zunächst partiell, dann vollständig, Formen der Produktion, Distribution und Nutzung von Wissen bzw. Information übernehmen können. Sicherlich ist die Hypertextentwicklung auch in diesem Kontext zu sehen – kann doch Hypertext sowohl die Produktion und Verwaltung von Wissen als auch dessen Distribution und Nutzung unterstützen (oder übernehmen?). Wir neigen, wie im Vorwort erwähnt, zu der Annahme, daß neue Medien und neue Informations(dienst)leistungen eher die Leistungen älterer ergänzen als substituieren. Auf den Punkt gebracht: Vermutlich wird man in Zukunft nicht nur „Schreiben" und „Lesen", sondern auch die Eingabe und Entnahme von Wissen bzw. Information in/aus nicht-linearen elektronischen Medien, wie man sie jetzt unter den Bezeichnungen „Hypertext" oder „Hypermedia" zusammenfaßt, lernen müssen, aber eben auch weiterhin Schreiben und Lesen in/ aus linearen Medien, wie sie uns bislang als gedruckte Texte geläufig sind ...

[2] Wir ersetzen in Abschnitt 2.1 den etwas saloppen Ausdruck „der Hypertext" durch die genauere Bezeichnung „Hypertextbasis".

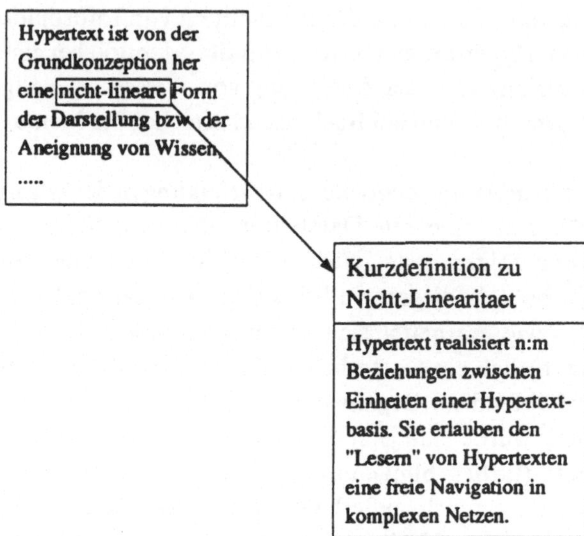

Abb. 1.1-1. Einfache Verknüpfung zweier Einheiten zur Explikation des Ausdrucks „Nicht-Linearität"

Ist das Konzept komplexer, wie in diesem Fall der Nicht-Linearität, dann sollten sich über die Annotation hinaus eine Vielzahl von Verzweigungsmöglichkeiten eröffnen (vgl. Abb. 1.1-2). Wir wollen diese hier unter Verwendung des schon üblich gewordenen Hypertextjargons andeuten (auch um den Leser darauf vorzubereiten, was alles kommen wird). Die im Rest dieses Abschnitts „halbfett" markierten Stellen könnten in einem Hypertext sinnvolle Kandidaten für das Verlassen des linearen Pfades sein: Der Leser könnte über eine „fish-eye"-Perspektive den näheren **Kontext** detailliert explorieren und die entferntere Information nur vage aufnehmen, oder er „zoomt", so weit er will und wie tief das System es ihm erlaubt, in das gesamte Material des Hypertextes, das in Beziehung zu „Nicht-Linearität" steht, oder er vertraut sich einem vom Autor vordefinierten **Pfad** an, begibt sich also auf eine **„guided tour"**, die ihn kontrolliert von Einheit zu Einheit führt, so daß er sich auf systematische Weise Wissen zu „Nicht-Linearität" aneignen kann, oder er kann in dem gesamten Material nach eigenem Belieben und Können **„browsen"** und **navigieren**, ohne daß hoffentlich das passiert, was man fast schon existenzialistisch **„lost in hyper space"** nennt[3].

---

[3] Dieser Absatz ist ein bewußtes Gegenbeispiel zu dem ansonsten in diesem Buch angestrebten Versuch, den Jargon der auch bei Hypertext üblich gewordenen Anglizismen zu vermeiden, obgleich manche englische Ausdrücke, z. B. „link", „web views" oder „button", gegenüber den Eindeutschungen, „Verknüpfung", „verknüpfte Sichten", „Verknüpfungsanzeiger", hantierbarer sind. Trotzdem wurden in nur wenigen Fällen die originalen englischen Bezeichnungen beibehalten, z. B. bei „guided tour", aber zuweilen wurden sie in Klammern den deutschen Bezeichnungen nachgestellt.

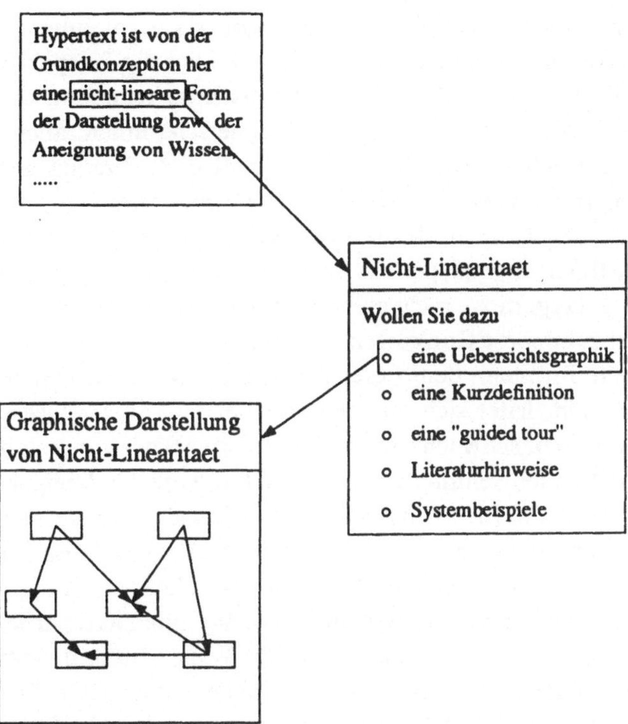

Abb. 1.1-2. Komplexere Verknüpfungsmöglichkeiten des Ausdrucks „Nicht-Linearität"

Hier – in diesem linearen Buch über das nicht-lineare Objekt – können wir nur traditionelle nicht-lineare Referenzmittel verwenden und verweisen entsprechend auf den einschlägigen Abschnitt 1.3, der ausführlicher auf Nicht-Linearität eingeht, oder auf das Glossar oder allgemein auf das Register zu diesem Buch, in dem „Nicht-Linearität" ein Eintrag mit einigen Verweisen zu den einschlägigen Textpassagen ist. Diese Referenzmittel, die wir in Abschnitt 1.3 genauer darstellen wollen, beherrschen wir mehr oder weniger durch lange Schulung, zumindest Gewöhnung. Sie beruhen auf erheblichen intellektuellen Leistungen sowohl des Autors – z.B zu entscheiden, was jetzt zu erklären ist oder was warten kann, bis es in der Argumentationskette an der Reihe ist, oder auch nur einfach daran zu denken, daß der versprochene Verweis später auch wirklich eingelöst wird – als auch des Lesers, nämlich eine Technik zu finden, die einen für ihn brauchbaren Kompromiß zwischen den Alternativen darstellt, sich gänzlich der Führung durch den Autor zu überlassen (von Anfang links oben der ersten Seite bis Ende rechts unten der letzten Seite) oder aber nach eigenem Gutdünken im Buch hin- und herzuspringen. Ein Buch mit seinen begrenzten nicht-linearen Möglichkeiten über Hypertext mit seinen sehr viel erweiterten nicht-linearen Möglichkeiten zu schreiben, ist zumindest etwas delikat[4]. Ein ähnliches Gefühl hatte der Autor, als er vor einiger Zeit an einem internationalen, multilingualen Fachgespräch über die Perspektiven des automatischen Übersetzens und Echtzeitdolmetschens teilnahm, das mit hohem intellektuellem Einsatz von Personen, Dolmetscherinnen, allen Teilnehmern zugänglich gemacht wurde. Was haben wohl diese Frauen gedacht, als sie Äußerungen übersetzten, die darauf abzielten, eben jene Tätigkeit des Human-Übersetzens oder -Dolmetschens in längerer Perspektive ersetzbar zu machen? Mit diesem Buch über Hypertext demonstrieren wir unsere Erwartung, daß Bücher durch Hypertexte nicht so bald überflüssig werden, auch wenn letztere den ersteren zumindest Konkurrenz machen werden.

Das zweite Problem, dem Leser die Information über Hypertext über ein Buch anzubieten, leitet sich aus den Ergebnissen einiger hier einschlägiger, allerdings noch sehr schwach empirisch fundierter Bewertungsstudien ab. Diese Studien scheinen den Schluß zu erlauben, daß sowohl das Aneignen von Wissen (Lernen) als auch das Erstellen realer linearer Texte (zumindest auf dem Gebiet der Fachkommunikation bzw. des wissenschaftlich-technischen Schreibens) dann schneller und mit besseren Erfolgen geschehen, wenn die Autoren oder Benutzer auf Hypertexte zurückgreifen bzw. mit ihnen aktiv arbeiten können[5], im Vergleich zu Autoren und Lesern, die ihr Wissen auf konventionelle Weise ordnen bzw. unter Rückgriff auf geschriebene/gedruckte/lineare Formen aufgenommen haben. Erfahrungen mit Studenten, die schriftliche Leistungen (auf der Grundlage von Hypertextbasen oder linearen Texten) produzieren mußten, deuten darauf hin[6]. Warum also dem Leser zumuten, den Umweg über diese lineare Form zu nehmen? Hätten wir dieses Buch – zum Nutzen des Autors

---

[4] Ein Beispiel für ein Buch im Hypertextstil ist Horn (1989), im übrigen auch sonst in seiner drastischen graphischen Aufbereitung ein lustiges Buch, obwohl sicherlich sehr ernst gemeint. Ein (allerdings nicht sehr weit fortgeschrittener) Versuch der „Hypertextualisierung" eines Buches ist auch der von Jonassen/Mandl (1990) herausgegebene Sammelband „Designing Hypermedia for Learning". Zur Zeit (Anfang 1991) laufen Bestrebungen der ACM unter der Federführung von Bob Akscyn, die bisherigen englischsprachigen Hypertextkonferenzen (vgl. Abschnitt 1.4) als Hypertext aufzubereiten und anzubieten, wie es versuchsweise schon mit dem dem Thema Hypertext gewidmeten Sonderheft der Communications of the ACM (Vol. 31, No. 7, Juli 1988) geschehen ist (für HyperCard und HyperTIES).

[5] Diese pauschalen Einschätzungen werden wir im Verlaufe der Darstellungen ausführen und hoffentlich ausreichend belegen können (vgl. z. B. Nielsen 1989, 1989/90; Marchionini 1989/90; Mayes/Kibby/Anderson 1989/90b). In Abschnitt 3.2 werden wir auf Studien hinweisen, die auch den gegenteiligen Schluß nahelegen können, nämlich, daß lineare oder kontinuierliche Formen für das Aneignen von Wissen geeigneter sind.

[6] Vgl. auch die Experimente von Weyer (1982), der Studenten parallel a) mit „Dynabook", eine Art (dynamisches) Hypertextsystem mit Themen der Weltgeschichte als Basis, b) mit einem nicht-dynamischen elektronischen System und c) mit einer gedruckten Version, jeweils über den gleichen Objektbereich, arbeiten ließ. Hier ergaben sich

und des Benutzers – nicht gleich oder zumindest auch als Hypertext schreiben sollen[7]? Warum also die Vorteile oder doch die Möglichkeiten von Hypertext zur Verwaltung von Wissen darstellen und dann selber (über klassische Formen der Textverarbeitung) bei der linearen Form der Verwaltung der heterogenen Quellen und der Vorversionen dieser Arbeit bleiben? Zwar ist auch an größeren Teilen dieser Arbeit die Möglichkeit durchgespielt worden, das Material über Hypertextsysteme zu verwalten[8], aber abgesehen davon, daß es weder in der Macintosh-, MS-DOS- oder UNIX-Welt das eine Produkt gibt, das sich eindeutig für die Zwecke der Darstellung von Wissen, das im Umfang dem in einem ganzen Buch enthaltenen entspricht, empfiehlt, ist die sich daran anschließende Aufgabe, nämlich aus einem nicht-linearen, nicht-hierarchisch konzipierten Hypertext einen sinnvollen und vollständigen linearen Text zu generieren, noch nicht annähernd gelöst. Sinnvoll ist die lineare Version bislang, weil ein Autor zur Zeit noch mehr Leser über Bücher erreichen kann bzw. aus der anderen Perspektive, weil zu wenige Leser bislang Zugriff zu einer Hypertextsoftware oder Erfahrung damit haben[9]

Natürlich wird diese Frage des Verhältnisses nicht-linearer Hypertextversionen und linearem Text in der Hypertextliteratur thematisiert[10]. Wir machen vier Positionen aus, die wir auch gleich an Projekten verdeutlichen wollen:

---

ebenfalls Präferenzen für die elektronischen Versionen, wobei allerdings aufwendigere Funktionen von „Dynabook" seltener benutzt wurden; vgl. Experimente auf der Basis einer ähnlichen Versuchsanordnung bei Gray/Shasha (1989).

[7] In der Tat liegt auch schon eine Parallel-Ausgabe zu Hypertext vor: Ben Shneiderman/ Greg Kearsley: Hypertext hands-on. An introduction to a new way of organizing and accessing information. Addison-Wesley Publishing Company 1989. Mit dem Buch werden Disketten geliefert, auf denen Hypertext in Hypertextform, unter Verwendung von HyperTIES, dargestellt wird. Beide Versionen können unabhängig „gelesen" werden. Im Buch finden sich einige Einschätzungen von frühen Benutzern beider Versionen (S. 151f). Neben neutralen, positiven oder skeptischen Anmerkungen findet sich auch die äußerst negative Aussage [die allerdings partiell auf Systemeigenschaften von HyperTIES zurückzuführen ist, also nicht allgemein auf Hypertext übertragen werden kann]: „To succeed, Hypertext Hands-On! should be both a good book and a good hyperbook. It is not. As a book, it is hobbled by having to fit into the hypertext style ... As a program relegated to the least common denomination of personal computers, it lacks what is good about books – illustrations, visible structure, and easy reading" (Shneiderman/Kearsley 1989, 152).

[8] Z.B. unter Verwendung von GUIDE/OWl, HyperTIES, NaviTextTM SAM, Black Magic, KnowledgePRO, TOOLBOOK und HyperCard (vgl. Kapitel 6 „Systembeispiele").

[9] Einfache System, wie HyperTIES auf PC, benötigen allerdings für das bloße Lesen („Browsing") nicht die gesamte Software. Diese „Run"-Versionen haben dann aber den Nachteil, den Hypertexte gerade mithelfen sollten zu beseitigen, daß Leser nicht selber Kommentare machen oder ihre eigenen Materialien einbringen können.

[10] Wir tun dies auch ausführlicher in Abschnitt 2.4 „Konversion von Text in Hypertext".

(i) **Linearisierung einer Hypertextversion:** Das System „Writing Environment" (WE Smith/Weiss/Ferguson, 1987) unterstützt über drei verschiedene Modi, Netzwerk-Modus, Baum-Modus und Text-Modus, a) die Prozesse der Generierung von Gedanken und deren Verknüpfung in Netzwerken, b) die Umsetzung dieser noch freien Assoziationen in hierarchische Strukturen und schließlich c) die aus den Hierarchien mögliche Linearisierung in aktuelle Texte (vgl. auch der WE erweiternde Ansatz in „AAA" in Schuler/Smith 1990).

(ii) **Hypertextinterne Verwaltung von Autorenwissen:** Ist man davon überzeugt, daß die Zukunft der Darstellung und Verwaltung von Wissen dem nichtlinearen Medium von Hypertext gehört, da Nicht-Linearität kognitiv plausibel sei, dann muß Linearisierung von Wissensstrukturen in Texten zwar nicht auszuschließen, aber auch nicht Ziel der Forschung sein. Entsprechend wird durch SEPIA, ein von dem IPSI-Institut der GMD[11] entwickelter Hypertextprototyp, angestrebt, das Wissen von „Autoren" in vier verschiedenen Aktivitätsräumen, Inhaltsraum, rhetorischer Raum, Planungsraum und Argumentationsraum, zu verwalten, primär um den schwierigen Prozeß der Produktion von Wissen zu unterstützen, nicht um Texte zu generieren (vgl. Streitz/ Hannemann/Thüring 1989/90)[12].

(iii) **Verlagerung des Schreibens außerhalb von Hypertext:** Diese von Trigg/Irish (1987) vorgeschlagene Variante ist sicherlich aus Forschungssicht am unbefriedigsten, kommt aber der gegenwärtigen Praxis, falls überhaupt Hypertextsysteme dafür eingesetzt werden, am nächsten. Hypertext verwaltet für den Autor dessen Wissen, und dieser holt sich dann die passenden Teile in sein (textuelles) Manuskript. Dafür muß zumindest der Datenexport von Hypertexteinheiten (oder Teilen von ihnen), wenigstens in ASCII-Dateien, möglich sein.

Ein interessanter Nebeneffekt hat sich auch beim Schreiben dieses Buches ergeben. Die experimentelle Konversion von Kapiteln dieses Textes in Hypertext unter Verwendung verschiedener verfügbarer Software (vgl. Anmerkung 8) legte sehr deutlich Schwächen bei der Strukturierung größerer Teile, aber auch bezüglich der Kohärenz einzelner Absätze offen. Ein schon im Text mit heterogenen Themen angefüllter oder nicht aus sich heraus verständlicher Absatz ist auch als Hypertexteinheit nicht geeignet[13], so daß der Zyklus „Text, Hypertext, Text" durchaus nützlich sein kann.

(iv) **Wissensbasierte Generierung von Texten aus Hypertextstrukturen:** In weiterer Zukunft werden Verfahren entwickelt werden, die auf der Grundlage von

---

[11] IPSI = Integrated Publication and Information Systems Institute (Forschungs-Nachfolgeinstitution der Gesellschaft für Information und Dokumentation, GID)

[12] Zu einem weitergehenden wissensbasierten Ansatz zur Unterstützung von Autorenwissen vgl. Knopik/Ryser 1989/90.

[13] Vgl. das in Abschnitt 2.1 ausgeführte Merkmal der kohäsiven Geschlossenheit.

Techniken der Wissensrepräsentation und von Textgeneratoren Hypertextstrukturen linearisieren können. Wir gehen auf entsprechende Ansätze im
Rahmen der Konstanzer Projekte TOPIC und TWRM-TOPOGRAPHIC in
Kapitel 4 ein. Zur Zeit ist jedoch das textlinguistische Wissen zur Generierung
größerer textueller Einheiten aus vernetzten Strukturen noch nicht vorhanden.
Entsprechende Projekte beziehen sich auf kleinere Einheiten, z. B. Zusammenfassungen[14] Das hypertextspezifische Problem der Generierung linearer Texte
besteht darin, aus weitgehend atomisierten (kohäsiv geschlossenen) einzelnen
Einheiten nicht nur eine textuelle Aneinanderreihung, sondern eine semantisch
und argumentativ stimmige Verkettung, eben einen kohärenten Text, zu
machen.

Nun verfügen wir weder über die (auch noch begrenzte) Funktionalität von
„Writing Environment" oder AAA noch haben wir den wissensbasierten
Generator für die Rekonversion von Hypertext in Text. Die Diskrepanz
zwischen den theoretischen Möglichkeiten, wie sie zum Teil auch in experimentellen, aber nicht allgemein verfügbaren Systemen verwirklicht sind, und den
faktischen Systemangeboten schien uns noch zu groß zu sein, als wir uns zum
Angebot einer Hypertextversion zu Hypertext hätten entschließen können.
Abgesehen von der bislang mangelnden Unterstützung der Systeme bezüglich
Orientierung und Navigation ist es sicherlich unbefriedigend, daß in den heute
kommerziell verfügbaren Hypertextsystemen die Verknüpfungsmöglichkeiten
beim Aufbau und bei der Weiterentwicklung von Hypertextbasen weitgehend
vom Autor vorgegeben werden. Beim Durchstöbern („Browsing") des Hypertextes kann der „Leser" zwar selber entscheiden, welchen Pfaden aus den
Angeboten er nachgehen will, aber er tut das auf der Basis von Autorenvorgaben. In den wenigsten Fällen kann der Leser sich selber – über das vielleicht
mögliche Einfügen von Kommentaren (über Annotationen) hinaus – in die
Konstruktion der Hypertextbasis oder in den Aufbau geeigneter Pfade
einbringen. Anders als kommerziellen On-line-Retrievalsystemen ist zwar die
Informationserarbeitung, über freie Navigation oder kontrollierte Suche, bei
Hypertext benutzerfreundlich, nicht aber bislang das Einbringen neuer Elemente und deren Verknüpfung in einen bestehenden Hypertext. Ist schon das
Editieren bei einer Einzelplatznutzung schwierig genug, so sind die Probleme
bei aktiver Mehrplatzbenutzung noch kaum gelöst. Unkontrolliertes Ergänzen
und Verknüpfen durch heterogene Nutzer kann bislang nur neue Unübersicht-
lichkeit entstehen lassen. Diese aktive Beteiligung wird aber auf Dauer für die
Akzeptanz von Hypertext, also auch für einen Hypertext über Hypertext,

---

[14] Vgl. Fum/Guida/Tasso (1985); Janos (1979); Kintsch/van Dijk (1978); Kuhlen (1989 d);
Kuhlen (1990 c); Kuhlen/Yetim (1989); Kukich (1983); Lehnert (1982); Mann (1984);
Mann/Thompson (1986 a, b); McKeown (1985); Sonnenberger (1988); Tait (1985).

entscheidend sein[15]. Mit diesen, zu Beginn einer Arbeit über Hypertext vielleicht unerwartet skeptischen Bemerkungen wollen wir natürlich keineswegs die Brauchbarkeit von Hypertext für eine Vielzahl anderer, auch größerer Anwendungen, auch für die Gegenwart bezweifeln; vgl. z. B. „Glasgow online", eine der größten Anwendungen mit HyperCard, entwickelt an der „University of Strathclyde", mit der sich Benutzer Informationen vielfältiger Art über Glasgow erarbeiten können (vgl. Baird/MacMorrow/Hardman 1988; MacMorrow/Baird 1989). Auch bereits vorliegende Benutzerhandbücher in Hypertextform, z. B. für SUN- oder Symbolics-Maschinen, zeigen die Nützlichkeit von Hypertext für Nachschlagewerke, Wartungshandbücher oder technische Anweisungen. Benutzen wir also dieses Buch dazu, zunächst den Stand, dann aber auch die Möglichkeiten von Hypertext herauszuarbeiten, nicht zuletzt auch deshalb, um die Basis für die Erstellung zukünftiger leistungsstärkerer Hypertextsysteme zu erweitern.

1.2 Was ist Hypertext?

Zusammenfassung: Wir erläutern die Grundidee von Hypertext als flexible Manipulation (multimedial realisierter) Einheiten über reichhaltige Verknüpfungen und besprechen die Architektur von Hypertextsystemen. Diese besteht aus der *Hypertextbasis* (zuweilen auch der Hypertext genannt), in dem der einschlägige Objektbereich über informationelle Einheiten und deren Verknüpfungen dargestellt wird, dem *Hypertext-Management-System*, das die Hypertextbasis verwaltet, sowie der *Autoren-/Analysekomponente* als Werkzeug zur Erstellung einer Hypertextbasis und der *Navigations-/Suchkomponente* als Mittel zur Navigation und Suche in der Hypertextbasis.

Kurzhinweise auf Literatur: Bates (1986); Brondmo/Davenport (1989/90); Campbell/ Goodman (1987/88); Conklin (1987); Gloor (1990); Hammwöhner (1990); Jonassen (1986); MacMorrow/Baird (1989); Nielsen (1990); Parsaye et al. (1989); Shneiderman (1987); Shneiderman/Kearsley (1989); Streitz/Hannemann/Thüring (1989); Streitz (1990); Thiel (1990)

Für die einen ist Hypertext die konsequente Fortsetzung nicht-linearer Lese- und Schreibhilfen linearer Texte, die uns in Form von Fußnoten, Querverweisen, Inhaltsverzeichnissen oder Registern geläufig sind; für andere ist Hypertext ein hervorragendes Transitionsmittel, den kognitiv schwierigen Prozeß des Schreibens zur Erzeugung linearer Produkte zu unterstützen; für andere eine grundsätzlich neue Möglichkeit, den Umweg über die Linearität von Texten zu

---

[15] Entsprechend intensiv wird zur Zeit an den Themen „Groupware" (vgl. Nastansky 1990c) und des kollaborativen bzw. kooperativen Schreibens gearbeitet (z. B. Richartz/ Rüdebusch 1989/90). Eine Aufarbeitung des Forschungsstandes zu diesen Themen findet sich in der Konstanzer Diplomarbeit von Hofmann (1990).

vermeiden, also Wissen direkt in eine Hypertextbasis einzuführen, um sich oder anderen die Chance zu geben, darin komfortabel und frei assoziierend navigieren zu können; für Literaten bzw. Literaturtheoretiker, wie Stuart Moulthrop, John McDaid oder Michael Joyce, bedeutet Hypertext „entering a space without any linear limitations or restrictions" (mündlich Hypertext '89) und eröffnet damit ganz neue, den „Leser" mit einbeziehende Möglichkeiten des Schaffens kreativer Räume, gleichzeitig aber auch die Gefahr des Verlustes von Realität bei beliebiger Manipulationsmöglichkeit fiktionaler, simulierter Realität; und für die XANADU-Gemeinde um Ted Nelson ist Hypertext eine Vision, die vielleicht letzte Chance der Menschheit, sich Wissen gemeinschaftlich über Milliarden Dokumente jeder medialen Art mit Trilliarden Verknüpfungen zum Nutzen der Menschheit zu erschließen. Unsere eigene Erwartung an Hypertext ist im Titel des Buches ausgedrückt: Mit Hypertext kann wissensbasierte Arbeit einzelner Personen oder Gruppen – für letzere ist im Amerikanischen die Bezeichnung „groupware" geprägt worden (vgl. Nastansky 1990c; Hofmann 1990; Richartz/Rüdebusch 1990) – unterstützt werden, sei es zur Verwaltung des eigenen Wissens oder sei es zur komfortablen flexiblen Erarbeitung von Information aus von anderen aufgebauten Hypertexten.

Die Grundidee von Hypertext besteht darin, daß informationelle Einheiten, in denen Objekte und Vorgänge des einschlägigen Weltausschnittes auf textuelle, graphische oder audiovisuelle Weise dargestellt werden, flexibel über Verknüpfungen *manipuliert* werden können[16]. Manipulation bedeutet hier in erster Linie, daß die Hypertexteinheiten vom Benutzer leicht in neue Kontexte gestellt werden können, die sie selber dadurch erzeugen, daß sie ihnen passend erscheinenden Verknüpfungsangeboten nachgehen. Die Einheiten selber bleiben dabei in der Regel unverändert. Diese Idee der Manipulation wird in Zukunft sicherlich verstärkt durch *dialogische* Prinzipien, auf Grund deren das System von sich aus aktiv in den Dialog mit Vorschlägen eingreifen kann, ergänzt werden (müssen), um die Komplexität des Umgangs mit großen Hypertexten für die Benutzer zu reduzieren. Werden die Angebote zu reichhaltig und die Konsequenzen der Wahl unüberschaubar, kann Kreativität leicht in Chaos umschlagen. Hier müssen durch Hypertext Techniken bereitgestellt werden, mit denen die in gewisser Hinsicht beschränkte menschliche Informationsverarbeitungskapazität maschinell unterstützt werden kann. Manipula-

---

[16] Dies legt für den Aufbau von Hypertexten einen objektorientierten Ansatz nahe, so wie HyperCard, das Hypertextsystem auf Macintosh-Maschinen, mit Hilfe der (annähernd) objektorientierten Sprache Hypertalk leicht erweitert werden kann. Um dies konsequent durchführen zu können, muß jedoch noch viel Arbeit zur syntaktischen und semantischen Spezifikation der Objekte, in erster Linie der Hypertexteinheiten und Verknüpfungen, geleistet werden (vgl. die Abschnitte 2.1 und 2.2).

tion und kooperativer Dialog sind also die wesentlichen Prinzipien von Hypertext.

Die Formulierung im letzten Absatz, daß Objekte und Vorgänge eines gewählten Weltausschnittes auf textuelle, graphische oder audiovisuelle Weise dargestellt und verknüpft werden, deutet darauf hin, daß die Bezeichnung „Hypertext" wegen der grundsätzlich angelegten Multimedialität (Gloor 1990; Halin/Hamon 1989; MacMorrow/Baird 1989) zumindest irreführend ist. Möglicherweise wird sich auf Dauer für Hypertext die Bezeichnung „Hypermedia" durchsetzen[17]. Zwar sind zur Zeit noch viele Hypertextsysteme weitgehend auf textlicher Basis realisiert (seien sie nun aus Texten abgeleitet oder enthalten sie Textpassagen in ihren Einheiten), aber erwünscht ist dies keineswegs und entspricht auch nicht den technischen Möglichkeiten[18]. In Hypertextsystemen sind zur Zeit überwiegend Textfragmente, Tabellen, Graphiken und über Scanner eingefügte Bilder die Objekte der relationierten Knoten. Offen sind die Systeme aber prinzipiell für alle anderen „Objekte", Tonträger, bewegte Bilder (Videos), aber auch für Dienstleistungen hypertextexterner Software, z. B. Tabellenkalkulations-Programmen oder externem On-line-Retrieval, die durch Aktivierung einer Verknüpfungsmöglichkeit aufgerufen und genutzt werden können. Wir wollen im folgenden die Fragen der Behandlung temporaler (akustischer und optischer) Medien, und damit die Forschungsprobleme, die mit Hypermedia-Systemen im engeren verbunden werden, weitgehend ausklammern. Es ist offensichtlich, daß der Aufbau multimedialer Systeme, Segmentierung und Relationierung, in methodischer Sicht gegenüber textbezogenen Systemen zusätzlich neue Probleme entstehen läßt. Vor allem wird die

---

[17] So lautet auch die erste Fachzeitschrift des Gebietes, herausgegeben im „Department of Information Science der University of Strathclyde". Auch P. Gloor hat seine, im deutschsprachigen Bereich erste Monographie zum Thema „Hypermedia" genannt. Mit der Bezeichnung „Hypertext" – darauf hat Norbert Streitz bei der Verteidigung der Benennung „Hypertext" auf der Gründungsversammlung der Fachgruppe „Hypertext" in der GI (= Gesellschaft für Informatik) am 23.4.1990 in Darmstadt hingewiesen – werden zur Zeit eher die methodischen Probleme bei der Entlinearisierung von Text bzw. der entlinearisierten Darstellung von Wissen angesprochen, während der Ausdruck „Hypermedia" sofort die technische Bandbreite der zum Einsatz kommenden Medien assoziieren läßt (vgl. Sherman et al. 1990; Puttress/Guimaraes 1990).

[18] Wir gehen in dieser Arbeit nicht näher auf die technischen Voraussetzungen für Hypertext oder Hypermedia ein. Eine brauchbare Übersicht, vor allem auch mit Rücksicht auf optische Speichertechniken, bietet Gloor (1990, Abschnitte 1.8–1.10). Die bisherigen Erfahrungen legen nahe, daß ein realistischer Einsatz auf Personal Computern unterhalb der 386-Ebene kaum sinnvoll ist. Bei umfangreicher Programmfunktionalität sind 8 MB RAM eine vernünftige Ausstattung. Der in Zukunft zu erwartende vermehrte Einsatz wissensbasierter Techniken mit hohem Verarbeitungsbedarf ist zur Zeit nur auf leistungsstarken „workstations" zu bewerkstelligen. Hypertexte sind zur Zeit selten auf Großrechnern installiert.

Automatisierung dieses Vorgangs, der in dieser Darstellung einen gewissen Schwerpunkt darstellen soll, bei multimedialem Material viel schwieriger zu verwirklichen sein, da die semantische Struktur temporaler (akustischer oder optischer) Einheiten auf dem jetzigen Stand des Wissens kaum automatisch erkennbar ist[19].

Direkte Manipulation und dialogisches Design. Die Manipulation bei Hypertextsystemen besteht im wesentlichen darin, daß informationelle Einheiten oder Teile in ihnen als Ausgangspunkt einer Verknüpfung direkt aktiviert werden können, z. B. dadurch, daß über einen „Maus"-Klick eine attraktive, d. h. weitere Information stimulierende Stelle (ein „button") angewählt wird. Das System wird der aktivierten Verknüpfung nachgehen und sollte sofort den Endpunkt der Verknüpfung, eine andere informationelle Einheit oder ein bestimmter Punkt in ihr, am Bildschirm anzeigen, entweder dadurch, daß die neue Einheit in die alte eingeblendet wird oder diese ersetzt oder beide parallel in unterschiedlichen Fenstern angezeigt werden (vgl. Abb. 1.2-1).

Für Hypertext ist also zunächst und historisch zuerst das von Shneiderman auf Hypertext übertragene Prinzip der direkten Manipulation zutreffend (Shneiderman 1987)[20]. Direkte Manipulation erlaubt schnelle, reversible, inkrementelle Aktionen, deren Auswirkungen auf die Objekte sofort sichtbar sind. In der Forschung zur Mensch-Maschine-Kommunikation, die für Hypertext einschlägig ist, werden die folgenden Vorteile für eine (graphische) Schnittstelle auf der Grundlage direkter Manipulation genannt (Jacob, 1989, 186f; Shneiderman 1987a, 201f; Triebe/Wittstock/Schiele 1987, 167f; Ziegler/ Fähnrich 1988, 130):

- Die jeweils angestrebte Funktionalität wird über die Semantik der Objekte direkt erreicht; es sind also nur wenige Grundkommandos bzw. -operationen nötig.

---

[19] MacMorrow/Baird (1989) weisen auf die Möglichkeiten, aber auch auf die Schwierigkeiten des Einsatzes gesprochener Sprache in Hypermedia Systemen hin. Akzeptanzprobleme können sich (i) aus bislang mangelnder Ausgabequalität bei Sprech-Synthetisierungsverfahren; (ii) wegen langsamer Zugriffszeit auf vorab aufgenommene Rede, z. B. beim Einsatz von CD-ROM; (iii) aber auch aus der Einschätzung vieler Benutzer ergeben – darauf weist Shneiderman (1987a) hin –, daß Computersysteme „nonanthropomorphistic" konzipiert sein sollten; also nicht um jeden Preis menschliche Leistung imitieren sollten – und dazu gehört sicherlich Sprechen. Trotzdem ist unverkennbar, daß die Verwendung gesprochener Sprache den Wert von Hypertextsystemen beträchtlich erhöhen kann; vgl. z. B. das von MacMorrow/Baird exemplarisch erwähnte „Future Worlds Project", das als multimediales Unternehmen gemeinsam von den Firmen Apple und BBC durchgeführt wird (Whitby 1989).

[20] Die folgenden Ausführungen zur direkten Manipulation stützen sich auf die Aufarbeitung der entsprechenden Literatur in der Konstanzer Diplomarbeit von T. Mann (1990).

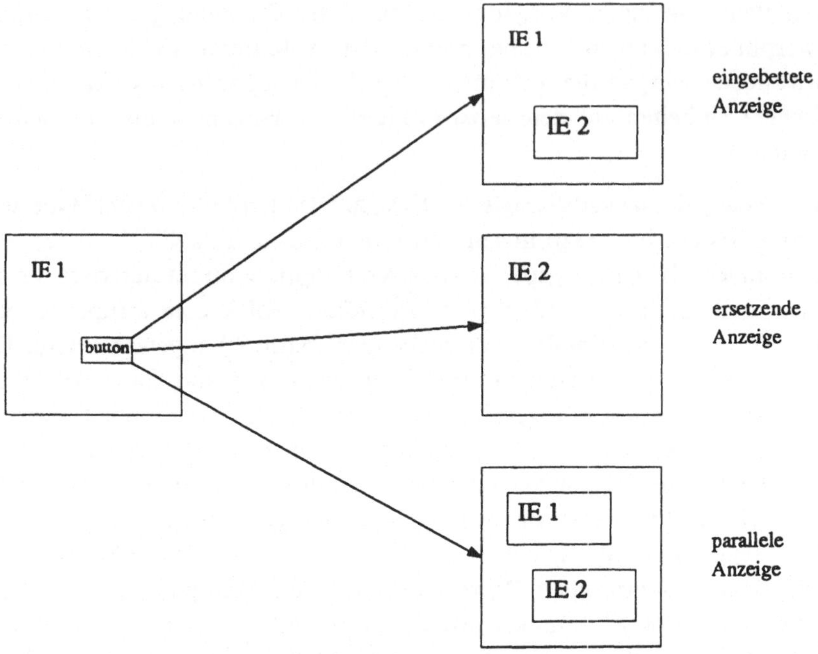

Abb. 1.2-1. Arten der Anzeige nach der Verknüpfung

- Direkte Manipulation vermittelt subjektive Zufriedenheit beim Benutzer; sie kann ihm das Gefühl geben, Initiator über eine von ihm kontrollierte und in ihren Ergebnissen sofort sichtbaren Aktion zu sein; Aktionen können leicht revidiert werden;
- Die entsprechenden Operationen sind einfach zu erlernen und können auch leicht behalten werden; sie sind für alle Typen von Benutzern (Anfänger, gelegentliche Nutzer, erfahrene Expertenbenutzer) gleichermaßen geeignet.

Die Manipulation wird über die Direktheit hinaus dadurch attraktiv – und ist die Basis für die Nicht-Linearität von Hypertext –, daß die Verknüpfung prinzipiell nicht-deterministisch ist, d. h. von einer Einheit können mehrere Verzweigungen weggehen und zu einer Einheit können viele Verknüpfungen hinführen (vgl. Abschnitt 2.2 über „Verknüpfungen"). Damit ist aber auch zugleich das Problem der direkten Manipulation angesprochen, welches bislang dominierendes Gestaltungsprinzip graphisch konzipierter Schnittstellen (gewesen) ist: Je komplexer die Möglichkeiten werden, umso größer ist die Gefahr, daß der Benutzer sich in dem für ihn aufgespannten Raum verliert, zumal dann – was die Regel ist –, wenn das System von sich aus weitgehend passiv bleibt, d. h. lediglich auf die Manipulationen der (graphischen) Objekte durch den Benutzer mit den vorgesehenen Aktionen reagiert. Das andere Extrem, nämlich daß der Aktionsraum des Benutzers weitgehend auf das Nachvollziehen der Navigationsangebote des Systems beschränkt bleibt, ist sicher auch nicht im Sinne der allgemeinen Hypertextidee, dem Benutzer Freiräume für seine Explorationen zu eröffnen.

Entsprechend wird ein hybrider Ansatz vorgeschlagen (vgl. Thiel 1990), mit dem die direkte Manipulation durch dialogische, pragmatische Aspekte ergänzt wird, wie sie in der Vergangenheit eher bei der Forschung zu natürlichsprachlichen Schnittstellen, z. B. zu Datenbanken, eingesetzt wurden. Dies bedeutet, daß das System nicht nur reagieren kann, sondern im Sinne eines Dialogpartners von sich aus aktiv werden und passende Manipulationsvorschläge machen kann. Wir werden im Verlauf unserer Darstellung zeigen, welche Verfahren in der bisherigen Hypertextforschung entwickelt worden sind, um das Dilemma zwischen freier Manipulation, mit der Gefahr des Orientierungsverlustes, und der Systemführung „an der Leine" zu entgehen. Wir werden dabei zu dem Schluß kommen, daß erst durch den Einsatz wissensbasierter Verfahren – zur Repräsentation des in den Hypertexteinheiten enthaltenen Wissens, zur Differenzierung der Verknüpfungen und zur Darstellung des Wissens über Benutzer und deren Ziele und Situationen – ein qualitativer Sprung in Richtung tragfähiger Lösungen zu erwarten ist (vgl. Russell 1990; Schwabe/Feijó/Krause 1990). Wie sonst soll ein System, entsprechend den Anforderungen im Dialogmodell, auf aktuelle, nicht voreingestellte Situationen flexibel reagieren können? Um das zu können, muß die semantische Basis von Hypertexten – bislang weitgehend auf dem Prinzip der Manipulation beruhend – erweitert werden, und zwar in mehrfacher Hinsicht:

– mit Blick auf die Semantik der Hypertexteinheiten, d. i. deren wissensbasierte Beschreibung;
– mit Blick auf die Semantik der Verknüpfungen, d. i. die Ausdifferenzierung der Verknüpfungstypen;
– und nicht zuletzt mit Blick auf die Semantik der Nutzungsseite, z. B. Aufgaben, Benutzer- oder Dialoghistorienmodelle, um Abgleichungen zwischen den Möglichkeiten des Hypertextes und den Benutzungsanforderungen vornehmen zu können.

Wir werden diese Fragen in Kapitel 4 eingehender besprechen. Beantworten wir zunächst weiter die Frage „Was ist Hypertext?" und arbeiten dazu die elementaren Komponenten von Hypertextsystemen heraus.

Architektur von Hypertextsystemen. Wir unterscheiden im folgenden – analog zu den auch bei Datenbank- und Expertensystemen üblichen Unterscheidungen (vgl. Appelrath 1985) – zwischen Hypertextbasis und Hypertextsystem wie folgt: Eine Hypertextbasis (HTB) ist der materiale Teil eines Hypertextsystems, der Teil, in dem die Gegenstände des Objektbereichs in entsprechenden

Einheiten dargestellt und verknüpft sind[21]. Zum gesamten Hypertextsystem (HTS) als das Zusammenspiel der verschiedenen Software-Teile gehören zumindest noch das Hypertext-Managementsystem (HTMS) sowie Komponenten für den Zugriff auf und zum (intellektuellen oder automatischen) Aufbau von Hypertextbasen.

Auf das Design des Hypertext-Managementsystems (HTMS) gehen wir angesichts des relativ offenen Zustandes der Forschung und Entwicklung auf diesem Gebiet nicht ausführlich ein (vgl. Gloor 1990, 8ff). Es ist ganz offensichtlich, daß vor allem größere Hypertextbasen sinnvollerweise über Datenbanken verwaltet werden müssen, nicht nur aus Effizienz-, sonder auch aus Gründen der Portabilität(vgl. Dürr/Neske Stieger 1990). Es ist zu erwarten, daß in näherer Zukunft bislang verwendete relationale Datenbanksysteme durch objektorientierte abgelöst werden. Das Hypertextsystem Intermedia der Brown-University gehört zu den wenigen Hypertextsystemen, die die Verwaltung ihrer Hypertextbasis auf ein relationales Datenbanksystem abstützen; ähnlich auch das GMD-IPSI-System SEPIA bzw. das zugeordnete Verwaltungssystem HyperBase (vgl. Schütt/Streitz 1990), das bislang auf der Grundlage des relationalen Datenbanksystems SYBASE arbeitet, jedenfalls solange, bis ein wirklich objektorientiertes Datenbanksystem eingesetzt werden kann.

Campbell/Goodman (1987/1988) haben mit HAM (Hypertext Abstract Machine) ein allgemeines Modell für die Verwaltung von Hypertextbasen vorgelegt (vgl. Gloor 1990, 12ff), das allerdings lediglich auf der Basis des UNIX-Filesystems arbeitet und damit bei größeren Beständen Performanzprobleme aufweisen dürfte. In Campbell/Goodman (1987/1988) wird gezeigt, wie mit HAM die Funktionalität der „buttons" von GUIDE, der „webs" von Intermedia und der „FileBoxes" von NoteCards modelliert werden kann vgl. weiterhin den Vorschlag von Tompa (1989) für die Verwaltung von Hypertextdaten auf der Basis eines Hypergraph-Modells (vgl. auch Kommers 1989/90). Potter/Trueblood (1988) stellen ein benutzerorientiertes Datenmodell gegenüber computerorientierten Modellen vor. Bieber/Kimbrough (1989a, b) schlagen ein allgemein logikbasiertes Modell für Hypertext vor. Ein Hypertextmodell unter Einbeziehung der Zeitdimension stellen Ogawa/Harada/Kameko (1990) vor. Lucarella (1990) entwickelt ein Modell für Hypertext aus der Idee der Verallgemeinerung des Retrieval durch Inferenzprozesse aus einem Hypertextnetzwerk. Afrati/Koutras (1990) schlagen in Erweiterung des Garg'schen Modellentwurfs (sie definieren auch Verknüpfungen als Objekte) ein objektorientiertes, mengentheoretisches Modell vor, auf dessen Grundlage eine

---

[21] Zuweilen werden wir aber auch weiter (wie bisher) einfach vom „Hypertext" sprechen, wenn wir eigentlich die Hypertextbasis meinen. Der „Hypertext" ist aber wegen der zu nahen Assoziation zu textuellen Materialien an sich nicht genau treffend.

prädikatenlogische Abfragesprache für Hypertextbasen konstruiert werden kann (a.a.O. 63ff).

In der Regel werden aber Hypertextbasen zur Zeit noch über einfache Dateiverwaltungssysteme mit entsprechender direkter „Verpointerung" verwaltet. Die Leistung von Hypertextsystemen – zumindest was die Zugriffsgeschwindigkeit beim Navigieren in größeren Hypertextbasen angeht – hängt wesentlich von der Organisation bzw. Verwaltung der Hypertextelemente ab[22] Die datenbankmäßige Verwaltung von Hypertexten wird in Zukunft auch mit Blick auf den Austausch von Hypertextdaten wichtig. Entsprechend müssen Austauschformate für informationelle Einheiten und Funktionen festgelegt werden (vgl. Riley 1989). Auf der Hypertext '89 Konferenz gab es eine spezielle Panel-Diskussion zum wichtigen Thema der Austauschbarkeit von Hypertexten. Das amerikanische Normierungs-Institut hat zu Beginn 1990 einen eigenen Workshop zu dieser Frage veranstaltet.

In der englischsprachigen Literatur werden für die Zugriffs- und Aufbaukomponenten die Bezeichnungen „Browsing" und „Authoring" verwendet. Verschiedentlich ist versucht worden, Hypertextsysteme insgesamt nach diesen Hauptfunktionen: „Retrieving (browsing and searching) vs. authoring (creating and designing)" (Streitz/Hannemann/Thüring 1989, 344) einzuteilen[23]. Dies macht auch mit Blick auf die Hauptanwendungen – Aufbau von Hypertextbasen zur Verwaltung von Wissen (Authoring) und Erarbeitung von Information durch „stöberndes" oder gezieltes Suchen – Sinn. Unabhängig von dieser generellen Systemunterscheidung enthalten natürlich alle Hypertextsysteme, unabhängig von ihrer primären Verwendung, Aufbau- und Nutzungskomponenten, die zuweilen entsprechend mit den Bezeichnungen „Authoring" und „Browsing" belegt werden, so bei dem System HyperTIES mit den beiden Komponenten „Author" und „Browse".

Eine Übertragung dieser englischen Bezeichnungen ins Deutsche ist nicht einfach. Bezüglich „Browsing" gibt es keine gleichermaßen treffende Entsprechung. Zudem wird man Hypertext sicher nicht nur im „Browse-Mode", also nicht nur auf eher assoziative Weise nutzen. Ergänzt wird „Browsing" sowohl durch mehr kontrolliertes Navigieren als auch durch gezieltes Suchen, entspre-

---

[22] Vgl. z. B. die offensichtlichen Unterschiede in Systemen wie GUIDE/Owl und HyperCard/Macintosh-Apple – in diesem Fall mit wesentlichen Performanzvorteilen für das letztere System; vgl. aber Verbesserungen in der GUIDE-Version 3.0 unter Windows 3.0, die zur Zeit der Erstellung dieser Fußnote noch nicht ausgetestet werden konnte.

[23] Auch Streitz/Hannemann/Thüring (1989) merken an, daß Hypertextsysteme natürlich nicht exklusive einer von beiden Komponenten zugeordnet werden können, die meisten Hypertextsysteme betonen jedoch entweder die Seite des „Authoring" oder die des „Browsing", wenn auch manche Systeme, wie KMS oder Intermedia, für beide Zwecke genutzt werden können.

chend den Prinzipien des Information Retrieval. Was verkürzt „Browsing" heißt, ist eher ein Zusammenspiel von „Browsing" (Stöbern), Navigieren und Suche. In der Vergangenheit ist „Browsing", und damit assoziatives Suchverhalten, als das wesentliche Merkmal von Hypertext angesehen worden – und wir werden auf die Nützlichkeit von „Browsing" und ähnlicher Formen in Abschnitt 2.3.1 ausführlich eingehen. Der Umgang mit größeren Hypertexten hat jedoch gelehrt, daß freies assoziatives Suchverhalten nicht in jeder Hinsicht zum gewünschten Erfolg führt, da der Orientierungsverlust dadurch fast vorprogrammiert ist. Entsprechend sind in weiter entwickelten Hypertextsystemen Navigationsangebote (vgl. Abschnitt 2.3.3) und eher klassische Suchfunktionen des Information Retrieval eingebaut. Auch bei Navigationsangeboten bleibt die Möglichkeit des Ausstiegs aus den Systemangeboten und damit das Umsteigen zum freien „Browsing" erhalten, so daß wir die Bezeichnung „Navigation" als Oberbegriff für das für Hypertext typische „Wandern" in Hypertexträumen ansehen wollen, das durch das im Information Retrieval übliche gezielte Suchen ergänzt wird. Wir wollen also mit Blick auf die Nutzerseite von der *Navigations-/Suchkomponente* oder auch verkürzt: von der Navigationskomponente sprechen.

Ebenso sehen wir in der Bezeichnung „Authoring" eine Verkürzung des Eingabe- bzw. Aufbauproblems. Hypertextbasen werden entweder durch Autoren direkt erstellt, oder sie beruhen auf der Konversion von Objekten (häufig Texten) in Hypertexteinheiten (mit entsprechenden Verknüpfungen) durch maschinelle oder intellektuelle Analyseverfahren. Wir wollen also mit Blick auf die Eingabeseite von Hypertext, die dem Aufbau der Hypertextbasen dient, von *Autoren-/Konversionskomponente* sprechen. Da auch der erste Fall, die direkte Erstellung der Hypertextbasen durch Autoren, in gewisser Hinsicht als Konversion anzusehen ist – interne Strukturen der Autoren werden in externe Hypertextstrukturen übertragen (vgl. Abschnitt 2.4) –, werden wir auch verschiedentlich einfach von der Konversionskomponente sprechen. Entsprechend können wir das Zusammenspiel der verschiedenen Systemteile wie folgt darstellen (Abb. 1.2-2)[24]:

Wir gehen im folgenden auf die einzelnen Komponenten kurz ein. In Kapitel 2 wird diese Diskussion dann vertieft fortgeführt.

Hypertextbasis: Eine Hypertextbasis kann man sich am plastischsten als Netzwerk vorstellen, in dessen Knoten Objekte (Text, Graphik oder multimediales Material) und über dessen Kanten die vielfältigen inhaltlichen Beziehungen zwischen diesen Objekten dargestellt werden. Deshalb wird die Struktur

---

[24] Schnase/Leggett/Kacmar/Boyle (1988) stellen ein anderes Drei-Ebenen-Modell für Hypertextsysteme vor mit „front-end", „hypertext" und „back-end" und diskutieren auf dieser Basis 10 bekannte Hypertextsysteme.

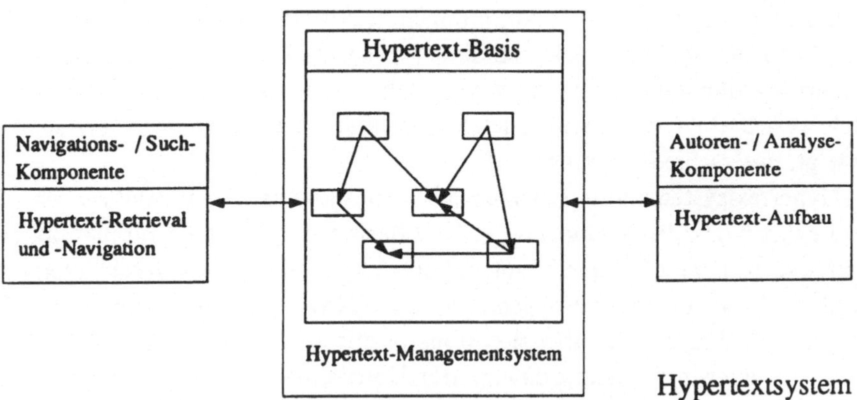

Abb. 1.2-2. Architektur eines Hypertextsystems

einer Hypertextbasis häufig in Beziehung zu dem aus der Wissensrepräsentationstechnik bekannten Konzept des „semantischen Netzes" gesetzt (vgl. Jonassen 1986, 1989/90; Conklin 1987; Parsaye et al. 1989). Uns scheint dieser Vergleich nicht ganz passend zu sein, da in der Künstlichen Intelligenz semantische Netze in erster Linie dafür verwendet werden, um konzeptuelles Wissen repräsentieren zu können, während in Hypertextbasen die „Knoten" sehr viel breiter ausdifferenziert sind und keinesfalls nur konzeptuelles Wissen enthalten. Zumindest ist die Bezeichnung „Knoten" in semantischen Netzen nicht intuitiv plausibel, wenn sie auch technisch (Knoten können beliebige Objekte sein) gerechtfertigt sein mag (vgl. Parsaye et al. 1989). Wir werden in Abschnitt 2.1 dafür die Bezeichnung „informationelle Einheit" bzw. „Informationseinheit" einführen. Hypertextbasen könnten danach unterschieden werden, ob ihre Einheiten in sich strukturiert sind oder nur eine einzige für den Benutzer undifferenzierte Einheit bilden.

Die Formulierung, daß Hypertext auf beliebigen Querverweisen zwischen Einheiten[25] beruhe, ist sicher überzogen. Jedoch muß festgestellt werden, daß die inhaltlichen Beziehungen zwischen den Objekten häufig nur rein assoziativer bzw. referentieller Art sind, also kaum semantisch festgelegt sind. Im Gegensatz zu diesen bloß referentiellen Verknüpfungen, deren Funktion also darin besteht, Einheiten nach assoziativen oder rein syntaktischen Kriterien (vorwärts, rückwärts, zum Beginn, ans Ende, etc.) zu verketten, werden wir die

---

[25] Vgl. Brondmo/Davenport (1989/90, 45) mit Bezug u. a. auf Conklin (1987). Die Autoren differenzieren diese Sicht allerdings: „Links are used to associate content-related chunks with each other and ultimately to navigate between them. Some indication that a link has been associated with a chunk of information must present itself to the user. The user then has the option of selecting the link or ignoring it."

semantisch spezifizierten Verknüpfungen „typisiert" nennen (vgl. Abschnitt 2.2). Natürlich referenzieren auch diese typisierten Verknüpfungen auf andere Hypertexteinheiten, sollten aber von den nicht-typisierten aufgrund ihres Mehrwertes, eben der semantischen Spezifikation, die die Art der Verknüpfung anzeigt, unterschieden werden.

Hypertextsysteme unterscheiden sich weiterhin darin, inwieweit sie, gemäß dem Prinzip des „Browsing" und auf der Basis der direkten Manipulation, die Initiative in erster Linie den Benutzern überlassen oder inwieweit sie Unterstützung, z. B. über Orientierungshilfen, über Navigationsangebote, wie z. B. vorgegebene Pfade, oder über situationsspezifische Angebote bereitstellen.

Versuchen wir die bislang diskutierten Unterscheidungen, die ja auch jeweils einen historischen Stand in der Entwicklung von Hypertextsystemen widerspiegeln, zu systematisieren, dann können wir – Jonassens (1986) Vorschlag ergänzend und leicht modifizierend – vier Ebenen unterscheiden:

- **Ebene 1:** Hypertextsysteme bzw. -basen mit einfachen Einheiten und assoziativen Verknüpfungen und assoziativem „Browsing";
- **Ebene 2:** Hypertextsysteme bzw. -basen mit strukturierten Einheiten und typisierten Verknüpfungen; Navigation in der Hypertextbasis beruht weitgehend auf dem Prinzip der direkten Manipulation;
- **Ebene 3:** Hypertextsysteme bzw. -basen mit strukturierten Einheiten und typisierten Verknüpfungen; Navigation in der Hypertextbasis kann weiterhin auf dem Prinzip der direkten Manipulation beruhen, kann sich aber auch auf in der Regel autoren-vorgegebene, statische Nutzungspfade abstützen;
- **Ebene 4:** Hypertextsysteme bzw. -basen auf der Grundlage von durch wissensbasierte Techniken strukturierten Einheiten und typisierten Verknüpfungen; Navigation in der Hypertextbasis ist nach dialogischen, kooperativen Prinzipien organisiert, d. h. sowohl die Endbenutzer können von sich aus die Initiative ergreifen und behalten, als auch das System kann von sich aus Nutzungsangebote machen, und zwar nicht nur statisch-stereotype, sondern auch flexible, mit denen auf die aktuelle Situation reagiert werden kann.

Hypertextbasen sind keine Ansammlungen von Texten, also auch keine Volltextdatenbanken mit reicheren Verknüpfungsmöglichkeiten zwischen Textpassagen (auch wenn natürlich Bezüge zum Passagen-Retrieval zu erkennen sind). Die Referenzobjekte und -vorgänge des Weltausschnittes von Hypertext müssen nicht in Texten dargestellt sein, so daß auch die entsprechenden Hypertexteinheiten nicht zwangsläufig textueller Art sein müssen[26]. Aber auch aus systematischen Gründen sind wir der Ansicht, daß Hypertextbasen in

---

[26] Vgl. die Ausführungen oben zu „Hypermedia".

ihrer Gänze wegen ihrer prinzipiell nicht-linearen Organisation bzw. des Zugriffs zu ihren Strukturen auch nicht metaphorisch als Texte angesehen werden sollten, die trotz ebenfalls nicht-linearer Eigenschaften im Prinzip linear bleiben[27]. Die Verwendung der Bezeichnung „Hyper*text*" und die ebenfalls geläufige Benutzung der Buch-Metapher sollten nicht zu weitgehenden Analogien verführen, die die Herausarbeitung der hypertextspezifischen Mehrwerte verhindern könnten.

Man bezeichnet eine Hypertextbasis zuweilen auch als ein „Hyperdokument", vor allem dann, wenn die Hypertextbasis aus einem Text entstanden ist. Die Chance, daß die Hypertextbasis dann thematisch homogen ist, ist relativ groß. Hypertextbasen können aber auch aus vielen Texten oder anderen (nicht-textuellen) Wissensressourcen bestehen. Auch wenn dies die thematische Homogeneität nicht von vorneherein ausschließen muß, so wird es zumindest schwieriger, semantische und argumentative Konsistenz zu wahren, da durch heterogene Quellen eher heterogene Positionen in die Hypertextbasis eingebracht werden – mit entsprechenden Konsistenzproblemen bei der Verwaltung und Nutzung. Noch komplizierter wird in Zukunft die Verwaltung und die Nutzung von Hypertextbasen, wenn – vergleichbar der Entwicklung in verteilten Datenbanken oder verteilten Expertensystemen – mehrere Hypertextbasen entweder integriert aufgebaut[28] oder gleichzeitig genutzt werden. Abbildung 1.2-3 zeigt Typen von Hypertextbasen mit den erwähnten unterschiedlichen Referenzressourcen. Im oberen Drittel wird eine Hypertextbasis gezeigt, die sich aus einem Hypertextobjekt rekrutiert; in der Mitte zwei Möglichkeiten, Hypertextbasen aus heterogenen Materialien aufzubauen – integriert und nicht-integriert -; und im unteren Drittel wird die Möglichkeit verteilter Hypertextbasen angedeutet.

Autoren-/Konversionskomponente: Mit Hilfe der Autoren-/Konversionskomponente bzw. deren entsprechenden Programmfunktionen sollen die „Autoren" (das können Personen, aber auch maschinelle Verfahren sein) von Hypertext-

---

[27] Das hindert gleichwohl viele Hypertextautoren nicht daran, zur Beschreibung von Hypertexten Buch-Metaphern zu verwenden; vgl. Benest (1989/90); Bernstein (1988); Egan et al. (1989a, b); Böhle/Wingert/Riehm (1990).

[28] Da müßte man nach einem Vorschlag von G.Sonnenberger (Konstanzer Informationswissenschaft) fast schon von Hyper-Hypertextsystemen sprechen. Das Problem verteilter Hypertextsysteme stellt sich allerdings bei heutigen Systemen nicht in der gleichen Intensität wie bei Datenbank- oder Expertensystemen, da bislang wegen eher flacher Darstellung des Wissens in Hypertextsystemen in geringerem Umfang Konsistenzprobleme auftreten. Sind Hypertexte durchgängig mit Hilfe wissensbasierter Methoden erschlossen, dann sind beim Navigieren in verschiedenen Hypertexten Techniken der automatischen Verwaltung (Integrität, Konsistenz, Homogenisierung heterogener Techniken; vgl. Kapitel 4) unabdingbar. Zur Entwicklung von verteilten Hypertextsystemen vgl. Hofmann et al. 1990.

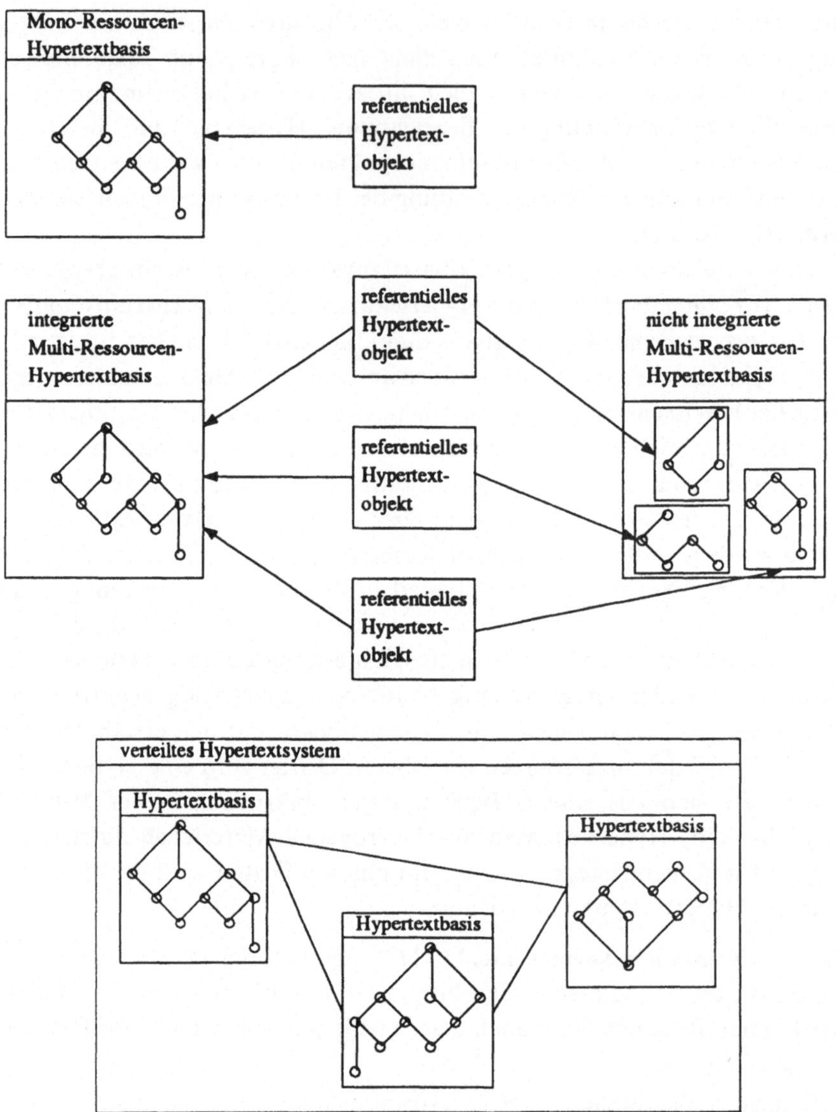

Abb. 1.2-3. Typen von Hypertextbasen mit unterschiedlichen Referenzressourcen

basen in die Lage versetzt werden, aus der Sequenz eines Textes oder aus der Gesamtheit der verfügbaren Materialien des Objektbereiches nicht-lineare Strukturen im Zusammenspiel von Einheiten und Verknüpfungen aufzubauen. Als Minimalanforderung an die Autoren-/Konversionskomponente gilt, daß durch sie informationelle Hypertexteinheiten definiert, strukturiert (vgl. Abschnitt 2.1) und untereinander durch entsprechende Relationen („links") verknüpft werden können. Zu der Verknüpfung gehört die Festlegung und

Markierung der Ausgangs- und Zielpunkte der Verknüpfungen, z. B. durch Blinken („highlighting") oder Farbe in der informationellen Einheit selber oder durch Bereitstellung in einem getrennten Menü (vgl. Abschnitt 2.2). Diese Endpunkte von Verknüpfungen werden im Englischen häufig mit „anchoring", „reference point" oder „link source" einerseits bzw. „link destination" oder „link region" andererseits bezeichnet. In Systemen mit typisierten Verknüpfungen muß die Autoren-/Konversionskomponente auch die Zuordnung und (graphische) Kennzeichnung der Art der Verknüpfungen leisten (vgl. Abschnitt 2.2).

Der Funktionsumfang der Autoren-/Konversionskomponente hängt davon ab, ob die Hypertextbasis in erster Linie durch die Konversion von Text in Hypertext erstellt werden soll[29], ob die Hypertextbasis durch Kompilation heterogener (multimedialer) Objekte entstehen soll[30] oder ob Wissen(sstrukturen) direkt in die Hypertextbasis eingegeben werden soll(en). Die konsequenteste Verwirklichung der Hypertextidee zielt auf die Eingabe und Verwaltung von Wissen bzw. dessen Repräsentationen ab. Nicht länger müßten Hypertexte den „Umweg" über Text nehmen[31].

Navigations-/Suchkomponente: Über diese Komponente ist die informationswissenschaftliche Relevanz von Hypertext im Kontext des erweiterten Information Retrieval besonders ersichtlich. Wir gehen auch davon aus, daß die Benutzung eines Hypertextsystems, zumindest in Umgebungen der Fachinformation, nicht aus bloßer Neugierde oder aus Spieltrieb erfolgt, sondern von einem realen Such- bzw. Informationsproblem angestoßen wird. Allerdings beruht die Leistung von Hypertextsystemen weniger, wie wir angedeutet haben, auf dem das bisherige Information Retrieval weitgehend dominierende „Matching"-Paradigma[32], sondern ist eher dem auch schon älteren, in der Praxis

---

[29] In diesem Fall könnte die Autoren-/Konversionskomponente auch Verfahren enthalten, wie durch Identifikation der Makrostrukturen von Texten (Kapitel, Unterabschnitte, Absätze etc.) Hypertexteinheiten automatisch selektiert werden können (vgl. Frisse 1988 und Abschnitt 2.4). Hier werden zunehmend, auch für Hypertext, die Strukturen von mit SGML (ISO 8879); ODA (ISO 8613) (Bormann/Bormann 1990) oder EDIFACT (ISO/ TC 154; vgl. Abschnitt 2.4) ausgezeichneten Dokumenten ausgenutzt.

[30] In diesem Fall ist eine erheblich umfangreichere technische Ausstattung zur Erzeugung multimedialen Materials erforderlich.

[31] Vgl. Abb. 3.2-1; erneut aber hier der Hinweis, daß dieser „Umweg" vermutlich noch längere Zeit der realistische, wenn auch nicht der exklusive Weg zur Erstellung von Hypertexten bleiben wird.

[32] Von „Matching"-Paradigma wird deshalb gesprochen, weil das Ziel des Retrieval darin besteht, aus der Gesamtmenge der in einer Datenbasis verfügbaren Dokumente diejenigen herauszufiltern, deren semantische, weitgehend deskriptororientierte Beschreibung entweder vollständig – im Falle des Boole'schen Retrieval – oder weitgehend – im Falle eines Vektoransatzes – mit den ebenfalls deskriptororientierten Formulierungen einer Frage in Übereinstimmung gebracht werden kann (vgl. Hammwöhner 1990).

allerdings kaum realisierten exploratorischen Paradigma des Retrieval (vgl. Bates 1986) ähnlich. Ziel bei diesem Paradigma ist – und darin vergleichbar Hypertext – nicht der Nachweis einer Dokumentenmenge, sondern die Möglichkeit, anknüpfend an einen als relevant gefundenen Text, verwandte Texte zu erkunden. Für diese Art des freien Navigierens durch eine Hypertextbasis entsprechend den vom System angebotenen Verknüpfungen hat sich die (auch schon in der Dokumentation bzw. im Information Retrieval allgemein übliche) Bezeichnung „Browsing" (Durchstöbern) durchgesetzt (vgl. Abschnitt 2.3.1) Dieses sogenannte freie „Browsing" wird bei neueren Systemen durch kontrollierte Navigationstechniken und Techniken des gezielten Retrieval (Suche und Ausfiltern durch Selektionsleistungen) ergänzt.

Die Nähe von Hypertext zum Information Retrieval wird durch den letzten Punkt besonders deutlich[33]. Aber auch zum Aufbau von Hypertextbasen und von Navigationsverfahren in Hypertextbasen können die klassischen Verfahren des Information Retrieval bzw. der dokumentarischen (intellektuellen und automatischen) Inhaltserschließung (Indexieren und Referieren) sowie graphische Hilfsmittel[34] eingesetzt werden. Darüberhinaus werden aber vor allem leistungsstärkere Verfahren der Darstellung von Wissen benötigt, mit denen für den Benutzer plausible und semantisch begründete Verknüpfungen zwischen Hypertexteinheiten hergestellt und über die entsprechende Navigationsangebote abgeleitet werden können. In der derzeitigen Praxis der Hypertextsysteme werden die „Browsing"- bzw. Navigationseffekte durch intellektuelle Vorgaben, erst ansatzweise unter Ausnutzung der Möglichkeiten der Künstliche-Intelligenz-Forschung, möglich gemacht, sowohl was die Festlegung der Einheiten und ihrer Verknüpfung als auch was das Angebot sinnvoller Pfade durch die Hypertextbasis angeht. Die Automatisierung dieser Vorleistungen und damit die Bereitstellung hochwertiger Navigations- und Suchkomponenten ist wichtige Forschungsaufgabe für die Zukunft, an der Informationswissenschaft, Textlinguistik und Künstliche Intelligenz zusammenarbeiten (vgl. Kapitel 4).

In diesem Abschnitt sollte die grundsätzliche Architektur von Hypertextsystemen deutlich geworden sein. Bevor wir in Kapitel 2 die einzelnen Punkte, wie Hypertexteinheiten, Verknüpfungen, Navigations-, Orientierungs- und Konversionsformen, ausführlicher besprechen, wollen wir in den folgenden beiden Abschnitten zum einen die theoretisch wichtige Diskussion um den Status der Nicht-Linearität von Hypertext vertiefen (1.3), zum andern den Zusammenhang von Hypertext mit informationswissenschaftlichen Fragestellungen, vor

---

[33] Vgl. Fuhr (1990) und Abschnitt 3.3.

[34] Thiel (1990) weist darauf hin, daß der Einsatz graphischer Mittel die Ablösung von dem „Matching"-Paradigma begünstigt hat. Das BROWSE-System (Fox/Palay 1979) ist ein Vor-Hypertextbeispiel für das Navigieren von Benutzern in netzwerkartig gespeicherten Strukturen.

allem unter Berücksichtigung des pragmatischen Primats, aufzeigen (1.4). Leser mit exklusivem Hypertextinteresse könnten diese Abschnitte, wenn auch nach Ansicht des Autors mit Verlust, überspringen.

1.3 Nicht-Linearität, Kohäsion und Kohärenz in Texten und Hypertexten

Zusammenfassung: Der Zusammenhang textueller und hypertextspezifischer Kohärenz wird an linearen und nicht-linearen Strukturen in Texten und Hypertexten diskutiert. Eindeutige Abgrenzungen zwischen Text und Hypertext sind nicht möglich, vor allem dann nicht, wenn die referenzierte Basis von Hypertext Texte sind. Wir kommen zu dem Ergebnis, daß Hypertext die auch schon in Texten verwendeten nicht-linearen Gestaltungsformen zum Prinzip erhebt, wenn auch die in Texten üblichen kohäsiven Mittel weitgehend fehlen. In Hypertexten treten an ihre Stelle explizite Verknüpfungen. Kohärenz in Hypertext hängt noch radikaler als bei Texten von der Rezeptionssituation und dem -verhalten des „Lesers" ab. Im zweiten Unterabschnitt wird an der Darstellung eines kleinen Hypertextes zu Arno Schmidts „Zettels Traum" und an der Paraphrasierung einiger Bemerkungen des Hyperfiktionalisten Michael Joyce deutlich, daß das Ergebnis rezeptionstheoretisch begründeter Textauslegungstechniken, Verstehen, und das Erstellen kreativer serieller Produkte auf der Basis von Hypertext sich nicht ausschließen müssen.

Kurzhinweise auf Literatur: Beeman et al. (1987); Bernstein (1988); Conklin (1987); Howell (1989); Jonassen (1985); Kintsch/van Dijk (1978); Kuhlen (1990b); Lindemann (1985); Moulthrop (1989); Nelson (1974); Schnotz (1987); Smith/Weiss (1988); Whalley (1989/90)

Von den vielen Definitionsvorschlägen für Hypertext ist nach unserer Einschätzung die Kennzeichnung von Hypertext als ein *Medium der nicht-linearen Organisation* von Informationseinheiten[35] am treffendsten. Wir wollen daher im folgenden mit dieser Eigenschaft der Nicht-Linearität Texte von Hypertexten systematisch abgrenzen (vgl. auch Coy 1989, 56). Allerdings wird uns das nicht in Schwarz-Weiß-Manier gelingen. Im jeweils konkreten Fall sind – wie wir schon angedeutet haben und weiter zeigen werden – die Grenzen fließend, d. h. sowohl Texte enthalten in bestimmtem Ausmaß nicht-lineare Strukturen und Hypertexte ebenso lineare[36]. Das widerspricht aber nicht der allgemeinen

---

[35] Nelson (1974): „By „hypertext" I mean non-sequential writing"; vgl. Conklin (1987); Boyle/Snell (1989/90).

[36] Wir verwenden die Bezeichnungen „linear" und „sequentiell" hier als synonym. Wir verzichten in unserer Darstellung darauf, zwischen „Erzählen", also mündlich vorgetragenen „Texten", und diskursiven, schriftlich niedergelegten Texten zu unterscheiden. Streng genommen sind nur Erzählungen linear (erweitert allerdings um die Dimension der Zeit), während Texte, allein schon durch ihre physikalische Gestalt, immer schon zweidimensional sind. Die Zusammenhänge zwischen Linearität und Dimensionalität bzw. ihrer negierten Begriffe sind bislang nur unzureichend herausgearbeitet.

Aussage, daß das Grundprinzip von Text Linearität und das von Hypertext Nicht-Linearität ist[37].

1.3.1 Text- und Hypertextkohärenz

Für einen ersten Zugriff auf das Thema „Text- und Hypertextkohärenz"[38] ist es nützlich, mit Smith/Weiss zwischen den physischen und logischen Strukturen bei Texten und dann auch bei Hypertexten zu unterscheiden (Smith/Weiss 1988, 817):

„In most conventional paper documents – such as journal articles, specifications, or novels – physical structure and logical structure are closely related. Physically, the document is a long linear sequence of words that has been divided into lines and pages for convenience. Logically, the document is also linear: words are combined to form sentences, sentences to form paragraphs, paragraphs to form sections, etc. If the document has a hierarchical logical structure, as do many expository documents such as journal articles, that hierarchy is presented linearly: the abstract or overview of the whole comes first, followed by the introduction, the first section, the second section, etc., until the conclusion. This linearity is easy to see if one imagines the hierarchical structure represented as an outline, with the sections of the document appearing in the same order as they normally do in the outline. Such documents strongly

---

[37] Zuweilen wird versucht, dieses Kriterium radikal anzuwenden. Bernstein (1988) hält z. B. Ansätze, wie bei den Systemen GUIDE oder HyperTIES, Hypertextbasen fast schon linear zu entwerfen, z. B. durch die Festlegung von sehr großen Hypertexteinheiten und entsprechendem Einsatz von Blätterfunktionen oder durch textimmanente Anzeige von Verknüpfungen, zwar partiell für attraktiv, besteht aber selber auf einem Hypertextdesign, das Nicht-Linearität zum Prinzip erhebt, u. a. auch durch klare Trennung von Informations-, Orientierungs- und Verknüpfungsanzeige-Teilen in unterschiedlichen Bildschirmsegmenten.

[38] Wir verwenden für die folgende Diskussion einen relativ einfachen Begriff von Kohäsion, der sich auf die Verwendung von textoberflächlichen, eher syntaktischen Mitteln der Verkettung von sprachlichen Einheiten bezieht, während mit Kohärenz die semantische und argumentative Stimmigkeit von sprachlichen Einheiten gemeint ist. Aus textlinguistischer Sicht ist die im Text folgende Diskussion sicherlich weiter zu differenzieren vgl. de Beaugrande/Dressler (1981); van Dijk (1980) van Dijk/Kintsch (1983); Kintsch/van Dijk (1978); Lindemann (1985); van de Velde (1985); Phillips (1985); Schnotz (1987); auch auf die Kohärenzdiskussion mit Blick auf (automatisierbare) Informationsverarbeitung kann eher nur pauschal verwiesen werden, z. B. Hobbs (1983); Hahn (1990a,b); Lundquist (1989); Hutchins (1987); für die Diskussion mit Blick auf Hypertextanwendungen sei verwiesen auf die von Jonassen (1985) und Barrett (1988, 1989) herausgegebenen Sammelbände sowie auf Charney (1987); Glushko (1989) und Hammwöhner (1990).

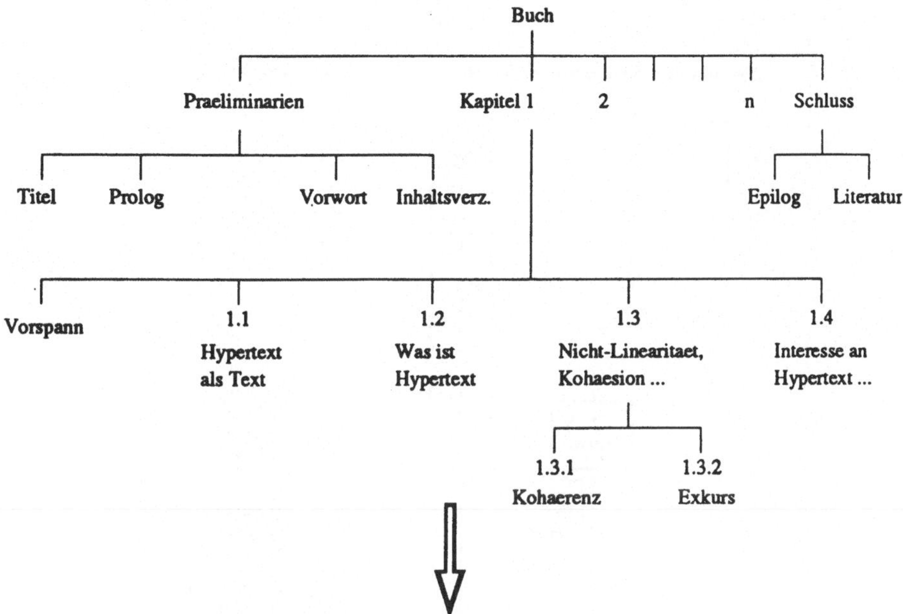

Abb. 1.3.1-1. Buch als Hierarchie und lineare Kette

encourage readers to read them linearly, from beginning to end following the same sequence."

Verdeutlichen wir das an diesem Buch. In der Abbildung 1.3.1-1 ist ein Ausschnitt aus der hierarchischen Gliederung dieses Buches wiedergeben und seine partielle Umsetzung in eine sequentielle Struktur.

Die logische Struktur dieses Gesamttextes ist in formaler Hinsicht zunächst hierarchisch. Eine strikte Monohierarchie ist eindeutig linear abarbeitbar: die Abarbeitung beginnt bei dem jeweils links stehende Knoten, verfolgt dessen tiefere Ebenen bis zu den jeweiligen Endknoten und setzt sie an dem auf einer Ebene höher stehenden rechten Knoten fort. Aus der logischen Struktur des Textes kann also seine physische Linearität abgeleitet werden.

Nicht immer wird die hierarchische Struktur das dominierende logische Prinzip sein. Abbildung 1.3.1-2 zeigt den Versuch, die logischen Abhängigkeiten der einzelnen Kapitel aus einem Handbuch zur Algebra in einem Leitfaden als Leseanweisung darzustellen[39].

---

[39] Der Hinweis auf diese Abbildung aus van der Waerden (1971) stammt von D. Soergel.

Leitfaden

Übersicht über die Kapitel der Bände I und II und ihre logische Abhängigkeit

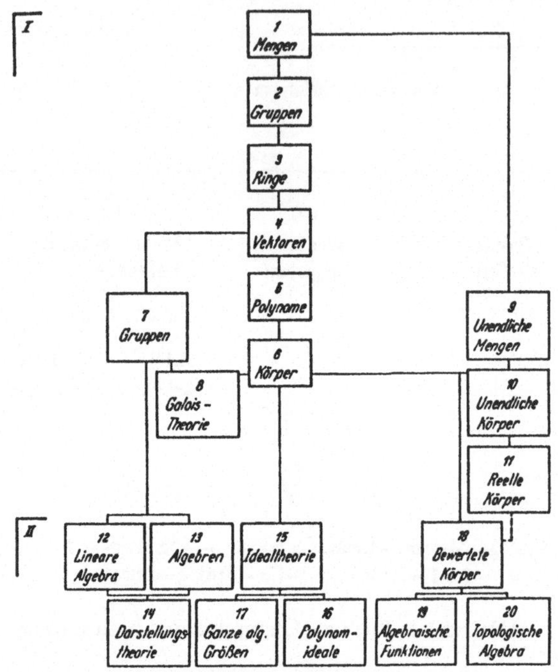

Abb. 1.3.1-2. Leitfaden zur Darstellung der logischen Abhängigkeit von Kapitelabschnitten (aus: B.L. van der Waerden: Algebra I, 8. Aufl. Heidelberg, New York: Springer 1971)

Wichtig für unsere Fragestellung ist zu zeigen, welche Funktion Linearität in Texten hat und wie Linearität in Texten durchbrochen wird. Linearität in Texten ist zweifellos mehr als bloße Abfolge. Linearität beruht aus texttheoretischer Sicht auch auf der richtigen Verwendung mikrotextueller, Kohäsion erzeugender Mittel. Solche Mittel verketten Propositionen bzw. auf der Textoberfläche Sätze oder allgemein Syntagmen. Durch sinnvolle Verkettungen werden größere, hierarchisch aufgebaute Einheiten gebildet, die letzlich textuelle formale Makrostrukturen, wie Absätze, Kapitel etc. ausmachen (vgl. Abb. 1.3.1-3)[40].

---

[40] Ähnliche Auffassungen lagen der ursprünglichen von Kintsch/van Dijk vertretenen Texttheorie zugrunde (Kintsch/van Dijk 1978). In neueren Arbeiten beziehen Kintsch/van Dijk den Ausdruck „Makrostrukturen" eher auf die allmählich durch Abstraktion entstehenden kohärenten Einheiten in Texten. Wir meinen mit „Makrostrukturen" in diesem Text weitgehend formale Textstrukturen, die mit gewisser Berechtigung natürlich auch als Realisationen kohärenter Einheiten angesehen werden sollten.

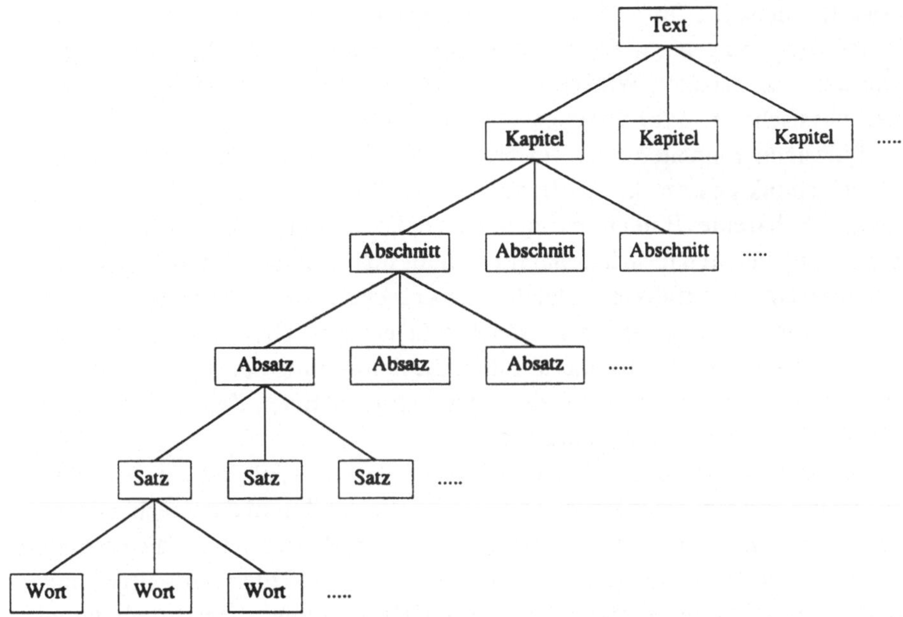

Abb. 1.3.1-3. Aufbau formaler textueller Makrostrukturen

Verkettungen geschehen durch ein reiches sprachliches Angebot an kohäsiven Mitteln, z. B. deiktische Ausdrücke (Verweisungen) oder durch andere Referenzmittel, wie Pronominalisierung über Anapher (Ersetzung von Nominalgruppen durch Pronomina), aber vor allem durch Leseanweisungen, Rück- und Vorwärtsverweise. Diese letzten Verkettungsformen zeigen an, daß Kohäsion sich nicht nur auf kontinuierliche (z. B. Satz für Satz), sondern durchaus auch auf diskontinuierliche Strukturen beziehen kann. Beispiele sind: „wie wir im übernächsten Abschnitt näher ausführen wollen"; „dies wurde schon im ersten Kapitel problematisiert".

Bei der Verwendung solcher kohäsiven Strukturierungsmittel wird die oben angeführte Kongruenz logischer und physischer Struktur partiell aufgehoben. Der Leser muß die lineare Struktur durchbrechen und anfangen, im Text zu blättern. Der Text selber bleibt an der Oberfläche linear, ihn durchziehen aber eine Vielfalt von Bezügen, die nicht parallel zur „oberflächlichen" Darstellung laufen. Wir haben von diesen Mitteln auch in diesem Text schon reichlich Gebrauch gemacht, den Leser also verschiedentlich im Text hin und her geschickt. Diese Mittel müssen von Autoren gut beherrscht werden, und zwar sowohl in inhaltlicher Hinsicht (daß die Verweise Sinn machen, es sich also lohnt, ihnen nachzugehen) als auch in formaler Hinsicht (daß z. B. die Referenzen wirklich an der angeführten Stelle eingelöst werden). Kohäsionsverletzungen, vor allem bei diskontinuierlichen Strukturen, sind für Leser meistens sehr ärgerlich. Sie kosten den Leser Zeit, weil er Sackgassen dieser Art nicht erwartet. Beispiele für Kohäsionsverletzungen sind Verweise auf nicht existierende Textpassagen: „wie wir später zeigen werden" – und dann ist vergessen worden, es zu zeigen[41]. Wir sehen also, daß sich auch schon bei Texten logische und physische Struktur unterscheiden können.

Einzelnen Einheiten von Texten werden aber nicht nur unter kohäsiven Gesichtspunkten korrekt verkettet. Um einen Text insgesamt in seiner Linearität als kohärente Einheit aufnehmen zu können, müssen auch schon die einzelnen Einheiten in sich kohärent, d. h. in sich semantisch und argumentativ stimmig sein. Jedenfalls erwartet dies der Leser als textstrukturierende Leistung vom Autor (z. B. daß nicht zwei gänzlich heterogene Themen in einem Absatz behandelt werden). Und weiterhin stellt die Anordnung der in sich kohärenten Einheiten den vom Autor beabsichtigten argumentativen Zusammenhang (die Gesamtkohärenz) in der Gänze her.

Bei der Anordnung ist der Autor wiederum zunächst an die lineare Präsentationsform eines Druckwerkes gebunden und muß entsprechend versuchen – und dies wird, wenn es geglückt ist, in der Regel auch als die besondere Leistung des Autors anerkannt –, die Vielfalt seiner Gedanken weitgehend zu linearisieren. Da dies nicht auf eindeutige Weise gelingt – vermutlich deshalb, weil das Wissen des Autors selber nicht linear geordnet ist –, werden zur Erstellung der Gesamtkohärenz von Texten erneut diskontinuierliche Mittel verwendet, wobei auch dabei die erwähnten kohäsiven Mittel eingesetzt werden können. Dies muß aber nicht immer explizit geschehen. Kohärenz kann auch dadurch aufgebaut werden, daß ein Thema zu Beginn im Überblick dargestellt (also ein „Vorurteil" gebildet wird) und es an späterer Stelle weiter ausgeführt wird und an dritter Stelle, vielleicht in einer Fußnote, noch Detailinformationen gegeben werden. So handelt dieses Buch an sehr vielen Stellen von Nicht-Linearität oder Kohärenz, ohne daß diese im Text ausdrücklich durch kohäsive Mittel verknüpft werden (vielleicht über das Sachregister). Die Erwartung dabei ist, daß nach der Gesamtlektüre der Leser in der Lage ist, sich gleichsam aus den vielen Mosaiksteinen ein weitgehend einheitliches Bild, sein Bild, zu erstellen.

Es leuchtet ein, daß es keinen eineindeutigen Zusammenhang zwischen der internen Wissensstruktur des Autors und der faktischen logischen Struktur des Textes bzw. dessen physische Darstellung gibt. Ein jedes Buch ist so ein Kompromiß, zugegebenermaßen häufig ein guter, auch wenn es keinen empirischen Test dafür gibt, ob aus dem Wissen des Autors nicht ein viel besserer Text hätte generiert werden können.

---

[41] Kohäsionsfehler treten gerne bei der nicht überarbeiteten Überführung von Texten in Hypertexte auf, z. B. wenn Pronomina in Hypertexteinheiten stehenbleiben, obwohl das aufzulösende Nomen in einem nicht mitaufgenommen Textabschnitt stand. Solche Einheiten sind dann nicht, wie wir es fordern werden (vgl. Abschnitt 2.1), kohäsiv geschlossen.

Das Problem der kohäsiven und kohärenten Strukturierung von Texten wird dadurch erschwert, daß der Autor dafür die Rezeption von späteren Lesern zu antizipieren hat. Welche Bereitschaft kann unterstellt werden, die vom Autor gewählte Anordnung zu akzeptieren, sich also den vorgesehen linearen und diskontinuierlichen Pfaden der Wissensdarstellung anzuschließen[42]? Ist dies schon schwierig genug für *einen* Leser, so wird es, zumindest theoretisch, fast hoffnungslos für eine große und *heterogene* Leserschaft. Praktisch zeigt aber die Erfahrung, daß trotz linearer Anordnung und begrenztem Einsatz diskontinuierlicher Mittel der Aufbau interner Kohärenz durch Leser indivuell funktioniert. Das liegt daran – und wir werden diese rezeptionstheoretische Überlegung in Abschnitt 1.3.2 weiter ausführen –, daß Kohärenzbildung nicht nur durch die von Autoren bereitgestellten Mittel geschieht, sondern von der Rezeption, genauer von den individuellen Rahmenbedingungen des jeweiligen Lesers abhängt[43], z. B. von seinem Vorwissen, von seinem Interesse, von seinem Lernstil, von seiner verfügbaren Zeit, ...

Der Zusammenhang von Linearität, Nicht-Linearität, Kohäsion und Kohärenz ist auch bei Hypertext nicht vollkommen verschieden (vgl. Marshall/Irish 1989; Andersen 1990, 233ff). Die faktischen Pfade, die ein Hypertextleser real in einer bestimmten Hypertextsitzung durch Auswahl der Angebote einschlägt, sind im Sinne des reinen Abfolgearguments natürlich linear. Eine Hypertextbasis stellt sich aber nicht als linear organisiert dar. Zwar gibt es Hypertextbasen, die nach monohierarchischen Prinzipien strukturiert sind, und entsprechend könnte ein eindeutiger Pfad für einen Benutzer abgeleitet werden. Wir sind allerdings der Ansicht, daß ein streng hierarchischer Aufbau einer Hypertextbasis, in der also auch keine Querverweise zu anderen Ästen des Baumes erlaubt sind, dem Prinzip der Nicht-Linearität von Hypertext widerspricht. Die Organisation einer Hypertextbasis ist, wie wir in Abschnitt 1.2 ausgeführt haben, in Analogie zu einem Netzwerk zu sehen, dessen polyhierarchische Strukturen natürlich nicht eindeutig linear abgebildet werden können.

Formal ist diese Nicht-Linearität durch die für Hypertexte typische (jedoch nicht in allen Systemen realisierte) n:m-Struktur der Relationierung angelegt,

---

[42] Damit ist das interessante Problem angesprochen, ob für die Rezeption von Textwissen nicht nur entscheidend ist, welches Bild sich ein Autor von seinen Lesern macht, sondern auch umgekehrt, welches Bild sich der Leser vom Autor macht (Hinweis von R. Hammwöhner). Wir gehen auf dieses Problem kurz bei der Diskussion von Annotationen ein (Abschnitt 2.2). Bei der Möglichkeit, daß viele Kommentatoren Anmerkungen zu einem Master(hyper)text anbringen können, mag es sinnvoll sein, sich nur die Annotationen anzuschauen, die von einem vom „Leser" präferierten Kommentator stammen. Ähnliche Selektionskriterien können allgemein angewendet werden, z. B. bei der Anzeige von autorenspezifischen Verknüpfungen.

[43] Für eine texttheoretische Begründung dieser Kontingenz vgl. Lindemann (1985, 15f) und Abschnitt 2.4.

d. h. vom Grundgedanken her können im Prinzip beliebig viele Pfade von einer Einheit ausgehen, und beliebig viele Pfade können zu einer Einheit führen (vgl. Abschnitt 2.2). Damit wird die Mehrfachverzweigung zum Prinzip erhoben, was natürlich nicht ausschließt, daß viele Einheiten nur mit einer anderen Einheit verknüpft werden. Entsprechend gibt es in Hypertext nicht den oben als Kompromiß angesprochenen einen „optimalen" oder vorgegebenen Pfad durch einen Hypertext. Vielmehr werden die realen Pfade erst durch die Selektion vorgegebener, zuweilen auch erst in Lesezeit erstellter Verknüpfungen vom Benutzer selber erzeugt (vgl. Abschnitt 2.3).

Eine gewisse Analogie zwischen Text und Hypertext mag darin gesehen werden, daß Texte ihre Untereinheiten durch formale und inhaltliche Mittel verketten und Hypertexte ihre informationellen Einheiten durch formale und inhaltliche Relationsformen verknüpfen. Verknüpfung könnte so als explizit gemachte Verkettung angesehen werden. Wir werden die semantisch nicht weiter explizit spezifizierten Verbindungen *referentielle oder assoziative* Verknüpfungen und die explizit semantisch oder argumentativ spezifizierten *typisierte Verknüpfungen* nennen (vgl. Abschnitt 2.2). Das Sich-Bewegen in Hypertext („Browsing" und Navigieren) beruht keineswegs, entgegen voreiligen Annahmen, auf willkürlichen Verknüpfungen irgendwelcher Einheiten, sondern ist in der Regel strukturiert[44], entweder – wie erwähnt – implizit oder explizit. Auch die nicht-spezifizierte assoziative Beziehung zwischen verschiedenen Einheiten ist „irgendwie" inhaltlich begründet.

Wir haben allerdings Probleme damit, die für Texte konstitutiven direkten oder diskontinuierlichen Kohäsionsstrukturen auf Hypertexte anzuwenden. Direkte Referenzen, wie die angesprochene Pronominalisierung, sollten zwischen Hypertexteinheiten, die in sich kohäsiv geschlossen sein sollten[45], nicht vorkommen. Kann man jedoch die Referenzierung über die Grenzen informationeller Einheiten hinweg auflösen, können die damit offenen Koreferenzen für eine Verknüpfung informationeller Einheiten über identische oder para-

---

[44] Wie wir allerdings bei der „Browsing"- und „Serendipity"-Diskussion näher zeigen wollen (Abschnitt 2.3.1), können diese Prinzipien durchbrochen werden. D. h. die faktisch eingeschlagenen (linearen) Pfade müssen nicht immer aus einer Aneinanderreihung von sachlich zusammengehörenden (quasi-kohäsiven) Einheiten bestehen – der kreative Nutzen von Hypertext kann gerade darin bestehen, daß man sich spontanen Einfällen bzw. Angeboten überläßt, die durchaus „unlogisch" und „textuell inkonsistent" sein können.

[45] Wir diskutieren den Begriff der kohäsiven Geschlossenheit in Abschnitt 2.1 zur Charakterisierung der informationellen Einheiten. Gemeint ist, daß diese weitgehend autonom sein sollen und nicht implizit auf anderen Einheiten, z. B. über Pronominalisierung, referenzieren sollten. In Abschnitt 2.1 wird die hier begonnene Diskussion um Kohäsion und Kohärenz von informationellen Einheiten und deren Zusammenhang in Hypertextbasen fortgesetzt; ebenso in den Abschnitten 2.4, 3.2 und Kap. 4.

phrasierte Konzepte nutzbar gemacht werden. Ebenso können alle anderen Formen lexikalischer Kohäsion (vgl. Halliday/Hasan 1976), die allmähliche Explikation eines Konzepts über mehrere Sätze oder größere Textabschnitte hinweg, für Verknüpfungen informationeller Einheiten verwendet werden, wenn es gelingt, die Bezüge offenzulegen[46].

Diskontinuierliche Referenzierung wird es in informationellen Einheiten ebenfalls kaum geben[47], da ja der Reiz und der Komfort von Hypertexten darin bestehen, daß Beziehungen direkt nachgegangen werden kann. Verweise wie, „sieben Einheiten weiter wird das ausführlicher begründet", machen in Hypertext keinen Sinn. Aber sicherlich ist es möglich, aus dieser vagen Referenzierung eine explizite zu machen, z. B. durch das Angebot einer semantisch bzw. argumentativ spezifizierten Verknüpfung (vgl. Abschnitt 2.2.5), die etwa wie folgt angezeigt werden könnte: „in Einheit xyz wird die hier getroffene Feststellung näher begründet. Wollen Sie dahin springen?"[48]. Auch in Hypertexten kommen rein formale Verknüpfungen vor, z. B. der Sprung zum (absoluten) Anfang des Gesamthypertextes oder eines systematisch zusammengehörigen Unterabschnittes, aber auch das einfache Fortschreiten zur nächsten Einheit bzw. das Zurückschreiten zur vorausgegangenen Einheit (beim „Backtracking"), wie es bei vorgegebenen Benutzungspfaden üblich ist.

Das Verhältnis von Kohärenz in Text und Hypertext ist noch komplizierter als das von Kohäsion. Köhärenz wird rein formal über die verschiedenen Formen der Verknüpfung erzeugt, aber auch dadurch, daß als Reaktion auf eine Suchanfrage aus der Gesamtmenge der Hypertexteinheiten eine solche Teilmenge nach beim Retrieval üblichen Kriterien selektiert wird, die für das aktuelle Nutzungsproblem als einschlägig eingeschätzt wird. Man weiß allerdings aus der Erfahrung beim Information Retrieval, daß eine solche Menge nur beschränkt kohärent ist, da die Retrievalgenauigkeit, d. h. die Fähigkeit, nur die Dokumente, hier: die Hypertexteinheiten, zu selektieren, die wirklich thematisch zusammengehören, in der Regel nicht sehr hoch ist. In Abschnitt 2.3

---

[46] Wir gehen darauf kurz in Abschnitt 2.2 bei den referentiellen Verknüpfungen ein und stellen in Kapitel 4 ein Verfahren vor, wie auf der Grundlage einer wissensbasierten Analyse der den informationellen Einheiten zugrundeliegenden Textpassagen Phänomene der lexikalischen Kohäsion und der Themenentwicklung automatisch, unter Ausnutzung von thematischen Progressionsmustern, behandelt werden können.

[47] Ansatzweise werden Sprünge zu anderen Einheiten dadurch möglich, daß man sich, wie in den meisten Systemen möglich, die bisherige Dialoghistorie über eine Liste oder ein Netz der bislang schon besuchten Einheiten anschauen und nicht nur Schritt für Schritt zurückgehen („Backtracking"), sondern auch gezielt zu früheren Einheiten springen kann (zu „Dialoghistorien" vgl. Abschnitt 2.3.4).

[48] Der Aufbau und die Verwaltung solcher argumentativer Verknüpfungen sind sehr aufwendig; eine Automatisierung erst ansatzweise in Sicht; vgl. Begemann/Conklin (1988); Streitz/Hannemann/Thüring (1989); Hammwöhner (1990); Kapitel 4.

werden wir, z. B. über den Pfadbegriff, leistungsstärkere Verfahren für die Zusammenstellung von Einheiten vorstellen, die kohärente (Teil-)Strukturen erstellen können. Allerdings beruhen diese bislang weitgehend auf der Grundlage intellektueller Autorenvorgaben, weniger auf der Interpretation der benutzerspezifischen Situation durch das System, wie wir es gemäß dem kooperativ-dialogischen Prinzip gefordert haben.

Damit hört die Kohärenzanalogie aber fast schon auf, denn die verschiedenen Verknüpfungen in Hypertext (z. B. über das Retrieval oder über Pfade) sollten nicht auf deterministische Weise realisiert sein, sondern Freiräume offen lassen. D. h. sowohl „Autoren" beim Erstellen als auch „Leser" beim Rezipieren sollten – entsprechend der n:m-Struktur – informationelle Einheiten an mehrere andere anbinden können. Diese Gleichzeitigkeit bzw. prinzipielle Parallelverarbeitung ist in Texten nicht möglich. Falls eine Hypertextsoftware dies zuläßt, sollte ein und dieselbe Einheit in unterschiedliche semantische und argumentative Zusammenhänge gestellt werden können. Und es können im Ausgang von einer Einheit auch mehrere kohärenzstiftende semantische Bezüge gleichzeitig realisiert werden. Die nicht exklusive Festlegung ist wesentlich Voraussetzung dafür, daß eine Hypertextbasis von Rezipienten mit unterschiedlichem Vorwissen und unterschiedlichem Interesse gelesen werden kann[49].

Aus diesen wenigen Anmerkungen folgt, daß es wenig Sinn macht, von der *Gesamtkohärenz* einer Hypertextbasis zu sprechen. Die eine Hypertextkohärenz kann es nicht geben. Dennoch sollte die jeweilige aktuelle Nutzung von Hypertext zu einer insgesamt kohärenten individuellen Wissensrezeption führen. Hypertexte sind in hohem Grade rezipientenabhängige Informationssysteme. Zwar ist Kohärenz, wie wir angedeutet haben, auch in traditionellen Texten nicht nur eine Leistung des Autors, sondern beruht auch auf der Rezeptionskompetenz des Lesers, in Hypertext wird dies aber zum generellen Prinzip gemacht. Wie wir im Vorgriff auf Abschnitt 1.4 formulieren wollen, sind damit Hypertexte in hohem Maße geeignet, den informationswissenschaftlichen pragmatischen Primat bei der Informationsarbeit einzulösen. Verstärkt wird diese Eigenschaft noch dadurch, daß Hypertexte Benutzer aktiv bei der Gestaltung beteiligen können. Hypertextsysteme müssen also auch für Benutzer nicht nur Navigations- und Suchfunktionen anbieten, sondern sollten auch Möglichkeiten der Weiterentwicklung von Hypertextbasen, z. B. über Annotationen und Einbringen eigener Verknüpfungen und/oder eigener Einheiten mit

---

[49] Auch hier wieder mag man einwenden, daß dies auch in linearen Texten möglich sei, z. B. durch Formulierungen in Texten, wie: „der eilige Leser kann die folgenden Passagen überspringen"; „wer diesen Gedankengang nicht verstanden hat, sollte noch einmal zu Kapitel xyz zurückgehen". Dies wird in einem linearen Text aber die Ausnahme bleiben müssen, erst recht Mehrfachverzweigungen wie „der Leser mit Interesse an xy kann dahin springen, der Leser mit dem Hintergrund yz sollte dort weiterlesen".

neuen Verknüpfungen, gestatten. Hinzu kommt, daß Hypertext im Prinzip auch für kollaboratives Arbeiten angelegt ist – was ist dann die Hypertextkohärenz? Wohl nichts anderes als die aktuelle Leistung des Lesers, das Zusammenspiel der vorgegebenen, ausgewählten und selbst eingefügten Einheiten und Verknüpfungen. Hypertext radikalisiert das in Texten angelegte rezeptionsabhängige Kohärenzprinzip.

Fassen wir die Diskussion zusammen, so ergibt sich, daß eindeutige Abgrenzungen zwischen Text und Hypertext nicht sinnvoll sind. Möglicherweise könnte dies am ehesten noch über eine Umformulierung des Kohäsionsbegriffs gelingen. Traditionelle textuelle kohäsive Strukturen spielen in Hypertexten kaum eine Rolle; vielmehr werden sie entweder ganz aufgelöst oder durch die Verknüpfungstechnik explizit gemacht. Hypertext ist nach unserer Einschätzung zwar ein innovatives Instrument, knüpft aber durchaus und konsequent an im Prinzip durch Texte schon gegebene Leistungen an. Einen ähnlichen Zusammenhang hat auch Nelson in seinen „Literary Machines" formuliert[50]:

„A magazine layout, with sequential text and inset illustrations and boxes, is thus hypertext. So is the front page of a newspaper, and so are various programmed books ... Computers are not intrinsically involved with the hypertext concept. But computers will be involved with hypertext in every way, and in systems of every style ... Many people consider these forms of writing to be new and drastic and threatening. However, I would like to take the position that hypertext is fundamentally traditional and in the mainstream of literature."

Es ist zu offensichtlich, daß es Parallelen zwischen Texten und Hypertexten gibt. Hypertext wird häufig in die Nähe zu traditionellen Referenztexten, wie Lexika, Handbüchern, Kochbüchern, gerückt. Hier kann man zwar mit guten Gründen bezweifeln, ob diese überhaupt als Texte anzusehen sind, jedenfalls nicht in ihrer Gänze, wenn auch sicherlich in ihren einzelnen Artikeln. Aber ohne Zweifel sind sie lineare Präsentationsformen. Auch durch Referenz„texte" gibt es nicht den einen optimalen Pfad. Man liest z. B. ein Kochbuch in der Regel nicht linear (obgleich das der Autor zuweilen auch tut), sondern greift in einer Informationssituation auf eine Einheit gezielt unter Verwendung der Ordnungskriterien zu. Da dieser gezielte Zugriff aber meistens nicht unmittelbar zu der gewünschten Stelle führt, ergeben sich auch bei Referenzbüchern „Browsing"- und „Serendip-

---

[50] Nelson (1987), Edition 87.1, Abschnitt 1/17.

ity"-Effekte[51]. So entsteht dann zuweilen anstelle einer Minestrone Spaghetti „ajo e ojo".

Aber auch bei ansonsten linearen Texten verwenden Autoren, vor allem in (wissenschaftlichen) Texten der Fachkommunikation, eine Fülle von Signalen und Metainformationen[52], mit denen sie für sich (und die späteren Leser) die inhaltliche Struktur sowie die Beziehungen zu externem Informationsmaterial verdeutlichen wollen: Inhaltsverzeichnisse, Sachregister, Fußnoten oder bibliographische Verweise gehören zum selbstverständlichen Repertoire, mit dem Autoren Texte strukturieren und übersichtlich halten können. Darüberhinaus hinterlegt ein Autor innerhalb eines Textes selbst Querverweise, die die Beziehungen der einzelnen Gedankenelemente zueinander transparenter machen sollen und durch die er sich von der ausführlicheren Diskussion eines Sachverhalts entlasten kann, wenn sie seinen generellen Argumentationszusammenhang an der gerade aktuellen Stelle stört[53].

---

[51] Auf „Browsing"- und „Serendipity"-Effekte gehen wir im weiteren Text ständig, konzentriert in Abschnitt 2.3.1, ein. Gemeint sind, wie aus den bisherigen Ausführungen schon ersichtlich, Überraschungseffekte beim Suchen nach einer Information, bei der man auf andere interessante Informationen stößt, nach denen man gar nicht gesucht hat. Entweder nimmt man diese gleichsam als Nebeneffekte mit („Browsing"), oder man läßt sich von ihnen ganz ablenken, vergißt also darüber das ursprüngliche Ziel, weil das neue interessanter ist („Serendipity").

[52] Zu „Metainformationen" vgl. Böhle/Wingert/Riehm (1990, 11f) mit Hinweis auf Gennette (1989) (vgl. Abschnitt 2.3.3).

[53] Am weitesten fortgeschritten in der Technik der Auflösung der sequentiellen Textform ist im literarischen Bereich wohl Arno Schmidts „Zettels Traum", ein Buch, das in der Programmatik und im Versuch der Überwindung linearer Strukturen als textueller Vorläufer von Hypertext bzw. des dynamischen Buches angesehen werden kann. Wir gehen im folgenden Abschnitt kurz auf die Nicht-Linearität literarischer Texte an diesem Beispiel ein. Das bekannteste Beispiel in der Hypertextwelt ist Ted Nelsons eigenes Buch über Hypertext mit dem Titel „Literary Machines". Abgesehen davon, daß dieses Buch auch als Hypertext (unter Verwendung des GUIDE-Programms auf Macintosh-Maschinen) erworben werden kann, gibt Nelson zu Anfang eine Anweisung, wie das Buch auf zweifache Weise als Hypertext „gelesen" werden kann. Vorgeschlagen wird, nach dem allgemeinen Null-Kapitel irgendeinen Abschnitt aus I, dann II ganz, dann irgendeinen aus III, dann wieder einen aus I, um dann II besser zu verstehen usw. Der Kern des Buches, den es zu verstehen gilt, ist in sequentieller Form in II untergebracht. Solches immer wiederkehrendes oder ins Unendliche zielendes Lesen beschreibt Nelson mit der Aufforderung „Pretzel or infinity. It's up to you". Ted Nelson hat die Bezeichnung „Hypertext" 1965 geprägt und hat damit einiges Recht, den Namen „Hypertext" für seine Anregung, das Buch nicht-sequentiell zu lesen, zu verwenden. Unser Verständnis von Hypertext ist aber mit einer solchen bloßen Leseaufforderung, trotz eingebauter Rekursivität, nicht abgedeckt.

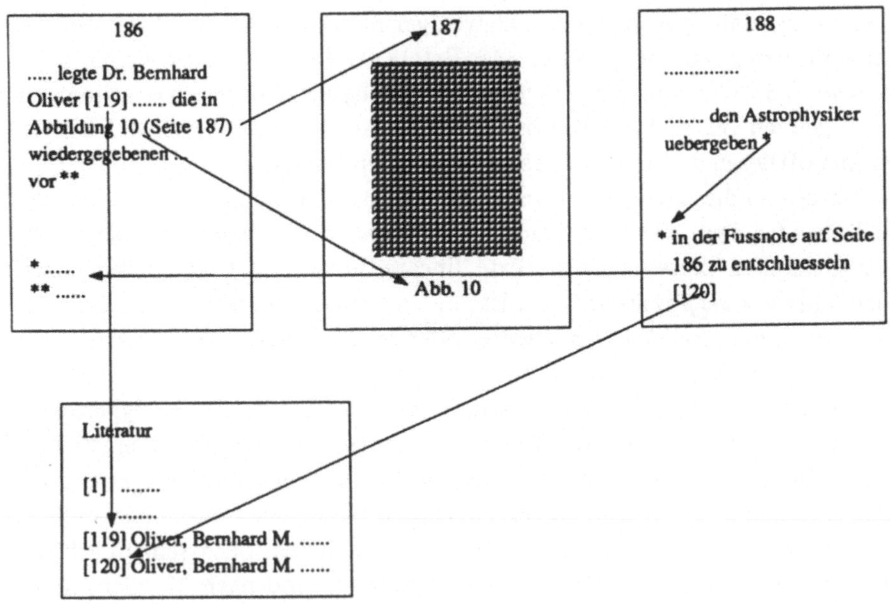

Abb. 1.3.1-4. Nicht-lineare Strukturen in linearen Texten

Studenten aus einem Konstanzer Projektkurs haben ein hübsches Beispiel für nicht-lineare Eigenschaften in linearen Texten aus Paul Watzlawicks Buch „Wie wirklich ist die Wirklichkeit?" zusammengestellt (vgl. Abb. 1.3.1-4)[54]:

Auch aus der Sicht von Lesern ist Linearität bzw. die sequentielle Lektüre eines Fachtextes vom Anfang bis zum Ende nicht zwingend (Conklin 1987, 33). In vielen Situationen der Wissensrezeption wird nicht den linearen Vorgaben des gedruckten Textes gefolgt, vielmehr ist nicht-lineares „Lesen" eine übliche Technik und in vielen Fällen auch die einzig erfolgversprechende Methode, um aus einer Fülle von (im einzelnen überwiegend textuellen) Informationsquellen das jeweils benötigte Material herauszufiltern. Vor allem bei längeren Texten sind Lernende gezwungen, das Informationsangebot auf geeignete Weise zu selektieren und zu komprimieren[55]. Texte werden mit Rücksicht auf Vorwissen und gesteckte Lernziele in relevante und irrelevante

---

[54] Vgl. auch die sehr informative Abbildung 2 in Böhle/Wingert/Riehm (1990, 12).

[55] Ein Modell zur sukzessiven Herausbildung von semantischen Makrostrukturen in Gesamttexten über rekursiv anwendbare Makrooperationen und Inferenzen zur Verkettung des schon Gelesenen mit Neuem ist in den Arbeiten von van Dijk (1980); van Dijk/Kintsch (1983); Kintsch/van Dijk (1978) vorgelegt worden; vgl. dazu die eher holistische Sicht auf Kohärenzbildungskonzepte bei Schnotz (1987).

Bedeutungseinheiten eingeteilt. Die weniger relevanten werden übersprungen, die zentralen zusammengekettet. Der Erfolg des Lernens – dies werden wir in Abschnitt 3.2 näher ausführen – wird davon abhängen, inwieweit es gelingt, aus vorliegenden Texten durch Auflösung der linearen Struktur die neuen Einheiten zu identifizieren und in das eigene Wissen zu integrieren.

Trotz aller dieser und vieler weiterer möglicher Beispiele für Nicht-Linearität in Texten (und vor allem der Rezeption von Wissen aus Texten), bleiben wir bei der generellen Aussage, daß Texte lineare Formen der Darstellung sind, jedenfalls was die physische Organisation und Präsentation betrifft, und daß sie auch zu einem großen Teil in linearer oder sequentieller Form zur Aneignung von Wissen gebraucht werden.

Genauso wichtig wie die Eigenschaft der Nicht-Linearität bei Hypertext ist uns, daß Hypertext die zentrale Rolle des Benutzers in seiner aktuellen Situation für die Kohärenzbildung stark herausstellt. Die Akzeptanz von Hypertext wird also entscheidend davon abhängen, ob Hypertextsysteme Funktionen anbieten können, die es dem Benutzer gestatten, die Einheiten nach semantisch und argumentativ stimmigen Prinzipien auszuwählen, und nach Möglichkeit zumindest nicht mit schlechteren Resultaten (z. B. mit Rücksicht auf Lernerfolge oder Suchproblemlösungen) als durch Ausnutzen der kohäsiven und kohärenten Prinzipien in Texten. Bleiben Benutzer auf sich alleine angewiesen, dann sind sie bei Texten allemale besser aufgehoben.

1.3.2 Exkurs: Hypertext und Kontext.
Eine Alternative zu dem A. Schmidt'schen Dilemma der Flachtexte und eine serielle Alternative zum nicht-linearen Verständnis von Hypertext im Anschluß an Michael Joyce

Eines der spektakulärsten Bücher der deutschen Gegenwartsliteratur ist sicherlich Arno Schmidts „Zettels Traum", spektakulär nicht zuletzt wegen des Formats und seines Umfangs. Zum Titel und zum Umfang des Werks zitieren wir Arno Schmidt selber (vgl. Abb. 1.3.2-1 und 2), vermittelt über Auszüge einer Hypertextbasis zu „Zettels Traum"[56]:

„Zettels Traum" sprengt aber nicht nur vom Umfang her den Rahmen „normaler" literarischer Texte, sondern gleich in mehrfacher inhaltlicher und formaler Hinsicht. Formal ist „Zettels Traum" als Drei-Spalten-Buch angelegt.

---

[56] Primär aus Demonstrationsgründen wurde aus der ersten Seite von Arno Schmidt „Zettels Traum" eine Hypertextbasis unter Verwendung der kommerziell (für PC und Macintosh) erhältlichen Software GUIDE der Firma OWL (s. Systembeschreibungen) aufgebaut.

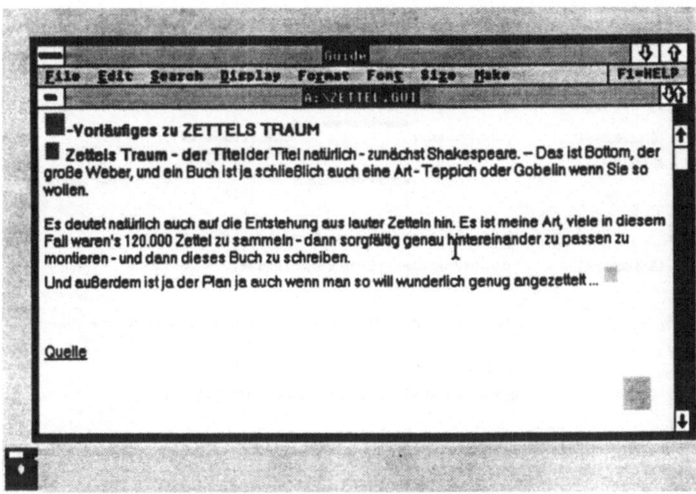

Abb. 1.3.2-1. Zum Titel von „Zettels Traum"

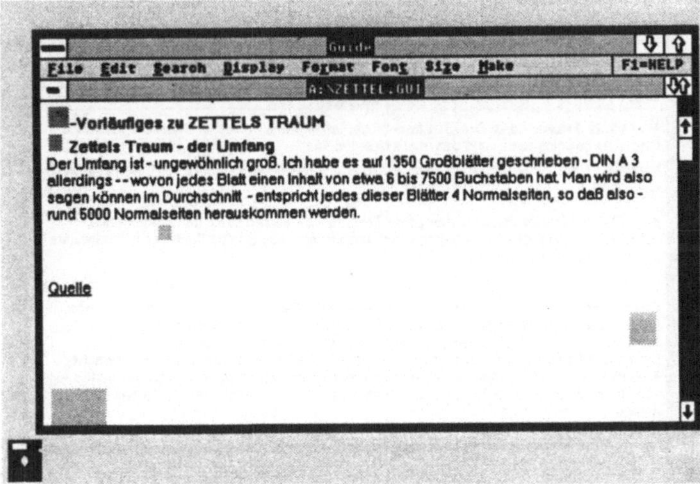

Abb. 1.3.2-2. Zum Umfang von „Zettels Traum"

Auch hier wieder ein Zitat (vgl. Abb. 1.3.2-3), die ersten Zeilen von „Zettels Traum" aus der Hypertextbasis:

Arno Schmidt rechtfertigt in seinen Kommentaren zu seinem eigenen Werk „Vorläufiges zu Zettels Traum" die Wahl dieses Formates (vgl. Abb. 1.3.2-4).

„Zettels Traum" gehört – im Hypertextjargon gesprochen – sicherlich zu den kartenorientierten Texten (vgl. Abschnitt 2.1). Gedankenspiel: Hätte Arno

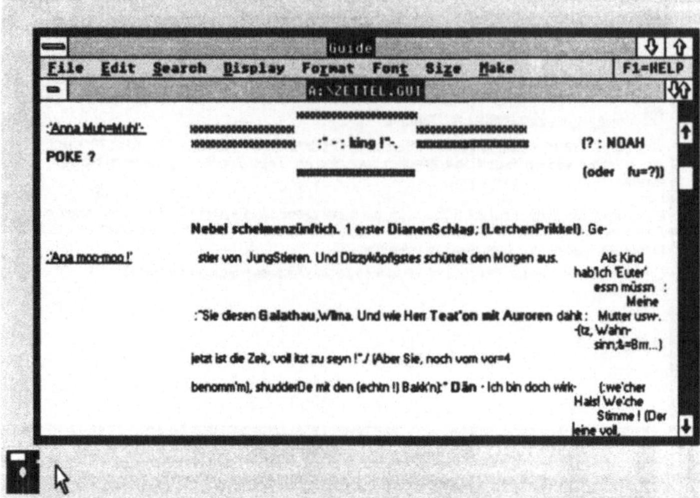

Abb. 1.3.2-3. Beginn von „Zettels Traum" aus der Hypertextversion

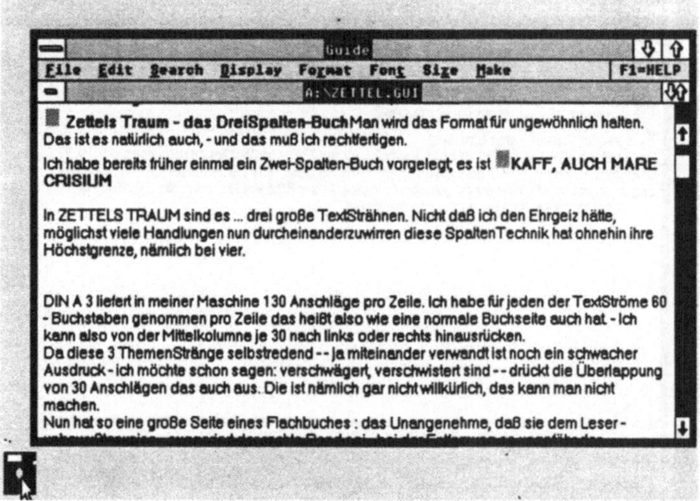

Abb. 1.3.2-4. Zum Drei-Spalten-Buch von „Zettels Traum"

Schmidt seine 120000 Zettel wirklich in eine letztlich lineare, wenn auch schon dreistimmige Form gebracht, wenn er z. B. einen Macintosh und damit HyperCard gehabt hätte? Oder hätte es seiner Teppich-Metapher, seiner beabsichtigten Verwirrung der Handlungsstränge, der Parallelverarbeitung und der freien Assoziation nicht besser entsprochen, auf ein nicht-lineares Medium überzuwechseln, auf daß sich jeder seinen eigenen „Traum" erstellen kann? Muß man sich Arno Schmidt als einen potentiellen Hypertextautor vorstellen, der aus seinen durch das Medium erzwungenen Flachtexten mehrdimensionale „Texte" gemacht hätte?

Wie wir oben angedeutet haben, transzendieren auch schon „normale" Texte ihre quasi-naturgegebene Linearität oder Monophonie. Arno Schmidt ist sicherlich der herausragende Avantgardist einer „mehrstimmigen" oder „polyphonen" Literatur im deutschsprachigen Raum. „Ulysses" von James Joyce ist ein weiteres klassisches Beispiel dafür, daß Literatur tendenziell dazu neigt, den Rahmen des traditionellen Buches durch Einbeziehen immer neuer Welten, und damit durch Auflösung von Raum und Entsequenzialisierung von Zeit, zu sprengen, ohne bisher freilich – aus Mangel an Alternativen? – die Linearität der Texterscheinungsform aufzugeben. Die oben angesprochene Parallelität physischer und logischer Organisation von Text gilt in vielen literarischen Produkten weitaus weniger als in denen der Fachkommunikation.

Lektüre von „Zettels Traum" bedeutet so mehr Navigation als sequentielles Lesen. Text in der Ausprägung von „Zettels Traum" vermittelt nicht eine sich quasi organisch aus dem ersten Satz aufbauende, in sich stimmige Welt, sondern bedeutet Zettelkasten-Varietät, die jede beliebige Stelle des Textes zum „Einstiegsort" werden läßt, von dem aus jeweils andere, immer neue Lektüren möglich werden. Der Text lädt zum freien Navigieren entlang von Assoziationspfaden ein, die ihren Ausgang von Anspielungen oder wiedererkannten Verweisen nehmen können und die entsprechende (eigene oder fremde) Lektürelinien aufdecken. Dieses Verfahren regt um so mehr an, als sich die Fakten und Materialien aus den Texten nie auf einer stimmigen Linie arrangieren lassen. Das vielfältige Netzwerk der Beziehungen und Verweise auf andere Literaturen und Welten weckt die Spannung an der Lektüre stets aufs Neue und fördert in der Dechiffrierarbeit je nach Assoziationsgrad, Kenntnisstand und Einstiegsort des Lesers dessen kreatives Potential zutage. Der Text selbst also bildet nur das Rohmaterial, die Ausgangsbasis für eine dezidiert „produktive Rezeption". Das ästhetische Vergnügen besteht also im Aufdecken der Anspielungen, in der Gelegenheit, den offenen oder verdeckten Referenzen nachzugehen, auch über das Nachvollziehen hinauszugehen und eigene Assoziationen einzubringen.

Aber natürlich beruht dieses „Navigieren des Lesers" auf Kompetenz, und in der Tat hatten sich ja sehr bald nach dem Erscheinen des Buches Schmidt-Dechiffrierzirkel gebildet, die entweder einfache Anspielungen, intertextuelle Bezüge, aber auch referentielle Verkettungen im Text selber auflösen bzw. nachweisen wollten. Die Möglichkeit, Entdeckungen und Anspielungen zur individuellen Nutzung oder zur kollaborativen Nutzung mit der Schmidt-„Gemeinde" dauerhaft präsent zu halten, sollte den Rezeptionshorizont beträchtlich vergrößern. Interessanterweise wurde das entsprechende Organ, der „Bargfelder Bote", zu Anfang so bedruckt, daß der Leser sich aus den Seiten Karteikarten zurechtschneiden konnte, in der Erwartung, daß die Dechiffrierarbeit in neuen, nicht Schmidt'schen, sondern Leser-Zettelkästen Eingang finden würde. Das Unterfangen wurde aber schon sehr bald aufgegeben, vordergründig aus ökonomischen Gründen (einseitige Bedruckung), faktisch aber eher aus systematischen. Auch Zettelkästen sind bekannterweise lineare Ordnungsmöglichkeiten, in der Regel den Zwängen des Alphabets folgend, und bei linearen Speicherungsformen muß man immer schon wissen, wonach man eigentlich suchen will. Um lineare Systeme optimal zu nutzen, muß man intern ein komplexes, reich vernetztes Modell von dem Weltwissensausschnitt haben, das einem hilft, das Gewünschte in dem Prokrustesbett der linearen, meistens alphabetischen, jedenfalls keineswegs systematischen Ordnung zu finden. Dies laufend präsent zu halten, war vermutlich Arno Schmidt selber in der Gänze kaum möglich (entsprechend hätte er sich wahrscheinlich über einige „Dechiffrierungen" gewundert und gefreut), geschweige denn den interpretierenden, verstehenden Lesern. Wir haben in der erwähnten kleinen Hypertextbasis zu „Zettels Traum" versucht, die in der Literatur aufgedeckten Anspielungen und vorgeschlagenen Interpretationen, zuweilen auch Schmidts eigene Aussagen, direkt dort anzuheften, wo sie im Text relevant sind. Entsprechend macht es Sinn, den Begriff von Hypertext dahingehend zu erweitern, daß Hypertext als Dechiffrier- und Interpretationsmittel aufgefaßt werden kann, mit dem Texte dadurch besser verstanden werden können, daß ihre Kontexte einbezogen werden. Natürlich kommen diese nicht von selber in die Hypertextbasis. Sie original aufzufinden, bleibt die intellektuelle Leistung und bleibt Teil des ästhetischen Vergnügens. Das einmal erarbeitete Wissen dauerhaft und damit auch anderen verfügbar zu halten, ist der Beitrag von Hypertext. Hypertext ist ein Hyper-Zettelkasten und damit, zumindest im Literarischen, zu einer Hyperrealität geworden. Wir können uns auf dieser Grundlage eine Fülle neuer literarischer/literaturwissenschaftlicher Produkte, Texte und Kontexte, vorstellen[57].

In einer Verallgemeinerung unserer bisherigen Ausführungen zu „Zettels Traum" sehen wir durchaus Parallelen zwischen einem geisteswissenschaftlichen Rezeptionsverständnis und einem assoziativen bzw. durch Experten geleiteten Navigieren in Hypertexten (Kuhlen 1990b). Denn betrachten wir etwas genauer, wie Geisteswissenschaftler mit ihren Objekten umgehen, so entdecken wir sofort Gemeinsamkeiten zwischen Hypertextverfahren und

---

[57] Zumindest für die literaturwissenschaftlichen Forschung sollte dies attraktiv sein. Ob es für den privaten Leser ein Gewinn ist, der möglicherweise größere Freude an seiner eigenen Entdeckung hat als an der Entdeckung im Hypertext, ist sicher offen.

geisteswissenschaftlichen Auslegungstechniken[58]. Der geisteswissenschaftlich begründete Lese- und Verstehensprozeß ist im Prinzip nie abgeschlossen, und er führt bei jedem Leser zu einem anderen Verständnis. Kohärenz kann dann nicht mehr, wie es eine textimmanente Sicht fordern würde, eine Funktion des Textes sein, sondern eine des Textes und seines Kontextes, der wesentlich durch die Situation des Lesers bestimmt ist. In sich verändernden Kontexten ergeben sich in den Lektüren stets neue Möglichkeiten der Rezeption, die alte Positionen erweitern, aber auch revidieren zu können. Texte werden jeweils unter Berücksichtigung des eigenen Verstehenshorizontes und der Verstehenshorizonte anderer, die möglicherweise ihre Leseerfahrung schriftlich niedergelegt haben, *verstanden*[59]. Jedes Textverstehen ist ein singulärer Prozeß[60]. Und eben dies trifft auch auf Hypertext zu. Auch hier haben wir festgestellt, daß es für eine Fragestellung nicht den einen optimalen Pfad durch die Hypertextbasis gibt. Das durch Hypertext mögliche Aufrufen anderer Texte oder anderer Wissensfragmente aus einem gerade aktuellen Text, auf der Grundlage individueller Assoziationen, kann einen semantischen und vor allem ästhetischen Mehrwert erzeugen, der im Prinzip zwar auch bei der linearen Lektüre zu erreichen ist – denn streng lineare, sozusagen einstimmige Rezeption von Texten wird es kaum geben können –, aber doch beschränkter und meistens nur flüchtig. Hypertext macht die Kontextualisierung von „Text" (mit „Text" ist in einem weiteren Verständnis jede Form der Darstellung von Wissen gemeint) expliziter, als es in dem eher intuiven impliziten Prozeß der Auslegung und des Verstehens möglich ist. Wir halten es für offen, ob die explizite Kontextualisierung eher auf die

---

[58] Die Ausführungen in diesem Teil und in dem Abschnitt zu Arno Schmidt basieren auf langen Diskussionen mit Frau Dr. Jutta Thellmann, bis Ende 1988 Mitarbeiterin in der Konstanzer Fachgruppe Informationswissenschaft. Zu Formen der Nutzung von Hypertext im Kontext der Geisteswissenschaften vgl. Kinnell (1988, 34); Kuhlen (1990b).

[59] Unter ähnlichen Annahmen ist das Hypertextsystem INTERMEDIA an der Brown University u. a. für einen Kurs über englische Literatur eingesetzt worden. In Beeman et al. (1987) wird aus dem Kursziel des Leiters George Landow wie folgt zitiert: „If this course has one central idea, it is that no literary phenomenon – no work, part of a work, or idea about one – can ever be explained by a single fact. All literature ... is multi-determined, by which we mean that multiple causes impinge upon each fact" (Beeman et al. 1987, 72). Die Ergebnisse legen für die Autoren den Schluß nahe, daß der Einsatz von Hypertext die erwünschte Entwicklung von pluralistischem (hier auch „non-lineal" genannt) Denken gegenüber der reinen Faktenaufnahme begünstige. Wir gehen auf diese Argumentation in Abschnitt 3.2 unter dem Thema „Hypertext und Lernen" näher ein (vgl. auch McAleese/Green 1990). Auf den Einsatz von hypertext-ähnlichen Annotationen in „online poetry" in der Ausbildung weist Catano (1979) hin.

[60] Dieser Verstehensbegriff gilt sicherlich für alle Texte, aber vor allem für die angedeuteten polyphonen assoziativen Texte, die ihren Reiz aus dem Zitieren, dem Verändern und Verfremden anderer Literaturen gewinnen.

Gewinn- oder auf die Verlustrechnung eines „Lesers" in seinem Bemühen, sich auf seine Weise Welt anzueignen, zu schreiben ist.

Zu dieser offenen Frage wollen wir einige Gedanken wiedergeben, die Michael Joyce, einer der exponiertesten Vertreter von Hyperfiktion[61], während und im Anschluß einer Podiumsdiskussion auf der Hypertext '89 Konferenz in Pittsburgh vorgetragen hat und die bei den in der Regel aus technischen und ingenieurwissenschaftlichen Fächern stammenden Teilnehmern weitgehend Unverständnis oder Kritik hervorgerufen hat. Ich paraphrasiere im folgenden die Joyce'schen Gedankengänge, um den oben angesprochenen rezeptionsästhetischen Zusammenhang von Textverstehen und kreativem Navigieren in Hypertext noch deutlicher herauszuarbeiten[62]:

Aufgrund der Nicht-Linearität wird Hypertext überwiegend als Ausdruck strukturellen, weniger seriellen Denkens angesehen. Nach Michael Joyce spiegelt Hypertext in seinen bisherigen Ausprägungen eher „thought in space rather than thought in time" wieder. Hypertext wäre demnach kein Mittel zur Produktion von Geschichte(n) oder narrativen seriellen Texten. Joyce zitiert in diesem Zusammenhang Umberto Eco (Series and Structure. The Open Work, 1989, 221): „Serial thought aims at the production of history and not at the rediscovery – beneath history – of the atemporal abscissae of all possible communication". Joyce hingegen, Autor des Hyperfiktionromans „Afternoon", realisiert mit dem Programm Storyspace auf Macintosh, will serielles Denken auch für Hypertext reklamieren, mit dem Ziel, daß Hypertext-Verfahren als konstruktive, weniger, wie bislang, als nur explorative Mittel angesehen werden. Hypertext als konstruktives Verfahren soll es gestatten, serielle literarische Produkte in jeweils neuen Zeitabläufen zu erstellen, die damit nicht identisch mit sequentiellen starren Formen sind. Dadurch eröffnen sich über Hypertext für „Rezipienten", besser für den aktiven Navigator in der Hyperfiktion-Basis, neue kreative Gestaltungsräume. Diese Spielräume sind deshalb Freiräume, weil die Rezeption von Hyperfiktion nicht mehr von dem Verstehen der linearen Vorgabe des Autors abhängt, sondern zu einem großen Teil auf der Eigenleistung des Hyperfiktion-Navigators beruht. Joyce als „Autor" von „Afternoon" erfährt, so teilte er in einem Zeitschrifteninterview mit, „seine Geschichte" immer wieder neu, wenn er zuschaut, wie ein anderer aus den Verknüpfungsmöglichkeiten „dessen Geschichte" aufbaut: „Every

---

[61] „Hyperfiktion" ist die Anwendung der nicht-linearen Grundidee von Hypertext. „Hyperfiktion" erzeugt also literarische Produkte, die nicht-linear gelesen werden sollen, bei denen Leser ihre Pfade selber aufbauen können, ohne daß bloßer Unsinn durch beliebige Permutation entsteht; vgl. auch Howell (1989/90).

[62] Die wiedergegebenen Zitate von Joyce beruhen auf den überlassenen Podiumsbemerkungen, die, soweit bekannt, bislang nicht publiziert sind.

time, I'm surprised at the shape the story takes"[63]. Dies nennt Joyce die kreative Macht von Hyperfiktion, die neue Form der Serialisierung.

Zunächst mag es nicht ganz einsichtig sein, dem Navigieren in an sich vorgegebenen Einheiten einen kreativen Wert zuzugestehen. „Chaos" z. B., ein Hyperfiktion-Stack von Stuart Moulthrop (Yale University), aufgebaut mit HyperCard auf Macintosh, enthält 350 Einheiten, die jeweils dem Umfang von einer HyperCard-Karte auf dem Bildschirm entsprechen. Beruht dann nicht auch Hyperfiktion letztlich auf einer endlichen Anzahl von Basiselementen, die allerdings im Prinzip beliebig verknüpfbar sind? Die Ausgangsseite von „Afternoon" enthält alleine 19 Verzweigungsmöglichkeiten. Ist Kreativität dann nur das Finden eines nutzerindividuellen Pfades aus den zwar nicht unendlichen, aber doch unabsehbaren Permutationen? Joyce erläutert dies an einem fiktiven Dialog:

[„Schau hin", wollen wir sagen, „sieh dir diesen Übergang an, dieses Netz, diesen Pfad, diesen Graph ... Niemand hat dies vorher gedacht. Schau, wie diese Knoten auf ihrem Pfad durch das Netz wie Perlen auf einer Kette glitzern ..."

Aber irgendetwas in uns (*some emperor-baiting child*) löckt wider den Stachel: „Verzeih", heißt es, „aber wieso ist es denn schon da, wenn es doch neu sein soll? Sicherlich meinst Du, daß niemand bislang auf diese Weise zu diesem Punkt gekommen ist sicherlich meinst Du das mit <neu>."

„Nein, mein Kind", meint dann unser anderes Ich, „Du verstehst es nicht. Dieses Verfahren ist für sich ein Wert ..." Und dann fragt dieses Etwas in uns die fürchterlichen Fragen:

„Wer ist der Autor dieses neuen Dings? Wie willst Du es benennen? Und wohin willst Du es ablegen und speichern?"]

Rein exploratives Vorgehen in Hypertext bedeutet nach Joyce, quer zur gängigen Hypertextanschauung, nur das Entdecken vorgegebener Strukturen. Dies erzeugt – erneut unter Rückgriff auf Eco – nicht Neues: „The aim of structural thought is to discover, whereas that of serial thought is to produce" (Eco, a.a.O. 221). Scheinbar paradoxe Welt: Kreativitätsaspekte werden in Hypertextdiskussionen meistens anders begründet, und zwar anknüpfend an das weitgehend unbestrittene Grundprinzip von Hypertext, dessen nicht-linearer Charakter. Nicht-Linearität begünstige – so die herrschende Meinung, und so werden wir es auch in Abschnitt 2.3.1 weiter ausführen – „Browsing"- und „Serendipity"-Effekte. Aber all dies ist im hohen literarischen Anspruch der Hyperfiktionalisten noch lange keine Kreativität, auch nicht die Möglich-

---

[63] Discover. The World of Science Nov. 1989, S. 36.

keit, zum gegebenen Hypertext eigene Anmerkungen[64] in die vorgegebenen Strukturen einzubringen. Joyce dazu ganz knapp: „Interaction does not reorder the text, but rather conserves authority". Anders bei seriellen Narrativen: Lesen, Aufnehmen, Verstehen, Interpretieren, Umformen, Kreieren auf der Basis von Narrativen geschieht immer schon durch aktive Teilnahme des Lesers. Keine Struktur und keine Bedeutung wird aus Narrativen extrahiert, vielmehr schafft das Lesen erst Struktur und Bedeutung: „Reading becomes (and therefore alters) the system of the text. The reader cannot avoid adding her own meaning to the document … Reordering requires a new text every reading thus becomes a new text."

Diesen allgemeinen, radikal rezeptionstheoretischen Ansatz, der vergleichbar mit dem oben an Schmidt erarbeiteten ist, überträgt Joyce nun auf sein Verständnis von Hypertext bzw. von „hypertext narratives": „Hypertext narratives become virtual storytellers and narrative is no longer disseminated irreversibly from singer to listener or writer to reader". Und damit löst sich das scheinbare Paradoxon auf. Narrative in ihrer seriellen Form sind für Joyce Ur-Formen von Hypertext, nicht weil sie eine Linearität vom Autor vorgeben, sondern weil in der Ko-Autorschaft des Verstehens, auf der Basis von Hypertext, besser: auf der Basis von Neuordnung, das neue serielle narrative Produkt entstehen kann.

Das erst macht nach Joyce die Essenz von Hypertext aus, nicht das explorative Navigieren in strukturierter Information. Den bisherigen, eher ingenieurwissenschaftlichen Ansätzen von Hypertext werfen Hyperfiktionalisten wie Joyce oder Moulthrop[65] vor, die eigentliche Kreativitätsbedingung, die aktive Gestaltung durch den „Leser", nicht zum generellen Prinzip von Hypertext gemacht zu haben: „Hypertext is authentically concerned with the serial rather than the structure: with consciousness rather than information with creating knowledge rather than the mere ordering or preservation of the known. The value produced by its readers is constrained by systems which refuse them the centrality of their authorship. What is at risk is both mind and history".

Soweit dieser Exkurs im Exkurs, der allerdings für den weiteren Verlauf in den folgenden Kapiteln nicht verbindlich werden kann. Unser Interesse hier bezieht sich auf die informationswissenschaftlichen Fragestellungen der Darstellung von Wissen und der Erarbeitung von Information (s. nächsten Abschnitt), und wir wären schon froh, wenn Hypertext vor allem letzteres effizient unterstützte. Trotzdem wollten wir die in diesem Absatz nur angedeu-

---

[64] Vgl. Abschnitt 2.2 zu Annotationen und kollaborativem Schreiben.
[65] Vgl. die radikale Kulturkritik von Moulthrop (1989) an den gegenwärtig dominierenden Ausprägungen von Hypertext.

tete generelle Hypertextfragestellung, die über den rationalistischen Umgang mit Wissen und Information hinausgeht, nicht ganz ausblenden.

Geben wir zum Abschluß dieser etwas kompliziert geratenen Diskussion noch einige einfache Beispiele für dem Umgang mit „Zettels Traum" auf der Grundlage von Hypertextmöglichkeiten. Das erste Wort in „Zettels Traum" ist „king" im Kontext des ge-xten Zauns. Hier hat Arno Schmidt schon den ersten Stolperstein eingebaut. Man stockt, kann nicht einfach darüberhinweglesen. Was aber fängt man damit an? Ohne Zusatzinformation ist das kaum zu erschließen. Ein Anklicken dieser Position eröffnet dem Leser verschiedene Interpretationsmöglichkeiten (Abb. 1.3.2-5), die nur kurz informieren können, aber auch sogleich Pfade eröffnen, die von der Ausgangsstelle beliebig wegführen, wenn man sich denn verführen lassen will:

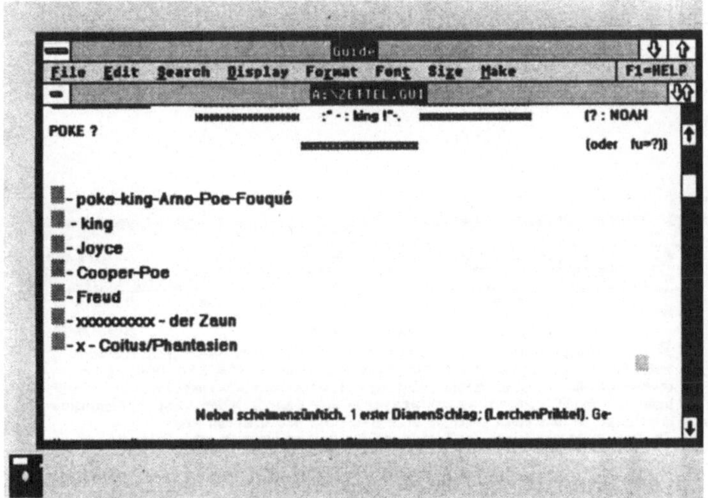

Abb. 1.3.2-5. Menü zu „king" aus „Zettels Traum"

Gehen wir kurz dem „king"-Angebot nach und lesen die Interpretation, die Jörg Drews im „Bargfelder Bote" 9/74 dazu geliefert hat (Abb. 1.3.2-6)[66].

Die Auswahl des „Freud"-Angebots im Menü zeigt weitere Möglichkeiten. Zunächst werden Interpretationen zur Garten-Metapher geliefert (Abb. 1.3.2-7). Um Schmidts Anspielungen oder Wortspiele – hier sogar versteckt in einem

---

[66] Die Referenz ist in diesem Fall durch eine sogenannte GUIDE-spezifische Definitions-verknüpfung („note button") erstellt, die nur so lange am Bildschirm aktiv bleibt, wie der entsprechende Maus-Knopf gedrückt bleibt. Daher ist in der Abbildung die Referenz von „Quelle" in dieser Papierversion nicht darstellbar. Dem Hypertextleser ist sie aber in einem gesonderten Fenster sichtbar.

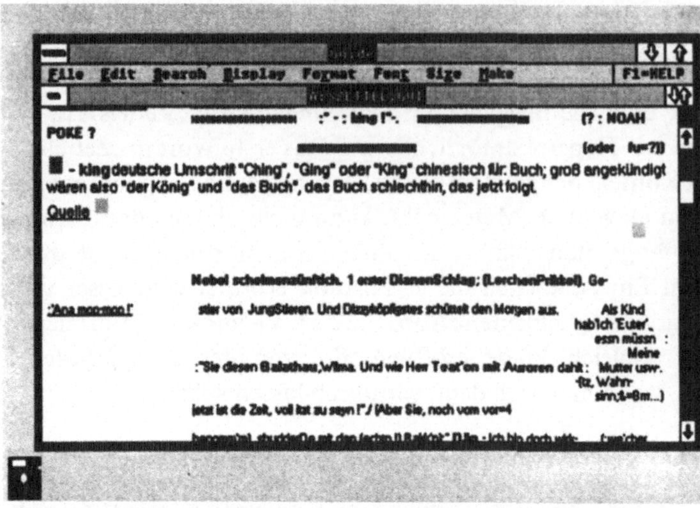

Abb. 1.3.2-6. Erläuterung zu „king" aus dem Menü zu „Zettels Traum"

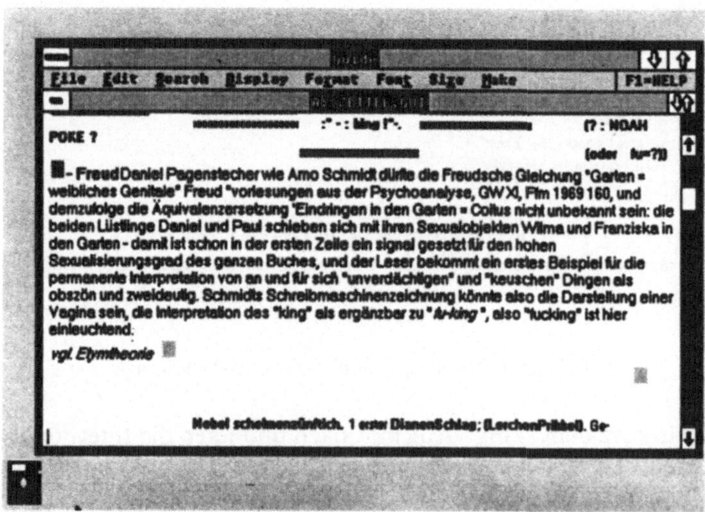

Abb. 1.3.2-7. Erläuterung zu „Freud" aus dem Menü zu „Zettels Traum"

Graphik-Fragment als x-Zaun – verstehen zu können, ist es nützlich oder sogar unabdingbar, etwas über seine Etymtheorie zu wissen. Entsprechend ist am Ende des Freud-Beitrags ein Verweis auf die Etymtheorie angebracht. Dieser ist in GUIDE als Referenzverknüpfung realisiert, der intratextuell zu ganz anderen Passagen in demselben Text oder – in der Einlösung des Intertextualitäts-

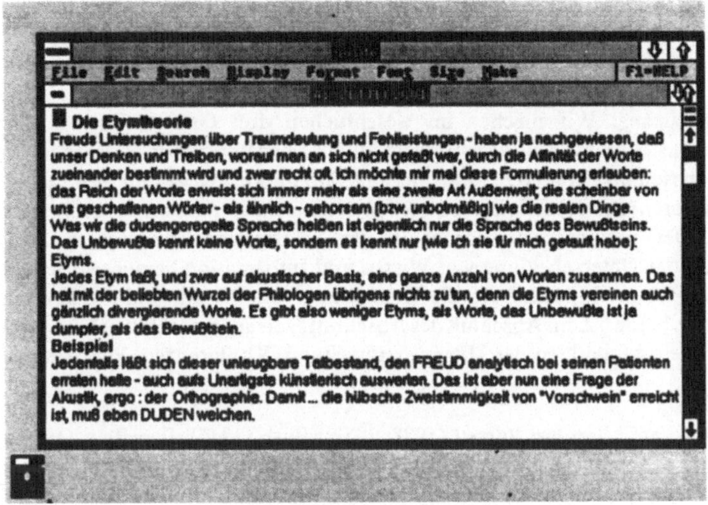

Abb. 1.3.2-8. Referenz zur „Etymtheorie" aus der Erläuterung zu „Freud" aus dem Menü zu „Zettels Traum"

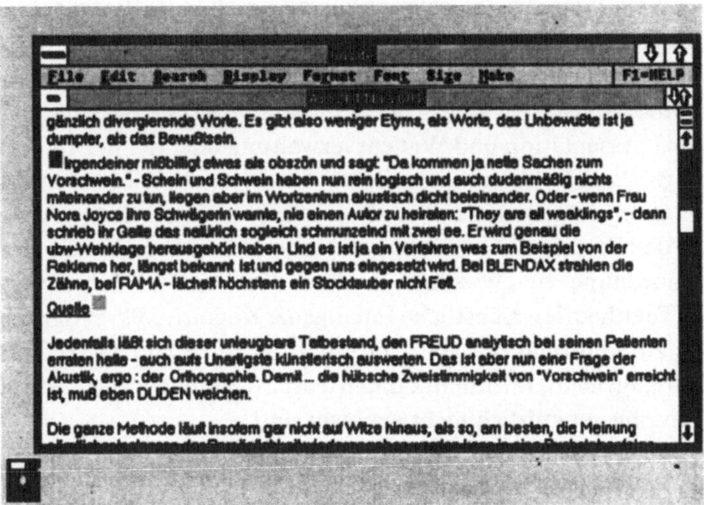

Abb. 1.3.2-9. Zoom aus der „Etymtheorie" (Referenz aus der Erläuterung zu „king" aus dem Menü zu „Zettels Traum")

Versprechens von Hypertext – aus „Zettels Traum" ganz herausführen kann, in diesem Fall zu Schmidts eigenen Metakommentaren (Abb. 1.3.2-8). In diesem Kommentar kann der geneigte Leser dann auch noch das in Abb. 1.3.2-8 nur etikettierte Beispiel durch eine Zoom-Funktion lesbar machen (Abb. 1.3.2-9).

1.4 Interesse an Hypertext und informationswissenschaftliche Relevanz

Zusammenfassung: Wir machen im wesentlichen drei Gründe für das Interesse an Hypertext aus: System-/Software-Entwicklung, Konstruktion von Wissensprodukten über Hypertextbasen und kognitive Modellierung/Simulation. Weiterhin diskutieren wir sechs Erfolgsfaktoren für Hypertext und stellen sie in einen informationswissenschaftlichen Kontext. Der pragmatische Primat in der Informationswissenschaft wird in einer Diskussion der Unterscheidung von Wissen und Information herausgearbeitet und darin die Relevanz von Hypertext für die Darstellung von Wissen und die Erarbeitung von Information betont. Zum Abschluß des Abschnitts zeichnen wir Entwicklung, Quellen und die bisherigen Aktivitäten der Hypertextforschung, Konferenzen, Publikationen, knapp nach.

Kurzhinweise auf Literatur: Barrett (1988, 1989); Bush (1945); Engelbart (1984); Franklin (1988); Frisse (1988); Gloor (1990); Horn (1990); Kuhlen (1987, 1989 a,b,c); Nelson (1987); Nielsen (1990); Shneiderman/Kearsley (1989)

1.4.1 Interessengruppen und Erfolgsfaktoren von Hypertext

Hypertext ist ein typisches interdisziplinäres Forschungs-, Entwicklungs- und Anwendungsgebiet. Schon allein die oben angeführte allgemeine Unterscheidung von „Authoring" und „Browsing" im Sinne von Streitz/Hannemann/ Thüring (1989), wonach entweder eher der Standpunkt der Wissensproduktion, der Wissensrepräsentation und Wissensverwaltung oder der der Informationssuche (Information Retrieval im weiteren Sinne) und der Mensch-Maschine-Kommunikation eingenommen werden kann, eröffnet einer Vielzahl von Disziplinen den Zugang zu Hypertext, und entsprechend breit ist die Fachliteratur: mit Zuordnung zu „Wissen" eher aus dem Umfeld Schreibforschung, Linguistik (Texttheorie), Künstliche Intelligenz, Kognitive Psychologie und mit Zuordnung zu „Information" eher Information Retrieval bzw. Informationswissenschaft allgemein, Informatik und Mensch-Computer-Interaktion, wobei diese Zuordnungen natürlich nicht exklusiv sind.

Unabhängig von der Disziplinenzuordnung kann man drei allgemeine Interessen an Hypertext ausmachen[67]:

– In Umgebungen der experimentellen Informatik und Informationswissenschaft, aber auch in Organisationen kommerzieller Softwareerstellung, ist man an der Entwicklung neuer Systemtypen oder neuer Systemeigenschaften interessiert und entsprechend werden wissenschaftliche und technische

---

[67] Im Englischen würde man sie knapper mit „software engineering", „knowledge engineering" und „cognitive engineering" bezeichnen.

Beiträge erstellt und auf den einschlägigen Fachkonferenzen präsentiert (vgl. Abschnitt 1.4.3). Das Interesse an Hypertext zielt also auf allgemeine *System- und Software-Entwicklung ab.*

– Hersteller von Informationsprodukten des Informationsmarktes nützen bereits entwickelte Hypertextbasis-Software, um bestimmte Anwendungsgebiete mit Blick auf Hypertext zu modellieren und auf dieser Grundlage kommerziell verwertbare Hypertextbasen aufzubauen und anzubieten. Hier deuten sich ähnliche Entwicklungen wie in der Künstlichen Intelligenz an, wo allmählich wissensbasierte Produkte auf der Basis von „Shell"-Systemen entstehen. Es sieht so aus, daß sich analog zur Wissensindustrie eine Hypertextindustrie entwickelt, deren Leistung darin bestehen wird, entweder Produkte für den allgemeinen Markt zu erstellen, z. B. Enzyklopädien, Reiseführer, allgemeine Auskunftssysteme, oder aber, ebenfalls unter Verwendung kommerzieller Software, für Kunden spezielle Hypertextbasen zu erstellen. Auf dieser Ebene handelt es sich um ein Interesse an der *Konstruktion von Wissensprodukten* durch Erstellung von *Hypertextbasen.*

– Experimentelle und kommerzielle Hypertextsysteme werden nach unterschiedlichen Aspekten, überwiegend aus kognitivem Interesse, empirisch und theoretisch untersucht, z. B. inwieweit durch die Technik des Aufbaus von Hypertextbasen der Prozeß der Wissenserstellung oder des technischen Schreibens beeinflußt wird bzw., aus der anderen Sicht der Informationserarbeitung, welchen Einfluß nicht-lineare „Browsing"- und Navigations-Techniken auf Wissensrezeption, oder allgemeiner: auf Lernen haben können. Hier zielt das Interesse (von Schreibforschern, Psychologen, Erziehungswissenschaftlern, Linguisten, aber auch Informationswissenschaftlern) eher auf die *Modellierung und Simulation kognitiver Prozesse.*

Der „Erfolg" einer neuen Idee hängt von dem glücklichen Zusammenspiel vieler Faktoren ab, zu einem Teil auch von der treffenden Bezeichnung. „Hypertext" scheint eine solche zu sein. Aber das reicht sicher nicht aus. Wir machen die folgenden allgemeinen „Erfolgsfaktoren" für Hypertext aus, von denen vor allem die letzten drei direkt auf informationswissenschaftliche Fragestellungen bezogen werden können:

(i)　Interesse, gegebene informationstechnische Möglichkeiten anzuwenden: Graphik, „Maus", Mehrfachfenster-Technik, „pull-down"-Menüs, direkte Manipulation von Objekten auf dem Bildschirm, große Speicher- und Verarbeitungskapazitäten auch am individuellen Arbeitsplatz etc.;

(ii)　vordergründig leichte Handhabbarkeit von Hypertext, sowohl bei der Erstellung als auch bei der Nutzung, leichter z. B. gegenüber Datenbank- oder Expertensystemen, aber auch gegenüber integrierter Bürokommunikationssoftware;

(iii) Annahme einer kognitiven Plausibilität der Darstellung von Wissen in nicht-linearen (topologischen) Strukturen;

(iv) Hohe Adaptivität von Hypertext an vielfältige Verwendungszwecke und große Flexibilität bei der Darstellung von Wissen und der Erarbeitung von Information;

(v) Befriedigung des Bedarfs nach Erhaltung bzw. Steigerung von kreativitäts-fördernden „Browsing"- und „Serendipity"-Effekten;

(vi) Beitrag zur Lösung des Problems, die durch den Einsatz elektronischer Informationssysteme eher noch zunehmende Vielfalt einströmender Informationen (Informationsflut) zu beherrschen und besser als bei linearen Wissensorganisationsformen zu klassifizieren, zu selektieren und in vorhandene Wissensstrukturen dauerhaft einzubinden.

Zum informationstechnischen Argument. Die Entwicklung von Hypertextsystemen wurde wesentlich dadurch begünstigt, daß die zur Realisierung leistungsfähiger Hypertextsysteme erforderliche Hardware-Technologie (hochauflösende Bildschirme, Arbeitsplatzrechner mit hoher Hauptspeicherkapazität, optische Massenspeicher) in den letzten Jahren nicht nur für Entwickler, sondern auch für eine größere Anwenderschaft erschwinglich geworden ist[68]. Darüber hinaus hat sich gerade im vergangenen Jahrzehnt ein entscheidender Wandel in den Einstellungen von Anwendern gegenüber Computersystemen ergeben. Computer werden zusehends nicht mehr als bloße Datenverarbeitungsmaschinen, sondern als Instrumente der Informations- oder gar Wissensverarbeitung angesehen – und dies mittlerweile auch in Bereichen, die zur Zeit der Entwicklung der ersten Hypertextprototypen für die kommerzielle Datenverarbeitung noch weitgehend unattraktiv zu sein schienen[69]. Offensichtlich wird von

---

[68] Man kann dies natürlich auch leicht anders sehen, daß nämlich die Entwicklung von modernen informationstechnischen Methoden und dazugehörigen Techniken speziell durch die Hypertextidee vorwärtsgetrieben wurde. Die heute gängigen Techniken, wie Fenstertechnik, Maus-Kontrolle und graphische Benutzerschnittstellen, wurden in den sechziger und siebziger Jahren nicht zuletzt im Zusammenhang der Arbeiten am „Hypertext"-System NLS („online system"; heute AUGMENT) entwickelt (von Douglas Engelbart am SRI; vgl. Engelbart 1984). Dies war der entscheidende technische Schritt in Richtung realer, nicht nur erdachter Hypertextsysteme. Sicherlich haben sich seitdem diese informationstechnischen Techniken von Hypertext emanzipiert, begünstigen aber heute durch die massenhafte Verbreitung quasi ihre Rückkehr (vgl. den Erfolg von HyperCard auf Macintosh-Maschinen).

[69] Gemeint ist der gesamte Freizeit- bzw. Privatbereich, durch dessen aktives Informationsverhalten der Fachinformationsmarkt nicht länger auf professionelle Umgebungen der Fachkommunikation beschränkt werden kann. Diese Tendenz trifft nicht nur für die Hypertextumgebung zu, sondern ist auch, wie man an Formen der elektronischen Kommunikation, des „Desktop-Publishing" oder des On-line-Retrieval (Endbenutzer-Retrieval) sehen kann, für im Prinzip alle Formen der engeren Fachkommunikation zutreffend.

Herstellern in Hypertext eine weitere Möglichkeit gesehen, Kunden durch Bereitstellung attraktiver Applikations-Software an die eigenen Basis-Hardware- und Software-Produkte zu binden. Die kostenlose Freigabe von HyperCard durch Apple, mit der Bindung an Macintosh-Computer, ist ein erfolgreiches Beispiel: ein großer Teil der angelsächsischen Entwicklungen zu Hypertext basiert auf der HyperCard-Software, in Großbritannien ergänzt um GUIDE-Anwendungen[70].

Zum Argument der leichten Hantierbarkeit. Kommerzielle, also auf dem Markt erhältliche Hypertextsoftware ist in der Komplexität mit „Desktop-Publishing"-Software zu vergleichen. Erfahrungen im Umgang mit Graphik bzw. Techniken des graphischen Design oder auch mit „Scanning"-Verfahren sind erforderlich, können aber bei Benutzern von Personalcomputern und von Arbeitsplatzrechnern („workstations") in professionellen Umgebungen heute weitgehend vorausgesetzt werden. Die technischen und methodischen Voraussetzungen scheinen zunächst weitaus geringer zu sein, als sie z. B. bei Datenbankanwendungen oder beim Aufbau von Expertensystemen aus vorgegebener „Shell"-Software gegeben sein müssen. Wir werden sehen, daß die Anforderungen an die Modellierung, an das Design der Hypertexteinheiten und vor allem der Verknüpfung und an die Navigationsunterstützung kaum minder anspruchslos sind und daß die Anwendung von ad-hoc-Techniken entweder ins Chaos führt oder Produkte entstehen läßt, die die produktiven Potentiale von Hypertext nicht zur Entfaltung kommen lassen. Wir halten Hypertext vielleicht für ein leicht manipulierbares, keinesfalls aber für ein methodisch einfach beherrschbares Instrument. Zu diesem Argument gehört auch, daß der Umgang mit Hypertext den meisten Personen einfach Spaß macht und bei leistungsstarken Autoren- und Navigations-/Such-Komponenten, durch die Orientierungsprobleme vermindert werden, außerordentlich „belohnend" ist.

Zum Argument der kognitiven Plausibilität. Wir gehen in Abschnitt 3.2 im Zusammenhang des Themas „Hypertext und Lernen" ausführlicher darauf ein (vgl. auch schon Abschnitt 1.3). Ihm liegt die Annahme zugrunde, daß Wissen im menschlichen Gehirn in vernetzten topologischen, nicht-linearen Strukturen organisiert sei. Unter dieser Annahme könnte die Wissensaufnahme über eine vergleichbare Organisationsform, wie sie durch Hypertext gegeben ist, effizienter sein als eine Aufnahme, die den „Umweg" über lineare Präsentationsformen (Vorlesungen, Texte) nimmt. Die Abbildung 1.4.1-1 erläutert den „Umweg" und den direkten Weg. Wir wollen aber schon hier die topologische Annahme nicht einfach übernehmen, sondern auch zwei Gegenargumente anführen. Zum

---

[70] Dies wird deutlich bei der Durchsicht der Artikel zur Yorker Hypertextkonferenz von Juni 1989; vgl. McAleese/Green (1990), aber auch der Proceedings der amerikanischen Konferenzen (ACM-Hypertext 1987/89, 1989).

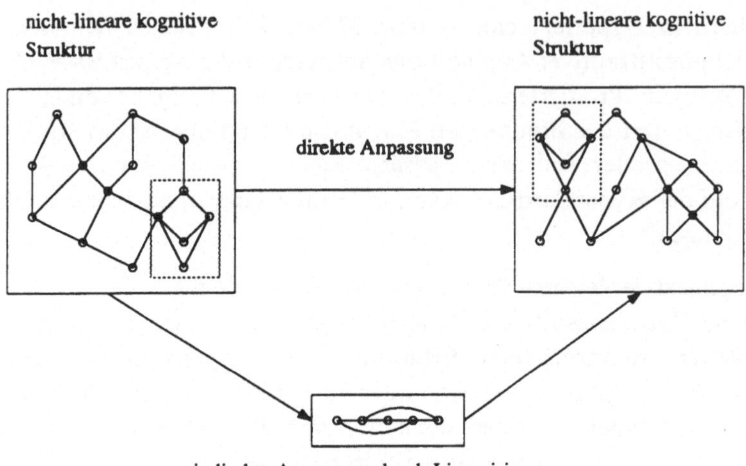

Abb. 1.4.1-1. Direkte und indirekte Anpassung vernetzten Wissens

einen findet die Wissensaufnahme, auch durch die Navigation in Hypertext, in einer zeitlich sequentiellen Reihenfolge statt, so daß jeder faktische Weg letzlich doch wieder linear ist. Zum andern kann die Gegenhypothese zu der vermeintlichen Effizienz der Anpassung gleicher Strukturen aufgestellt werden, nämlich daß zwei Netze, zumal wenn sie polyhierarchisch strukturiert sind, schwieriger zu integrieren sind als eine lineare Struktur in ein bestehendes Netz.

Zum Argument der Adaptivität und Flexibilität. Bei den verschiedenen Vergleichen konventioneller, gedruckter Texte und elektronischer Versionen, z. B. Hypertexten, wird immer wieder herausgestellt, daß aus Hypertexten Information auf weitaus flexiblere Weise erarbeitet werden kann als aus gedruckten Papiermedien (Simpson 1989, 242). Neben der grundsätzlichen Flexibilität weisen Halasz/Moran/Trigg (1987) darauf hin, daß Hypertextsysteme

- *parametrisiert* sein und damit eine Auswahl alternativer Verhaltensweisen ermöglichen sollten;
- *integriert* konzipiert und damit an andere interne und externe Ressourcen, wie integrierte Bürokommunikationssoftware oder On-line-Retrievalsysteme, anschließbar sein sollten;
- und vor allem *maßgeschneidert* sein sollten, so daß Benutzer ihr Hypertextsystem weitgehend auf ihre Bedürfnisse hin zuschneiden können.

Hypertextsysteme sollten sich daher im Prinzip leicht an heterogene Nutzungs- und Systemumgebungen anpassen lassen.

Zum Argument des Bedarfs nach „Browsing"- und „Serendipity"-Effekten. Wir gehen im Zusammenhang der Orientierungs- und Navigationsproblematik in

Abschnitt 2.3.1 näher auf verschiedene „Browsing"- und „Serendipity"-Formen ein, also auf Formen, die Mitnahmeeffekte (durch „Browsing") und Überraschungseffekte (durch „Serendipity") ermöglichen. Hier wollen wir nur daran erinnern, daß das Suchen in anderen elektronischen Informationssystemen weitgehend gezielt und organisiert vor sich gehen muß. Das heißt, der Benutzer muß versuchen, sein Informationsproblem so genau wie möglich zu erkennen und auf die Möglichkeiten des zu benutzenden Systems auszurichten, z. B. bei einem On-line-Retrievalsystem seine Problemstellung in Konzepte (Begriffe bzw. deren Benennungen) zu übersetzen und mit den im System vorgesehen Operatoren zu verknüpfen. Diese weitgehend exakte Transformation eines Problems auf eine Frageformulierung in formaler Form ist einem Informationssuchenden aber häufig nicht möglich, da er oft noch gar nicht genau weiß, was er sucht und daher nicht genau fragen kann[71]. Elektronische Informationssysteme begünstigen bislang nicht das traditionelle Informationsverhalten, das zuweilen in seinen kreativsten Momenten durch einfaches Herumstöbern, z. B. durch Blättern in Büchern oder „Wandern" in systematisch geordneten Buchbeständen, gekennzeichnet ist. Hypertext ist von der Anlage her eine Form, „Browsing"-, allgemein: Überraschungseffekte in elektronischen Medien zu rekonstruieren, mit den Vorteilen und möglichen Nachteilen.

Zum Argument des Selektions- und Strukturierungsbedarfs. In einem Artikel von Frisse (1988) wird in der Elektronisierung der Fachkommunikation eine der Ursachen für einen steigenden Bedarf nach hypertextähnlichen Systemen gesehen (vgl. auch Malone 1987): Immer mehr Personen haben Zugang zu elektronischen Kommunikationsmedien, z. B. zu „Bulletin Boards", elektronischen Postsystemen, On-line-Retrievalsystemen oder Bildschirmtext, und werden so kontinuierlich mit Wissenseinheiten versorgt, überschüttet, zuweilen zugeschüttet. Abgesehen davon, daß in der Regel den Benutzer ja nicht die Gesamtheit der zur Verfügung gestellten Mitteilungen oder Daten (Informationen sind es ja nicht eigentlich) interessiert, sondern nur ein Teil, entsteht das Problem, daß man die interessanten wirklichen Informationen nun irgendwie in seine Bestände integrieren muß (Frisse 1988, 247). Mit den normalen linearen Techniken, z. B. Teile von Dokumenten auf Karteikarten zu schreiben oder einzelne Teile in Form von Kopien in Rubriken oder Hängemappen abzuheften oder in Textdateien abzuspeichern, kommt man sehr bald an ein systematisches

---

[71] In der informationswissenschaftlichen Literatur wird dieser mentale Zustand eines Informationssuchenden als „anomalous state of knowledge" bezeichnet (vgl. Brooks/ Daniels/Belkin 1986). Nach dieser Theorie trifft dieser Zustand auf jedes Suchproblem zu, da die genaue Frage schon das Ergebnis der Suche voraussetzte, denn erst aus dem Ergebnis kann man wissen, was man genau hätte fragen sollen, andernfalls hätte man nicht fragen müssen (vgl. Abschnitt 2.3).

Ende[72]. Hat man ein gut strukturiertes Hypertextsystem, so die Vermutung, sollte es möglich sein, die jeweiligen Text- oder Wissensfragmente in die passenden Hypertextknoten einzubinden, d. h. in der Regel entweder die bestehenden Hypertexteinheiten zu modifizieren bzw. zu annotieren oder von einem bestehenden Knoten einen neuen Verweis zu einem anderen, ähnlichen Knoten einzurichten[73].

1.4.2 Informationswissenschaftliche Relevanz von Hypertext

Wir haben in der bisherigen Darstellung verschiedentlich die Bezeichnungen „Wissen" und „Information" verwendet, ohne unser Verständnis dieser Grundbegriffe der Informationswissenschaft[74] explizit gemacht zu haben. Wir wollen dies in diesem Abschnitt tun und damit zeigen, daß im Kontext von Hypertext

---

[72] Im Prinzip vergleichbare Methoden, Ordnung in Wissensbestände zu bringen, die relativ starken Modifikationen oder Ergänzungen unterliegen, sind aus Textverarbeitungs- oder Desktop-Publishing-Systemen bekannt. So ist es z. B. mit Hilfe von Gliederungsfunktionen sehr leicht möglich, innerhalb eines sehr komplexen Dokumentes die jeweils relevanten Gliederungsabschnitte aufzurufen, in die dann neue Informationen eingetragen werden können. Auf diese Weise können komplexe Materialien kontinuierlich „schlecht und recht" verwaltet werden.

[73] Natürlich hat es dieses Problem schon immer gegeben – wie hält man seine Wissensbestände in einer solchen Ordnung, daß der Zugriff auf sie schnell und unter vielfältigen Gesichtspunkten möglich ist? – bezeichnend ist aber, daß der vermehrte Einsatz von Informations- und Kommunikationstechnologien, der ja den Umgang mit Information erleichtern soll, diesen zunächst zumindest komplizierter und komplexer macht, so daß man Verfahren benötigt und dann nach Instrumenten verlangt, die die Komplexität auf ein handhabbares Maß reduzieren können, unter Bewahrung der durch die Informations- und Kommunikationstechnologien erzielten Vorteile. Elektronische Postsysteme z. B. sind nur dann von Nutzen, wenn die Nachteile der Überflutung nicht größer werden als die Vorteile, die darin bestehen, daß man im Prinzip weltweit und permanent mit Kollegen Kontakt halten kann. Das gleiche kritische Argument tritt konsequenterweise allerdings auch bei Hypertext wieder auf: Der Ballast bzw. der Aufwand des Bedienens von Hypertextfunktionen (Gefahr der kognitiven Überlastung) können den Entlastungseffekt wieder dahinschmelzen lassen. Wie es scheint, ein Kreis ohne Ende. Neue Leistungen produzieren neue Nachteile. Grundsätzliche Lösungen sind auch durch Hypertext nicht zu erwarten, wenn auch wohl Annäherungen.

[74] Nach wie vor ist die Informationswissenschaft im Verhältnis zu verwandten Disziplinen, wie Informatik, keine breit im wissenschaftlichen Bewußtsein verankerte Disziplin; zum wissenschaftspolitischen Status der Informationswissenschaft vgl. Kuhlen (1989a). Informationswissenschaftler arbeiten weitgehend experimentell, d. h. sichern Aussagen über ihre Objektbereiche – das sind Informationssysteme im weiteren Umfeld des Information Retrieval – durch rechnergestützte Verfahren ab. Neben dieser eher technischen Sicht, die sich von der der Künstlichen Intelligenz oder der praktischen Informatik insgesamt kaum unterscheidet, will die Informationswissenschaft Information, ihren Gebrauch, Nutzen oder ihre Auswirkungen, in sozialen professionellen

klassische informationswissenschaftliche Fragestellungen angesprochen und möglicherweise neu und konstruktiv beantwortet werden können.

„Wissen" und „Information" wird in sehr vielen wissenschaftlichen Kontexten sehr unterschiedlich verwendet, so daß die folgenden Ausführungen eher den Status einer Festlegung aus einer bestimmten Perspektive, eben der der Informationswissenschaft, haben, und auch eher Plausibilitätsüberlegungen folgen, als daß sie streng deduktiv abgeleitet sind[75]. Jedoch hat sich aufgrund der Diskussionen der letzten Jahre ein gewisser Konsens über das Verhältnis von Information und Wissen und des pragmatischen Primats bei Informationsarbeit herausgestellt, so daß die hier getroffenen Festlegungen den terminologischen Stand der Informationswissenschaft widerspiegeln (vgl. Kuhlen/Herget 1990).

Wissen. Wir wollen unter Wissen den Bestand an (gesicherten, begründbaren) Modellen über Objekte bzw. Objektbereiche und Sachverhalte verstehen, die in einem Individuum (in Form seines Gedächtnisses) als kognitive Struktur vorhanden sind, die aber auch Besitz einer gesellschaftlichen Gruppe, z. B. einer Organisation, eines ganzen Kulturkreises oder der Menschheit insgesamt sein können. Wissen ist sozusagen der Bestand, die Summe der bisherigen individuellen oder kollektiven Erfahrungen oder Erkenntnisse, die mit guten Gründen in gewissem Ausmaß – jedenfalls solange nicht das Gegenteil bewiesen oder plausibler ist – verallgemeinerbar sind, also nicht nur auf Meinungen beruhen. Auch wenn Wissen in der philosophischen und psychologischen Tradition in erster Linie auf *die mentale Struktur* von Individuen bezogen wird, wollen wir, wie erwähnt, auch von Wissen einer Organisation sprechen. Weiterhin kann nicht ignoriert werden, daß unter dem Einfluß der Informationstechnik und der Künstlichen Intelligenz es zunehmend mehr akzeptierter Brauch wird, nicht nur in metaphorischem oder taktischem Sinne von „Wissen von Rechnern" oder von rechnerinternen Wissensbasen zu sprechen. In diesem weiteren Verständnis von Wissen (über die mentale Struktur hinaus) wird die Darstellung von Wissen mit Wissen selber gleichgesetzt. Nur dargestelltes Wissen ist kommunizierbar. Wenn wir Wissen aus Büchern, aus Gesprächen oder durch Interaktion mit elektronischen Formen, wie Hypertext, aufnehmen, dann bedienen wir uns der in der jeweiligen Situation verwendeten Darstellungsform, in der Erwartung, daß das zu übermittelnde Wissen darin adäquat dargestellt ist. Nicht grundsätzlich anders scheint uns die Situation bei elektronisch unterstützter Kommuni-

---

Umgebungen, wie Verwaltung, Wirtschaft und Politik, aber zunehmend auch in Situationen der Alltagskommunikation, untersuchen. Damit sind die im folgenden weiter auszuführenden pragmatischen Aspekte angesprochen.

[75] Die Bemerkungen in diesem Unterabschnitt beziehen sich weitgehend auf Kuhlen (1987, 1989a); Kuhlen et al. (1989b,c), ohne daß Zitate hier im einzelnen nachgewiesen sind.

kation zu sein. Für Informationssysteme gibt es vielfältige Möglichkeiten, Wissen darzustellen.

Funktion der Sprache für Wissen. Ohne Zweifel ist die natürliche Sprache die wesentliche Form zur Vermittlung von Wissen. Dabei sind wir uns in Übereinstimmung mit den einschlägigen Diskussionen in der Künstlichen Intelligenz und kognitiven Linguistik bewußt, daß die natürliche Sprache, die aktuelle Rede oder der aktuelle Text, keineswegs vollständig das zum Verstehen nötige Wissen darstellt, vielleicht auch nicht darstellen kann. Die Aufnahme von Wissen aus sprachlichen Äußerungen hängt nicht nur von dem Verständnis der sprachlichen Ausdrücke als Zeichen für Wissen ab, geschieht also nicht autonom aus diesen selbst, sondern hängt von dem Hintergrundwissen der in der jeweiligen Situation Beteiligten ab. Erwerb von Wissen ist weitgehend Inferenzleistung (vgl. Schnotz 1987). Dieses Hintergrundwissen wird in der Diskussion der Künstlichen Intelligenz Weltwissen („world knowledge") genannt, bezieht sich aber in konkreten Anwendungen auf Rechnern eher auf einen kleinen domänenspezifischen Objektbereich, nicht auf das gesamte Universum des Wissens. Weltwissen wird benötigt, um den Kontext der sprachlichen Äußerungen erschließen zu können. Trotz dieser Bedeutung von Weltwissen für das Verstehen und das Ableiten von Wissen durch Sprache wollen wir die natürliche Sprache als die wesentliche Form der *Repräsentation von Wissen* auffassen. Wenn wir also im folgenden von Wissen in Hypertexteinheiten sprechen, meinen wir das in irgendeiner Form repräsentierte Wissen. Das wird in vielen Fällen die natürliche Sprache sein, es können aber, gemäß dem grundsätzlich multimedialen Anspruch von Hypertext, durchaus auch andere mediale Formen sein, wie z. B. Graphik, Tonträger oder bewegte Bilder.

Rekonstruiertes Wissen. Wissen wird über die „natürlichen" Formen hinaus heute auch, vor allem mit Blick auf eine maschinelle Verarbeitung[76], in formal definierten Sprachen dargestellt. Diese werden im allgemeinen Wissensrepräsentationssprachen genannt, z. B. „Frame"-Sprachen, semantische Netze oder Produktionsregeln (Reimer 1991)[77]. Verfahren der Wissensrepräsentation, mit denen Wissen in formalen Sprachen rekonstruiert wird, können für Hypertext

---

[76] Verarbeitet wird nach unserem obigen Verständnis natürlich nicht Wissen, sondern nur die Darstellung von Wissen in einem Medium.

[77] Wir würden bevorzugen, die Leistung dieser Sprachen eher mit „Rekonstruktion" zu beschreiben und „Repräsentation" auf „natürliche" Zeichensysteme zu beschränken, allein schon deshalb, um die formalen Beschreibungssprachen von ihrem zuweilen erhobenen kognitiven Anspruch zu entlasten. Die Rekonstruktion von Wissen in formalen Sprachen dient aus informationswissenschaftlicher Sicht der Erarbeitung von Information für Nutzer in kritischen Handlungssituationen (s.unten). Jedoch ist es nicht sehr aussichtsreich, den in der Künstlichen Intelligenz eingebürgerten Sprachgebrauch prinzipiell in Frage stellen.

für die Grobmodellierung ganzer Objektbereiche bzw. als Mittel des Design von Hypertextbasen und für die Darstellung von Wissen in Hypertexteinheiten angesehen werden, wie es in KMS (Akscyn/Yoder/McCracken 1988) über strukturierte Formen von „Frames" geschieht. Auch für eine differenzierte Verknüpfung von Hypertexteinheiten, z. B. unter Verwendung typisierter Relationen in der Theorie semantischer Netze, sind Elemente von Wissensrepräsentationssprachen nützlich. Sie sind weiterhin wichtig, um gezielte Selektionen von Teilmengen aus der Hypertextbasis entsprechend den aktuellen Benutzerbedürfnissen vornehmen zu können. Dazu muß über geeignete Modelle – auch hierfür werden häufig „Frames" eingesetzt" – Wissen über den jeweiligen Nutzer, seine Situation und sein Dialogverhalten, in maschinellen Systemen dargestellt sein (vgl. Kobsa/Wahlster 1989). Die Entwicklung wissensbasierter Hypertextsysteme zielt daher in diese Richtung: zum einen intelligentere Formen der Beschreibung und Relationierung von Hypertexteinheiten, zum andern intelligentere Formen des Zugriffs und der benutzeradäquaten Selektion zu entwickeln (Russell 1990). Der Vorteil rekonstruierten, explizit repräsentierten Wissens für Hypertext liegt also darin, die Darstellung durchsichtig zu machen und eine maschinelle Weiterverarbeitung, z. B. zum automatischen Aufbau und zur Verwaltung von Verknüpfungen, zu begünstigen (vgl. Kap. 4). Skeptisch sind wir hinsichtlich der Möglichkeit, das Wissen größerer Objektbereiche vollständig und detailliert in formalen Wissensrepräsentationssprachen zu rekonstruieren und sehen deshalb Hypertext, in dessen Basen die originalen Wissen repräsentierenden Einheiten erhalten bleiben, als realistische Zwischenstufe zwischen „dummen" Volltextsystemen und „intelligenten" Wissensbanken an.

Information. Der oben Wissen zugeschriebene verallgemeinerbare, begründbare Charakter kann nicht auf Information angewendet werden. Abgesehen davon, daß Informationen durchaus auch aus Meinungen entstehen können, denn eine Aussage kann hohen Informationswert dadurch haben, daß man weiß, wer welche Meinung hat[78], hängt der Status von Informationen von vielen Rahmenbedingungen der konkreten Nutzung ab. Wir fassen im folgenden die wesentlichen Eigenschaften von Information zusammen[79], nicht zuletzt auch

---

[78] Auf die von Philosophen wie J.Mittelstraß gestellte wichtige Frage, inwieweit im Informationsbegriff die unsere Kulturwelt entscheidend bestimmende Unterscheidung zwischen begründbarem Wissen (episteme) und privater Meinung (doxa) verloren zu gehen droht (Mittelstraß 1989), wenn nicht passende Kompensationsmechanismen in maschinelle Systeme eingebaut werden, z. B. eindeutige Referenzen auf die Quellen des eingespeicherten Wissens, wollen wir hier nur hinweisen; vgl. Kuhlen (1989a, 1990b).
[79] Hierbei klammern wir die politischen Aspekte von Information, die z. B. im Zusammenhang des Begriffs der Informationsgesellschaft behandelt werden, und die ökonomischen Aspekte, z. B. unter den Themen des Informationsmarktes oder des informationellen Mehrwertes, hier aus; vgl. Kuhlen (1989a, 10ff) mit weiteren Belegen.

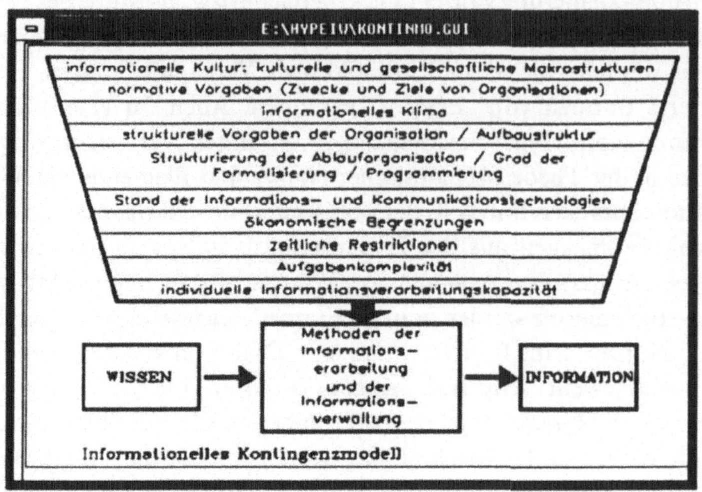

Abb. 1.4.2-1. Informationelles Kontingenzmodell
(aus: HEIDI/GUIDE, Kuhlen et al. 1989b,c)

deshalb, um die Schwierigkeit der Aufgabe, Information aus Hypertextbasen zu erarbeiten, deutlich zu machen:

Information ist kein frei verfügbares, objektiv definierbares „Stück Wissen", sondern muß unter Berücksichtigung vieler pragmatischer Rahmenbedingungen[80], wie Zeit, Geld, soziale Umgebung, organisationelle Ziele, individuelle Informationsverarbeitungskapazität, Lernstile, jeweils neu erstellt werden (vgl. Abbildung 1.4.2-1). Diesen Prozeß wollen wir die Transformation von Wissen in Information nennen (vgl. Abbildung 1.4.2-2 Transformationsmodell). Information bzw. die Einschätzung ihrer Relevanz ist also vom Informationsnutzer und dessen Kontext abhängig. Information muß für den Benutzer einen Neuigkeitswert haben (vermitteltes, aber auch schon gewußtes Wissen ist keine Information) und muß handlungsrelevant sein: neues Wissen, das aktuell nicht benötigt wird, ist keine Information. Information kann nicht in beliebigen Mengen aufgenommen werden. Offenbar blocken interne Schutzmechanismen manchmal die Zufuhr weiterer Informationen ab, sei es um nicht erwünschte Verunsicherungen zu vermeiden oder um ebenfalls unerwünschte Situationen der handlungsunfähig machenden Informationsüberflutung zu vermeiden[81]. Überinformation kann genauso schädlich sein wie Unterinformation. Während letztere zumindest ein Gefühl der Unsicherheit erzeugt, das zu aktivem Informationshandeln führen kann, suggeriert Überinformation oft fälschli-

---

[80] Diese pragmatischen Rahmenbedingungen werden zuweilen auch Kontingenzfaktoren genannt.

[81] Vgl. Theorien der kognitiven Dissonanz, z. B. Festinger (1968); Frey (1981).

cherweise ein Gefühl der Sicherheit, schon alles Relevante zu wissen, obgleich das „Über" nicht immer das „Richtige" heißen muß.

Pragmatischer Primat. Da nach den bisherigen Ausführungen der Kontext der Handlungssituation für die Spezifität und die Qualität der Information bestimmend ist, hat Information keinen quasi objektiven Charakter, sondern variiert nach den wechselnden Anforderungen und Rahmenbedingungen. Information muß unter Berücksichtigung dieser Rahmenbedingungen erst aus Wissen bzw. der Darstellung von Wissen erarbeitet werden. Informationen können nicht wie Daten *verarbeitet* werden, sondern werden erst unter Berücksichtigung konkreter Bedürfnisse und Handlungssituationen *erarbeitet.* Information ist – wenn man es in eine Formel packen wollte – *Wissen in Aktion.* Insofern ist die verschiedentlich (auch vom Verfasser) benutzte Formulierung, Information sei die Teilmenge von Wissen, die in konkreten Handlungssituationen benötigt werde und nicht aktuell vorhanden sei, wegen der mengentheoretischen Assoziation möglicherweise irreführend. Information ist natürlich auch Wissen, aber die pragmatische Konstellation fügt dem semantischen Kern von Wissen etwas Neues hinzu. Nicht zuletzt ist dies die durch Information erzielte Wirkung. Wir wollen diese Forderung nach der Berücksichtigung der handlungsrelevanten Rahmenbedingungen und der Auswirkungen von Information den *pragmatischen Primat von Informationsarbeit* nennen.

In dieser pragmatischen Ausrichtung sind Informationen etwas sehr Flüchtiges. Informationen lernt man auch nicht. Hat man das, was sie repräsentieren, nämlich bislang das Wissen anderer, gelernt, so sind sie zum eigenen Wissen geworden. Das Informationen zugrundeliegende Wissen verbraucht sich nicht im Gebrauch. Zwar geht nach jedem aktuellen Gebrauch die aktuelle pragmatische Konstellation und damit der Status der Information verloren, so daß Information in der speziellen Ausprägung nicht wiederholbar ist, die semantische Referenz der Information bleibt aber erhalten und kann in einem anderen Kontext oder von einer anderen Person durchaus wieder zu einer Information werden. Wird Information als dauerhafter Bestand aufgenommen, so wird man von Wissen sprechen – jedenfalls solange keine internen Widersprüche auftauchen.

Fassen wir die Diskussion um den Status von Wissen und Information zusammen, so können wir einen doppelten Transformationsprozeß ausmachen, zum einen beim Übergang von Wissen in Information in Form der *Informationserarbeitung,* zum andern, falls die Information nicht vergessen werden soll, als Einbettung der erhaltenen Information in einen dauerhafteren Wissensbestand. Wir nennen diesen Übergang *Informationsverwaltung.* Die Abbildung 1.4.2-2 zeigt diese Zusammenhänge:

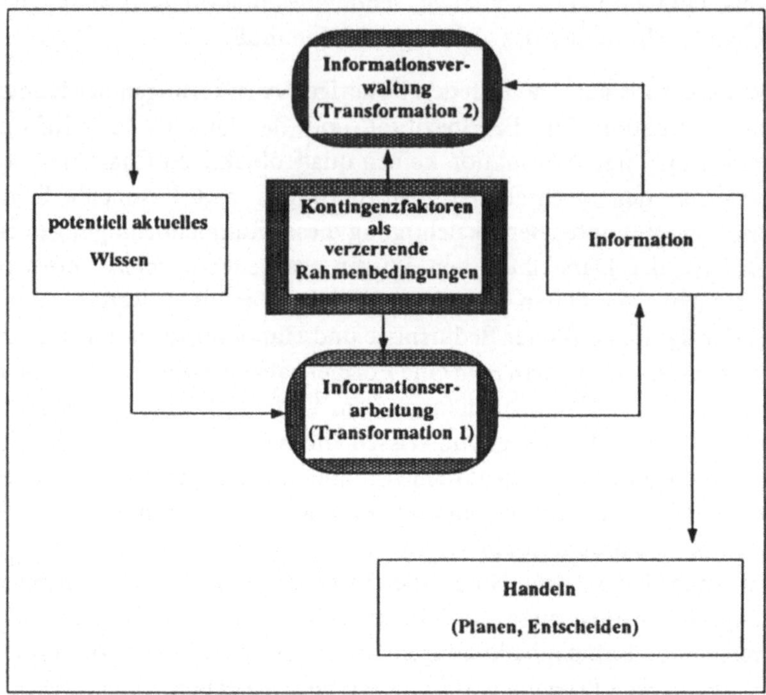

Modell der Transformation von Wissen in Information und von Information in Wissen

Abb. 1.4.2-2. Informationelles Transformationsmodell

Konsequenzen für Hypertext. Die in diesem Abschnitt getroffenen Unterscheidungen zwischen Wissen und Information können für den Entwurf von Hypertextsystemen verwendet werden. Wenn man davon ausgeht, daß in einem Hypertextsystem Wissen (genauer: repräsentiertes oder rekonstruiertes Wissen) eingespeichert ist, dann kann dieses Wissen von unterschiedlichen Personen aus unterschiedlichen Gründen abgefragt werden. Erst wenn das System so flexibel ist, daß es diesen individuellen Bedürfnissen entsprechen kann, kann es als Informationssystem im obigen Verständnis bezeichnet werden. D. h. erst dann kann es tatsächlich Information produzieren. Wir haben gesehen, daß Hypertext vom Prinzip der nicht-linearen Organisation und Nutzungsmöglichkeit her keine Konfektionsware, kein Informationssystem „von der Stange" ist, sondern maßgeschneidert sein sollte, d. h. angepaßt an spezielle Bedingungen des Benutzers: „tenable or customizable by users for particular applications and styles of use" (Halasz/Moran/Trigg 1987, 723). Dies ist eine andere Formulierung unseres pragmatischen Primats. Wie wir aber sehen werden, wird bislang die Zuständigkeit für die

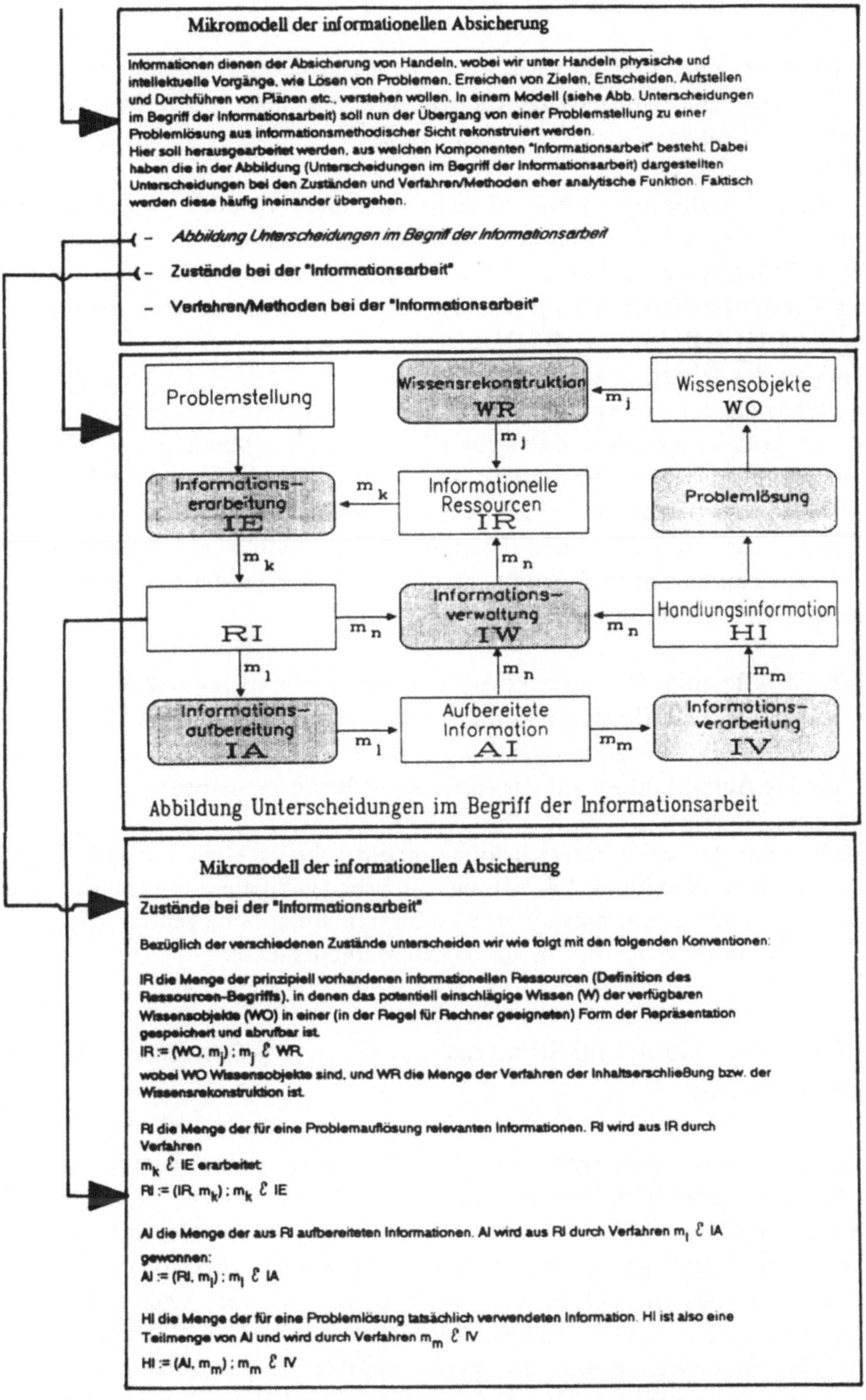

Mikromodell der informationellen Absicherung

Informationen dienen der Absicherung von Handeln, wobei wir unter Handeln physische und intellektuelle Vorgänge, wie Lösen von Problemen, Erreichen von Zielen, Entscheiden, Aufstellen und Durchführen von Plänen etc., verstehen wollen. In einem Modell (siehe Abb. Unterscheidungen im Begriff der Informationsarbeit) soll nun der Übergang von einer Problemstellung zu einer Problemlösung aus informationsmethodischer Sicht rekonstruiert werden.

Hier soll herausgearbeitet werden, aus welchen Komponenten "Informationsarbeit" besteht. Dabei haben die in der Abbildung (Unterscheidungen im Begriff der Informationsarbeit) dargestellten Unterscheidungen bei den Zuständen und Verfahren/Methoden eher analytische Funktion. Faktisch werden diese häufig ineinander übergehen.

- *Abbildung Unterscheidungen im Begriff der Informationsarbeit*

- Zustände bei der "Informationsarbeit"

- Verfahren/Methoden bei der "Informationsarbeit"

Abbildung Unterscheidungen im Begriff der Informationsarbeit

Mikromodell der informationellen Absicherung

Zustände bei der "Informationsarbeit"

Bezüglich der verschiedenen Zustände unterscheiden wir wie folgt mit den folgenden Konventionen:

IR die Menge der prinzipiell vorhandenen informationellen Ressourcen (Definition des Ressourcen-Begriffs), in denen das potentiell einschlägige Wissen (W) der verfügbaren Wissensobjekte (WO) in einer (in der Regel für Rechner geeigneten) Form der Repräsentation gespeichert und abrufbar ist.

$IR := (WO, m_j) : m_j \, \mathcal{E} \, WR$

wobei WO Wissensobjekte sind, und WR die Menge der Verfahren der Inhaltserschließung bzw. der Wissensrekonstruktion ist.

RI die Menge der für eine Problemauflösung relevanten Informationen. RI wird aus IR durch Verfahren $m_k \, \mathcal{E} \, IE$ erarbeitet:

$RI := (IR, m_k) : m_k \, \mathcal{E} \, IE$

AI die Menge der aus RI aufbereiteten Informationen. AI wird aus RI durch Verfahren $m_l \, \mathcal{E} \, IA$ gewonnen:

$AI := (RI, m_l) : m_l \, \mathcal{E} \, IA$

HI die Menge der für eine Problemlösung tatsächlich verwendeten Information. HI ist also eine Teilmenge von AI und wird durch Verfahren $m_m \, \mathcal{E} \, IV$

$HI := (AI, m_m) : m_m \, \mathcal{E} \, IV$

Abb. 1.4.2-3. Informationelles Mikromodell (Verknüpfung dreier „guidelines" aus HEIDI/GUIDE zur Konkretisierung des Modells)

Erarbeitung einer individualisierten Informationsleistung bislang zu einem großen Teil dem Benutzer zugeschoben, ist also weniger aktive Leistung des Systems. Grundsätzlich pragmatisch konzipierte Hypertextsysteme stehen noch aus.

Wir wollen diesen Abschnitt abschließen, indem wir noch kurz darstellen, wie wir in dem schon erwähnten Begriff der Informationsarbeit aus analytischen Gründen weiter differenzieren. Wir greifen dafür auf die Modellierung der Konstanzer Veranstaltung „Einführung in die Informationswissenschaft" mit dem GUIDE-System HEIDI zurück (vgl. Kuhlen 1989 et al. b,c), präsentieren das Wissen dazu also so, wie es sich für Studierende darstellt, wenn sie in Ergänzung zur Vorlesung in HEIDI arbeiten wollen. Wir wollen in diesem Modell genauer zwischen *Zuständen* (Kästen in der Abbildung 1.4.2-3) und *Verfahren/Methoden* (abgerundete Kästen in der Abbildung 1.4.2-3) der Informationsarbeit unterscheiden. Alle drei Zustände „Relevanzinformation", „aufbereitete Information" und „Handlungsinformation" sind nur Facetten des einen Informationsbegriff, denn nach unseren bisherigen Diskussionen sollte deutlich sein, daß Informationen

- für den Benutzer in seiner aktuellen Situation *relevant* sein müssen;
- gemäß den Bedürfnissen und Informationsverarbeitungsmöglichkeiten des Benutzers *aufbereitet* sein müssen;
- direkte Auswirkungen auf *das Handeln* des Benutzers haben sollten.

Die in der analytischen Unterscheidung angesprochenen Methoden (die m_j, m_k, m_l, m_m, m_n in Abbildung 1.4.2-3), die zur Erbringung eines informationellen Mehrwertes durch Informationsarbeit erforderlich sind, sind zentrale Bestandteile einer informationswissenschaftlichen Methodenlehre.

1.4.3 Entwicklung und Stand der wissenschaftlichen Beschäftigung mit Hypertext

Hypertext ist für viele wissenschaftliche Disziplinen, aber, wie wir gezeigt haben, vor allem für die Informationswissenschaft von hoher praktischer und theoretischer Relevanz. Dies wird auch deutlich, wenn man sich auf die historischen Vorgänger der Hypertextidee besinnt. Abgesehen von den Überlegungen der engeren Fachvertreter, wie z. B. Doyle (1961, 1962) mit seinen Vorschlägen zu einer elektronischen Bibliothek oder Soergel (1977) mit seiner Idee einer universalen elektronischen Enzyklopädie, sind auch die Ausführungen von Vannevar Bush (1945), die sicherlich in den letzten vier Jahren zu den am meisten zitierten Arbeiten im Umfeld von Hypertext gehören, in einem informationswissenschaftlichen Kontext zu sehen[82]. Bush's Memex ist ein (auf dem Papier entworfenes, nicht experimentell realisiertes) Informationssystem, das auf dem methodischen und technischen Stand dokumentarischen Wissens (Indexieren, kontrollierte Vokabularien, Relationierung und Mikroverfilmung) von 1945 aufsetzte, dieses allerdings mit der Radikalisierung der Idee der Verknüpfung („association") kritisierte und erweiterte und damit einen richtungsweisenden Entwurf vorlegte, der bis heute die Ideen von Systemgestaltern befruchtet.

Memex war als eine Maschine konzipiert, welche das menschliche Gedächtnis und sein Assoziationsvermögen erweitern und unterstützen sollte. Die Darstellung von Memex und seine Funktionalität seien kurz zusammengefaßt: Bush stellte sich als Eingabemedium durchaus schon so etwas wie einen heutigen Bildschirm vor, über den Zugang zu im Prinzip unbegrenzten Mikrofilmspeichern möglich sein sollte. Dazu entwickelte Bush mit dem „Rapid Selector" schon ingenieurmäßige Vorstellungen[83]. Daß Bush durchaus in Dimensionen heutiger optischer Speicher dachte, wird an seiner Abschätzung deutlich: Selbst wenn ein Mensch 5000 Seiten an Materialien pro Tag eingäbe, sollte der Speichervorrat für einige hundert Jahre reichen. Kurios und originell und bis heute in der persönlichen Verfügbarkeit nicht von optischen Beleglesern erreicht, ist die Art der Eingabe. Bush stellte sich eine Kamera vor, die an der Stirn befestigt sein sollte, und durch die alles, was im Verlaufe eines Tages das Interesse des Besitzers weckte, sofort aufgenommen und im Memex verfügbar gemacht werden sollte. Anders als manchen heutigen Vertretern der optischen Speichertechnik, die mit der Verfügbarkeit von Massenspeichern auch gleichzeitig die Probleme der Ordnung, der Inhaltserschließung und des Retrieval als gelöst ansehen, war sich Bush der Indexierungsaufgabe und -problematik durchaus bewußt. Wir zitieren die hier einschlägige berühmte Passage (Bush 1945, 106):

„The real heart of the matter of selection, however, goes deeper than a lag in the adoption of mechanisms by libraries, or lack of development of devices for their use. Our ineptitude in getting at the record is largely caused by the artificiality of systems of indexing. When data of any sort are placed in storage, they are filed

---

[82] Nelson hatte sich allerdings schon 1973 gegen eine (informationswissenschaftliche) Vereinnahmung durch die Information-Retrieval-Welt gewandt (Nelson 1973, 442), da die Konventionalität der dort entwickelten, weitgehend bibliographischen Systeme der weitsichtigen Genialität von Bush nicht gerecht würden. Potentiale für die Information-Retrieval-Forschung versuchte demgegenüber Smith (1981) herauszuarbeiten.

[83] Abbildungen bzw. Zeichnungen von Memex als richtige Maschine finden sich in Nyce/Kahn (1989, 219, Fig. 1 und 2). Der Artikel von Nyce/Kahn ist eine vorzügliche Rekonstruktion der Entwicklung von Bush's Ideen, die zu Memex geführt haben.

alphabetically or numerically, and information is found (when it is) by tracing it down from subclass to subclass. It can be in only one place, unless duplicates are used one has to have rules as to which path will locate it, and the rules are cumbersome. Having found one item, moreover, one has to emerge from the system and re-enter on an new path.

The human mind does not work that way. It operates by association. With one item in its grasp, it snaps instantly to the next that is suggested by the association of thoughts, in accordance with some intricate web of trails carried by the cells of the brain. It has other characteristics, of course; trails that are not frequently followed are prone to fade, items are nor fully permanent, memory is transitory. Yet the speed of action, the intricacy of trails, the detail of mental pictures, is awe-inspiring beyond all else in nature."

Um zu ähnlichen Leistungen auf maschineller Basis zu kommen, schlug Bush ein assoziatives Indexieren vor (ohne dies allerdings in methodischer oder gar experimenteller Hinsicht ausführen zu können), auf dessen Grundlage ein Benutzer des Memex assoziative Pfade (Bush nannte sie „trails") durch das gesamte Material schlagen und dann auch an Bekannte weitergeben könnte.

Bush's Vorstellungen sind ein Musterbeispiel dafür, wie lange wirklich kreative Ideen gültig bleiben können, wenn sie sich von den zeitbedingten technologischen und methodischen Barrieren befreien können, ohne sich in bloße Phantasien zu verlieren. Es spricht vieles dafür, daß heute mit der Verfügbarkeit entsprechender Speicher und den assoziativen Verknüpfungstechniken bzw. intelligenten Erschließungsmethoden die Memex-Vision eingelöst werden kann.

Wird Bush's Memex weithin als methodischer Vorläufer von Hypertext angesehen, so werden die Arbeiten von Douglas C. Engelbart und die Entwicklung von AUGMENT eher in den für Hypertext ebenfalls wichtigen technologischen Entwicklungsstrang eingebettet. Dabei war AUGMENT auch für Engelbart zunächst einmal als ein Instrument zur *Erweiterung* der Fähigkeiten eines sogenannten „knowledge worker" (Engelbart 1984, 465) entworfen worden. AUGMENT wurde schon ab 1963 am SRI International in Stanford entwickelt, und ab 1978 wurden die kommerziellen Rechte an Tymshare übertragen. AUGMENT wurde ursprünglich auf „Time-sharing"-Großrechner in einer Netzumgebung entwickelt. Richtungsweisend wurden dann die eingesetzten Werkzeuge, die den heutigen Standards von Personalcomputern und individuellen Arbeitsplatzrechnern bestimmen: Maus als Eingabemedium, Mehrfachfenstertechnik mit „paralleler" Verarbeitung („cross-file editing between windows", a.a.O. 465), Verknüpfung heterogener Materialien über Zeiger, intensiver, integrierter Einsatz von Graphik (allerdings erst später durch „bitmap displays" möglich geworden). Engelbart sah die durch AUGMENT zu erzielenden Mehrwerteffekte gegenüber linearen Formen wie Bücher in aller Deutlichkeit, umschrieb sie auch schon in Reisemetaphern („traveling through the working files", a.a.O. 469) und wollte sie vor allem durch eine Einbindung in eine kollaborative Arbeitsumgebung erreichen. AUGMENT war von Anfang an in eine elektronische Kommunikationsumgebung eingebettet, die z. B. verteiltes Publizieren und Editieren, elektronische Dokumentauslieferung, elektronische Post, Telekonferenzen erlauben sollte.

Für die engere Hypertextentwicklung waren sicherlich die Arbeiten von Ted Nelson am einflußreichsten. Nicht nur, daß die beiden Bezeichnungen „Hypertext" und „Hypermedia" auf ihn zurückgingen, sondern vor allem seine unkonventionellen und über Jahrzehnte verfolgten Ideen eines universalen Wissensverwaltungs- und Informationsbereitstellungssystems, XANADU, machen ihn zu einem der kreativsten Hypertextforscher. Bemerkenswert an Nelson ist weiterhin, daß er sich nicht an etablierte Institutionen und kommerzielle Firmen hat binden lassen, sondern eher immer alternative Wege gegangen ist, verbunden mit einem aufklärerischen Sendungsbewußtsein, das in den letzten Jahren allerdings durchaus die Chance der ökonomischen Verwertung gesehen hat. Wir wollen hier vor allem auf die für Hypertext grundlegende Idee der Verknüpfung eingehen, die am konsequentesten von Nelson für sein XANADU-System angewendet worden ist.

Die im Prinzip beabsichtigte weltweite Realisierung von XANADU soll darauf abzielen, die physikalische Präsenz relevanter Information am Arbeitsplatz zugunsten der logischen Verknüpfung zu beliebig entfernten Einheiten jeder medialen Art aufzuheben. In der Sprache der einfachen Textverarbeitung mag das bedeuten, daß das alte „cut/copy/paste"-Paradigma zugunsten permanenter oder temporal limitierter Verknüpfung aufgegeben werden kann, oder noch plastischer, nach Meyrowitz (Vortrag Hypertext '89 in Pittsburgh), den Wechsel vom „clipboard" zum „linkboard". Nicht länger muß alles kopiert, bestellt, besorgt oder gekauft, also vor Ort präsent gehalten werden, wenn über die richtigen Verknüpfungen die richtigen Materialien angesteuert und über Telekommunikationsverbindungen sichtbar gemacht werden können (vgl. Abbildung 1.4.3-1).

XANADU, konzipiert schon seit den sechziger Jahren von Ted Nelson, besteht nach den jetzigen Verlautbarungen der „Xanadu Operating Company" aus einem im Umfang unbeschränkten „Backup"-Teil, einem „hypermedia information server", in dem jede Art medialen Materials gespeichert und untereinander verknüpft ist. Aus diesem Speicher können im Ausgang von bekannten „Dokumenten" (verwenden wir diese Bezeichnung einmal für das XANADU-Material) verknüpfte andere Dokumente abgerufen, Kommentare eingebracht oder frühere Versionen verglichen werden. In diesem Sinne ist XANADU eine besonders ambitiöse Variante elektronischer Publikations-

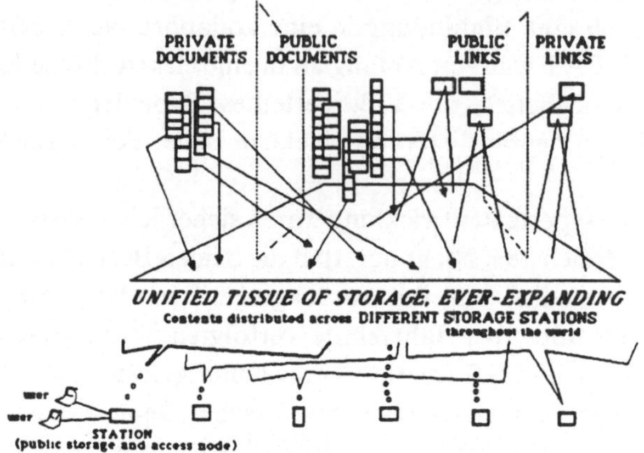

Abb. 1.4.3-1. Nelson's XANADU-Konzept (aus: Nelson 1987)

systeme[84], das offen für alle öffentlich zugänglichen „Materialien" ist, obgleich auch private Dokumente in persönlichen Dateien („private files" – wie sie im Bereich des Information Retrieval heißen) von ihren Besitzern in XANADU gekennzeichnet und damit vor fremdem Zugriff geschützt werden können. Besonderer Wert wird auf die Versionenkontrolle, d. h. die Verwaltung verschiedener Textfassungen und Kommentare, gelegt. So können Fragen beantwortet werden, wie: „Was geschah mit Dokument A, um es in Dokument B zu verwandeln?" – „Zeige alle Kommentare zum ursprünglichen Entwurf an, und wie sie in die endgültige Version eingebracht wurden!" Für jedes Dokument, jede Version oder jeden Kommentar gibt es Speicher- und entsprechende Abfragegebühren. Für den Inhalt, die Verknüpfungen oder die Indexierung (bzw. sonstige Erschließung) des Materials sind die jeweiligen Benutzer selber verantwortlich. XANADU stellt nur die Speicherkapazität

---

[84] Entsprechend bescheidener wird die XANADU-Vision in der Informationswissenschaft und -praxis unter den Themen „Volltextdatenbanken" (Hahn 1986; Riehm et al. 1986a; Tenopir 1985), elektronisches Publizieren („electronic publishing") und elektronische Dokumentenauslieferung („electronic document delivery") bzw. Publikation auf Nachfrage („publishing on demand") (Riehm et al. 1986b; DOCDEL 1987) diskutiert. Soll der Hypertextansatz auf diese Formen innovativ angewendet werden, so müßte eine Kombination von selektiv gezielten Retrievaltechniken, assoziativen „Browsing"-Techniken und effizienten Auslieferungsformen für die „Dokumente", vor allem mit Blick auf multimediale Formen, verwirklicht werden.

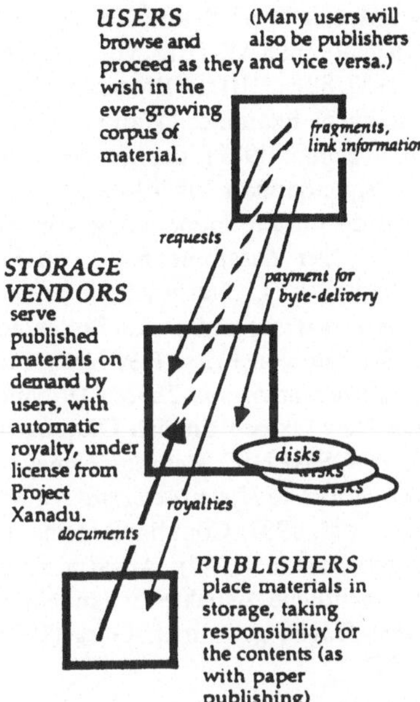

Abb. 1.4.3-2 XANADU-Konzept entsprechend „Public-Access Xanadu TM"
(aus: Informationsmaterial, verteilt auf Hypertext '89 in Pittsburgh)

bzw. die Technik zur Verwaltung heterogener verteilter Speicher und das Wissen zur Verwaltung der Materialien, ihrer Versionen und Verknüpfungen, und das Abrechnungsverfahren bereit, enthält sich selber jeglicher inhaltlicher Aufbereitung oder gar einer Zensur bzw. Zugriffsreglementierungen. Ebenso sind die Endbenutzer für ihre Hypertext-„Browsing"-Software als „front-ends" zuständig. Bei der ersten Auslieferung von XANADU – geplant war für die erste kommerzielle Version Anfang 1990 – werden SUN-Rechner als lokale Server unterstützt sowie SUN-Workstations, IBM-PC (80286er und oberhalb) und Macintosh-Computer (mindestens Mac Plus) als Dialoggeräte (vgl. Abbildung 1.4.3-2).

Konnten die bisherigen Stationen personifiziert werden (vgl. auch van Dam 1987/88), so hat sich die weitere Entwicklung sehr bald institutionalisiert. Wissenschaftliches Interesse organisiert sich, sobald eine kritische Masse an Personen erreicht ist, die im Umfeld einer Idee arbeiten, zumal dann, wenn deren Verwirklichung dem technischen Stand der Informations- und Kommunikationstechnologien nicht widerspricht. Ein Indikator für die Institutionalisierung ist das Bedürfnis nach Workshops, die dann bald den Status von Konferenzen annehmen. Hier sind die folgenden Stationen zu verzeichnen:

- 1. Hypertext-ACM-Workshop, 13.-15. Nov. 1987 an der „University of North Carolina at Chapel Hill" (Proceedings nachgedruckt New York: ACM 1989)

Auf diesem „Workshop" wurden in zwei Sektionen *Systeme* vorgestellt, die auch seitdem zu den exponiertesten gehören: KMS (Akscyn/McCracken/Yoder 1987/1988); HAM (Campbell/Goodman 1987/88); GUIDE (Brown 1987); TOTH-II (Collier 1987); HyperCard (Oren 1987); Document Examiner (Walker 1987). In weiteren Vorträgen wurde über gIBIS (Conklin/Begeman 1987), das *Autorensystem* WE (Smith/Weiss/ Ferguson 1987), HyperTIES (Shneiderman 1987b) und NoteCards (Halasz 1987/88) berichtet. INTERMEDIA wurde im Zusammenhang von *Ausbildungsexperimenten* diskutiert (Beeman et al. 1987). Der Zusammenhang von *Hypertext und kreativem Schreiben* wurde von Trigg/Irish (1987), Charney (1987) und Neuwirth et al. (1987) behandelt; mit Blick auf die *Geisteswissenschaften* von Bolter/Joyce (1987) sowie Crane (1987) und mit Blick auf die *Medizin* von Frisse (1987/88). Eine Sektion beschäftigte sich mit dem *Aufbau von Hypertextbasen* aus Texten (Raymond/Tompa 1987/1988 anhand der *Konvertierung* des New Oxford English Dictionary; Hammwöhner/Thiel 1987 am Beispiel TOPIC/TOPOGRAPHIC; Remde/Gomey/Landauer mit Blick auf SuperBook). *Argumentativ ausgerichtete Hypertextverfahren* wurden ebenfalls in einer Sektion behandelt (Smolensky et al. 1987; Conklin/Begemann 1987; Marshall 1987). Einen kritischen Überblick gab Raskin (1987); Ansätze zu einer *Hypertextrhetorik* lieferte Landow (1987), und rechtliche Aspekte behandelte Jones III (1987). Eine spezielle Sektion war *Software-Fragen* gewidmet: Garg (1987/1988); Bigelow/Riley (1987) und Garg/Scacchi (1987).

- AI and Hypertext: Issues and Directions. AAAI-88 Workshop Proceedings, August 23, 1988, St. Paul, MN, Mark Bernstein (ed.), Watertown, MA: Eastgate Systems, Inc. (P.O. Box 1307, Cambridge, MA 02238, USA)

- 1988 Hypertext I in Aberdeen (Proceedings hrsg. McAleese 1989)

Auf dieser Konferenz wurden 12 Vorträge gehalten: McAleese gab einen einführenden Überblick; McAleese (1988/89) trug über *Navigation und „Browsing"* vor; Trigg/ Suchman (1988/89) über *kollaboratives Schreiben*; Allinson/Hammond (1988/89) über eine Hypertextmetapher mit Blick auf *Ausbildung*; Baird/Percival über die Glasgow-online-HyperCard-Entwicklung; Cooke/Williams (1988/89) über große Hypertextbasen in der *technischen Dokumentation*; Edwards/Hardman (1988/89) über das Phänomen des *Orientierungsverlustes*; Harland (1988/89) über *Schnittstellenprobleme* am Beispiel von GUIDE; McKnight/Richardson/Dillon (1988/89) über *Bewertungen* linearer und nicht-linearer Formen; Storrs (1988/89) über einen *wissensbasierten Ansatz*; Duncan (1988/89) über einen *facettierten Hypertextansatz* und Kibby/Mayes (1988/89) über Perspektiven zur Entwicklung *intelligenter Hypertextsysteme*.

- 1989 Hypertext II in York (Proceedings hrsg. McAleese/Green 1990)

Unter den Themen *Navigation und „Browsing"* trugen vor: Stark (1989/90); McKnight/ Dillon/Richardson (1989/90); Monk (1989/90); Boyle/Snell (1989/90); Brondmo/ Davenport (1989); Benest (1989/90); Nielsen/Lyngbaek (1989); Simpson/McKnight (1989/90); Wright/Lickorish (1989/90); in Teil 2 über *Hypertext und Lernen*: Dufresne (1989/90); Colbourn/Cockerton-Turner (1989/90); Stanton/Stammers (1989/90);

Howell (1989/90); Jonassen (1989/90); in Teil 3 über *Prototypen*: Koh/Loo/Chua (1989/90); Nicolson (1989/90); Lawler (1989/90); Rahtz/Carr/Hall (1989/90); Fletton (1989/90); Furuta/Stotts (1989/90) und Gartshore (1989/90); und in Teil 4 über *Entwurfsprinzipien*: Knopik/Ryser (1989/90); Chen/Ekberg/Thompson (1989/90); Thomas/Norman (1989/90); Hirakawa/Uchida/Monden (1989/90); Hardman/Sharratt (1989/90) und Sommerville et al. (1989/90).

– NATO Advanced Research Workshop: „Designing Hypertext/Hypermedia for Learning", veranstaltet von der „University of Colorado", Denver, und dem Deutschen Institut für Fernstudien an der Universität Tübingen, 3.-7. Juli 1989, Rottenburg, FRG (Jonassen/Mandl 1990).

Nach einer Einführung von Fischer/Mandl (1989/90) behandelten in Teil I vier Beiträge das allgemeine Thema der Konferenz *„Hypermedia and Learning"*: Jonassen/Grabinger (1989/90); Leggett/Schnase/Kacmar (1989/90); Landow (1989/90); Whalley (1989/90); in Teil II beschäftigten sich 4 Beiträge mit *Entwurfsprinzipien für Hypertextmodelle*: Hammwöhner (1989/90); McAlleese (1989/90); Kommers (1989/90) und Duchastel (1989/90); Teil III war dem *Entwurf von Benutzerschnittstellen* gewidmet: Nielsen (1989/ 90); Wright (1989/90); Dillon (1989/90); Teil IV konkretisierte das Thema der Konferenz mit Blick auf reale *Ausbildungssituationen*: Duffy/Knuth (1989/90); Mayes/ Kibby/Anderson (1989/90); Oliveira/Lkoundi (1989/90); McKnight/Richardson/Dillon (1989/90); Foelsche (1989/90) Richartz/Rüdebusch (1989/90); Teil V griff die *Design-Problematik* noch einmal auf: Romiszowski (1989/90); Marchionini (1989/90); und in Teil VI wurden weitere *konzeptuelle Grundlagen* zum Thema Hypertext und Lernen untersucht: Bruillard/Weidenfeld (1989/90); Mühlhäuser (1989/90); Streitz/ Hannemann (1989/90); Russell (1989/90).

– 1989 Hypertext '89. ACM-Konferenz, unter Mitwirkung von SIGIR SIGOIS und SIGCHI, 5.-7. November 1989 in Pittsburgh, PA (Proceedings New York: ACM 1989).

Diese zweite amerikanische Hypertextkonferenz setzte mit umfänglichen Demonstrationen den Systemüberblick fort. Dabei stellten sich die schon 1987 vorgestellten Systeme als weithin ausgereift vor (vgl. Kuhlen 1989c). Die folgenden Themen wurden in den Sektionen behandelt: *Navigation und Kontext* (Zellweger 1989; Marshall/Irish 1989; Furuta/Stotts 1989; Parunak 1989); *Hypertext-Engineering* (Glushko 1989; Perlman 1989; Evenson/Rheinfrank/Wulff 1989); *Wissensrepräsentationen* (Jordan et al. 1989; Fischer/McCall 1989; Hayes/Pepper 1989); *Implementierungen und Schnittstellen* (Shipman/Chaney/Gorry 1989; Pearl 1989; Travers 1989); *allgemeine Anwendungen* (Yoder/Wettach 1989; DeYoung 1989 und Schnase/Leggett 1989); *Information Retrieval* in zwei Sitzungen (Frisse/Cousins 1989; Croft/Turtle 1989; Crouch/Crouch/ Glenn 1989; Consens/Mendelzon; Clitherow/Riecken/Muller 1989; Lesk 1989); Anwendungen mit Blick auf *Schreiben* (Neuwirth/Kaufer 1989; Streitz/Hannemann/ Thüring 1989; Catlin/Bush/Yankelovich 1989). *Hyperfiktion* wurde bei Moulthrop (1989), *Verknüpfungsaspekte* bei DeRose (1989) und *Bewertungsfragen* bei Nielsen (1989) behandelt. Die sehr interessanten *Panel-Diskussionen handelten* über Austauschprobleme; Hypertext und narrative Texte; das ACM-Hypertextprojekt; Indexieren und Hypertext; Expertensysteme und Hypertext; Hypertext und Ausbildung; Hypertext und Software Engineering; kognitive Aspekte beim Aufbau von Hypertextbasen sowie Reflexionen über Defizite bestehender Systeme.

- Vom 27.–30. November 1990 ECHT '90 in Paris, die erste europäische Konferenz über Hypertext (Rizk/Streitz/André 1990)

Den Einleitungsvortrag hielt P. Brown (1990); drei Beiträge stellten *Werkzeuge für Hypertextentwicklungen* vor: Sherman et al. (1990); Puttress/Guimaraes (1990); Ogawa/Harada/Kameko (1990); *formale Modelle* mit Blick auf Fragesprachen stellten Afrati/Koutras (1990), Beeri/Kornatzky (1990) und Lucarella (1990) vor; *Datenbank-aspekte* behandelten Schütt/Streitz (1990); Bruza (1990); Schwabe/Feijó/Krause (1990). *Argumentative Hypertexte und Wissensakquisition* thematisierten Schuler/Smith (1990), McCall et al. (1990) und Hofmann/Schreiweis/Langendörfer (1990). *Konversionsprobleme* (Text-Hypertext) wurden durch Stotts/Furuta (1990); Wilson (1990); Bernstein (1990) dargestellt. Unter dem Thema *„Entwurf und Lesen von Hypertext"* referierten Andersen (1990); DeYoung (1990) und Rouet (1990). Irler/Barbieri (1990); Pintado/Tsichritzis (1990) und Bienner/Guivarch/Pinon (1990) gingen näher auf *Browsing und Navigation* ein, auf Anwendungen Fountain et al. (1990); Bechtel (1990) und Mylonas/Heath. (1990). *Panels* waren den Themen *„Hypermedia-Authoring-Systeme für Ausbildung"* (P. Gloor), *„Hypertext und große Anwendungen"* (P. Baird), *„Hypertext und elektronisches Publizieren"* (R. Furuta), *„Benutzerschnittstellen für Hypertext"* (N. Streitz), *„Hypertext und Information Retrieval"* (B. Croft) und *„Strategische europäische Hypertextaspekte"* (F. Argentesi) gewidmet.

Die Association for Computing Machinery (ACM) hat sich sehr stark für die Entwicklung von Hypertext eingesetzt. Die in der nächsten Zeit jährlich zwischen Europa und den Vereinigten Staaten wechselnden Hypertextkonferenzen (1991 in St. Antonio, Texas, 1992 voraussichtlich im Mailänder Raum) werden von einer neu eingereichten Hypertext „Interest Group" der ACM organisiert.

Für den deutschsprachigen Bereich fanden 1990 die ersten Hypertext-„Workshops" statt:

- 6. April 1990 Hypertext/Hypermedia-Fachtagung in Basel (veranstaltet gemeinsam von der Schweizer Informatiker Gesellschaft, der deutschen Gesellschaft für Informatik und der Österreichischen Computer Gesellschaft)
- 23.–24. April 1990 Hypertext/Hypermedia Workshop (veranstaltet gemeinsam von der Gesellschaft für Informatik und dem IPSI („Integrated Publication and Information Systems Institute" oder: Institut für Integrierte Publikations- und Informationssysteme) der GMD) dort auch Gründung der Fachgruppe „Hypertext" in der Gesellschaft für Informatik (GI).

Die Beiträge beider Workshops sind in einem Band erschienen (Gloor/Streitz 1990). Es wurden behandelt: *Hypertextgrundlagen* durch Russell (1990) und Streitz (1990); *Hypertext-Autorensysteme* durch Hofmann et al. (1990); Mössenböck (1990); Aigner/Dittrich (1990); Haake/Schütt (1990); Eherer/Jarke/Hahn (1990) und Schnupp (1990); *Hypertext und Informationssysteme* durch Fuhr (1990); Sarre/Güntzer (1990); Maurer/Schinnerl/Tomek (1990); Ritland et al. (1990); Süllow/Cordes (1990) und Kirste/Hübner (1990); *Hypertext, Datenbanken und Expertensysteme* durch Dürr/Neske

(1990); Stieger (1990); Delfs (1990) und Oppenhorst (1990); *Benutzerschnittstellen* durch Saxer/Gloor (1990); Hahn et al. (1990); Ventura (1990) und Böcker/Hohl/Schwab (1990); *Hypertext für Ausbildung und Lernen* durch Aders/Ansel (1990); Nagler (1990); Richartz/Schaper (1990); Schoop (1990) und Hellingrath/Kloth/Tembrink (1990) und *Anwendungen des Hypertextkonzeptes* durch Warnke (1990); Coy (1990); Bonsiepen (1990); Caspar (1990) und Idensen/Krohn (1990).

Materialien zu Hypertext. Zu den beiden ACM-Konferenzen zu Hypertext – 1987 in Chapel Hill, 1989 in Pittsburgh – wurde von Mitgliedern des „Institute for Research in Information und Scholarship" (IRIS) der Brown University, Providence, Rhode Island jeweils eine Hypermedia-Bibliographie herausgegeben. Vermutlich wird dieser Service fortgesetzt, so daß damit gute und aktuelle Überblicke gegeben sind. Kommentierte Bibliographien liegen mit Franklin (1988) und Nielsen (1989b) vor; vgl. auch die Literaturangaben in: ACM-Hypertext (1987/89, 1989); Barrett (1988, 1989); Gloor (1990); Gloor/Streitz (1990); Horn (1989); McAleese (1989); McAleese/Green (1990); Nelson (1987); Nielsen (1990); Rizk/Streitz/André (1990); Shneiderman/Kearsley (1989).

Die erste gänzlich einschlägige Zeitschrift wurde mit *Hypermedia* (Vol. 1, No. 1, Frühjahr 1989) gegründet, weitgehend unter der Federführung des „Department of Information Science, University of Strathclyde", Glasgow, hrsg. von Patricia Baird; London, U.K.: Taylor Graham. Auch an dieser Zeitschrift ist ersichtlich, daß Hypertext bzw. Hypermedia als zentrale Themen der Informationswissenschaft angesehen werden soll. Beteiligt sind aber natürlich sehr viele andere Disziplinen. Hypertextthemen werden aber auch in anderen Zeitschriften abgehandelt, z. B. in:

- ACM Transactions on Information Systems (insbesondere Sonderheft zu Hypertext Vol. 7, No. 7, Januar 1989);
- Communications of the ACM (insbesondere Sonderheft zu Hypertext Vol. 31, No. 7, Juli 1988, auch Sonderheft 1/90);
- Journal of the American Society of Information Science (insbesondere Sonderheft zu Hypertext Vol. 40, No. 3, Mai 1989);
- Byte (insbesondere Sonderheft zu Hypertext Vol. 12, No. 10, Oktober 1988);
- Computers and the Humanities;
- Electronic Publishing Origination, Dissemination and Design;
- International Journal of Man-Machine Studies;
- Journal of Research on Computing in Education.

Schon auf der ersten Hypertextkonferenz 1987 in Chapel Hill beeindruckte die in Vorträgen und Systemdemonstrationen gezeigte Breite und die sowohl methodisch als auch technisch hohe Qualität der entwickelten Hypertextsysteme. Dies setzte sich mit einer gewissen Konsolidierung in Pittsburgh 1989 (ACM-Hypertext 1989) und 1990 in Versailles (ECHT '90) fort. Die Situation Mitte 1990 ist dadurch gekennzeichnet, daß immer mehr kommerzielle

Systeme, vor allem für den PC-Bereich, auf dem Markt auftreten, ohne bislang auch nur annähernd die Funktionalität der experimentellen Systeme aus den Forschungseinrichtungen zu erreichen. Wie erwähnt, dominiert in der Macintosh-Welt HyperCard, in der MS-Welt hatten HyperTIES und GUIDE (mit 2.0, jetzt 3.0) gewisse Starterfolge. In der Funktionalität erweiterte Systeme, wie z. B. TOOLBOOK, lassen grössere und kommerzielle Einsätze erwarten, die allerdings auch auf höhere Hardware-Vorleistungen (oberhalb 386er-Rechner, 8 MB RAM, mindestens 100 MB externe Speicher) angewiesen sind. Für einen Überblick stellen wir im Anhang, weitgehend auf der Basis der Systemdemonstrationen von Hypertext '89 in Pittsburgh und ECHT'90 in Paris sowie der Auswertung der Literatur, Informationen zu bislang erarbeiteten experimentellen und kommerziellen Hypertextssystemen zusammen. Ist diese Zusammenstellung sicherlich nicht vollständig und auf einem sich rasch entwickelnden Gebiet wie Hypertext natürlich zu jeder Publikationszeit schon veraltet, so doch hoffentlich einigermaßen repräsentativ und, vor allem wegen der Hinweise auf Systembesonderheiten und Anwendungen, nützlich[85].

---

[85] Dieser Teil ist auch als unabhängiger HyperCard-„Stack" aufgebaut und wird kontinuierlich weiter gepflegt. Für Hinweise ist der Autor dankbar. Eine Kopie ist gegen Selbstkosten vom Verfasser bzw. der Fachgruppe 4.9.1 Hypertext der Gesellschaft für Informatik erhältlich. Weitere Informationen zu Hypertext sind über die von der Fachgruppe eingerichtete (X.400-) Mailbox austauschbar.

2. Methodische Aspekte beim Aufbau und bei der Nutzung von Hypertext

Dieses Kapitel besteht aus den folgenden vier Hauptabschnitten:

2.1 führt aus einer informationswissenschaftlichen Perspektive den zentralen Begriff der informationellen Einheit ein.

2.2 schlägt eine Einteilung der Verknüpfungsarten nach referentiellen und typisierten Verknüpfungen vor.

2.3 demonstriert die Möglichkeiten und Probleme des „Durchstöberns" von Hypertextbasen.

2.4 Aufbau sieht im Zweck der Konversion von Text in Hypertext nicht die Imitation von Texteigenschaften, sondern die Erzeugung informationellen Mehrwertes.

In diesem Kapitel gehen wir auf die zentralen Aspekte von Hypertext detaillierter ein, die wir im vorigen Kapitel im Überblick dargestellt haben[1].

Hypertextsysteme transformieren Wissen bzw. Objekte, in denen Wissen dargestellt wird, in einen anderen *Aggregatzustand*. Die Transformation – so sie denn nicht auf bloß intuitiven Vorstellungen beruhen soll – setzt eine systematische Modellierung des infrage kommenden Weltausschnittes voraus (vgl. Jonassen 1986; Tompa 1989; Parsaye et al. 1989; Evenson/Rheinfrank/ Wulff 1989; Perlman 1989)[2].

---

[1] Auch hier können wir keine Vollständigkeit beanspruchen. Z. B. klammern wir weitgehend rechtliche Aspekte des Aufbaus und der Nutzung von Hypertext aus, obgleich diese Fragen, z. B. die des Copyright, für die faktische Verbreitung großer Hypertextbasen und für die Nutzung verteilter Hypertextsysteme wichtig sein werden – werden doch in Hypertextbasen Materialien verknüpft, auf die andere Personen (Autoren) oder Institutionen (Verlage) Rechte haben. Zu diesen Problemen vgl. Davenport (1989); Jones III (1987).

[2] Für die Modellierung bieten sich die verschiedenen in der Datenbanktheorie (hierarchische, vernetzte, relationale, in der Zukunft vermehrt objektorientierte Modelle), im Information Retrieval (Dateiverwaltungssysteme für deskriptor- und freitextorientierte Systeme), in der Künstlichen Intelligenz (Techniken der Wissensrepräsentation, wie semantische Netze, „Frame"-Sprachen, Skripts, Produktionsregeln), aber auch auf dem Gebiet der Büromodellierung (wie Petrinetze, „Information-Control"-Netze, Aktor-Modelle) entwickelten oder zum Einsatz kommenden Modelle und Sprachen an. Wir können hier diese umfänglichen Gebiete nicht einmal repräsentativ referenzieren, geschweige denn diskutieren oder zusammenfassen. Dies würde, auch mit Blick auf eine Anwendung auf Hypertext, eine gesonderte und dringend benötigte Darstellung erfordern.

Die Modellierung wird unterschiedlich ausfallen, je nachdem welche der beiden grundsätzlich möglichen Vorgehensweisen beim Aufbau der für Hypertext typischen non-linearen Strukturen gewählt wird:

(i)   Rückgriff auf vorhandene Quelltexte, d. h. in der Regel auf konventionelle Druckwerke;

(ii) komplette Neuerstellung von Hypertexteinheiten ohne die Verwendung sequentieller Basistexte (sozusagen Neuaufbau „auf der grünen Wiese").

Die zweite Variante bietet den Vorteil, daß der Autor freien Gebrauch von hypertextadäquaten Organisationsprinzipien machen kann, ohne sich an bereits vorliegende inhaltliche Strukturen anpassen zu müssen. Da aber auch in der näheren Zukunft zu modellierende Hypertexte in vielen Fällen auf konventionellem Quellenmaterial basieren werden, ist die Frage der Entlinearisierung – d. h. der Übersetzung einer sequentiellen, vorgegebenen Textstruktur in einen angemessenen Hypertext – zumindest noch vorübergehend von zentraler Bedeutung. Dabei ist systematisch zwischen Hypertexten aus heterogenen Texten („multi-document hypertexts"; Glushko 1989), die wiederum entweder aus einem Wissensgebiet oder aus verschiedenen Wissensgebieten stammen können, und einzeltextbezogenen Hypertexten („single-document hypertexts") zu unterscheiden[3]. Entsprechend unserer Schwerpunktsetzung wollen wir uns weitgehend auf die Probleme konzentrieren, die bei dem Aufbau von Hypertexten aus Texten entstehen.

Welcher Ansatz auch gewählt wird – direkt wissensorientiert, einzeltext- oder mehrfachtextbezogen –, der Modellierung einer Hypertextbasis stellen sich die klassischen Aufgaben einer jeden Modellierung, die im wesentlichen

a) aus der Identifikation der im Objektbereich vorkommenden und in die Hypertextbasis einzubringenden Einheiten, ihrer eindeutigen Eingrenzung, Benennung und weiterer Strukturierung (Attributierung) und

b) aus der Verknüpfung der Einheiten und ggfls. ihrer Aggregierung zu zusammengehörigen Einheiten besteht.

---

[3] Glushko erinnert in seinem Plädoyer für „multi-document hypertexts" zu Recht daran, daß die ursprünglichen Visionen der konzeptionellen Hypertextvorläufer, z. B. Memex von Bush (1945), und der universelle Ansatz von XANADU (Nelson 1987) auf eine Integration sehr vieler und sehr heterogener „Dokumente" abzielten. Nelson spricht von Milliarden Dokumenten und Billionen Verknüpfungen – gemeint sind also im Prinzip unendlich viele. Faktisch werden die heutigen Hypertextsysteme jedoch – neben der Verwaltung von Wissensstrukturen bzw. der Unterstützung von Schreibprozessen oder aus Präsentationsgründen – eher zur Konvertierung eines einzelnen (größeren) Textes, z. B. einer Enzyklopädie oder eines Benutzerhandbuches, in eine nicht-lineare Hypertextbasis eingesetzt; vgl. Abschnitt 2.4. Wir selber verfolgen in Kap. 4 auch den Ansatz offener, d. h. sich aus ständig neuen Dokumentmengen aufbauender Hypertextsysteme.

Zur Modellierung von Informationssystemen allgemein wird man auch die Definition der Formen des Zugriffs auf die festgelegten Strukturen rechnen. Wie wir herausgestellt haben und weiter diskutieren werden, wird man dafür vernünftige Kompromisse zwischen „Browsing" und Navigation und gezieltem Retrieval finden müssen. Dafür sind entsprechende Navigationstechniken und Orientierungshilfen zu entwickeln. Weiterhin muß festgelegt werden, in welcher Form die einzelnen Einheiten und ihre Relationen (graphisch unterstützt) den Benutzern präsentiert werden sollen.

2.1 Informationelle Einheiten

Zusammenfassung: Wir führen den Begriff der informationellen Einheit in Hypertext ein. Weder in intensionaler noch extensionaler Sicht läßt sich dieser exakt definieren. Sinnvoll ist eine funktionale Sicht, die das Design aus dem allgemeinen Relevanzkriterium ableitet. Entscheidend sind also die Interessenlage und Einschätzung des Benutzers. Informationelle Einheiten können ausdifferenziert werden nach informativen und referentiellen Teilen. *Informative* Teile sollten kohäsiv geschlossen, kontextoffen und untereinander relationiert sein. Sie können zu Einheiten größerer Komplexität zusammengefaßt werden und sollten über Namen etikettiert sein. *Referenzierende* Teile dienen in ihrer begriffsorientierten Ausrichtung der Übersicht und der Selektion von Einheiten beim Retrieval und als (textuelle oder strukturelle) Zusammenfassungen zusätzlich der Relevanzentscheidung und dem Aufbau kognitiv wichtiger „Vorurteile".

Kurzhinweise auf Literatur: Croft/Thompson (1987); Frisse/Cousins (1989); Horn (1989); Kuhlen (1989d, 1990c); Marshall/Irish (1989); McAleese (1989/90); Simpson (1989)

Dieser Abschnitt ist nicht unproblematisch – lastet doch auf der Bezeichnung „informationelle Einheiten", die wir oben eingeführt haben und hier näher diskutieren wollen, die ganze Last des Vorwurfs der kontextlosen Fragmentierung und Isolierung von Wissen. Wir wollen uns aber dieser Diskussion nicht dadurch entziehen, daß wir einfach neutrale Bezeichnungen, wie Knoten oder „items", verwenden, auch wenn diese, zumal in der erwähnten Analogie zu den semantischen Netzen, gut eingeführt sind. Durch unsere Bezeichnung der informationellen Einheit wollen wir auf ihre Funktion hinweisen, nämlich die Erarbeitung und Nutzung von Information.

2.1.1 Zum Konzept der informationellen Einheit

Wir haben oben bei der Einführung des Ausdruck ‚Hypertextbasis' den des Netzwerks verwendet und Knoten in diesem Netzwerk die Funktion zugewiesen, Objekte textueller, graphischer oder allgemeiner: multimedialer Art aufzunehmen. Was ist das Kriterium dafür, Objekte so einzugrenzen (von der

Wirklichkeit zu abstrahieren) und darzustellen, daß sie in einem Knoten zusammengefaßt werden können? Vor allem wenn man sich den multimedialen Charakter von Hypertext vergegenwärtigt, ist es problematisch, das Kriterium in der semantischen Kohärenz, also letzlich über den Wissensbegriff, zu suchen. Dies mag mit Blick auf textuelle Objekte, in denen Wissen direkt mit Hilfe der natürlichen Sprache repräsentiert werden kann, angehen schwerer tut man sich, von Wissen zu sprechen, wenn es sich um eine Graphik oder einen Videoclip handelt. Sicherlich kann auch der semantische Gehalt von multimedialem Material in entsprechenden Wissensrepräsentationssprachen rekonstruiert werden, aber dies ist nicht der Inhalt von Hypertexteinheiten, wie sie sich dem Benutzer darstellen. Wir können der schwierigen Diskussion um die Darstellung von Wissen in multimedialem Material dadurch aus dem Wege gehen, daß wir eher auf die Funktion der in den Knoten dargestellten Objekte abstellen. Deren Darstellung ist ja kein Selbstzweck, sondern soll Nutzern der jeweiligen Hypertextbasis Informationen vermitteln, die sie in ihren Handlungskontexten benötigen. Ob es Information ist, entscheiden die Benutzer selber, zuweilen durchaus unabhängig von einem „objektiven" semantischen Gehalt. Wir wollen daher die Bezeichnung „informationelle Einheiten" (IE) einführen[4].

Die Festlegung informationeller Einheiten beim Design der Hypertextbasis wird Segmentierung oder auch Fragmentierung genannt. Die Leistung des jeweiligen Hypertextsystems hängt wesentlich davon ab[5].

Informationelle Einheiten und Kontext. Auch die Bezeichnung „informationelle Einheiten" ist nur ein Kompromiß, denn entsprechend unserem in Abschnitt 1.4 dargestellten Informationsverständnis können Objekte ja erst im Zeitpunkt der Rezeption durch den Benutzer zur Information werden. Im Grunde müßte man

---

[4] Wir setzen im Gebrauch die Nominalgruppe „informationelle Einheit" mit dem Kompositum „Informationseinheit" weitgehend gleich. Frisse/Cousins (1989, 200) verwenden im Englischen die gleiche Bezeichnung, nämlich „information units" (IUs). Ansonsten findet man in der englischsprachigen Literatur zu Hypertext zur technischen Beschreibung der Hypertexteinheiten neutrale Bezeichnungen, wie „nodes", „units", „items", oder speziellere, wie „documents" (INTERMEDIA), „cards" (NoteCards, HyperCard), „information blocks" (Horn 1989), „frames" (KMS), „statements" (AUGMENT), „messages" (KnowledgePRO), „articles" (HyperTIES), „hyper-molecules" (HyperCOSTOC) oder „guidelines" (GUIDE, NaviText SAM).

[5] Um informationelle Einheiten in „handwerklicher" Sicht erstellen zu können, gehören zum Funktionsrepertoire von Hypertextsoftware leistungsfähige Text- und Graphikeditoren, die die Generierung und Formatierung neuer Knoten gestatten. Konvertierungsmöglichkeiten zur Übernahme von Fremdtexten bzw. Fremdgraphiken sind ebenfalls notwendig, da die Hypertexteinheiten derzeit noch oft aus bereits vorliegendem Fremdmaterial erstellt werden (vgl. die Konversionsmöglichkeiten in GUIDE 3.0). Vor allem bei Graphikimporten besteht das Problem der Kompatibilität der verschiedenen existierenden Graphikstandards untereinander.

also von potentiellen informationellen Einheiten sprechen. Um den Sprachgebrauch hantierbar zu belassen, verzichten wir auf diese Differenzierung. Zur Beschreibung des statischen Bestandes einer Hypertextbasis ist die Bezeichnung „informationelle Einheit" weniger geeignet. Mit Bezug auf McAleese (1987, 1089), der die Einheiten von Hypertexten „Repräsentationsknoten" („representational cards") nennt, könnte dafür die Bezeichnung „Repräsentationseinheit" verwendet werden. Repräsentationseinheiten von Hypertextbasen enthalten das den Benutzer potentiell interessierende Wissen, während „informationelle Einheiten" sich auf aktuelle Dialogsituation beziehen, also, entsprechend unserer oben geprägten Formel, Wissen in Aktion, d.i. Information, anbieten.

Gleichfalls sollte das Wort „Einheit" im Ausdruck „informationelle Einheit" nicht (fälschlicherweise) nahelegen, daß es so etwas wie ein autonomes Stück „Information" gäbe. Wissen bzw. aktuelle Information ist immer in einen größeren semantischen und/oder argumentativen Kontext eingebunden. Gleichwohl wird sicherlich von niemandem bestritten, daß die Darstellung von Wissen auf Strukturierung und Unterteilung in kleinere „Einheiten" nicht verzichten kann. Dieses Problem wird in der Hypertextliteratur unter dem Aspekt der Granularität diskutiert. Wir geben dazu im folgenden ein längeres Zitat aus McAleese (1989/90, 97) wieder:

„The information content ... depends on the granularity or „chunk size" of the information units or nodes. Different nodes will have different amounts of information. The granularity of information in hypertext is not determined by the hypertext metaphor but rather by the way information is organized by the designer of the system. As such systems allow the size of nodes to vary from large chunks of text, graphics, etc. and pictures at one end of a continuum to concept labels. Such an entity is defined as „the minimum entity that signifies or denotes an understanding by a user and has meaning by itself"."

Obgleich also die Kunst zweifellos darin besteht, informationelle Einheiten so festzulegen, daß sie aus sich heraus verstanden werden können, müssen sie doch gleichzeitig aus sich heraus auf ihren informationellen Kontext verweisen.

Kontext wird beim Design von Hypertextbasen häufig dadurch hergestellt werden, daß

a) eine Bildschirmseite ergänzend zur eigentlichen Information viele Metainformationen, z. B. über lokale oder globale Übersichtskarten, enthält, und
b) eine Bildschirmseite nicht nur aus einer informationellen Einheit besteht, sondern unter Ausnutzung des heutigen Standards von Fenstertechnik und

entsprechender Hardware-Ressourcen mehrere inhaltlich verwandte Hypertexteinheiten wiedergibt[6].

Die Nützlichkeit von Kontextinformation für die allgemeine Orientierung wird von Hardman (1989) am Beispiel der „Glasgow-Online"-Hypertextbasis anschaulich verdeutlicht. Kontextinformation kann z. B. durch eine Überschrift und/oder eine graphische Darstellung erreicht werden. Wird eine Menüleiste verwendet, sollte durch Blinken („highlighting") angezeigt werden, was der Benutzer ausgewählt hat. Neben dem Vorteil der Orientierung für den Benutzer, spart der Einsatz von Menüleisten Bildschirmplatz. Allerdings sollte deren Verwendung ausdrücklich in den Benutzeranweisungen erklärt werden. Konkret wird die Funktion von Kontext von Hardman an dem schon berühmt gewordenen Beispiel des Einsatzes von Stadtkarten im „Glasgow Online"-Hypertext demonstriert. In der Abbildung 2.1.1-1 wird ein Ausschnitt des Stadtplans gezeigt und in einem kleinen Fenster unten links das gesamte Stadtgebiet mit Kennzeichnung der Position und damit auch des relativen Umfangs des aktuellen Ausschnitts[7].

---

[6] Ein kognitiv begründeter Hinweis auf einen kontrollierten Einsatz von Mehrfachfenster-Technik findet sich, unter Rückgriff auf Ergebnisse von Tombaugh/Wright/Lickorish (1987), bei Simpson (1989). Benutzer von Mehrfachfenster-Systemen setzen offenbar topologisches Wissen ein, d. h. sie erinnern sich, in welchem Fenster welche Information vorhanden war (analog der Erinnerung bei gedruckten Texten: „irgendwo links oben"). Daraus kann man schließen, daß Fenster in Hypertextsystemen zwar nicht immer offen sein müssen, da zu viele Fenster auf einem Bildschirm eher belastend wirken, daß es aber zweckmäßig sein könnte, wenn Fenster mit bestimmten Inhalten eine feste Position auf dem Bildschirm haben. Z. B. könnten Fenster mit definitorischen Informationen immer an einer bestimmten Stelle erscheinen. Zu ergonomischen Prinzipien des Einsatzes von (überlappenden oder nicht-überlappenden/„tiling") Fenstertechniken vgl. Billingsley (1988); Card/Pavel/Farrell (1985); Triebe/Wittstock/Schiele (1987); Shneiderman (1987a,b). Stark (1989/90) hat eine interessante Studie durchgeführt, um Aussagen über die kognitive Akzeptanz der beiden dominierenden Fenstertechniken – ersetzende Fenster und temporäre „pop-up"-Fenster – für den Hypertexteinsatz zu gewinnen. Die Ergebnisse sind noch nicht generalisierbar, legen jedoch nahe, daß ersetzende Fenster mehr Aufmerksamkeit und Gedächtnisleistung verlangen, also insgesamt kognitiv fordernder sind als „pop-up"-Fenster. Auswirkungen auf die Gesamtleistungen sind bislang nicht signifikant auszumachen.

[7] Allerdings sollte es dann auch möglich sein, in dem kleinen Gesamtübersichtsfenster Details vergrößert heranzuholen („Zooming"). Jedenfalls haben nach Hardman (1989) häufig Benutzer die markierte kleine Stelle als Verknüpfungsanzeiger interpretiert und „unsinnigerweise" versucht, diesen zu aktivieren. „Unsinnig", wenn auch durch die Syntax der Graphik verführt, deshalb, weil der entsprechende Kartenausschnitt im Hauptfenster schon sichtbar ist (vgl. Abb. 2.1.1-1). Immerhin erscheint jetzt nach dem Anklicken des kleinen Rasterfeldes die gesamte Stadtkarte von Glasgow, also der Gesamtkontext, im Überblick.

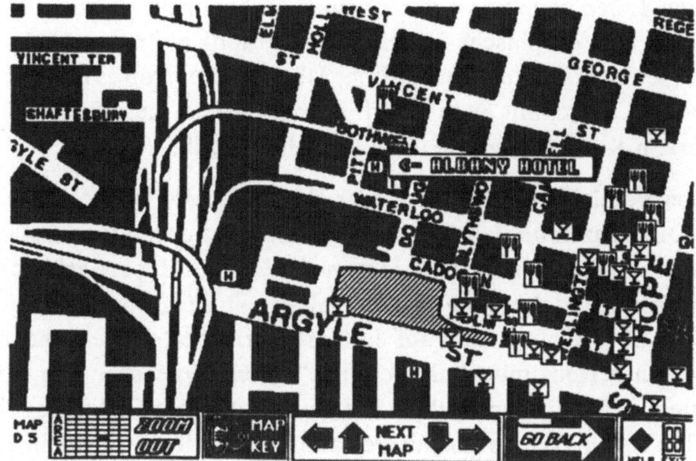

FIG. 6. *Map section D5 showing the Albany Hotel, accessed via the SHOW ME WHERE button in Fig. 5.*

Abb. 2.1.1-1. Kontextinformation in „Glasgow-Online"
(aus: Hardmann 1989, Fig. 6; mit Genehmigung des Verlags Taylor Graham)

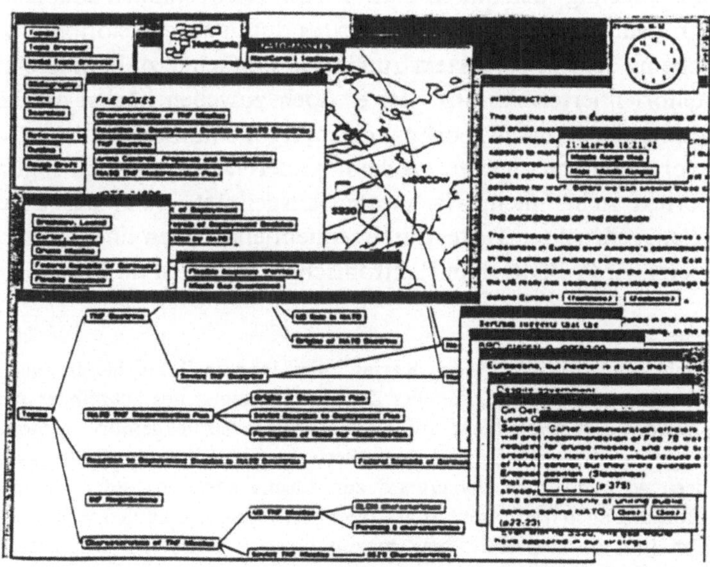

Abb 2.1.1-2. Bildschirmanzeige aus NoteCards
(aus: Fiderio 1988, 240, Fig.2; mit Genehmigung des Verlags McGraw-Hill)

Ein anderes Beispiel für den Versuch, Kontext anzubieten, sei durch die oft zitierte Abbildung aus NoteCards gegeben (Abb. 2.1.1-2), in der es vielfache Informationen gibt: neben den eigentlichen informativen textuellen und graphischen Teilen noch kontexterzeugende Orientierungs- und Überblicksinformationen, z. B. graphische Übersichten („graphical browser"), Inhaltsverzeichnisse („contents node"), thematische Übersichten („topics node"), Register („index node"). Ob damit nicht Überinformation („zu viele Knoten") anstelle von dosiertem Kontext gegeben wird, sei dahingestellt.

Informationelle Einheiten als Karten oder als „blätternde Texte". Wegen fundamentaler Differenzen bezüglich der Ausgestaltung informationeller Einheiten in Hypertextbasen wird im Insider-Jargon die Welt der Hypertextforscher in die der „card sharks" und der „holy scrollers" eingeteilt. Mit „sharks" sind Personen gemeint, die ohne Kompromiß auf ein kartenorientiertes, weitgehend formatiertes Design setzen, mit „holy scrollers" solche, die eher den textuellen, unformatierten Weg gehen wollen. Wir gehen auf diese Diskussion kurz ein, werden aber sehen, daß sie für die Gestaltung der informationellen Einheiten nicht zentral ist, sondern eher nur formale Eigenschaften dieser Einheiten betrifft[8].

Systeme, die die Darstellung des Inhalts ihrer informationellen Einheiten nicht vom Format einer maximal mit dem Bildschirminhalt identischen Karte abhängig machen wollen, bieten die aus der Textverarbeitung bzw. dem „Desktop Publishing" bekannten Blätter- bzw. Rolltechniken an. Sicherlich ist diese Form beim Aufbau eines Hypertextes durch Konversion von (zuweilen umfänglichem) Text in Hypertext zumindest einfacher zu handhaben als bei dem kartenorientierten Ansatz – ist es doch zuweilen höchst artifiziell, die Ausgestaltung einer Aussage oder gar einer Argumentationskette von formalen Umfangsvorgaben abhängig zu machen. Andererseits sind die Möglichkeiten von Hypertext sicher nicht angemessen ausgenutzt, wenn das Lesen eines sequentiellen, gedruckten Textes durch sequentielles Lesen eines elektronischen Textes ersetzt wird[9]. Blättern in elektronischen Texten ist im Prinzip auch eine

---

[8] Die Entscheidung für und wider Karten oder längere Texte hängt auch von der Anwendungsart ab. Systeme, die eher der Unterstützung des Schreibens von Texten dienen, werden sicherlich nicht auf Kartenformate zurückgeführt werden können, sondern werden zwangsläufig und sinnvollerweise Techniken des Blätterns intensiver verwenden, während z. B. Hypertexte zur Ideengenerierung oder argumentativen Konsensfindung auch für Präsentations- oder Marketingzwecke eher versuchen werden, die Information auf eine Karte bzw. maximal einem Bildschirm unterzubringen. Bei „Browsing"-/Suchsystemen, die uns hier in erster Linie interessieren, müssen allerdings Entscheidungen gefällt werden, da sich von der Anwendung her keine Präferenzen ergeben.

[9] Wir wollen damit keineswegs Position in dem Streit beziehen, ob gedruckte Texte quasi naturgegebene Medien des Lesens sind, also in jedem Fall dem Lesen am Bildschirm vorzuziehen sind. Das ist zum Teil abhängig von nur langfristig zu ändernden kulturellen Gewohnheiten und allgemeiner Bildung (wenn es überhaupt wünschenswert ist, diese zu verändern), aber, wie verschiedene Experimente gezeigt haben (vgl. die bei Nielsen 1989

(wenn auch „sanftere") Form der Verknüpfung textueller oder sonstiger Einheiten. *Bildschirmweises Blättern* ist in der Funktionalität sogar identisch mit der Verknüpfung mehrerer isolierter Einheiten. *Rollendes* Blättern (unter Verwendung von Rollbalken – *scrollbars*), das eventuell der individuellen Lesegeschwindigkeit angepaßt werden kann, ist gegenüber überlappendem Blättern[10] aus Orientierungsgründen vorzuziehen. *Analoges Blättern* wird in der Textverarbeitung bzw. beim *„Desktop Publishing"* häufig eingesetzt, um den Einstieg in einen längeren Text an einer abgeschätzen Stelle (zu Beginn, im ersten Drittel, ziemlich am Ende, etc.) zu ermöglichen. Diese Form der analogen Abschätzung wird auch bei der Hypertextdarstellung von Texten zuweilen zum Gestaltungsprinzip gemacht, d. h. der Bildschirm wird im Form eines Buches gestaltet, dessen Dicke sich beim Blättern verändert.

Unverzichtbare Systemleistung bei blätternden Hypertexteinheiten ist eine Information über den Umfang der Einheit (ausgedrückt in der Regel in Bildschirmseiten) und über die Position der gerade aktuellen Seite (z. B. 2 von 12 Bildschirmseiten). Als Argument für Blättern wird häufig angeführt, daß der Leser sich, ähnlich wie beim Durcharbeiten gedruckter Versionen, einen groben Überblick über den Textinhalt verschaffen könne. Hier müssen die Ergebnisse der Schreib-/Leseforschung[11] intensiver ausgewertet werden, um die Plausibilität dieses Arguments überprüfen zu können.

Wir haben den Eindruck, daß die Diskussion „Karten vs. Blättern" eher durch hard- und softwaremäßige Rahmenbedingungen geprägt ist, als auf der Basis abgesicherter kognitiv-methodischer Informationen geführt wird. Die Entscheidung, welchen Umfang Hypertexteinheiten haben sollen, ist weniger isoliert als Problem der Darstellung der Einheiten zu treffen, sondern hängt mehr von der Leistungsstärke der Verknüpfungsmöglichkeiten ab. Rein assoziative Verknüpfungen (kartenorientierter) kleiner Hypertexteinheiten bekräftigen sicherlich den an Hypertext allgemein gerichteten Vorwurf der Fragmentierung bzw. der kontextlosen Atomisierung von Wissen. „Mentale Kohärenz" (vgl. Abschnitt 3.2) kann sicherlich nicht auf der Basis einzelner Einheiten, sondern nur auf der Basis sinnvoller semantischer und argumentati-

---

nachgewiesenen einschlägigen Arbeiten), durchaus auch von der eher kurzfristig zu beeinflussenden Qualität der Bildschirmoberflächen. Keine Frage, daß in näherer Zukunft in großem Umfang mit tragbaren, flachen elektronischen „Büchern" experimentiert werden wird, deren Akzeptanz durch entsprechende Hypertextmöglichkeiten, wie Verknüpfungen von Passagen oder Annotationen, oder komfortablere Eingabemöglichkeiten, z. B. über Zeigegesten oder durch gesprochene Sprache als Eingabemedium, erheblich gesteigert werden kann.

[10] Eine bestimmte Anzahl unterer Zeilen bildet nach dem Blättern die ersten Zeilen der Folgeseite.

[11] Für einen Überblick vgl. Endres-Niggemeyer (1988); Hofmann (1990).

ver Verknüpfungen der Einheiten erreicht werden. Intensiv „blätternde/ rollende" Systeme unterliegen hingegen zumindest dem Verdacht, daß in ihnen nicht der Versuch unternommen wurde, textspezifische Kohärenzprinzipien durch hypertextspezifische Organisationsprinzipien zu ersetzen. Intensives Blättern kann auch Ausdruck einer unzureichenden Modellierung (Segmentierung und Relationierung) sein. Bei den weiteren Diskussionen, vor allem mit Blick auf den Begriff der informationellen Einheit (Abschnitt 2.1), muß zwischen karten-orientierten und blätternden Systemen nicht weiter unterschieden werden.

Kognitive Einheiten: „chunks". Mit Rückgriff auf die Ergebnisse der Forschungen zur Kapazität des Kurzzeitgedächtnisses (vgl. Miller 1956; Broadbent 1975; MacGregor 1987) wird in der amerikanischen Richtung des „knowledge engineering" häufig von „chunks of knowledge" gesprochen. Auch damit sind Wissenseinheiten angesprochen, die im Rahmen eines vorgegebenen Modells elementar sind (z. B. ein „Frame" mit seinen Unterstrukturen („Slots") in einem „Frame"-Modell). Der ursprüngliche kognitive Begriff des „chunk" hilft mit Blick auf eine extensionale Bestimmung insofern weiter, als die experimentelle Forschung mit einiger Sicherheit nachgewiesen hat, daß isolierte Elemente („items"), von denen nur etwa 7 kurzfristig im Gedächtnis speicherbar sein sollen, dann besser memoriert werden können, wenn sie nach inhaltlichen oder mnemotechnisch günstigen Kriterien zu „chunks" zusammengefaßt werden. Diese können zur Erhöhung der Gedächtnisleistung erneut als größere Einheiten „rekodiert" werden, die wiederum für sich als „chunks" behandelt und entsprechend behalten werden. Zwar soll es gemäß den psychologischen Experimenten von Miller und Nachfolgern grundsätzlich bei der Begrenzung von ca. sieben „chunks" bleiben, jedoch kann durch diese Rekodierungstechnik die Komplexität von „chunks" beträchtlich erhöht werden und damit auch die Gesamtgedächtnisleistung für einzelne Elemente. Für das Design informationeller Einheiten kann daraus folgen,

a) daß jede Einheit nur eine begrenzte Anzahl von Elementen (die magische „sieben") enthalten sollte;

b) daß die Komplexität der Einheiten durch Rekodierung, wenn nicht beliebig, so doch über verschiedene Abstraktionsebenen erhöht werden kann und

c) daß die Zuordnung der Elemente zu „chunks" bzw. von „chunks" niedriger Ebenen zu höheren nicht beliebig, sondern nach inhaltlichen Gesichtspunkten erfolgen sollte.

Der letzte Punkt ist sicherlich der problematischste, der wieder zu der Kohärenz-Diskussion zurückführt. Welches sind die Kriterien für das Zusammenpassen einzelner Elemente zu „chunks" bzw. von „chunks" untereinander?

Zur intensionalen Definition informationeller Einheiten hilft das „chunk"-Konzept auch nicht entscheidend weiter[12].

Kohäsive Geschlossenheit. Als weiteres formales Kriterium für informationelle Einheiten kann man angeben, daß sie kohäsiv geschlossen sein müssen[13]. Mit „kohäsiver Geschlossenheit" meinen wir, daß in informationellen Einheiten nicht auf die in Texten üblichen kohäsiven Gestaltungsmittel über die Grenzen von Einheiten hinweg zurückgegriffen werden kann (vgl. Abschnitt 1.3). Informationelle Einheiten müssen in kohäsiver Sicht autonom sein und sollten entsprechend autonom rezipiert werden können. Dies ist auch Voraussetzung dafür, daß auf sie von verschiedenen anderen informationellen Einheiten referenziert werden kann. Bei dieser mehrfachen Verknüpfung mit der gesamten Einheit oder auch nur mit Teilen in ihr ist die referentielle Auflösung, die für kohäsive Strukturen notwendig ist, nicht mehr eindeutig möglich. Problematisch werden Kohäsionsphänomene im weiteren Sinne vor allem bei längeren informationellen Einheiten, die also mit dem Blätter- bzw. Rollprinzip arbeiten (müssen), wenn auf sie nicht nur in der Gänze, sondern auf beliebige Stellen in ihnen referenziert werden kann[14].

---

[12] Am konsequentesten hat Horn (1989) das „chunk"-Konzept für den Entwurf von Hypertexteinheiten angewendet, ursprünglich nicht im Kontext von Hypertext (dazu McAleese 1989/90), sondern im Rahmen der „Information-Mapping"-Theorie. Horn sprich von „information blocks", die auf höheren Ebenen zu „maps", „chapters/sections" oder „documents" zusammengefaßt werden können. Auch für Horn stellen sich beim Design von „information blocks" die folgenden Fragen: „What shall the nodes contain? What principles shall we use to determine contents of nodes? On what basis should size decisions be made? Is there any systematic way of determining „natural" divisions of a subject matter that will help us" (Horn 1989, 40). Für die Konstruktion von „information blocks" führt Horn vier Prinzipien an: „chunking principle" (Zusammenfassen der Information in handhabbare Einheiten) „relevance principle" (alle Informationen in einem Block sollen aus leserorientierter Perspektive auf einen wesentlichen Punkt hin zentriert sein); „consistency principle" (Blöcke sollten terminologisch und formal konsistent organisiert sein) „labeling principle" (jeder Block sollte ein eindeutig kennzeichnendes Etikett, einen Namen, haben). Weiterhin versucht Horn (a.a.O. 108ff) elementare Informationstypen festzulegen (dies sind bei ihm auch wieder sieben: structure, concept, procedure, process, classification, principle, fact), die auf entsprechende Typen von „information blocks" abgebildet werden können. Beispiele für solchermaßen strukturierte „information blocks" sind bei Horn zusammengestellt (a.a.O. 109) und könnten durchaus als Anregungen für etikettierte informationelle Einheiten verwendet werden.

[13] Die Betonung der kohäsiven Geschlossenheit widerspricht damit keineswegs der prinzipiellen Forderung nach der Einbettung der informationellen Einheiten in die Kontexte anderer informationeller Einheiten.

[14] Dies kann dann zu Situationen führen wie: „Wie oben gezeigt …"; „Wie aus den beiden besprochenen Punkten folgt …"; „Trotz der vorgetragenen Bedenken …"

Aus dieser knappen Diskussion kognitiver Einheiten und deren kohäsiven Geschlossenheit läßt sich die Einsicht ableiten, daß weder Umfang noch Inhalt einer informationellen Einheit zwingend festgelegt werden kann[15]. Bleiben wir also bei unserer oben angedeuteten funktionalen Sicht und betrachten das als informationelle Einheit, was mit Blick auf eine kritische Situation eines Informationssuchenden relevant sein könnte. Das kann, je nach aktuellem Informationsbedarf, eine kurze Definition sein, eine komplexe Tabelle, ein textueller, thematisch konsistenter Absatz, eine Graphik, ... Informationelle Einheiten können also prinzipiell nur unter pragmatischen Gesichtspunkten bestimmt werden. Und dies macht die große Schwierigkeit beim Design von Hypertextbasen aus, da der „Autor" einer Hypertextbasis nicht im vorhinein weiß, welche Nutzungssituationen in der Zukunft auftreten werden. „Autoren" werden möglicherweise angesichts dieses Dilemma dazu neigen, die informationellen Einheiten so knapp wie möglich zu halten, damit späteren Nutzern nicht zu viel Ballast zugemutet wird, und werden darauf setzen, den Kontext durch die informationellen Funktionen herzustellen[16].

Die bisherige Erörterung hat ergeben, daß Bedeutung und Funktion informationeller Einheiten nicht isoliert zu erschließen sind, sondern erst dadurch, daß ihr Kontext mit einbezogen werden wird[17]. In Hypertexten

---

[15] Vgl. allerdings die interessanten Vorschläge in McAleese (1989/90, 19ff), einen informationstheoretischen Ansatz über die „node probability" bzw. über die Messung der Granularität zur Ermittlung des Informationsgehalts einer informationellen Einheit zu verwenden; vgl. auch Hammwöhner (1989/90, 77f) mit einigen texttheoretischen Vorschlägen zur Festlegung des Inhalts von Hypertexteinheiten („text units").

[16] Die Situation ist im Prinzip vergleichbar mit der informationswissenschaftlichen Diskussion um Post- und Präkoordination: In Abkehr von der bibliothekarischen Tradition der Klassifikation, nach der, auch unter dem Zwang der eindeutigen Ablage eines Buches auf den Regalen, ein Objekt durch einen einfachen Begriff oder durch einen komplexen Begriff präkoordinierend beschrieben wird, beruht die postkoordinierende Indexierung („coordinate indexing") auf dem Prinzip, daß ein Objekt (häufig ein textuelles Dokument) durch eine Vielzahl möglichst einfacher Konzepte, den Indexierungsausdrücken, beschrieben wird. Man spricht von Postkoordination, weil erst zu einer späteren Recherchezeit einzelne Konzepte, unter Verwendung verschiedener logischer Operatoren, zu einer komplexen Frageformulierung zusammengestellt werden.
Mit Blick auf den Entwurf zukünftiger wissensbasierter Hypertextsysteme kann das bedeuten, daß das Konzept der informationellen Einheit sich dergestalt auflösen wird, daß erst zur aktuellen Lesezeit aus elementaren Bausteinen (auf propositionaler Ebene) die jeweiligen Einheiten bzw. deren Kombination in Pfaden zusammengestellt werden. Diese dynamischen, dann grundsätzlich pragmatisch konzipierten Hypertexte sind aber in mittelfristiger Perspektive noch nicht zu erwarten.

[17] Das Problem wird dadurch noch schwieriger, als informationeller Kontext aus der informationswissenschaftlichen Perspektive nicht nur semantischer Kontext bedeutet, sondern auch unter Relevanzkriterien, d.h. aus der Sicht des aktuellen Benutzers, beurteilt werden muß.

müssen dies die Verknüpfungen und die Navigations- und Orientierungshilfen leisten. Wir gehen auf sie als die *informationellen Funktionen* (IF) in den nächsten Abschnitten genauer ein. Sie sind nicht Zweck in sich, sondern stellen Bezüge zwischen informationellen Einheiten her bzw. versuchen, sinnvolle, in sich kohärente Teilbereiche aus der gesamten Hypertextbasis für Benutzer zu selektieren oder Übersichten und Zugriffswege bereitzustellen. Beides zusammen – informationelle Einheiten und informationelle Funktionen – konstituieren erst einen Hypertext bzw. bilden eine Hypertextbasis (vgl. Abb. 2.1.2-6 weiter unten). An Hypertextbasen wird man die Maßstäbe, die man an Texte anlegen kann, nämlich daß sie eine kohärente Ganzheit aus sinnvoll angeordneten Untereinheiten sind, kaum anlegen können. Nicht zuletzt deshalb nicht, weil kaum jemand eine Hypertextbasis *vollständig* durchwandern wird. Sinnvolle Verkettungen einzelner informationeller Einheiten zu größeren Einheiten können allerdings von Autoren durch vordefinierte (präkoordinierte) Pfade oder von Nutzern durch (postkoordinierte) real eingeschlagene Pfade aufgebaut werden. In Zukunft sollten pragmatisch konzipierte Systeme auch in der Lage sein, automatisch nach der Analyse des sich abzeichnenden Informationsbedarfs aktuelle Pfade zusammenzustellen und anzubieten. Das Problem der Kohärenz wird durch diese Anforderung an dynamische Pfade sicher nicht leichter lösbar. Lösungsansätze für traditionelle Pfade wollen wir im Abschnitt 2.3.4 näher darstellen, Hinweise auf automatische Verfahren in Kap. 4.

2.1.2 Strukturierung informationeller Einheiten

Einfach etikettierte Einheiten. Hypertexteinheiten sollten durch ein informatives Etikett identifizierbar sein. Diese geschieht in der Regel durch einfache Namen- oder Titelvergabe (und entsprechende Duplizitätskontrolle). Dies ist leichter gesagt als getan. Auf die Notwendigkeit, ein Benennungschaos gar nicht erst entstehen zu lassen, also eindeutige und treffende Bezeichnungen für Titel von Dokumenten, Unterabschnitten, hier: von informationellen Einheiten, zu finden, weist Horn (1989, 60f) hin[18]. Auch diese Forderung hat lange dokumentarische Tradition. Titel werden in der Dokumentationstheorie – noch vor Abstracts – als primäre Referenzmittel bzw. als Mittel der Relevanzentscheidung angesehen, müssen also allein schon deshalb informativ formuliert sein. Khanzhin (1986) schlägt einige Regeln zur Formulierung von Überschriften vor und geht den Ursachen nach, warum ihnen in der Praxis oft nicht gefolgt wird (vgl. auch Pshenichnaya 1985). Die in Titeln vorkommenden sinntragenden Wörter werden bei Freitext-Retrievalsystemen invertiert und sind so bei der

---

[18] Vgl. auch Marshall/Irish (1989) mit Blick auf „tabletops" (Überschriften in „guided tours"); vgl. Abschnitt 2.3.

maschinellen Suche eine wesentliche Basis des Vergleichs zwischen Frageformulierung und systeminterner Dokumentbeschreibung. Auch in der Lerntheorie (Niegemann 1982) wird der positive Effekt von Wörtern in Titeln für das Verstehen und Behalten des Wissens in den den Titeln zugeordneten Texten gesehen. Bei Hypertext wird das Problem dadurch verschärft, daß Namen (Titel, Etiketten) bzw. deren passende Abkürzungen in entsprechende Übersichtshilfsmittel, wie Inhaltsverzeichnisse oder lineare Register (vgl. Abschnitt 2.3.3), eingetragen werden und damit dezidiert der Orientierung dienen sollen. Noch komplizierter wird es, wenn die Etiketten zur Kennzeichnung von Knoten in graphischen Übersichten („Browser") verwendet werden sollen[19]. Etikettierte Hypertexteinheiten werden häufiger auch als einfach „typisierte" oder als klassifizierte Knoten/Einheiten bezeichnet.

Indexierte und referierte Einheiten. Informationelle Einheiten können über die bloße Namensvergabe oder Etikettierung hinaus inhaltlich erschlossen werden und zwar entweder intellektuell vom Autor oder vom Benutzer oder automatisch durch das System. Hier zeigt sich die Verbindung von Hypertext und Informationswissenschaft besonders deutlich. Entsprechend den Gepflogenheiten der dokumentarischen Inhaltserschließung können wir zwischen

a) *begriffsorientierten* Teilen und

b) (textuell oder strukturell) *zusammenfassenden/referierenden* Teilen

informationeller Einheiten unterscheiden. Durch beide wird den informationellen Einheiten ein *informationeller Mehrwert* zugefügt, der im wesentlichen in einer Referenzfunktion besteht[20]. Natürlich sind auch diese referierenden Teile, wie schon die Titel, informativ, indem z. B. eine Kurzzusammenfassung einer Einheit darüber informiert, ob es sich lohnt, zum eigentlich informativen Teil der Einheit überzuwechseln. Referenzierende Teile enthalten aber nicht Information als Zweck in sich, sondern sollen zu den informativen Teilen hinführen (oder von ihnen abhalten). Sie haben also *Referenzfunktion*. Sowohl Indexieren als auch Referieren hängen allerdings auch von dem Umfang der

---

[19] Dies stellt kein einfaches Design-Problem dar, auch schon aus Gründen der maximal möglichen Länge. Sicherlich sind keine Restriktionen wie bei verschiedenen Betriebssystemen sinnvoll, bei denen die Namen von Dateien oder Verzeichnissen z. B. nur 8 Zeichen enthalten dürfen. Ebenso sinnlos sind in diesem Kontext die von der Länge her unrestringierten, aber jeglicher mnemotechnischen Unterstützung baren Identifikationsbezeichnungen, wie sie ebenfalls von verschiedenen Betriebssystemen nahegelegt werden. Für Umfangsbegrenzungen hilft als Kriterium nur der Relevanzmaßstab bzw. der an Grice (1975) angelehnte Vorschlag: „so informativ wie möglich und nötig". Nicht angemessen ist die prinzipielle Möglichkeit, Titel verdeckt zu führen. Vorschläge zur Kürzung von Wörtern in Titeln liefert DIN 1502.

[20] Weiter unten erwähnen wir als weitere Leistungen von Zusammenfassungen die Relevanzfunktion und die kognitive Funktion des Aufbaus von „Vorurteilen".

Informationseinheit ab, d. h. bei kartenorientierten Systemen, bei denen die einzelnen Informationseinheiten ohnehin nur wenige inhaltskennzeichnende Wörter enthalten, wird Indexierung schwierig und Referieren eher sinnlos sein (vgl. Jones III 1987).

zu a) Hier können die begriffsorientierten Techniken der Inhaltserschließung (Indexieren, Klassifizieren) oder der Wissensrepräsentation (z. B. über semantische Netze oder „Frame„Sprachen) verwendet werden, sowohl auf intellektueller als auch automatischer Grundlage[21]. Die informationellen Einheiten werden durch eine Menge von „Deskriptoren" oder Konzepten (meistens entsprechend dem Prinzip des „coordinate indexing"[22]) beschrieben und können entsprechend als *indexierte Einheiten* bezeichnet werden. Deskriptoren sind wesentliche Hilfsmittel beim Retrieval, d. h. durch sie werden über Deskriptorenverzeichnisse Verknüpfungen zu anderen informationellen Einheiten hergestellt, denen gleiche oder überlappende Beschreibungen von Deskriptoren zugeordnet worden sind[23].

zu b) Zur Erarbeitung referierter informationeller Einheiten können die von der Informationswissenschaft bereitgestellten Techniken der Textzusammenfassung verwendet werden (vgl. Kuhlen 1989d, 1990c). Zum Einsatz kommen Techniken zur Erstellung textueller (indikativer, informativer oder indikativinformativer) oder strukturierter Referate oder (bislang nur in experimentellen Forschungsumgebungen) automatische Verfahren der Textkondensierung (vgl. Kapitel 4). Wir können hier nicht auf die „Kunst" des „Abstracting" näher eingehen, sondern verweisen auf die oben angegebene Literatur. In den folgenden Abbildungen werden aber einige „Abstracting"-Formen vorgestellt.

Abb. 2.1.2-1 zeigt ein gemischtes Referat, wie es in dieser Ausprägung in der Dokumentationspraxis bei besonders anspruchsvollen Referateorganen vorkommt. Es enthält auch die beiden wesentlichen Typen, nämlich indikative und informative „Abstracts". Von der Theorie werden informative gefordert, in der Praxis kommen eher indikative vor, vor allem in nicht-technischen Fächern.

Abb. 2.1.2-2 zeigt das historisch erste automatisch erzeugte „Abstract", das von Luhn (1958) auf der Basis statistischer Verfahren erstellt wurde. Im Grunde handelt es sich dabei eher um ein „Extracting", da die Sätze herausgezogen werden, die in signifikanter Häufung solche Wörter enthalten, die ebenfalls auf statistischer Grundlage als relevant eingeschätzt wurden. Die numerischen

---

[21] Zu diesen Techniken im Hypertextkontext vgl. Croft/Thompson (1987); Croft/Turtle (1989); Frisse (1987, 1988); Frisse /Cousins (1989); Fuhr (1990); im informationswissenschaftlichen Kontext allgemein: Lustig (1986); Salton/McGill (1983); Salton (1989); die entsprechenden Kapitel in: Buder/Seeger/Rehfeld (1990).

[22] Vgl. Anmerkung 16 in diesem Unterabschnitt.

[23] Für eine Verwendung dieser Technik im Kontext von Hypertext vgl. Trigg/Weiser (1986) – bei TEXTNET – und Walker (1987) – bei „Document Examiner".

> **Ablation of fiberglass-reinforced phenolic resin.** R. E. Rosen-
> sweig and N. Beecher. *American Institute of Aeronautics and
> Astronautics Journal* 1, 1802–9 (1963). –
>
> **Annotation:**
> A model is developed for charring and melting a composite
> material with glassy ablation combined with char-layer–molten-
> glass reactions.
>
> **Indicative:**
> Variables in ablation of a fiberglass–phenolic-resin composite
> include glass ablation and plastic pyrolysis, flow of melt, mass
> loss, reaction-heat absorption, mass injection, and coupling be-
> tween pressure and chemical reaction. Mathematical develop-
> ment and approximations are discussed. Parametric examina-
> tions are made.
>
> **Informative:**
> Melting and pyrolysis and other chemical reactions are con-
> sidered in this theory of ablation of phenolic-resin–fiberglass
> composite. In this theory, reaction occurs in a surface film in
> which carbon from pyrolysis of the resin reacts with the glass.
> For IRBM reentry, there is little temperature drop in the reac-
> tion zone, usually less than 1% and 6% maximum. Depth of the
> reaction zone was one-thousandth that of the thermal thickness.
> The unreacting runoff in the melt was 40–80% and was a func-
> tion of the possible reaction-enthalpy level. More than 99% of
> the material reaching the reaction zone was affected. At 1400–
> 2000°C the reaction assumed was: $SiO_2 + 3\,C = SiC + 2\,CO$.
> Up to a 25% increase in the ablation rate appeared only at lower
> reaction rates. Changing reaction enthalpy three times changed
> the reaction rate less than 10%. The value calculated according
> to this theory for peak reentry ablation rate was 38% below the
> experimental value.
>
> **Critical:**
> This theory of ablation of carbon-contaminated glass extends
> the work of Bethe and Adams (Cr. Avco-Everett Research
> Laboratory, Research Report No. 38, Nov. 1958) on glasses. Ex-
> perimental ablation was 38% greater than that calculated by this
> theory. Thorough error analysis was not included. Spalding
> (Aero Quarterly 237–74 (Aug. 1961)) and Scala (General
> Electric Co. MSVD, report R59SD401 (July 1959); ARS Jour-
> nal 917–24) have treated similar problems.

Abb. 2.1.2-1. Gemischtes „Abstract"
(aus: Borko/Bernier 1975, 17; mit Genehmigung von Academic Press)

Angaben hinter den jeweiligen Sätzen beziehen sich auf die durch die Verfahren
berechneten Gewichte. In Ergänzung dazu – und damit wird die gesamte
bisherige Geschichte des automatischen „Abstracting" sozusagen geklammert –
wird in Abb. 2.1.2-3 ein automatisch erzeugtes „Abstract" auf der Grundlage
wissensbasierter und textlinguistischer Verfahren angeführt (vgl. auch Rau/
Jacobs/Zernik 1989). Die in der Abbildung fett gedruckten Zeichenketten
entsprechen Konzepten aus einer „frame"-basierten Wissensrepräsentationssprache, welche in vorgegebene Syntaxmuster („Templates") automatisch
eingesetzt worden sind. Der Unterschied zu dem in Abb. 2.1.2-4 zu zeigenden
Zusammenfassungsgraph besteht darin, daß die Füllungen hier automatisch
auf der Grundlage einer automatischen Textanalyse vorgenommen werden. Die
Argumentationsstruktur der „Abstracts" leitet sich aus den im System vorgege-

Source: The Scientific American, Vol. 196, No. 2, 86 – 94, February, 1957

Title: Messengers of the Nervous System

Author: Amodeo S. Marrazzi

Editor's Sub – heading: The internal communication of the body is mediated by chemicals as well as by nerve impulses. Study of their interaction has developed important leads to the understanding and therapy of mental illness.

Auto – Abstract   (produziert durch das System von H.P. Luhn 1958)

It seems reasonable to credit the single – celled organisms also with a system of chemical communication by diffusion of stimulating substances through the cell, and these correspond to the chemical messengers (e.g., hormones) that carry stimuli from cell to cell in the more complex organisms. (7.0)

Finally, in the vertebrate animals there are special glands (e.g., the adrenals) for producing chemical messengers, and the nervous and chemical communication systems are intertwinded: for instance, release of adrenalin by the adrenal gland is subject to control both by nerve impulses and by chemical brought to the gland by the blood. (6.4)

The experiments clearly demonstrated that acetylcholine (and related substances) and adrenalin (and its relatives) exert opposing actions which maintain a balanced regulation of the transmission of nerve impulses. (6.3)

It is reasonable to suppose that the tranquilizing drugs counteract the inhibitory effect of excessive adrenalin or serotonin or some related inhibitor in the human nervous system. (7.3)

Abb. 2.1.2-2. Erstes automatisch erstelltes „Abstract" („Extract")
(aus: Luhn 1958, 163; mit Genehmigung von IBM)

(1) Der Artikel handelt über die **Mikrocomputer Amiga und Zenon-X**. (2) Die **Peripheriegeräte** und die **Preise der Mikrocomputer** werden vergleichend gegenübergestellt. (3) Für den **Amiga** gibt es die Peripheriegeräte Mouse, Bildschirm, Farbdrucker und Sprachgenerator; für den **Zenon-X** Tastatur, Mouse und Graphik-Bildschirm. (4) Der **Amiga** kostet 10.000.-DM, während der **Zenon-X** 15.000.-DM kostet. (5) Außerdem wird auf die **Anwendungssoftware** des **Amiga** und die **Programmiersprache** des Zenon-X eingegangen.

Abb. 2.1.2-3. Automatisch generiertes „Abstract" aus Wissensstrukturen
(aus: Kuhlen et al. 1989, 98)

benen Diskursstrategien ab[24] und wird im Text, ebenfalls anders als in Abb. 2.1.2-4, nicht explizit angegeben.

Abb. 2.1.2-4 schließlich zeigt eine von Neuwirth/Kaufer (1989) im Hypertextkontext vorgestellte Zusammenfassungsform. Die Texte in den drei rechten

---

[24] Wir gehen in Kap. 4 näher auf die Möglichkeit ein, aus Textwissensstrukturen flexible „Abstracts" zu generieren, die also nicht vorgefertigt abgerufen werden, sondern zur Lesezeit (in „read time") auf den Benutzer zugeschnitten generiert werden. Eine weitere interessante Hypertextanwendung für automatische Zusammenfassungen besteht darin, Benutzern vor dem Betreten eines Pfadangebots eine Überblicksinformation über den Inhalt der in dem Pfad zu besichtigenden Knoten zu geben, und zwar nicht nur in einem graphischen Netz, sondern auch in textueller Form (vgl. Abschnitt 2.3.4 über Pfade, „web views", „guided tours" etc.).

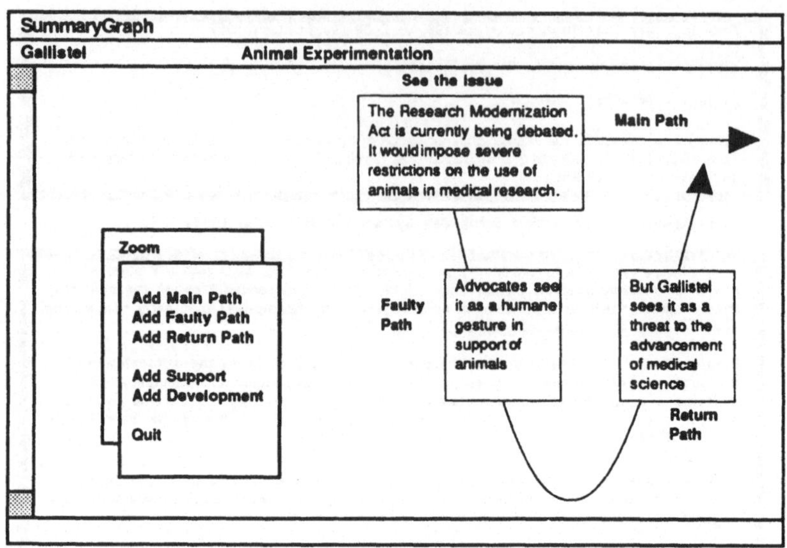

Abb. 2.1.2-4. Zusammenfassungsgraph im Kontext von Hypertext
(aus: Neuwirth/Kaufer 1989, 331, Fig. 3; mit Genehmigung der ACM)

Kästen sind Instantiierungen eines strukturell vorgegebenen Schemas, das Autoren als Anregung zum Aufbau von Zusammenfassungen dient. Der Vorschlag des Schemas ist der Idee der in der Dokumentation entwickelten Strukturreferate ähnlich. Auch Ähnlichkeiten zu einem argumentativen Referat bestehen. Das vorgegebene Schema (vgl. a.a.O. 330, Fig. 2) besteht aus einem Hauptpfad („main path"), dessen einzelne Einheiten etikettiert sind, z. B. „see the issue", „choose solution" oder „define problem". In Ergänzung zu dem Hauptpfad gibt es Pfade, die darüber informieren, welche Positionen der Autor opponiert („faulty paths") und schließlich führen Pfade wieder zum Pfad zurück („return paths"). Bei realen Instantiierungen werden diese formalen Vorgaben mit Informationen aus den vollständigen Einheiten zum Zwecke eines Überblicks und zum Erkennen der argumentativen Verknüpfungen zwischen einzelnen Pfadelementen gefüllt. Wie Abbildung 2.1.2-4 zeigt, wird zunächst ein informierender Überblick gegeben. Durch das Auswahlmenü kann jedoch weitere Information herangeholt werden.

Textuelle und strukturierte Zusammenfassungen werden in der Regel als selbständige Teile den informativen Teilen der Einheiten vorgeordnet, zuweilen auch von diesen unabhängig in getrennten Fenstern vorab angezeigt. Auch hier können die in ihnen vorkommenden Wörter wie bei den begriffsorientierten referenzierenden Teilen für das Retrieval verwendet werden. Sie dienen aber in erster Linie, wie erwähnt, der Entscheidung, ob es sinnvoll ist, sich den informativen Teil genauer anzusehen. Sie haben weiterhin die wichtige Funktion, durch Vorabinformation eine Erwartungshaltung (ein vorläufiges kognitives Netz) aufzubauen, das die Rezeption der möglicherweise folgenden konkreteren Information wesentlich erleichtert (vgl. Abschnitt 3.2)[25]. Gilt diese Aussage allgemein für Zusammenfassungen größerer Texte oder Textabschnitte, so trifft sie auch für informationelle Hypertexteinheiten zu, auch wenn diese nicht so komplex bzw. nicht so umfänglich sind wie ganze Texte.

Textuelle oder strukturierte Zusammenfassungen unterscheiden sich prinzipiell nicht in den Zwecken der Relevanzentscheidung oder der kognitiven Unterstützung. Strukturierte Zusammenfassungen können aber darüber hinaus auch dazu verwendet werden, einen selektiven Zugriff auf Details oder Aspekte der informativen Teile von Einheiten zu ermöglichen. Strukturierte Referenzteile sind unter dem Einfluß von Wissensrepräsentationstechniken häufig in Form von „Frames" oder Skripts organisiert. Dies geschieht unter der Annahme, daß es – zusätzlich unter Berücksichtigung der Fachspezifität des jeweiligen Gebietes – möglich ist, Sachverhalte weitgehend vorstrukturiert, entsprechend ihren Eigenschaften, zu beschreiben. Dies geschieht z. B. bei „Frames" durch die Festlegung von Eigenschaften von Konzepten in „Slots". Die jeweils konkrete Information kann dann über die Aktivierung der realen „Slot"-Einträge eingesehen werden. Strukturierte Zusammenfassungen sind vor allem dann attraktiv, wenn sie durchgängig in der Hypertextbasis nach gleichen Aufbauprinzipien organisiert sind, also z. B. in ähnlicher Funktion gleiche „Frame"- oder Skript-Strukturen aufweisen. Boyle/Snell (1989/90) stellen am Objektbereich der Tiermedizin ein wissensbasiertes, unter Anwendung von HyperCard entwickeltes Hypertextsystem vor, das – in Weiterführung der von Malone (1987) vorgeschlagenen Idee der Verwendung halbstrukturierter Muster („Templates") oder „Frames" zur Erschließung von Texten in elektronischen Postsystemen (vgl. Abschnitt 3.3) – die Hypertexteinheiten nach vorspezifizierten (insgesamt sieben) Feldern und zusätzlich unstrukturiertem Text gliedert. Abbildung 2.1.2-5 zeigt eine solchermaßen strukturierte Einheit in der Editierversion, in deren einzelne „Slots" der Benutzer seine Information, z. B. zu „Characteristics", „Source" etc., einbringen bzw. später abrufen kann[26].

---

[25] Hoppe-Graff/Schöler/Haas (1981) sehen daher die Zusammenfassung von Textinhalten als eine der effektivsten Lernhilfen an. Und Beyer (1987) weist im Zusammenhang einer psychologischen Überprüfung des Kintsch/van Dijk'schen Textverarbeitungsmodells auf die bessere Behaltensleistung von Probanden bei der Verwendung von Zusammenfassungen auf höherem Abstraktionsniveau hin.

[26] Das entsprechende System SINS (Semistructured Intelligent Navigation System) ist besonders geeignet für hoch vernetzte, also nicht-hierarchische und reich strukturierte Anwendungsgebiete (Boyle/Snell 1989/90, 32). Neben der strukturierten und durch Regeln kontrollierten Eingabe ist bei SINS vor allem noch der vorgeschlagene semantisch basierte Suchmechanismus („ripple search" in quasi-konzentrischen Kreisen) interessant, durch den im Ausgang von einem aktuellen Knoten, unter Berücksichtigung von Gewichtungsinformationen, verwandte Einheiten angezeigt werden.

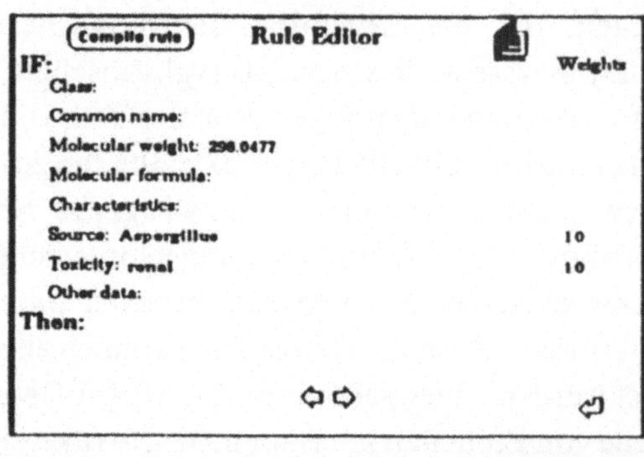

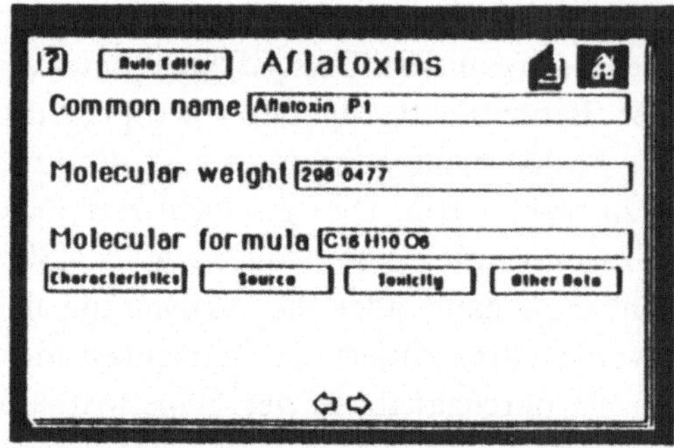

Abb. 2.1.2-5. Beispiel für eine über „Frames" strukturierte Hypertexteinheit
(aus: Boyle/Snell 1989/90, 41; mit Genehmigung des Intellect Ltd.)

Fassen wir die Diskussion in diesem Abschnitt zusammen, so können wir die Struktur informationeller Einheiten in Abbildung 2.1.2-6 darstellen:

Zum Abschluß unserer Diskussion der informationellen Einheiten wollen wir noch darauf hinweisen, daß die für die Manipulation der informationellen Einheiten nötigen Meta- und Relationierungsinformationen häufig auch im Rückgriff auf die Kartenmetapher als selbständige Knoten dargestellt werden. Dies trifft in erster Linie für die kartenorientierten Systeme zu. Die Abbildung 2.1.2-7 aus dem System NoteCards zeigt diesen Ansatz. In diesem Dialogausschnitt sind nur zwei informationelle Einheiten zu erkennen, die anderen fünf Einheiten (Karten dort) enthalten Metainformationen zur Orientierung des Nutzers[27].

---

[27] Metainformationen, also Informationen, die dem Benutzer anleiten, wie er mit den informationellen Einheiten und den Verknüpfungsangeboten umgehen soll, müssen nicht in separaten Knoten untergebracht werden, sondern können als Orientierungshilfen auch Bestandteil der informationellen Einheiten selber sein, in der Regel zu Beginn oder am Ende einer solchen Einheit (deshalb haben wir sie auch in Abb. 2.1.2-6 als Bestandteile informationeller Einheiten aufgeführt), sie können aber auch über globale Orientierungshilfen des Systems verwaltet werden. Abb. 2.1.2-7 ist Teil einer sogenannten „guided tour", wie sie bei NoteCards zum Einsatz kommt. Diese Möglichkeit wird

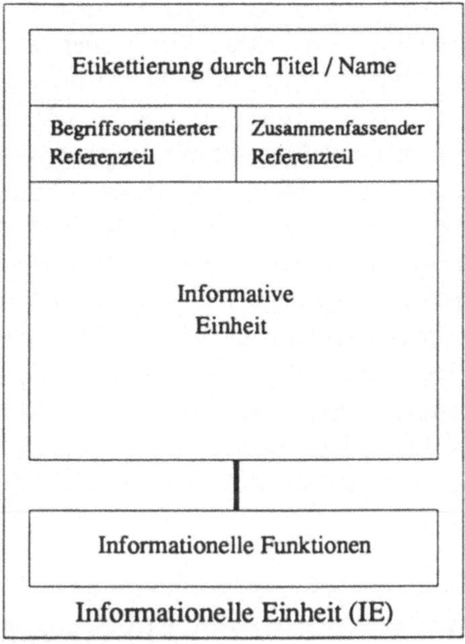

Abb. 2.1.2-6. Struktur informationeller Einheiten

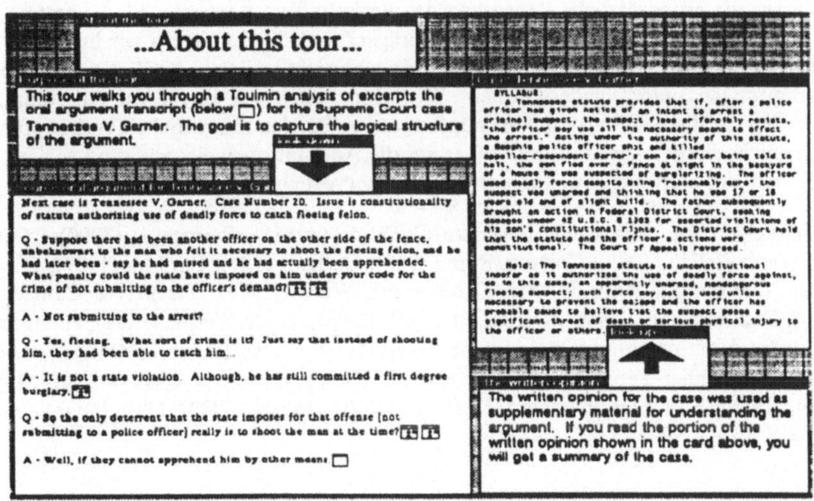

Abb. 2.1.2-7. Informationen und Metainformationen in NoteCards
(aus: Marshall/Irish 1989, 18, Fig. 2; mit Genehmigung der ACM)

---

ausführlich in Abschnitt 2.3.4 besprochen. Die verschiedenen Karten in Abb. 2.1.2-7 werden verständlicher, wenn, im Vorgriff, die Ausführungen zu Abb. 2.3.4-8 gelesen werden.

Wir wollen hier jedoch lediglich die informationellen Einheiten als Hypertexteinheiten im engeren Sinne betrachten. Wir ordnen die Metainformationen den informationellen Funktionen zu und behandeln sie entsprechend in den Abschnitten 2.2 bei den Verknüpfungen und 2.3 bei den Orientierungs- und Navigationsmitteln. Ebenso verfahren wir mit den sogenannten performativen Knoten (vgl. McAleese 1987, 1089), mit denen Aktionen oder Systeme, durchaus auch außerhalb der aktuellen Hypertextbasis, angestoßen werden, z. B. externe Hardware oder Dienstleistungen, wie Elektronische Post, „Bulletin Boards", Tabellenkalkulationssysteme, die Werte zurückliefern, oder Recherchen in externen On-line-Datenbanken[28]. Der Wert performativer Knoten besteht also eher in einer Verknüpfungsleistung bzw. in der Information über eine bestehende Verknüpfungsmöglichkeit oder in einer Verarbeitungsleistung, die in die Ausgangseinheiten eingebracht wird[29]. Wir wollen diese Problematik entsprechend ausführlicher in dem nächsten Abschnitt über „Verknüpfung" („linking") behandeln.

2.2 Informationelle Funktionen I (Verknüpfungen)

Zusammenfassung: Nach einigen Plausibilitätsüberlegungen zum assoziativen Denken und zur Schwierigkeit, dieses in der Alltags- und professionellen Welt kontrolliert zu halten, zeigen wir die grundsätzliche Bedeutung des Verknüpfungskonzeptes für Hypertext auf. Wir schlagen eine Typologie für Verknüpfungen („links") vor, wobei wir hauptsächlich zwischen referentiellen (nicht explizit spezifizierten) und typisierten (explizit spezifizierten) Verknüpfungen unterscheiden wollen. Weiterhin gehen wir in diesem Abschnitt auf Plazierung und Darstellung von Verknüpfungen ein. Bei den referentiellen Verknüpfungen gehen wir in diesem Abschnitt nur näher auf die Annotationen ein, während wir aus den typisierten Verknüpfungen die argumentativen hervorheben.

Kurzhinweise auf Literatur: Begeman/Conklin (1988); Bernstein (1990); Catlin/ Bush/Yankelovich (1989); Carlson/Ram (1990); Collier (1987); Conklin (1987); DeRose (1989); DeYoung (1990); Evenson/Rheinfrank/Wulff (1989); Fischer/McCall/Morch (1989); Fountain et al. (1990); Furuta/Stotts (1989/90); Gray/Shasha (1989); Hammwöhner (1990); Hammwöhner/Thiel (1987); Horn (1989); Irler/Barbieri (1990); Jonassen (1989/90); Kuhlen/Yetim (1989); Landow (1987); Parsaye et al. (1989); Pearl (1989); Smith (1988); Streitz/Hannemann/Thüring (1989); Travers (1989); Utting/Yankelovich (1989); Wilson (1990)

---

[28] Vgl. die Ausführungen zu Frageverknüpfungen („query links") in Abschnitt 3.3 im Zusammenhang von „Hypertext und Information Retrieval" (Kuhlen 1991; Tan 1990).
[29] Vgl. das Konzept der Zulieferverknüpfung („warm linking") in Abschnitt 2.2.4 (Anmerkung 45).

2.2.1 Einige Plausibilitätsüberlegungen zum assoziativen Denken

Verknüpfung („linking") ist die fundamentale Idee von Hypertext. Das in einer Menge verknüpfter Objekte dargestellte Wissen ist komplexer als das in der Gesamtheit isolierter Objekte dargestellte. Der Anspruch der kognitiven Plausibilität von Hypertext leitet sich weitgehend aus dieser vermuteten Analogie zur Speicherung von Wissen im menschlichen Gehirn ab. Kreative Assoziation hängt sicherlich von dem Ausmaß der Verknüpfung ab. Wir beginnen unsere Darstellung der verschiedenen Verknüpfungskonzepte mit einigen Bemerkungen zu unseren 'normalen' Techniken, assoziativem Denken im Alltag und in professionellen Situationen Reproduzierbarkeit zu verleihen.

Verknüpfungen herstellen und festhalten zu können, sind wesentliche Intelligenzleistungen: zum einen, Ähnlichkeiten, Gegensätze, allgemein semantische, argumentative oder nur assoziative Bezüge zwischen unterschiedlichen Objekten oder Ereignissen erkennen zu können zum andern aber auch, diese oft nur flüchtigen assoziativen Einblicke, Gedankenblitze dauerhaft und damit verfügbar, zum Bestandteil des aktiven Gedächtnisses machen zu können. Wir können dies hier nicht weiter belegen, sondern argumentieren eher intuitiv: Die Anzahl der aktiven Verknüpfungen macht unser bestehendes Wissen, die Summe unserer Erfahrung, aus. Neues Wissen aufnehmen bedeutet, neue Verknüpfungen zwischen schon Bekanntem zu entdecken oder gezeigt zu bekommen. Menschen assoziieren offensichtlich fortlaufend, beim Lesen eines Artikels, beim Anschauen von Filmen oder Theaterszenen, beim Hören von Musik oder beim Erleben von Landschaften. Sicherlich ist es nicht wünschenswert, alle diese spontanen und kaum kontrollierbaren Assoziationen dauerhaft präsent zu halten. Beschränkte Gedächtnisleistungen sind nicht nur von Nachteil, sondern schützen vermutlich auch als Filter vor Reizüberflutung. In vielen Situationen der Fachkommunikation, z. B. beim Aufarbeiten von Fachliteratur, ist es aber höchst erwünscht, potentiell relevante Zusammenhänge sozusagen auf Verdacht für späteren Gebrauch präsent zu halten. Parsaye et al. (1989) schätzen dies als zentral für effektive Informationsverarbeitung ein: „One of the barriers to the exploitation of information is a failure to identify interconnectivities that allow us to recognize links and similarities between pieces of information that are normally stored in separate locations" (a.a.O. 223).

Anstrengungen, produktiv erscheinende Verknüpfungen und Anmerkungen (die neuen Ideen) dauerhaft verfügbar zu machen, gibt es genug. Wir skizzieren, leicht feuilletonistisch, einige:

Angefangen von den *handschriftlichen Kommentaren* oder Exzerpten in bzw. zu Texten, bei denen nicht nur der Inhalt des gerade bearbeiteten Textes wiedergegeben, sondern auch eine eigene Idee, die sich bei der Arbeit am Text entzündet hat, festgehalten wird, damit man sie vielleicht später als eigene Leistung gebrauchen kann. Diese Idee muß man aber wohlweislich sofort von den Exzerptformulierungen durch irgendeine Hervorhebung oder Kenntlichmachung unterscheiden; sonst weiß man bald nicht mehr, was die Idee des Autors, was die eigene war.

Weiter geht es mit *temporären Spickzetteln*, deren Inhalte aber sehr schnell unrekonstruierbar werden, es sei denn, man arbeitet sie schnell in gerade aktuelle Arbeit ein oder kann sie auf der Basis einer funktionierenden Systematik an der richtigen Stelle im Zettelkasten auf Vorrat einordnen, mit der bleibenden Gefahr, daß die eindimensionale Ordnungstechnik von linearen Speichern, wie eben Zettelkästen, Katalogen oder Registern, den Inhalt des aufzubewahrenden Stücks Wissen an einer Position abzulegen zwingt, die zum Speicherzeitpunkt plausibel schien, die man aber in einer ganz anderen Nutzungssituation nicht mehr vermutet.

Viele geben es daher ganz auf, Zettel und Karten mit Blick auf eine lineare Speicherform zu schreiben, sondern wandern mit Kladden, bevorzugt im DIN-A4-Format, herum, in die in *Numerus-Currens-Technik* alles Aufnehmenswerte, die spontanen Ideen und Einfälle, Kommentare und Pflichten (zu Erledigendes) sequentiell notiert und gelegentlich, meistens auch sequentiell und oft zu spät, zur Kenntnis genommen wird. Solche Bücher sind höchst amüsant zu lesen und spiegeln bei interessanten und viel beschäftigten Leuten reiche Erfahrungen wider – ob dies eine effiziente Form der Bewahrung spontaner Ideen ist, sei dahingestellt.

Andere helfen sich, z. B. wenn sie auf Reisen sind, mit den seit etwa zehn Jahren ausreichend klein gewordenen Diktiergeräten oder mit ebenfalls handlichen digitalen Eingabemedien, deren Diktate dann im Büro von den SekretärInnen in Texte umgewandelt werden, mit dem Folgeproblem, daß die zwangsläufig zeitliche Verzögerung bei der Erstellung textualisierter Versionen beim ursprünglichen Produzenten Verwirrungseffekte hervorruft: „Was habe ich mir dabei gedacht?" Die Verankerung war nicht dauerhaft, weitgehend wohl deshalb, weil der Kontext, der zu dem Gedankenblitz führte, nicht stabil geblieben ist bzw. nicht mitnotiert werden konnte.

Noch einen Schritt weiter gehen die heute zur Ausstattung eines Arbeitsplatzes gehörenden integrierten *Büroinformations- und -kommunikationssysteme*, zu deren Standardausstattung das Angebot der Verwaltung von Notizen über rechnerinterne Karten gehört. Dort kann man schnell eine Idee notieren und versuchen, sie über einen geeigneten Namen oder sogar über entsprechende Freitext-Retrieval-Mechanismen (jedes Textwort kann zum Suchwort werden) wiederzufinden. In der Regel bleiben aber alle diese elektronischen Notizen unverknüpft – informationelle Atome.

Selbst der überzeugteste Hypertextforscher oder -entwickler wird nicht behaupten wollen, daß Hypertext mit seiner Möglichkeit, Notizen oder

Annotationen zu anderen Notizen oder größeren Texten zu schreiben und diese bedingungslos, d. h. frei assoziiert, oder spezifiziert nach irgendwelchen Kriterien zu verknüpfen, das Allheilmittel für unsere Schwierigkeit ist, unsere Ideen in ihren Zusammenhängen befriedigend zu verwalten – das für Hypertext konstitutive Verknüpfungskonzept ist jedoch der bislang konsequenteste Versuch, assoziativem Denken Rechnung zu tragen. Wenn darüber hinaus auch noch andere Denkformen und andere Zugriffsformen auf Wissen unterstützt werden, z. B. über gezielte, selektive Retrievalfunktionen, dann kann das Hypertext nur umso mehr befördern.

Es hat nicht an Versuchen gefehlt, die für Hypertext grundlegende Idee der Verknüpfung als kognitiv plausibel zu begründen. Schon die ersten Gedankenspiele von Bush (vgl. Abschnitt 1.4.3), traditionelle Register und lineare Indexierungsverfahren durch assoziative Verknüpfungen und nicht-lineare assoziative Pfade („trails") zu ersetzen, beriefen sich auf die „Natur" menschlichen Denkens. Gray/Shasha (1989, 327), auch mit Rückgriff auf Bush's Vision eines universal verknüpften Memex-Systems, stellen heraus, daß eine Betonung assoziativen Denkens durchaus mit Ansätzen der modernen Psychologie, hier z. B. die Theorie der „spreading activation", kompatibel ist[30]: „The basic idea here is that each person has a mental dictionary of words linked to other words by means of associated meanings, associated sounds, or associated grammars, forming a sort of spiderweb of points. Speaking activates points on this web each word selected activates an alternate path through it".

Wir haben schon darauf hingewiesen, daß der Umgang mit Verknüpfungen und der Einsatz von „Browsing"-Techniken gelernt, vielleicht auch nur wieder neu gelernt werden muß. Das bloße Angebot reicher Verknüpfungs- und Navigationsmittel führt nicht von selber zum Erfolg. Einige Ergebnisse experimenteller Forschung zeigen dann auch (z. B. Weyer 1982; Gray/Shasha 1989), daß Angebote, sich Information unter Verwendung von Verknüpfungen zu beschaffen, gegenüber traditionellen, sequentiellen Techniken nicht selbstverständlich angenommen werden und auch nicht – unter Berücksichtigung von Schnelligkeit und Genauigkeit – in jedem Fall zu besseren Ergebnissen führen (Gray/Shasha 1989, 332). Ganz offensichtlich hängt der Nutzen von Verknüpfungstechniken auch in hohem Maße von dem Typ des Such-/Lernproblems oder der Art der Frageformulierung ab. Es hat den Anschein, daß sich

---

[30] Interessant, daß zur Zeit mit diesen konnektionistisch;en Ansätzen versucht wird, eine zweifellos festzustellende Stagnation in der Theorie des Information Retrieval zu überwinden (vgl. Rapp/Wettler 1990), die aus der offensichtlich unzureichenden Effizienz des klassischen „Matching"-Paradigmas bzw., damit einhergehend, aus der unzureichenden Leistungsstärke der (intellektuellen oder maschinellen) Inhaltserschließungsverfahren und der Unterstützung der Frageformulierungen rührt. Für eine Anwendung von neuronalen Netzwerken auf die Browsing-Aufgabe in Hypertext vgl. Bienner/Guivarch/Pinon (1990).

verknüpfende Suchtechniken besser für offene bzw. ungerichtete Fragesituationen eignen, die also nicht auf einfache Antworten oder gar einzelne Daten abzielen. Von Einfluß sind auch unterschiedliche Lernstrategien, auch unterschiedliche Lerntypen, ebenso andere wichtige „Rahmen"bedingungen, wie Intelligenz, Zeitdruck, Alter, weniger offenbar Geschlecht[31]. Die Akzeptanz der Verwendung von Verknüpfungsstrukturen ist weiterhin nicht abstrakt als Verknüpfungsproblem schlechthin zu diskutieren. Zu differenziert sind die Typen der Verknüpfungen und zu vielschichtig die Möglichkeiten von Verknüpfungen. Wir gehen im folgenden auf einige Ausprägungen von Verknüpfungen näher ein.

2.2.2 Haupteinteilung von Verknüpfungen

Informationelle Einheiten werden in Hypertexten nicht isoliert präsentiert, sondern werden untereinander verknüpft. Der „Albtraum" eines Hypertextingenieurs ist eine unverknüpft gebliebene Einheit. Auf sie kann weder von anderen Einheiten noch von Metainformationsteilen, wie Registern, zugegriffen werden (vielleicht noch über die Dateinamen im Gesamtverzeichnis). Verknüpfungen erwecken Hypertext erst zum Leben. Wir haben Verknüpfungen in Abschnitt 2.1 als Untermenge der *informationellen Funktionen* eingeführt, weil sie kaum für sich interessieren, sondern ihre Bedeutung aus den Inhalten der durch sie verknüpften Einheiten erlangen.

Verknüpfungen („links") sind nichts anderes als Relationen, die einzelne Objekte, in Hypertext: informationelle Einheiten, zueinander in Beziehung setzen. Relationen werden in erster Linie traditionell zur Kontextualisierung von Konzepten (Begriffen) verwendet, so bei (polyhierarchisch strukturierten) Thesauri im Informationsbereich, die als kontrollierte und relationierte Vokabularien (entsprechend DIN 1463) definiert werden, aber vor allem in der Theorie der semantischen Netze, bei denen konzeptuelle Knoten über im Prinzip beliebig festzulegende Relationstypen verbunden werden. Wir zeigen in Abb. 2.2.1-1 ein Beispiel für die geläufige Präsentation eines Thesaurus in gedruckter Form, nämlich die Deskriptoren als Begriffssätze, die entsprechend leicht vernetzt graphisch dargestellt werden können. Abb. 2.2.2-2 ergänzt diese durch die graphische Darstellung eines semantischen Netzes, wie es in der Künstlichen Intelligenz üblich ist. Wenn auch beide „Wissensrepräsentationssprachen" (Thesauri und semantische Netze) formale Gemeinsamkeiten haben, unterscheiden sie sich prinzipiell dadurch, daß in Thesauri nur Konzepte (und

---

[31] Vgl. die Zusammenfassung verschiedener Bewertungsstudien bei Nielsen (1989). Wir setzen diese Diskussion der kognitiven Plausibilität und des Verhältnisses von Lernen und nicht-linearen Techniken in Abschnitt 3.2 fort.

```
LUMINESZENZDIODE
   B  LED
   B  LEUCHTDIODE
   E  LIGHT-EMITTING DIODE
   E  LUMINESCENCE DIODE
      D  LUMINESZENZDIODEN STRAHLEN INKOHAERENT
   O  HALBLEITERDIODE
   O  HALBLEITERLICHTQUELLE
   O  OPTOELEKTRONISCHES BAUELEMENT
   X  ELEKTROOPTISCHES BAUELEMENT
   X  LUMINESZENZ
   U  SUPERLUMINESZENZDIODE
   V  ANZEIGEELEMENT
```

Die innerhalb der Begriffssätze benutzten Abkürzungen haben folgende Bedeutung:

Synonyme: B   Deutsches Synonym oder Quasisynonym
                          E   Englische Benennung

Zusätzliche Angaben: D   Begriffsdefinition
                          H   Hinweis (bei Allgemeinbegriffen)

Beziehungsbegriffe: O   Oberbegriff
                          U   Unterbegriff
                          X   Bezugsbegriff
                          Z   Zugehörigkeitsbegriff
                          V   Verwandter Begriff

Abb. 2.2.2-1. Relationierung in Thesauri, dargestellt als Begriffssatz
(aus: Thesaurus Medizintechnik 1987, II; mit Genehmigung des FIZ Technik)

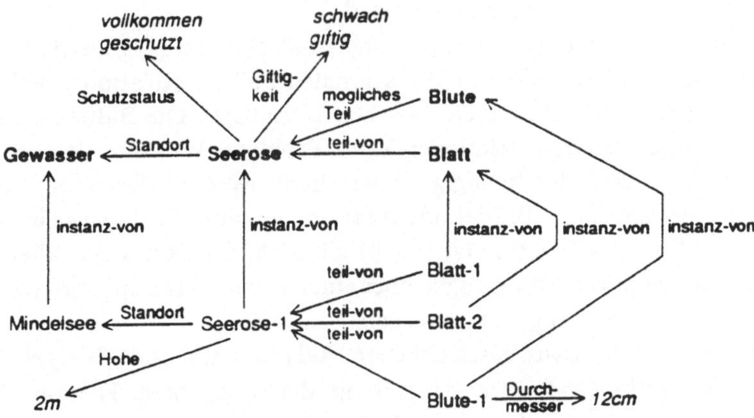

Eine Repräsentation der Konzeptklasse 'Seerose' und die Beschreibung eines
zugehörigen Individuums 'Seerose-1'

Abb. 2.2.2-2. Beispiel für ein semantisches Netzwerk
(aus: Reimer 1991; mit Genehmigung des Teubner-Verlags)

ihre Relationierungen) modelliert werden, nicht aber auch, wie in semantischen
Netzen, reale referentielle Objekte, d. h. konkrete Instantiierungen, wie z. B. die
Seerose-1 in Abb. 2.2.2-2. Eine Relation wie *instance-of* existiert nicht in
Thesauri.

Der Relationenbegriff kann aber über den Begriffsbereich hinaus weiter angewendet werden. In einem weiteren Verständnis können Objekte beliebiger Art untereinander relationiert sein. Diese Bedeutung wird in Hypertext aufgegriffen, wobei die Bezeichnung „Relation" in der Regel durch die der „Verknüpfung" ersetzt wird.

Man wird im Einzelfall sehr sorgfältig überprüfen müssen, ob die Übertragung von zunächst auf Konzepte bezogenen Relationen ohne weiteres auf die Verknüpfung von Hypertexteinheiten möglich ist (vgl. McAleese 1989/90). Was bedeutet z. B. eine is-a (also eine allgemeine hierarchische) Relation in Hypertext? Angewendet werden könnte sie z. B., wenn in einer Einheit von Druckern allgemein die Rede ist, in einer anderen von einem Laserdrucker. Aber dann sind nicht Einheiten verknüpft, sondern Begriffe als spezielle Elemente in ihnen. Ähnliches gilt für Verknüpfungen zwischen Propositionen, z. B. durch argumentative Verknüpfungen (vgl. Abschnitt 2.2.5).

Relationen können, wie beim Beispiel der Thesauri oder der semantischen Netze, müssen aber nicht weiter spezifiziert sein: (A,B) ist eine unspezifizierte Relation, die auch etwas über die Verwandtschaft, zumindest über das gemeinsame Vorkommen (die Kookkurrenz) der beiden Komponenten aussagt. Aber diese sind nicht weiter festgelegt. (AyB) ist eine spezifizierte Relation, die besagt, daß A zu B in der Relation y steht, in der also die Art der Relation durch das Etikett (hier „y") explizit gemacht wird.

Relationen können uni-direktional oder bi-direktional (symmetrisch) sein. Im obigen Beispiel bestünde im bidirektionalen Fall die Relation y nicht nur zwischen A und B, sondern auch zwischen B und A[32]. Die Bidirektionalität macht bei unspezifizierten Relationen keine Probleme sie sollte als Dienstleistung bei Hypertext durchgängig verwirklicht werden. Bei spezifizierten Relationen besteht eine Bidirektionalität in semantischer Hinsicht nicht unmittelbar. Eine is-a Relation (A is-a B) gilt nicht für (B is-a A). Allerdings sollte die Rückwärtsverkettung, ggfs. über einen neuen Verknüpfungstyp, auch bei Hypertextsystemen angeboten werden.

In der informationswissenschaftlichen Relationentheorie (Soergel 1979; Wersig 1985; DIN 1463), wie sie z. B. in den erwähnten Thesauri ihren Niederschlag gefunden hat, faßt man alle Relationen, die nicht Hierarchie- oder Äquivalenzrelationen zugeordnet werden können, unter dem Sammelbegriff „assoziative Relationen" zusammen[33]. Wir wollen diese (unspezifizierten,

---

[32] Ein System mit durchgängig bidirektionalen Verknüpfungen ist Intermedia (Utting/ Yankelovich 1989, 59). Ein unidirektionales System ist z. B. GUIDE, allerdings ist – wie bei den meisten Systemen – durch die „Backtrack"-Funktion Bidirektionalität indirekt verwirklicht.

[33] Im konkreten Fall der Entwicklung eines bestimmten Thesaurus können diese assoziativen Relationen dann weiter semantisch spezifiziert werden, z. B. in Form von Antonymie- (Gegensatz-), Instrumental-, Kausal-, Final-Relationen.

unstrukturierten, untypisierten) assoziativen Relationen mit Blick auf Hypertext *referentielle Verknüpfungen* nennen. Sie sind, wie gesagt, nicht weiter explizit spezifiziert, sondern verketten lediglich Einheiten und erlauben so das assoziative Navigieren in einer Hypertextbasis. Parsaye et al. (1989), die ebenfalls eine Verknüpfungstypologie für Hypertext vorgelegt haben[34], sprechen deshalb auch von „Navigationsverknüpfungen". DeRose (1989) ordnet sie in einer anderen umfassenden Hypertexttaxononmie für Verknüpfungen als assoziative Verknüpfungen ein[35].

Viele Systeme begnügen sich mit einer rein assoziativen Organisation durch referentielle Verknüpfungen[36]. Sicherlich sind auch referentielle Verknüpfungen nicht vollkommen beliebig, sondern sollten Sinn machen. Diese Verknüpfungen haben in der Regel durchaus semantische oder argumentative Funktion und leisten ihren Beitrag zu dem, was wir Hypertextkohärenz genannt haben. Sie sind in dieser Funktion jedoch nicht explizit spezifiziert. Die wesentliche Leistung ist die Verknüpfung, die Erstellung von Referenzen zu anderen Einheiten, zu Elementen in ihnen oder auch zu hypertextexternen Materialien[37]. Wir geben Beispiele für referentielle Verknüpfungen in Abschnitt 2.2.4.

Bei größer werdenden Hypertexten oder solchen mit speziellen Funktionen, z. B. wenn sie die Verwaltung von Ideen („idea processing") oder Argumenten,

---

[34] Parsaye et al. unterscheiden zwischen „move to links" (verbinden einfache Knoten, erlauben allgemein Navigation); „zoom links" (expandieren von einem Knoten oder einem Teil in ihm zu detaillierter Information); „pan links" (das Inverse zu „zoom") und „view links", die nur für spezifische Nutzer oder Nutzergruppen zugänglich sind. Vor allem die letzteren, vergleichbar den „views" in Datenbanksystemen, helfen, Hypertexte an speziellere Benutzerinteressen anzupassen. Mit ihnen kann verhindert werden, daß Hypertexte durch „overlinking" zu komplex werden. Unabhängig von den elementaren „navigation links" führen Parsaye et al. (1989) noch „index links" (für das Retrieval), „is-a-links" (hierarchische Bezüge), „has-a-links" (Verknüpfung zu Eigenschaften von Einheiten), „implication links" (durch die Inferenzen angestoßen werden) und „execute links", sonst auch „performative links" genannt, durch die Aktionen „gefeuert" werden, an.

[35] DeRose teilt die „extensionalen Verknüpfungen" (als die eine Hauptklasse neben den „intensionalen Verknüpfungen") zum einen in „relationale Verknüpfungen" ein, die wiederum nach willkürlichen „assoziativen Verknüpfungen" und systematischen „annotativen Verknüpfungen" unterschieden werden, und zum andern in „inklusive Verknüpfungen", mit denen 1:n-, in der Regel hierarchische Beziehungen hergestellt und die nach geordneten „sequentiellen Verknüpfungen" und ungeordneten „taxonomischen Verknüpfungen" unterschieden werden.

[36] Beispiele hierfür sind HyperTIES (vgl. Marchionini/Shneiderman 1988, 74) oder GUIDE, wobei bei letzterem System zwischen annotativen, Extensions-, Referenz- und Command-Funktionen bzw. Verknüpfungen unterschieden wird.

[37] Im weiteren (XANADU) Sinne kann man natürlich nicht von hypertextexternen Materialien sprechen, wenn über die Verknüpfungen Hypertextbezüge hergestellt werden. Wir meinen damit – konventioneller – Materialien, die außerhalb der gerade aktuellen Hypertextbasis gespeichert sind.

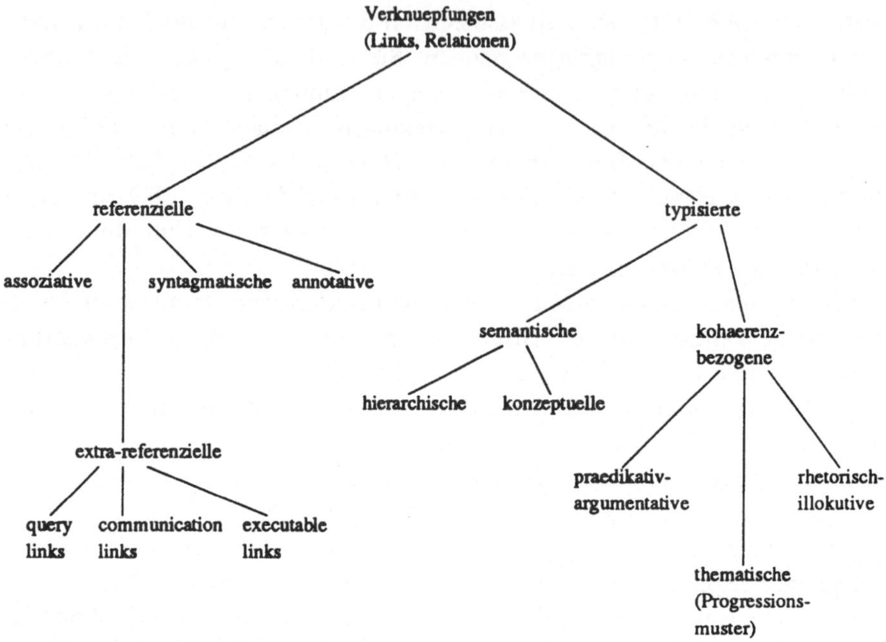

Abb. 2.2.2-3. Vorschlag zur Typologisierung von Verknüpfungen

wie durch gIBIS, PHIDIAS, SEPIA oder SPRINT, unterstützen sollen, liegt jedoch die Notwendigkeit einer expliziten Strukturierung über spezifizierte Verknüpfungen auf der Hand. Wir wollen diese *typisierte Verknüpfungen* nennen. Zuweilen werden sie auch strukturierte Verknüpfungen genannt. Bei typisierten Verknüpfungen hat man oft lediglich eine hierarchische (abstraktive oder partitive) Organisation vor Augen. Entsprechend unseren bisherigen Ausführungen zur Nicht-Linearität scheinen hierarchische Ordnungs- und Verknüpfungsmuster dem Grundgedanken der Hypertextidee zuwiderzulaufen, die doch gerade die vernetzte Informationsstruktur zum Ziel hat (vgl. Boyle/Snell 1989/90, 32). Untersuchungen an experimentellen Hypertextanwendungen haben jedoch ergeben, daß faktisch die Mehrheit der darin erstellten Verknüpfungen hierarchische und damit taxonomisch-systematisierende Funktionen erfüllten (vgl. Conklin 1987, 35). Offenbar werden sie, nach Conklin und der Einschätzung vieler Hypertextgestalter, deshalb oft verwendet, weil sie gewohnten Denkstrukturen oder Lesestrategien, zuerst das Allgemeine und dann das Besonders zu rezipieren, entgegenkommen. Hierarchisierung ist auch in Hypertexten eine nicht aufzugebende Ordnungshilfe. Wir wollen uns bei unserer Darstellung jedoch nicht auf hierarchische typisierte Verknüpfungen beschränken, sondern auch semantische und pragmatische (kohärenzstiftende und argumentative) Verknüpfungen behandeln. Die Abb. 2.2.2-3 zeigt einen Versuch der Anordnung der in diesem Abschnitt diskutierten

Verknüpfungen. Es ist offensichtlich, daß es keinen besten Weg der Strukturierung von Verknüpfungstypen gibt (vgl. die Unterschiede bei Parsaye et al. 1989 und deRose 1989), zu unterschiedlich sind die möglichen Sichten, auch die terminologischen Festlegungen der Verknüpfungsbezeichnungen. Wir diskutieren referentielle und typisierte Verknüpfungen ausführlicher in den Abschnitten 2.3.4 und 2.2.5. Vorab wollen wir aber noch auf einige Plazierungs- und Darstellungsaspekte von Verknüpfungen eingehen, die weitgehend gleichermaßen für referentielle und typisierte Verknüpfungen gelten.

2.2.3 Plazierung und Darstellung von Verknüpfungen

Alle Typen von Verknüpfungen können – vornehmlich mit Blick auf blätternde, also kartenüberschreitende, meistens textorientierte Systeme – danach unterschieden werden, ob sie Verknüpfungen „intra", „inter" oder „extra" realisieren (vgl. Abb. 2.2.3-1).

Intrahypertextuelle Verknüpfungen verbinden Ausgangs- und Zielpunkte innerhalb von Einheiten. Diese Technik wird gewählt, wenn informationelle Einheiten größer als eine Bildschirmseite sind, besonders dann, wenn das gesamte referentielle Objekt, z. B. ein längerer Text, als eine Einheit gespeichert

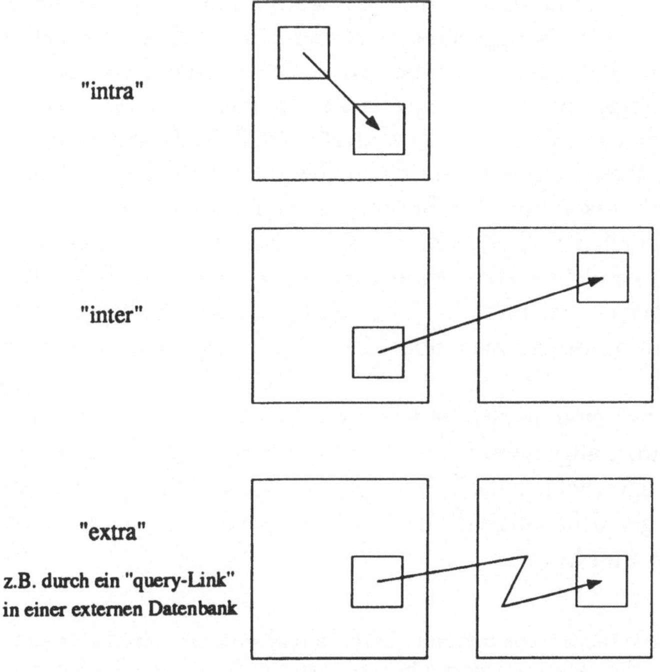

Abb. 2.2.3-1. Intra-, Inter-, Extra-Verknüpfungen

ist. *Interhypertextuelle* Verknüpfungen verbinden Ausgangs- und Zielpunkte zwischen verschiedenen Einheiten, wobei als Zielpunkt die ganze Einheit oder ein spezieller Punkt in ihr adressiert werden kann. Und schließlich wird man von *extrahypertextuellen* Verknüpfungen sprechen, wenn der Ausgangspunkt einer Verknüpfung aus der Hypertextbasis hinaus auf Zielpunkte in externen Objekten verweist. Dies können bei verteilten Hypertexten Einheiten in anderen Hypertextbasen, können aber auch Zielpunkte in ganz anderen Informationssystemen sein. Extrahypertextuelle Verknüpfungen können z. B. Hypertextbasen mit externer Software oder externen Kommunikationsdiensten oder externen On-line-Datenbanken verbinden. Wir gehen in Abschnitt 3.3 näher darauf ein.

Für alle Verknüpfungen gilt, daß sie, trivial genug, Ausgangspunkte und Zielpunkte haben müssen. Für die Ausgangspunkte einer Verknüpfung finden sich in der Literatur Bezeichnungen wie „references", „link points", „Link-Indikatoren", „link icons", „hotwords" oder „buttons". Wir wollen sie Verknüpfungsanzeiger oder auch zuweilen einfacher „buttons" nennen. Für die Zielpunkte finden sich Bezeichnungen wie „link regions" oder „destination/reference points" (vgl. Conklin 1987, 34; Horn 1989, 43; Irler/Barbieri 1990). Wir wollen sie Verknüpfungszielpunkte oder einfach Zielpunkte nennen. Vor allem den Verknüpfungsanzeigern wurde bei der bisherigen Entwicklung von Hypertextsystemen so viel Aufmerksamkeit gewidmet, daß sie, neben den Knoten und Verknüpfungen (unseren informationellen Einheiten und Funktionen), auch schon als eigenständige Hypertexteinheiten behandelt worden sind (z. B. Horn 1989). Demgegenüber wurden die Zielpunkte in der Literatur eher vernachlässigt. Eine Ausnahme stellt die von Landow (1987) entwickelte „rhetoric of arrival" dar, bei der zentral ist, daß die Systeme vor dem Erreichen des Zielpunktes Vorabinformationen über die Inhalte der Zielknoten anbieten. Wir haben oben auf die Bedeutung von zusammenfassenden Teilen in informationellen Einheiten hingewiesen. Benutzer scheinen verunsichert zu sein, wenn sie nicht wissen, wohin sie durch eine Verknüpfung geführt werden. Oder anders: es erleichtert die Orientierung und den Aufbau kognitiver Muster, wenn Vorabinformationen über die Inhalte der Zieleinheiten bereitgestellt werden.

„Buttons" sind nichts anderes als Anker oder Zeiger, durch die eine Verknüpfung, allgemeiner: eine Aktion, angestoßen wird. Die Systeme unterscheiden sich erheblich darin, wo die Verknüpfungsanzeiger plaziert und wie sie kenntlich gemacht werden[38]. Bei der *Plazierung* kommen im wesentlichen drei Techniken zum Einsatz:

---

[38] Eine gute systematische und mit vielen Systembeispielen aus der experimentellen und kommerziellen Hypertextpraxis belegte Darstellung der verschiedenen Verknüpfungs- und Verknüpfungsanzeigerdarstellungen geben Irler/Barbieri (1990). Sie schlagen, im

a) Verknüpfungsanzeiger können direkt in dem Informationsteil (Text oder Graphik) der Hypertexteinheit markiert sein, z. B. unter Verwendung typographischer Mittel (z. B. durch Blinken, Fontwechsel oder Einrahmung) oder durch Cursor-Variationen. Der Cursor nimmt unterschiedliche Darstellungen an, je nachdem welcher Verknüpfungstyp an der Stelle, die gerade von der Maus überfahren wird, aktiviert werden soll. Dieses Verfahren wird z. B. bei GUIDE angewendet zur Darstellung der vier verschiedenen GUIDE-„buttons". Plazierung und Art der „buttons" können für den Verfasser der Hypertextbasis in der Editierversion überprüft werden. Abbildung 2.2.3-2 zeigt die schon bei „Zettels Traum" als Hypertext gezeigte Abbildung 1.3.2-7, jetzt, wie gesagt, in der Editierversion mit den entsprechenden Verknüpfungsanzeigern. Die Abbildung enthält:

– Temporäre Definitions-Verknüpfungsanzeiger („note buttons"), hier graphisch dargestellt durch die „buttons" in Sternform;
– Erweiterungsanzeiger („replacement buttons"), hier graphisch dargestellt durch die Kreis/Kreuz-„buttons";
– Intra- und intertextuelle Referenzierungen („reference buttons"), hier graphisch dargestellt durch die in Pfeil-Form angezeigten „buttons".

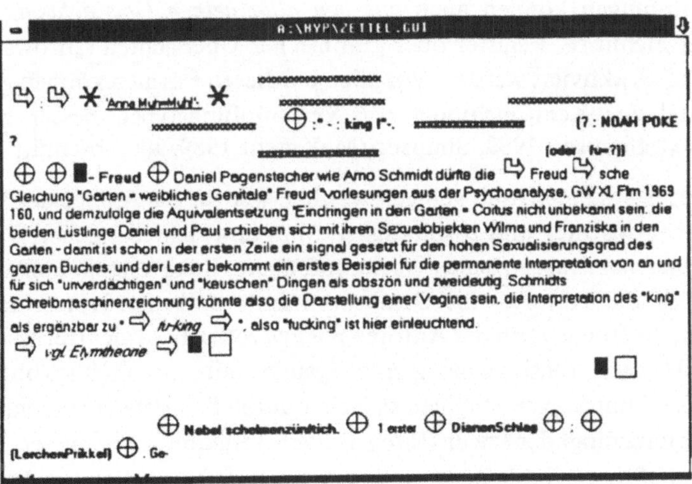

Abb. 2.2.3-2. Editierversion aus GUIDE

Sind die Verknüpfungsanzeiger, wie im gerade erwähnten Fall, im informativen Teil der Hypertexteinheit plaziert, so spricht man von eingebetteter Verknüpfung („embedded linking"). Dabei können die Verknüpfungsanzeiger auch verborgen bleiben, so daß dem Benutzer überlassen bleibt, herauszufinden, welche Stellen aktivierbare Anzeiger sind (vgl. Irler/Barbieri 1990, 267ff). Verborgene Anzeiger werden in der Regel dadurch sichtbar, daß die betreffende Stelle am Bildschirm mit dem Maus-Zeiger sensibilisiert wird.

b) *Informationsteil und Verknüpfungsanzeige* können auf dem Bildschirm getrennt werden[39]. Die vom Text getrennten Verknüpfungsanzeiger können laufend aktiv sein oder speziell auf Anforderung durch den Benutzer sichtbar gemacht werden. Die Trennung von Text und Verknüpfungsanzeige wird von manchen deshalb favorisiert, weil Nutzer dies von der Menütechnik in anderen Informationssystemen her gewohnt sind. Außerdem wird die Rezeption der Text- oder Graphik-Information nicht durch Verknüpfungsinformation „gestört". Allerdings kann die Bereitschaft, Verknüpfungen nachzugehen, durch die Aktivierungsmöglichkeit direkt aus dem Text heraus gefördert werden. Auch dies kann sich wieder positiv: Verstärkung des kreativen Assoziations- oder „Serendipity"-Effekts oder negativ: Gefahr des chaotischen Assoziationseffekts bzw. der Desorientierung auswirken.

c) Verknüpfungen können auch *aus den allgemeinen Übersichtsmitteln*, wie Inhaltsverzeichnisse, Register oder graphischer Übersichten („browser") (vgl. Abschnitt 2.3) aktiviert werden. Vor allen bei diesen Formen können gestalterische Mittel zur Kennzeichnung der Verknüpfungstypen besser eingesetzt werden (vgl. Simpson 1989; Simpson/McKnight 1989/90; Abschnitt 2.3).

Bei Hypertextsystemen muß geregelt werden, wer für die Anlage der Verknüpfungen verantwortlich und zuständig ist. Man unterscheidet generell zwischen *autoren- und nutzerspezifischen* Verknüpfungen. Beim ersten Fall legen der Autor oder die Autoren die Strukturen fest, und der Nutzer kann nur versuchen, die Intentionen der Autoren nachzuvollziehen oder frei assoziierend durch die Hypertextbasis zu navigieren. Systeme mit ausschließlich autorenspezifischen Verknüpfungen zeichnen sich eher durch Konsistenz aus, entsprechen aber nicht unbedingt der erwünschten aktiven Teilhabe der Benutzer. Will man die Verknüpfungstechnik nicht vollkommen offen gestalten, so bieten sich mehrere Abstufungen an, die von dem jeweiligen Verwendungszweck abhängen:

- Setzen sogenannter Lesezeichen, die den Benutzer nach einer freien Navigation auf einfache Weise, z. B. durch eine Funktionstaste oder dem Anklicken

---

[39] Dies geschieht z. B. bei den Hypertextsystemen Hypergate und Intermedia.

eines entsprechenden graphischen Symbols („icon"), zu einer von ihm gekennzeichneten Stelle zurückführen[40];

– Annotationen mit den Möglichkeiten der Differenzierung der Anzeige nach individuellem Benutzer (vgl. Abschnitt 2.2.4);

– Beschränkung der Rechte auf das Setzen referentieller Verknüpfungen, Verbot des Löschens von Verknüpfungen, mit den Möglichkeiten der Individualisierung der Anzeige („zeige mir nur die Verknüpfungen, die A. gesetzt hat");

– Erweiterung der Rechte auf das Setzen typisierter Verknüpfungen, vor allem zwingend bei kollaborativen Systemen und Systemen, die die Verwaltung von Ideen über argumentative Verknüpfungen unterstützen.

Darstellung von Verknüpfungen. Sicherlich dient es der Orientierung, wenn unterschiedliche Verknüpfungstypen unterschiedlich aufbereitet dargestellt werden. Schon allein das Angebot, zwischen den einzelnen Typen zu differenzieren, ist ein Hilfsmittel, Komplexität zu reduzieren. Evenson/Rheinfrank/ Wulff (1989) zeigen, daß man auch bei der Verwendung eingebetteter Verknüpfungsanzeiger über Farbe und Blinken hinaus Gestaltungsmöglichkeiten durch die Verwendung von Ikonen und Symbolen hat (vgl. Abb. 2.2.3-3).

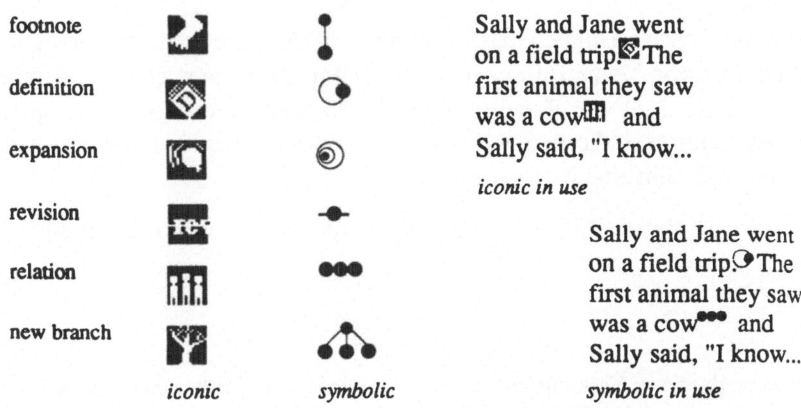

Abb. 2.2.3-3. Ikonische und symbolische Gestaltungsmöglichkeiten für Verknüpfungsanzeiger (aus: Evenson/Rheinfrank/Wulff, 1989, 90; mit Genehmigung der ACM)

Weitere Möglichkeiten eröffnen sich, wenn typisierte Verknüpfungen in entsprechenden graphischen Übersichten veranschaulicht werden und damit der Netzwerk-Charakter von Hypertext deutlich wird. Für eine differenzierte

---

[40] Ähnliche Funktionen, die in erster Linie der Orientierung des Lesers dienen, werden in Abschnitt 2.3 behandelt.

Darstellung von Verknüpfungsinformation in graphischen Übersichten bieten sich die folgenden Formen an:

- textuell etikettierte Verknüpfungen;
- graphische Strukturierung von Verknüpfungen;
- ikonographisch etikettierte Verknüpfungen;
- farbige Verknüpfungen[41];
- akustische und optische Animationsmittel.

Die relationale Verknüpfung von Objekten und ihre Darstellung stellt in *temporalen Medien* (bewegte Bilder, Videos, Tonfragmente) eine besondere Herausforderung dar. Verknüpfungsanzeiger, die darüber informieren sollen, daß eine gerade aktive Einheit z. B. weiter expandiert werden kann, sollten bei temporalen Medien sinnvollerweise nur bestimmte Zeit aktiv sein, in der der Benutzer sich entscheiden muß, ob er dem angebotenen Pfad nachgehen will oder nicht[42]. Danach hat sich der Kontext in der Regel so stark verändert, daß die Aktivierung der Verknüpfung aus dem alten Kontext nicht mehr sinnvoll ist. Für diese Art von Verknüpfungsanzeigern ist von Brondmo/Davonport (1989/90) die Bezeichnung „*micons*" (gleich „moving icons") vorgeschlagen worden. „Micons" werden also auf dem temporalen Medium, z. B. auf dem Video-Bildschirm oder auf dem System-Display, nur für den vorgesehenen Zeitraum aktiv gehalten.

Formal können bezüglich des Beziehungsverhältnisses zwischen Ausgangs- und Zielpunkt von Verknüpfungen vier Grundmodelle unterschieden werden[43], wobei für jeden Fall von Bedeutung ist, ob Verknüpfungen zwischen ganzen Einheiten gestattet sind oder auch zwischen Untereinheiten in informationellen Einheiten, z. B. einzelne Konzepten:

(i)   1:1-Beziehungen: Ein Ausgangspunkt hat genau einen Zielpunkt und umgekehrt.

---

[41] Zur Darstellung von Verknüpfungen wird verschiedentlich Farbe eingesetzt. Bei MUE, Wissensverwaltung für CYC (vgl. Abschnitt 3.3), wird Farbe verwendet, um Typ und Verzweigungstiefe („nesting depth") von CYC-Relationen darzustellen, z. B. kennzeichnet „blau" eine Spezifizierungsrelation (Travers 1989). Auch in gIBIS wird auf SUN-Bildschirmen Farbe verwendet, um z. B. Argumente, Positionen, pro's und contra's etc., leichter visuell einsichtig zu machen (vgl. Conklin/Begemann 1989, 205 f). Interessante Untersuchungsergebnisse zu den Auswirkungen des Einsatzes von Farbe werden bei Hoadley (1990) angegeben (vgl. auch Irler/Barbieri 1990).

[42] Selbstverständlich sollte es durch eine Buchführung, z. B. in einer Liste, möglich sein, auch zu einem späteren Zeitpunkt der dann de-aktivierten Verknüpfung nachzugehen. Man spricht dann von „post-interaction" (Brondmo/Davenport 1989/90).

[43] Mit Einschränkung gelten diese Verhältnisse auch für alle anderen Arten von Verknüpfungen, nur müssen dann die jeweiligen Arten der Verknüpfung unterschieden werden.

(ii) n:1-Beziehungen: Ein Ausgangspunkt hat genau einen Zielpunkt; ein Zielpunkt kann aber von mehreren Ausgangspunkten angesteuert werden.

(iii) 1:m-Beziehungen: Ein Ausgangspunkt kann zu mehreren Zielpunkten führen.

(iv) n:m-Beziehungen: Zu einem Punkt können mehrere Einheiten führen und von ihm auf mehrere verweisen.

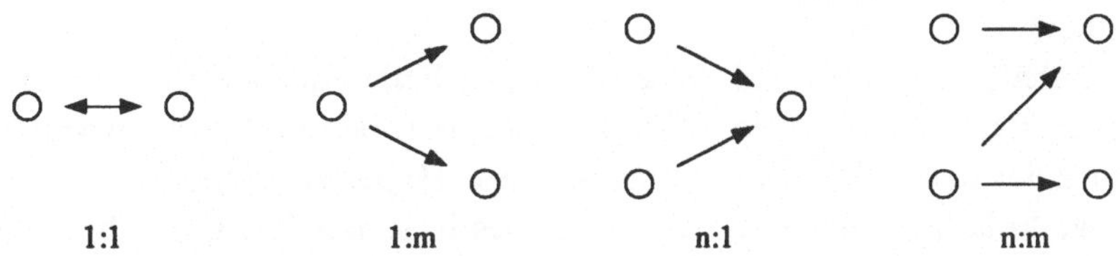

Abb. 2.2.3-4. Beziehungsverhältnisse zwischen Ausgangs- und Zielpunkten

n:m-Beziehungen sollten, wie wir gesehen haben, für Hypertext typisch und verbindlich sein, wobei man anmerken muß, daß aus der Sicht des Benutzers sich diese bei jeder aktuellen Situation eher als 1:m-Beziehungen darstellen, es sei denn, man versucht, über „Backtracking" rückwärtige Pfad aufzubauen, oder aber fortgeschrittene Systeme erlauben in der Zukunft das parallele Abarbeiten mehrerer Pfade gleichzeitig.

2.2.4 Referentielle Verknüpfungen

Referentielle Verknüpfungen verketten Hypertexteinheiten nach formalen syntaktischen bzw. assoziativen Prinzipien, ohne, wie erwähnt, die *Beziehung* semantisch explizit zu spezifizieren. Unterschieden werden können die referentiellen Beziehungen aber nach der *Qualität der Einheiten* bzw. der Referenzpunkte, die sie verketten. So zählen wir – ohne Anspruch auf Vollständigkeit – zu den referentiellen Verknüpfungen z. B. die folgenden:

– Metaverknüpfungen (z. B. aus Inhaltsverzeichnissen, Registern, Glossaren);
– Annotierungs-/Definitionsverknüpfungen;
– Anmerkungsverknüpfungen;
– Frageverknüpfungen („query links");
– Kommunikationsverknüpfungen („communications links");
– Verknüpfungen über „Zooming" oder Expandieren, z. B. die „replacementbuttons" bei GUIDE/OWL
– Zulieferverknüpfungen („warm/live links") beim Zugriff auf externe Programme, z. B. Tabellenkalkulationsprogramme, die Werte durch Berechnung erzeugen (vgl. Anm. 45).

Von diesen gehen wir hier nur auf die Annotationsmöglichkeiten näher ein und behandeln Frage- und Kommunikationsverknüpfungen in Abschnitt 3.3, wo wir sie in den Kontext des erweiterten Information Retrieval stellen wollen. Die anderen sind aus sich heraus verständlich. So entstehen *Anmerkungsverknüpfung* bei der Konversion von Texten, die Anmerkungen, z. B. in Form von Fußnoten, enthalten, in Hypertexte. Metaverknüpfungen verbinden die hypertextspezifischen Übersichts- bzw. Metainformationsmittel, z. B. dynamische Inhaltsverzeichnisse (vgl. 2.3.3), mit den informationellen Teilen von Hypertexteinheiten.

Aus inhaltlicher Sicht sind, wie erwähnt, auch die assoziativen referentiellen Verknüpfungen nicht völlig arbiträr. Sie sind bei praktisch arbeitenden Systemen das wesentliche Mittel, fragmentierte Hypertexteinheiten untereinander zu verknüpfen, ohne daß der Autor dies in jedem Fall genau begründen könnte. Anlaß der Verknüpfung ist in der Regel ein in der Einheit aus irgendwelchen Gründen attraktiv erscheinendes Element, z. B. ein Teil einer Graphik, eine Bezeichnung, eine Aussage, ein Literaturhinweis. Unter Rückgriff auf die in Abschnitt 1.3 eingeführte Terminologie realisieren referentielle Verknüpfungen in sehr vielen Fällen lexikalische Kohäsionsstrukturen. Autoren setzen Verknüpfungsanzeiger in informationellen Einheiten über direkte Koreferenzierung, d. h. das Vorkommen einer Bezeichnung wird zum Anlaß genommen,

a) entweder auf andere informationelle Einheiten zu verweisen, in denen „mehr" über dieses der Bezeichnung entsprechendes Konzept gesagt wird (ohne daß explizit ausgedrückt wird, was dieses „mehr" ausmacht),
b) oder Verknüpfungen zu anderen Bezeichnungen in anderen informationellen Einheiten (oder zu anderen Passagen in derselben Einheit) herstellen, durch die spezifizierende oder generalisierende Aussagen zu dem Ausgangskonzept gewonnen werden können.

Diese beiden Formen hypertextueller lexikalischer Kohäsion sind bezüglich der referentiellen Verknüpfung am verbreitesten. Wir wollen im folgenden diese Sicht etwas erweitern und die referentielle Verknüpfung am Beispiel der Annotationen näher diskutieren, vor allem deshalb, weil die annotative Verknüpfung bei dem gegenwärtigen Stand der Technik gut realisierbar und zugleich besonders attraktiv ist. Die Frage- und Kommunikationsverknüpfungen besprechen wir, wie erwähnt, in Abschnitt 3.3.

Annotationen. Durch Hypertext erfährt die alte Tradition der Annotation eine neue Blüte. Annotationen sind Grenzfälle informationeller Einheiten, d. h. Annotationen müssen nicht als selbständige Hypertexteinheiten angesehen werden. Sie sind eher als Kommentare zu gerade aktuellen Einheiten zu verstehen und begründen ihre Kohärenz erst zusammen mit der annotierten Einheit. Möglicherweise können Annotation und annotierte Einheit sogar mit

RT Ability Grouping
Age Grade Placement
Continuous Progress Plan
Flexible Progression
Instructional Program Divisions
Multigraded Classes
Multiunit Schools
Open Education

Nongraded Primary System (1966 1980)
USE NONGRADED INSTRUCTIONAL GROUPING

NONGRADED STUDENT EVALUATION *Mar. 1980*
CIJE: 17 RIE: 12 GC: 320
SN Evaluation of student progress or achievement without the use of letter

NONPRINT MEDIA *Mar. 1980*
CIJE: 108 RIE: 178 GC: 720
SN Materials used in communication that are not in the print medium nor textual or book-like in nature (note: use "audiovisual aids" for instructional nonprint media -- prior to mar80, this concept was indexed under "audiovisual aids")
UF Nonbook Materials
NT Audiodisks
Documentaries
Exhibits
Films
Filmstrips
Optical Disks
Realia
Tape Recordings

BT American Indians
RT Alaska Natives
American Indian Reservations
Relocation
Reservation American Indians

Nonresident Farmers
USE PART TIME FARMERS

Nonresident Students (1967 1980) (Foreign)
USE FOREIGN STUDENTS

Nonresident Students (1967 1980) (Out Of District)
USE RESIDENCE REQUIREMENTS

Abb. 2.2.4-1. Thesaurus-Beispiel mit scope notes
(aus: Thesaurus of ERIC Descriptors, 11th ed., 161; mit Genehmigung von Oryx Press)

den üblichen Stilmitteln kohäsiv verkettet werden. Annotationen werden in Hypertexten gezielt eingesetzt, wenn die aktuelle Einheit nicht verlassen, dennoch aber Unterstützung bei möglicherweise vorhandenen, aber leicht zu schließenden Wissenslücken gegeben werden soll. Der provisorische Charakter wird in manchen Systemen, z. B. bei GUIDE, auch dadurch ausgedrückt, daß die Annotationsanzeige nach Aktivieren der Anmerkungsverknüpfung („note buttons") nur temporär ist, also nur solange am Bildschirm bleibt, wie der Maus-Knopf heruntergedrückt bleibt.

Definitionen sind eine besonders beliebte Form der Annotation, vergleichbar den „scope notes" in Thesauri, durch die mehrdeutige Bezeichnungen eindeutig festgelegt werden können (vgl. Abb. 2.2.4-1).

Annotationen können aber über die rein definitorische Funktion weit hinausgehen, sowohl in funktionaler als auch in situativer Hinsicht. Funktional kommentieren Annotationen Texte. Situativ können Annotationen sowohl von einzelnen Autoren als auch – und dies wird in Hypertexten die attraktivere Anwendung sein – von verschiedenen Personen eingebracht werden. Annotationen von Autoren zu ihren eigenen Texten sind am ehesten mit Anmerkungen zu vergleichen. Daher werden auch häufig bei der Transformation von Texten in Hypertexte Anmerkungen als Annotationen, weniger als eigene Hypertexteinheiten, modelliert. Annotationen sind in Lernsituationen nützlich, wenn Ausbilder Kommentare in vorgelegte Texte der Auszubildenden schreiben oder wenn die Auszubildenden für sich oder auch für andere Personen Anmerkungen temporär oder dauerhaft notieren. Annotationen sind auch typisch in Situationen gemeinsamer Texterstellung („*collaborative writing*")[44]. Darunter wird das

[44] Systeme für „collaborative writing" sind vor allem am Beispiel der Textbegutachtung („reviewing"), z. B. von eingereichten Zeitschriftenartikel durch mehrere Beurteiler, entwickelt worden. Catlin/Bush/Yankelovich (1989) weisen auf das System „Context" hin, wo jedem Begutachter ein eindeutig identifizierendes Merkmal zugewiesen ist, so daß der Ausgangsautor oder der Hauptherausgeber sofort sehen kann, woher eine Anmerkung gekommen ist.

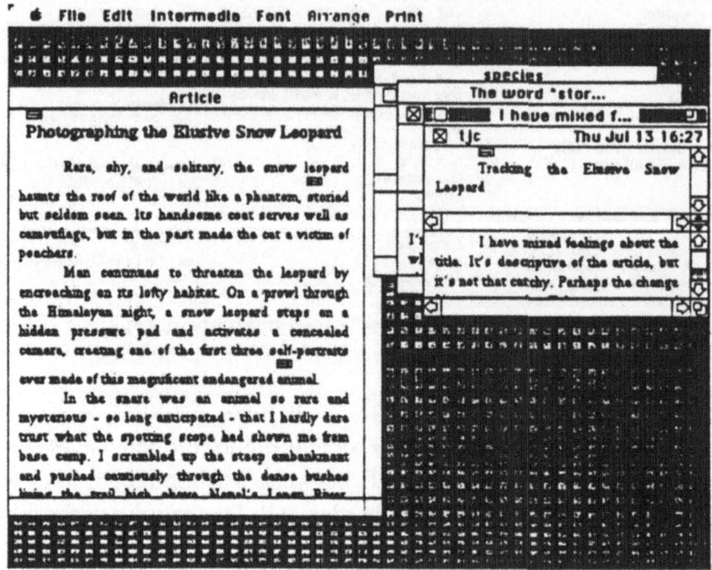

Figure 3. An InterWord document with three Notes attached.

Abb. 2.2.4-2. Kennzeichnung von Annotationen
(aus: Catlin/Bush/Yankelovich 1989, 371, Fig. 3; mit Genehmigung der ACM)

gemeinsame Erstellen eines Textes durch verschiedene Beitragende verstanden, wobei in der Regel ein Ausgangs-/Mastertext vorgegeben ist, der von verschiedenen Personen annotiert wird. Diese Annotationen stellen mit Blick auf einen künftigen Endtext nur Zwischenstadien dar, sollten also zunächst die ursprüngliche Textstruktur nicht zerstören (da ja nicht jede Annotation zu einer Veränderung führen muß), sollten aber bei Bedarf durch einen Hauptautor/ -editor leicht in die jeweils aktuelle Textversion integriert werden können.

Catlin/Bush/Yankelovich (1989), die eine Erweiterung von Intermedia durch InterNote mit reichen Annotationsmöglichkeiten beschreiben, haben allgemeine Anforderungen an Annotationen zusammengestellt (367f), die hier paraphrasierend wiedergegeben werden:

– Die Formen, Annotationen einzubringen, sollten bei allen Dokumenttypen (textuellen oder graphischen) gleich sein. In der aktuellen Hypertexteinheit sollte durch konstant bleibende graphische Symbole vermerkt werden, daß an der jeweiligen Stelle Annotationen aktiviert werden können (in der Abbildung 2.2.4-2 aus InterNote/Intermedia durch den eingerahmten Pfeil).

– Annotationen sollten mit Blick auf gemeinsame Texterstellung neben formalen Daten zwei weitere Teile enthalten:

a) Vorschläge für direkte Text- oder Graphikänderungen, die so direkt durch Übertragen eingebracht werden können;

b) Kommentare, Begründungen zu den Änderungsvorschlägen (vgl. Abb. 2.2.4-3).

– Sowohl Autoren als auch Annotierer sollten Ausgangstexte und Annotationen simultan anschauen können.

– Annotationen sollten ebenfalls wieder annotiert werden können, so daß ganze Annotationsketten einer oder mehrerer Person/en entstehen können.

– Annotationen sollten separat oder zusammen mit dem Text ausdruckbar sein.

– Hypertextsysteme sollten die Möglichkeit vorsehen, daß verschiedene Benutzer das gleiche Dokument simultan annotieren; dazu bedarf es eines entsprechenden „contention management" (a.a.O. 368).

– Es sollte möglich sein, daß ein Kommentator sich die Annotationen anderer Kommentatoren anschauen kann aber auch, daß er auf Wunsch von einem für ihn annotationsfreien Dokument ausgehen kann (verdeckte Annotationen).

– Annotationen sollten leicht in den Master-Text eingebracht werden können, z. B. durch eine Zulieferverknüpfung („warm linking")[45].

– Systeme sollten Buch darüber führen, in welchem Status der Bearbeitung sich eine Annotation befindet, z. B. ob sie neu, schon bearbeitet, eingefügt oder wieder annotiert ist (vgl. Abb. 2.2.4-4).

– Annotationen sollten nach verschiedenen Prinzipien sortier- und mischbar sein, z. B. nach Namen der Kommentatoren, Zeit, Einfügungsstelle.

– Annotationen sollten aus ihrer festen Verknüpfung mit dem Master-Dokument herausgelöst und als selbständiges Dokument behandelt werden können.

– Annotationen sollten individuell erkennbar, bei Bedarf aber auch anonym hantierbar sein.

---

[45] Mit Zulieferverknüpfung („warm linking", zuweilen auch „live linking" genannt) ist die Möglichkeit gemeint, beim Traversieren einer Verknüpfung (der Übergang von einem Ausgangspunkt zu einem Zielpunkt) Daten (auch Text- oder Graphikteile) zu übertragen bzw. zurückzuholen. Dieser Prozeß kann dahingehend verschärft werden, daß, vergleichbar den bei Tabellenkalkulationssystemen üblichen Berechnungsverfahren, Veränderungen von Daten in einem Knoten automatisch Veränderungen in entsprechend verknüpften Knoten bewirken. Diese unbedingte Zulieferverknüpfung wird von Catlin/Bush/Yankelovich (1989) als „hot linking" bezeichnet. Demgegenüber sprechen sie von „cold links" (a.a.O. 369), wenn es sich um reine Navigationsverknüpfungen handelt, bei denen also keine Daten mit verändernder Wirkung transportiert werden. Eine spezielle Anwendung der Zulieferverknüpfung ist durch die Austauschverknüpfung bei der Hypertextsoftware „Black Magic" vorgesehen, durch die Fremdwörter direkt ersetzt bzw. übersetzt werden können. Dies kann auch zu einer allgemeinen Terminologieunterstützung für Übersetzer eingesetzt werden.

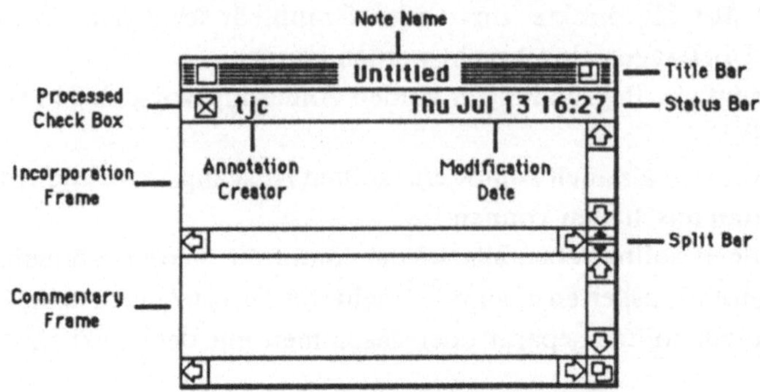

Abb. 2.2.4-3. Struktur von Annotationen
(aus: Catlin/Bush/Yankelovich 1989, 371, Fig. 2; mit Genehmigung der ACM)

	/int/docs/Article Notes					
9 annotations						
Title	User	Date		Processed	Status	Order
A diagram of t...	nkm	Fri Jul 14 14:20:57 1989	☐		Linked	004
I have mixed f...	tjc	Fri Jul 14 13:38:13 1989	☐		Linked	001
I trust that y...	nkm	Fri Jul 14 14:21:09 1989	☐		Linked	005
Langu River	kes	Fri Jul 14 14:23:11 1989	☒		Linked	008
The word "stor...	tjc	Thu Jul 13 16:27:23 1989	☒		Linked	002
This is quite ...	nkm	Fri Jul 14 14:21:19 1989	☐		Linked	003
embankment	kes	Fri Jul 14 14:14:48 1989	☐		Linked	007
species	tjc	Thu Jul 13 16:02:53 1989	☐		Linked	006
trap	kes	Fri Jul 14 14:14:38 1989	☐		Linked	009

Abb. 2.2.4-4. Bearbeitungsstatus von Annotationen
(aus: Catlin/Bush/Yankelovich 1989, 373, Fig. 4; mit Genehmigung der ACM)

2.2.5 Typisierte Verknüpfungen

Entsprechend dem Einteilungsvorschlag in Abbildung 2.2.2-3 wollen wir bei
den typisierten Verknüpfungen zwischen semantischen (hierarchischen und
konzeptuellen) und pragmatischen Verknüpfungen unterscheiden, wobei wir
bei den letzteren noch zwischen argumentativen, thematischen Progressionen
und rhetorischen (illokutiven) Verknüpfungen unterscheiden wollen. Hierarchische und konzeptuelle Verknüpfungen werden in erster Linie zur Relationierung von Konzepten verwendet. Dies ist weniger für die Verknüpfung ganzer
informationeller Einheiten wichtig, sondern mehr für die Strukturierung von
Metainformationen, wie Registern, Inhaltsverzeichnissen, globalen und lokalen

Übersichten, ebenso für die Darstellung der im vorigen Abschnitt angeführten begriffsorientierten Referenzteile informationeller Einheiten (vgl. Abb. 2.1.2-6). Wir brauchen daher auf sie hier nicht näher einzugehen und verweisen auf die Abschnitte 2.1 und 2.3, aber auch auf Kapitel 4, wo wir Möglichkeiten der automatischen Kontrolle dieser semantischen Verknüpfungen diskutieren. Ebenfalls dort, im Kontext des in der Entwicklung befindlichen Hypertextsystems WITH, besprechen wir Verknüpfungen mit Blick auf ihre Leistung zur Erstellung von Kohärenz ausführlicher. Wir stellen an dieser Stelle daher nur die argumentativen Verknüpfungen vor, wie sie zur Zeit in einigen Hypertextsystemen verwirklicht werden[46].

Argumentative Verknüpfungen. Erläutern wir die Funktion argumentativer Verknüpfungen an einem hier einschlägigen Hypertextsystem: gIBIS (Begeman/Conklin 1988; Conklin/Begeman 1989) beruht auf der von Rittel u. a. (vgl. Kunz/Rittel 1979) entwickelten IBIS-Methode[47]. Diese geht von der Grundannahme aus, daß komplexe Probleme – entsprechend dem Rittel'schen Fachhintergrund waren die Beispiele anfänglich meistens dem Gebiet des Architekturdesigns bzw. des Bauwesens entnommen (vgl. Fischer/McCall/Morch 1989; McCall et al. 1990) – vernünftig nur durch argumentative Konversation gelöst werden können. IBIS konzentriert sich auf die entscheidenden Punkte im Problemfeld, die Streitpunkte („the issues"). Jeder Streitpunkt kann mehrere Positionen (in Form von Aussagen) haben, denen Argumente zugeordnet werden. Die Zuordnung von Positionen und Argumenten zu Streitpunkten kann im Sinne des Hypertextkonzepts als Verknüpfung interpretiert werden. Entsprechend gibt sind bei IBIS neun Arten von Verknüpfungen vorgeschlagen worden:

- – reagieren auf (RESPONDS-TO): eine Position reagiert auf einen Streitpunkt;
- – unterstützen (SUPPORTS): ein Argument unterstützt seine zugeordnete Position;
- widersprechen (OBJECTS-TO): ein Argument widerspricht seiner zugeordneten Position;
- verallgemeinern (GENERALIZE): Streitpunkte verallgemeinern andere Streitpunkte;
- spezialisieren (SPECIALIZE): Streitpunkte spezialisieren andere Streitpunkte;

---

[46] Bei der Diskussion von WITH klammern wir diese argumentativen Verknüpfungen weitgehend aus, weil sie auf der Grundlage der gegenwärtig bei WITH eingesetzten Wissensrepräsentationsverfahren (konzeptorientiertes Framemodell) nicht automatisch erstellt werden können.

[47] IBIS=issue-based information system

- in Frage stellen (QUESTION): Streitpunkte stellen andere Streitpunkte in Frage;
- nahelegen (SUGGESTED-BY): Streitpunkte werden von anderen Streitpunkten nahegelegt;
- ersetzen (REPLACES): wird für Streitpunkte, Positionen und Argumente gleichermaßen verwendet;
- ergänzen um andere (OTHER): wird für Streitpunkte, Positionen und Argumente gleichermaßen verwendet.

Abbildung 2.2.5-1 zeigt einige realisierte Verknüpfungen in IBIS.

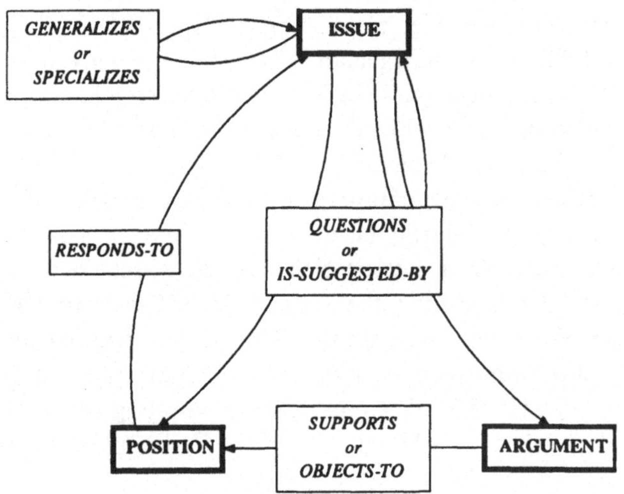

Abb. 2.2.5-1. Erlaubte rhetorische Verknüpfungen in IBIS
(aus: Conklin/Begemann 1987, 248, Fig.1 erstellt; mit Genehmigung der ACM)

Die Hypertextimplementierung von IBIS durch gIBIS hat versucht, sich so nahe wie möglich am ursprünglichen IBIS-Konzept zu halten. Hinzugefügt wurde eine weitere OTHER-Verknüpfung bzw. ein OTHER-Knoten, um Gedanken ausdrücken zu können, die nicht im IBIS-Konzept darstellbar sind, und eine EXTERNAL-Verknüpfung zu Objekten, die nicht-IBIS-Material enthalten, z. B. zu anderen Dokumenten oder Plänen. Auch ist es in gIBIS möglich, daß Positionen andere Positionen spezifizieren oder generalisieren. Das gleiche gilt für Argumente (Begeman/Conklin 1988, 256). Eine neue IBIS-Struktur kann durch ein kanonisches IBIS-Teilnetz (mindestens ein Streitpunkt mit Positionen und ihren Argument-Knoten) oder durch die sukzessive Gestaltung eines Ausgangsknotens, der einen Streitpunkt enthält, aufgebaut werden. So kann einem Streitpunkt ein Positionsknoten zugefügt werden, der vom System als RESPONDS-TO-Verknüpfung zugeordnet wird. Der neue

Knoten kann dann über ein angebotenes Muster („template") mit formatierten und freien Textfeldern inhaltlich beschrieben werden. Die Verknüpfung von Knoten untereinander geschieht über ein Menü und wird mit entprechenden graphischen Mitteln realisiert, z. B. auch, wie erwähnt, unter Verwendung von Farbe. Teilnehmer an der Problemdebatte können über diese graphischen Hilfsmittel an der farblichen Gestaltung der Verknüpfungen sofort erkennen, welche argumentativen Positionen, auch in welcher Stärke, vertreten werden. Bislang wertet gIBIS die Inhalte der Positionen oder Argumente nicht inhaltlich aus d. h. es existiert keine intelligente Textverstehenskomponente. Daher können auch inhaltliche Unstimmigkeiten zwischen den Argumenten nicht über semantische Integritätsregeln aufgelöst werden. Wenn ein unterstützendes Argument mit einem widersprechendem Knoten verknüpft wird, akzeptiert dies das System. Der menschliche Benutzer behält also gänzlich (und zwangsläufig) die inhaltliche Kontrolle und Verantwortung, aber muß dafür auch einigen Aufwand betreiben, um die Integrität des argumentativen Zusammenhangs, die Kohärenz, zu bewahren. Ebenfalls unterstützen diese argumentativen Hypertextsysteme in der Regel den Problemlösungsprozeß nicht direkt, jedenfalls nicht durch automatisch erstellte Lösungsvorschläge, sondern sollten besser als Argumentverwaltungssysteme angesehen werden. Auch dies zeigt die für Hypertext typische Position in Richtung wissensbasierter Systeme.

Weiterentwicklungen dieses Ansatzes sind durch Arbeiten im Umfeld von McCall (McCall 1978/79) vorgestellt worden. Hierbei wurde der IBIS-Ansatz durch eine prozedurale Hierarchie (PHI=procedural hierarchy of issues) von Streitpunkten und durch „serves-"Beziehungen erweitert, z. B.

Issue A serves issue B if the answers to A influence what answers are given to B, i.e. if the answering of B depends in some way on the answering of A; oder: Issue A is a subissue B if A serves B and B is raised before A (vgl. Fischer/ McCall/Morch 1989).

Auf diese Weise können baumartige Strukturen von Streitpunkten, Unterstreitpunkten, Antworten, Unterantworten, Argumenten und Unterargumenten „top-down", d. h. durch rekursive Zerlegung der jeweiligen Streitpunkte in Unterstreitpunkte, aufgebaut werden. Mit diesem Ansatz sind mehrere Hypertextsysteme, MIKROPLIS, VIEWPOINTS, JANUS und PHIDIAS, aufgebaut worden[48].

---

[48] MIKROPLIS ist noch in der Forschungsabteilung der früheren Gesellschaft für Information und Dokumentation (GID), Frankfurt, entwickelt worden (vgl. McCall et al. 1990, 154f).VIEWPONTS und – unter Hinzunahme des wissensbasierten CRACK-Ansatzes – JANUS sind in Fischer/McCall/Morch (1989) beschrieben. In McCall et al. (1990) wird der PHI/IBIS-Ansatz für den Aufbau des PHIDIAS-Systems, mit dem CAD-Graphiken in einen „dynamischen Hypertext" integriert werden, angewendet.

Ein neueres Beispiel für ein auf argumentative Positionen ausgerichtetes Hypertextsystem im Umfeld von Autorensystemen ist das in der GMD im Institut für Integrierte Publikations- und Informationssysteme (IPSI), Darmstadt, entwickelte SEPIA-System. Abb. 2.2.5-2 zeigt einige der dort verwendeten Verknüpfungstypen, die bei SEPIA in eine allgemeine streitpunktbezogene rhetorische Struktur eingebettet sind. Auch das in der gleichen Abteilung entwickelte AAA-System (Schuler/Smith 1990) ist als argumentatives Autorensystem, in der Weiterführung von WE, einzuordnen.

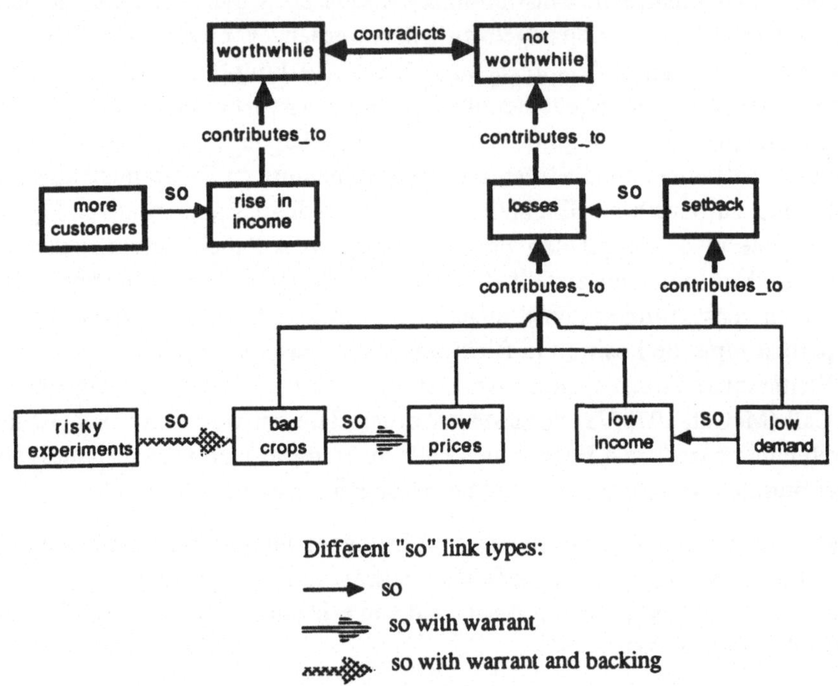

Abb. 2.2.5-2. Argumentative Verknüpfungstypen in SEPIA
(aus: Streitz/Hannemann/Thüring 1989, 352, Fig. 3; mit Genehmigung der ACM)

Auch Carlson/Ram (1990) stellen unter der Überschrift HyperIntelligence ein Hypertextsystem, SPRINT, vor, das ebenfalls für den Aufbau und die Pflege mentaler Modelle bei der Arbeit, hier vor allem von Managern, eingesetzt werden soll. SPRINT ist also ein strategische Planung, Kommunikation und Kontrolle unterstützendes multimediales Hypertextsystem. Organisiert werden die einzelnen planungsrelevanten Einheiten, z. B. „Issue", „Cause", „Objective", „Strategy", „Organization", „Controls" über ein semantisches Netzwerk, in dem die einzelnen Positionseinheiten, ähnlich wie bei gIBIS, über etikettierte Kanten, z. B. „causedBy", „causes", „assignedTo",

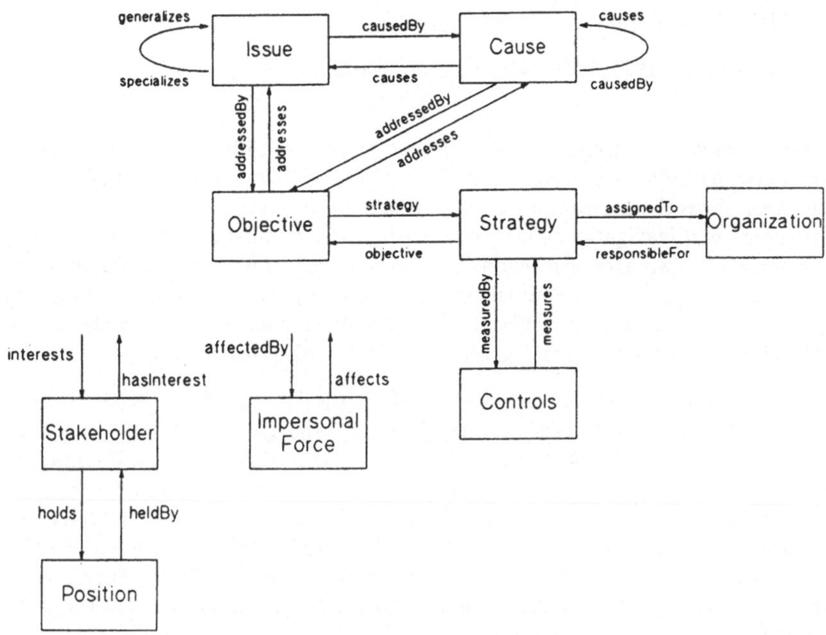

Abb. 2.2.5-3. Semantische Beziehungen in einem Hypertextnetzwerk für strategische Planung (aus: Carlson/Ram 1990, 318, Fig. 1; mit Genehmigung der ACM)

„responsibleFor", „affectedBy", „hasInterest", „addressedBy" etc., verknüpft werden (vgl. Abb. 2.2.5-3).

Schlußbemerkung. Verknüpfungen sind wesentlich für die Mehrwerteffekte von Hypertext verantwortlich (vgl. Gray/Shasha 1989), aber auch gleichzeitig dafür, daß die Navigation in Hypertextbasen in ein Chaos münden kann. Ähnlich wie die lange informationswissenschaftliche Debatte um Sinn und Unsinn der Verwendung kontrollierter und freier Vokabularien bei der Indexierung und beim Retrieval nicht zu einem eindeutigen Ergebnis geführt hat, sondern die Empfehlung nahelegt, beide Ansätze – also Deskriptoren, ergänzt um Freitextausdrücke – zu verwenden, so wird es auch keine eindeutige Entscheidung im Konflikt zwischen referentiellen, insbesondere assoziativen Verknüpfungen und typisierten, also semantisch und pragmatisch kontrollierten geben. Assoziatives Browsing ist die Lust bei Hypertext – kontrolliertes Navigieren, kontrollierbar durch die Anzeige der Arten der Verknüpfung, die Disziplin. Beides zusammen führt zum erwünschten Erfolg, jenseits von Zwang und Chaos. Zukünftige Hypertextsysteme werden nicht umhinkommen, Verknüpfungen in Hypertextbasen semantisch und argumentativ/pragmatisch zu typisieren.

2.3 Informationelle Funktionen II (Browsing, Orientierung, Navigation)

Zusammenfassung. Wir zeigen die für Hypertext typischen und für kreatives Informationsverhalten erwünschten „Browsing"- und „Serendipity"-Effekte auf, aber auch die dabei entstehenden Orientierungsprobleme und sehen einen entsprechenden Bedarf nach Orientierungs- und Navigationshilfen. Am Beispiel von Inhaltsverzeichnissen und Registern demonstrieren wir a) die Anwendung eher *traditioneller* nicht-linearer Übersichtsmittel auf Hypertext und b) die Entwicklung *hypertextspezifischer* Orientierungs- und Navigationsmethoden, z. B. graphische Übersichten, Pfade, vernetzte Sichten („web views"), geführte Unterweisungen („guided tours") oder Dialoghistorien.

Kurzhinweise auf Literatur: Bernstein (1988); Billingsley (1982); Boyle/Snell (1989/90); Campagnoni/Ehrlich (1988/1989); Canter/Powell/Wishart/Roderick (1986); Conklin (1987, 38–40); Cove/Walsh (1988); Egido/Patterson (1988); Fiderio (1988); Fletton (1989/90); Foss (1988, 1989a, b); Frisse/Cousins (1989); Hammond/Allinson (1987); Hammwöhner (1990); Harriman (1987); Marshall/Irish (1989); McAleese (1988/89); Monk (1989/90); Parunak (1989); Perlman (1989); Pintado/Tsichritzis (1990); Saxer/Gloor (1990); Simpson (1989); Simpson/McKnight (1989/90); Stark (1989/90); Stotts/Furuta (1988); Utting/Yankelovich (1989); Valdez/Chignell (1988); Wright/Lickorish (1989/90); Zellweger (1989)

Falls für den Aufbau von Hypertextbasen der Ansatz gewählt wird, Texte zu konvertieren, besteht die Aufgabe, lineare, nach einem Autorenplan geordnete Texte, deren einzelne Einheiten entsprechend diesem Plan aufeinander bezogen und sequentiell angeordnet sind, durch eine Vielzahl unabhängiger und dann auf nicht-lineare Weise vielfältig zu verknüpfender Informationseinheiten zu ersetzen. Fragmentierung und Verknüpfung sind wesentliche Kennzeichen von Hypertext. Diese Aufgaben bestehen natürlich auch bei dem Aufbau von Hypertextbasen ohne (textuelle) Vorgaben. Schon sehr bald – nach der ersten assoziativen Phase der Hypertextentwicklung – haben Hypertextautoren – vielleicht sollte man sie „Hypertextingenieure" nennen – erkannt, daß es nicht ausreicht, Einheiten festzulegen und zu verknüpfen, sondern daß es erforderlich ist, Struktur in die Ansammlung von Einheiten zu bringen (vgl. Abschnitt 2.1). Die Gefahr des Orientierungsverlustes bei rein assoziativen Hypertexten ist zu offensichtlich. Hypertextbasen können übersichtlicher werden

a) durch Strukturierung der gesamten Hypertextbasis, z. B. durch durchgängige Hierarchisierung oder andere Modellierungstechniken,

b) durch Orientierungsformen vielfältiger Art, die unter dem Begriff der Metainformation zusammengefaßt werden können,

c) durch Navigationsangebote, durch die Teilmengen von Hypertexteinheiten unter thematischen Gesichtspunkten zusammengestellt werden.

Wie Edwards/Hardman (1989) gezeigt haben, ist für den Informations- bzw. Lernerfolg von Hypertext„lesern" Wissen über die Organisation und die

Nutzungsmöglichkeiten der Hypertextbasis unbedingt erforderlich[49]. Damit sie es erwerben können, müssen Hypertextingenieure um die eigentlich informativen Teile von Hypertextbasen ein mehr oder weniger umfangreiches Metainformationsgerüst legen, das späteren Lesern die Strukturen und angebotenen Zugriffswege transparent machen soll. Das ist nicht zu vermeiden – jedenfalls solange nicht, wie die Systeme nicht Intelligenz genug haben, um von sich aus die dem jeweiligen Benutzer angemessene Information bereitzustellen –, kompliziert aber auch zugleich das Problem. Conklin (1987) hat dies unter dem Stichwort der kognitiven Überlast („cognitive overload") angesprochen. Im ungünstigsten Fall – nämlich bei Unkenntnis sowohl der Hypertext-Software als auch der Struktur der Hypertextbasis – muß sich ein Hypertext„leser" auf drei Ebenen mit dem betreffenden Hypertext auseinandersetzen:

- auf inhaltlicher Ebene mit der eigentlichen Objektinformation;
- auf struktureller Ebene mit der Ermittlung geeigneter Navigations- und Zugriffswege und der Ausnutzung von Orientierungsmitteln;
- auf Systemebene mit den jeweils zur Verfügung stehenden Hypertextsystemfunktionen, evtl. auch mit zusätzlichen Hardware-Gegebenheiten.

Ohne weitere Unterstützung ist tendenziell die Perspektive des Lesers auf die jeweils aufgerufenen Hypertexteinheit eingeengt. Zur Beschreibung dieser Fixierung auf den näheren Kontext hat Conklin (1987, 40) die Bezeichnung der „informationellen Kurzsichtigkeit" geprägt. Mit jedem neu aufgerufenen Knoten kann sich die Notwendigkeit ergeben, aus einer Vielzahl möglicher Verzweigungen eine Entscheidung mit sich daraus ergebenden Konsequenzen zu fällen. Der Informationsgehalt der Folgeeinheit läßt sich jedoch erst im nachhinein bestimmen, so daß nach jeder Abzweigung der Nutzen des jeweils eingeschlagenen Weges von neuem abzuschätzen und gegebenenfalls ein alternativer Weg zu ermitteln ist. Dieses Problem wird beim weiteren Fortschreiten immer schwieriger zu lösen sein, da ja nicht nur die direkten Nachbarn oder Nachfolger eingeschätzt werden müssen, sondern auch die daran anschließenden, zum Teil langen Ketten, die entsprechend der grundsätzlichen n:m-Verknüpfung zu komplexen Netzen werden. Dieser Prozeß erfordert auch bei geübten Hypertextlesern ein hohes Maß an Konzentration und Gedächtnislei-

---

[49] Interessanterweise wehrt sich Landow (1990, 46) gegen Bestrebungen, Hypertextbasen durch Verwendung von Modellierungsverfahren aus dem Datenbankbereich zu stark vorzustrukturieren, da damit der kreative Verknüpfungseffekt beim Lernen durch permanentes Anbieten neuer Materialien, auch der Lernenden, eingeschränkt würde. Hingegen wird, wie wir es im folgenden auch tun wollen, die Notwendigkeit von Orientierungs- und Navigationshilfen keineswegs bestritten (a.a.O. 48ff). Ganz im Gegenteil – hier liegen ja auch die Stärken des von Landow eingesetzten INTERMEDIA-Systems.

stung und kann die Aufnahme der eigentlich relevanten Objektinformation durchaus beeinträchtigen.

Die Reichhaltigkeit der im Abschnitt 2.2 beschriebenen Verknüpfungsmöglichkeiten macht Formen der Übersicht, der Anleitung und der Kontrolle unverzichtbar. Auch die Freiheit in Hypertext wird nicht unbeschränkt sein. So wie beim Aufbau von Hypertextbasen zunehmend formalisierbare Modellierungs- und Verwaltungsverfahren eingesetzt werden, so wird auch „Browsing" und Navigieren kontrollierter, vielleicht bewußter werden. Bevor wir auf einige der in der bisherigen Hypertextforschung entwickelten Orientierungs- und Navigationshilfsmittel eingehen, wollen wir im folgenden Unterabschnitt die für Hypertext typischen „Browsing"- und „Serendipity"-Effekte noch einmal zusammenfassend systematisch diskutieren. In diesem Fall bleiben wir bei den nur unzureichend übersetzbaren englischsprachigen Bezeichnungen „Browsing" und „Serendipity".

2.3.1 Möglichkeiten von „Browsing" und „Serendipity"

In unserer kurzen informationswissenschaftlichen Ableitung des Informationsbegriffs in Abschnitt 1.4. haben wir Information als „Wissen in Aktion" bestimmt und den pragmatischen Aspekt, also die Handlungsrelevanz von Information, herausgestellt. Information, so könnte unterstellt werden, wäre danach immer schon zielgerichtet bzw. abhängig von einem konkreten Ziel. Die Umgangssprache gibt ein schönes Beispiel dafür, wie „Information" auch anders gebraucht werden kann. Ein Satz wie der folgende könnte benutzt werden, wenn man die freundliche Unterstützung eines Bibliothekars, der sieht, wie man unsicher durch die Bestände der Bibliothek irrt, nicht annehmen will, sei es, weil man nicht zugeben mag, daß man seinen Suchwunsch noch nicht präzisieren kann, oder sei es, weil man die Situation des Erkundens alleine genießen will:

Ich suche nichts Bestimmtes, ich informiere mich bloß.

Die Suche nach Information kann also durchaus auch nur sehr vage zielgerichtet sein. Entsprechend kann „sich informieren" auch „schmökern" oder „sich unverbindlich umsehen" bedeuten, allerdings schon im Kontext eines noch vagen Informationsbedürfnisses. Damit ist „Browsing" angesprochen.

McAleese (1989) sieht die Möglichkeiten des „Browsing" als zentral für Hypertext an und vergleicht das Vergnügen und das Freiheitsgefühl beim Reisen mit den Erfahrungen beim Herumstöbern in Hypertextbasen. Nicht umsonst sind einige der zentralen Ausdrücke der Hypertextwelt Reise- oder Raummetaphern (vgl. auch Hammond/Allinson 1987; Landow 1990, 50ff):

Navigieren, Orientierung, „traveling", „hyperspace" … . Beides – Reisen und „Browsing" in Hypertexten – soll nicht anstrengend sein, aber setzt doch gewisses Vorwissen, Können, auch Planung und Strategien voraus, will man nicht verloren gehen oder sich Kosten einhandeln, die höher als der erhoffte Vorteil sind. Das Desorientierungsproblem, anschaulicher noch in der Metapher „getting lost in hyperspace" (vgl. Edwards/Hardman 1989), ist sicherlich eines der zentralen bei der Nutzung von Hypertext. Horn (1989) in seinem Hypertextbuch über Hypertext hat eine dramatische Skizze dieses Verlorenheitsgefühls angefertigt, die wir in Abb. 2.3.1.-1 wiedergeben.

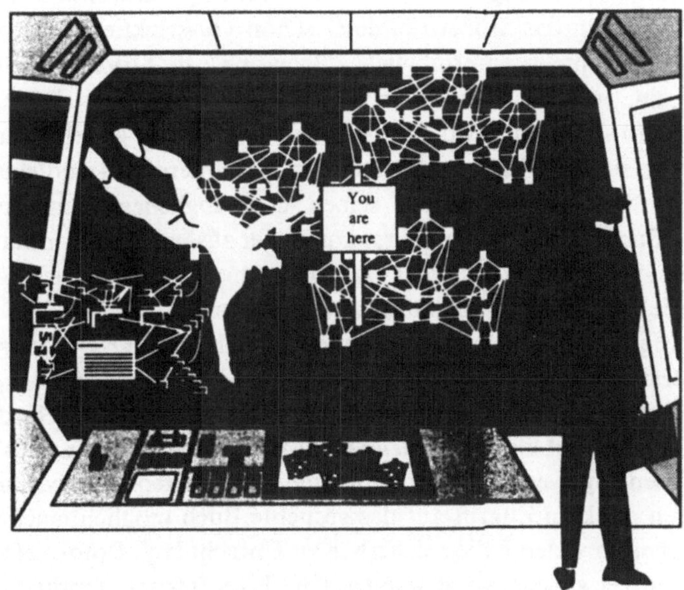

Abb. 2.3.1-1. „Lost in hyperspace"
(aus: Horn 1989, 56f; mit Genehmigung der Information Mapping, Inc.)

Wir gehen deshalb im nächsten Abschnitt ausführlicher auf Möglichkeiten ein, „Browsing" nicht zum Chaos werden zu lassen. Wir wollen hier die positiven Effekte von „Browsing" und „Serendipity" diskutieren. Als Ergebnis dieser Diskussion wird sich zeigen, daß mit Hypertext in gewissem Maße eine Rekonstruktion der das traditionelle Informationsverhalten kennzeichnenden kreativen (zuweilen auch chaotischen) „Browsing"-Effekte möglich ist, die in bisherigen elektronischen Informationssystem-Typen verloren zu gehen drohen. Beim „Browsing" – zunächst mit Blick auf traditionelles Informationsverhalten – können die folgenden Situationen unterschieden werden[50]:

---

[50] Vgl. auch McAleese (1989); Cove/Walsh (1988) mit Blick auf das On-line-Retrieval.

Gerichtetes „Browsing" mit Mitnahmeeffekt. Im Bibliotheks- und Dokumentationsbereich ist der *„Browsing"-Effekt* wohl bekannt und sollte in seinen positiven Effekten in benutzerfreundlichen Bibliotheken unterstützt werden[51]. Diese stellen ihre Bestände nach bestimmten Systematiken/Klassifikationen auf, so daß sachlich verwandte Publikationen auch räumlich benachbart zusammenstehen. Auch wenn die einzelnen Einheiten innerhalb dieser Gruppen meistens nach linearen (numerischen oder alpha-numerischen) Prinzipien geordnet sind, also relativ leicht individuell gefunden werden können, so stellt sich für den Endnutzer die systematische Gruppe zunächst als thematische Einheit dar, bei der jedes einzelne Element potentiell relevant ist. In diesem Sinne bedeutet „Browsing" also nicht das beliebige Durchwandern einer Bibliothek, sondern das Stöbern in einer schon vor-selektierten Menge. Die systematische Gruppierung ermöglicht „Browsing" als Mitnahme-Effekt. Er tritt dann ein, wenn man bei der Suche nach bestimmten Büchern auf thematisch verwandte Bücher trifft, nach denen man nicht gezielt gesucht hat, z. B. weil man sie nicht kannte, die aber dennoch interessant und einschlägig sind. In der Regel verfolgt man seinen ursprünglichen Plan, zu einem bestimmten Buch zu gelangen, weiter, nimmt aber zusätzliche Information mit. Von gerichtetem „Browsing" spricht man in diesem Fall, weil die ursprüngliche Richtung, die Ausrichtung auf ein Ziel, gegeben war.

Das häufig in Bibliotheken angewendete Prinzip des *numerus currens*, bei dem die Bestände nach ihrem Eingang hintereinandergestellt werden, ist demnach extrem „browsing"-unfreundlich. Es wird dennoch verschiedentlich, vor allem in nicht-publikumsoffenen (Magazin-)Bibliotheken, aus ökonomischen Gründen angewendet, in der Annahme, daß gut gepflegte systematische Kataloge den direkten Zugriff auf das gesuchte Buch möglich machen. Dies unterstellt aber, in vielen Fällen sicherlich zu Unrecht (vgl. Brooks et al. 1986, 39), daß Benutzer genaue Vorstellungen von ihren Informationsbedürfnissen haben. Es leuchtet daher ein, daß die Hypertextmethodologie zur Nutzung von Bibliotheksbeständen genutzt werden kann. So wurde im Projekt HYPERCA-

---

[51] Vgl. Cove/Walsh (1988), die dies „search browsing" nennen. Hammwöhner (1990) differenziert hier noch weiter, indem er den Begriff des „directed browsing" verwendet, das „ungeachtet der konkreten Informationsquellen, nicht ziel-, sondern verlaufsorientiert erfolgt, indem für die explorierten Texte eine sinnvolle thematische Beziehung gefordert wird. Diese Form des „Browsing" erfordert, bei Offenheit gegenüber den konkret zu explorierenden Texten, Unterstützung des Benutzers durch das Navigations-System". Monk (1989/90) schlägt hierfür anstelle von allgemeinen Navigationshilfen einen „Personal Browser" vor (vgl. unten). Vgl. auch Monk/Walsh/Dix (1988), die den Nutzen von verschiedenen „Browser"-Programmen für direkte Navigation untersucht haben (vgl. auch Wright/Lickorish 1989/90). Hierbei haben sich Übersichten, in denen man zeilen- oder seitenweise blättern kann, als nützlicher erwiesen als graphische Gesamtübersichten; vgl. Monk (1989/90, 21).

Talog an der Universität Linköping (Schweden) ein interessanter Versuch gemacht, den in der Regel linearen, sequentiellen Zugriff zu Bibliotheksbeständen über Kataloge oder gedruckte Register durch Hypertextmerkmale flexibler und für den Benutzer effizienter zu machen. Hjerppe (1986, 213f) faßt die Merkmale des Projektes HYPERCATalog wie folgt zusammen [Übersetzung R.K.]:

- unterstützt in erster Linie „Browsing" und Navigation als Möglichkeiten der Nutzung eines Katalogs, aber stellt auch traditionelle Suchmittel bereit, bei denen der Benutzer genau angeben muß, was er will;
- ist intern weitaus reicher strukturiert als traditionelle Kataloge;
- verfügt über alternative Möglichkeiten, Strukturen, Informationen und Relationen darzustellen und zu erläutern;
- besitzt Werkzeuge, um Relationen einzurichten und Pfaden („trails") zu folgen;
- ist von Natur aus dynamisch, nicht nur mit Blick auf anwachsende Bestände;
- stellt jedem Benutzer die Möglichkeit bereit, seine Sicht auf die Bibliothek genau anzugeben und dauerhaft zu speichern, um so den Nutzwert zu steigern;
- stellt sowohl stereotype als auch individuelle Benutzermodelle zur Verfügung, um so auf unterschiedliche Benutzertypen und individuelle Anforderungen reagieren zu können;
- stellt gegenüber gegenwärtigen Katalogen durch die Verknüpfungstechnik und die Beziehungen zwischen einzelnen Feldern, ganzen Datensätzen oder Dateien mehr und andere Information bereit und Möglichkeiten, diese zu nutzen;
- stellt nicht nur Information über einzelne Gegenstände bereit, sondern auch über ganze Bestände.

Gerichtetes „Browsing" mit „Serendipity"-Effekt. Zuweilen geschieht es, daß man auf der Suche nach einer bestimmten Information von einer anderen Information so „beschlagnahmt" wird, daß über deren aktueller Dominanz das ursprüngliche Ziel irrelevant oder vergessen wird. Dies bezeichnet man als *„Serendipity"-Effekt*[52]. Hierbei wird die Grenze zwischen chaotischem Informationsverhalten und kreativer Aufnahme von Information fließend. Auch dieses „Browsing" ist zumindest zu Beginn gerichtet, also nicht vollkommen frei initiiert, dann aber eher frei assoziierend.

Ungerichtetes „Browsing". Von „Browsing"-Effekten kann man aber auch sprechen, wenn noch gar kein konkreter Plan, ein bestimmte Objekt zu finden,

---

[52] McAleese (1989) bezeichnet das allgemein mit „exploring".

besteht[53]. Es ist also keine Richtung vorgegeben. Dies ist typisch für eine Situation, die in der Informationswissenschaft als „anomalous state of knowledge"[54] bezeichnet wird, also ein Zustand, bei der einer Person zwar bewußt ist, daß sie zur Lösung eines Problems Information benötigt, aber noch nicht genau, welche. Da erweist sich zuweilen das ungezielte „Browsen" an den (dann allerdings zwingend systematisch geordneten) Bücherregalen als produktiv. Es ist erfolgreich, wenn, zumindest nach der subjektiven Einschätzung, derart befriedigende Information gefunden wird, daß das den „anomalous state of knowledge" verursachende Problem gelöst werden kann, bzw. wenn man den Eindruck hat, daß die gefundene Information in die richtige Richtung weist. Natürlich sind diese Formen des „Browsing" auch in einzelnen Büchern, z. B. in Hand-, Lehrbüchern oder (eingeschränkt) Lexika, möglich. Bei Lexika ist der „Browsing"-Effekt – auch wenn er häufig daran demonstriert wird – von eher zweifelhaftem Wert, da der Kontext zu einem Suchbegriff durch den formalen alphabetischen Suchraum bestimmt wird, nicht durch eine semantisch bestimmte Systematik. Dies ist wiederum bei Sach- oder Lehrbüchern der Fall.

Assoziatives „Browsing". In einer Situation, z. B. beim Lesen eines Textes, bei der Ansicht einer Graphik oder bewegter Bilder, beim Anhören von Tonmaterial, werden bestimmte Aspekte – Wörter, Details einer Graphik oder einer Szene – aus welchen Gründen auch immer so attraktiv, daß man zu ihnen mehr wissen will[55]. Das kann so weit gehen, daß dieses Weiterführen „fest verdrahtet" ist. In diesem Fall würde man von Assoziation sprechen: „one bit of information triggers an association with another bit of information" (McAleese 1989, 7). Wenn dadurch längere Assoziationsketten aufgebaut werden, tritt der für „Browsing"-Effekte typische Fall auf, daß nicht mehr gezielt nach Information gesucht wird, sondern man sich vom Reizangebot treiben läßt, bis kein starker Anreiz mehr vorhanden ist, weiteren Angeboten zu folgen. Am Ende einer Assoziationskette läßt die Aufmerksamkeitsspanne nach, es tritt das fatale Gefühl des „lost in hyperspace" auf. Assoziationsketten haben offenbar die Eigenschaft, daß man sich ihnen so lange anvertraut, wie man sie in einen

---

[53] Cove/Walsh (1988) sprechen von „general purpose browsing", wenn bestimmte Informationsquellen regelmäßig durchsucht werden, ohne daß feste Ziele oder konkrete Probleme, höchstens allgemeine Interessenprofile, vorgegeben sein müssen. McAleese (1989) verwendet für diese ziellose unstrukturierte Bewegung den Ausdruck „wandering".

[54] Vgl. Brooks et al. (1986, 39): „Users may be able to recognize that their own knowledge with respect to some problem is anomalous, and will be able to describe the problem itself, but are usually unable to say precisely what is required to resolve the anomaly".

[55] Cove/Walsh (1988) nennen dies „serendipity browsing", sehen den „Serendipity"-Effekt als allein durch Assoziationen verursacht, die bei der Rezeption, z. B. von On-line-Materialien, entstehen.

konzeptuellen (vielleicht emotionalen) Kontext stellen kann. In der Regel wird man nicht abbrechen, solange die weiteren Assoziationen Sinn machen. Assoziationsketten führen also fast zwangsläufig zu einem Zustand des Desinteresses[56]. Und sie führen weiterhin, da Assoziationsverbindungen durchaus nicht immer bidirektional sind und bei längeren Ketten nicht ohne Probleme auf den Ausgangspunkt hin rekonstruierbar sind, zu dem beschriebenen Zustand der Desorientierung. Kaum untersucht ist bislang, ob – mit Blick auf Lernverhalten – die negativ einzuschätzende Schlußsituation die bis dahin positiven Assoziationseffekte zerstört oder ob diese ohne zu große Nachteile inkauf genommen werden kann. Zu befürchten ist, daß ersteres zutreffen dürfte.

In der Fachliteratur herrscht Einigkeit darüber, daß „Browsing"- und „Serendipity"-Effekte typische Kennzeichnen kreativen Informationsverhaltens sind, auch wenn – wie erwähnt – die Grenzen zum unproduktiv chaotischen Verhalten fließend sind. Verbreitet ist auch die Einschätzung, daß bisherige elektronische Informationsdienstleistungen, z. B. Datenbanken, On-line-Informationsbanken, in gewisser Hinsicht auch bislang realisierte wissensbasierte Expertensysteme, „Browsing"- und „Serendipity"-Effekte nicht begünstigen[57]. Dazu können die folgenden Gründe angeführt werden:

- Als formales Argument wird häufig der Verdacht geäußert – bislang eher auf der Basis der Erfahrung mit wenig leistungsstarken Bildschirmen –, daß Blättern als Voraussetzung für „Browsing" am Bildschirm kaum akzeptabel sei.
- Der Zugriff zu elektronischen Systemen erfolgt in der Regel über formale Suchsprachen, Datenbankzugriffs- oder Retrievalsprachen, in denen die Suchelemente weitgehend eindeutig definiert sein müssen. Abgesehen davon, daß eine solche Suchsituation dem eher typischen „anomalous state of knowledge" von Nutzern nicht gerecht wird, kann die solchermaßen spezifizierte Suchfrage nur zu einer eindeutig definierten Teilmenge der Gesamt-Bank führen. Selektiert werden z. B. in einer On-line-Informationsbank alle Dokumente, denen entsprechend dem Prinzip des coordinate indexing die Ausdrücke zugeteilt worden sind (oder beim Volltextretrieval: in denen solche Textwörter vorkommen), die auch in der Frageformulierung verwendet worden sind. Die Auswahl bzw. die Anzeige der anzuzeigenden Dokumente wird vom System nach verhältnismäßig genauen bzw. formalen

---

[56] Dies ist fast ein assoziatives „Peter"-Prinzip - nicht in der Lage zu sein, auszusteigen, solange die Assoziationen Sinn machen, sondern sich immer weiter verführen zu lassen, bis das Gefühl der Schalheit entsteht.

[57] Vgl. allerdings Cove/Walsh (1988). Sicherlich ist es nicht schwierig, sich Erweiterungen von konventionellen Datenbank- oder Online-Systemen vorzustellen, bei denen – nicht zuletzt durch den Einsatz von Hypertextverfahren – „Browsing"-Effekte eintreten.

Kriterien vorgenommen. Entsprechend gering bleiben Spielraum oder Assoziationsmöglichkeit des Benutzers.

– Auch bei Expertensystemen ist Skepsis angebracht, ob sie „Browsing"- oder „Serendipity"-Effekte unterstützen. Zwar kommen bei ihnen gegenüber Online-Banken benutzerfreundlichere Interaktionsformen, z. B. die Verwendung der natürlichen Sprache, aber auch intelligentere Informationserarbeitungsverfahren, z. B. über Inferenzen, zum Einsatz – als Ergebnis wird aber auch hochgradig selektierte Information bereitgestellt. Durch den Einsatz pragmatischer Komponenten, wie Benutzermodelle (Kobsa/Wahlster 1988), Informationsquellenmodelle (Thost 1990) oder die Berücksichtigung von Organisationszielen, wird Information möglicherweise noch gezielter, noch gerichteter selektiert. Dies mag zuweilen erwünscht sein, kann aber auch eine Objektivität der Antwort „vortäuschen", die der häufigen Vagheit der Frage nicht angemessen ist.

Als sicherlich etwas vereinfachtes Ergebnis dieser kurzen Kritik bisheriger elektronischer Informationsdienstleistungen kann festgehalten werden, daß diese unter Isolierungs- bzw. Fragmentierungsverdacht stehen. Wissen wird nach – auf den ersten Blick hin objektiven Kriterien – selektiert und weitgehend kontextlos anonym bleibenden Benutzern (falls Benutzermodelle fehlen) bereitgestellt.

Die bisherige Diskussion zu Hypertext hat erkennen lassen, daß die oben angedeuteten Formen von „Browsing" prinzipiell in gut organisierten Hypertextbasen realisierbar sind[58]. Dafür sind aber leistungsstarke Formen der Orientierung und des Navigierens notwendig und – in weiterer Zukunft zu realisieren – auch pragmatische Komponenten bei der Benutzerführung.

2.3.2 Zur Orientierungsproblematik: „traveling in hypertext spaces"

In seiner Übersichtsdarstellung zu Hypertext von 1987 geht Conklin auch auf die Nachteile oder besser: die kritischen Probleme von Hypertext ein und stellt vor allem neben der Gefahr der kognitiven Überlast die der Desorientierung in komplexen Hypertextbasen heraus (vgl. auch Utting/Yankelovich 1989; Bern-

---

[58] Unabhängig von den methodischen Voraussetzungen zur Einlösung dieser Aussage sind unter technischer Sicht sehr schnelle Retrieval- und Anzeigemöglichkeiten als Voraussetzung für „Browsing"-Effekte unabdingbar. Verwöhnt von Zugriffszeiten auf „Videodiscs" gilt die Aussage von McAleese (1989, 7): „User have expectations that when their intellectual window is open on a particular topic they will be able to find out what they do not know ‚immediately'. "

stein 1988). Conklin sieht im wesentlichen zwei kritische Punkte (Conklin 1987, 38) [die ersten beiden in der folgenden Liste], die wir um einige weitere ergänzen wollen (vgl. Simpson 1989, 241):

– Unsicherheit, wo man sich gerade – im Verhältnis zur gesamten Information – im Hypertextnetzwerk befindet;
– Unsicherheit, wie man zu einem bestimmten Punkt kommt, von dem man annimmt, daß er im Hypertextnetzwerk existiert;
– Unsicherheit, wie man den besten Einstieg in die Hypertextbasis findet;
– Schwierigkeit, den optimalem (dem konkreten Problem und dem aktuellen Benutzer angemessenen) Pfad durch die Hypertextbasis zu finden;
– Schwierigkeit, das wiederzufinden, was man schon einmal gesehen hat, d. h. zu rekonstruieren, welche Teile der Hypertextbasis im Verlauf der Recherche bereits „besucht“ worden sind, auch zu rekonstruieren, wie man an die aktuelle Stelle gekommen ist;
– Schwierigkeit, aus einem nicht weiterführenden Bereich zu sinnvollen Stellen zurückzufinden;
– Unsicherheit, ob man am Ende einer Sitzung wirklich alles (Relevante) gesehen hat;
– Schwierigkeit, abzuschätzen, wieviel Information im näheren Kontext eines aktuellen Knoten noch vorhanden ist, d. h. wieviele Knoten noch durchzusehen sind (vgl. Utting/Yankelovich 1989, 61).

Orientierungsprobleme haben meist ihren Ursprung in einer fehlerhaften Konzeption bzw. einer unzureichenden Modellierung der betreffenden Hypertextbasis. Bisweilen werden die in diesem Zusammenhang auftretenden Entwurfsfehler mit dem bei der unkontrollierten Anwendung konventioneller Programmiersprachen bekannten Spaghetti-Syndrom verglichen: Analog zu den für einen Außenstehenden nicht mehr nachvollziehbaren Programmabläufen bei häufigem „Goto“-Einsatz liefert hier die unstrukturierte und planlose Konstruktion eines Hypertextes einen Wust aus obskuren, nur dem Autor – und selbst diesem nicht immer – einleuchtenden, weitgehend assoziativen Querbeziehungen (vgl. Fiderio 1988, 244). Das häufig zitierte Beispiel aus Conklin (1987) soll dies anschaulich machen:

Auf Modellierungs- bzw. Aufbauprobleme von ganzen Hypertextbasen, mit ihren Konsequenzen für die Orientierung, haben wir in Abschnitt 2.1 kurz hingewiesen. Orientierungsprobleme entstehen zum andern aber auch durch fehlende Systemunterstützung, wie wir sie in konventionellen Texten gewöhnt sind. Konventionelle lineare Drucktexte sind mit einer Fülle syntaktischer, semantischer und zuweilen auch pragmatischer (hier: auf spezielle Zielgruppen ausgerichteten) Orientierungshilfen durchzogen, die einem Leser sofort, aber auch nach längerer Unterbrechung der Lektüre, Anknüpfungsmöglichkeiten bieten (vgl. Abb. 2.3.2-2).

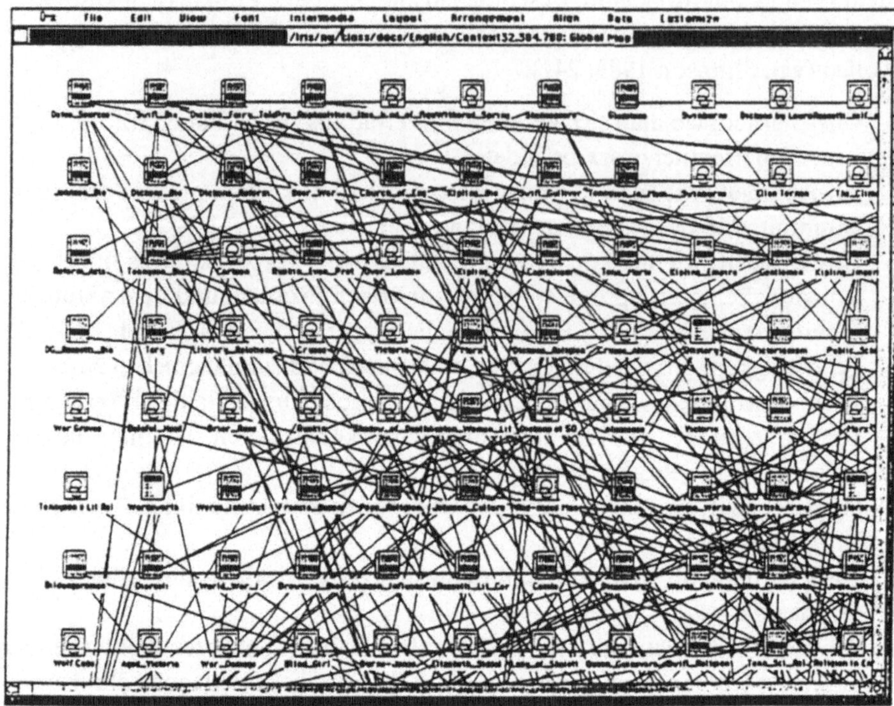

Figure 11. Tangled web of links. This experimental implementation of a global map in the Intermedia system shows the difficulty of providing users with spatial cues once a linked corpus contains more than a few dozen documents. This global map only represents about one tenth of the documents in a corpus designed for a survey of English literature course.

Abb. 2.3.2-1. „Spaghetti-Syndrom" bei unkontrolliert komplexen Hypertextbasen („tangled web of links") (aus: Conklin 1987, 39, Fig. 11; mit Genehmigung der IEEE)

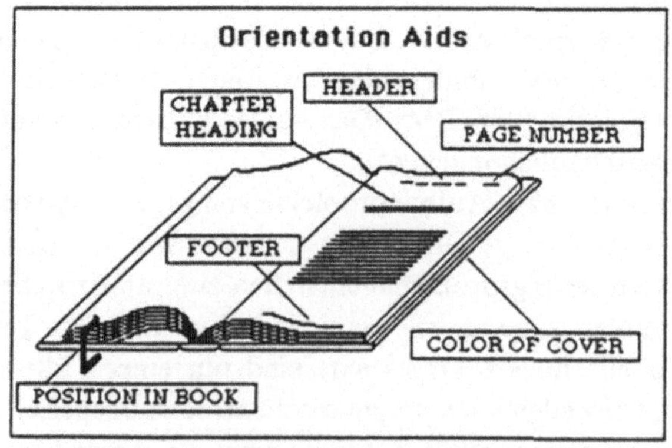

Abb. 2.3.2-2. Orientierungshilfen in linearen Texten
(aus: Bernstein 1988, 35; mit Genehmigung der ACM)

Viele dieser Hilfsmittel – insbesondere explizite Benutzeranleitungen durch die Autoren selber – fallen bei einem Hypertext fort (vgl. Fiderio 1988, 244). Stattdessen kann/muß der Leser auf jeder Bildschirmseite aus dem Angebot mehrerer Verzweigungen in andere Bereiche der Hypertextbasis selbständig eine Auswahl treffen. Die Konfrontation mit dieser neuen „Browsing"- und Navigationstechnik erfordert durchaus erhebliche Übung. Es hat sich gezeigt, daß auch erfahrenere Benutzer, zumindest bei größeren Hypertextbasen, leicht die Orientierung verlieren und selbst die Verfasser einer Hypertextbasis sich in ihrem eigenen Netz verstricken können (vgl. Harriman 1987, 16). Sich verlieren, heißt bei Hypertext in erster Linie, den räumlichen[59] und auch zeitlichen Kontext nicht mehr einschätzen zu können bzw. diesen ganz verloren zu haben. Navigations- bzw. Orientierungshilfen können also daran gemessen werden, inwieweit sie räumliche und zeitliche Kontexte rekonstruieren bzw. repräsentieren helfen können[60].

Wir wollen uns daher in den nächsten beiden Abschnitten mit Mitteln und Formen beschäftigen, die das offenbar Hypertext immanente Problem des Orientierungsverlustes mit Hilfe geeigneter Zugriffsformen und Navigationshilfen zumindest hantierbar werden lassen[61]. Eine vollständige Lösung ist weder in Sicht noch erwünscht – besteht doch bei (über)mächtigen Orientierungskomponenten die Gefahr der kognitiven Überbelastung einerseits und des Verlustes kreativem Chaos (*„Serendipity"*-Effekte) andererseits. Auch hier muß ein vernünftiger Kompromiß zwischen „laissez faire" und verplanter Gängelei gefunden werden. Einigkeit besteht in der Literatur weitgehend darüber, daß die Orientierungsteile von der Entwurfstechnik her von den informativen Teilen im engeren Sinne getrennt werden sollten (vgl. Bernstein 1988, 37). Das heißt

---

[59] Die Verwendung von „Raum" ist metaphorisch gemeint und bezieht sich auf semantische/topologische/assoziative Nähe oder Distanz verschiedener Objekte. Dies wird in der zweidimensionalen Struktur von Bildschirmoberflächen in der Regel räumlich dargestellt; vgl. Jones/Dumais (1986).

[60] In der Literatur sind bislang eher räumliche Kontexte behandelt worden. Zeitliche Kontexte, die sich in erster Linie auf bisheriges (und mit Blick auf die Dialogplanung auch zukünftiges) Dialogverhalten beziehen (vgl. Abschnitt 2.3.4), sind für die Orientierung sicherlich genauso wichtig. Jones (1987) stellt mit Hinweis auf das System „Memory Extender (ME)" die Notwendigkeit eines „context based upon a user's recent history of unit selections (and perhaps upon recent term specifications)" (a.a.O. 1111) heraus. Die Berücksichtigung der Dialoghistorie im Rückgriff auf das Reichmann'sche Konzept des „context space" ist wesentlicher Bestandteil des pragmatischen Ansatzes von Thiel (1990) bei der Darstellung des Systems TWRM-TOPOGRAPHIC (Kuhlen et al. 1989a) (vgl. Kapitel 4).

[61] Bernstein (1988, 35) weist darauf hin, daß zwar generell Desorientierung ein unerwünschtes Phänomen sei, daß es aber durchaus Anwendungssituationen gibt, in denen Orientierungsverlust bei spontanem „Browsing" durchaus akzeptabel oder sogar erwünscht sei.

natürlich nicht, daß sich Navigation nur auf die informativen Teile bezieht. Diese Form wird man als *internes Navigieren* bezeichnen, während Navigieren über die Nutzung externer Orientierungshilfen, wie Stichwort-, Inhaltsverzeichnissen, graphische Übersichten etc., als *externes Navigieren* bezeichnet werden kann.

2.3.3 Konventionelle Metainformationen als nicht-lineare Orientierungs-/Navigationsmittel

Inhaltsverzeichnisse sind klassische Mittel in linearen Texten, um Überblick und Orientierung, vor allem in längeren Texten wie Bücher, zu ermöglichen. Aufsätze enthalten nur selten Inhaltsverzeichnisse. Sie werden vom Leser über diesen Übersichtszweck hinaus benutzt, um interessierende Passagen in Texten schnell zu finden oder wiederzufinden. Inhaltsverzeichnisse sind aufgrund der direkten Einstiegsmöglichkeit als nicht-lineare Mittel anzusehen. Gleichwohl werden sie in Texten meistens linear präsentiert. Verschiedentlich wird in Büchern, zumal in sehr tief strukturierten, versucht, Inhaltsverzeichnisse dynamisch aufzubauen, z. B. am Anfang eines Buches nur bis zu zwei Hierarchiestufen anzuzeigen, bei jedem Kapitel oder Abschnitt dann entsprechend tiefer:

```
1.1
1.1
1.2----------1.2
2              1.21
2.1            1.2.2----------1.2.2
2.2                            1.2.2.1
                               1.2.2.2
```

Abb. 2.3.3-1. Hierarchische Klassifikation für ein dynamisches Inhaltsverzeichnis

Perlman (1989) hat einen entsprechenden Vorschlag gemacht, hypertextspezifische Inhaltsverzeichnisse dynamisiert, z. B. unter Verwendung des „Fischauge"-Ansatzes von Furnas (1986), zu konzipieren[62], so daß ein gerade aktueller

---

[62] Fischauge-(„fish-eye")Sichten werden allgemein verwendet, um den aktuellen oder interessierenden Kontext in allen Details, den weiteren nur auf höheren Abstraktionsstufen, d. h. unter Vernachlässigung der konkreten Einzelheiten, anzuzeigen. Das bekannteste Beispiel ist die Karikatur aus der Zeitschrift „The New Yorker", welche das „Weltbild" des New Yorkers zeigt, mit vielen Straßen aus Manhattan und Brooklyn, einigen Staaten in der Mitte und im Westen der USA und immer schwächer werdenden Andeutungen von Japan, etc.

Gliederungspunkt bis in alle Details gezeigt wird, der weitere Kontext aber nur auf höherer Hierarchiestufe vgl. Abb. 2.3.3-2. Man könnte also von dynamischen Inhaltsverzeichnissen sprechen.

```
Table of Contents ========= Line 7 of 19
Guidelines for Designing User Interface Software
  1 DATA ENTRY
  2 DATA DISPLAY
     2.0     General
     2.1     Text
       2.1/1           Conventional Text Display
       2.1/2    x      Printing Lengthy Text Displays
       2.1/3           Consistent Text Format
     2.2     Data Forms
     2.3     Tables
Text Reader ============== Line 8 of 12
2.1/2    x      Printing Lengthy Text Displays
When a user must read lengthy textual material, consider providing that
text in printed form rather than requiring the user to read it on-line.
Comment
  Reading lengthy text on an electronic display may be 20-30 percent
  slower than reading it from a printed copy.
Reference
  Gould Grischkowsky 1984
     Gould, J. D., and Grischkowsky, N. (1984).  Doing the same work with
     hard copy and with cathode-ray tube (CRT) computer terminals.  Human
     Factors, 26, 323-337.
  Muter Latremouille Treurniet Beam 1982
Alt-1 for help  Alt-10 to exit              Command: EXPAND
```

Display 2. A NaviText™ SAM fisheye view (top) with a guideline with an expanded reference (bottom pane).

Abb. 2.3.3-2. Dynamisches Inhaltsverzeichnis unter Verwendung des Fischaugenprinzips (aus: Perlman 1989, 75; mit Genehmigung der ACM)

Diese Abbildung zeigt ebenfalls den generell zutreffenden Vorteil von Hypertext, nämlich ein interessierendes Detail, hier die Zeile 2.1/2 des Inhaltsverzeichnisses, sofort expandieren und damit aus dem allgemeinen Kontext die speziellere Information ableiten zu können. Die Referenzleistung von Inhaltsverzeichnissen, die bei Texten nur durch Nachschlagen der referenzierten Stelle erreicht werden kann, kann bei Hypertext ohne Verzug abverlangt werden.

Wenn Hypertextbasen hierarchisch organisiert sind – darauf haben Simpson (1989) und Simpson/McKnight (1989/90) hingewiesen –, sind hierarchisch dargestellte Inhaltsverzeichnisse besser geeignet als bloß alphabetische Register. Zu ähnlichen Einschätzungen sind Campagnoni/Ehrlich (1989) gekommen: Sie setzen das Suchverhalten über Inhaltsverzeichnisse in Gegensatz zu mehr analytischem Suchen, z. B. über Register, und haben einige empirische Evidenz dafür gefunden, daß „Browsing"-Formen, z. B. über Inhaltsverzeichnisse und die Möglichkeit des Überfliegens thematisch zusammengehöriger Passagen, in allgemeinen Retrieval-Situationen gegenüber linearen Registern bevorzugt werden, vor allem dann, wenn diese Formen räumlich visualisiert sind. Weiterhin hat Simpson (1989) auf der Basis einiger empirischer Studien[63] Hinweise dazu geliefert, daß großes Engagement bei typographischen Verbesserungen von Übersichtsinformationen, wie Register oder Inhaltsverzeichnissen, kaum zu günstigeren Suchergebnissen führt. Allerdings hat sie klare Vorteile bei graphisch aufbereiteten Übersichtsinformationen (vor allem bei Inhaltsverzeichnissen) gegenüber textuell angeordneten festgestellt, da graphische Mittel im allgemeinen besser für die Orientierung und das Navigieren geeignet sind (vgl. Abb 2.3.3-3). Mit Hinweis auf Studien von Billingsley (1982) und Hammond/Allinson (1987) nimmt Simpson an, daß räumlich, graphisch angeordnete Information, hier in Inhaltsverzeichnissen, mnemotechnische Unterstützung leistet und helfen, interne kognitive Netze („mental maps") der durchzustöbernden Dokumente aufzubauen[64]: „the cues provided by a graphical contents list, with its use of spatial location, act as a more effective relocation cue than a textual representation of the document's structure" (Simpson 1989, 250).

In weiteren Experimenten ergab sich, daß interaktive Inhaltsverzeichnisse (Verzeichnisse, deren Einträge direkt als Verknüpfungen in Hypertexten zu manipulieren sind) gegenüber statischen sowohl die konkrete Problemlösung erleichtern als auch helfen, die erwünschten internen kognitiven Netze/Karten von Dokumenten zu erstellen.

Register sind die andere klassische Form, in linearen Texten einen gezielten Einstieg zu gewinnen. Auch sie sind in Texten weitgehend nach linearen Organisationsprinzipien aufgebaut. Für den Zugriff stützt sich der Leser auf die Information der Registereinträge ab, die in den meisten Fällen aus einfachen Nominalgruppen (in der Regel sogar nur eine Einwortgruppe) bestehen. In der Informationswissenschaft sind allerdings auch sehr aufwendige, syntaktisch und semantisch strukturierte, mehrdimensionale, systematische Registertypen entwickelt worden (vgl. Schneider 1976), z. B. das im Wirkungsbereich der British Library entwickelte PRECIS-System (vgl. Austin 1974, 1984). Register

---

[63] Versuchspersonen waren Forschungspersonal des HUSAT Forschungszentrum, UK, und Studierende des „Department of Human Sciences at Loughborough University of Technology". Ingesamt waren 24 Personen beteiligt, die zumindest etwas Erfahrung mit Macintosh-Computern hatten.

[64] In weiteren Experimenten ergab sich, daß interaktive Inhaltsverzeichnisse (Verzeichnisse, deren Einträge direkt als Verknüpfungen in Hypertexten zu manipulieren sind) gegenüber statischen sowohl die konkrete Problemlösung erleichtern als auch helfen, die erwünschten internen „mental maps" von Dokumenten aufzubauen. In Simpson/ McKnight (1989/90) finden sich weitere Hinweise zum Nutzen von navigatorischen Hilfsmitteln bei hierarchisch aufgebauten Hypertexten zum Aufbau von „mental maps". (vgl. Anm. 3 zu den hier einschlägigen Studien von Monk/Walsh/Dix 1988 und Monk 1989/90.)

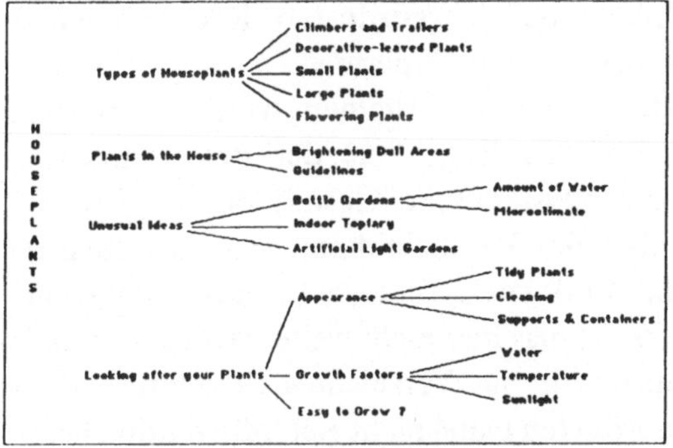

Figure 5. Textual Contents List.

Figure 6. Graphical Contents List.

Abb. 2.3.3-3. Textuelles und graphisch aufbereitetes Inhaltsverzeichnis
(aus: Simpson 1989, 245, Fig. 5 und 6; mit Genehmigung der Learned Information Ltd.)

können in der einfachsten Form mit invertierten Dateien von Dokument-Retrieval-Systemen verglichen werden. So wird z. B. in Volltextdatenbanken eine in der Regel lexikographisch (alphabetisch) geordnete Datei aus allen unterschiedlichen Textwortformen erstellt, wobei sprachliche Ausdrücke, die, wie Funktionswörter oder allgemein: nicht sinntragende Wörter, für das Retrieval ungeeignet sind, eliminiert werden. In deskriptorientierten Systemen, bei denen die Dokumente mit Hilfe eines kontrollierten Vokabulars (Thesaurus) indexiert werden (vgl. Abschnitt 2.1.2), enthält die Suchdatei entsprechend nur die Deskriptoren als Einträge. In der Praxis kommen Mischformen vor. Einige On-line-Systeme erlauben bei guter Strukturierung auch Möglichkeiten des automatischen Heraufsteigens auf die nächst höhere Hierarchiestufe im Begriffssystem bei zu geringer Trefferquote im Retrieval bzw. des automatischen Herabsteigens auf eine niedrigere Hierarchiestufe zur Präzisierung einer Suchfrage bei zu vielen Nachweisen. Ähnlich den Suchdateien beim Information Retrieval ist die Funktion von Registern oder Wortsuchdateien in Hypertexten. Sie können sämtliche Vorkommen von Wörtern aus den Hypertexteinheiten enthalten oder nur die Einträge aus den typisierten, d. h. konzeptuell-beschreibenden Teilen[65].

Frisse/Cousins (1989, 200) stellen den Status von Registern in Hypertexten sehr schön heraus: Sie ermöglichen globale Navigation in der gesamten Hypertextbasis dadurch, daß sie sozusagen „fest verdrahtete" Verknüpfungen (die oben erwähnten Metaverknüpfungen) verwirklichen. Man kann also direkt auf einschlägige Einheiten zugreifen, ohne sich erst durch längere Verknüpfungsketten über mehrere Einheiten hindurchzuarbeiten. Auch bei dem Einsatz von Registern für die Orientierung in Hypertext gilt das Grundprinzip, daß es wenig Sinn macht, herkömmliche Formen, mit denen Nicht-Linearität in lineare Texte eingezogen wird, einfach auf Hypertext zu übertragen. Die Anzeige eines alphabetisch angeordneten Registers entspricht kaum den Prinzipien des „Browsing" von Hypertext.

Bei existierenden Hypertextsystemen werden unterschiedliche Ansätze verfolgt, wie der Benutzer Zugriff zu der Registerinformation haben soll. Entweder bleibt die physikalische Gestalt des Registers für den Benutzer verborgen, oder aber der Benutzer kann sich das Register am Bildschirm anzeigen lassen und wählt entsprechende Einträge aus. Handelt es sich um ein reines Stichwortverzeichnis einer nicht weiter strukturierten Datei, braucht der Benutzer nicht Einsicht in das Verzeichnis zu nehmen, da der Kontext einer lexikographisch geordneten Datei nicht viel Information liefert[66]. Entsprechend wird das Hypertextsystem eine Suchfunktion enthalten, mit der der Benutzer, entsprechend den im Information Retrieval üblichen Gepflogenheiten, eine Frageformulierung aufbauen kann (z. B. bei HyperTIES), die mit den Volltextwörtern verglichen wird[67]. Dem Benutzer sollte die Eingabe eines Suchausdrucks dadurch erleichtert werden, daß sukzessive die graphematische Gestalt des gewünschten Wortes ergänzt wird, d. h. es sollte nur die Eingabe eindeutig diskriminierender Anfangszeichenketten nötig sein, die das System dann aus seinen Beständen ergänzt. Ebenso sollten auf Wunsch, entsprechend den Links- und Rechtstrunkierungsmöglichkeiten beim Information Retrieval, Wörter, in denen der eingegebene Ausdruck als Zeichenkette vorkommt (z. B. „Aktien" in „Industrieaktienverluste"), angezeigt werden können.

---

[65] Perlman (1989, 70f) erläutert ein Verfahren, wie aus kontrollierten und strukturierten Registern über ein „Un-Indexing"-Verfahren angereicherte Hypertextversionen von Stichwortverzeichnissen abgeleitet werden können, die für Stichwortsuchen nach dem Prinzip des „coordinate indexing" verwendet werden können.

[66] Allerdings sollte die Anzeige der gesamten Stichwortliste auf Wunsch auch möglich sein, da auch der restringiert semantische Kontext auf morphologischer Basis zuweilen sinnvolle Information liefert, z. B. welche Ausprägungen zu einer gegebenen Stammform existieren.

[67] Dabei sollten die im Information Retrieval üblichen Operatoren, logische/Boole'sche, Kontext- oder Selektionsoperatoren, angeboten werden.

Anzeigen von Registern empfehlen sich, wenn sie auf der Grundlage strukturierter und kontrollierter Vokabularien aufgebaut worden sind. Auch diese sind in der Regel nach dem ersten Ordnungskriterium lexikographisch geordnet, dann aber systematisch zusammengestellt, d. h. sie bestehen aus einem kompletten Begriffssatz, der den relationalen Kontext des Registereintrags zeigt und mit dem ein konzeptuelles „Browsing" zur Anregung gezielter Frageformulierungen möglich wird (vgl. die frühere Abbildung 2.2.2-1). Solche angezeigten Register können sich der erwähnten dynamischen oder graphisch aufbereiteten Formen bedienen. Bei hierarchischen Registern (vgl. Simpson 1989, 243) kann Dynamisierung z. B. dadurch erreicht werden, daß die Hierarchiestufe des anzuzeigenden Registers festgelegt wird. Ebenso können dann erneut Fischauge-Techniken eingesetzt werden.

Eine Anwendung der oben angedeuteten Idee des hierarchischen Wanderns beim Retrieval auf Hypertext findet sich bei Bruza/van der Weide (1990) und Bruza (1990). Sie nennen es entsprechend „query by navigation" (Bruza 1990, 111). Dort gibt es die Möglichkeit, die konzeptuelle Sicht in einem sogenannten „Hyperindex" entweder durch eine Operation „refine" spezifischer oder durch eine Operation „enlarge" genereller werden zu lassen (a.a.O., 111f)[68].

Glossare. Ein weiteres Beispiel für die Dynamisierung klassischer Informationsformen aus linearen Texten sind sogenannte dynamische Glossare. Herkömmliche Glossare dienen der terminologischen Orientierung in neuen Sachgebieten und werden in der Regel größeren Texten vor- oder nachgestellt. Bei einer terminologischen Unsicherheit während der Lektüre im Text muß der Leser seinen Kontext verlassen und im Glossar nachschauen, ob es einen betreffenden Eintrag gibt. Durch die Verknüpfungstechnik von Hypertext kann das Glossar parallel zum Text in einem gesonderten Fenster aufgerufen werden. Dabei kann eine erwünschte Dynamisierung dadurch erreicht werden, daß im Glossarfenster nur diejenigen Einträge angezeigt werden, die für die gerade aktuelle Hypertexteinheit einschlägig sind (vgl. Abb. 2.3.3-4). Mit dynamischen Glossaren wird ebenfalls ein Beitrag zur Lösung des bei größeren Hypertexten auftretenden Problems geleistet, inwieweit nämlich jedes Vorkommen einer Zeichenkette, für die im Prinzip eine Verknüpfung zu einer anderen Hypertexteinheit möglich wäre, tatsächlich zu einem im Text sichtbaren Verknüpfungsanzeiger führen soll. In dem Beispiel aus Abb. 2.3.3-4 könnte der Ausdruck „Hypertextbasis" natürlich auch als expliziter Verknüpfungsanzeiger im Text

---

[68] Bruza (1990) beschreibt detailliert, wie Hyperindices aus einfachen, dort auf der Basis intellektueller Indexierung gewonnenen Indexausdrücken aufgebaut, wie sie grafisch aufbereitet und wie sie unter Anwendung von Maßen, wie sie in der Informationswissenschaft gebräuchlich sind (Precision, Recall, Exhaustivity, Power, Predictability und Collocation), bewertet werden können.

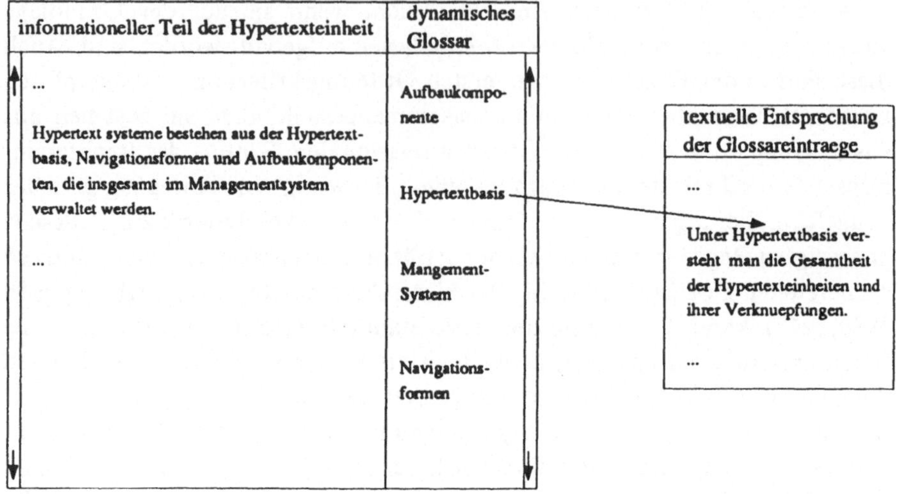

Abb. 2.3.3-4. Vorschlag für ein dynamisches Glossar

deklariert sein. Würde aber jedes Vorkommen von „Hypertextbasis" als Verknüpfungsanzeiger festgelegt, so verursacht dies einen erheblichen Syste-maufwand, vor allem aber könnte dies von Benutzen, die schon mit der Hypertextbasis vertraut sind, als aufdringlich empfunden werden. Auf der anderen Seite kann beim Design der Hypertextbasis nicht antizipiert werden, an welcher Stelle ein Benutzer den Einstieg finden wird, so daß – anders als bei einem Buch – eine anfängliche terminologische Einführung nicht ausreicht. Dynamische Glossare können daher eine wichtige Ergänzung zu den Defini-tionsverknüpfungen darstellen. Schwabe/Feijó/Krause (1990, 130f) stellen am Beispiel einer Hypertext-Anwendung aus dem technischen Normbereich ein dynamisches Glossar vor und weisen zu Recht darauf hin, daß eine solche dynamische Hypertextverknüpfung nicht, wie sonst üblich, über die Position in der jeweiligen Hypertexteinheit fest verankert ist, sondern über die Interpreta-tion des Inhalts erzeugt wird. D. h. auch bei neu eingebrachten Einheiten kann bei entsprechender Übereinstimmung von Hypertextwort und Glossareintrag die Verknüpfung automatisch aufgebaut werden.

2.3.4 Hypertextspezifische Orientierungs- und Navigationsmittel

Graphische Übersichten („Browser"). Bei graphischen Übersichten kommen Abbildungstechniken zur graphischen Darstellung der Beziehungen zwischen Hypertexteinheiten in Form einer Netz- oder Baumstruktur zum Einsatz. Über graphische Übersichten lassen sich z. B. die Informationseinheiten mit ihren hierarchischen und assoziativen Verknüpfungen zwei- oder pseudo-dreidimensional darstellen. Der Sinn graphischer Übersichten besteht darin, daß sie globale Überblicke über das Hypertextnetz gestatten. NoteCards und gIBIS sind Beispiele für Hypertextsysteme, die solche globalen Übersichten vorsehen. In beiden Systemen können die Übersichten auf verschiedenen Detaillierungsstufen eingesehen werden. Auf höheren Ebenen können einzelne Ausschnitte innerhalb dieses Netzes vergrößert werden. Durch diese Vergrößerungsmöglichkeit („Zooming") werden die Knoten und Verknüpfungen im Detail sichtbar (lokale Orientierung). Bei großen Hypertextbasen wird man allerdings nie das gesamte Netz in allen Details simultan sehen können. Bernstein (1988) kritisiert daher prinzipiell die automatische Generierung von Übersichtskarten:

„We believe it may be impossible to generate satisfactory and comprehensive maps without understanding the contents of the document. Idiomatic hypertext networks are frequently non-planar graphs, and we know of no presentation for such graphs which is aesthetically pleasing and which uses screen space efficiently" (Bernstein 1988, 38).

Sehr anschaulich zeichnen Utting/Yankelovich (1989) die zahlreichen, letzlich aber doch vergeblichen Bemühungen bei den verschiedenen Entwicklungsstadien von INTERMEDIA nach, die Idee einer globalen Übersicht, auch und gerade bei komplexen Hypertextbasen, zu retten:

„In the end, it was decided that a global map of a hypermedia network, at least in Intermedia's case, ist not feasible. A serious problem is the sheer impracticability of a global view of a dynamic read-write multiuser hypertext network that is both stable and does not require significant user effort to organize. The physical space required for such a view, the time required to update a global map as the network changes, the likelihood of related documents being placed far apart in the layout, and the lack of an objective basis for automatically positioning documents are all formidable obstacles" (Utting/Yankelovich 1989, 75f).

Abgesehen von der Schwierigkeit, für eine riesige und komplexe Hypertextbasis deren Netz zu pflegen, wird damit das Problem der Desorientierung auch nur partiell beseitigt (vgl. Conklin 1987, 39), denn die Navigation in komplexen Netzen kann leicht zu Orientierungsverlust führen. Bei dem Hypertextsystem INTERMEDIA wird dieses Problem dadurch angegangen, daß dem Benutzer nicht mehr (wie in der Anfangsphase) globale Übersichten („global maps"; vgl. Abb. 2.3.4-1) zur Verfügung gestellt werden, die im Prinzip die gesamte Verknüpfungsstruktur der Hypertextbasis zeigen, sondern nur lokale Übersichten („local maps") zu dem gerade aktuellen Dokument (Abb. 2.3.4-2) (vgl. Smith, K.E. 1988, 39). Dieses Prinzip, daß aus dem Gesamtnetz Teilnetze extrahiert werden können, sei es als Reaktion auf eine Benutzerfrage oder in Abhängigkeit von der gerade aktuellen Einheit, wenden inzwischen viele

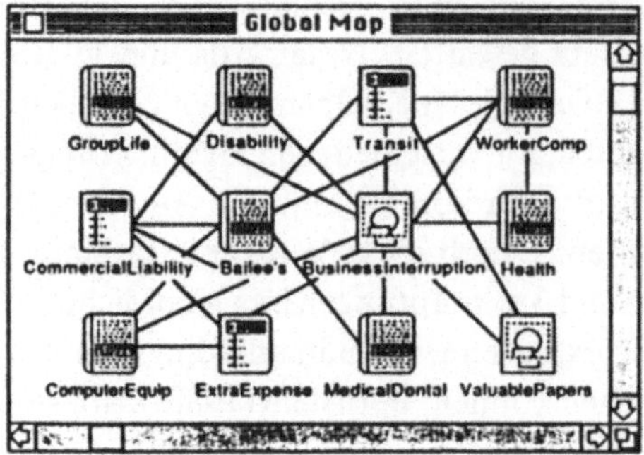

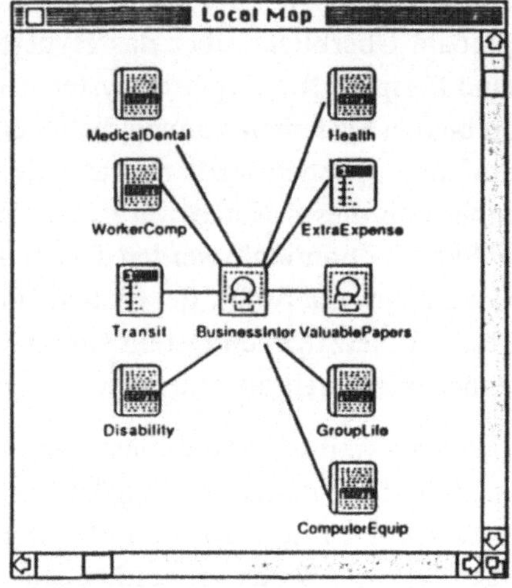

Abb. 2.3.4-1/2. Globale und lokale Übersichtskarten aus Intermedia
(aus: Utting/Yankelovich 1989, 63, Fig. 2, 3; mit Genehmigung der ACM)

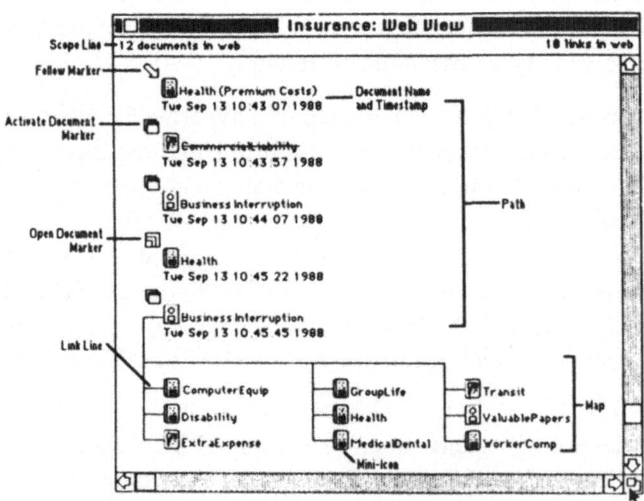

Abb. 2.3.4-3. Vernetzte Sicht („Web View")
(aus: Utting/Yankelovich 1989, 78, Fig. 12; mit Genehmigung der ACM)

Hypertextsysteme an, z. B. NoteCards, Neptune, EDS. Daraus ist auch die Idee
der vernetzten Sichten („web views") entstanden.

Vernetzte Sichten (*„web views"*). Bei der Arbeit an INTERMEDIA von IRIS ist
dem Orientierungsproblem besondere Aufmerksamkeit geschenkt worden. In
dem schließlich entwickelten Konzept der vernetzten Sichten sind wesentliche
Verfahren der Orientierung zusammengefaßt, so daß es hier zusammenhängend

dargestellt werden soll (vgl. Utting/Yankelovich 1989, 77ff). Eine vernetzte Sicht enthält im wesentlichen drei Komponenten (vgl. Abb. 2.3.4-3): Ein aktueller Pfad (*path*), eine Karte (*map*) und eine Erläuterungszeile (*scope line*).

Ein Fenster für eine vernetzte Sicht wird in INTERMEDIA eröffnet, sobald ein Dokument aktiviert wird. In dem Pfadteil wird Buch über die einzelnen Dokumente bzw. die Pfadereignisse geführt. Jedes Pfadereignis enthält Information über den Namen, die Dokumentart, über dem Benutzungszustand Zustand („offen", „gefolgt von", „aktiv") und die Benutzungszeit. Schon einmal aktive Dokumente können jederzeit wieder aktiviert werden. Der gesamte Pfad kann benutzerspezifisch abgespeichert und bei einer erneuten Sitzung aufgerufen werden. Der Verknüpfungsteil einer vernetzten Sicht entspricht in etwa einer lokalen Karte, d. h. er zeigt im Ausgang vom gerade aktuellen Dokument die Verknüpfungen zu anderen Dokumenten an. Die Bildschirmrealisierung kann dem verfügbaren Platz angepaßt, d. h. vertikal oder horizontal organisiert werden (vgl. Abb. 2.3.4-4 und 5).

In der Anzeige-Zeile wird darüber informiert, wieviele Dokumente und wieviele Verknüpfungen aktuell im Netz vorhanden sind. Erinnert man sich an

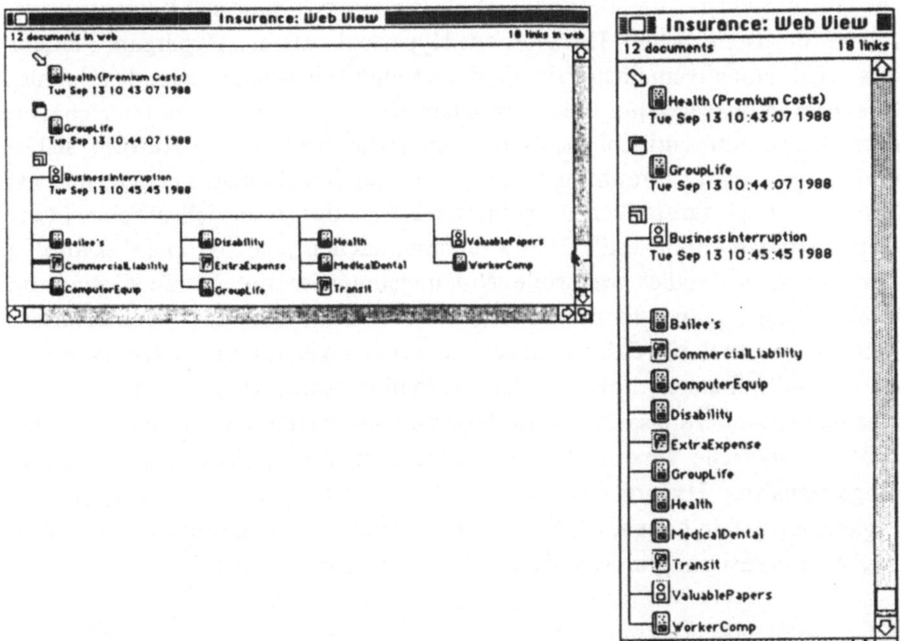

Abb. Fig. 2.3.4-4/5. Horizontal und vertikal dargestellte vernetzte Sichten
(aus: Utting/Yankelovich 1989, 79, Fig. 13, 14; mit Genehmigung der ACM)

die allgemeinen Kriterien für Orientierungsmittel (Bewahrung räumlichen und zeitlichen Kontexts), so erfüllt das Konzept der vernetzten Sichten diese weitgehend:

„The path provides temporal context, allowing the user to see how the current state of the system was arrived at and providing a convenient mechanism for retrieving documents viewed earlier.

The map provides spatial context, allowing the user to answer the question of „where can I go from here?"…

By providing context, the Web View helps to address the problem of disorientation. As in the physical world, our sense of orientation in a hypermedia web is based on knowing where we are, not only in relation to some absolute frame of reference, but also in relation to other objects. Orientation is also based on knowing, or being able to make reasonable assumptions about, how to get from one object to another" (Utting/Yankelovich 1989, 81).

Autorendefinierte Übersichtsmitte. In verschiedenen Ausführungen zu Hypertext wird empfohlen, daß Autoren beim Aufbau von Hypertextbasen unter Verwendung vorgegebener Hypertextsoftware, die über automatisch sich aufbauende Übersichtsmöglichkeiten, wie graphische Übersichten oder ähnliche Hilfsmittel zur Orientierung, nicht verfügen, sich diese selbst konstruieren sollten. Bernstein (1989), Designer des Hypertextsystems „Hypergate", erhebt dies sogar zum allgemeinen Prinzip, da automatisch sich aufbauende (globale) Übersichten, wie erwähnt, fast unmöglich zu realisieren bzw. zu überschauen seien. Diese autorendefinierten Übersichtsmittel werden von Autoren selber mittels verfügbarer Graphikprogramme (in der Regel extern) erstellt und als fertige Übersichtsgraphiken zur gesamten Basis oder zu speziellen Teilen in die Hypertextbasis importiert[69]. Diese Art der manuellen „Kartographie" erlaubt es dem Autor, zusätzlich wertvolle Nutzungshinweise mit in die Gestaltung solchen Übersichten aufzunehmen (vgl. Bernstein 1988, 39). Der Nachteil dieser Technik besteht darin, daß nachträgliche Änderungen innerhalb des Hypertextes ebenfalls manuell dokumentiert werden müssen. Und dies kann einen erheblichen Änderungsaufwand nach sich ziehen, mit der tendenziellen Gefahr, daß nicht-aktuelle Versionen weiter mitgeführt werden. Vor allem bei änderungsintensiven Hypertextbasen oder bei solchen, bei denen die „Leser" Ergänzungsrechte haben, ist dieses Verfahren kaum zu empfehlen. Dort muß eine Automatisierung in irgendeiner Form angestrebt werden.

---

[69] Ein solches Vorgehen wurde auch bei der Entwicklung des Konstanzer Hypertextsystems HEIDI auf der Basis von GUIDE gewählt; vgl. Kuhlen et al. (1989b,c).

Pfade (*„paths/trails"*)[70]. Pfade stellen einen Kompromiß dar zwischen dem vollständig freien Navigieren auf der Basis attraktiver Assoziationen und dem gezielten Retrieval entsprechend dem „Matching"-Paradigma. Sind im ersteren Fall die in der Literatur seit Conklin (1987) ausführlich beschriebenen Phänomene der Desorientierung und der kognitiven Überlast, vor allem für hypertext-unerfahrene Benutzer (vgl. Rouet 1990), kaum zu vermeiden, so setzt die exakte Suche im „Matching"-Paradigma genau das voraus, was im „Browsing"-Paradigma von Hypertext bezweifelt wird, nämlich die Fähigkeit eines Benutzers, seine Suchprobleme so exakt zu kennen und zu beschreiben, daß die Retrievalleistung nur noch in der Anpassung von Frageformulierung und systembezogener Beschreibung von Dokumenten bzw. Hypertexteinheiten besteht.

Kompromisse nehmen in der Regel nicht nur die Vorteile der jeweiligen alternativen Positionen auf, sondern auch deren Nachteile. Gute Pfade dürfen also nicht so starr sein, daß sie dem Benutzer keine Initiative mehr gestatten, sie sollen aber nicht so offen sein, daß überhaupt keine hypertext-spezifische Kohärenz mehr entstehen kann. Wir sehen mit dem Konzept der Pfade eine wesentliche Anforderung an Hypertext als erfüllbar an, nämlich sowohl aus Autoren- als auch aus Benutzersicht kohärente (also semantisch, thematisch und argumentativ stimmige) Teile von Hypertextbasen vorab zu erstellen bzw. sie zu erforschen oder sie, entsprechend aktuellen Bedürfnissen, erst zur Nutzungszeit aufzubauen. Daß die gesamte Hypertextbasis in sich nicht kohärent im texttheoretischen Sinne sein kann, leitet sich, wie wir gesehen haben, unmittelbar aus dem Hypertextkonzept insgesamt ab. Pfade können daher als die größtmöglichen kohärenten Elemente in Hypertexten angesehen werden.[71].

Zellweger, die sich in ihren Arbeiten (1988, 1989) intensiv mit den Möglichkeiten von Pfaden auseinandergesetzt hat, geht vor allem auf die beiden

---

[70] Im Englischen spricht man auch von „ordered traversal of some links in a hypertext" (Zellweger 1989,1). Seit Vannevar Bush's Ausführungen über Memex-Eigenschaften ist auch die Bezeichnung „trails" gebräuchlich. Um dies besser in die Hypertextumgebung einzubetten, wurde, anknüpfend an den „Information Mapping"-Ansatz (Horn 1989), als eines der Strukturmittel für eine Hypertextrhetorik das Konzept des „hypertrail" eingeführt: „A hypertrail is a set of links between Information Blocks, Information Maps (and any larger units in the hierarchy) that allow users to take different, yet structured paths through the document or knowledge base. A document or knowledge base may have multiple hypertrails" (Ross/Thibeau: aus den Unterlagen zu einem Tutorial anläßlich der Hypertext '89-Konferenz). Als Typen von „hypertrails" wurden angeführt: Prerequisite, Classification, Chronological, Geographic, Project, Structure, Decision, Definition, Example.

[71] Zu Recht diskutieren auch Marshall/Irish (1989) am Beispiel von NoteCards Pfade bzw. dort „guided tours", unter dem Gesichtspunkt der Rekonstruktion von Kohärenz, Kontext und Referenz.

Aspekte der Erstellung von Pfaden durch Autoren und der Abarbeitung von Pfaden durch Benutzer ein (Zellweger 1989, 2). Entsprechend unserem in Abschnitt 1.4 formulierten pragmatischen Primat auch an Hypertextsysteme sehen wir es darüberhinaus als eine wesentliche und nötige Systemleistung an, aus der Dialogsituation und der Interpretation verfügbarer individueller (oder stereotyper) Benutzermodelle zur „Lese"zeit aktuelle, temporäre (oder auch dauerhaft speicherbare) Pfade aus dem vorhandenen Material aufzubauen und anzubieten[72]. Pfade sollten also nicht nur vorgegebene, wenn auch in sich flexible Systemangebote darstellen, sondern auch variable, flexible Systemleistungen. Dies setzt natürlich eine entsprechend reiche semantische und pragmatische Ausstattung bei der Beschreibung von Hypertexteinheiten und Verknüpfungen voraus (vgl. Kap. 4), aus denen die jeweils aktuellen Pfade abgeleitet werden können.

Zellweger (1989)[73] unterscheidet drei Haupttypen von Pfaden:

– sequentielle Pfade als geordnete Reihenfolge oder als ungeordnete thematisch zusammengehörige Zusammenstellung;
– verzweigende Pfade, bei denen der Benutzer selber bei der Auswahl der Verzweigungsmöglichkeiten entscheiden muß;
– bedingte Pfade, bei denen das System auf der Basis von Tests, die der Autor vorgesehen hat, entscheidet, welche Richtung das System nach der Antwort des Benutzers einschlagen soll.

Vor allem die bedingten, eher als interaktive Programme interpretierbaren Pfade sind wegen ihrer reichen Möglichkeiten zur Einlösung des pragmatischen Primats attraktiv[74]. Zellweger (1989) unterscheidet hier die folgenden Typen:

– prozedurale Pfade, wobei ein Pfad als Eintrag eines anderen Pfades verwendet werden kann dadurch kann Modularität bzw. die Mehrfachverwendung von Pfaden unterstützt werden;
– programmierbare Pfade, mit denen z. B. Variablenwerte zur Steuerung von „indexed loops" oder sonstige Information für eine weitere Verwendung gespeichert werden können;

---

[72] Möglicherweise könnten die von uns geforderten pragmatischen Pfade unter die „conditional paths" von Zellweger (1989, 2ff) subsumiert werden.

[73] Das von Zellweger (1989) beschriebene „Scripted Documents"-System radikalisiert die Idee der Pfade derart, daß es in diesem Hypertextsystem keine „normalen" Verknüpfungen mehr gibt, sondern lediglich Pfade, die dort in der Form von Skripts organisiert sind. Die Verwendung der Bezeichnung „Skript" steht durchaus in Einklang mit dem in der Künstlichen Intelligenz verwendeten Skript-Begriff, mit dem die Abfolge verschiedener Ereignisse/Vorgänge quasi durch einen Makro-„Frame" geregelt wird.

[74] Vgl. auch die in Abschnitt 2.2.4 (Anmerkung 45) behandelten Zulieferverknüpfungen („warm/live linking").

- variable Pfade mit variablen Verknüpfungen, in denen der jeweils nächste Eintrag dynamisch untergebracht werden kann, so daß er, z. B. durch Berechnungen aus einem früheren Eintrag, angestoßen werden kann;
- parallele Pfade, die synchronisiert mit anderen Pfaden abgearbeitet werden können.

Pfade können verschieden dargestellt werden. Die Abbildung 2.3.4-6 aus Zellweger (1989) zeigt drei verschiedene Möglichkeiten der Darstellung jeweils sequentieller und bedingter Pfade:

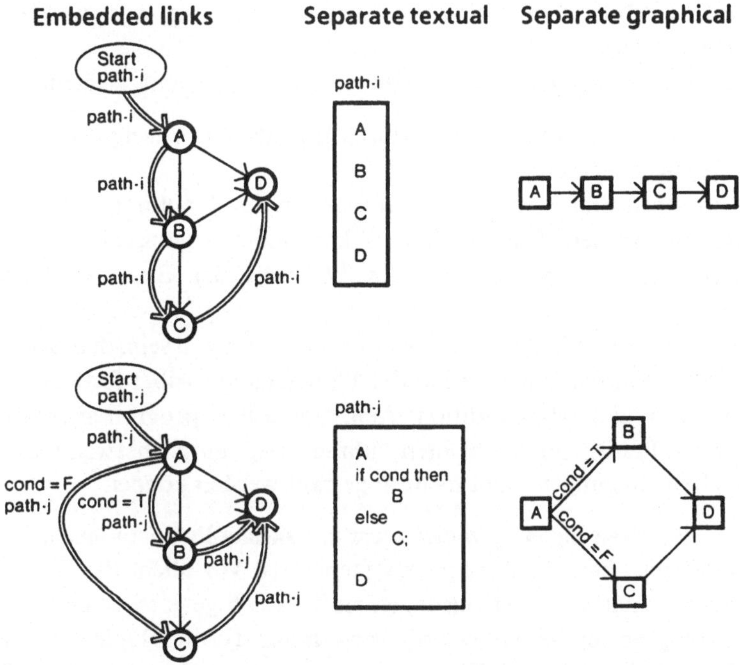

Figure 1. Alternative path representations. Three different representations of paths are shown for linear (top) and conditional (bottom) paths. On the left, circles represent hypertext nodes, while double-line arrows represent path links embedded in the hypertext network.

Abb. 2.3.4-6. Darstellung von Pfaden
(aus: Zellweger 1989, 5, Fig. 1; mit Genehmigung der ACM)

Konsistenzprobleme treten beim Editieren von Pfaden dadurch auf, daß nach dem Löschen von Einträgen oder ganzer Einheiten Verknüpfungen, die im Pfad ursprünglich vorgegeben waren, später nicht mehr eingelöst werden können. Semantische Inkonsistenzen können aber auch dadurch entstehen, daß durch Hinzufügen neuer Information in einen schon bestehenden Eintrag die thematischen Schwerpunkte so verändert werden, daß die Zuordnung zum Pfad nicht länger begründet ist.

Pfade sind, wie erwähnt, in erster Linie Hilfsmittel zur Orientierung. Um sie nutzen zu können, muß dem Benutzer jeweils durch geeignete Mittel angezeigt werden, daß sich in der gerade aktuellen Umgebung Start- oder Kreuzungspunkte von Pfaden befinden (lokale Kennzeichnung). Ebenfalls sind Gesamtverzeichnisse schon eingerichteter Pfade zweckmäßig, falls der Benutzer sich von Anfang an der Leitung durch Pfade anvertrauen will (globale Kennzeichnung). Darüberhinaus können zur inhaltlichen Beschreibung von Pfaden, die ja als größere kohärente Hypertexteinheiten angesehen werden können, die Techniken der Indexierung und der Zusammenfassung (vgl. Abschnitt 2.1) verwendet werden.

Bei der Abarbeitung von Pfaden können drei Formen unterschieden werden:

a) Pfade können Schritt für Schritt durch Eingabe eines geeigneten Kommandos abgearbeitet werden.

b) Die einzelnen Einheiten von Pfaden können durch automatische Kontrolle präsentiert werden (Dias-Vorführeffekt), wobei es wünschenswert ist, daß Benutzer die Geschwindigkeit des Wechsels der Einheiten bestimmen können.

c) Unter bestimmten Bedingungen kann es auch sinnvoll sein, daß Benutzer die Reihenfolge in der Präsentation der Pfadelemente selber festlegen[75]. Allerdings kann dies bei konditionierten, vor allem programmierbaren und variablen Pfaden zu Problemen führen, weil möglicherweise Ein- oder Ausgabebedingungen nicht mehr abgefragt werden können.

Geführte Unterweisungen (*„guided tours"*), On-line-Präsentationen. Von den vielen Pfadangeboten bei Hypertextsystemen ist vor allem das Konzept der kontrolliert geführten Unterweisungen einflußreich geworden. Dafür hat sich in Anlehnung an die bei NoteCards verwendete Terminologie der Ausdruck „guided tour" eingebürgert. Wir verwenden bei der folgenden Darstellung in diesem Fall die englische Bezeichnung. „Guided tours" sind vor allem zur Unterstützung ungeübter Nutzer, bevorzugt in Lernumgebungen, aber auch allgemein zur Orientierung in komplexen Hypertextbasen nützlich. Auch bei „guided tours" werden die Benutzer des Systems, wie bei allen Pfaden, durch einschlägige, kohärente Teilbereiche der Hypertextbasis geleitet. Die besondere Kunst beim Aufbau von „guided tours" besteht nach Zellweger (1989) darin, Anweisungen (bei NoteCards in der Form von Skripts) zu schreiben, die nicht,

---

[75] Das vollkommen freie „Browsing" in einem Pfad, also das „beliebige" Hin- und Herspringen in den Einheiten eines Pfades, rechnet Zellweger (1989) nicht zu den Pfad-Mechanismen, da damit der eigentliche Sinn von Pfaden – nämlich die kontrollierte Führung – aufgehoben würde.

wie bei Techniken der programmierten Unterweisung, deterministische Pfade festlegen, sondern solche, bei denen die Folgen von Verknüpfungen nicht-linear bleiben. Darüberhinaus sollte es an jeder Stelle möglich sein, die Vorgaben der „guided tours" zu verlassen. Wir gehen im folgenden noch näher auf das in NoteCards realisierte Konzept der „guided tour" in der Darstellung von Marshall/Irish (1989) näher ein.

Marshall/Irish (1989) weisen daraufhin, daß „guided tours" speziell dafür geeignet sind, die Kommunikation zwischen Autoren und (zukünftigen) Lesern zu erleichtern. Über entsprechende Mittel können für Autor und Leser die einschlägigen (Teil)Strukturen eines NoteCards-Netzwerkes angezeigt werden. Die Abbildung 2.3.4-7 zeigt die allgemeine Struktur einer „guided tour".

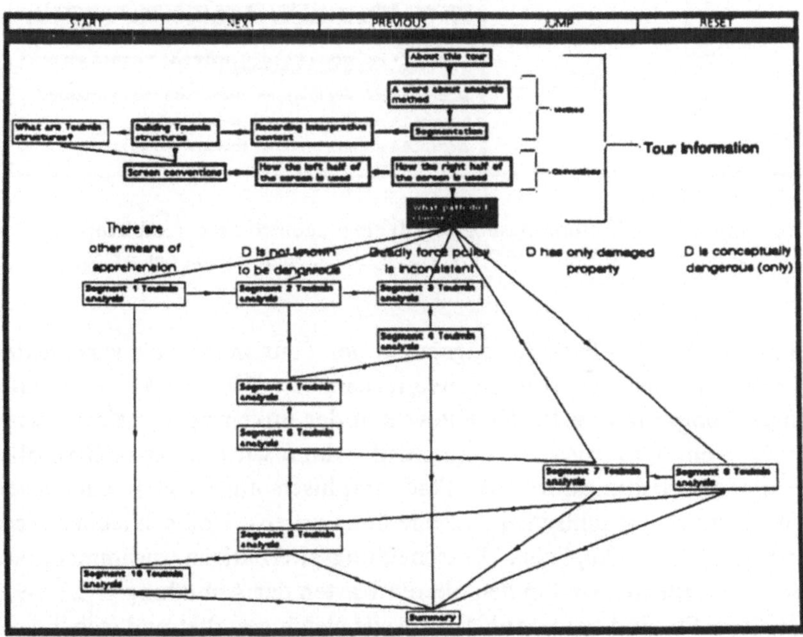

Abb. 2.3.4-7. Beispiel einer „guided-tour"
(aus: Marshall/Irish 1989, 17, Fig. 1; mit Genehmigung der ACM)

Der Autor baut die „guided tour" als einen Graphen auf, in dem spezielle Haltepunkte an signifikanten Stellen eingebaut werden können. Dafür steht ihm ein besonderer Editor zur Verfügung. Die Haltepunkte werden vom Autor durch Überschriften (sogenannte „tabletops") gekennzeichnet. Diese sollten sprachlich und graphisch attraktiv und informativ gestaltet, jedoch knapp gehalten sein (weitgehend im Stil einer Kapitelüberschrift bzw. eines Titels). Ein Beispiel für eine Überschrift für den Anfangshaltepunkt „Einführung" ist in der Abbildung 2.3.4-8 (in der oberen Karte: „which path to choose") wiedergege-

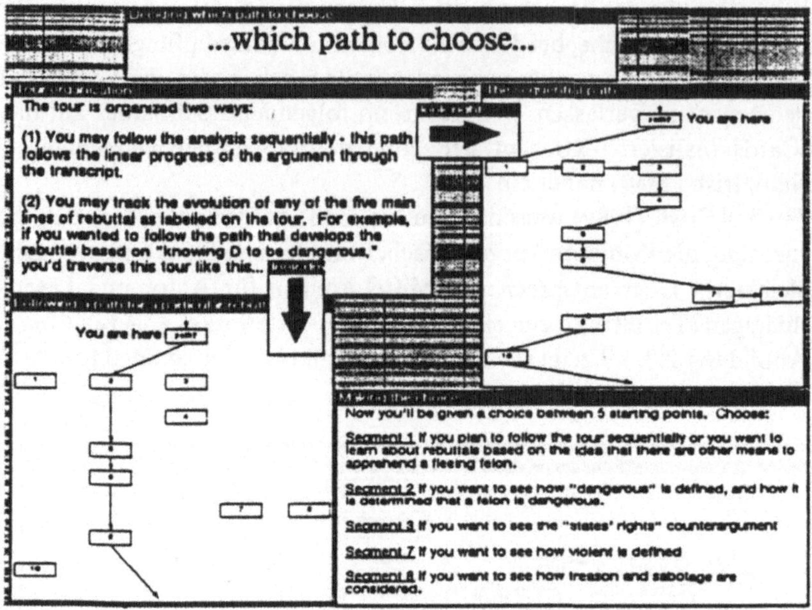

Abb. 2.3.4-8. Einführungsüberschrift einer „guided tour" („tabletop")
(aus: Marshall/Irish 1989, 21, Fig. 4; mit Genehmigung der ACM)

ben. In diesem Halte- bzw. Anfangspunkt der Tour werden die verschiedenen Möglichkeiten, sich der Tour anzuvertrauen bzw. Überblicke zu gewinnen, einführend dargestellt, z. B. der Hinweis in der linken oberen Karte, wie die Tour allgemein organisiert ist: sequentiell – dann wird in der rechten oberen Karte die Abarbeitungsform als Pfad graphisch angezeigt – oder selektiv (entsprechend der graphischen Anzeige links unten). Und schließlich werden rechts unten die anfänglichen Entscheidungsalternativen zusammengestellt. Andere Überschriften sind in den oberen Karten der Abbildungen 2.3.4-9 und 10 enthalten. Sie sind typographisch jeweils gleich gestaltet und stehen jeweils auch an der gleichen Position.

„Guided tours" werden nicht „abgespult" und sind auch nicht aus ihren informativen Teilen her selbsterklärend, sondern enthalten, wie wir in Abbildung 2.3.4-8 schon gesehen haben, eine Vielzahl von Metainformationen, die also dazu dienen, dem Leser die Struktur und die Wahlmöglichkeiten einsichtig zu machen. Der Vorteil der dadurch erreichten Orientierung muß allerdings möglicherweise um den Preis einer Systemdominanz (Gefahr der Überlast) erkauft werden. Metainformationen entsprechen in gewisser Hinsicht den in den Abschnitten 1.1 und 1.3 erwähnten kohäsiven Funktionen sie stellen den syntaktischen und semantischen Zusammenhang zwischen den tendenziell atomisierten Karteneinheiten her. In syntaktischer Hinsicht werden Abfolgen

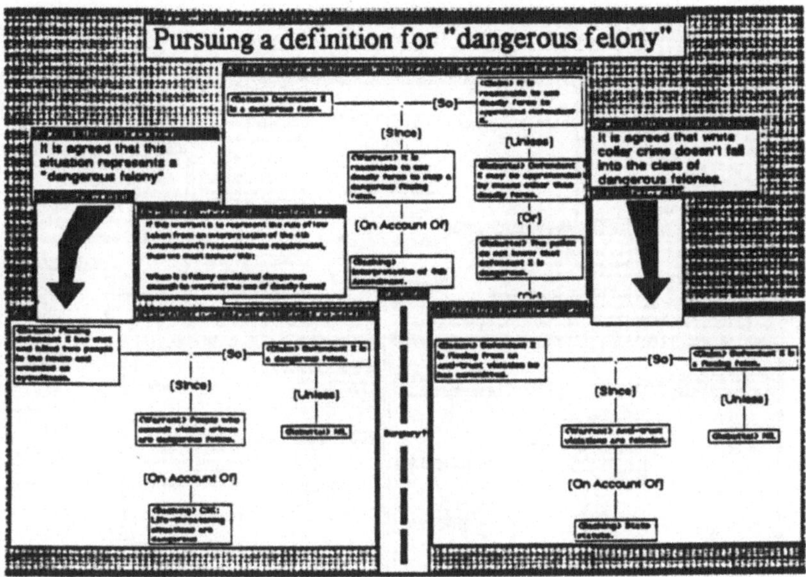

Figure 5. Use of persistent cards and gestures - part 1.

Abb. 2.3.4-9. Verwendung von Orientierungspfeilen
(aus: Marshall/Irish 1989, 23, Fig. 5; mit Genehmigung der ACM)

geregelt bzw. vorgeschlagen, in semantisch-argumentativer Hinsicht werden die
einzelnen Einheiten in größere Sinnzusammenhänge gestellt. Die Metainformationen in „guided tours" sind damit ein Beispiel dafür, wie Kontext und
Kohärenz in an sich kontextlosen Umgebungen rekonstruiert werden können.
Die angebotenen Möglichkeiten sind z. B. (graphische oder tabellarische) Tour-
Übersichten, Leseanweisungen („look down", „look up") oder kurze indikative
Übersichten, was der nächste Haltepunkt bringen kann. In NoteCards werden
vor allem Pfeil-Metaphern eingesetzt, um Referenzierungen zwischen unterschiedlichen Karten-Typen zu erreichen, z. B. zwischen Text und Graphik,
zwischen Metainformationen und (eigentlichen) Informationen oder zwischen
gleichen Kartentypen (auch von Metainformation zu Metainformation). Beispiele für die Verwendung von Pfeilen finden sich in der Abbildung 2.3.4-9
und 10.

NoteCards verwendet auch sonst weitgehend oberflächenorientierte graphische Hilfsmittel zur Rekonstruktion von Kohärenz bzw. argumentativen
thematischen Zusammenhängen. In den Abbildungen 2.3.4-9 und 10 wird zum
einen die Technik der „persistent cards" verwendet, zum andern die Technik der
„persistent gestures". Im ersten Fall soll die *thematische Kontinuität* in der
Abfolge einer „guided tour" durch identisches (oder weitgehend identisches)

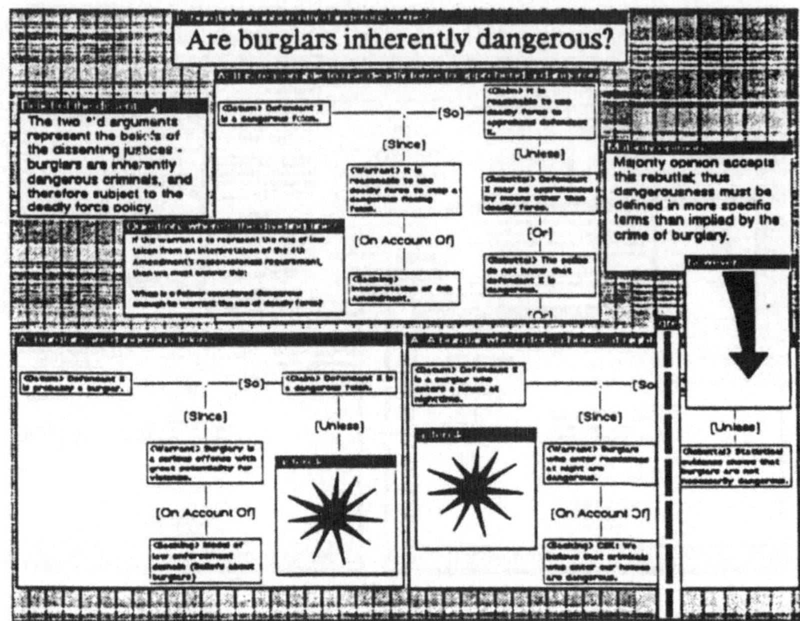

Figure 6. Use of persistent cards and gestures - part 2.

Abb. 2.3.4-10. Konsistenz von Karten
(aus: Marshall/Irish 1989, Fig. 6; mit Genehmigung der ACM)

Bildschirmdesign angedeutet werden. So bleibt die Struktur aus Fig. 5 (Abb. 2.3.4-9), wo es zunächst allgemein um die Definition von „dangerous felony" geht, in Fig. 6 (2.3.4-10) erhalten, da in beiden das Hauptthema konstant bleibt und lediglich ein konkretes Beispiel ausgeführt wird. „Persistent gestures" werden als Stilmittel und Strukturierungshilfen ebenfalls in diesen beiden Abschnitten eingesetzt. Die positiven und negativen Argumente werden durch die mit „grey arc" gekennzeichneten Karten getrennt. In Fig. 6 (2.3.4-10) wird so deutlich, daß sich die Mehrheit der Argumente auf die linke Seite konzentriert.

Aus textlinguistischer Sicht mag man versucht sein, die verwendeten Mittel als Tricks und unzulängliche Surrogate einzuschätzen. Sie sind in der Tat weitgehend formal und oberflächenorientiert, d. h. leisten keinerlei Interpretationen der Inhalte, und müssen zudem intellektuell von den Autoren der Hypertextbasis erstellt werden. Sie sind also weitgehend vorgegeben. Es ist aber, wie wir gesehen haben, in Hypertext allgemein außerordentlich schwierig, Kohärenz und Kontext stabil zu halten, da der Zugang zu Hypertext systematisch interaktiv ist und es dem Nutzer letzlich überlassen bleibt, welche (auch der angebotenen) Richtung(en) er einschlagen will bzw. wieviele Fenster bzw. Karten in NoteCards er parallel offen halten will. Der Versuch, durch eine Vielzahl von Metainformationen Strukturen und Entscheidungssituationen

durchsichtig zu machen, kann bezüglich seiner Akzeptanz oder seiner Zurückweisung noch nicht eingeschätzt werden, da noch zu wenig „Lese"erfahrung mit
diesen Mitteln vorliegt. Man kann also noch keine gesicherten Aussagen
darüber machen, in welchem Ausmaß Benutzer bereit und in der Lage sind,
Pfaden oder „guided tours" zu folgen, die in hohem Ausmaß Hilfsmittel zur
Steuerung und Anleitung verlangen. Zweifelsfrei ist aber schon jetzt, daß bei
diesem von NoteCards verwendeten Ansatz ein sorgfältiges und aufwendiges
„Bildschirm-Management" auf der Grundlage ergonomischer Entwurfstechni-
ken erforderlich ist.

Die Abbildung 2.3.4-11 gibt ein Beispiel für dieses Management, das zu der
einen Informationskarte (links unten) weitgehend Metainformationen enthält,
auch die Möglichkeit, in Ergänzung zum Hypertextpfad links, auf der rechten
Seite einen Nebenpfad einzuschlagen (Abb. 2.3.4-11).

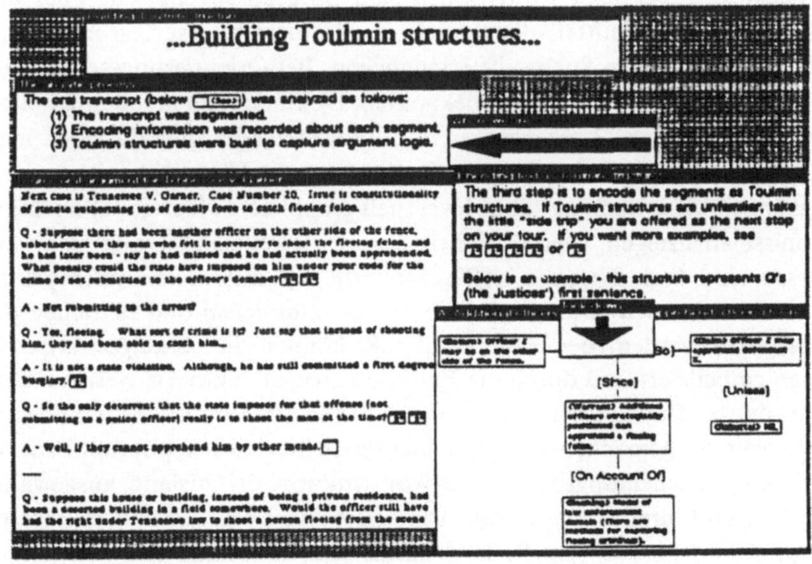

Figure 7. Encouraging readers to explore the network.

Abb. 2.3.4-11. Bildschirm-Management
(aus: Marshall/Irish 1989, Fig. 7; mit Genehmigung der ACM)

Die Gefahr des Verlust des Kontexts durch zu viele Karten oder des
Orientierungsverlustes bei solchen Mehrfachverzweigungsangeboten, durch die
der ursprüngliche Pfad auch leicht rein physikalisch verdeckt wird, ist fast
schon vorprogrammiert, obgleich sie ja gerade zur Erhaltung von Kontext und
der Orientierung entworfen worden sind. Die Entwickler von NoteCards sehen
selber die kritischen Punkte bei den pfadorientierten Ansätzen zur Überwin-

dung der Hypertext anhängenden Atomisierungsgefahr. Zukünftige Architekten von Hypertextsystemen können von diesen Erfahrungen lernen. Auch in NoteCards wird an den „guided tours" weitergearbeitet. Marshall/Irish (1989) stellen dafür die folgenden Punkte zusammen, durch die die bisherigen Leistungen verbessert werden können:

- annotated graphical overviews;
- tour stops that explicate layout conventions;
- integrating expository text with other types of metainformation;
- context-sensitive reference;
- persistent gestures and cards;
- tools to support activities from other disciplines;
- examples of successful presentation strategies.

„Backtrack"-Funktionen, Dialoghistorien, retrospektive graphische (individuelle) Übersichten. „Backtrack"-Funktionen sind programmtechnische oder autorenspezifische Hilfsmittel, die dem Leser das schrittweise Zurückverfolgen eines eingeschlagenen Suchwegs ermöglichen. Bei Orientierungsschwierigkeiten oder -verlust kann so zu bekannten Dokumentteilen oder ganz zum Ausgangspunkt zurückgekehrt werden. Ein weiteres Beispiel für einen hypertextspezifischen Mehrwert bei der Benutzung von Übersichtsmitteln ist die Möglichkeit, dem Benutzer über (eventuell graphisch aufbereitete) Dialogverzeichnisse anzuzeigen, welche Einheiten in der jeweiligen Sitzung schon aktiv gewesen sind (vgl. Simpson 1989, 246, Fig. 7). Mit diesen retrospektiven Übersichten können ebenfalls Probleme des räumlichen und zeitlichen Kontextes gelöst werden. Bei HyperCard z. B. können die 42 zuletzt angesehen Karten gespeichert und durch die Funktion „recent" aktiviert werden. Natürlich kann die Detailinformation von 42 Bildschirmen auf einem Bildschirm nicht mehr ausgemacht werden, jedoch erleichtert das typographische und graphische Erscheinungsbild die Rekonstruktion der bislang ausgewählten Einheiten und ihrer Abfolge (vgl. Abb. 2.3.4-12). Diese Art der Rekonstruktion appelliert an das visuelle Gedächtnis von Benutzern, die vielleicht den Namen der Karte nicht mehr wissen, sich aber doch an das grobe Aussehen erinnern.

Bei dem Hypertextsystem „EDS" wird dieses Verfahren noch mit Zeitinformation (über eine „timeline") gekoppelt, d. h. es wird auch durch Mehrfachanzeige visualisiert, wie oft Einheiten angeschaut worden sind. Die räumlichen und zeitlichen Merkmal können in einem Verzeichnis der Dialoggeschichte („historical list") angeschaut werden. Dieses Verzeichnis kann simultan mit dem aktuellen Navigieren im Netz der Hypertextbasis angeschaut werden, wobei die Nutzer die Liste beliebig kommentieren und sich auch aus dem Angebot des Verzeichnisses eine eigene kleine graphische Übersicht zur leichteren Rekonstruktion der Dialoghistorie aufbauen können. Auch bei NoteCards gibt es

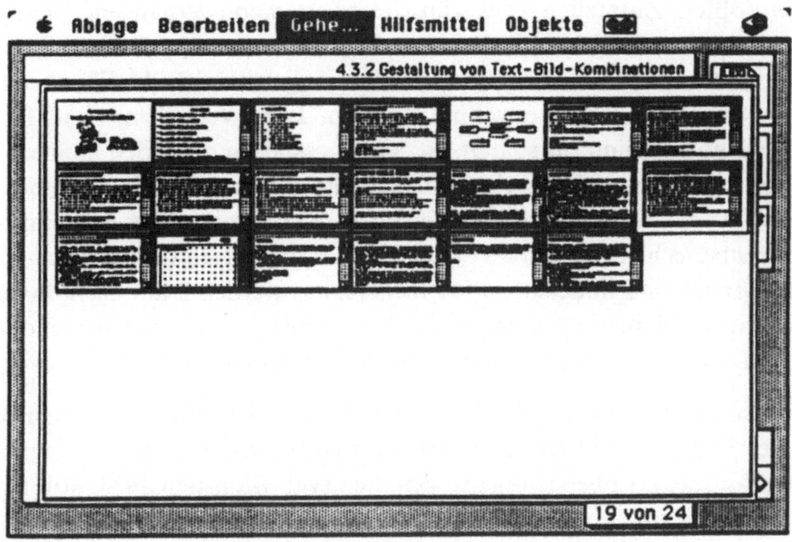

Abb. 2.4: Retrospektiver Browser in Hypercard

Abb. 2.3.4-12. Retrospektive Übersicht (aus: Haertwig et al. 1990)

mit ähnlicher Funktion die Möglichkeit sogenannter „History Lists" (Foss 1988; vgl. Utting/Yankelovich 1989, 71f). Diese zeigen an, welche Karte während einer Sitzung schon angeschaut worden ist. Diese Verzeichnisse, die von Benutzern annotiert werden können, sind während des „Browsing" in einem separaten Fenster zugänglich. Zu jedem Eintrag kann eine kleine graphische Übersicht, ein „Mini-Browser", aktiviert werden, der den aktuellen Kontext der selektierten Einheit anzeigt, wobei zusätzlich gekennzeichnet wird, ob in diesem angezeigten Kontext schon einmal eine Einheit eingesehen worden ist[76].

Als Alternative zu diesem Dialogverzeichnis, die linear angeordnet ist, gibt es noch einen Dialogbaum („history tree"), der die schon beschrittenen Pfade hierarchisch nachzeichnet. Walker (1988a,b) verallgemeinert die Nutzung von Dialoghistorien dahingehend, daß Dialogsequenzen grundsätzlich wiederhol-

---

[76] Aus ähnlichen Gründen, vor allem mit Blick auf die direkte Navigation, hat Monk (1989/ 90) die Einrichtung von persönlichen Übersichten vorgeschlagen: „Much of the material displayed in a browser, map or index is not relevant to the purpose of directed navigation. By definition, the locations sought must be familiar to the user. Thus, for example, any locations which have not been visited need not be displayed. This analysis suggests the possible utility for small personalized index. The user chooses which sections are referenced and the names given to describe them. This can be thought of as a <personal browser>" (a.a.O. 23). Ein Beispiel hierfür wird in Fig. 1. 24 gegeben.

bar sein sollten. Zusätzlich ist es wünschenswert, wenn vergangene Dialogabläufe editiert werden können, damit sie in modifizierter (verbesserter) Form erneut genutzt werden können. Dies ist z. B. möglich bei TEXTNET, aber auch bei NoteCards, wo beide erwähnte Formen, Liste/Verzeichnis und Baum, editiert (annotiert) und für spätere Sitzungen gespeichert werden können. Die Funktionalität dieser aufbewahrten Dialoghistorien nähert sich dann der der Pfade an. Auch Dialoghistorien stellen größere kohärente Hypertexteinheiten dar, die entsprechend inhaltlich beschrieben (indexiert und zusammengefaßt) werden können und in denen gezielt recherchiert werden kann. Sie können in kommerziellen Hypertextsystemen, vergleichbar Pfaden, als kompetent durchgeführte Dialoge zu bestimmten Themen mitangeboten werden[77].

Leserdefinierte Fixpunkte (*„book marks"*). Mit selbstdefinierten Fixpunkten kann der Leser ein komplexes Hypertextdokument für seinen persönlichen Informationsbedarf übersichtlicher gestalten (vgl. Bernstein 1988, 40). Dabei markiert er die für ihn wichtigen Stellen mit einem „elektronischen Lesezeichen" und kann bei Orientierungsverlust jederzeit zu den definierten Fixpunkten zurückgelangen. Eine andere Möglichkeit ist für Leser durch Notizen, sogenannte „margin notes", gegeben, mit denen Anmerkungen, aber auch Orientierungshilfen, benutzerindividuell angebracht und ebenso durch Öffnen eines Fensters gelesen werden können. Andere Leser werden dadurch nicht gestört, da in der Hypertexteinheit selber nur eine (eventuell benutzerspezifische) Anzeige zu der Notiz vermerkt ist. Diese Notizen sind in der Funktionalität den in Abschnitt 2.2 besprochenen Annotationen ähnlich, dienen hier aber speziell der Orientierung.

Autorendefinierte Wegweiser (*„thumb tabs"*). Wegweiser können auch von Autoren als Fixpunkte eingesetzt werden, um Information zu kennzeichnen, die für alle Leser relevant sind (vgl. Bernstein 1988, 40). Durch Anwählen dieser Punkte können die Leser von jeder Stelle innerhalb des Hypertextes zu wichtigen Positionen gelangen oder, bei Orientierungsverlust, auf bekanntes Territorium zurückkehren.

Markierung gelesener Bereiche (*„breadcrumbs"*). In manchen Hypertextsystemen, z. B. Hypergate, werden Textbereiche, Bildschirmseiten oder die Ausgangspunkte einer Verknüpfung (die Verknüpfungsanzeiger), die der Benutzer schon gelesen oder verwendet hat, automatisch gekennzeichnet (Bernstein 1988, 43). Ein unfreiwilliges wiederholtes Ansteuern von Hypertextknoten läßt sich dadurch weitgehend vermeiden.

---

[77] Ähnliches hatte auch schon Bush bei seinem Memex-System im Sinn, wenn er die Weitergabe von „trails" an Freunde und Kollegen in Aussicht stellte.

Abb. 2.3.4-13. „Überorientierung"
(aus: Horn 1989, 156; mit Genehmigung der Information Mapping, Inc.)

Schlußbemerkung: Wir haben es bei der Diskussion der Systemleistungen von NoteCards bezüglich Orientierungs- und Navigationshilfen schon kurz erwähnt: Ein Großteil der gegenwärtig eingesetzten Formen stützt sich auf intellektuelle Vorleistungen der Hypertextingenieure, die häufig eher auf spontanen Einfällen als auf systematischen Untersuchungen beruhen, und auf graphikorientierte Darstellungsformen ab. Wir sind erst am Anfang des Umgangs mit konsequent ausgenutzten nicht-linearen Formen der Darstellung von Wissen und der Erarbeitung von Information und können noch nicht abschätzen, welche Strukturierungshilfen über die in Texten gewohnten hinaus akzeptiert werden und welche tatsächlich zu informationellen Mehrwerten und Hypertextkohärenzen führen werden. So eindrucksvoll und auf hohem Konstruktionsniveau stehend die vorgelegten Lösungsvorschläge zuweilen auch schon sind, bislang fehlen vor allem durchgängig pragmatisch konzipierte Navigationsformen, die individuelle Nutzungssituationen flexibel berücksichtigen können. Wir werden ansatzweise in Kapitel 4 darauf eingehen. Aber auch die bislang erarbeiteten Formen lassen deutlich erkennen, daß die Hypertextmethodologie keineswegs darauf abzielt, atomisierte Einheiten in Hypertextbasen, verknüpft über assoziative Beziehungen, zusammenzustellen. Die Notwendigkeit der Orientierung und der Navigationshilfen ist erkannt. Die Forschung wird sich darauf konzentrieren müssen, herauszuarbeiten, welche Formen für welche Zwecke in welchen Situationen geeignet sind. Eine Überangebot an Orientierungshilfen verkehrt, wie man aus theoretischen Arbeiten zur Überinformation lernen kann und wie es aus der Karikatur von Horn (1989) deutlich wird, die Absicht leicht genau ins Gegenteil.

2.4 Aufbau von Hypertexten aus Texten

Zusammenfassung: Dieser Abschnitt behandelt die Probleme der Konversion von Texten in Hypertextbasen, die zur Zeit weitgehend auf intellektuell-manueller Basis geschieht, zum Teil auch maschinengestützt, in erster Linie durch Ausnutzen formaler Merkmale von Texten, kaum voll-automatisch. Es wird die These ausgeführt, daß durch die Konversion textuelle Strukturen nicht imitiert, sondern hypertextspezifische Möglichkeiten konstruiert werden sollten. Es wird versucht, Kriterien für hypertextgeeignete und -problematische Textsorten herauszuarbeiten.

Kurzhinweise auf Literatur: Bernstein (1990); Cooke/Williams (1989); Frisse (1988); Glushko (1989); Marchionini (1989); McKnight/Richardson/Dillon (1988); Raymond/ Tompa (1988); Perlman (1989); Simpson (1988); Stotts/Furuta (1990); Walker (1988a,b); Wilson (1990)

2.4.1 Konversion – nicht Imitation, sondern Rekonstruktion

Konversion, wie auch immer sie bewerkstelligt wird, sollte nicht auf eine Imitation von Texteigenschaften und -strukturen, sondern im Sinne des Mehrwertarguments auf eine Anpassung an hypertextspezifische Möglichkeiten abzielen. Diese gilt sowohl für die Übertragung von Text- als auch von Strukturteilen[78].

Als Beispiel für eine flexible Konversion von Text sei auf die Konvertierung des Oxford English Dictionary (OED) in eine Hypertextbasis hingewiesen. Raymond/Tompa (1988) sind der Ansicht, daß eine statische Segmentierung (die Umwandlung einer Texteinheit, z. B. ein Stichworteintrag, in eine einzige Form) den vielfältigen Bedürfnissen und Situationen von Benutzern nicht gerecht wird und schlagen mehrfache Darstellungsformen von Artikeln bzw. deren Teilinhalte vor. Abbildung 2.4.1-1 zeigt die flexible Umwandlung des Artikels zum Stichwort „abbreviate" in entsprechende Hypertextformen. In der Abbildung wird im dem linken oberen Fenster der Anfang des Artikels gezeigt, wie er mit der vollen Information auch in der gedruckten Version vorkommt;

---

[78] Mit der Bezeichnung „Strukturteile" beziehen wir uns auf textuelle Orientierungshilfen wie Inhaltsverzeichnisse, Register, Glossarien etc. Simpson/McKnight (1989/90) haben den Nutzen dieser Hilfsmittel ausführlich empirisch untersucht und kommen zu dem Schluß: „It would therefore appear that some, but not all, of the conventions from the paper medium may be beneficially applied to a hypertext environment" (a.a.O. 82); vgl. auch Monk (1989/90).

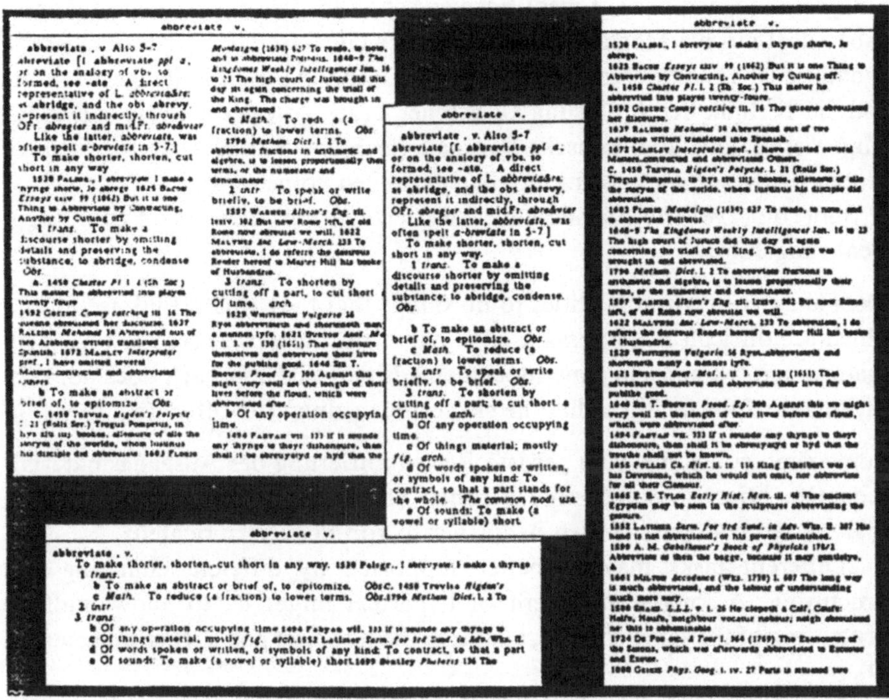

Abb. 2.4.1-1. Dynamische Fragmentierung des Artikels „abbreviate" aus dem Oxford English Dictionary (aus: Raymond/Tompa 1988, 876, Fig. 6; mit Genehmigung der ACM)

unten links wird zum Artikel „abreviate" nur ein knappes Bedeutungsgerüst („a sense structure skeleton") mit Andeutungen von Belegen (so viel wie auf jeweils eine Zeile paßt) wiedergegeben; in der Mitte erscheint ein Fenster, das die Bedeutungsdifferenzierungen ohne Belege angibt; während ganz rechts aus dem Gesamtartikel von „abreviate" die Belege aus der Literatur in chronologischer Reihenfolge herausgezogen sind, so daß eine Bedeutungsgeschichte entstanden ist. Weitere Auflösungen und Ergänzungen, vor allem auch die Anwahl externer Daten über Frageverknüpfungen, sind leicht vorstellbar, so daß die Mehrwerteffekte einer Hypertextversion von lexikalischer Information leicht einsichtig sind. Im Fall von Lexika wird man vermutlich bald nicht mehr von Konversion sprechen, da in Zukunft sicherlich, auch schon aus Gründen der Aktualität und der Kosten, überwiegend gleich und nur elektronische Versionen erstellt werden, wobei Hypertextmethoden die Benutzungsfreundlichkeit erhöhen sollten.

Ein Bedarf nach Flexibilisierung von Strukturteilen scheint sich nicht in dem Ausmaß zu stellen wie bei den textuellen Teilen selber, denn sie kommen den nicht-linearen Bedürfnissen von Hypertext schon in gewissem Ausmaß entgegen und helfen, das zentrale Orientierungsproblem in Hypertext zu lösen.

Entsprechend sind wir auf diese Formen schon in Abschnitt 2.3 eingegangen, haben dort auf die Möglichkeit dynamischer Glossare oder der Modellierung dynamischer Inhaltsverzeichnisse unter Verwendung des Fischauge-Ansatzes und die Technik der Auflösung klassischer Textregister durch „Un-Indexing" hingewiesen. Dies sind typische Beispiele für Hypertext-Mehrwerte, die auch bei der Konversion von Strukturteilen entstehen können.

Simpson (1988) hat für diese mehrwerterzeugende Konversion zwei Argumente angeführt:

„people must be given facilities to do things that they would find useful, but which are difficult or impossible with paper documents. A second argument against merely imitating paper documents is that this approach does not take advantage of the facilities that the electronic medium can offer" (a.a.O. 242).

Konversion sollte also eine gewisse Restrukturierung des Ausgangsmaterials bedeuten. Dies – darauf weist Perlman (1989) hin – sollte sich nach den analysierten und antizipierten Bedürfnissen von Benutzern richten:

„Different tasks may be better supported by different chunking and structuring. A long-term benefit of hypertext might be to allow multiple structuring of the same content, adapting them to user goals" (Perlman, a.a.O. 69).

Flexibilisierung bei der Darstellung und beim Zugriff, als wesentliches Ziel der Rekonstruktion von Text in Hypertext, hatten wir als wesentliche Anforderung an das pragmatische Design von Hypertext angesehen[79].

2.4.2 Konversionsformen

Wir unterscheiden die folgenden Prinzipien und Formen der Konversion und führen sie anschließend näher aus:

---

[79] Für eine Flexibilisierung von Textinhalten gibt es auch textlinguistische Argumente. So kritisiert Lindemann (1985) an dem von van Dijk/Kintsch vorgelegten Textmodell u. a. die Vorstellung von der einen Bedeutung des Textes, da es in der Leser/Hörer-Konstellation unendliche viele Interpretationen der textuellen „stimuli" gibt: „To my mind, texts are anything but stable, autonomous entities whose „structure" can be, once and for all, unambiguously represented by static text bases or coherence graphs they must rather be regarded as short-lived crystallizations, as functions of a momentary and partial activation and re-organization of latently active knowledge systems in the producer/recipients, and one of the principal, and surely most ambitious objectives in the research into text processes should be to find a way by which this delicate interplay of flowing and steady states could be represented in a coherent way" (a.a.O. 15f). Wir gehen auf die Flexibilisierung der Textwissensdarstellung in Kapitel 4 am Beispiel der Ausgabeleistung im System TWRM-TOPOGRAPHIC näher ein.

a) **Einfache Übertragung.** Die einfachste Form der Konversion besteht in der 1:1 Übertragung eines Textes in eine Datei eines Hypertextsystems. Damit ist natürlich noch keine Hypertextbasis aufgebaut, sondern nur eine gedruckte Version durch eine On-line-Version ersetzt. Auch das stellt schon gewisse Anforderungen an eine bildschirmgerechte Gestaltung, ist aber kein spezielles Hypertextproblem. Zu einem Hypertext kann der Text erst werden, wenn durch Verknüpfung verschiedener Elemente oder Passagen im Text nicht-lineare Strukturen entstehen. Diese Verknüpfung wird sich zum Teil auf die in Abschnitt 1.3 angesprochenen diskontinuierlichen Kohäsionsmitteln abstützen können[80], zum Teil werden die Verknüpfungen als eigene Zusatzleistung eingebracht werden müssen. Diese Form der 1:1-Konversion läßt einen sogenannten intratextuellen Hypertext entstehen, d. h. der Text wird nicht in autonome Einheiten zerlegt, sondern es wird ein hypertextgerechtes „Browsing" im gesamten Text angestrebt.

b) **Segmentierung und Relationierung über formale Texteigenschaften.** Bei kartenorientierten Systemen verbindlich, aber auch bei rollenden Systemen üblich, ist die Segmentierung des Ausgangstextes in hypertextgerechte Einheiten. Dazu werden häufig die an formalen Eigenschaften erkennbaren textuellen Makrostrukturen, wie Absätze, Unterabschnitte, etc., ausgenutzt. Wie bei der einfachen Übertragung stellt sich weiterhin die Aufgabe der Verknüpfung der segmentierten Einheiten, in diesem Fall auch über Ausnutzung der formalen Strukturen in Texten.

c) **Segmentierung und Relationierung nach Kohärenzkriterien.** Entsprechend den Gewohnheiten von Textautoren, thematisch zusammengehörige Passagen nicht unbedingt sequentiell anzureihen, sondern auch über den gesamten Text, z. B. aus didaktischen Gründen, zu verteilen, ergibt sich die Notwendigkeit einer aufwendigen inhaltlichen Analyse, um eventuell neue Einheiten für Hypertext zu erstellen, die in dieser Form im Ausgangstext noch nicht vorhanden waren. Wir wollen auch dies Konversion nennen, da es sich nicht um eine gänzlich freie Modellierung von Wissen handelt, sondern um eine Reorganisation des vorliegenden Textes. Diese Reorganisation kann tatsächlich zu gänzlich neuen Einheiten führen (der Text wird partiell umgeschrieben), wird sich aber in der Regel auf das hypertextspezifische Instrument der Verknüpfungen abstützen, d. h. thematisch zusammengehörige Passagen sollten zu für den Benutzer erkennbaren Einheiten auf kohärente Weise zusammengebunden werden.

d) **Intertextuelle Konversion.** Eine intertextuelle Konversion ist erforderlich, wenn eine Hypertextbasis sich nicht nur auf einen Text bezieht, sondern „mit

---

[80] Z. B. kann die Bemerkung „wie wir in Abschnitt xyz genauer zeigen werden" direkt mit der betreffenden Stelle in Abschnitt xyz verknüpft werden.

einem Schlag" oder sukzessive aus einer Vielzahl von Texten aufgebaut wird. Im Prinzip kommen die gleichen Techniken wie bei monotextueller Konversion in Frage, jedoch verschärfen sich die Probleme mit Blick auf eine Segmentierung nach Kohärenzkriterien, aber auch auf eine eher formale Segmentierung, da Duplizitäts- oder Ähnlichkeitskontrollen stattfinden müssen. Verknüpfungen zu inhaltlich weitgehend identischen Einheiten sind nur in speziellen Konstellationen für Hypertextleser von Nutzen, z. B. wenn man daran interessiert ist, was unterschiedliche Autoren zu einer Fragestellung zu sagen haben.

e) **Einbindung von textuellen Strukturmittel.** Zur Konversion gehört nicht nur die Übernahme oder Bearbeitung der eigentlichen Textteile, die natürlich auch graphische Elemente enthalten können, sondern auch die Übernahme oder Anpassung textueller Strukturteile (vgl. Anmerkung 78).

zu a) Einfache Konversion

Bei der einfachen Konversion entstehen keine Segmentierungsprobleme, da der Text geschlossen in die Hypertextbasis überführt wird. Die intratextuellen Verknüpfungsprobleme sind im Prinzip die gleichen wie bei den folgenden Gruppen (b) und (c), so daß sie hier nicht gesondert diskutiert werden.

zu b) Segmentierung und Relationierung über formale Texteigenschaften

Die Leistung traditionellen Schreibens besteht darin, einzelne Einheiten so anzuordnen, daß sich ein sinnvolles Ganzes ergibt, also ein Text, der auch wieder in andere Kontexte textueller und außertextueller Art eingebunden ist. Häufig werden die kleinsten informationellen Einheiten von Texten mit Absätzen gleichgesetzt, mit der Maßgabe, daß ein Absatz ein Thema oder einen Argumentationsverlauf konsistent behandelt. Wird das in Texten durchgehalten, so könnten sich Absätze durchaus als informationelle Einheiten für Hypertextbasen anbieten. Ein Test für die unter inhaltlichen Gesichtspunkten konsistente Struktur eines Absatzes (die Kohärenz) könnte darin bestehen, ob es gelingt, den Inhalt des betreffenden Absatz auf einen Begriff oder eine zentrale Aussage (Proposition) abzubilden[81]. Gegen die einfache Übernahme von Absätzen als elementare informationelle Einheiten sprechen allerdings die ihnen inhärenten Kohäsionsstrukturen. Absätze sind nur in seltenen Fällen „kohäsiv geschlossen". Sie müssen in der Regel also redaktionell bereinigt werden.

---

[81] Ein Beispiel hierfür ist die Überschrift „Segmentierung und Relationierung über formale Texteigenschaften" des gerade aktuellen Absatzes. Dieses „Klassieren" schließt die weitere Deskribierung durch speziellere Begriffe keineswegs aus.

Erst ansatzweise unterstützen bisherige Hypertextsysteme die Konversion unter Ausnutzung formaler Texteigenschaften. Nach den Ausführungen von Cooke/Williams (1989, 93f) zu dem aus GUIDE abgeleiteten System IDEX werden markierende Elemente, wie sie in der Regel bei der Bearbeitung mit Textverarbeitungsprogrammen zugeteilt werden, zur Erkennung und Strukturierung verwendet. Eine weitergehende automatische Segmentierung aufgrund formaler Texteigenschaften würde entscheidend durch eine Standardisierung von Dokumentformaten begünstigt. Cooke/Williams (1989) und Frisse (1988) weisen auf die Entwicklungen im Zusammenhang von SGML (Standard Generalized Markup Language) hin (vgl. ISO 8879; Bormann/Bormann 1990). Im Bereich der Geschäftskommunikation, in dem Hypertext auf Grund seiner flexiblen und benutzerfreundlichen Systemeigenschaften ein attraktives Medium sein kann, sind Standardisierungsanstrengungen oberhalb der siebten Ebene des OSI-Modells zu beachten[82]. Hier zeichnet sich ab, daß vor allem die Bemühungen um die Entwicklung von ODA/ODIF (Office Document Architecture/Office Data Interchange Format) und EDIFACT (ISO/TC 154)[83] zu allgemeiner Verbreitung führen werden. Wir gehen kurz auf EDIFACT ein, weil dies, neben der SGML-Entwicklung, für die Verwendung von Hypertext in professionellen Umgebungen in der Zukunft vermutlich von Bedeutung sein wird.

---

[82] Mit OSI-Modell wird verkürzt das ISO-7-Schichtenmodell bezeichnet, das eine allgemeine Beschreibung der für offene Kommunikation erforderlichen Funktionen liefert. Die angesprochene 7. Ebene bezieht sich auf Dienste der Anwendung. Die Anwendungsschicht stellt verschiedene standardisierte Kommunikationsdienste wie Telex, Telefax oder „message handling" (z. B. der X.400-Standard für die Funktionalitäten von elektronischen Postsystemen) bereit. Oberhalb der Anwendungsschicht werden für die darauf aufsetzenden Anwendungsprogramme weitere Standards für Produkte definiert, die nicht mehr direkt etwas mit Kommunikation im technischen Sinne zu tun haben. Dazu gehören die im Text gleich erwähnten ODA/ODIF- und EDIFACT-Standards für den Austausch von Geschäftsdokumenten.

[83] Vgl. Hermes (1988); die Ausführungen zu EDIFACT stützen sich auf Steiner (1989) ab: EDIFACT geht auf Bemühungen einer UN-Kommission zurück, die über eine internationale Arbeitsgemeinschaft „Erleichterungen von Verfahren im internationalen Handel" schon 1981 eine erste Fassung von Syntaxregeln 1981 „Guidelines for Trade Data Interchange" (GTDI) als Teil des „Trade Data Interchange Directory" (TDID) vorgelegt hatte. Parallel dazu gab es im amerikanischen Bereich Standardisierungsvorhaben aus der Industrie, die über die AINSI-X.12-Norm des „American National Standards Institute" koordiniert werden sollten. Beide Standardisierungsbemühungen (UN und AINSI) wurden mit der UN/JEDI-Gruppe (Joint Electronic Data Exchange) zusammengefaßt, um einen einheitlichen, weltweit gültigen Standard zu entwickeln. Das war dann EDIFACT. Die erste EDIFACT-Fassung lag Anfang 1987 vor und wurde 9/1987 als ISO/TC 154 und damit als Weltstandard eingeführt. Entsprechend sind die europäischen CEN (europäische Komitees für Normung) an der EDIFACT-Standardisierung beteiligt.

Eine EDIFACT-Grammatik besteht aus Zeichensatz, Wortschatz und Grammatik. Für den Wortschatz, das Datenwörterbuch für EDIFACT, in dem also die EDIFACT-Elemente eingetragen sind, wurde das 1981 erstmals veröffentlichte Handbuch über international gebäuchliche Handelsdatenelemente (Trade Data Elements Directory, TDED) gewählt. Dies wird laufend ergänzt und liegt als internationale Norm ISO 7372 vor. Die EDIFACT-Grammatik besteht weitgehend aus der Vorgabe der Struktur von EDIFACT-Dokumenten. Diese sind hierarchisch strukturiert und bestehen aus den folgenden Typen:

- *Datenelement* (vergleichbar einem Datenfeld);
- *Datenelementgruppe* (Zusammenfasssung von Informationen, die in logischem oder sachlichem Zusammenhang stehen);
- *Segment* (unterschieden zwischen Nutzdatensegmenten und Service-Segmenten) Segmente sollten so aufgebaut sein, daß sie in unterschiedlichen EDIFACT-Typen verwendet werden können;
- *Nachricht* (ist die Zusammenfassung aller Segmente in einer vorgeschriebenen Reihenfolge, geregelt in einem Nachrichtenaufbau-Diagramm);
- *Nachrichtengruppe* (Zusammenfassung mehrerer Nachrichten);
- *Übertragungsdatei* (Gesamtdatei eines EDIFACT-Satzes).

Für jeden EDIFACT-Typ gibt es Muß- und Kann-Elemente:

```
UNA Segment für Trennzeichenvorgabe
UNB  Nutzdaten-Kopfsegment

UNH  Nachrichten-Kopfsegment
BIN  Segment für Basisdaten der Rechnung
RFF  Referenzangaben-Segment
NAD  Name/Adreß-Segment
PAT  Segment für Verkaufs- und Zahlungsbedingungen
UNS Abschnittskontrollsegment
LIT  Positionsdaten-Segment
TAX Segment für Steuern (Umsatzsteuerinformation)
UNS Abschnittskontrollsegment
TIA  Rechnungssummen-Segment
UNT  Nachrichten-Endesegment

UNZ  Nutzdaten-Endesegment
```

```
CTA   Kommunikationspartner-Segment
BNK   Bankverbindungs-Segment
CUX   Währungs-Segment
IMD   Segment für Bezeichnung der Position
TXS   Steuersummen-Segment
DTM  Segment für Datum/Zeit-Angaben
FXT   Segment für freien Text
```

Abb. D-9: Muß-Segmente einer EDIFACT-Rechnung

Abb. D-10: Kann-Segmente einer EDIFACT-Rechnung

Abb. 2.4.2-1. EDIFACT-Elemente für Typ „Rechnung"
(aus: Steiner 1989, Abb. D-9/10)

Bislang gibt es allerdings nur wenige Nachrichtentypen, z. B. wurde der Typ „Rechnung" von UN/ECE 3/88 als Norm verabschiedet. Abbildung 2.4.2-2 zeigt, wie ein Dokument des Typs Rechnung im EDIFACT-Format aussehen könnte:

```
UNA: + .?'UNB + UNOA:3 + 146401 + 10.811 – 0 + 881224:1055 + DA1 + + + + + 1'
UNH + DAR + INVOICE:1 + + 1'BIN + 72.565 – 0 + 881222 + FB'RFF + 123A45081265
:PO + 006:881128'NAD + BY + 10.905 – 0:92 + + UNI + POSTFACH 400045 + KONST
ANZ + + 7750'NAD + SE + 136500:93 + + THOMAS STEINER + ZAEHRINGERPLATZ
15 + + 7750'PAT + 01 + 099:ZZ + 881222:003'UNS + D'LIT + + + 25:20:pc + 1475:CA:
25 + 1 + 1405'TAX + + + 14'UNS + S'TIA + 1670.97 + 1405 + + 1405 + + 193.98'UNT +
10 + DAR1'UNZ + 1 + DA1'
```

`Abb.D-11 Beispiel einer EDIFACT-Rechnung`

Abb. 2.4.2-2. Beispiel einer EDIFACT-Rechnung (aus: Steiner 1989, Abb. D-11)

Die Akzeptanz und damit der Einsatz hängen natürlich von der Ausweitung des Typenangebots ab. Entsprechend dem allgemeinen Interesse in der Produktionsindustrie und beim Handel, aber auch bei Banken, Versicherungen, Transporte oder Touristik ist dies zu erwarten[84]. Es werden dann vermutlich bald die ersten Hypertextbasen entstehen, die sich aus der Struktur von EDIFACT-Dokumenten, komplexeren Typs als Rechnungen, automatisch ableiten lassen. Außerhalb der Bürokommunikation, auf dem weiten Gebiet der Fachkommunikation, vor allem im allgemeinen Publikationswesen, sind Konversionsformen unter Verwendung von SGML, speziell von Hypertext-SGML, zu erwarten.

Auch ohne Standardisierungsvorgaben sind aber auch heute schon in Publikationen der Fachkommunikation stark strukturierte Dokumente üblich (vgl. Frisse 1988, 248ff). Perlman (1989) beschreibt Erfahrungen bei der Umsetzung eines größeren Textes, der Richtlinien zum Entwurf von Software für Benutzerschnittstellen enthält. Dieser Text ist sowohl in der hierarchischen Gesamtorganisation des Buches als auch im Aufbau der einzelnen Richtlinien („guidelines") stark strukturiert und begünstigt damit eine maschinenunterstützte Segmentierung und Relationierung zum Aufbau von Hypertextbasen.

Auch Frisse (1988, 1989) nutzt beim Aufbau einer Hypertextbasis aus einem medizinischen Handbuch, unter Verwendung von HyperCard, hierarchische und strukturelle, insgesamt eher oberflächensyntaktische Eigenschaften von Texten aus. Die Hierarchiestufen der einzelnen textuellen Abschnitte sind durch Verwendung klassifikatorischer Ordnungsmittel (vgl. Abb. 2.4.2-5) leicht zu identifizieren, so daß sie als Verknüpfungsmöglichkeiten verwendet werden können.

---

[84] Verschiedene Pilotprojekte wie ODETTE (Organisation for Data Exchange by Tele Transmission in Europe) der Automobilindustrie, bei der es Überlegungen gibt, von dem bisherigen VDA (Verband der Automobilindustrie)-Standard auf EDIFACT umzusteigen, deuten dies an. Ähnliche Tendenzen deuten sich beim SWIFT-Projekt der Banken an, die ein hohes Transaktionsaufkommen haben.

```
Hauptgruppe — Nummer
              Titel
              Einfuehrung
              Subsektion — Nummer
                           Titel
                           Einfuehrung
                           optional: Beispielsabbildung
                           guidelines ————— Nummer
                                            Titel
                                            Satz von guidelines
                                            optionale Absaetze — Kommentare
                                                                 Ausnahmen
                                                                 Beispiele
                                                                 Rerenzen zu
                                                                   externen Quellen
                                                                 Querverweise zu
                                                                   anderen guidelines
```

Abb. 2.4.2-3. Struktur des Gesamttextes
(zusammengestellt aus: Perlman 1989; mit Genehmigung der ACM)

3.1.3/13 Letter Codes for Menu Selection

If menu selections are made by keyed codes, design each code to be the initial letter or letters of the displayed option label, rather than assigning arbitrary letter or number codes.

EXAMPLE

```
( Good)   m  =  Male
          f  =  Female
( Bad)    1  =  Male
          2  =  Female
```

EXCEPTION

Options might be numbered when a logical order or sequence is implied.

EXCEPTION

When menu selection is from a long list, the line numbers in the list might be an acceptable alternative to letter codes.

COMMENT

Several significant advantages can be cited for mnemonic letter codes. Letters are easier than numbers for touch-typists to key. It is easier to memorize meaningful names than numbers, and thus letter codes can facilitate a potential transition from menu selection to command language when those two dialogue types are used together. When menus have to be redesigned, which sometimes happens, lettered options can be reordered without changing codes, whereas numbered options might have to be changed and so confuse users who have already learned the previous numbering.

COMMENT

Interface designers should not create unnatural option labels just to ensure that the initial letter of each will be different. There must be some natural differences among option names, and special two- or three-letter codes can probably be devised as needed to emphasize those differences. In this regard, there is probably no harm in mixing single-letter codes with special multiletter codes in one menu.

REFERENCE

BB 1.3.6; MS 5.15.4.2.11; Palme, 1979; Shinar, Stern, Bubis, & Ingram, 1985.

SEE ALSO

4.0/13

Table 1. A sample guideline from [Smit86] with a variety of paragraph types.

Abb. 2.4.2-4. Beispiel einer strukturierten „guideline"
(aus: Perlman 1989, 70; mit Genehmigung der ACM)

> **II. Pathophysiologic mechanisms.** Respiratory failure can be separated into oxygenation failure and ventilation failure. While the two may occur together, it is useful to separate them to understand their pathophysiology and management. In addition, critical tissue hypoxia may result from nonpulmonary factors that influence oxygen delivery, and these must also be considered in comprehensive treatment.
>
> **A. Oxygenation failure.** The transfer of oxygen from alveolar air to pulmonary capillary blood is affected by the partial pressure of oxygen in the alveolus (PAO2), the diffusion of oxygen across the alveolar-capillary membrane, and the matching of alveolar ventilation to capillary perfusion. The five mechanisms that may lead to a low arterial oxygen tension (PaO2) are low inspired oxygen tension, alveolar hypoventilation, diffusion impairment, mismatch of ventilation to perfusion, and right-to-left shunt. The goal of oxygen therapy is to relieve critical hypoxemia. Although clinical criteria are important, serial ABGs are crucial to plan and evaluate treatment.
>
> > **1.** Response to oxygen administration depends on the underlying pathophysiology (see sec. II.A). Three patterns are common.
> >
> > > **a.** Hypoxemia caused by mild to moderate lung disorders. This pattern is typical of flu and asthma.
> > >
> > > **b.** Hypoxemia caused by severe lung disorders is more refractory to supplemental oxygen, and potentially toxic concentrations are often typical of severe disorders.

Abb. 2.4.2-5. Klassifikation in einem medizinischen Handbuch
(aus: Frisse 1988, 248, Fig.1; mit Genehmigung der ACM)

Die ursprünglichen Titel der Abschnitte, die in den meisten Fällen im Umfang auf eine Karte passen, können als identifizierende Titel der entsprechenden Hypertextkarten verwendet werden. Um für diese Titeln eindeutige Namen zu bekommen und dabei noch Textkontext mitzuliefern, werden die Titel, falls sie kurz sind, um die im Text unmittelbar folgenden Wörter ergänzt (vgl. Abb. 2.4-6). Die Auflistung der hierarchisch auf gleicher Ebene stehenden Titel (vgl. ebenfalls Abb. 2.4-6) bietet in der Hypertextversion zusätzliche Kontextinformation, wie sie im Text selber nicht möglich ist. Durch Expandieren („Zooming") kann dann entsprechend der Hypertextfunktionalität jeweils der textuelle Abschnitt zu dem Titel sofort eingesehen werden.

Die Verknüpfung der Einheiten kann ebenfalls formale Texteigenschaften ausnutzen (vgl. Bernstein 1990):

- Die Konversion mit Rücksicht auf die Verknüpfungen kann zunächst einmal auf die in Texten enthaltenen Verweise über (diskontinuierliche) Kohäsionsmittel zurückgreifen.
- Eine formale Relationierung ist auch durch die Ausnutzung der Beziehungen zu erreichen, die zwischen Text und Anmerkungen bestehen. Glushko (1989) nennt diese Beziehungen „explicit intra-document links". In der Regel wird man aber auch diese Verknüpfungen intellektuell überprüfen müssen. Eine

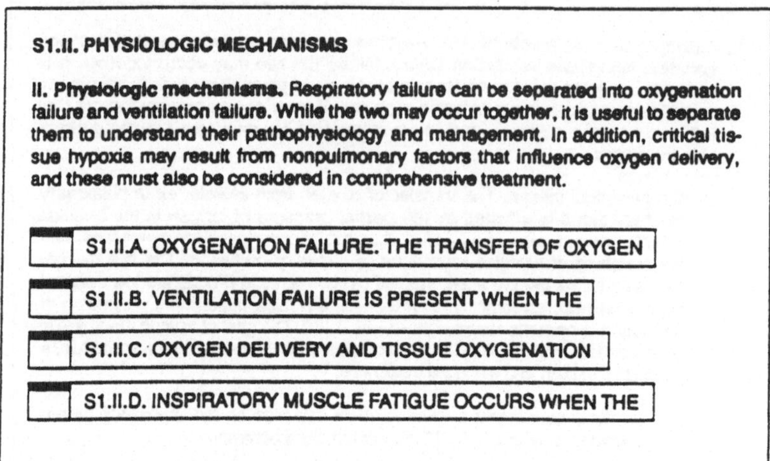

Figure 2: *A hypertext card from the same section of the medical handbook. The card contains only the text delimited by the identifier II and the identifier A. The titles of other child cards denoted by uppercase B, C, and D are visible on the hypertext card but not on the page displayed in figure 1.*

Abb. 2.4.2-6. Kontextuelle Titelinformation
(aus: Frisse 1988, 248, Fig. 2; mit Genehmigung der ACM)

Schwierigkeit besteht z. B. in der Verankerung der Anmerkungsverknüpfung im Textteil, und zwar auf eine solche Weise, daß sie dem Benutzer anzeigt, was ihn durch die Aktivierung einer Anmerkung erwartet. Geschieht dies nicht – wird also z. B. lediglich die Anmerkungsnummer als Verknüpfungsanzeiger übertragen –, so passiert Hypertextanmerkungen Ähnliches wie den Anmerkungen, die in Texten als Endnoten am Ende eines Kapitels, nicht als direkt einsehbare Fußnoten, organisiert sind: Sie haben wenig Chancen, gelesen zu werden. Weiter ist der semantische und argumentative Status von Anmerkungen oft durchaus unklar. Wie man an diesem Buch sehen kann, haben sie heterogene Funktionen, wie Referenzierung (Belege), Kommentierung, Explikation von Details. Es wäre gut, wenn der jeweilige funktionale Status bei der Konvertierung durch unterschiedliche Typisierung der Verknüpfungen mit berücksichtigt werden könnte.

Indikatoren für intratextuelle Verknüpfung sind auch die „natürlichen" Verweise, die „siehe auch"-Verweisungen („cross references"), obgleich auch diese nicht ausschließlich nach semantischen Kriterien erstellt werden und schon gar keinen Anspruch auf Vollständigkeit erheben können[85].

---

[85] Lexikonartikel enthalten in der Regel Querverweise. Das schon erwähnte OED Oxford English Dictionary enthält insgesamt 569000 cross references, 2.26 pro Eintrag. Interessant sind die Hinweise über die alphabetische Verteilung von Quer-Verweisen (wiedergegeben in Tabellen 7a–d in Raymond/Tompa 1988, 877). Die weitaus meisten

Querverweise müssen für Hypertexte systematisch ergänzt werden, sie ersetzen die Arbeit der inhaltlichen Verknüpfung keineswegs. „Siehe auch"-Verweise können und sollten in Hypertext bidirektional verwirklicht werden, was in Texten selten geschieht. Bidirektionalität erhöht den Nutzwert eines Hypertextbasis erheblich, weil man nicht davon ausgehen kann, daß der Benutzer beim Navigieren auf eine Einheit durch Traversieren der „siehe auch" Verweisung gestoßen ist (vielleicht ist dies über andere Verknüpfungen geschehen).

Skeptisch bezüglich der automatischen Verwendung formalen Struktureigenschaften von Texten mit Blick auf deren Fragmentierung sind Raymond/Tompa (1988). Sie haben, wie erwähnt, Lexikon-Textmaterial untersucht. Obgleich es möglich ist, die formale Struktur eines Wörterbucheintrags mit Hilfe einer kontextfreien Grammatik zu beschreiben, können die einzelnen in der Regel in jedem Eintrag vorkommenden Segmente (z. B. Definition, Etymologie, Beispiele, Referenzen) nicht automatisch als fragmentierte Subeinheiten genommen werden, da Umfang und Zusammenspiel der einzelnen Teile oft sehr wichtige implizite Strukturinformationen liefern, die durch die Fragmentierung zerstört werden können (Raymond/Tompa 1988, 873)[86]. Andererseits können auch nicht die ganzen Einträge als Einheiten genommen werden, da diese oft beträchtlich im Umfang schwanken und aus Orientierungsgründen eine gewisse Gleichverteilung erwünscht ist. Bei der Konversion des Oxford English Dictionary wurde daher damit experimentiert, vor allem die größeren Einträge unter Ausnutzung der „sense tags" (Kennzeichnung inhaltsrelevanter Abschnitte in den Einträgen) abzukürzen bzw. unter Anwendung von Fischauge-Techniken (vgl. Furnas 1986) zu verdichten.

zu c) Segmentierung und Relationierung nach Kohärenzkriterien

Entsprechend unserem oben erläutertem Kohärenzverständnis beziehen wir uns hier auf Konversionsformen, welche semantische und argumentative Eigenschaften von Texten ausnutzen. Vor allem in der Fachkommunikation,

---

Verweise bleiben im alphabetischen Kontext, zum Teil deshalb, weil semantische und morphologische Nähe übereinstimmen, zum andern wohl auch deshalb, weil bei größeren Lexika, die über einen großen Zeitraum entstehen, den Editoren der Kontext der aktuellen Bearbeitung natürlich vertrauter ist, so daß sie Querweise in diesen (gleichen alphabetischen) Kontext legen. Und natürlich kommen häufiger Rückwärtsverweisungen als Vorwärtsverweisungen vor, da die Artikel von Lexika in der Regel in der alphabetischen Reihenfolge, zumindest in der Endredaktionsphase, erstellt werden.

[86] Raymond/Tompa (1988, 873) empfehlen dafür die folgende Faustregel: „will an explicit structure be as expressive as the implicit structure? When the answer is yes, the document will gain from conversion otherwise, conversion will degrade the representation of the document".

eher in technischen und naturwissenschaftlichen als in sozial- und geisteswissenschaftlichen Texten, haben sich, wenn nicht Standards, so doch Konventionen bei der Gestaltung z. B. von Zeitschriftenaufsätzen herausgebildet, die man bei der (dann intellektuell durchzuführenden) Konversion ausnutzen kann. McKnight/Richardson/Dillon (1988) schlagen die Umwandlung eines Zeitschriftenaufsatzes etwa nach dem in Abbildung 2.4.2-7 wiedergegebenem Schema vor, das im übrigen an die in der „Abstracting"-Theorie entwickelten Kriterien (Merkposten) für die Abfassung von Referaten erinnert (vgl. Kuhlen 1990c):

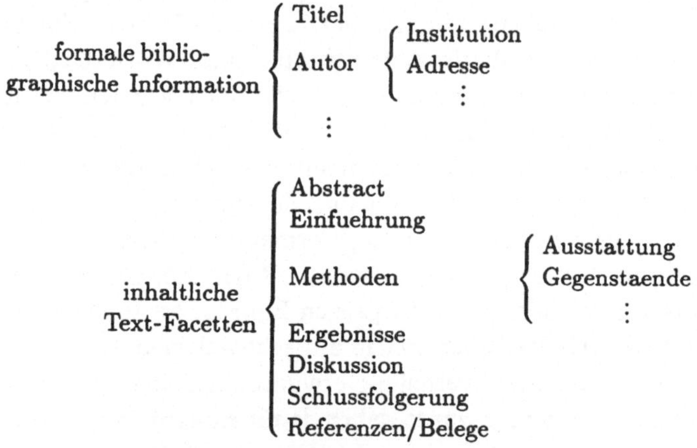

Abb. 2.4.2-7. Strukturschema von Zeitschriftenaufsätzen
(erstellt aus: McKnight/Richardson/Dillon 1988)

Interessanterweise kommen aber die gleichen Autoren in einer etwas späteren Arbeit (McKnight/Richardson/Dillon 1989a), auf der Basis empirischer Untersuchungen zum Leseverhalten von Wissenschaftlern am Beispiel von Zeitschriftenaufsätzen[87], zu dem entgegengesetzten Ergebnis, nämlich daß inhaltliche Struktureigenschaften von Texten nicht einfach auf Hypertextbasen übertragen werden sollten:

---

[87] Zeitschriftenaufsätze werden offenbar kaum in serieller Reihenfolge gelesen. In der Regel werden Techniken des „Browsing", typisch in der Einführung und im Diskussionsteil, und des Scanning, z. B. über die Über- und Unterschriften, gewählt. Genauer wird nur gelesen, wenn es die aktuelle Aufgabe wirklich erforderlich macht. Vernachlässigt werden tendenziell Methoden und -erstaunlicherweise – Resultate-Teile (a.a.O. 144). Für eine Untersuchung zum Lese- und Rezeptionsverhalten von Büchern und Berichten (als empirischer Baustein zum Entwurf von Büchern im Hypertextstil) vgl. Böhle/Wingert/ Riehm (1990, 21f). Auch dort bestätigt sich die Hypothese, daß in Fachtexten kaum seriell und schon gar nicht vollständig, sondern sehr selektiv gelesen wird. Erstaunlich, und für Hypermedia bedenkenswert, der Hinweis auf die geringe Einschätzung von graphisch aufbereitetem Material.

„Such results suggest, therefore, that the hypertext structure for a journal article should be very different from the paper version. In general terms, care should be taken not to assume that the structure inherent in the paper document is the optimum structure to support the reader's task" (a.a.O. 144).

Eine interessante Möglichkeit der *automatischen Relationierung* bei Wörter-buch-/ Lexikon-Materialien diskutieren Raymond/Tompa (1988). Wörterbü-cher enthalten auf ideale Weise ihr eigenes Referenzmaterial. Es ist daher möglich, die Wortvorkommen des Gesamttextes über sogenannte lexikalische Verknüpfungen auf ihre Definitionen zu beziehen. Dazu müssen allerdings die bei unrestringierter natürlicher Sprache vorkommenden Probleme der morpho-logischen Angleichung (einfachster Fall: Singular-Plural-Abweichungen), der semantischen Disambiguierung (Synonymie- und Homonymie-Probleme) und der eindeutigen Bestimmung der Zieladresse (ein vollständiger Eintrag, eine Definition in einem Untereintrag, ...) gelöst werden. Raymond/Tompa vermu-ten, daß diese kontext-determinierte Verknüpfungspraxis nicht nur für Lexika, sondern auch für größere Texte insgesamt und in Zukunft auch für gesamte Hyperbibliotheken („hyper-libraries", a.a.O. 878) Gültigkeit haben wird, auch wenn hypertext-spezifisches Nacheditieren der Verknüpfungen vermutlich nicht überflüssig sein wird.

zu d) Intertextuelle Konversion

Nach Glushko (1989), der über Erfahrungen beim Aufbau einer Hypertextbasis aus heterogenen Dokumenten berichtet, sollte vor einer Konvertierung und Zusammenfassung verschiedener Texte überprüft werden, ob durch die Kombi-nation für den Benutzer ein informationeller Mehrwert gegenüber verschiede-nen Einzelversionen entsteht. Glushko ist skeptisch bezüglich einer weitgehen-den Integration heterogener Texte durch Vielfachverknüpfungen zwischen den Dokumenten, da diese semantisch schwierig zu beherrschen seien und damit leicht das bekannte Spaghetti-Syndrom entstehe. Hingegen sei eine moderate Integration angemessener, bei der jedes einzelne Dokument seine separate Identität behält (a.a.O. 55), aber durch Querverweise Verbindungen zu anderen Dokumenten hergestellt werden können. Verknüpfungen mit der Möglichkeit der Dokumentidentifikation sind auch durch Inhaltsverzeichnisse möglich, die entsprechend der Fundstellenverwaltung in Volltextretrieval-Systemen organi-siert sein können, z. B.

> 1.0 Main topic A
>> document 1, section 1.2
>> document 2, section 2.5

Für das „Browsing" unter Ausnutzen der Querverweise wird vorgeschlagen, daß der Kontext des Ursprungstexts stabil gehalten werden soll. Das kann z. B.

dadurch geschehen, daß die Information des neuen Dokuments nur in einem temporär überlappenden Fenster gezeigt wird, nicht also fest zu diesem traversiert wird. Auch bezüglich der Möglichkeit einer expliziten intertextuellen Relationierung, z. B. durch Verweise aus Texten auf Arbeiten anderer Autoren, ist Glushko skeptisch, da Zitierungen oft nur pauschal referenzieren, zumal oft nicht nur aus sachlichen Gründen. Erst recht ist Glushko skeptisch bezüglich der Möglichkeit semantisch begründeter Verknüpfungen zwischen verschiedenen Texten (er nennt sie implizite intertextuelle Verknüpfungen) und ganz besonders bezüglich der Möglichkeit ihrer Automatisierung[88].

zu e) Einbindung textueller Strukturmittel

Die hypertextgerechte Einbindung von Strukturmitteln, wie Inhaltsverzeichnisse, Register, haben wir ausführlich in Abschnitt 2.3 besprochen, so daß wir hier auf weitere Bemerkungen verzichten können.

2.4.3 Auswahl von Textsorten

Bei der Einführung von Hypertext auf der Basis von Texten stellt sich fast zwangsläufig die Frage nach der Vereinbarkeit herkömmlicher linearer Texte mit den Organisationsprinzipien von Hypertext. Die Frage dabei ist, ob es so etwas wie herkömmliche lineare Texte gibt, da, wie wir gesehen haben, jeder Text ein gewisses Ausmaß an Nicht-Linearität enthält. Da bei der geringen Zahl der gegenwärtig realisierten Hypertextanwendungen und beim Fehlen entsprechender empirischer Untersuchungen eine verbindliche Einstufung von Texten in „geeignet" oder „ungeeignet" für Hypertext problematisch ist, haben die Ausführungen in diesem Abschnitt eher den Charakter von Plausibilitätsüberlegungen, weitgehend auf der Basis eigener Erfahrungen bei der Modellierung verschiedener Texttypen und den wenigen Einschätzungen aus der Literatur. Hier ergeben sich reichhaltige Aufgaben für die Fachsprachenforschung. Nach den bisherigen Überlegungen könnten die folgenden Struktureigenschaften für die Auswahl von Texten für Hypertext wichtig sein, wobei wir erneut nicht zwischen den streng kartenorientierten und blätternden Systemen unterscheiden wollen.

- Grad der Distinktheit/Isolierbarkeit der einzelnen Abschnitte bzw. Texteinheiten; dies könnte nach Kriterien der kohäsiven Geschlossenheit und

---

[88] Dazu führen wir in Abschnitt 4.2 ein längeres Zitat aus Glushko (1989) an, da wir es dort gut zur Verdeutlichung der Herausforderung einer automatischen intertextuellen Realisierung, wie sie im Projekt TWRM-TOPOGRAPHIC vorgeschlagen wurde, gebrauchen können.

semantischen Kohärenz gemessen werden; vgl. Abschnitt 1.3 sowie die Ausführungen in 2.1 zu den Maßstäben an informationelle Einheiten;
- Ausmaß der Verwendung (nicht-linearer) Textstrukturmittel, wie Inhaltsverzeichnissen, Registern;
- Ausmaß intratextueller expliziter Verweisungen, z. B. über Fußnoten oder Querverweisen;
- Ausmaß der intratextuellen Referenzierung über explizite, diskontinuierliche Kohäsionsmittel. Gemeint sind die in Abschnitt 1.3 angesprochenen sprachlichen Verweisungen, z. B.: „wie wir in Kapitel 2.3 zeigen werden" oder Rückverweisungen, wie: „entsprechend der Definition zu Beginn";
- Ausmaß und Distributionsgrad der semantischen Kohärenz. Damit ist das in Abschnitt 1.3 angesprochene Phänomen gemeint, daß Autoren semantisch zusammenhängende Passagen nicht unbedingt positionell im Text zusammen behandeln;
- Ausmaß der terminologischen Kontrolle in den Texten; bedeutet die weitgehende Beherrschung der für natürliche Sprachen, auch Fachsprachen, typischen Synonymie- und Homonymie-Problematik. Bei weitgehender Kontrolle können leichter – auch auf automatischem Wege – intratextuelle Bezüge zu Passagen, in denen gleiche Benennungen verwendet werden, hergestellt werden.

Wendet man diese Kriterien an, so scheinen uns für eine Konversion von Text in Hypertext die folgenden Textsorten geeignet zu sein[89]:

- „Texte", deren Inhalt sich leicht in distinkte, elementare Blöcke zergliedern lassen, z. B. Lexika, technische Handbücher;
- Texte, die nach einheitlichen Kategorienschemata, wie die oben angeführten Handbücher oder Lexika, strukturiert sind;
- Texte, die klar benennbare und formalisierbare Beziehungsmuster zwischen einzelnen Informationseinheiten aufweisen, z. B. über „siehe auch"-Relationen in Handbüchern oder Enzyklopädien;
- Texte, die eine reiche Vielfalt an strukturellen Metainformationen, wie Register, Glossarien, Abkürzungsauflösungen, enthalten;
- Texte mit statischen, d. h. weitgehend abgeschlossenen bzw. abgesicherten Wissensstrukturen;
- Lerntexte, die aus didaktischen Gründe argumentativ klar aufgebaut und aus sich heraus verständlich sind, sich also wenig auf externe Referenzen abstützen.

---

[89] Möglicherweise ist als Auswahlkriterium eine funktionale Sicht besser geeignet als das statische Kriterium der Textsorte. Die Auswahl hinge dann weniger von der Textsorte als von der Funktion, vom Einsatz und Verwendungszweck des Hypertextsystems ab.

Wie problematisch diese Anordnung ist, kann man daran ersehen, daß, entsprechend dem Grundanliegen von Hypertext, nämlich assoziatives Denken zu unterstützen, auch genau entgegengesetzte Textsorten bevorzugt werden könnten, z. B. solche, die sich in dem Zustand der Planung und Konzepterstellung befinden. Diese Texte sind dadurch gekennzeichnet, daß die verwendeten Begriffe noch unscharf und unverbindlich in der Wahl der Benennungen sind, daß die Verknüpfungen zwischen ihnen eher noch vage und rein assoziativ, wenig semantisch spezifiziert sind, daß für sie Mehrfachversionen existieren und daß sie noch kaum durch strukturelle Metainformationen angereichert sind. Diese Texte zu verwalten, ist eine der zentralen Herausforderungen an Hypertext. Wir halten dies aber eher für ein Autoren- bzw. Editier- als ein Konversionsproblem und nehmen an, daß es zunächst einmal ein Gewinn sein kann, wenn Texte der oben beschriebenen Art konvertiert werden.

Versuchen wir auch, auf einige für Hypertext problematische Textsorten hinzuweisen:

- Größere Textsequenzen, bei denen durch die Entlinearisierung die Gefahr eines heillos verwirrenden Netzes aus atomisierten Einheiten und bedeutungslosen Verknüpfungen besteht;
- Textsorten mit Wissensstrukturen, die sich ständig ändern und daher sowohl inhaltlich als auch strukturell schnell und zuverlässig aktualisiert oder revidiert werden müssen, z. B. Gesetzestexte, Vorschriften u.ä.;
- Textsorten, die auf eine bestimmte Präsentationsform angewiesen sind, z. B. Argumentationen, Gedankenentwicklungen, essayistische Texte, Kriminalromane;
- Textsorten, die eine organische inhaltliche Strukturierung aufweisen, die nicht aufgebrochen werden kann, ohne daß die Gesamtaussage darunter leidet, z. B. Kunstprosa.
- Interpretationen, Wertungen und zusammenfassende Beurteilungen von Faktenmaterial bzw. Beweisführungen und Herleitungen von Begründungszusammenhängen.

Diese negativ ausschließende Zusammenstellung ist sicherlich noch problematischer als die positive. So wird z. B. das zweite Argument (rascher Änderungsbedarf) wegen der Flexibilität von Hypertext gerade ins Spiel gebracht. Aber noch einmal, hier geht es um Konversionsargumente, nicht um die Verwaltung von Wissen generell.

Zusammenfassend läßt sich die folgende Einsicht als Grund„regel" formulieren: Deskriptive Elemente eines Textes und ihre Beziehungen untereinander können oft direkt in Hypertext umgesetzt werden, während die diskursiven oder gar argumentativen Komponenten eine Aufarbeitung erfordern, an deren Ende meist ein völlig neues Produkt, eben ein Hypertext steht, der, bei guter

Modellierung, einen informationellen Mehrwert gegenüber dem Ausgangstext produziert, im anderen Fall diesen unter Wert schlägt. D. h. eine unzulängliche Konversion kann den Benutzern nicht den informationellen Wert des/der Ausgangstexte/s vermitteln. Eine andere Grundregel kann nur heißen: beim jetzigen Stand der Forschung stellt jeder neue Text noch eine neue Herausforderung an Modellierung bzw. Konversion dar. Die Aufgaben des Aufbaus von Hypertextbasen werden in Zukunft zum Teil andere werden, wenn zunehmend direkt Wissensbestände, ohne den „Umweg" über Text, in Hypertextbasen eingegeben werden – sicher aber werden sie nicht leichter, höchstens dadurch, daß Hypertextbasen dann nicht mehr an ihren linearen „Vorbildern" gemessen werden können.

3. Hypertext zur Erarbeitung von Information und Darstellung von Wissen

Dieses Kapitel besteht aus den folgenden drei Hauptabschnitten:

3.1 faßt kurz einige Anwendungsmöglichkeiten von Hypertext zusammen

3.2 diskutiert die kognitive Plausibilität von Hypertext für Lernsituationen und führt die Ergebnisse einiger Vergleichsstudien an

3.3 konzentriert sich auf Aspekte der Verwaltung von Wissen in konventionellen und intelligenten Information-Retrieval-Systemen

3.1 Anwendungsmöglichkeiten

Mit diesem Kapitel könnte ein ganzes Buch über Hypertext geschrieben werden, geht es doch hier darum, die Relevanz der in den verschiedenen Abschnitten von Kapitel 2 beschriebenen Hypertextmethodologie für informationswissenschaftliche Anwendungen zu überprüfen. Beim raschen Ansteigen von Hypertextentwicklungen auf vielen Gebieten ist es aber nicht mehr möglich, einen Überblick über die zahlreichen Anwendungebiete zu geben (vgl. Conklin 1987; Shneiderman/Kearsley 1989; Gloor 1990; Leggett/Schnase/Kacmar 1989/90 mit einem Taxonomie-Vorschlag für Hypertedtanwendungen). Wir müssen also hier – ohne damit im geringsten die Einschlägigkeit für Hypertext zu bezweifeln – viele Themen und Arbeiten unberücksichtigt lassen, z. B.

– Hypertext als Möglichkeit der Bewahrung und Weiterverarbeitung von Wissensstrukturen von Autoren

Im Anschluß an Arbeiten zur Schreibforschung (vgl. Endres-Niggemeyer 1988) wird Hypertext unter dem Gesichtspunkt untersucht, in welcher Form der komplexe Prozeß des Erstellens von Texten durch Hypertext unterstützt werden kann; vgl. Charney (1987); Collins/Gentner (1980); Endres-Niggemeyer (1988); Hayes/Flower (1980); Kellog (1987); Neuwirth et al. (1987); Rada (1989); Scardamalia/Bereiter (1987); Smith/Weiss/Ferguson (1987); Streitz/Hannemann/Thüring (1989); Trigg/Weiser (1986); Trigg/Irish (1987); van Dam (1988); Walker (1987); Yankelovic/Meyrowitz/van Dam (1985).
Dieser Forschungsrichtung liegt, wie schon angeführt, die Annahme zugrunde (vgl. Streitz/Hannemann/Thüring 1989), daß in einem Hyperdokument

die internen Wissensstrukturen eines Autors besser abgebildet werden können als dies in traditionellen Dokumenten möglich ist. In Hyperdokumenten blieben die Wissensstrukturen von Autoren besser lebendig als in linearisierten Texten. Dadurch – so die weitere Annahme – könne nicht nur die Rezeption von Wissen erleichtert werden, sondern auch Weiterverarbeitungsmöglichkeiten, wie automatische Übersetzung oder automatisches „Abstracting", die bei linearen Texten an den bislang weitgehend ungelösten Problemen der automatischen Textanalyse scheitern bzw. in der Leistung eingeschränkt sind. Zur Verdeutlichung dieser wichtigen Hypertextforschungsrichtung sei ein längeres Zitat aus Streitz/Hannemann/Thüring (1989, 343) angeführt, durch das der kognitive Plausibilitätsanspruch deutlich wird:

„if one really wants to make use of the full concept of hypertext structures ... this offers new and exciting possibilities for writing and for ways to support this activity. From our point of view ..., writing is a complex problem solving and design activity with multiple constraints. The final product – in terms of a hyperdocument – can be viewed as an externalized representation of internal knowledge structures which have been developed by the author. Thus, authoring tools which are especially geared to the preparation of hyperdocuments will offer much better facilities for conveying the message and intention of authors. This way they can communicate knowledge in a format which is closer to their knowledge structures than it was possible with traditional documents. Integrating additional information about the author's intentions and knowledge structure and shipping it to the reader as part of an electronic document facilitates more comprehensive processing on the recipient's side. It implies that documents produced with these tools keep authors' knowledge structures alive by preserving their argumentation and rhetorical structures which then can be used for subsequent processing ... While it is very difficult today to analyse argumentative and rhetorical aspects of natural language texts, these documents would contain this information explicitly."

– Arbeiten zum kollaborativen Schreiben (vgl. Abschnitt 2.2 zu Annotationen Catlin/Bush/Yankelovich 1989; Eherer/Jarke/Hahn 1990; Hofmann 1990; Richartz/Rüdebusch 1990; Schuler/Smith 1990)
– Hypertext als Problemlösungsinstrument (Carlson/Ram 1990; Conklin/ Begeman 1987, 1989; Fischer/McCall/Morch 1989; Lopez-Suarez/Carey 1988; Streitz/Hannemann/Thüring 1989)
– Hypertext als Instrument des Endbenutzer-Computing: computergestützte Planung am Arbeitsplatz, z. B. von Managern (Carlson/Ram 1990; Nastansky 1990a,b; Schnupp 1989)

- Literarische Anwendungen, angedeutet unter „Hyperfiktion" in Abschnitt 1.3 (Catano 1979; Coy 1990; Howell 1989; Moulthrop 1989)
- Hypertext in den Geisteswissenschaften (Andersen 1990; Bonsiepen 1990; Chignell 1987; Idensen/Krohn 1990; Kinnell 1988; Kuhlen 1990b; Landow 1989)
- Unterstützung von Softwareentwicklung (Bigelow 1988; Bigelow/Riley 1987; Mössenböck 1990)
- technische Dokumentation, Lexika, Enzyklopädien, Wörterbücher oder Handbücher jeder Art (Frisse/Cousins 1989; Haertwig et al. 1990; Raymond/Tompa 1987/1988)
- Hypertext in Museen (Shneiderman/Brethauer/Plaisant/Potter 1989; Warnke 1990)

Konzentrieren wir uns wegen des informationswissenschaftlichen Ansatzes auf Aspekte der Darstellung von Wissen und der Erarbeitung von Information. Den zweiten Bereich wollen wir zuerst behandeln, und zwar durch einige ausführlichere Diskussionen und empirische Belege zu den kognitiven Rahmenbedingungen des Lernens unter Verwendung nicht-linearer Medien, oder bescheidener: wir wollen Möglichkeiten des Einsatzes von Hypertext in der (Hochschul-)Ausbildung untersuchen. Den ersten Bereich der Darstellung von Wissen erläutern wir abschließend nur sehr überblicksartig mit Beispielen aus dem Gebiet des traditionellen und intelligenten Information Retrieval, einschließlich der Wissensbanken. Das Thema des Retrieval und alternativer Navigationsformen ist bereits in allen vorangegangenen Abschnitten behandelt worden, so daß hier eher knappe Bemerkungen angebracht sind. Dies wird aber natürlich dem wichtigen Überlappungsbereich von Hypertext und Information Retrieval nur sehr unzureichend gerecht. Der Abschnitt zum Retrieval leitet schließlich über zum Kapitel 4, in dem ebenfalls im Umfeld des erweiterten Information Retrieval die Konstanzer Arbeiten zur Entwicklung eines wissensbasierten Hypertextprototypen vorgestellt werden.

3.2 Hypertext und Lernen

Zusammenfassung: Unter Verwendung des Konzeptes des Netzes wird Lernen als Einbettung neuer Strukturen in vorhandene Wissensbestände verstanden („web learning"). Dafür sind nicht-lineare Orientierungsmuster zur Bildung von Vorurteilen hilfreich. Weiterhin sind zur Einlösung pragmatischer Forderungen konversationale Dialogführung und flexible Benutzerschnittstellen in Hypertextlernsystemen erforderlich, die sich an Benutzer anpassen können. Es wird auf vier Einsatzmöglichkeiten von Hypertext in wissenschaftlicher Ausbildung eingegangen: Orientierung, didaktische Unterstützung, Selbststudium, Lernen durch Modellieren. Anhand einer von Schnotz durchgeführten Studie und von INTERMEDIA-Experimenten werden Nutzungspotentiale nicht-linearer

Strukturen für Lernen alternativ diskutiert. Weitere empirische Studien mit kritisch-negativer und kritisch-positiver Tendenz gegenüber dem Einsatz von Hypertext für Lernzwecke differenzieren die Aussagen.

Kurzhinweise auf Literatur: Ambron/Hooper (1988); Allinson/Hammond (1989); Beeman et al. (1987); Brooks/Simutis/ O'Neill (1985); Carlson (1988); Slatin (1988); Colbourn/ Cockerton-Turner (1989); Crane (1987); Duffy/Knuth (1989/90); Gray/Shasha (1989); Gordon et al. (1988); Hardman (1988, 1989); Huber/Makedon/Maurer (1989); Jonassen (1986, 1989/90); Jonassen/Grabinger (1989/90); Jonassen/Mandl (1990); Jones (1989); Jordan et al. (1989); Kuhlen (1990a); Kuhlen et al. (1989b, c); Landow (1989/90); Leggett/ Schnase/Kacmar (1989/90); Marchionini (1989); Maurer/Tomek (1990a, b); Mayes/ Kibby/Andersen (1989/90); McKnight/Dillon/Richardson (1989/90); OLiveira/Pereira (1989/90); Russell et al. (1989); Schnotz (1987); Schwartz/Russell (1989); Stanton/ Stammers (1989, 1989/90); Verreck/Lkoundi (1989/90); Vickers/Gaines (1988); Vogel (1990); Whalley (1989/90); Yankelovich/Landow/Heywood (1987); Yankelovich/ Landow/Cody (1987)

Angesichts der offensichtlichen Potentiale von Hypertextmethoden und -systemen hatte Ted Nelson schon 1965 den Aspekt „Ausbildung" explizit in seiner Einführung der Bezeichnung „Hypertext" aufgenommen: „Let me suggest that such an object and system, properly designed and administered, could have great potential for education" (Nelson 1965, 96)[1].

Zu den Potentialen gehört sicherlich in erster Linie die Flexibilität im Zugriff auf Wissen. Lernsituationen sind in hohem Maße individualisierte Situationen, so daß Ausbildungsmaterialien auf unterschiedliche Fähigkeits-, Erfahrungs- und Verständnisebenen (Stanton/Stammers 1989/90) reagieren können sollten. Ebenso ist es erwünscht, wenn in Ausbildungsituationen flexibel unterschiedlichen Lernstilen und Verarbeitungsgeschwindigkeiten Rechnung getragen werden kann. Und weiterhin werden zweifellos Lernerfolge begünstigt, wenn Lernende Eigeninitiativen entfalten, d. h. wenn sie Lernmaterialien, wie es bei Hypertext bei gutem Design möglich ist, erkunden können und nicht nur, wie in der Regel bei bisherigen Formen der programmierten Unterweisung, vorgegebene Pfade nachvollziehen müssen. Das für das Information Retrieval als Erweiterung zum „Matching"-Paradigma formulierte explorative Paradigma (z. B. Bates 1986) kann allgemein auf die Aneignung von Wissen übertragen werden. Dieses Argument führt dann allerdings zu dem Punkt, wo die Ansichten auseinandergehen. Kontrovers wird in der Literatur die Hypothese der kognitiven Plausibilität von Hypertext für Lernvorgänge diskutiert, d. h. die bisherigen empirischen Befunde sind durchaus nicht eindeutig zugunsten des Einsatzes nicht-linearer Verfahren in Lernsituationen. Und da die nicht-linearen Eigenschaften von Hypertext in erster Linie für die bislang erwähnten

---

[1] Wir konzentrieren uns in diesem Abschnitt in erster Linie auf den Einsatz von Hypertext in akademischer Ausbildung. Zum Einsatz von Hypertext in der Primärerziehung von Kindern vgl. Colbourn/Cockerton-Turner (1989).

positiven Aspekte und Potentiale als verantwortlich angesehen werden, könnten Zweifel an der Effizienz von Nicht-Linearität allgemein sich auf Hypertext im speziellen übertragen. Hypertext scheint unter der Annahme kognitiv plausibel zu sein, daß Wissen, dessen Erwerb allgemeines Ziel von Lernen ist, im menschlichen Gehirn in vernetzten topologischen, nicht-linearen Strukturen organisiert sei. Unter dieser Annahme könnte die Wissensaufnahme über eine vergleichbare Organisationsform, wie sie durch Hypertext gegeben ist, effizienter sein als eine Aufnahme, die den „Umweg" über lineare Präsentationsformen (Vorlesungen, Texte) nimmt. Wir haben die direkte und indirekte Übertragung von Wissensstrukturen in Abbildung 1.4.1-1 angedeutet.

Theoretisch stützen sich die Annahmen der kognitiven Plausibilität von Hypertext für den Wissenserwerb (Lernen) auf lerntheoretische Annahmen aus dem Gebiet der Kognitionswissenschaft („cognitive science") ab, z. B. Norman (1973, 1984), Bobrow/Norman (1975), Rumelhart et al. (1986) – alles Arbeiten, die Jonassen (1986) explizit mit Blick auf Hypertextanwendungen für das Lernen aufgearbeitet hat (vgl. auch Streitz/Hannemann/Thüring 1989). Jonassen geht von dem in der Informationswissenschaft und Künstlichen Intelligenz weit verbreiteten Modell der semantischen Netze aus[2] und sieht entsprechend als Kriterium für den Lernerfolg das Ausmaß an, wie es gelingt, neue (Wissens)Knoten und entsprechende Assoziationen in das schon bestehende Netzwerk von Lernenden einzubinden. Dieser Vorgang wird auch allgemein Netzlernen („web learning") genannt[3]:

„Network representations assume that semantic similarity/dissimilarity can be represented in terms of geometric space. Web learning principles also assume that information when learned is integrated into prior knowledge by means of a web structure rather than in a linear fashion. New material is interwined in the web at nodes (schema) that are related to it. The web grows as learners acquire more detailed information. Learning ceases on a temporary basis when the web is fully elaborated. However, learning is never complete, because the growth of the web (semantic network) never ceases completely" (Jonassen 1986, 275f).

---

[2] Netzwerk-Repräsentationen können zur Strukturierung größerer Wissensgebiete in entsprechend größeren Strukturen, wie Schema und Skripts, eingebettet werden, die ihrerseits wiederum untereinander vernetzt werden können.

[3] Vgl. Norman (1973); Kommers (1984); Thiel (1990). Zur „web"-Theorie vgl. die differenzierte Kritik von Whalley (1989/90), der die zu schnelle Analogie zwischen „simple web structures of hypertext" mit der Komplexität menschlicher semantischer Wissenstrukturen bezweifelt. Wir halten trotzdem die aus der „web"-Theorie stammenden Ansätze dann für brauchbar, wenn sie man sie von dem Anspruch der kognitiven Plausibilität entkleidet und eher auf die praktische Verwendbarkeit abhebt. Das ist mit der folgenden Diskussion intendiert.

Lernen bedeutet nach diesem Verständnis nicht die bloße Übernahme, das Kopieren neuer Wissensbereiche, sondern ist als Einbetten neuer Strukturen in schon bestehende zu verstehen. Lernen ohne Anknüpfungsmöglichkeit scheint kaum möglich zu sein. Lernen ist immer Selektieren auf der Basis individueller Lernmerkmale und objektiver, d. h. von außen vorgegebener Lernsituationen. Für Lernen auf der Basis von Hypertext folgt daraus zweierlei:

1) Lernen über verschiedene Abstraktionsebenen und sukzessiver Aufbau eines kognitiven Netzes;
2) Anpassung des Netzes an Benutzervoraussetzungen: pragmatisches Design von Hypertextlernbasen.

zu 1) Lernen über verschiedene Abstraktionsebenen und sukzessiver Aufbau eines kognitiven Netzes

Es spricht einiges für die Annahme, daß auch Wissenserwerb über lineare Formen nicht rein sequentiell, sukzessive vor sich geht, sondern zunächst auf ein grobes Vorverständnis abzielt, das der weiteren Orientierung dient. Bei mündlichen Präsentationen trägt man dem Rechnung, indem zu Beginn ein kurzer Überblick über den vorgesehenen Inhalt des Vortrags gegeben wird, zweckmäßigerweise unterstützt durch eine Overhead-Folie oder eine Tischvorlage. Auch bei schriftlich vorliegenden Quellen gibt es einige Hinweise darauf (vgl. Hammond/Allinson 1987), daß Menschen bei der Lektüre konventioneller Texte sich mentale Karten über die Dokumentstruktur aufbauen. Dies kann z. B. dadurch erleichtert werden, daß vorab graphische oder andere Übersichtsdarstellungen der zu lesenden Texte bereitgestellt werden[4]. Ansonsten hat es der Leser in der Hand, sich vorab ein Erwartungsnetz aufzubauen. Dazu werden in der Regel einfache formale Eigenschaften (Makrostrukturen oder Metainformationen) von Texten ausgenutzt, deren informationelle Werte man durch Überfliegen aufnehmen und – so nehmen wir in Übereinstimmung mit dem kognitiven Ansatz an – in einem Netz zwischenspeichern kann. Die kognitive Funktion dieses Netzes besteht nun darin, daß sie im hermeneutischen Verständnis „Vorurteile" oder Filter darstellen, welche die Wissensaufnahme bei der ausführlicheren Lektüre der Textdetails, wenn nicht determinieren, so doch in hohem Maße beeinflussen oder steuern. Zumindest wird das Verstehen und die Einordnung der folgenden Details durch die Verfügung über einschlägige, konzeptuell hohe (abstrakte) Netze wesentlich erleichtert (vgl. Jonassen 1986, 288). Die Umwandlung von Vorurteilen in solide begründete Urteile

---

[4] Vgl. Simpson (1989, 251): „subjects shown a graphical representation of the document's structure were able to navigate through the text better because this type of representation more closely matched their own internal model of the document's structure"; vgl. Abschnitt 2.3.3.

orientiert sich offenbar erheblich an der konzeptuellen Ausgangsbasis. Forschungsergebnisse aus der Theorie der kognitiven Dissonanz (Festinger 1968; Frey 1981) bekräftigen die Vermutung, daß auch Lernende dazu neigen, eher bestätigende oder bisheriges Wissen ausführende Informationen wahrzunehmen und zu akzeptieren als Informationen, die im Widerspruch zu schon bestehendem Wissen oder bestehender Meinung stehen.

Die große Verantwortung, die dementsprechend Autoren auch bei der formalen Organisation ihrer Texte haben, bis zum sorgfältigen Einsatz typographischer Stilmittel, stellt sich auch beim Aufbau von Hypertextbasen allgemein und besonders in Lernsituationen. Wie wir in Abschnitt 2.3 dargestellt haben, ist das Orientierungsproblem zentral für Hypertext. Im Zusammenhang des Lernens bedeutet Orientierung – zu Beginn einer Lernsequenz oder beim Übergang in neue Gebiete – die Möglichkeit, die notwendigen Netze sukzessive aufzubauen oder schon bestehende Teilnetze der Lernenden zu aktivieren. Die Techniken, die hier zum Einsatz kommen, sind weitgehend die schon in Abschnitt 2.3 besprochenen, also graphische Gesamt- und Detailübersichten, Inhaltsverzeichnisse, vernetzte Sichten („web views"), etc. Dabei sind sowohl abstrakt-monohierarchische als auch netzwerkartige oder polyhierarchische Ordnungen geeignet. Erlauben erstere eher allgemeine Überblicke, so gestatten letztere besser, die jeweiligen Wissenseinheiten in einen Kontext zu stellen. Die graphischen Möglichkeiten von Hypertext erlauben es, semantische Bezüge über sinnlich anschauliche räumliche Metaphern der Nähe und Distanz zu realisieren (vgl. Utting/Yankelovich 1989).

Weitere Möglichkeiten, Vorabinformationen zum Aufbau von Netzen zu erhalten, bestehen darin, einzelnen Hypertexteinheiten erklärende Metainformationen voranzustellen, welche die Einschätzung der Relevanz bzw. die Entscheidung, sich auf weitere Details einzulassen, erleichtern können (vgl. Abschnitt 2.1). Wie bereits erwähnt, kann allerdings der mögliche positive Effekt solcher Maßnahmen durch die negativen Wirkungen von zu viel Metainformation (Gefahr der kognitiven Überbelastung) eingeschränkt oder gar ganz vernichtet werden.

**zu 2) Anpassung des Netzes an Benutzervoraussetzungen:
pragmatisches Design von Hypertextlernbasen**

Entsprechend dem von uns insgesamt vertretenen pragmatischen Primat halten wir ein benutzerorientiertes Design von Hypertextbasen für unverzichtbar. Das bedeutet allerdings nicht, daß wir ausschließlich für eine benutzergesteuerte Perspektive plädieren, bei der Motivation, Steuerung und Kontrolle allein von den Lernenden abhängen. Jonassen (1986, 186ff) faßt die Ergebnisse einiger empirischer Studien zusammen, die nahelegen, daß ein weitgehend „lernerkontrollierter" Ansatz keineswegs per se mehr angebotsorientierten, vorstrukturierenden Lehrtechniken überlegen ist. Auch aus informationswissenschaftlicher Sicht ist eine ausschließliche Lerner-Zentrierung nicht zu begründen, da Lernende, vergleichbar oder sogar noch mehr als Personen, die über Informationssysteme nach Informationen suchen, sich in der Regel in einem unsicheren Stand des Wissens befinden („anomalous state of knowledge": Brooks et al. 1986, 37f), also oft noch gar nicht präzisieren können, was sie suchen bzw. was sie konkret lernen wollen. Um zu lernen, muß man zumindest den Überblick darüber haben, was gelernt werden soll und ist dafür häufig auf Vorschläge des Lernsystems angewiesen.

Wir halten für Lernsituationen weder ausschließliche Vorgaben oder Steuerung des Systems noch ausschließlich direkte Manipulation durch den Benutzer allein für zweckmäßig. Pragmatisches Design bedeutet also konversationale Dialogführung[5], die dem System im Sinne des Ansatzes der wechselnden Initiative („mixed initiative") Spielraum für Reaktionen, wie Antizipation von Navigationsschritten des Benutzers, Kompensation von Fehlbedienungen, Hinweis auf Handlungsalternativen oder auf bislang nicht eingesehene, aber als relevant eingeschätzte Informationen, geben. Hypertexte sollten also nicht über starre Kommando-Reaktions-Folgen konzipiert werden[6], vielmehr sollte eine Systemantwort nur dann als situationsadäquat und informativ angesehen werden, wenn sie auch eine Funktion der vorausgegangenen Dialogschritte und der dem System bekannten bzw. erschlossenen Benutzermodelle ist. Für den Entwurf von Hypertextlernsystemen gelten die in Abschnitt 1.4 formulierten pragmatischen Anforderungen ganz besonders, sind doch, wie oben erwähnt, Lernsituationen in exemplarischer Weise Nicht-Standard-Situationen, deren den Lernerfolg beeinflussende pragmatische Rahmenbedingungen berücksichtigt werden müssen.

Wir wollen die Diskussion um die Einschlägigkeit von Hypertextmethoden für Lernsituationen in Abschnitt 3.2.2 mit der Diskussion einiger einschlägiger empirischer, durchaus kontroverser Studien fortführen, stellen aber vorab in Abschnitt 3.2.1 einige eher praktische Einsatzmöglichkeiten von Hypertext in der wissenschaftlichen Ausbildung vor.

---

[5] Einen entsprechenden Vorschlag hat U. Thiel mit seiner Dissertation (1990) vorgelegt, in der das pragmatische Design des in Konstanz entwickelten Systems TWRM-TOPO-GRAPHIC (Kuhlen et al. 1989a) theoretisch rekonstruiert worden ist. Die Ausführungen zur konversationalen Dialogführung orientieren sich weitgehend an den Gedanken dieser Arbeit. Vgl. auch die Arbeiten zur kooperativen Dialogführung allgemein, z. B. Kobsa (1985); Wahlster (1985); Kobsa/Wahlster (1989).

[6] Dies würde bedeuten, daß der Benutzer die im System befindlichen Objekte manipulieren kann, ohne daß das System daraus irgendwelche Schlüsse zieht. Das ist z. B. die Regel bei allen kommerziellen Information-Retrieval- oder Datenbanksystemen der Fall, bei denen, wie schon erwähnt, auch die zehnte identische Anfrage zum gleichen Suchergebnis führt.

3.2.1 Einsatzmöglichkeiten von Hypertext in der wissenschaftlichen Ausbildung

Wir sehen im wesentlichen vier Einsatzmöglichkeiten von Hypertext
in der Ausbildung (vgl. Kuhlen 1990a):

1) Hypertext als Mittel der Orientierung im Studienangebot, aber auch als Mittel der Selbstdarstellung einer Ausbildungseinrichtung (Teil des Hochschul-Marketing);
2) Hypertext als didaktische Unterstützung der Präsentation von Wissen durch die Lehrenden;
3) Hypertext – in der Ausweitung der Ansätze der computerunterstützten Ausbildung („computer-based training" – CBT) als interaktive und nicht-lineare Möglichkeit des Selbststudiums, in Ergänzung und als Ersatz zu tradierten linearen Vermittlungsformen wie Lesen von Texten oder Zuhören von Vorlesungen;
4) Hypertext als Mittel des Lernen durch Modellieren, die Aneignung von Wissen durch den Aufbau von Hypertextbasen zu ausgewählten curricularen Gegenständen.

zu 1) Mittel der Orientierung in der Ausbildung. Wegen seiner extrem leichten und weitgehend selbsterklärenden Benutzerführung ist Hypertext für Endbenutzeranwendungen allgemein gut geeignet. In der Hochschul-Ausbildung gehören zu solchen Anwendungen die Studienberatung für Erstsemester, die laufende Information über die jeweiligen Semesterstudienangebote, aber auch Informationen über institutionelle, personelle und organisatorische Aspekte des Studiums und die Möglichkeit der Präsentation eines Studiengangs für Externe, z. B. auf Konferenzen, Messen oder Vorträgen[7]. Abbildung 3.2.1-1 zeigt einen Ausschnitt aus der Selbstdarstellung der Grazer Informationswis-

---

[7] In der Konstanzer Informationswissenschaft wurde in der Vergangenheit auch mit dem Expertensystem-Ansatz für die gleichen Zwecke experimentiert d. h. im Rahmen eines Projektkurses wurde ein Expertensystem entwickelt, das nach entsprechenden Eingabedaten entschied, ob ein Bewerber für eine der beiden Richtungen des Studiums, Informationsvermittlung und Informationsmanagement, die formalen Voraussetzungen erfüllt es informierte weiter über die Anforderungen der Prüfungsordnung und die aktuellen Studienangebote und stellte nach der Vorgabe gewisser Rahmendaten durch den Anfrager einen „optimalen" Stundenplan für das laufende Semester zusammen. Allgemein ist es aus methodischen Gründen schwierig, die Leistungen von Expertensystemen und Hypertextsystemen zu vergleichen (einige Daten wurden auf der Basis eines Vergleichs mündlich von Gerri Pepper/IBM auf Hypertext '89 in Pittsburgh mitgeteilt; vgl. Kuhlen 1989c); unstrittig scheint aber zu sein, daß die Entwicklungszeiten für den Aufbau einer Hypertextbasis gegenüber dem Aufbau eines entsprechenden Regelsystems plus einer Faktenbasis entschieden günstiger sind.

Abb. 3.2.1-1. Präsentation eines Instituts und der Ausbildung mit Hypertext (Graz) (aus: Grazer Informationswissenschaft)

senschaft (Leitung Prof. Rauch), realisiert auf Macintosh mit HyperCard, die vor allen den Studierenden zu einer kurzen Einführung in Arbeit, Personal und Kursangebot des Instituts verhilft, ohne dabei konkrete Beratung ersetzen zu wollen.

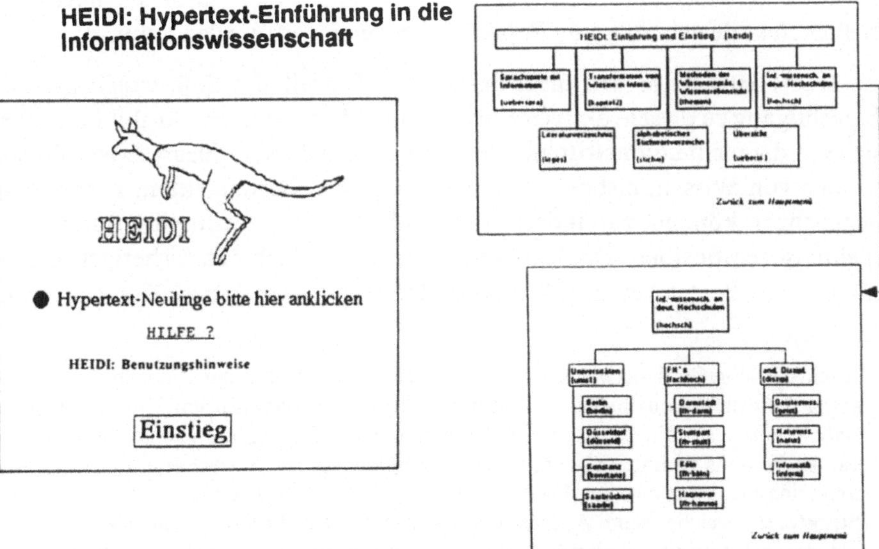

Abb. 3.2.1-2. Präsentation eines Kurses aus HEIDI (aus: Kuhlen et al. 1989 b, c)

Die Darstellung in Abbildung 3.2.1-2 informiert über einen zentralen informationswissenschaftlichen Kurs an der Universität Konstanz, der partiell als Hypertextbasis mit GUIDE aufgebaut worden ist (Kuhlen et al. 1989b, c).

zu 2) **Didaktische Unterstützung der Präsentation.** Verschiedene, auf dem Markt erhältliche Systeme, wie z. B. KMS (Akscyn/McCracken/Yoder 1988) oder HyperTIES (Shneiderman 1989; Shneiderman/Kearsley 1989), sind ursprünglich ausdrücklich für Präsentationszwecke entwickelt worden. Auch das bislang vermutlich am meisten eingesetzte Hypertextsystem – HyperCard mit der Entwicklungssprache HyperTalk auf Macintosh-Geräten (Harvey 1988; Freeman 1989) – wird häufig für solche Zwecke eingesetzt, nicht zuletzt wegen der guten Systemreaktionszeiten und der leichten Kombinierbarkeit von Text und Graphik oder anderen medialen Formen. Entsprechend gut sind Hypertextsysteme zur Unterstützung der Darstellung von Lehrstoff einsetzbar[8]. Umfangreiche Hypertextlehrmaterialien sind hierzu vor allem mit dem System INTERMEDIA entstanden (vgl. nächster Abschnitt). In der einfachsten Form kann Hypertext – entsprechend dem allgemeinen Zweck von (ii) – als komfortablere und flexiblere Form von Overhead-Projektionen oder Dias-Vorführungen verwendet werden. Flexibler ist Hypertext deshalb, weil spontane Änderungen (Löschen oder Hinzufügen) – im Gegensatz zu Dias – sofort, d. h. während der Darstellung in einer Vorlesung, in die Hypertextdokumente eingefügt werden können – und weil – anders als bei Folien – die aktualisierten Versionen für die Studierenden sofort nachvollziehbar sind, wenn nach Schluß der jeweiligen Sitzung die entsprechende neue Version im DV-Labor zum Nacharbeiten eingerichtet wird. Die Hoffnung dabei ist auch, daß quasi als nützlicher Nebeneffekt der Umsatz von Papierkopien verringert werden kann.

zu 3) **Als interaktive und nicht-lineare Möglichkeit des Selbststudiums.** Die Berechtigung zu diesem aktiven Einsatz von Hypertext in der Ausbildung leitet sich von der nicht unumstrittenen Annahme ab, daß nicht-lineare Darstellungsformen von Wissen, insbesondere bei komplexen Lernobjekten, Lernerfolge begünstigen können, zumindest aber das Entstehen (erwünschten) multiperspektivischen flexiblen Denkens fördern könne[9]. Nach den bisherigen Erfahrungen (vgl. Beeman et al. 1987, 78) sollten Hypertextbasen zu Kursen sowohl

---

[8] Auch die NoteCards-Erweiterung IDE (= Instructional Design Environment) ist in erster Linie dafür konzipiert, den komplexen Prozeß des Entwurfs von Unterrichtsmaterialien (und deren Nutzung) zu unterstützen. Um die Darstellung von ausbildungsrelevanten Wissens zu unterstützen, werden „template cards" verwendet, die hierarchisch untereinander geordnet sind. Diese enthalten in der leeren Version lediglich vordefinierte Strukturen, welche beim Aufbau der entsprechenden Lernbasis intellektuell (auch automatisch unterstützt durch Vererbungsmechanismen) gefüllt werden müssen. Bei IDE existieren (Stand Ende 1989) 20 „default template scripts" (Jordan et al. 1989, 96).

[9] Vgl. die INTERMEDIA-Experimente im nächsten Abschnitt.

zur gezielten Vorbereitung einer speziellen Kurssitzung als auch zu deren Nachbereitung eingesetzt werden, und natürlich auch abschließend zur Prüfungsvorbereitung bzw. zur allgemeinen Wiederholung des Lernstoffes. Entsprechende Hypertextsysteme setzen dabei auf der längeren Tradition der computerunterstützten Ausbildung auf. Wir stellen hierfür exemplarisch das System HyperCOSTOC vor:

HyperCOSTOC versteht sich als fortgeschrittenes CAI („computer-aided instruction")-System[10], das auf nicht-lineare Weise strukturierte Einheiten[11] von Ausbildungs- und allgemeinen Informationsmaterialien in universitären Umgebungen anbieten und verarbeiten kann. HyperCOSTOC ist sowohl als Autorensystem konzipiert, d. h. verfügt über entsprechende Editoren zum Aufbau von Lehrmaterialien durch das Lehrpersonal, als auch als „Browsing"- bzw. Lernsystem zur Abarbeitung durch Lernende. Die einzelnen Einheiten können paketweise aus einem zentralen Speicher an den Arbeitsplatz heruntergeladen werden, so daß die Lernenden ohne Zeitdruck studieren können, sie können aber auch „on-line" abgerufen werden. Die Erweiterbarkeit ist dadurch gegeben, daß über sogenannte externe Hypermoleküle („external hypermols") Materialien aus anderen Beständen erschlossen werden können[12].

In HyperCOSTOC wird die Idee der Pfade in Form von „H-tours" aufgegriffen. Abbildung 3.2.1-3 zeigt die Möglichkeit individualisierter Pfade, d. h. ein Lernender kann sich sowohl seinen eigenen Weg bahnen als auch verzweigenden Pfadangeboten (Touren 1 und 2 in Abb. 3.2.1-3) nachgehen. Pfade können einfach sequentiell abgearbeitet werden, sie können aber auch als „bedingte Pfade" organisiert sein (vgl. Abschnitt 2.3.4), bei denen der Lernende vor dem jeweiligen Übergang seinen aktuellen Lernerfolg nachweisen muß.

---

[10] HyperCOSTOC ist aus den Arbeiten am Projekt COSTOC (= COmputer Supported Teaching Of Computer-Science oder: COmputer Supported Teaching? Of Course) entstanden, durch das Informatik-Ausbildungsmaterialien für verteilte, mikrocomputerorientierte Systeme erstellt werden. COSTOC ist als weitgehend hardwareunabhängig realisiert. Der inhaltliche Schwerpunkt lag bislang auf Themen aus dem Informatik-Bereich (mit Stand 1989 über 250 entsprechende, weitgehend einstündige Lektionen) die Software selber ist aber offen für alle anderen Anwendungen; vgl. Huber/Makedon/ Maurer (1989); Maurer/Tomek (1990b) für weitere Hypertextarbeiten der entsprechenden Forschergruppe vgl. Maurer/Tomek (1990a).

[11] Diese sogenannten Hypermoleküle („hyper-molecules") sind mit unseren in Abschnitt 2.1 eingeführten „informationellen Einheiten" weitgehend identisch und bestehen aus Stücken von Lernmaterialien, die zwischen 10 Sekunden und mehreren Minuten Studierzeit verlangen.

[12] Maurer/Tomek (1990) diskutieren die Probleme und Möglichkeiten, auch Kosten, des Herunterladens („down-loading") größerer Bestände, z. B. aus einer Bildschirmtext-Datenbasis, und empfehlen, aus Zeitproblemen bei der Datenübertragung, das parallele Herunterladen im Hintergrund, während der Benutzer zunächst einmal „on-line" seine Lektionen beginnt.

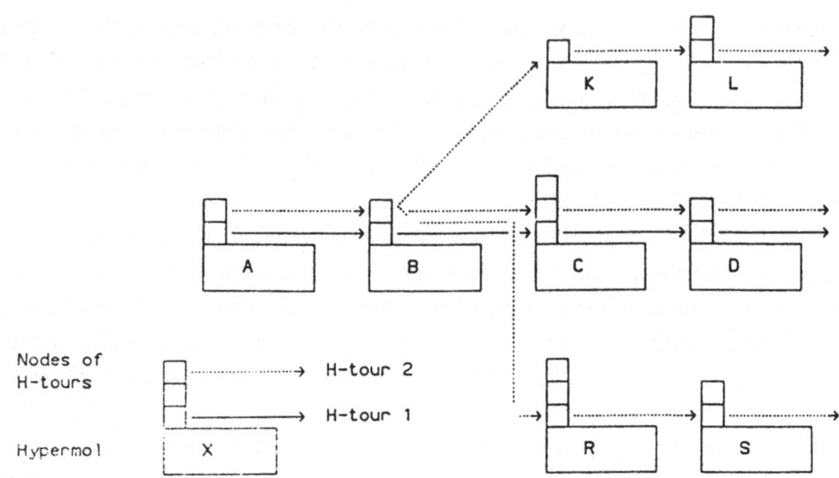

Abb. 3.2.1-3. Variable Pfade im Ausbildungssystem HyperCOSTOC
(aus: Huber/Makedon/Maurer 1989, 298, Fig. 1; mit Genehmigung von Academic Press)

HyperCOSTOC verfügt über graphische Übersichtsmittel, mit denen man sich vorab über die Strukturen und Pfade der Lektionen informieren kann, bietet Annotationsmöglichkeiten auf System-, Autoren- und Nutzerebene an, die individuell in „Notizbüchern" gespeichert werden können, und erlaubt durch intensiven Einsatz der Mehrfachfenstertechnik das parallele Arbeiten in mehreren Hypermolekülen.

zu 4) **Lernen durch Modellieren.** Erste Experimente (vgl. Kuhlen 1989a und b) legen nahe, daß es möglich ist, curricular und materialmäßig (textuell und graphisch) gut aufbereitete Kurse nicht mehr als Vorlesungen oder Seminare zu organisieren, sondern als Projekte, bei denen auf der Basis der linear geordneten Kursunterlagen (zentrale Texte, Normen, Skripten) der jeweilige Gegenstandsbereich eines Kurses modelliert und in eine entsprechende reale Hypertextbasis eingebracht werden kann. Ein solches Vorgehen des Lernens durch Modellieren („learning by modelling") beruht auf der (sicherlich noch unzureichend gestützten) Annahme, daß das gewünschte allgemeine Lernziel, sich nämlich in einem Objektbereich (hier Verfahren der Inhaltserschließung) kreativ, assoziativ und nicht-linear bewegen zu können, weniger durch das passive Nachvollziehen linearer Präsentationsformen (Vorlesung) erreicht wird und auch nur unzureichend, wenn Studierende in fertigen Hypertextbasen navigieren. Zwar haben sie im letzteren Falls durchaus schon die Chance, sich die realen Pfade selber zusammenzustellen, aber im Prinzip sind sie doch beim Navigieren immer auf die Verknüpfungsvorschläge ihrer Lehrer (das sind in diesem Fall die Hypertextbasenersteller) angewiesen. Experimente aus dem IRIS-Laboratorium (Brown-University) zum Einsatz des Hypertextsystems INTERMEDIA für die Ausbildung[13] zeigen, daß (erwünschtes) nicht-lineares Denken am ehesten noch von den den Unterricht unterstützenden Hilfskräften („teaching assistants") erreicht wird, die sowohl beim Aufbau der Hypertextlehrmaterialien beteiligt waren als auch später bei der tutoriellen Unterstützung die fertigen Hypertextbasen am intensivsten genutzt hatten (vgl. Beeman et al. 1987). Warum aus diesen Beobachtungen also nicht den Schluß ziehen, die Studierenden von vorneherein aktiv an dem Aufbau von Hypertextbasen zu beteiligen[14]?

Im Anschluß an Vorarbeiten zum Aufbau des Systems HEIDI (Kuhlen et al. 1989b, c) wurde im Sommersemester 1990 der Inhalt des informationswissenschaftlichen Kernkurses „Automatische und intellektuelle Verfahren der Inhaltserschließung" des Aufbaustudiums der Informationswissenschaft in verschiedene Hypertextbasen überführt. Hierzu wurden die meisten Studierenden knapp, andere durch die Teilnahme an einem parallelen theoretischen Hypertextkurs umfassender, in die Hypertextmethodik und die entsprechend verfügbare Software eingeführt. Lernziel des gesamten Kurses war die Aneignung des Wissens[15] durch aktive Modellierung und Strukturierung selber. Eine solche Ausbildungsform „schlägt sozusagen zwei Fliegen mit einer Klappe". Zum einen erlernen die Studenten aktiv, in diesem Fall durch eine hypertextgerechte Modellierung, den „Stoff" eines Lehrgebietes, denn um eine Hypertextbasis aufbauen zu können, muß man ausreichend kompetent auf dem Domänengebiet sein; zum anderen stehen als Ergebnis Hypertextbasen bereit, die nachfolgenden Studentengenerationen wiederum als (weiter auszubauende) Lerninstrumente – im Sinne von (iii) – zur Verfügung stehen. Die Abbildungen 3.2.1-4-6 zeigen einige Beispiele aus der Modellierungsarbeit der verschiedenen Gruppen.

---

[13] Vgl. Beeman et al. (1987); Yankelovich/Landow/Heywood (1987); Yankelovich/Landow/Cody (1987); Ausführungen im nächsten Abschnitt.

[14] Dies scheint im Konstanzer Aufbaustudiengang der Informationswissenschaft besonders gut möglich zu sein, weil es sich zum einen um erfahrene und selbständige Studierende handelt, die zum andern auch dadurch motiviert sind, weil die Hypertextmethodologie, unabhängig von einer konkreten Anwendung, zum Curriculums-Inhalt gerechnet wird.

[15] Im konkreten Fall des erwähnten Kurses ist dies Wissen über Klassifikation, Thesauri, Indexieren nach dem Prinzip des „coordinate indexing" und syntaktisches Indexieren, Referieren, Bewertungsverfahren, automatische Verfahren des „Indexing" und „Abstracting". In die jeweiligen Gebiete wurde kurz eingeführt, im übrigen auf die Unterrichtsmaterialien, z. B. Teilskripten, Normen, Abbildungen, Fachliteratur, verwiesen. Darüberhinaus konnten und sollten die Studierenden eigene Erfahrungen, z. B. aus entsprechenden Praktika oder Online-Recherchen, für die Kenntnisse über Inhaltserschließungstechniken benötigt wurden, einbringen. Wegen des Umfangs der Arbeiten wurde Untergruppen gebildet, die entweder mit GUIDE oder mit HyperTIES die wichtigsten Hauptthemen des Kurses als selbständige Hypertextbasen aufgebaut haben (vgl. Abb. 3.2.1-4-6).

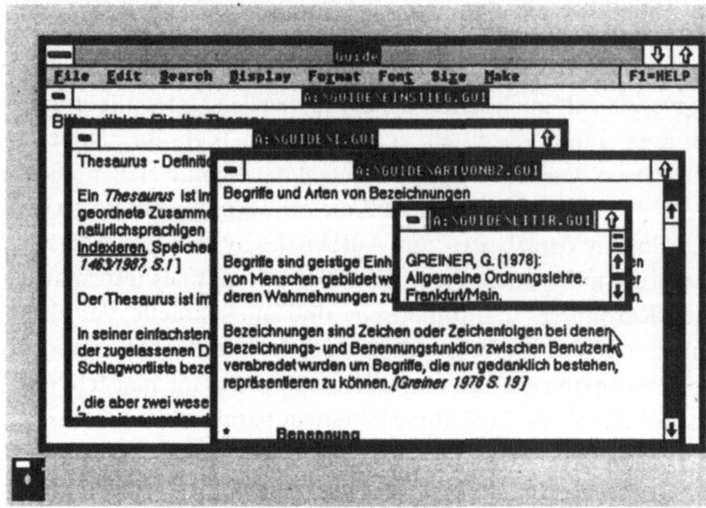

Abb. 3.2.1-4. Beispiel aus Lehrmaterialien zum Thesaurus, erstellt auf der Basis des „Lernens durch Modellieren" im Kurs „Inhaltserschließung" der Konstanzer Informationswissenschaft im Sommersemester 1990 (unter Verwendung von GUIDE)

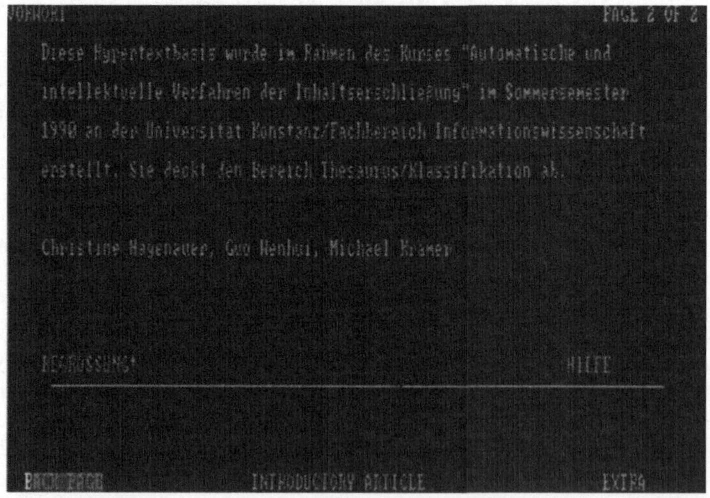

Abb. 3.2.1-5. Beispiel aus Lehrmaterialien zum Thesaurus, erstellt auf der Basis des „Lernens durch Modellieren" im Kurs „Inhaltserschließung" der Konstanzer Informationswissenschaft im Sommersemester 1990 (unter Verwendung von HyperTIES)

Obgleich theoretisch durch eine solche Vorgehensweise sukzessive der gesamte curriculare Inhalt hypertextmäßig aufgebaut und jeweils auf dem neuesten Stand gehalten werden könnte, ist es unwahrscheinlich, daß die

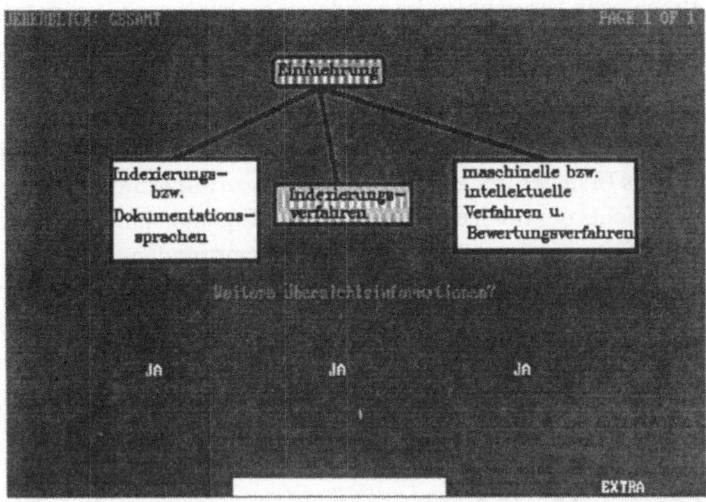

Abb. 3.2.1-6. Beispiel aus Lehrmaterialien zum Indexieren, erstellt auf der Basis des „Lernens durch Modellieren" im Kurs „Inhaltserschließung" der Konstanzer Informationswissenschaft im Sommersemester 1990 (unter Verwendung von HyperTIES)

Verwendung von Hypertext den Einsatz der Lehrenden selber überflüssig machen wird. Die Dozentinnen und Dozenten werden vielmehr aktiv bei der Modellierung und dem Aufbau von Hypertextbasen beteiligt sein; lediglich die klassischen Formen der Wissensbereitstellung durch ausschließlich eigene didaktische Aufbereitung verschieben sich mehr in Richtung Motivation, Beratung, Hilfestellung oder Korrekturen. Zu wenig weiß man auch bislang, welche Lehr- und Lerngegenstände für eine Hypertextmodellierung geeignet sind[16]. Weiterhin wird es in einer normalen Ausbildungssituation (auch nicht in einer hoch-motivierten Lernsituation wie beim berufsfeld-orientierten Konstanzer Aufbaustudium) auch bei einer curricularen Aufbereitung des Stoffes kaum möglich sein, das entsprechende Wissen durch die Studierenden selbständig aneignen, modellieren und in Hypertextbasen einbringen zu lassen. Die erste Auswertung des oben erwähnten Experiments des Lernens durch Modellieren hat ergeben, daß das engere Teilgebiet (z. B. das Teilgebiet „Thesaurus"), das jeweils von einer Arbeitsgruppe als Hypertextbasis aufgebaut wurde, am

---

[16] Die INTERMEDIA-Experimente (s. unten) legen den Schluß nahe, daß naturwissenschaftliche Lerninhalte (dort war es Biomedizin) gegenüber geisteswissenschaftlichen (dort war es Wissen über englische Literatur seit 1700) für Hypertext besser geeignet sind. Sicherlich hängt die Leistung aber auch stark von der Ausstattung der jeweiligen Hypertextsoftware ab. Argumentativ basierte Hypertextsysteme (vgl. die Beispiele in Abschnitt 2.2.5) sind für andere Inhalte geeignet als zur Atomisierung neigende kartenorientierte Systeme oder allgemein solche mit schwacher Verknüpfungssemantik.

Ende inhaltlich sehr gut beherrscht wurde, daß aber wegen der notwendigen Arbeitsteilung das Wissen über die anderen Teilgebiete des Kurses (z. B. die Gebiete des „Indexing" und des „Abstracting"), die von anderen Arbeitsgruppen behandelt worden sind, kaum über den Stand der anfänglichen, kurzen Einführung durch den Dozenten hinausgekommen ist. Zudem wurde der Aufwand für das Erstellen der Hypertextbasen als zu aufwendig angesehen und, vor allem angesichts der noch eingeschränkten Möglichkeiten der kommerziell verfügbaren Software, als zuweilen frustrierend empfunden.

Genauso wie bisherige Formen der computerunterstützten Ausbildung den „Lehrer" nicht überflüssig gemacht haben, so wird dies auch Hypertext nicht tun. Allerdings werden durch Hypertext flexiblere Formen in der Lehre und aktiveres Lernverhalten unterstützt, und dies ist nach allen Einschätzungen der Lernpsychologie nur ein Vorteil.

3.2.2 Einschätzung der Nutzpotentiale nicht-linearer Lernmaterialien für Ausbildungszwecke

Die Entwicklung von nicht-linearen Lernmaterialien steht erst ganz am Anfang, auch wenn, wie wir am Beispiel von HyperCOSTOC gezeigt haben, die schon sehr viel längere Tradition der computergestützten Ausbildung insgesamt berücksichtigt werden muß. Diese Lehrformen sind aber in der Regel nicht nicht-linear, sondern nach dem Prinzip der bedingten Verzweigungen aufgebaut. Wir wollen uns daher im folgenden weitgehend auf Arbeiten aus der Hypertextumgebung konzentrieren. Zu Beginn dieser Diskussion wollen wir exemplarisch zwei Untersuchungen gegenüberstellen, die sicherlich weder in methodischer noch inhaltlicher Hinsicht vergleichbar sind, die jedoch sehr anschaulich die unterschiedlichen Einschätzungen bezüglich des Lernerfolgs beim Einsatz linearer und nicht-linearer Unterrichtsmaterialien ersichtlich machen. In der ersten, eine Studie von Schnotz (1987), wird sehr bestimmt die These vertreten, daß kontinuierliche Texte langfristige Lernerfolge bzw. die Heranbildung mentaler Modelle gegenüber diskontinuierlichen Texten begünstigen bzw. überhaupt erst möglich machen, während die INTERMEDIA-Experimente (Beeman et al. 1987; Yankelovich/Landow/Heywood 1987) genau den gegenteiligen Schluß ermöglichen, indem sie nahelegen, daß der Einsatz eines nicht-linearen Mittels, hier des Hypertextsystems INTERME-DIA, die Herausbildung erwünschter neuer kognitiver Stile, pluralistisches Denken, die Fähigkeit, Informationen nicht isoliert, sondern im Kontext zu sehen, begünstige und insgesamt so den Lernerfolg positiv beeinflusse[17]. Noch

---

[17] Vgl. auch Marchionini (1989), der das Konzept des mentalen Modells auch für die Aufbauprobleme elektronischer Enzyklopädien verwendet vgl. auch Stanton/Stammers (1989b).

einmal: die Voraussetzungen, die Methodik, die Instrumente und auch die Ziele waren jeweils ganz andere; dennoch wird daran deutlich, welche Forschungsaufgaben anstehen, um gesicherte Aussagen über die Leistungsstärke nichtlinearer Formen in der Ausbildung zu gewinnen, bevor Hypertextanwendungen im großen Stil in der Ausbildung eingesetzt werden[18].

3.2.2.1 Kontinuierliche vs. diskontinuierliche Texte (Schnotz-Studie)

Die Ergebnisse der im folgenden in einigen, hier interessierenden Details darzustellenden Studie von Schnotz (1987) sind zwar nicht direkt an einem Hypertextexperiment gewonnen wurden, sind aber doch für Hypertextfragestellungen bedenkenswert. In dieser Studie hatte Schnotz interessiert, ob Unterschiede im Lernerfolg bei der Verwendung kontinuierlicher und diskontinuierlicher Texte auszumachen sind[19]. Gemeinsam sollte beiden Textsorten das in ihnen enthaltene Wissen sein. Diskontinuierliche Texte lösen jedoch die den Textzusammenhang (die Gesamtkohärenz) in „normalen" Texten herstellenden kohäsiven und argumentativen Beziehungen auf. In dieser Hinsicht könnten Passagen diskontinuierlicher Texte mit atomisierten fragmentierten Hypertexteinheiten vergleichbar sein, aus denen eben diese kohäsiven und argumentativen Beziehungen entfernt werden müssen, wenn autonome Hypertexteinheiten entstehen sollen[20].

Der Vergleich kontinuierlicher und diskontinuierlicher Texte hat bei dieser Studie ergeben, daß im Durchschnitt der (insgesamt 34) Studierenden, die an dem Experiment teilnahmen, die Gesamtinformation der Texte, insbesondere die zentralen Informationen, durch kontinuierliche Texte besser aufgenommen wurden als bei diskontinuierlichen[21]. Dies ist umso gravierender, als man im

---

[18] Auch Jonassen (1986), der sich ansonsten entschieden für Hypertextanwendungen in der Ausbildung einsetzt, spielt einige Argumente durch, die eher für autoren-strukturierte lineare Texte in Lernsituationen sprechen (a.a.O. 288). Daraus folgt, noch einmal, die Verantwortung von Autoren, ihre Texte auf der Makroebene, im Sinne der Texttheorie (Kintsch/van Dijk 1978), zu strukturieren: „the more clearly and explicitly the author communicates the overall structure of text, the more likely readers are to comprehend the content of it" (ebda).

[19] Diskontinuierliche Texte sind sicherlich nicht identisch mit leistungsstarken Hypertextbasen im Prinzip der Fragmentierung/Atomisierung von propositionalen Einheiten, jedoch partiell vergleichbar.

[20] Die hypertextspezifischen Möglichkeiten der Verknüpfung dieser Einheiten, mit denen flexible Ersatzkohärenzformen aufgebaut werden könnten, zieht die Schnotz-Studie aufgrund ihres Ansatzes (u. a. nicht direkt auf Hypertext bezogen) nicht in Betracht.

[21] Vgl. Abb. Schnotz (1987, 56); sicherlich hat bei der Untersuchung von Schnotz auch eine Rolle gespielt, daß es sich bei den Objekten um relativ kurze Texte gehandelt hat. Gordon et al. (1988) haben ebenfalls herausgefunden, daß Hypertextversionen von kürzeren Artikeln (1000 Wörter) zu schlechteren Behaltensleistungen führen als bei den linearen Versionen (s. unten).

allgemeinen als oberstes Lernziel eher die Fähigkeit ansieht, ein mentales Modell mit Gesamtorientierung aufzubauen, als isoliertes Faktenwissen (die Menge einzelner Propositionen) zu vermitteln. Allerdings ist diese Aussage differenzierter zu sehen, wenn die unterschiedlichen Lernvoraussetzungen (Vorwissen, Intelligenz) berücksichtigt werden:

Die Ergebnisse der Studie (vgl. Abbildung 3.2.2-1) legen nahe[22], daß durch diskontinuierliche Strukturen zwar durchaus gleichwertige, oder bei besseren Lernvoraussetzungen, sogar bessere Leistungen mit Blick auf Detailinformationen erzielt werden können, daß aber die zentralen Informationen, und damit die Gesamtinformation, schlechter bei diskontinuierlichen Strukturen aufgenommen werden. Anders: der Leser identifiziert die Details und kann diese bei Wiedergabetest auch als behalten ausgeben, kann aber schwerer gewichten oder Gesamtzusammenhänge erschließen („sieht den Wald vor Bäumen nicht"). Auf der Basis dieser diskontinuierlichen Strukturen wird in geringerem Ausmaß eine Verstehensstrategie entwickelt (was Schnotz die mentale Kohärenz nennt), die es dauerhaft erlaubte, das erworbene Wissen später auf das Beantworten von Fragen bzw. das Lösen von Problemen anzuwenden. Wenn man Verstehen gegenüber bloßem Behalten als höheres Lernziel ansieht – was sicherlich allgemein anerkannt ist –, dann begünstigen nach Schnotz kontinuierliche Strukturen/Texte diese eindeutig favorisierten Lerneffekte.

Konkreter interpretiert dies Schnotz so, daß Lernende mit höheren Voraussetzungen bei kontinuierlichen Texten aus einer ausreichenden Aufnahme von Details über propositionale Repräsentationen ein stark ausgeprägtes mentales Modell, das ja für dauerhafte Lernerfolge entscheidend ist, aufbauen können, während sie bei diskontinuierlichen Texten aus einer starken Aufnahme propositionaler Strukturen nur mit erheblichem Aufwand[23] ein dann geringer ausgeprägtes mentales Modell aufbauen können. Bei Lernenden mit niedrige-

---

[22] Aus Abbildung 3.2.2-1 ist ersichtlich, daß Personen mit *höherem Vorwissen* bei diskontinuierlichen Texten besser Detailinformationen aufnehmen als bei kontinuierlichen Texten. In der Abbildung ist daher die graphische Gestaltung der propositionalen Repräsentationen hervorgehoben, während es für diese Gruppe mit Blick auf die Herausbildung mentaler Modelle bzw. bei der Aufnahme der zentralen bzw. der Gesamtinformation gewisse, wenn auch nicht-signifikante Vorteile bezüglich der kontinuierlichen Texte gab (in der Abbildung ebenfalls hervorgehoben). Personen mit *niedrigerer Intelligenz präferieren bei der Gesamtinformation und den zentralen* Informationen eindeutig die kontinuierlichen Texte, d. h., sie waren in der Lage, aus kontinuierlichen Strukturen mentale Modelle aufzubauen, wenn auch nicht in dem gleichen Ausmaß, wie es bei Personen mit höheren Lernvoraussetzungen der Fall war. Demgegenüber konnten sie aus den diskontinuierlichen Texten gar keine mentale Modelle zu bilden. Mit Rücksicht auf die Detailinformationen gab es bei dieser Gruppe einige (aber wiederum nicht signifikante) Präferenzen für diskontinuierliche Texte.

[23] Dies erklärt auch, daß die Lesezeit von diskontinuierlichen Texten bei Lernenden mit besseren Voraussetzungen höher lag als in den jeweils anderen Fällen.

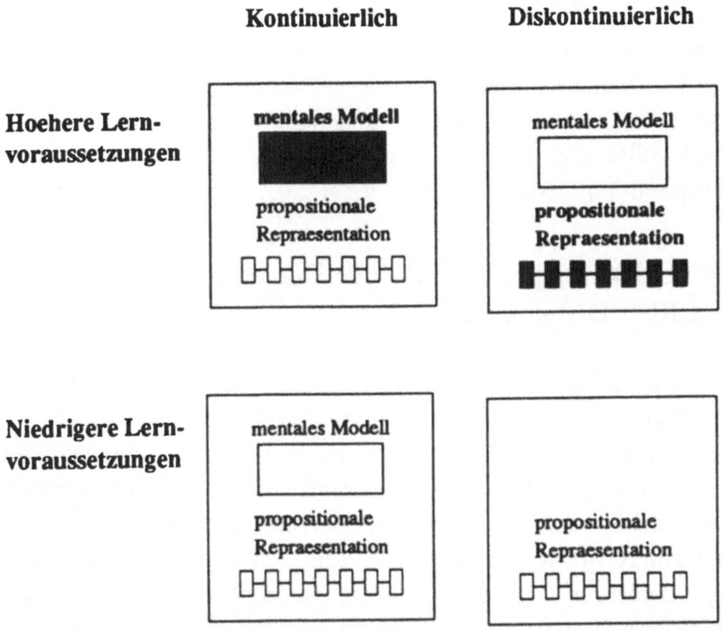

Abb. 3.2.2-1. Unterschiede der mentalen Repräsentation bei kontinuierlichen und diskontinuierlichen Texten bei hohen und niedrigen Lernvoraussetzungen (aus: Schnotz 1987, 108)

ren Voraussetzungen ermöglicht die ausreichende Aufnahme von Details bei kontinuierlichen Texten den Aufbau eines ausreichenden (nicht starken) mentalen Modells, während die ebenfalls ausreichende Aufnahme von Details aus diskontinuierlichen Texten nicht mehr zum Aufbau mentaler Modelle führt. Kurz: möglicherweise vorhandene Vorteile bei der Aufnahme propositionaler Repräsentationen durch diskontinuierliche Texte schlagen sich kaum (bei höheren Voraussetzungen) oder gar nicht (bei niedrigeren Voraussetzungen) bei der Bildung mentaler Modelle nieder.

Ist somit der Umgang mit diskontinuierlichen Strukturen – und damit auch für Hypertext(?) – eher geeignet für schon Kompetente oder Intelligente? Vermutlich ist die Frage zu einfach gestellt, da natürlich die jeweilige Situation der Wissensaufnahme berücksichtigt werden muß[24]. Ein anderer wichtiger

---

[24] Das Problem wird dadurch noch schwieriger, daß Lernende durchaus nicht immer die Lernform tatsächlich wählen, die an sich für sie passend wäre. Mit Bezug auf eine Studien von Clark (1983) merkt Jonassen (1986) an: „high ability learners tend to prefer more directive, structured methods of instruction but benefit more from non-directive, self-structured approaches" (a.a.O. 287). Vgl. auch die nicht im Hypertextkontext entstandene Studie von Lodewijks (1982), die den Schluß nahelegt, daß starre Präsentationsschema in Lernsituationen bzw. feste Lernsequenzen zwar weniger begabte Schüler unterstützen, aber selbständigere eher behindern.

Schluß, der aus diesen Ergebnissen gezogen werden kann, besagt, daß Hypertextsysteme generell, aber speziell in Lernsituationen, flexibel konzipiert sein müssen, d. h. in diesem Fall auf unterschiedliche Benutzertypen und unterschiedliches Lernverhalten unterschiedlich reagieren können sollten. Flexibilität sollte also zentrales Designprinzip von Hypertext auch in der Ausbildung sein (vgl. Abschnitt 3.2.2.4).

3.2.2.2 Entwicklung perspektivischen Denkens (die INTERMEDIA-Studie)

Wir haben uns im Verlaufe unserer Darstellung schon verschiedentlich auf das an der „Brown University" entwickelte Hypertextsystem INTERMEDIA bezogen, das von Beginn an auch für Ausbildungszwecke eingesetzt wurde. Die im Kontext der INTERMEDIA-Experimente vorlegten Ergebnisse haben zwar den Vorteil direkt auf Hypertext bezogen zu sein, sind aber nicht in dem gleichen Ausmaß wie bei der Schnotz-Studie nachvollziehbar und quantifizierbar, d. h. Lernerfolge wurden mehr geschätzt als wirklich skaliert gemessen. Uns interessieren hier aber auch mehr die tendenziellen Aussagen, weniger die konkreten Details.

In gewisser Hinsicht ist das, was Schnotz mentale Modelle nennt (vgl. auch Schnotz 1988), vergleichbar mit dem, was in Beeman et al. (1987) „kognitive Stile" („cognitive styles") heißt: Die Autoren gehen davon aus, daß zumindest in westlichen Kulturländern nicht nur der reine Wissenserwerb als allgemeines Lernziel angestrebt wird, sondern darüber hinaus pluralistisches, relativistisches, kritisches Denken: „students are encouraged to see the phenomena of the world in interrelated relativistic terms rather than as isolated bits of information" (Beeman et al. 1987, 68). Dieses ganzheitliche Denken, die Fähigkeit, Dinge im Zusammenhang zu sehen, wird hier „non-lineal thinking" genannt[25]. Das Dilemma bisheriger Ausbildung, vor allem im Universitäts-Bereich, wird darin gesehen, „that the ideal of non-lineal thinking is approached through lineal communication, presentation and instruction" (a.a.O. 69). Dies war der Ansatz für die Entwicklung und den Einsatz von INTERMEDIA in der akademischen Ausbildung (vgl. auch Yankelovich/Landow/Cody 1987).

Konkret interessierte die Frage, inwieweit erwünschte kognitive Stile, hier „non-lineales" Denken, durch computer-gestützte Prozesse gebildet werden können. Mit INTERMEDIA sollten zwei Probleme in den Griff bekommen werden, nämlich wie die verschiedenen Materialien untereinander verknüpft

---

[25] Es ist nicht ganz ersichtlich, weshalb die Autoren hier die Bezeichnung „non-lineal" verwenden. Wir greifen diese nur für diesen Abschnitt auf und bleiben sonst bei den üblichen Bezeichnungen „nicht-linear" oder „non-linear".

und wie Begriffe und Ideen visualisiert werden können. Studierende sollten in die Lage versetzt werden, die Lernmaterialien zu verknüpfen und eigene semantische Netze und Bedeutungspfade aufzubauen (Beeman et al. 1987, 71). Offenbar war es gelungen, an der „Brown University" Lehrende zu finden, die schon selber als Lernziele für ihre Kurse die Entwicklung perspektivischen, non-linealen Denkens formuliert hatten, ohne dies gänzlich befriedigend auf der Basis konventioneller Texte erreicht zu haben. Entsprechend wurden ein englischer Literaturkurs „English Literature from 1700 to the Present" (Leitung George Landow)[26] und ein Biomedizin-Kurs (Leitung Peter Heywood) durch

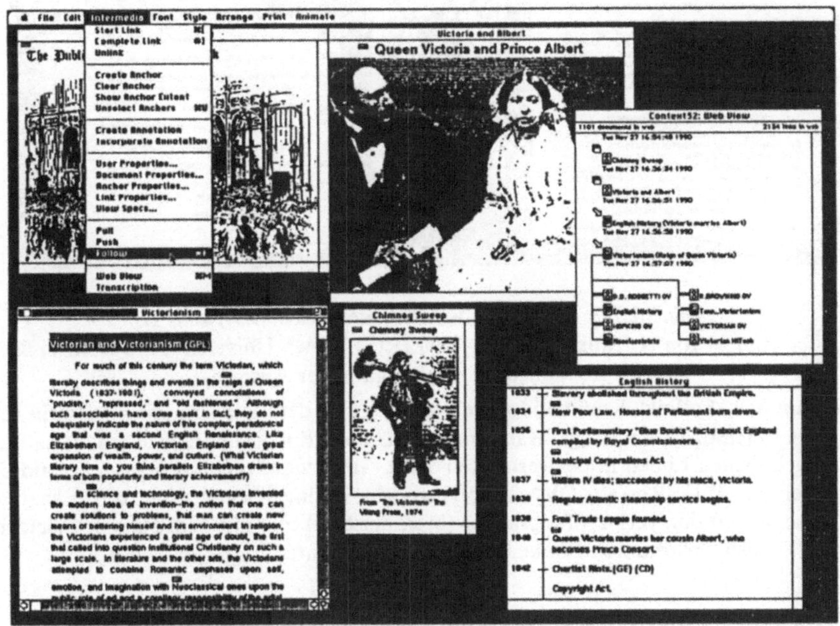

Abb. 3.2.2-2. Kontextualisierung literarischen Wissens I
(„Victorian 1" von N. Yankelovich, © 1990 IRIS, Brown University, Providence, RI,
mit freundlicher Genehmigung der Autorin)

Der Benutzer selektiert den Text „Victorian and Victorianism (GPL)" zusammen mit einem Verknüpfungsanzeiger (der in einem rechteckigen Kasten angeschlossene Pfeil) und wählt das „Follow"-Kommando aus dem Menü. Die vernetzte Sicht („web view" – rechts oben) zeigt den Benutzerpfad durch die Hypertextbasis und stellt somit eine Karte aller Dokumente bereit, die mit dem aktuellen Dokument verknüpft sind („Victorianism" in diesem Fall). [Übersetzung – R.K.]

---

[26] Zur Zeit des Berichtes von Yankelovich/Landow/Heywood (1987) enthielt die Hypertextbasis des Literaturkurses 300 InterText-Dokumente, 500 InterDraw-Dokumente (davon 300 mit InterPix-Bildern) und 40 InterVal-„timelines" (vgl. Systembeschreibung INTERMEDIA). Da das Material weiter im praktischen Einsatz sein soll, wird die Basis heute viel umfänglicher sein.

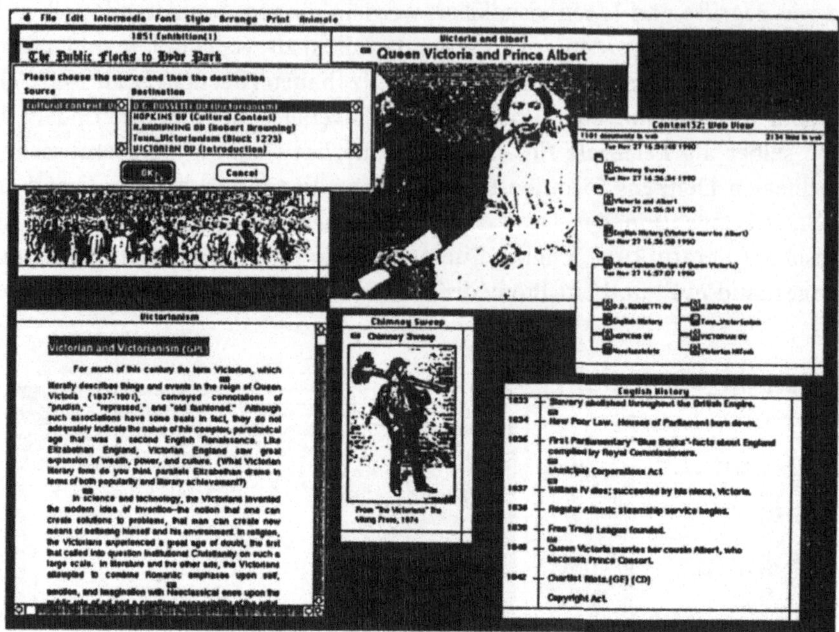

Abb. 3.2.2-3. Kontextualisierung literarischen Wissens II
(„Victorian 2" von N. Yankelovich, © 1990 IRIS, Brown University, Providence, RI,
mit freundlicher Genehmigung der Autorin)

Nachdem das „Follow"-Kommando selektiert ist, wird dem Benutzer eine Auswahl fünf möglicher Zielpunkte angezeigt. Man beachte, daß diese fünf Zielpunkte durch die halbfett hervorgehobenen Linien in der vernetzten Sicht („web view") markiert sind. Sobald der Benutzer die „D.G.-Rossetti-OV"-Option aus dem Dialog selektiert hat, öffnet sich das Dokument, und der Verknüpfungsanker (bzw. der Selektor) mit dem Namen „Victorianism" wird durch Blinken markiert („highlighted"). [Übers. – R.K.]

INTERMEDIA mit Blick auf Verknüpfbarkeit unterstützt: „connectivity early became defined as the need and ability to show that any single concept, problem or idea must be understood from a variety of perspectives" (a.a.O. 71).

Das Ziel der Darstellung, eine Vernetzung der englischen Literatur, also die Einbindung der einzelnen literarischen Produkte in ihren Kontext, einschließlich der politischen, sozialen und ökonomischen Bezüge, kann selbsterklärend aus den beiden Abbildungen 3.2.2-2 und 3 von N. Yankelovich abgeleitet werden. Es ist ersichtlich, daß die Möglichkeit der simultanen Verknüpfung heterogener, aber aufeinander bezogener Materialien bei INTERMEDIA durch Einsatz von Mehrfenstertechnik, Metainfomationen und graphische Aufbereitung stark ausgenutzt wird. Die oft an Hypertext kritisierte Atomisierung der einzelnen Einheiten (Verlust von Kontext) wird durch intensive Kontextualisierung ins Gegenteil verkehrt.

Der Vorteil von INTERMEDIA für die Ausbildung wurde von den Lehrenden im wesentlichen in den folgenden Punkten gesehen (vgl. auch Landow 1990, 40):

- Die Hypertextbasis fungiert als intertextuelle Enzyklopädie, stellt vielfältige soziale, historische und andere kontextuelle Informationen zusammen.
- Die Hypertextform macht die wechselseitige Verknüpfung komplexer Gegenstände sehr deutlich und fördert damit „multi-causal reasoning" (Beeman et al. 1987, 75).
- Die Initiative der Lehrenden, z. B. beim Stellen von Fragen, wurden zugunsten stärkerer Aktivitäten der Studierenden zurückgenommen; d. h. sie stellten mehr eigene Fragen und brachten stärker eigene Beobachtungen, entnommen den Hypertextbasen, in die Unterrichtsdiskussionen ein.

Die Einschätzung der Teilnehmer am Literaturkurs soll zunächst mit einem Zitat eines Studierenden wiedergegeben werden: „[This approach] ties everything together and makes a survey course cohesive. It means something, rather than skimming across the top of things that you can't get into" (a.a.O.77). Wie schon erwähnt, hat es im Projekt offenbar keine quantitativen Messungen der Lernerfolge gegeben, vielmehr wurden mehr Einschätzungen abgefragt. Die Aussagen der Lehrenden deuten ganz klar auf eine höhere Leistung bei den Abschlußprüfungen hin. Die beiden folgenden Tabellen (Abb. 3.2.2-4 und 5) zeigen die (letztlich subjektiven) Einschätzungen der Studierenden selber. Insgesamt wurde von ihnen die Hypertextunterstützung in dem biomedizinischen Kurs gegenüber dem literaturwissenschaftlichen als effizienter und wertvoller eingeschätzt (aber dieser auch als effizienter und wertvoller gegenüber konventionell organisierten Kursen).
Die dritte Tabelle (Abb. 3.2.2-6) enthält einige interessante Argumente, unter welchen Gesichtspunkten der Nutzen von Hypertext eingeschätzt werden kann. Diese Argumente sind vielleicht wichtiger als die konkreten Einschätzun-

	Much More	More	About Average	Less	Much Less
English 32a	.0%	19.2%	53.8%	11.5%	15.4%
English 32b	11.5%	42.3%	34.6%	7.7%	3.8%
English 32c	10.0%	40.0%	36.7%	13.3%	.0%
Biomed 106a	22.2%	55.6%	22.2%	.0%	.0%
Biomed 106b	27.3%	72.7%	.0%	.0%	.0%

Abb. 3.2.2-4. Einschätzung des Lernerfolgs durch die Studierenden bei hypertextunterstützten Kursen gegenüber traditionellen Kursen (Erstellt nach Beeman et al. 1987, 87, Tab. 1; mit Genehmigung der ACM)

	Much Better	Better	About Average	Worse	Much Worse
English 32a	7.7%	23.1%	34.6%	23.1%	11.5%
English 32b	15.4%	38.5%	30.8%	11.5%	3.8%
English 32c	10.0%	36.7%	26.7%	23.3%	3.3%
Biomed 106a	27.8%	50.0%	16.7%	5.6%	.0%
Biomed 106b	45.5%	45.5%	9.1%	.0%	.0%

Abb. 3.2.2-5. Gesamteinschätzung der hypertextunterstützten Kurse
gegenüber traditionellen Kursen
(Erstellt nach Beeman et al. 1987, 88, Tab.2; mit Genehmigung der ACM)

Rank English	Rank Biology		NO, NOT REALLY	YES, SOME-WHAT	YES, DEFI-NITELY	N/A
4	1	reinforced the lectures	18%	27%	55%	3%
			7%	**60%**	**30%**	
2	2	deepened the understanding of course material	18%	46%	36%	
			7%	**47%**	**43%**	**3%**
3	3	helped your understanding	27%	46%	27%	
			7%	**60%**	**33%**	
5	4	helped prepare for exams	36%	9%	55%	
			17%	**50%**	**33%**	
1	5	taught things not found in other sources	36%	46%	18%	3%
			3%	**33%**	**60%**	
6	6	increased class participation	55%	18%	9%	18%
			53%	**37%**	**10%**	
7	7	improved your grades	64%	9%	18%	9%
			53%	**30%**	**10%**	**7%**
8	8	replaced other course readings	73%	27%	0%	
			82%	**18%**	**0%**	

Abb. 3.2.2-6. Allgemeine Meinung der Studierenden gegenüber dem Einsatz
von Hypermedia-Lernmaterialien
(Erstellt nach Beeman et al. 1987, 88, Tab.3; mit Genehmigung der ACM)

gen mit Blick auf die beiden Kurssorten, die lediglich bei den Argumenten „Verstärkung der Vorlesung" und „lehrt Sachverhalte, die man in anderen Quellen nicht findet" stark differieren.

Wenn man überhaupt diese beiden Studien zusammenfassend betrachten will, dann ist die daraus ersichtliche gewisse Dichotomie: „kontinuierliche Texte bzw. textuelle Argumentationsstrukturen fördern Kohärenz und mentale Modelle" vs. „nicht-lineare Lernformen begünstigen perspektivisches Denken, das Erkennen von Zusammenhängen" – nicht einfach auflösbar. Ganz offensichtlich hat keine mediale Form exklusive Vorteile gegenüber der anderen. Wie man auch aus den Ergebnissen weiterer empirischer Studien sieht (s. unten), hängt die Leistungsstärke von Hypertextlehrmaterialien von sehr verschiedenen Rahmenbedingungen ab, von denen wir die folgenden zusammenstellen:

- Länge/Umfang der linearen bzw. nicht-linearen Lernmaterialien;
- Art der Lerninhalte, z. B. technische, faktenorientierte Lernmaterialien vs. argumentative, diskursive Lernmaterialien;
- Angestrebte Lernziele, z. B. Behalten vs. Verstehen;
- Lernvorausetzungen, z. B. Alter, inhaltliches oder systemtechnisches/methodisches Vorwissen, Intelligenz;
- Organisation der Hypertextbasis, z. B. starke Hierarchisierung vs. hoher Assoziationsgrad (vernetzte Strukturen);
- Ausmaß der semantischen Spezifikation der Verknüpfungen (vgl. Abschnitt 2.2);
- Bereitstellen von Orientierungshilfen und Metainformationen, z. B. externe oder interne Menüs, Register, (graphik-gestützte) Übersichten (vgl. Abschnitt 2.3);
- Bereitstellen von Navigationshilfen (vgl. Abschnitt 2.3);
- Ausmaß der Multimedialität;
- Flexibilität im Design der Benutzerschnittstellen.

Wir können uns also der Bemerkung von McKnight/Dillon/Richardson (1989/ 90, 18) anschließen: „Future work should attempt to establish clearly the situations in which each general style of hypertext confers a positive advantage so that the potential of the medium can be realized".

3.2.2.3 Weitere empirische Studien mit kritisch-negativer Tendenz gegenüber Hypertext

In einer Untersuchung von Gordon et al. (1988) wurden 24 Studierende, Teilnehmer an einem Kurs über Lernpsychologie, in die folgende Versuchsanordnung eingebunden: Basis der Tests waren insgesamt 4 Artikel von jeweils 1000 Wörtern Länge, zwei waren allgemeinere Artikel, die beiden anderen technischer Natur. Diese wurden am Bildschirm einmal in linearer und einmal in Hypertextform[27] präsentiert. Als Verarbeitungsanweisung wurde bei den allgemeinen Artikeln lediglich „zwangloses Lesen", bei den technischen „Lernen" angegeben. Lesezeiten und Zugriffshäufigkeiten auf zunächst verdeckte Informationen in Hypertext wurden automatisch registriert. Im Anschluß wurden allgemeine Behaltenstests durchgeführt sowie spezielle Fragen zur Aufnahme der grundlegenden Konzepte gestellt. Ergänzend wurde ein Interview zu kognitiven Aspekten auf der Basis der Einschätzung durch die Teilnehmer durchgeführt. Der Untersuchung lagen die folgenden „Vorurteile" zugrunde (die dann allerdings weitgehend nicht bestätigt wurden):

- Hypertext sei besonders geeignet für das Vertrautmachen mit neuen Inhalten („familiarization").
- Hypertext sei besonders geeignet für das Lernen zentraler Konzepte und ihrer Beziehungen, z. B. über dynamische Glossare.
- Die für Hypertext typische Strukturierung und Schichtung/Hierarchisierung des Wissens ermögliche gegenüber Texten eine bessere mentale Kohärenzbildung und erleichtere damit das Verstehen und Behalten.
- Hypertext erleichtere allgemein Lernsituationen bei relativ schwierigen und unbekannten Gegenständen.

Die Ergebnisse sind wegen der schmalen empirischen Basis und der für Hypertext vielleicht nicht ganz typischen Situation (kurze Texte von 1000 Wörtern; lediglich intratextuelle Navigation; offenbar wenig komfortable Benutzerführung/Navigationshilfen) sicher nicht generalisierbar. Trotzdem sind sie als Tendenzaussagen (oder als Aufforderung, bessere Hypertextsysteme zu entwickeln) nützlich:

- Bezüglich der Lesezeiten ergaben sich keine signifikanten Unterschiede.
- Für die technischen Texte wurden in beiden Versionen längere Zeiten benötigt.
- Die Behaltensleistung war bei Hypertexten insgesamt signifikant schlechter.
- Bei Texten mit allgemeinerem Inhalt konnten die Versuchspersonen nur 60% der Wörter wiedergeben von denen, die sie nach der Lektüre der linearen Texte behalten hatten, wohingegen sich diese Unterschiede bei technischeren Texten kaum zeigten.
- Die Interviewauswertung ergab a) eine subjektive Bevorzugung von Text gegenüber Hypertext (16:8); b) die Einschätzung, daß linearer Text weniger Lernanstrengungen erfordere als Hypertext (18:6).

---

[27] Es ist aus dem Text nicht ersichtlich, welche Software zugrundelag; offenbar war aber etwa die Hälfte der jeweiligen Hypertexte auf der höchsten Hierarchieebene sequentiell organisiert, während auf bis zu zwei Ebenen tiefer Definitionen, Beispiele und eher periphere Informationen vom Leser individuell angesteuert werden konnten.

– Als häufigster Kritikpunkt wurde geäußert, daß der Leser bei Hypertexten nicht wisse, was ihn bei verdeckten Situationen erwarte („what was behind the door") ebenso schien die Natur der Verknüpfungen nicht klar zu sein; der Informationsgewinn durch Aufrufen verdeckten Wissens schien gering oder schwer einschätzbar zu sein.

In einer weiteren Untersuchung von McKnight/Dillon/Richardson (1989/90) wurden vier verschiedene Versionen ein und desselben Textes, „Introduction to wines" von Buie/Hassell, darauf hin überprüft, ob diese Auswirkungen auf *Geschwindigkeit* des Lese-/Lernverhaltens, auf *Genauigkeit* bei Testfragen zum Text, auf *Zugriffsstrategien* und auf die Einschätzung der Versuchspersonen des *Umfangs* der jeweils zugrundeliegenden Materialien haben. Bei den Versionen handelte es sich um zwei nicht-lineare Formen mit HyperTIES (40 Files auf 78 Bildschirmen) und HyperCard (53 Karten) und zwei lineare Formen, einmal elektronisch über eine Textverarbeitungssoftware und einmal in ausgedruckter Papierform (jeweils 13 Seiten).

a) Die Versuchspersonen schätzten, wie aus Abbildung 3.2.2-7 ersichtlich, durchschnittlich den Umfang der nicht-linearen Formen beträchtlich höher ein, während es bei den linearen Formen kaum Abweichungen gab.

Versuchs-bedingungen		TIES	Papierversion	Hypercard	Texteditor
	1	641.03	76.92	150.94	92.31
Versuchs-person	2	58.97	92.31	56.60	76.92
	3	51.28	76.92	465.17	100.00
	4	153.84	153.85	75.47	93.21
Mittelwert		226.28	100.00	187.05	90.61
Standard-abweichung		280.41	36.63	189.84	9.75

Einschätzung der Dokumentengröße

Abb. 3.2.2-7. Einschätzung des Umfangs der zugrundeliegenden Materialien (Erstellt nach McKnight/Dillon/Richardson 1989/90, 13, Tab. 1; mit Genehmigung der Intellect Ltd.)

b) Bei den durchschnittlichen Verarbeitungszeiten gab es keine signifikanten Unterschiede (vgl. Abbildung 3.2.2-8).

c) Bei der Genauigkeit von Antworten auf vorgegebene Fragen zum Basis-„text" ergaben sich eindeutige Präferenzen für die linearen Formen, in der Reihenfolge Papier, Textverarbeitung, HyperCard, HyperTIES (vgl. Abbildung 3.2.2-9).

Versuchs-bedingungen		TIES	Papierversion	Hypercard	Texteditor
Versuchs-person	1	1753	795	1161	1480
	2	1159	1147	655	827
	3	2139	2231	1013	1014
	4	1073	1115	1610	1836
Mittelwert		1531	1322	1110	1289
Standard-abweichung		505.67	626.49	395.41	456.35

Benötigte Zeit (Sekunden)

Abb. 3.2.2-8. Gesamtverarbeitungszeit bei 12 gestellten Aufgaben
(Erstellt nach McKnight/Dillon/Richardson 1989/90, Tab. 2;
mit Genehmigung der Intellect Ltd.)

Versuchs-bedingungen		TIES	Papierversion	Hypercard	Texteditor
Versuchs-person	1	6.0	11.0	8.5	11.5
	2	9.5	12.0	7.5	12.0
	3	8.0	10.5	10.0	10.5
	4	6.0	11.0	7.5	9.0
Mittelwert		7.38	11.12	8.38	10.75
Standard-abweichung		1.7	0.63	1.18	1.32

Genauigkeit

Abb. 3.2.2-9. Bewertung der Genauigkeit der geleisteten Aufgaben
(Erstellt nach McKnight/Dillon/Richardson 1989/90, Tab. 3;
mit Genehmigung der Intellect Ltd.)

d) Bei den Zugriffsformen wurde lediglich gemessen, wie häufig die Versuchspersonen Inhaltsverzeichnisse oder Register benutzt haben, um sich zu orientieren. Ganz deutlich wurde hier bei den beiden nicht-linearen Formen erheblich mehr Zeit verbracht. Häufiges Hin- und Herspringen zwischen Registereinträgen und Hypertextdateien wurde gegenüber dem „Browsing" in den verknüpften Einheiten bevorzugt. Hilfsmittel, wie traditionelle Register, scheinen für erfolgreiches Navigieren zentral zu sein[28]. Die erste Versuchsperson

---

[28] Wie schwierig es ist, solche Aussagen zu generalisieren, zeigt die Studie von Shneiderman/Brethauer/Plaisant/Potter (1989), die bei der Bewertung von 5000 Sitzungen der Nutzung von Hypertext im Museen (mit HyperTIES) gezeigt haben, daß „embedded menus", also ein intra-hypertext-spezifisches Mittel, weitaus häufiger und effizienter genutzt wurden als traditionelle Register, auch dann, wenn diese verfügbar waren.

Versuchs-bedingungen		TIES	Papierversion	Hypercard	Texteditor
	1	53.28	2.72	47.16	6.34
Versuchs-person	2	25.36	1.49	19.1	13.93
	3	49.5	10.24	17.5	12.87
	4	30.84	5.36	23.4	7.54
Mittelwert		39.74	4.95	26.79	10.17
Standard-abweichung		13.72	3.88	13.81	3.79

Zeit, die für Suche in Inhaltsverzeichnis oder Index aufgewendet wurde

Abb. 3.2.2-10. Zeitaufwand für die Verwendung von Metainformationen
(Inhaltsverzeichnisse, Register) im Verhältnis zur Gesamtzeit
(Erstellt nach McKnight/Dillon/Richardson 1989/90, Tab. 4;
mit Genehmigung der Intellect Ltd.)

von HyperTIES hatte mehr als 50% seiner Gesamtheit bei der Einsicht der Metainformationen verbracht. Demgegenüber wurden die Register bei linearen Texten dafür verwendet, um einen Einstieg zu finden und dann den Text zu überfliegen (vgl. Abbildung 3.2.2-10).

In ihrer Interpretation der Daten finden McKnight/Dillon/Richardson bedenklich, daß Versuchspersonen offenbar den Umfang nicht-linearer Speicher überschätzen, weil dadurch möglicherweise falsche Lernstrategien aufgebaut werden. Der recht häufige Einsatz der Register bei den nicht-linearen Formen – und damit der gezieltere Zugriff auf Detailinformationen – korrespondierte nicht mit einem besseren Lernverhalten, ganz im Gegenteil, das Überfliegen („scanning") linearer Texte stellte sich als effizienter mit Blick auf das Antwortverhalten her. Das korrespondiert mit den Ergebnissen der angeführten Schnotz-Studie.

3.2.2.4 Weitere empirische Studien mit kritisch-positiver Tendenz gegenüber Hypertext

Die Ergebnisse der früheren Studie von Stanton/Stammers (1989) legten den Schluß nahe, „that initial transfer performance was significantly improved when subjects trained in the non-linear condition" (Stanton/Stammers 1989/ 90, 114). Die Folgestudie Stanton/Stammers (1989/90) wird vor allem deshalb hier kurz vorgestellt – obwohl keine neuen Bewertungsdaten vorgelegt wurden –, weil den Gründen für den durch die Daten nahegelegten höheren Lernerfolg bzw. die für die Autoren offensichtliche Überlegenheit nicht-linearer Strukturen nachgegangen wurde.

Allgemein werden, wie schon erwähnt, in der Literatur als Erfolgsfaktoren für Hypertext die generelle Flexibilität, die Förderung von Eigeninitiative, die Möglichkeit, Lerninhalte strukturierter zu sehen, und die Anpassungsmöglichkeit an individuelle Lernstile erwähnt. In dieser Studie wurden speziell die Lernstile und -strategien der insgesamt 20 Versuchspersonen untersucht, die sich mit den nicht-linearen Materialien beschäftigt hatten. Dabei wurde unterschieden zwischen einer „Top-down"-Gruppe, die also neigte, das Allgemeinere oder das als am wichtigsten Erachtete zuerst anzuschauen; einer „Bottom-up"-Gruppe, bei der von den elementareren Informationen ausgegangen wurde; und einer sequentielle Strategien benutzenden Gruppe, bei der einem kreisförmig angeordneten Überblicksmenü, meistens gegen den Uhrzeigersinn, gefolgt wurde. Gemessen wurden die Zeiteinheiten pro Lerneinheit und die Reihenfolge, in der die Module angesprochen wurden, und es wurde eine Leistungsbewertung aufgrund vorgegebener Aufgaben und ein „Embedded Figure"-Test[29] durchgeführt. Einige Ergebnisse:

Die „Top-down"-Gruppe arbeitete insgesamt wesentlich schneller als die anderen Gruppen und schaute weniger Lerneinheiten an. In der „Bottom-up"-Gruppe wurden mehr Lerneinheiten wiederholt; vor allem bei der schwierigsten Lerneinheit war sie wesentlich langsamer als die sequentielle Gruppe. Die Zugriffsverfahren waren bei der sequentiellen und der „Bottom-up"-Gruppe ähnlich, d. h. beide orientierten sich an den vorgegebenen Übersichtsmenüs, auch wenn letztere Gruppe dies anders, nämlich mit der sukzessiven Generalisierungsstrategie entsprechend dem „Bottom-up"-Ansatz, begründete. Trotz dieser unterschiedlichen Lernstile gab es keine wesentlichen Leistungsunterschiede in der gesamten hier diskutierten nicht-linearen Gruppe. Der „Embedded Figure"-Test ergab eine Feldabhängigkeit für die „Bottom-up"-Gruppe, während die „Top-down"- und die sequentiellen Gruppen sich als eher feldunabhängig erwiesen. In der Literatur wird angenommen, daß bei einem feldabhängigen kognitiven Stil mentale Modelle eher durch praktische Erfahrung aufgebaut werden, während feldunabhängige kognitive Stile mentale Modelle durch auf Erfahrung beruhende Strukturen erwerben, insgesamt also auf Dauer komplexere und vermutlich auch erfolgreichere Lernstrategien entwickeln. Dies erklärt auch, weshalb die „Top-down"-Gruppe weniger Lerneinheiten inspizierte als die anderen Gruppen, da sie offenbar, nach einer gewissen Anfangsverzögerung, in der Lage waren, die detailliertere Information zu erschließen. Dies wurde von den Autoren als wesentliches Argument für die Überlegenheit nicht-linearer Strukturen bei „Top-down"-Strategien angesehen.

---

[29] Mit dem „Embedded Figure"-Test wird die Zeit gemessen, die Personen benötigen, um einfache Abbildungen in komplexeren zu entdecken. Dies wird als Indikator für die Feldab- bzw. -unabhängigkeit angesehen.

Insgesamt interpretieren die Autoren, unbeschadet der generellen eindeutigen Präferenz für nicht-lineare Strukturen, ihre Ergebnisse sehr vorsichtig und warnen davor, aufgrund identifizierter kognitiver Stile und Lernstrategien Hypertextbasen nach bestimmten, diesen angemessenen Anordnungen zu strukturieren. Hypertextbasen sind in der Regel nicht nur auf ein Individuum hin ausgerichtet, und einzelne Personen bleiben in ihrem Verhalten nicht stabil, sondern wechseln offenbar auch ihre Strategien. Daher ist der Schluß fast zwingend, „that any training environment must be designed to allow for different strategies ... [and should] use the available media to allow for the widest individual variations, rather than prematurely and permanently classifying learners".

Flexibilität/Variabilität auf der Basis nicht-linearer Strukturen ist somit der wesentliche Erfolgsfaktor für den Einsatz von Hypertext in Ausbildungssituationen. Auch die Art, wie sich das Hypertextsystem in der Ausbildung dem Benutzer präsentiert, sollte in Abhängigkeit von Profilen der Benutzer, ihrem Verhalten, ihrer Erfahrung und ihrem Stil entsprechend, gesteuert werden können[30]. So kann es durchaus sinnvoll sein, mit Benest (1989/90) eine Hypertextbasis analog der Buchmetapher zu organisieren und zu präsentieren, wenn dies der Präferenz des Lernenden entgegenkommt; entsprechend Allinson/Hammond (1988/89) könnte sich die „travel holiday metaphor" anbieten, wenn der Lernende einen größeren Freiraum wünscht. Andere in der Hypertextforschung entwickelte Metaphern können ebenfalls geeignet sein. Schaut man sich die tatsächliche Flexibilität jeder einzelnen Systeme an, so sieht man, daß die Hypertextentwicklung noch ganz am Anfang steht.

Auch die Arbeiten von Vickers/Gaines (1988) favorisieren nicht einen einzigen Ansatz, sondern verfolgen eher ein additives Verfahren, indem die Vorteile der verschiedenen Medien kombiniert werden. Die Autoren haben Lehrmaterialien für die Trainer-Ausbildung im Sport verglichen, die sowohl in textueller als auch in Hypermedia-Form produziert wurden. Bei ihrem Vergleich gehen die Autor keineswegs von einer Opposition linear/nicht-linear aus, sondern sehen sehr wohl auch die nicht-linearen Eigenschaften von Texten, vor allem in Ausbildungszusammenhängen. Die zentrale These, verifiziert an Beispielen aus der Sportausbildung, besagt:

„We shall argue that the technologies of books and hypermedia have many features in common and are complementary in their applications, and that a

---

[30] Dieser Hinweis auf die Flexibilisierung der Benutzerkommunikationsform, auch und gerade in Ausbildungssituationen, aufgrund verschiedener Benutzerprofile stammt von H. Maurer (Graz). Bei der Grazer Eigenentwicklung des Hyper-G-Systems wird dem mit einem eigenen „Interface Manager" Rechnung getragen; vgl. Maurer/Tomek (1990a).

knowledge-based design approach can generate materials in both media that can complement, rather than compete with, one another" (Vickers/Gaines 1988, 32).

Besonderes Kennzeichen bei der vergleichenden Versuchsanordnung war, daß als Ausgangsmaterial für beide Sorten Wissensstrukturen deklarativer und prozeduraler Art erarbeitet worden sind, die auch in einem Expertensystem abgefragt werden können[31]. Aus den Wissensstrukturen sind Textbücher abgeleitet worden, die zeigen, „that books are capable of carrying the highly structured mixture of text, hierarchical structures, and photographic material" (Vickers/Gaines 1988, 36). Da die Darstellung der gesamten Wissensstruktur in hierarchischer Form aber ca. 50 Seiten ausmacht, ist die lineare Abarbeitung in der textuellen Form zumindest mühsam. Hier ist die hypergraphische Präsentations- und Selektionsform viel leichter. Unproblematisch ist ebenfalls die leichte Anbindung von Video-Material (anstelle der photographischen Materialien im Textbuch), das aus kognitiv-biomechanischer Sicht (ebda. 41) bei der Sportausbildung zentral wichtig ist[32]. Ebenso gut können in Hypermedia die in der computerunterstützten Unterweisung üblichen interaktiven „Feedback"-Techniken eingebracht werden, z. B. eine unmittelbare Lernzielkontrolle über den bislang erreichten Leistungsgrad (vgl. Abb. 3.2.2-11).

Für Lernsituationen erweist sich möglicherweise als besonders nützlich, daß die in Textbüchern häufig nur implizit angesprochenen Wissensstrukturen bei Hypertexten offengelegt werden müssen, denn nur dann können sie in einer Hypermedia-Basis programmtechnisch implementiert werden. Insgesamt kommen die Autoren zu dem Schluß, daß im Prinzip formal (hierarchisch) erarbeitete Wissensstrukturen sehr wohl in (lineare) Textformen überführt werden können, die wegen niedriger Kosten und beliebiger Transportierbarkeit in Lernsituationen nach wie vor gefragt sind. Trotzdem ist es aber offensichtlich, daß manche Aspekte (Übersicht bei komplexen Strukturen, Evaluierungs-Feedback, Einbeziehen bewegter Bilder) durch Hypermedia wesentlich verbessert werden können, so daß sie insgesamt, wie zu Anfang erwähnt, einen Komplementäransatz vertreten, eine Einschätzung, der wir uns anschließen können:

---

[31] Dieses Expertensystem, speziell mit Blick auf Eishockey, wurde auf den Olympischen Winterspielen in Calgary 1988 vorgeführt. Beispiele für diese Wissensstrukturen werden in Vickers/Gaines 1988 gegeben, vor allem Fig. 2 und 3.

[32] Das folgende Zitat verdeutlicht die Wichtigkeit bewegter Bilder in diesen und ähnlichen Ausbildungssituationen: „A person proficient in cognitive biomechanics knows the function, the purpose of the movement, and the biomechanical qualities that must be perceived in order to provide optimal feedback and assistance. For teachers and coaches, this type of information must ultimately be determined perceptually/cognitively, and is dependent upon their ability to observe a performance and judge the skill against some internal template or knowledge structure." (Vickers/Gaines 1988, 41)

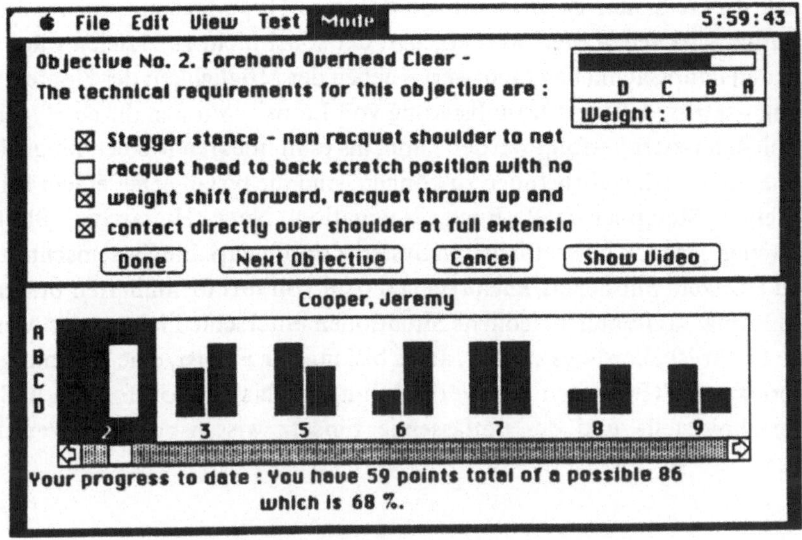

Figure 6.   Action Mark Screen Showing Technical Objectives

Abb. 3.2.2-11. Beispiel aus einer Hypermedia-Sitzung mit Lernzielkontrolle (aus: Vickers/Gaines 1988, 39, Fig.6; mit Genehmigung der Ablex Publ. Co.)

„The combination of the low-cost, portable book as a study aid to the student, and a hypermedium system as a supportive learning environment will be the most effective approach in the short- and medium-term. It is particularly attractive to deelop both system together since the hypersystem provides a very productive development and validation environment for the knowledge structures, and desktop publishing extensions can be used to produce the book from the hyperbase." (Vickers/Gaines 1988, 43).

Schlußbemerkung. Die Ergebnisse der bisherigen Studien lassen vermuten, daß die nicht-linearen Eigenschaften von Hypertext Lernerfolge in komplexen Situationen begünstigen können, zumal dann, wenn ein bestimmtes Vorwissen vorhanden ist und wenn hohe Lernmotivation vorausgesetzt werden kann. Diese These kann theoretisch im Rahmen des „web learning" begründet werden und wird partiell empirisch unterstützt. Die Vermutung, daß Hypertext kein leichtes Medium ist, wird auch bei der Nutzung in der Ausbildung bestätigt. Allerdings hängen Erfolg und Mißerfolg von so vielen Faktoren ab – sicherlich auch von dem technologischen und methodischen Stand existierender Systeme –, daß generalisierende Aussagen, z. B. bezüglich der kognitiven Plausibilität nicht-linearer Hypertextstrukturen, noch unangebracht sind. Ganz offensichtlich ist aber, daß Hypertext zwar traditionelle Lehr- und Lernformen nicht ersetzen, wohl aber attraktive Ergänzungen möglich machen wird. Ein neues Medium – dies bestätigt auch Hypertext – substituiert ältere Medien nur partiell. Interessanter ist vielmehr, ob das, was Hypertext in Lernsituationen hinzufügt, wirklichen Mehrwert erzeugt, der sonst nicht zu erzielen wäre. Wir sehen den hauptsächlichen Mehrwert – neben der Möglichkeit der Kontextualisierung – darin, daß die Flexibilisierung von Lernsituationen durch Hypertext entschieden weiter verfolgt werden kann, als es in linearen Medien möglich ist. Um diesen Vorteil wahrnehmen zu können, sind die bislang eher einem Prinzip oder einer Metapher (z. B. Buch, Navigation, Netz, Hierarchie, Blättern, „Browsing", „Stack") verpflichteten Systeme durch variable Systemschnittstellen zu ersetzen, mit denen, entsprechend dem von uns formulierten pragmatischen Primat, auf unterschiedliche Situationen unterschiedlich reagiert werden kann. Dafür ist allerdings stärker, als es bislang der Fall ist, eine Trennung von Hypertextbasis (Einheiten und Verknüpfungen), Navigationsformen und Benutzerschnittstelle und der umfassende Einsatz wissensbasierter Verfahren nötig.

3.3 Hypertext im Kontext des erweiterten Information Retrieval

Zusammenfassung: In Erwartung einer Ausweitung des Information Retrieval in quantitativer und qualitativer Hinsicht, nicht zuletzt durch Hypertextverfahren, wird auf einige Anwendungsmöglichkeiten der Hypertextmethodologie für das Information Retrieval eingegangen, z. B. auf Text-„Browser", auf den Einsatz von Hypertextmethoden bei Volltext-Retrievalsystemen, auf Systeme zur Verwaltung enzyklopädischen Wissens, auf Möglichkeiten der Unterstützung von Frageformulierungen, des Retrieval über wissensbasierte Teilnetze sowie auf Techniken des klassischen Information Retrieval für Aufbau und Zugriff von/zu Hypertextbasen. Im zweiten Abschnitt wird anhand von Thesauri und einer „frame"-basierten Wissensbank (CYC/MCC) die Verwaltung komplexer Wissensstrukturen durch Hypertextverfahren besprochen.

Kurzhinweise auf Literatur: Andersen/Nielsen/Rasmussen (1989); von Bassewitz (1990); Benest (1989/90); Boyle/Snell (1989/90); Brooks/Daniels/Belkin (1986); Clitherow/Riecken/Muller (1989); Cove/Walsh (1988); Croft/Thompson (1987); Croft/Turtle (1989); Egan et al. (1989); Frei/Jauslin (1983); Frisse (1988); Fuhr (1990); Hammwöhner (1990); Kinnell/Richards (1989); Kirste/Hübner (1990); Kuhlen (1979); Kuhlen (1989d); Kuhlen (1991); Kuhlen/Yetim (1989); Kuhlen et al (1989a); Larson (1988); Lenat/Prakash/Shepherd (1986); Lucarella (1990); Malone (1987); Marchionini/Shneiderman (1988); McClelland (1989a,b); McMath/Tamaru/Rada (1989); Nesbit (1990); Percival/MacMorrow (1989); Rapp/Wettler (1990); Remde/Gomez/Landauer (1987); Rostek/Fischer (1988); Salton (1989); Salton/McGill (1983); Sarre/Güntzer (1990); Stieger (1990); Tan (1990); Thiel (1990); Thiel/Hammwöhner (1985); Travers (1989); Trigg (1988)

Wir gehen von einem erweiterten Verständnis des Information Retrieval aus, das sich nicht nur auf das aus der Dokumentationstradition stammende Referenzretrieval bezieht (vgl. Kuhlen 1979, Vorwort), sondern gegenwärtige intelligente Formen des Information Retrieval sowie von Wissensbanken mit berücksichtigt. Die Überlappungen zwischen beiden Gebieten sind so groß, daß es nicht verwundert, wenn zahlreiche Arbeiten dazu vorliegen[33].

Durch Hypertext ist allgemein eine Ausweitung des Gebiets des Information Retrieval zu erwarten. Die Erweiterung bezieht sich zum einen auf einen gewissen Paradigmenwechsel, zum andern auf die auch durch andere Entwicklungen sich ereignende und erwünschte Ausweitung der Nutzungsgruppen[34]:

- Anstelle der im Rahmen des „Matching"-Paradigmas üblichen gezielten (rationalen) Recherche in strukturierten Dateiverwaltungs- oder Datenbanksystemen kommt die Technik des freien Navigierens bzw. des „Browsing" zum Einsatz. Hypertext könnte auf exemplarische Weise das u. a. durch Bates (1986) formulierte explorative Paradigma des Information Retrieval realisieren.
- Marchionini/Shneiderman (1988) gehen daher davon aus, daß vor allem nicht-professionelle Endbenutzer, die im Gegensatz zu Experten, die prozedurale und iterative Suchformen beim Retrieval verwenden, vom Einsatz von Hypertexttechniken Nutzen ziehen könnten, da diese informelle, personalisierte und inhaltsorientierte Suchstrategien unterstützten (Marchionini/Shneiderman 1988, 71).

Wir gehen in Abschnitt 3.3.1 auf Nutzungsmöglichkeiten beim Retrieval und in Abschnitt 3.3.2 auf Wissensverwaltungsprobleme ein.

3.3.1 Nutzungsmöglichkeiten der Hypertextmethodologie für das Information Retrieval

Die folgende Liste spiegelt nur einige der Aspekte wider, die beim Thema „Hypertext und Information Retrieval" behandelt werden:

---

[33] Z. B. Agosti (1988); Agosti et al. (1989); Campagnoni/Ehrlich (1988/1989); Cove/Walsh (1988); Croft/Thompson (1989); Croft/Turtle (1989); Crouch/Crouch/Andreas (1989); Frisse (1988); Frisse (1989); Fuhr (1990); Halin/Hamon (1989); Hammwöhner (1990); Jones (1989); Kinnell (1988); Kirste/Hübner (1990); Kuhn (1988); Larson (1988); Ledwith (1988); Lucarella (1990); Marchionini/Shneiderman (1988); McClelland (1989a, b); McKnight/Dillon/Richardson (1989); Micco/Smith (1989); Percival/Mac-Morrow (1989); Sarre/Güntzer (1990); Smith, K.E. (1988); Wilson (1988).

[34] Die Ursachen für Endbenutzer-Retrieval liegen sicherlich primär in der zunehmenden Verbreitung von Personalcomputern bzw. Arbeitsplatzrechnern in professionellen, aber auch privaten Umgebungen, die auch für das Retrieval eingesetzt werden können, sei es in lokalen Beständen oder sei es über Telekommunikationsmöglichkeiten in externen Datenbanken. Der Einsatz von lokaler, PC-basierter Rechentechnik hat ebenfalls zu benutzerfreundlicheren Zugriffsformen (z. B. Menütechnik anstatt Kommandosprachen) und Gateway-Diensten geführt (v. Bassewitz 1990; Zbornik 1990).

- Text-„Browser" und Volltextsysteme;
- Aufgaben der Frageformulierung bzw. -modifikation;
- Weiterverarbeitung von Retrievalergebnissen;
- Techniken des Indexing zum Aufbau von Hypertextbasen;
- Retrievaltechniken für den Aufbau von und den Zugriff zu Hypertextbasen, z. B. zur Vorselektion größerer Bestände;
- Realisierung von Frageverknüpfungen zur Verbindung von Hypertexten und externen On-line-Informationsbanken;
- Öffnung von Hypertextsystemen zu elektronischen Kommunikationsdiensten.

Wir gehen im folgenden auf einige Aspekte näher ein.

3.3.1.1 Text-„Browser" und Volltextsysteme

Text-„Browser" dienen dazu, in *einem* Text komfortabel zu navigieren. Bei diesem bescheideneren Ansatz läßt sich zur Zeit schon ein kommerzieller Einsatz realisieren. Text-„Browser" können auch als fortgeschrittene Dokumentationssysteme für den Inhouse-Betrieb verwendet werden, vor allem dann, wenn optische Speichertechniken mit den entsprechenden multimedialen Möglichkeiten eingesetzt werden. Die Schwerpunkte liegen hier auf einer anspruchsvollen Benutzeroberfläche und einer nach Möglichkeit automatischen Aufbereitung des Basistextes durch Metainformationen (Erstellen von Inhaltsverzeichnissen und/oder Registern). Manche Systeme unterscheiden funktional nicht zwischen Schreib/Editier- und Lesemodus, andere Systeme – wie z. B. der „Document Examiner" von Symbolics oder Grollier's „Electronic Encyclopedia" – lassen keine nachträglichen Änderungen oder Ergänzungen einer einmal erstellten Hypertextbasis zu (vgl. Conklin 1987, 26; Marchionini/ Shneiderman 1988, 76).

Text-„Browser" orientieren sich weitgehend an der vorgegebenen Textsorte „Buch" bzw. an der Buchmetapher und versuchen, die nicht-linearen, referentiellen Eigenschaften von Büchern in einer hypertextähnlichen Umgebung zu simulieren bzw. versuchen, Hypertext zur Präsentation traditioneller Bücher einzusetzen[35]. Dabei kann man von zwei Hypothesen ausgehen:

a) bisherige lineare Darstellungsformen (von Büchern) und ihre nicht linearen Eigenschaften zu emulieren oder

---

[35] Einen guten Überblick über bisherige Arbeiten, welche die Buchmetapher zum Aufbau von entsprechenden elektronischen Versionen verwenden, geben Böhle/Wingert/Riehm (1990, 10, Anm. 18).

b) bisherige lineare Formen durch hypertext-spezifische Eigenschaften anzureichern (möglicherweise dadurch die herkömmliche Buchform der Tendenz
nach zu substituieren).

Bei der *Emulationsthese* geht man von der Annahme aus, daß die Darstellung
von Wissen in (bisherigen) linearen Texten zumindest höchst günstig, wenn
nicht sogar optimal und kognitiv plausibel sei. Entsprechend sollte man
versuchen, die Linearität zu erhalten und deren nicht-lineare, referentielle
Eigenschaften so weit wie möglich zu emulieren oder sogar zu übertreffen.
Konsequent schlägt Benest (1989/90) einen sogenannten Buchemulator („book
emulator") vor, der den Inhalt eines Textes auf ähnliche Weise wie ein Buch
präsentieren soll. Das geht so weit, daß der Text als auf zwei Seiten
aufgeschlagenes Buch auf dem Bildschirm erscheinen soll, in dem der Benutzer
die Seiten fast physikalisch umschlagen soll. Auch die Zugriffsmethoden über
die textuellen Metainformationen zu diesem elektronischen Buch sind ähnlich
wie bei den gedruckten Erzeugnissen, nur daß der Zugriff, z. B. vom Register
zum Text oder von einem Querverweis zum andern, in der elektronischen
Version viel schneller geht.

Bei der *Anreicherungsthese* wird angenommen, daß die elektronische Version
über die Emulation hinaus noch einige zusätzliche Effekte bietet – informationelle Mehrwerte, wie wir sie genannt haben: „So while the book emulator is seen
to have most of the inherent advantages that a real book possesses compared
with electronic alternatives, it ought to provide additional benefits over a real
book in order for it to be the preferred means of access to information. The main
additional benefits that technology can provide may be considered under four
headings: navigational assistance, annotation support, search assistance, and
dynamic content" (Benest 1989/90, 55).

Möglicherweise wird mit diesen Eigenschaften – kontrolliert unterstütztes
Navigieren; Möglichkeiten, beliebige Annotationen anzubringen; automatisch
unterstützte Suche; dynamisch sich anpassende Inhaltsverzeichnisse – doch
eher ein ganz neues Produkt kreiert als das Medium „Buch" imitiert. Entsprechend nennt sich ein weiterer Text-„Browser", der bei Bellcore aufgebaut wird,
„SuperBook" (Remde/Gomez/Landauer 1987; Egan et al. 1989), also ein
Hypertextbuch, welches das Buch hinter sich läßt. SuperBook, realisiert auf
SUN- und Macintosh-Maschinen, setzt Volltext-Indexierungstechniken mit
einer Synonymenkontrolle nach der Technik des „unlimited aliasing" ein. Mit
„aliasing" ist die Technik gemeint, daß der Benutzer selber aufgrund seiner
Erfahrungen bei der Suche oder auch beim zufälligen „Browsing" Synonymen-
ringe aufbauen kann, die dann vom System bei späteren Suchproblemen
verwendet werden können. Zur Kontrolle der morphologischen Abweichungen
werden wie beim Information Retrieval Trunkierungsalgorithmen eingesetzt.
Bei Suchfragen werden die Wörter so automatisch auf Quasi-Wortstämme

zurückgeführt. Bei der Antwort werden neben der Häufigkeitsangabe auch die zugeordneten Derivationen angezeigt (um überprüfen zu können, ob die morphologische Reduktion korrekt war). Weiterhin werden aus den in (maschinenlesbar vorliegenden) Texten enthaltenen Makro-Formatierungsinformationen Inhaltsverzeichnisse aufgebaut, die vom Benutzer dynamisch nach gewünschter Tiefe verwaltet werden können. Bei den einzelnen Einträgen der Inhaltsverzeichnisse wird auch über die Vorkommenshäufigkeit gerade aktueller Suchwörter in den zuzuordnenden Textabschnitten informiert, so daß der Leser zentrale Textabschnitte zum „Browsen" selektieren kann (unter der Annahme, daß Häufigkeit des Vorkommens etwas über thematische Einschlägigkeit aussagt). SuperBook unterstützt auch die flexible Verwaltung von Fußnoten und Annotationen, die jeder Leser durch benutzerspezifische Zeichen („icons"), z. B. Namensabkürzungen, selber einfügen und kontrollieren kann. Über die Möglichkeiten von Stichwort- und Inhaltsverzeichnissen ist der Einstieg zum Text und zu Abbildungen möglich. Bei der Navigation kommen geläufige Hypertexttechniken wie Fischaugesichten und flexible Mehrfachfensterorganisation zum Einsatz.

Wie wir gezeigt haben, steht die Entwicklung von Text-„Browser"n im Zusammenhang der zunehmenden Verbreitung elektronisch verfügbarer Volltexte und *Volltextretrievalsysteme*. Volltextretrieval, das ja auf dem Prinzip beruht, daß jedes Textwort, vielleicht nach Unterdrückung von nicht-sinntragenden Wörtern, ein potentielles Suchwort beim Retrieval ist, erlaubt den gezielten Einstieg in den Text an beliebiger Stelle. Dies ist grundsätzlich anders als beim Deskriptor-orientierten Retrieval, bei dem als Ergebnis der Recherche zunächst nur Referenzen auf Texte geliefert werden. Zwar werden in der Praxis auch Volltextsysteme weitgehend nur für den Referenznachweis (oder dann den Ausdruck des Volltextes) genutzt, dies müßte aber nicht sein. Da in Volltextsystemen der Kontext der Textwörter mit verwaltet wird, erlaubt Volltextretrieval prinzipiell gezieltes *Passagen-Retrieval*. Leser größerer Texte müßten sich nicht sequentiell zu den einschlägigen Stellen vorwärtsarbeiten und sind auch nicht allein auf die in der Regel nicht für spezielle Suchprobleme geeigneten Makrostrukturen und Metainformationen der Texte angewiesen (z. B. Kapitelüberschriften oder Gliederungen, Register), sondern können über die üblichen Retrievalsprachen komplexe Suchfragen formulieren, für die es dann auch hoffentlich geeignete Passagen im Text gibt. Beim Passagen-Retrieval werden also nicht Texte, sondern verwandte Abschnitte verknüpft. Dies ist auch die Grundidee des „dynamic book" (Weyer 1982), eines der Vorläufer heutiger Hypertextsysteme. Im „dynamic book" sind ebenfalls alle Teile durch logische Suchstrukturen, die über leistungsstarke Register operieren (häufig umfangreicher als die Texte selber), direkt ansprechbar. Darüber hinaus können die Benutzer selber weitere Inhaltsbeschreibungen (potentielle Suchterme) und Verknüpfungen anbringen. Auch experimentelle Systeme wie „Eyebrows"

(Cove/Welsh 1988) oder IOTA (Defude/Chiamarella 1987) erlauben „Browsing" bzw. Exploration in Volltexten, z. B. unter Ausnutzung von Wort-Kookkurrenzen über Kontextoperatoren[36].

Weitergehend als Text-„Browser" und angereicherte Volltextsysteme sind Systeme zur Verwaltung *enzyklopädischen Wissens*. Unter diese Kategorie fallen die ehrgeizigsten Projekte, die im Zusammenhang mit Hypertext unternommen worden oder zumindest geplant sind. Unter dem Stichwort 'Hypertext' wird hier nichts Geringeres als die Bibliothek des dritten Jahrtausends ins Auge gefaßt. Das gedruckte Wort soll schrittweise durch die On-line-Bibliothek ersetzt, umfassende Mengen multimedialen Dokumentenmaterials sollen auf weltweit verteilten Datenbanken einem Millionenpublikum zugänglich gemacht werden – sowohl im lesenden als auch im editierenden Zugriff. Das auch heute noch utopisch anmutende Endziel ist dabei die Verwaltung des gesamten Weltwissens über ein riesiges, computerunterstütztes Begriffsnetz, das den Zugriff auf die entsprechenden informationellen Einheiten gestattet. Durch die Möglichkeit der simultanen und kollektiven Bearbeitung eines Dokumentes soll der tendenzielle Gegensatz zwischen Autor und Leser aufgehoben werden. Die Aufgabe solcher Systeme beschränkt sich nicht allein auf die Verwaltung der vielfältigen und komplexen Beziehungen zwischen einzelnen Hypertexteinheiten. Es sind darüberhinaus auch Mechanismen erforderlich, die bei extensivem Mehrbenutzerbetrieb die Integrität, Aktualität und auch das Rückverfolgen der Entstehungshistorie eines Dokuments gewährleisten sowie den Schutz von Urheber-, Nutzungs- und Vervielfältigungsrechten unterstützen. Diese Ideen werden in der Hypertextliteratur in der Regel auf Bush's Memex-System bezogen (vgl. Abschnitt 1.4). Aber auch die frühen Ideen von Doyle (1961, 1962), das Wissen ganzer Bibliotheken in konzeptuellen Netzwerken und Dokumenten(land)karten („document maps") zugriffsfähig zu halten (vgl. auch Soergel 1977), ist den Hypertextvorläufern zuzurechnen. Dazu gehört auch Ted Nelsons in Abschnitt 1.4 skizziertes XANADU-System, ebenso TEXTNET (Trigg/Weiser 1986) und das TELESOPHY-System der Bell Communication Research (vgl. Conklin 1987, 22f; Fiderio 1988, 242f). Bei fast allen diesen Systemen handelt es sich derzeit eher noch um experimentelle Zukunftsprojekte als um einsatzfertige Endprodukte, auch wenn XANADU zur Zeit schon mit Marketing-Maßnahmen auf den Markt gebracht wird. Insbesondere sind Systemleistungen experimenteller Systeme, wie man aus dem Gebiet wissensbasierter Forschung weiß, nicht ohne weiteres auf Produktionssysteme mit sehr großen Datenmengen, die durch ein heterogenes Massenpublikum aktiv genutzt werden, zu übertragen.

---

[36] Vgl. die Karlsruher Arbeiten zur Entwicklung von elektronischen Büchern (Böhle/Wingert/Riehm 1990).

3.3.1.2 Techniken des klassischen Information Retrieval für den Aufbau von und den Zugriff zu Hypertextbasen

Erschließungsformen. Retrievalsprachen von Volltextretrievalsystemen gestatten in der Regel nur solche Operationen, die zum Nachweis *ganzer Texte* führen. Auch automatische Analysesysteme stellen meistens Indexate ganzer Texte bereit. Auf der Grundlage von Verfahren des statistischen Clustering von Dokument-Vektoren, wie sie z. B. im I^3R-System (Croft/Thompson 1987; Croft/Turtle 1989) verwendet werden, können Hypertextbasen aufgebaut werden, bei denen Hypertexteinheiten *ganze* Dokumente sind, die aufgrund von Ähnlichkeitsmaßen miteinander verknüpft sind[37]. Häufig wird es aber als Nachteil empfunden, wenn nicht kleinere Einheiten angesprochen werden können. Im IOTA-System von Defude/Chiamarella 1987 ist auch das Indexieren von *Abschnitten* von Dokumenten möglich, ebenfalls mit Clustertechniken. Und in der Tat ist auch von Larson (1988) versucht worden, diese Form des statistisch basierten Textsegmentierens für Hypertextzwecke einzusetzen. Die Segmentierung von Texten in Texteinheiten wird, wie wir in den Abschnitten 2.1 und 2.4 gezeigt haben, allgemein als eines der zentralen Probleme beim Aufbau textbasierter Hypertextsysteme gesehen. In Frisse (1988) wird daher eine halbautomatische Text-Verknüpfungsmethode vorgeschlagen. Die dabei entstehenden Einheiten sind Fragmente der linearen Texte und bilden so die informationellen Einheiten von Hypertexten. Aber auch hier handelt es sich entsprechend dem verwendeten statistischen Ansatz um eine reine Textoberflächenanalyse.

Unseres Wissens ist bislang noch nicht versucht worden, die Textinformation aus invertierten Dateien von Freitext-Systemen, die ja die Basis für die Verwendung von Kontextoperatoren ist, dazu zu verwenden, Ähnlichkeitsbeziehungen zwischen Absätzen oder auch nur Sätzen verschiedener Texte herzustellen. Allerdings beruhen diese textoberflächen-, freitext-orientierten Informationen auf einer sehr schwachen semantischen Basis. Um semantisch begründetere Strukturierungen zu erzielen, ist der Einsatz wissensbasierter Verfahren unabdingbar, mit denen Texte in semantisch kohärente Teile zerlegt und dann aufgrund ihrer semantischen Eigenschaften über Textgrenzen hinweg relationiert werden können (vgl. Kuhlen/Yetim 1989; Hammwöhner 1990 Kap. 4).

Frageformulierungen. Wir haben verschiedentlich darauf hingewiesen, daß verschiedene gegenwärtige Theorien des Information Retrieval von der Hypothese des „anomalous state of knowledge" ausgehen (vgl. Brooks/Daniels/

---

[37] Eine andere Möglichkeit, Ähnlichkeiten von Dokumenten abzuleiten, besteht in der Zitatenanalyse.

Belkin 1986). Wenn dem Endbenutzer zu Beginn einer Retrievalsitzung sein Suchproblem durchaus noch nicht klar ist, schon gar nicht in einer Form, welche die Übersetzung in eine retrievalgerechte Form (Deskriptoren mit Boole'schen Verknüpfungen) gestattet, dann sind in hohem Maße Angebote hilfreich, die den Benutzer unterstützen, sich selber sein Suchproblem klar zu machen. Die in Hypertext zum Einsatz kommenden graphischen Übersichtsmittel und Assoziationshilfen können ein wichtiges Hilfsmittel sein, Fragen formulieren und modifizieren zu helfen. Dabei können vor allem Propagierungsalgorithmen, wie sie im Bereich der neuronalen Netzeverwendet werden, für Fragemodifikationen eingesetzt werden (vgl. Rapp/Wettler 1990).

Retrieval über wissensbasierte Teilnetze in Hypertexten. Ein Beispiel hierfür ist das bei Bellcore entwickelte VISAR-System (Clitherow/Riecken/Muller 1989), das auf eine umfangreiche „frame"-basierte Wissensbank, CYC, aufsetzt (vgl. Abschnitt 3.3.2). Hierbei werden sowohl Dokumenttitel und Benutzerfragen auf die durch die *Wissensbank* bereitgestellten „Frames" abgebildet. Die „Frames" sind weiter mit anderen Einträgen verknüpft, so daß das Textwissen in das umfassende Sachgebietswissen der Wissensbank eingebettet wird. Darüberhinaus wird das traditionelle „coordinate indexing" des Information Retrieval, bei dem alle Deskriptoren gleichgeordnet vergeben werden, durch relationiertes Konzept-„Indexing" ersetzt. Das heißt, Indexierungsbeschreibungen und Frageformulierungen sind Teilmengen aus einer semantischen Struktur (in diesem Fall Teilnetze aus der „frame"-basierten Wissensbasis). Das Retrieval mit diesen Strukturen kann dann nach bestimmten Filtern, z. B. vorgegebene Anzahl von Treffern, maximaler Suchaufwand (CPU), Relevanz-

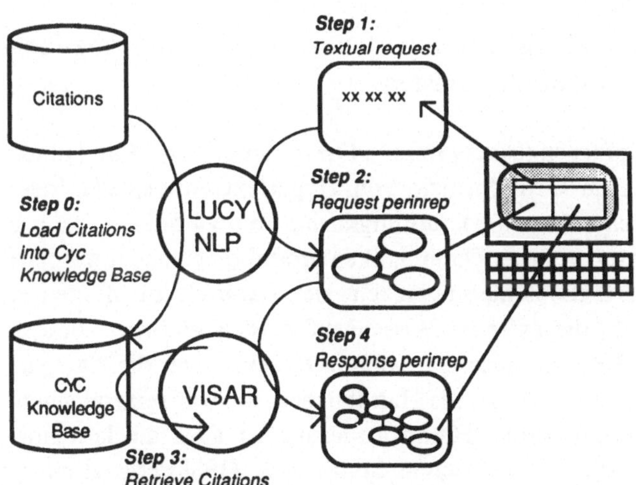

Abb. 3.3.1-1. Retrievalzusamenhänge im VISAR-System auf der Basis von CYC (aus: Clitherow/Riecken/Muller 1989, 296, Fig. 1; mit Genehmigung der ACM)

kriterien (z. B. semantische Distanz) durchgeführt werden. Für den Hypertextkontext ist interessant, daß das Suchergebnis nicht zu einer im besten Fall nach Relevanz geordneten Liste von Dokumenten führt, sondern zu einer sogenannten „persönlichen Informationsdarstellung": „personal information representation (perinrep), that is a conceptual reduction of the relationships between concepts found that seem to be related to the request. A perinrep is a form of hypertext fragment – the concepts involved, without the traditional associated body of text" (Clitherow/Riecken/Muller 1989, 295).

Das Information Retrieval wird dadurch redefiniert als Extraktion eines der Suchfrage angemessenen Teilnetzes aus einer großen, im Prinzip universellen Hypertextbasis. Falls der Benutzer es wünscht, kann er beim Navigieren auch auf die ursprünglichen (über einen semantischen Parser analysierten) Ausgangstexte zurückzugreifen. Im experimentellen Zustand von VISAR sind das zur Zeit lediglich Titel, da die Parsing-Möglichkeiten des bislang entwickelten Textparsers (LUCY NLP) für längere Texte, wie Abstracts oder gar Volltexte, nicht ausreichen. Abzuleiten aus dem VISAR-Ansatz sind aber die Ideen,

(a) daß die Relationierung von Hypertextbasen auf einem semantisch basierten Parsing beruhen kann (sollte?),

(b) daß die Weiterverarbeitung nicht-linear (d. h. in Wissensstrukturen anstatt in Texten) möglich sein sollte und

(c) daß es wünschenswert ist, aus Hypertextbasen den Zugriff zu darunterliegenden Volltextbasen zu haben.

Wir gehen darauf in Kapitel 4 näher ein.

3.3.1.3 Verbindung von Hypertext zu On-line-Informationsbanken und Kommunikationsdiensten

Frageverknüpfungen („query links"). Die in Abschnitt 1.4 an Hand von Nelsons XANADU zum Grundprinzip von Hypertext entwickelte Idee, heterogene Wissensspeicher über Verknüpfungsstrukturen zu nutzen, kann bescheidener für die Nutzung externer Datenbanken produktiv gemacht werden (vgl. Kuhlen 1991). Hypertextsysteme entwickeln sich dadurch zu offenen Kommunikationssystemen, die externes Wissen aufnehmen können. Diese Komponente scheint uns für Hypertext sehr wichtig zu sein, denn die Navigation in schon vorliegenden Materialien, wie Handbücher, ist zwar reizvoll genug – eine ganz besondere und wichtige Herausforderung ist aber die laufende Einbettung neuer Materialien in bestehende. Smith, K.E. (1988) erwägt entsprechend (als eine zukünftige Einsatzmöglichkeit von IRIS-INTERMEDIA) den Nutzen sogenannter Frageverknüpfungen („query links"), die in einer Hypertexteinheit

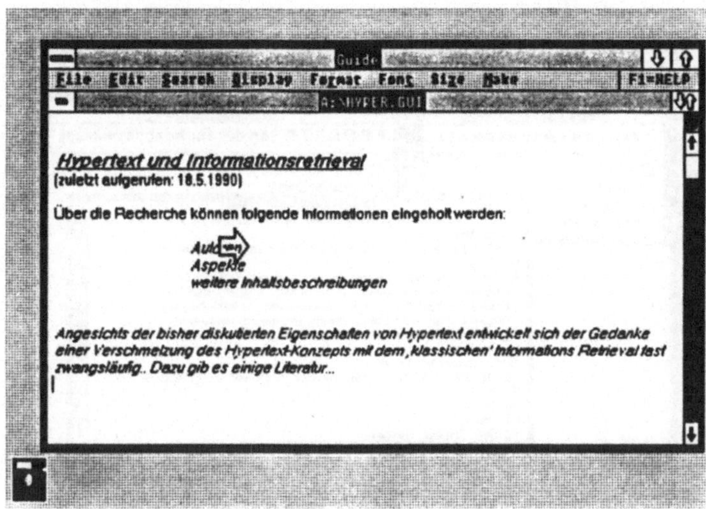

Abb. 3.3.1-2. Beginn einer Frageverknüpfung („query link") aus GUIDE (aus: Tan 1990)

die Durchführung von On-line-Recherchen erlauben. Wir gehen im folgenden auf diese Idee des Frageverknüpfung näher ein[38].

In einer Konstanzer Diplomarbeit ist das Konzept der Frageverknüpfung aus dem Hypertextsystem GUIDE unter Ausnutzung des für solche Anwendungen vorgesehenen „command-button" entwickelt worden (Tan 1990). Dieser „command-button" erlaubt die Anwahl hypertextexterner Software. Die Besonderheit dieser GUIDE-Anwendung besteht darin, daß nicht nur das Retrieval aktiviert, sondern auch die Rechercheergebnisse durch automatisches Erkennen bestimmter, noch sehr begrenzter Kategorien fragmentiert und in bestehende Hypertexteinheiten (die „guidelines" bei GUIDE) eingebettet werden können. Die Abbildungen 3.3.1-2-4 zeigen einige Stationen des Ablaufs einer Recherche aus GUIDE hinaus über Aktivierung der Kommunikationssoftware und eigener Programmentwicklungen in die von der GMD angebotene informationswissenschaftliche Datenbank INFODATA. Gesucht wurde nach neuen Dokumenten zum Thema „Hypertext und Information Retrieval" (Abb. 3.3.1-2). Dazu wird aus einer thematisch einschlägigen Stelle der „command button" aktiviert und diese über ein Menüangebot der Boole'schen Operatoren zu einer retrievalgerechten Frage aufgebaut. Das System zeigt nach durchgeführter Recherche an, daß neue Daten hinzugekommen sind und weist über ein weiteres Menü den Benutzer darauf hin, wie nach bestimmten Gesichtspunkten das neue Material in die bestehenden Bestände eingeordnet werden kann. Abb.

---

[38] Eine ähnliche Anwendung über HyperCard stellen Percival/MacMorrow (1989) vor; vgl. auch Kinnell/Richards (1989) und McClelland (1989a,b).

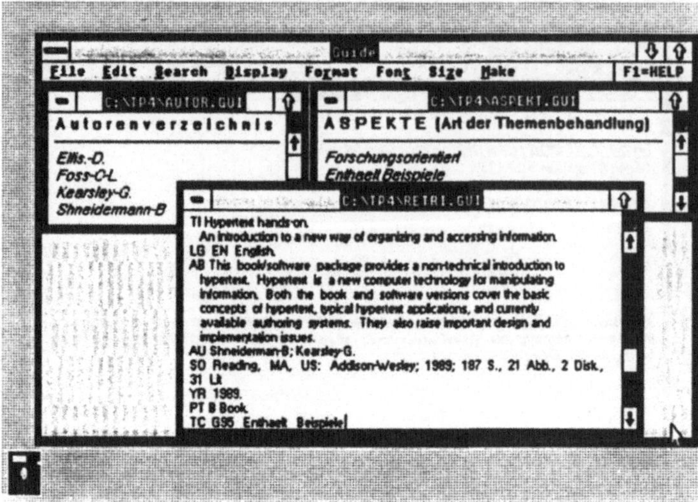

Abb. 3.3.1-3. Rechercheergebnis, eingebettet nach Autor (aus: Tan 1990)

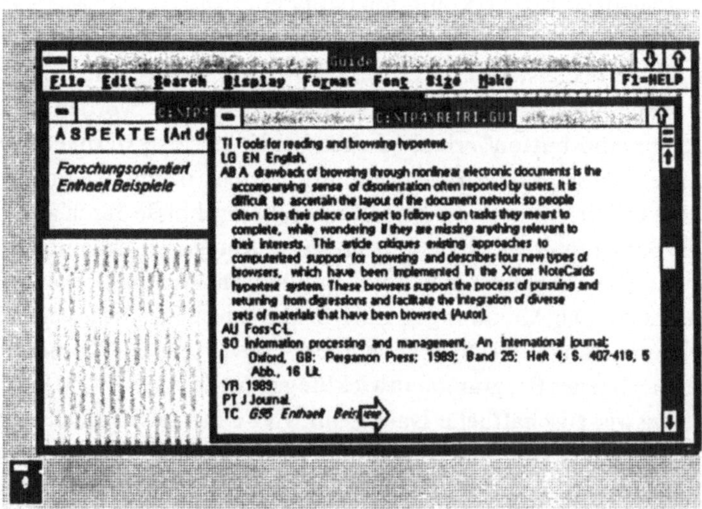

Abb. 3.3.1-4. Rechercheergebnis, eingebettet nach thematischem Bezug (aus: Tan 1990)

3.3.1-3 zeigt die Einordnung in eine Autorendatei, Abb. 3.3.1-4 die Einordnung in eine thematische Aspektdatei, wie sie durch die Struktur von INFODATA möglich ist.

Nach unserer Einschätzung sollte bei dem Angebot von Frageverknüpfungen zwischen unerfahrenen und geübten Nutzern unterschieden werden:

a) Im ersten Fall könnte es sich um Systemangebote handeln, die beim Aufbau einer Hypertextbasis von Systementwicklern an solchen Stellen vorab eingerichtet werden, von denen sie annehmen, daß in kurzen Zeitabständen neue Literatur produziert wird. Frageverknüpfungen sind dann in der Leistung sogenannten SDI-Diensten[39] vergleichbar, bei denen ein automatisiertes Informationssystem seinen Benutzern in festen Zeitabständen auf der Basis eingespeicherter Suchprofile die neueste Literatur nachweist. Bezüglich Hypertext bedeutet dies, daß der Benutzer beim Navigieren durch die Hypertextbasis an besonders gekennzeichneten Stellen, z. B. über spezielle, graphisch gekennzeichnete Frageanzeiger, darauf hingewiesen wird, daß er zu dem an der Stelle angesprochenen Thema neuere Literatur einholen kann. Voraussetzung ist natürlich, daß das Hypertextsystem über entsprechende Telekommunikationsmöglichkeiten verfügt. Der Benutzer selber muß darüber im Prinzip nichts wissen, auch nichts über Techniken der Datenbankrecherche (vgl. Kesselman/Trapasso 1988; McClelland 1989a, b). Als Ergebnis der Aktivierung der Frageverknüpfung wird dem Benutzer der aktuelle Stand der über die Verknüpfung verbundenen On-line-Informationsbanken angezeigt.

b) Für Benutzer mit Erfahrung beim Umgang mit externen Datenbanken wäre eine Version erwünscht, mit der der Benutzer im Ausgang von einer nach weiterer Information verlangenden Passage in der Hypertextbasis von sich aus, auf der Basis seines Wissens, eine On-line-Recherche durchführen kann. Systemhilfen, wie Auflistung potentiell einschlägiger Datenbanken, Hinweise auf Kosten, Unterstützung der Frageformulierung in terminologischer und syntaktischer Hinsicht, wie sie zum Teil heute schon in kommerziellen „Gateway"-Systemen realisiert sind[40], sind dabei erwünscht. Bei erfolgreicher Recherche kann der Benutzer an der entsprechenden Stelle in seiner Hypertextbasis eine Frageanzeige vermerken, die er – entsprechend (a) – zu einem späteren Zeitpunkt ohne weiteren Aufwand aktivieren kann, um sich den neuesten Stand in den jeweiligen Datenbanken anzeigen zu lassen.

In beiden Fällen sollte das Hypertextsystem Möglichkeiten des Einspeicherns relevanter Dokumente bzw. -passagen aus externen Beständen vorsehen

---

[39] SDI= selective dissemination of information

[40] Mit „Gateways" bezeichnet man im Kontext des Information Retrieval bzw. des Informationsmarktes allgemein Systeme, die Dienstleistungen zur Verbesserung des Zugriffs auf On-line-Informationsbanken gestatten (vgl. von Bassewitz 1990; Zbornik 1990). „Gateways" machen für Benutzer auch die Nutzung vielfältiger Datenbanken in unterschiedlichen Systemen möglich, ohne daß der Benutzer individuelle Nutzungsverträge abschließen muß. „Gateways" sind deutliche Hinweise dafür, daß sich der On-line-Informationsmarkt auch für unerfahrene, nicht-professionelle Nutzer öffnet – eine Tendenz, die mit der Entwicklung von Hypertext zusammengeht.

(„down-loading") und ebenfalls Möglichkeiten, die neuen Passagen in die bisherige Hypertextbasis einzubinden. Aus der Perspektive eines umfassenden XANADU-System ist natürlich das physikalische Laden externer Bestände in die eigenen überflüssig, da die Hypertextverknüpfungen jederzeit wieder zu den entsprechenden Passagen in den externen Datenbanken hinführen können. In mittlerer Perspektive scheint jedoch die physikalische Präsenz der Daten in den eigenen Beständen, auch aus Gründen der Weiterverarbeitbarkeit, zweckmäßig zu sein. In jedem Fall müssen bei einer solchen Verknüpfung von Hypertext und externen Datenbanken die anfallenden rechtlichen Probleme, wie Urheberschutz („copyright"), über den Abschluß von Verträgen mit den entsprechenden Datenbankanbietern oder Verlagen gelöst werden. Die Abbildung 3.3.1-5 zeigt die prinzipiellen Möglichkeiten von Frageverknüpfungen.

In einer längeren Entwicklungsperspektive sind Frageverknüpfungen mit intelligenteren Leistungen zu erwarten, mit denen das Hypertextsystem nach Kennzeichnung eines Informationsproblems, z. B. durch Markierung von Stichwörtern im Text, automatisch auf einschlägige Datenbanken verweist und auf Wunsch dann die Verbindung und das Retrieval in der geeigneten Sprache selbständig durchführt, einschlägige Dokumente oder Passagen aus ihnen in die lokale Datenbasis herunterlädt und automatisch Verknüpfungen zu verwandten Passagen in der Hypertextbasis herstellt. Dazu müßten Systemleistungen, wie ein intelligenter Datenbankführer zur Auswahl der Datenbanken, ein intelligentes „Gateway"-System zum Aufbau der Verbindung und zur Formulierung einer systemgerechten Frageformulierung (vgl. Kuhn 1988; von Bassewitz 1990; Zbornik 1990), aber auch Verfahren zur automatischen Segmentierung recherchierter Einheiten und ihrer intertextuellen Relationierung (Kuhlen/Yetim 1989) entwickelt werden. Darauf gehen wir weiter in Kapitel 4 ein.

Eine *kommerzielle* Anwendung der Verknüpfungsidee von Hypertext im On-line-Retrieval wird von Nesbit (1990) beschrieben. Seit Mai 1989 bietet „BRS Information Technologies" einen sogenannten BRS/Link an, mit dem ein Eintrag aus einer bibliographischen Datenbank (z. B. MEDLINE) mit der fachlich entsprechenden Volltextdatenbank (bislang: Comprehensive Core Medical Library -CCML) verbunden werden kann, ohne daß eine neue Recherche aktiviert werden muß. Allerdings können gegenwärtig (Mitte 1990) Abbildungen und Tabellen, also graphische Informationen, nicht eingesehen werden. Dies ist bei einer Ausweitung der CD-ROM-Produkte aber bald zu erwarten. BRS experimentiert zur Zeit – nach Nesbit (1990) – mit weiteren Datenbasen, um Hypertextmerkmale, auch zur Unterstützung der Frageformulierung, einzuführen. Auch hier scheint sich unsere Hypothese zu bestätigen, daß Hypertext sich als eine realistische Zwischenstufe zwischen den bislang eher auf syntaktischer Ebene operierenden Systemen, in diesem Fall z. B. einfache Kommunikations- und Gateway-Software, und den wissens-

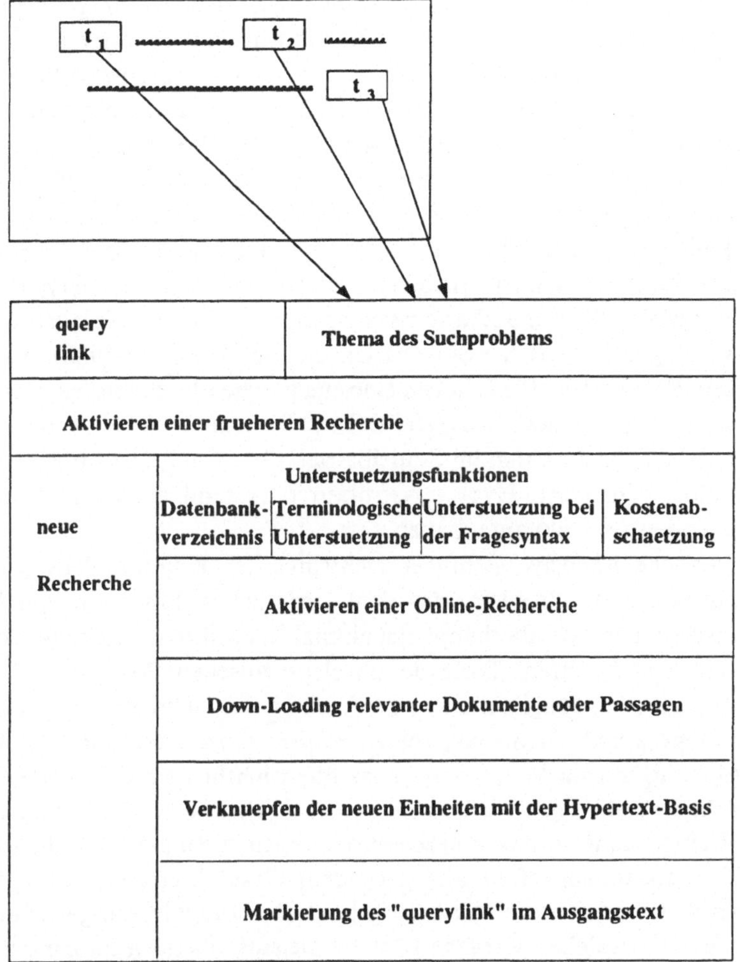

Abb. 3.3.1-5. Aufgaben für „query links" aus Hypertext

basierten Verfahren – ein Beispiel ist die intelligente Gateway-Software „Tomesearcher" für INSPEC-Datenbestände (vgl. v. Bassewitz 1990) – anbieten könnte.

Kommunikationsverknüpfungen (*„communication links"*). Die Anbindung von Hypertext an Formen der elektronischen Kommunikation, z. B. elektronische Postsysteme, ist ein weiteres Beispiel für die Öffnung von Hypertextsystemen zu den Produkt- und Dienstleistungsmöglichkeiten des internationalen Informationsmarktes (vgl. auch Andersen/Nielsen/Rasmussen 1989; Malone 1987; Maurer/Schinnerl/Tomek 1990; Percival/MacMorrow 1989; Trigg 1988). Die Einschlägigkeit von Hypertext für elektronische Kommunikation soll an nur drei Beispielen erläutert werden:

a) Entsprechend der Funktionalität der oben beschriebenen Frageverknüpfungen ist es wünschenswert, wenn im Kontext des kollaborativen Schreibens oder verteilter Begutachtungsverfahren aus dem Autoren-/Editierteil eines Hypertextsystems durch Aktivierung einer Kommunikationsverknüpfung direkt Passagen verschickt bzw. eingeholt werden können.

b) Der Vorteil elektronischer Kommunikation wird leicht durch informationelle Überlast zum Nachteil, da die Vielzahl der laufend eingehenden Botschaften kaum noch geordnet, geschweige denn gewinnbringend verarbeitet werden kann. Verschiedentlich wird daher vorgeschlagen, Hypertext als Schnittstelle zu Kommunikationssystemen, wie „Bulletin Boards", oder zur Verwaltung elektronischer Botschaften einzusetzen (Frisse 1988). Andersen/Nielsen/Rasmussen (1989) haben eine entsprechendes Hypertextschnittstelle für „Usenet News" vorgestellt. Das System verarbeitet bislang die eingehenden Nachrichten im Stapelbetrieb über Nacht, ist im Prinzip aber daraufhin konzipiert, Hypertextstrukturen laufend automatisch aus den eingehenden Artikeln aufzubauen.

c) Für manche intensive Benutzer elektronischer Kommunikationsmedien besteht sogar ein Problem, das dem eigentlichen Einbetten von Wissen vorausgeht, nämlich überhaupt erst einmal zu erfahren, welche Botschaften relevant sein könnten. Trotz der in elektronischen Postsystemen in der Regel gegebenen Möglichkeiten, den Textteil der elektronischen Nachricht durch eine kurze Themenangabe zu kennzeichnen und damit im Prinzip zugriffsfähig zu machen, besteht ganz offensichtlich ein dringender Bedarf danach, die elektronischen Botschaften zu strukturieren. Dabei sollten über die Freitextsuche in den Kurzbeschreibungen hinaus alle ähnlichen Botschaften zusammengefaßt und nach dem Grad ihrer Einschlägigkeit für vorgegebene oder automatisch aufgebaute Nutzungklassen gewichtet werden. Bei einer solchen Vorgabe könnten die einschlägigen Informationen in ein Hypertextsystem eingefügt und sukzessive in einem entsprechend den Themenvorgaben geordneten Pfad abgerufen werden. In Malone (1987) wird ansatzweise ein solches intelligentes, elektronisches Postsystem beschrieben (vgl. auch Abschnitt 2.1). Dieses System, „The Information Lence", verwendet vorgegebene Muster („templates"), um eine elektronische Botschaft in verschiedene strukturierte „Slots" und einen offenen Freitext-„Slot" einzuteilen. Diese gewonnenen Informationen können benutzt werden, um Ähnlichkeiten zwischen Botschaften festzustellen bzw. um die einzelnen Botschaften auf vorgegebene Interessenprofile von den Teilnehmern am System abzubilden bzw. sie dann gezielt weiterzuleiten. Diesen Ansatz von Malone verwenden Boyle/Snell (1989/90), um die Navigation in Hypertext zu verbessern.

3.3.2 Wissensverwaltungsprobleme

In der Informationswissenschaft sind Thesauri die in methodischer Hinsicht abgesichersten Formen der Darstellung von Wissensstrukturen im Kontext des Information Retrieval. In Erweiterung zu der historisch früheren Form der Klassifikation, die in der Regel einfache Notationen (numerischer, aber auch alphanumerischer Art), monohierarchische Strukturen aufweisen und relativ stabil sind, zeichnen sich Thesauri durch Polyhierarchien, Annotationen, nicht triviale Relationenstruktur und großen Änderungsbedarf aus. Zudem wird auf sie von heterogenen Benutzergruppen zugegriffen: Systementwickler, Wissensingenieure, professionelle Indexierer und Informationsvermittler, Endbenutzer, zur Inhaltserschließung, aber vor allem für das Retrieval.

Wie wir in Abschnitt 2.2 gezeigt haben, werden Thesauri in der Regel über gedruckte Versionen in Form geordneter Begriffssätze verwaltet. On-line-Versionen sind noch eher die Ausnahme. In der Geschichte der Thesaurusentwicklung ist auch mit graphischen Darstellungstechniken in *Druckform* experimentiert worden, die sich aber wegen der Beschränkungen in gedruckten

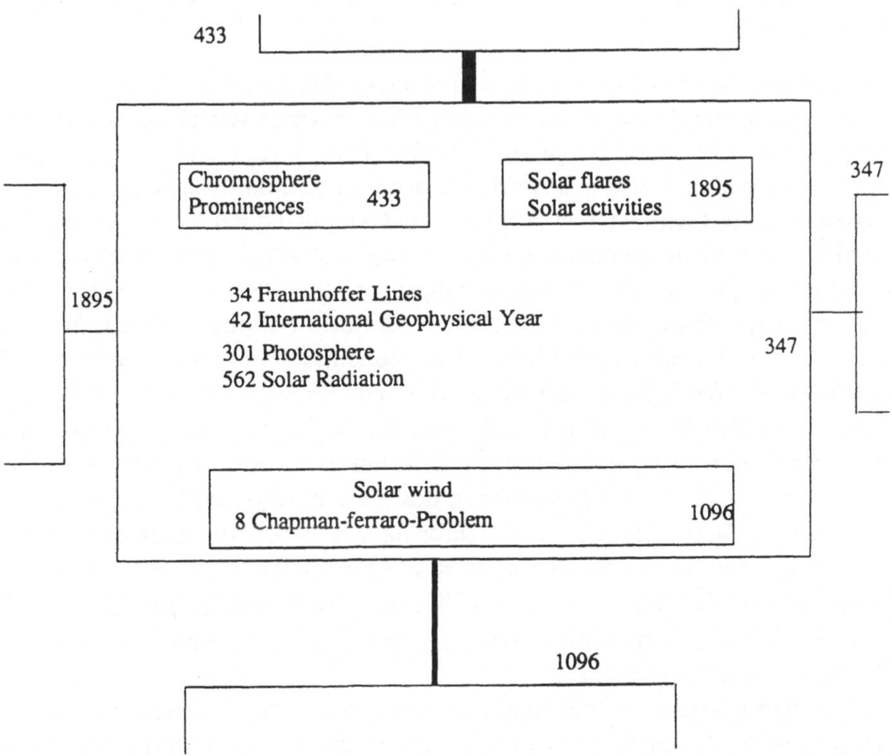

Abb. 3.3.2-1. Ausschnitt aus einem kartenorganisierten Thesaurus (mit INIS-Material)

Fassungen nicht durchgesetzt haben. So ist z. B. beim INIS-System (weltweite Literaturdatenbank zum Kernenergiebereich) versucht worden, den Thesaurus in Form von Karten darzustellen (vgl. Abb. 3.3.2-1). An den Rändern der jeweiligen Karten wurden, vergleichbar Autoatlanten oder Stadtplänen, die auch nicht die ganze Information auf einer Karte unterbringen können, Verweise zu weiterführenden Teilkarten angebracht. Die Navigationstechniken von Hypertext bieten sich hier von selbst an.

Ein experimentelles graphikgestütztes Retrievalsystem am Beispiel der INSPEC-Datenbank ist von Frei/Jauslin (1983) vorgelegt worden, wobei der INSPEC-Thesaurus maschinell verwaltet wird und in einem breiten Baum graphisch zugriffsfähig ist. Exemplarisch für eine existierende, wenn auch experimentelle Anwendung von Hypertext auf Thesaurusverwaltungs- und Zugriffsprobleme sei hier die Entwicklung von Rostek/Fischer (1988) erwähnt, die auf der Basis einer objekt-orientierten Modellierung und Programmierung in SMALLTALK den Thesaurus der informationswissenschaftlichen Datenbasis INFODATA in einer solchen Form graphisch aufgearbeitet und zugriffsfähig gemacht haben, daß das System als Hypertext angesehen werden kann (vgl. auch McMath/Tamaru/Rada 1989). Die Abbildung 3.3.2-2 zeigt einen Ausschnitt aus dem INFODATA-Thesaurus als Hypertextanwendung.

Wissensbasierte Verfahren. Haben sich bisherige Hypertextanwendungen eher an der Buchmetapher oder an elektronischen Formen wie On-line-Informationsbanken orientiert, so plädiert Weyer (1988) ganz im Sinne unseres Mehrwertarguments, daß anstelle dieser Buch- und Bibliotheksmetaphern eine wissensbasierte Sicht für den Aufbau von Hypertextsystemen eingenommen werden sollte, nicht zuletzt auch deshalb, weil erst auf dieser Grundlage eine flexiblere Anpassung der Systemleistungen an aktuelle Benutzerbedürfnisse möglich sei. Wissensbasierte Verfahren in informationswissenschaftlichen Kontexten sind nicht in erster Linie dafür gedacht, Abbildungen von Wissensdomänen oder des Wissens insgesamt als Zweck für sich selbst bereitzustellen, sondern werden in der Regel funktional bestimmten Anwendungszwecken zugeordnet. Diese sind meistens auch nicht universal, sondern fachspezifisch, wenn auch heute mit der Erweiterung des Anwendungsspektrums durch die sogenannten Neuen Medien neue Informationsdienstleistungen über Bildschirmtext oder über elektronische Postsysteme entstehen, die sich mit einem breiten inhaltlichen Spektrum an ein allgemeineres Publikum wenden, so daß hier ein Bedarf nach umfassenderen, wenn nicht gar wieder universalen Ordnungssystemen entsteht.

Wissensstrukturen in informationswissenschaftlichen Kontexten zeichnen sich wegen dieser Anwendungsorientierung in der Regel durch die folgenden Eigenschaften aus:

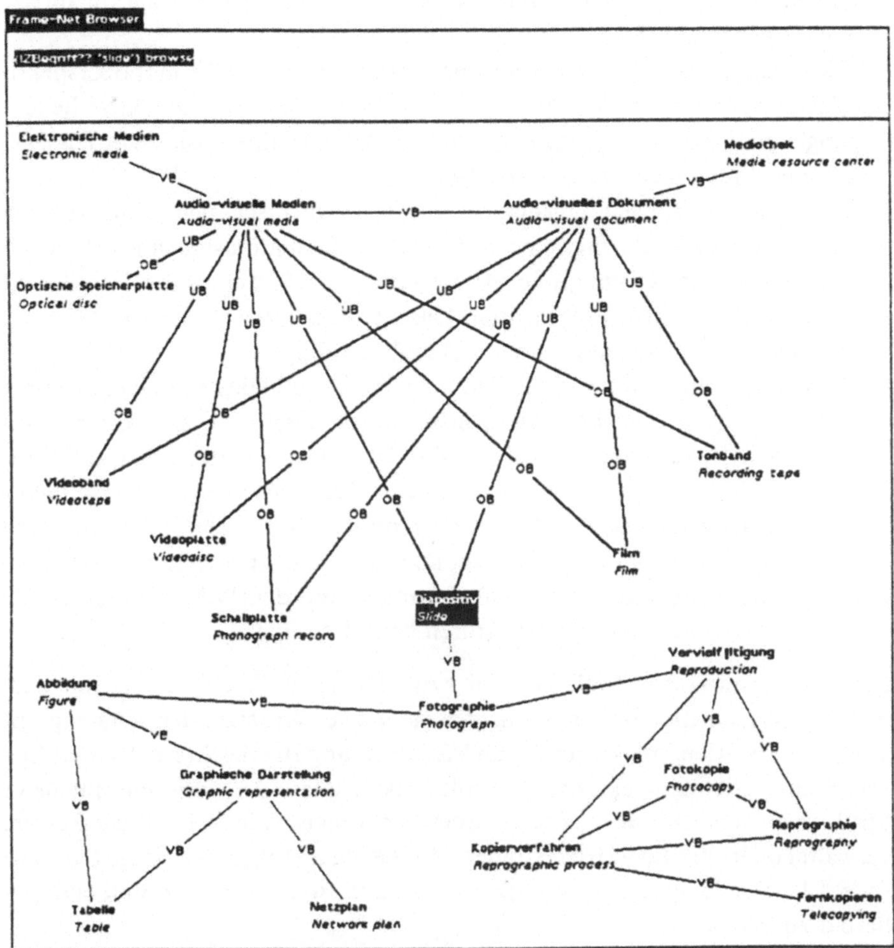

Abb. 3.3.2-2. Thesaurusverwaltung über Hypertext
(aus: Rostek/Fischer 1988, 223; mit Genehmigung der VCH Verlagsgesellschaft)

- In der Regel handelt es sich um umfängliche Wissensstrukturen – mehrere hunderttausend Einträge (z. B. als Stellvertreter für Konzepte) sind keine Ausnahme.
- Einfache mono-hierarchische Relationierungen sind in der Regel nicht geeignet, komplexe Weltausschnitte abzubilden. Entsprechend zeichnen sich die häufig verwendeten Thesauri durch Polyhierarchien aus und verwenden einen in der Regel auf drei Haupttypen beschränkten Relationensatz (Äquivalenzrelationen, Abstraktionsrelationen und Assoziationsrelationen). Semantische Netze und „Frames" modellieren nicht nur Konzepte, sondern auch referentielle Objekte des Domänenbereichs und verfügen in

der Regel über eine reichere und erweiterbare, dem Objektbereich anpaßbare Relationenstruktur.

– Die Elemente in Wissensstrukturen werden häufig nicht monoperspektivisch dargestellt, sondern können je nach Kontext unterschiedliche Bedeutungen und Funktionen an/wahrnehmen; daher ist ihre Position in Wissenssystemen auch nicht immer fixierbar.

– Aufgrund der Anwendungsnähe – vor allem in rasch sich entwickelnden Fachgebieten, für die meistens maschinelle Informationssysteme entwickelt werden – ergibt sich ein großer Änderungsbedarf (*Update*-Problematik) mit teilweise erheblichen Folgekosten. Die manuelle Verwaltung von Wissensstrukturen ist höchst aufwendig und fehleranfällig.

– Wissensstrukturen werden zur Ordnung linearer und nicht-linearer Speicher verwendet (z. B. im Fall der Klassifikation auch zur Anordnung von Büchern in Bibliotheken). Auch als Mittel der kontrollierten *Inhaltsbeschreibung* werden sie gleichermaßen für lineare Kataloge, Register[41] und nichtlineare Dateien in Retrieval-Systemen gebraucht, z. B. beim Indexieren nach dem „coordinate indexing"-Prinzip, und dienen nicht zuletzt der Formulierung systemgerechter Frageformulierungen und dem Vergleich („match") mit entsprechenden Systemstrukturen beim Retrieval.

Schon seit den ersten Anfängen der systematischen Beschäftigung mit dem Aufbau maschineller Informationssysteme gibt es Ansätze, den Umgang mit komplexen Wissensstrukturen durch Visualisierung zu erleichtern, da multihierarchische multiperspektivische, multifunktionale und änderungsintensive Strukturen schlecht über lineare Speicherformen, wie z. B. Karteikarten, verwaltet oder genutzt werden können. Wir geben im folgenden einige Beispiele für solche Vor-Hypertextversuche, Wissensstrukturen visualisier- und manipulierbar zu machen[42].

Schon in sehr frühen Arbeiten von Doyle (1961, 1962) wird versucht, Wissen in Assoziationsnetzen/-karten *graphisch* darzustellen. In diesen „Wissens"netzen – nach heutigem Verständnis wird man diese auf der Grundlage von Kookkurrenzen berechneten Assoziationen eher nicht als ein wissensbasiertes Verfahren ansehen (vgl. aber Rapp/Wettler 1990) – wird die Intensität einer relationalen Beziehung durch Entfernung oder Nähe der Knoten im Netz oder durch gewichtete und unterschiedlich graphisch gestaltete Kanten dargestellt. Dienten diese Netze zunächst der Orientierung beim Retrieval, d. h. zur Erleichterung der Frageformulierung, so werden dann auch vollständige Dokumente in dieser Form repräsentiert und untereinander verknüpft. Abb. 3.3.2-3 zeigt eine solche diagrammatische Repräsentation individueller Doku-

---

[41] Zur Anreicherung von Bibliotheks-Katalogen durch Hypertext vgl. Hjerppe (1986).
[42] Wir folgen dabei weitgehend der Darstellung in Kuhlen (1989d).

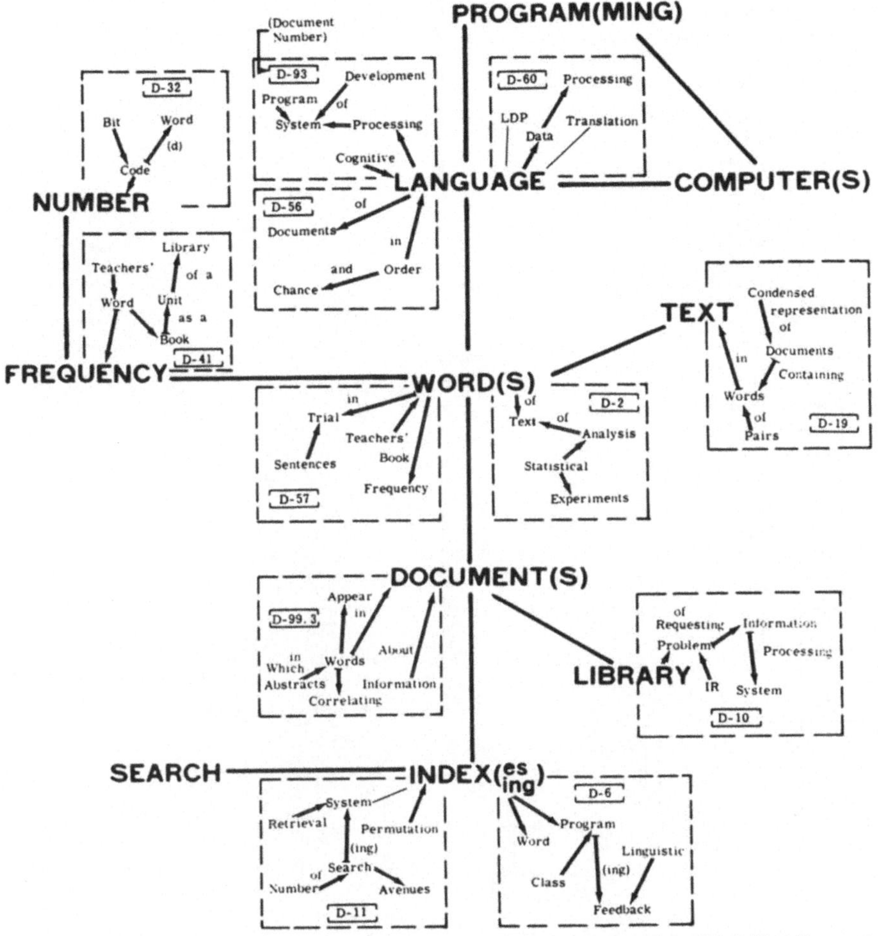

FIG. 3. Final Stage of Off-Line Search: Expanded Links and Diagrammatic Representations of Individual Documents.

Abb. 3.3.2-3. Assoziative Repräsentation und Verknüpfung von Dokumenten
(aus: Doyle 1962, 385)

mente und ihre Verknüpfung über verwandte Konzepte. Im Prinzip hatte Doyle als Ziel die solchermaßen verdichtete Darstellung ganzer Bibliotheken im Sinne (Doyle 1962, 379), auch wenn der damalige technologische Stand dies nicht als realistisch erscheinen ließ.

Mehr linguistisches Wissen wurde im Rahmen der „Abstracting"-Forschung eingebracht, wie sie in den siebziger Jahren an der Ohio State University durchgeführt worden ist (vgl. Kuhlen 1989d, 693). Im Rahmen dieser Projekte hat Strong (1974) einen Vorschlag vorgelegt, bei dem auf der Grundlage der Fillmore'schen Kasusgrammatik, angereichert durch semantische Merkmale, die zentralen Konzepte von Texten in Textwissensgraphen vernetzt werden. Als

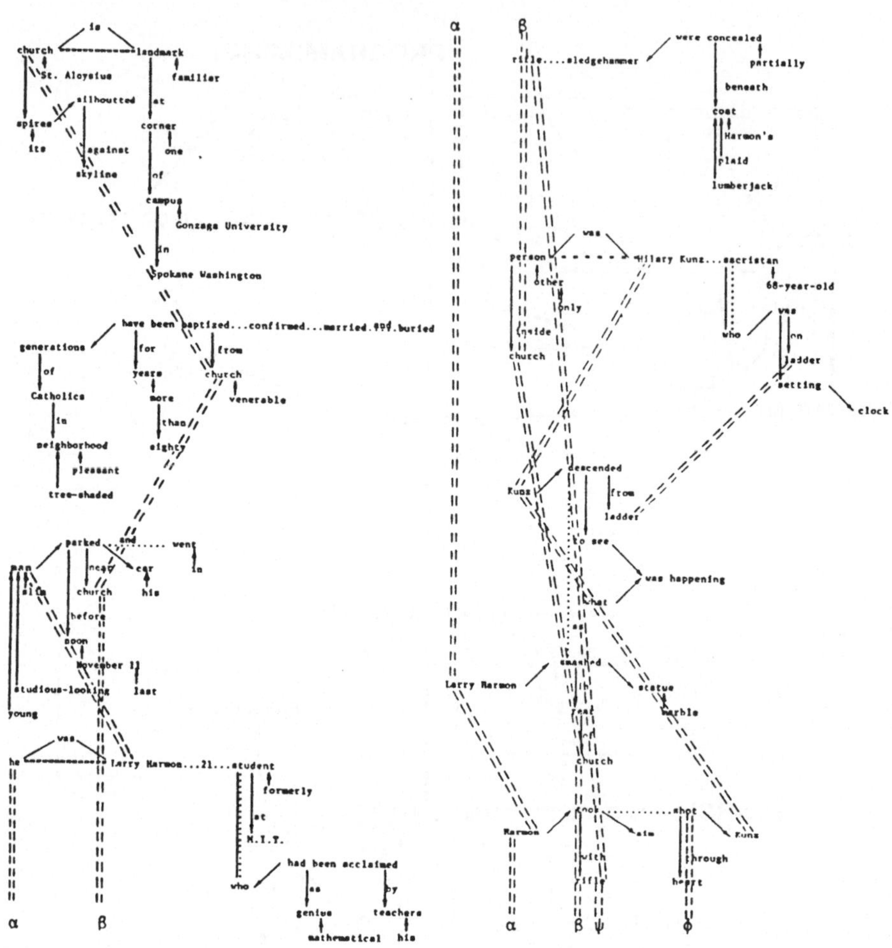

Abb. 3.3.2-4. Textnetz als Textzusammenfassung (aus: Strong 1974)

Stilmittel werden dabei vor allem unterschiedlich graphisch gestaltete Kanten eingesetzt. Abb. 3.3.2-4 zeigt eine solche graphische Zusammenfassung von Texten, die heute als komfortable Hypertext-„Browser" realisiert werden könnten.

Stärker noch als bei Systemen der Künstlichen Intelligenz, die häufig am Beispiel relativ kleiner Wissensgebiete eher darauf abzielen, Verfahren mit kognitiver Plausibilität zu entwickeln, werden in der Informationswissenschaft wissensbasierte Verfahren in der Regel unter Quantitätsansprüchen und unter einer bestimmten Anwendungsperspektive entwickelt. Daher stellt sich das oben dargestellte Manipulationsproblem von Wissensstrukturen, die, zusammen mit anderen Komponenten, z. B. Grammatiken, Parser, Lernverfahren, Verarbeitungsalgorithmen, die erwünschte Anwendungsleistung erbringen sollen, in informationswissenschaftlichen Umgebungen dringlicher. Ein Beispiel zur Lösung dieses Problems ist dafür der in der ersten Phase des Projektes TOPOGRAPHIC entwickelte Wissens-„Browser", der das Navigieren und Manipulieren in/von „Frame"-basierten Wissensstrukturen möglich macht (Thiel/Hammwöhner 1985).

Weitergehende Ansprüche sind durch das CYC-Projekt (Lenat/Prakash/ Shepherd 1986; Lenat et al. 1984; Lenat/Guha 1988) formuliert worden, auf das wir näher eingehen wollen, da hier die Verbindung wissensbasierter Informationsverarbeitung, Information Retrieval und Hypertext besonders deutlich wird. Das CYC-Projekt von MicroElectronics & Computer Technology Corporation (MCC), Austin, Texas, zielt mit einer zehnjährigen Perspektive auf den Aufbau einer Wissensbank („knowledge base") ab. Wir gehen wegen der vielversprechenden Perspektive dieses Projektes auch für Hypertext etwas näher darauf ein.

Das Konzept der Wissensbank ist in der Fachdiskussion bislang terminologisch noch nicht eingeführt. Es wird daher vorgeschlagen, in einer doppelten Übersetzung des amerikanischen „knowledge base" den Begriff „Wissensbasis" auf eine der internen Komponenten eines jeden intelligenten (wissensbasierten) Systems zu beziehen, während „Wissensbank" ein Produkt charakterisieren soll, das nicht Teil eines größeren Ganzen, sondern Zweck in sich selbst ist und heterogenen Zwecken und Nutzern offensteht. In diesem Verständnis gibt es in Systemen der Künstlichen Intelligenz, die heute weitgehend, wenn auch nicht ausschließlich, unter dem Namen „Expertensystem" diskutiert werden, tausende von Wissensbasen, alle mehr oder weniger stark limitiert auf kleine Wissensdomänen (Weltausschnitte). Wissensbanken hingegen in dem Sinne, daß in ihnen das gesamte Wissen eines nicht trivial kleinen Fachgebietes auf einem Niveau gespeichert ist, das einfaches Wiederfinden, aber auch intelligente Operationen der Analogiebildung, des induktiven und deduktiven Schließens ermöglicht, gibt es im Grunde noch nicht.

Beim Aufbau von CYC soll nach folgendem Plan vorgegangen werden: Aus einer einbändigen Enzyklopädie mit ca. 30000 Artikeln, die in der Regel ein Absatz lang sind, sollten zunächst 400 Artikel von Fachleuten nach der vorgegebenen Wissensrepräsentationssprache (hier eine „Frame"- Sprache) analysiert werden. Bei der Planung war man davon ausgegangen, daß zur Rekonstruktion des Wissens dieser 400 Artikel etwa 10000 „Frames" (unter denen man grob nach Eigenschaften strukturierte Konzepte verstehen mag) nötig sein werden. Diese „Wissensfragmente" der ersten 400 Artikel werden dann verwendet, um unter Anwendung von „copy&edit" (Ableiten neuer Wissensstrukturen durch Editieren von alten) das Wissen der restlichen *30000* Artikel zu rekonstruieren. Für die folgende Arbeit rechnete man mit einem asymptotischen Abfall beim Einbringen neuer „Frames". Nach einigen tausend analysierten Artikeln nahm man 0.1 neue

Einträge (= „Frames") pro Artikel an. Nach einer Mitteilung von Travers auf der Hypertext '89-Konferenz (Travers 1989) waren Ende 1989 allerdings schon über 100000 Einheiten eingebracht. Im Endstadium rechnet man mit mehreren Millionen.

Mit dieser Arbeit des „knowledge engineering" sollen 10-50 „knowledge enterers" fünf Jahre (1988–1993) beschäftigt sein, wobei man davon ausgeht, daß ein Fachmann für einen Artikel etwa einen Tag benötigt. Das würde für den gesamten Band etwa 150 Personenjahre ausmachen. In der gleichen Zeit sollen die erarbeiteten Wissensstrukturen in verschiedene wissensbasierte Systeme (Expertensysteme, natürlichsprachige Zugangssysteme, Problemlösungssysteme) eingebettet und durch Wissen aus anderen (aber in der Regel nicht fachspezifischen) Textsorten (Kindergeschichten, Zeitungen etc.) erweitert werden. In künftigen Phasen ist verstärkt die Einbindung zahlreicher, dann vorhandener Expertensysteme (offenbar dann mit fachspezifischem Wissen) vorgesehen, mit der Arbeitshypothese, daß mit allmählich größer werdender Wissensbasis das intelligente „copy&edit" (also das Einbringen neuer Wissensstrukturen per Analogieschluß) immer weniger aufwendig wird. Welche Zugriffsformen zu dieser Wissensbank dann möglich sein werden und wer die Nutzer dieser Bank sein sollen, ist der Literatur nicht zu entnehmen. Ebensowenig ist geklärt, wie man angesichts des langwierigen (zeitaufwendigen) Aufbaus solcher Wissensbanken das Problem des Veraltens von Wissen während des Aufbaus in den Griff bekommt (allerdings lösen auch gedruckte Enzyklopädien dieses Problem nicht).

Mit dieser Kurzdarstellung von CYC ist deutlich, wie komplex das Wissensverwaltungs- bzw. -navigationsproblem werden kann, zunächst in erster Linie für die Systementwicklung, später aber auch für die Systemnutzung. Die traditionellen Formen von Text-„Browsern" und netzwerkorientierten graphischen Editoren stoßen angesichts der vielfältigen Relationierung bald an ihr Ende. Am MIT Media Lab (Travers 1989) wurde daher ein spezieller graphischer „Browser" für eine Museumsanwendung, MUE („Museum Unit Editor"), entwickelt, der auf der kognitiv plausiblen Annahme beruht, daß Menschen sich gut in Räumen bewegen können. Entsprechend wurde versucht, die CYC-Wissensbank auf einen simulierten phyikalischen Raum abzubilden (Abb. 3.3.2-5).

Die ursprüngliche Idee, die Wissensbank von CYC in der Architekturstruktur eines Museums (mit Korridoren, Sektionen, Hallen, Räumen, Wänden etc.), also letztlich in einer festen räumlichen Hierarchie (= Klassifikationsprinzip) darzustellen, scheiterte an der Komplexität der CYC-Strukturen. Nicht zuletzt wegen der guten Einbindungsmöglichkeiten in Hypertextstrukturen wurde schließlich eine einheitliche Raum-Metaphorik verwendet, d. h. jede Einheit von CYC, bis hinunter zum konkreten „Slot"-Eintrag, kann als Raum begriffen werden, der in MUE als Kasten („box") dargestellt

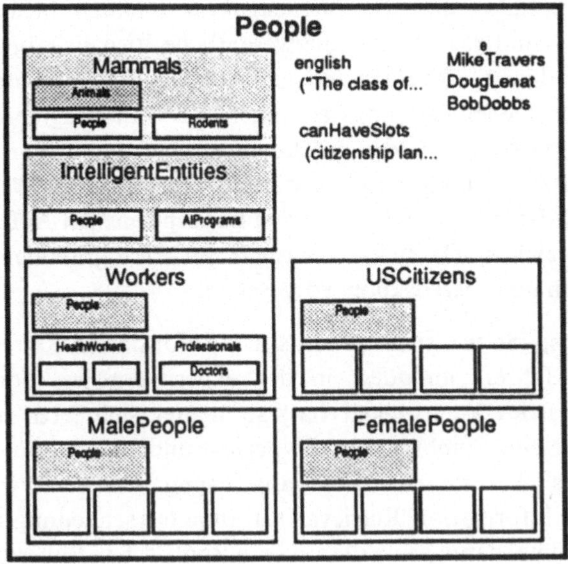

Figure 2. A MUE Display.

Abb. 3.3.2-5. Konzepte, in verschachtelten Kasten („nested boxes") organisiert
(aus: Travers 1989, 149, Fig. 2; mit Genehmigung der ACM)

wird[43]: „With this metaphor, in a certain sense, everything is inside of everything else! When you enter a unit, it becomes outermost, and the things that are connected to it become included in it, including the room you just left" (Travers 1989, 149).

In diesem durch die Wissensbank (mit ihren „Frames" und konkreteren Informationen in den „Slot"-Einträgen) gegebenen Teil-Wissensraum kann dann der Benutzer in einer Hypertextform navigieren. Für die Darstellung wird dabei auf die Box-Architektur der Wissensbank von CYC zurückgegriffen. Die Abbildung 3.3.2-5 zeigt diese Struktur, die aufgrund ihrer rekursiven Einteilung soweit ausgearbeitet werden kann, wie es der Bildschirm erlaubt (bei 1024×1024-Bildschirmen sind bis zu 6 rekursive Ebenen möglich).

Die Navigation in MUE beruht auf der Idee des „re-rooting", d. h. jeder gerade aktuell focussierte (zu bearbeitende oder für bestimmte Zwecke anzuwählende) Knoten wird an die Spitze („root") einer Hierarchie gestellt und in eine Baumstruktur umgewandelt. Für den Fall, daß in konzeptueller Hinsicht ein Unterbegriff „root" ist, werden die hierarchisch höheren Begriff

---

[43] Travers verweist auf frühere Projekte: SDMS (Spatial Data Management System -1979) und Boxer (1986), die ebenfalls auf der Idee der „nested boxes" beruhen (Travers 1989, 157).

invers relationiert, so daß die Baumstruktur erhalten bleibt. Aus dieser Baumstruktur – und das ist dann die wesentliche Visualisierungsleistung von MUE – können dann die Raumkarten (vgl. Abb. 3.3.2-5) abgeleitet werden. Zur Darstellung von Generalisierungsrelationen wird mit imaginären (virtuellen) Bildschirmen gearbeitet, in die der Benutzer wie durch einen Rückspiegel („rear-view mirror") hindurchschauen muß (vgl. Travers 1989, 154f). Die Arbeiten von MUE/CYC sind erst in den konzeptionellen Anfängen. Für die Zukunft sind reichere Darstellungsformen mit Piktogrammen und Ikonen, Ton, Animation und Stereoskopie vorgesehen.

Schlußbemerkung. So wie sich das klassische Information Retrieval seit Mitte der achtziger Jahre, zumindest in der experimentellen Forschung, zum intelligenten Retrieval entwickelt hat, so deutet sich jetzt zu Beginn der neunziger Jahre eine Symbiose von Hypertext und Information Retrieval an. Wir sehen dies eher als eine Übergangslösung an. Auch wenn bisherige Techniken des Information Retrieval für Inhaltserschließung und Retrieval nützlich sind, zumal dann, wenn die auf dem Boole'schen Retrieval beruhenden Ansätze durch probabilistische Methoden ersetzt werden, ist doch nicht zu verkennen, daß Retrieval letztlich nach dem „Matching"-Paradigma und Navigation nach dem „Browsing"-Paradigma zwei „Welten" sind. Vielleicht ergänzen sie sich, z. B. dadurch, daß, wie angedeutet, aus großen Hypertextbasen Teilmengen selektiert werden, in denen dann mit hypertextspezifischen Methoden navigiert werden kann. Die Qualität des Navigierens scheint uns aber wesentlich von der Qualität der Inhaltserschließung bzw. der Wissensrepräsentation der informationellen Einheiten bzw. der zugrundeliegenden Wissensobjekte (z. B. Texte) abzuhängen. Das führt uns zum Thema des vierten Kapitels.

4. Forschungsdesign für ein Hypertextsystem im Kontext der Fachkommunikation (WITH)

Zusammenfassung: Mit WITH wird ein Muster eines wissensbasierten textorientierten Hypertextsystems vorgestellt, das sich der speziellen Herausforderung der Fachkommunikation stellen will, die u. a. in der Verarbeitung großer und ständig anwachsender Wissensbestände besteht. Wir gehen auf Hypertextbasis, Analyse-/Konversions- und Navigations-/Suchkomponenten von WITH ein und beziehen uns dabei auf die vorausgegangenen Forschungsarbeiten in den Konstanzer Projekten TOPIC und TWRM-TOPO-GRAPHIC. Die Hypertextbasis wird durch eine partielle semantische (framebasierte und wortexpertengesteuerte) Analyse von Texten erstellt, die als Ergebnis einen Textgraphen, eine strukturierte Verbindung informationeller Einheiten auf verschiedenen Abstraktionsebenen, liefert. Aus diesem Textgraphen bzw. aus den informationellen Einheiten können in verschiedenen Kaskadierungsstufen unterschiedliche mediale Präsentationsformen abgeleitet werden. Wir wollen daher vorschlagen, informationellen Einheiten als Grundelemente von Hypertextbasen nicht länger statisch-strukturell, sondern dynamisch-flexibel zu bestimmen. Dies ist vor allem mit Rücksicht auf benutzerangepaßtes flexibles Dialogverhalten nützlich. Weiterhin können aus den semantischen Eigenschaften der Textgraphen unterschiedliche Formen der referentiellen und typisierten (semantischen und kohärenzstiftenden) Verknüpfung mit intra- und intertextuellen Auswirkungen automatisch abgeleitet werden, die für die Navigationsformen des „Zooming" und des „Browsing" verwendet werden können. Als weiteres Mittel der Orientierung über Text- und Pfadinhalte wird ein automatisches mehrsprachiges Verfahren zur Generierung quasi-natürlichsprachlicher „Abstracts" vorgestellt, das sich ebenfalls auf die Information der Textgraphen und zusätzlich auf textlinguistische Verfahren abstützt.

Kurzhinweise auf Literatur: Hahn (1990b); Hahn/Reimer (1988); Hahn et al. (1990); Hammwöhner (1989/90); Hammwöhner (1990); Hammwöhner/Thiel (1987); Kuhlen/Yetim (1989); Kuhlen et al. (1989a); Reimer (1989); Reimer (1991); Sonnenberger (1988); Thiel (1990)

Nachdem wir in den ersten drei Kapiteln den jetzigen Stand der Hypertextmethodologie dargestellt haben, wollen wir abschließend vorstellen, wie sich auf der Grundlage der bisherigen Arbeiten der Konstanzer Forschungsgruppe zur automatischen Textanalyse und flexiblen Darstellung von Textwissen ein Hypertextsystemtyp abzeichnet, der den Anforderungen des in Abschnitts 1.4 formulierten pragmatischen Primats bei der Informationsarbeit entsprechen kann. Weiterhin wollen wir erneut die ganz zu Beginn im Vorwort formulierten beiden Fragen nach dem *informationellen Mehrwert* von Hypertext und nach einer *hypertextspezifischen Kohärenz* gegenüber textueller Kohärenz, die zumindest partiell bei der Konversion von Text in Hypertext verlorengeht, aufgreifen und Antworten suchen.

Dafür ist ein Prototyp in konzeptioneller Planung, den wir im folgenden WITH (wissensbasiertes textorientiertes Hypertextsystem) nennen wollen. WITH setzt auf Vorarbeiten auf, die zur Entwicklung der Systeme TOPIC, TOPOGRAPHIC bzw. TWRM-TOPOGRAPHIC geführt haben[1] Auch diese Systeme sind schon seit einigen Jahren in den Kontext des Hypertextparadigmas gestellt worden (Hammwöhner/Thiel 1987; Hammwöhner 1989; Hahn/Reimer 1988; Hahn et al. 1990; Kuhlen et al. 1989; Kuhlen/Yetim 1989), obgleich die Vorhaben ursprünglich zur Entwicklung von Alternativen zum bisherigen automatischen „Abstracting"/Textkondensieren betrieben worden sind (vgl. Hahn 1986; Kuhlen 1989d, 1990c). Die Hypertextsicht macht aber Sinn, da es in den Systemen in erster Linie um die Bereitstellung flexibler Alternativen gegenüber der linearen Textdarstellung geht.

Wenn man sich vergegenwärtigt, welche Punkte Frank Halasz in seinem oft zitierten Vortrag auf der Hypertext '87-Konferenz (Halasz 1987/88) als Aufgaben einer nächsten Generation von Hypertextsystemen skizziert hat – nämlich „search and query, composite nodes, virtual structures, computational engines, versioning, collaborative work, and tailorability" (a.a.O. 345) – dann könnte man schließen, daß wir schon die übernächste Generation im Blick haben, denn Halasz erwähnt nicht die Punkte, die für uns im Zentrum des Interesses stehen:

– Entwicklung wissensbasierter Verfahren zur automatischen Segmentierung von Texten in hypertextgerechte informationelle Einheiten;

---

[1] TOPIC = Text Oriented Procedures for Information Management and Condensation of Expository Texts, gefördert von der GID/BMFT, 1982–1986, Förderungskennzeichen 1020016 0; TOPOGRAPHIC = TOPic Operating with GRAPHical Interactive Components, gefördert von der GID/BMFT, 1984–1986, gleiches Förderungskennzeichen TWRM-TOPOGRAPHIC = Textwissensrezeptionsmechanismus TOPOGRAPHIC, gefördert von der GID/BMFT, 1986–1988, Förderungskennzeichen 1020018 1. Alle Systeme wurden in C und IF-Prolog auf UNIX-Maschinen, ONYX, CADMUS 9200 und jetzt SUN-Rechnern, programmiert bzw. implementiert.
Die folgenden Darstellungen beruhen auf der Arbeit in diesen Projekten und zugeordneten Dissertationen und Diplomarbeiten. Bezüglich TOPIC waren in erster Linie U. Reimer und U. Hahn (jetzt Universität Freiburg) zuständig, bezüglich TOPOGRAPHIC bzw. TWRM-TOPOGRAPHIC R. Hammwöhner und U. Thiel (jetzt IPSI/GMD) und später G. Sonnenberger und F. Yetim. Wie bei Projekten üblich, ist nicht mehr auszumachen, wer nach welchen Diskussionen, mit welchen Publikationen, für welche Ideen und Ausführungen zuständig war (für eine Dokumentation der in dem Projektzeitraum entstandenen Arbeiten vgl. die Schlußberichte (Hahn/Reimer 1985; Kuhlen et al. 1989e; Thiel/Hammwöhner 1985). Sicher ist, daß der Verfasser dieses Buches dieses Kapitel nicht ohne die Forschungsarbeiten der erwähnten Personen hätte schreiben können. Für die Einordnung in den Hypertextkontext waren erneut lange Diskussionen mit R. Hammwöhner besonders hilfreich.

– Entwicklung wissensbasierter Verfahren zur automatischen intra- und intertextuellen Verknüpfung von Hypertexteinheiten;
– Entwicklung pragmatischer, auf die erarbeiteten Wissensstrukturen aufsetzender Verfahren zur maschinell kontrollierten, benutzerangepaßten Navigation in komplexen Hypertextbasen.

Zu diesen methodischen Aspekten kommt noch hinzu, daß wir Hypertext im Kontext der Informationswissenschaft sehen und unser Interesse daher auf den Aufbau von Hypertextsystemen abzielt, die stärker als bisher in Situationen der Fachkommunikation eingesetzt werden können. Bevor wir auf die oben zusammengestellten methodischen Probleme eingehen, wollen wir kurz die besondere Herausforderung der Fachkommunikation an die Entwicklung zukünftiger Hypertextsysteme skizzieren.

4.1 Hypertext und Fachkommunikation

Sicherlich gehören auch zum Gebiet der Fachkommunikation Spezialsituationen, die bislang, vergleichbar den „Spielzeugwelt"-Anwendungen beim Aufbau von Expertensystemen, für bisherige Hypertextapplikationen eher typisch sind, nämlich die Konzentration auf sehr beschränkte Weltausschnitte oder auf konstant bleibendes Material, wie ein Handbuch, ein Nachschlagewerk etc. Typischerweise ist aber die Welt der Fachkommunikation durch große und ständig anwachsende Mengen an dargestelltem Wissen, nach wie vor primär in Form schriftsprachlich niedergelegter Dokumente, gekennzeichnet. Die On-line-Datenbanken auf den größeren Fachgebieten, z. B. „Chemical Abstracts", „Biological Abstracts", „Pharmaceutical Abstracts", haben jährliche Zuwachsraten in sechsstelligen Zahlen („Chemical Abstracts" allein fast schon 500000). Auch die der sozialwissenschaftliche Datenbanken erreichen fast schon 100000er Grenzen. Zunehmend mehr On-line-Datenbanken werden in Volltextversionen angeboten. Von den zur Zeit etwa 4500 öffentlich angebotenen Datenbanken werden ca. ein Drittel zu Volltextdatenbanken gezählt[2]. Weiterhin begünstigt die fortschreitenden Verwendung moderner Drucklegungstechniken und Desktop-Publishing-Software die Produktion *organisationsinternen*, maschinenlesbaren und damit maschinell weiterverarbeitbaren Materials, das verwaltet und zugriffsfähig gemacht werden muß. Weiterhin entstehen durch elektronische Postsysteme und durch Standardisierung der Textformate[3] neue materialisierte Wissensbestände, die nicht nur wie klassische Papierformen

---

[2] Die Einordnung ist nicht immer eindeutig, da der Begriff „Volltext" zuweilen schon auf den Text der „Abstracts" bezogen wird.
[3] Vgl. die Diskussion zu EDIFACT in Abschnitt 2.4.

(Briefe) abgelegt werden, sondern in bestehende Bestände integriert werden wollen. Und nicht zuletzt werden, zwar nicht so schnell, wie noch vor einigen Jahren vermutet, aber doch kontinuierlich anwachsend, Formen des elektronischen Publizierens bzw. der Publikation auf Nachfrage („publishing on demand") von den Verlagen angeboten werden, die der Elektronisierung von Fachinformation weiteren Vorschub leisten werden.

Diese fast schon flächendeckende „Versorgung" mit elektronischen Dokumenten ist ambivalent zu interpretieren. Hier wird das Problem deutlich, das wir schon zu Beginn angesprochen haben, nämlich das der unerwünschten Seiteneffekte. Informationstechnologie, auch bezüglich der Produktion und Distribution von Wissen dafür konzipiert, den Umgang mit Wissen zu erleichtern, macht die Aneignung zugleich komplizierter. Die Verbreitung elektronischer Dokumente korrespondiert bislang keineswegs mit ebenso innovativen und flächendeckend eingesetzten Nachweis-, Aufbereitungs- oder Präsentationstechniken. Die Methoden der Speicherung, der Verwaltung, des technischen Zugriffs und der Verteilung sind zur Zeit nicht mehr kritisch. Defizite sind nach wie vor – um die in 1.4 eingeführte informationswissenschaftliche Sprache zu gebrauchen – bei den Methoden der Wissensrepräsentation/ -rekonstruktion, der Informationserarbeitung, der Informationsaufbereitung und Informationsverarbeitung festzustellen, sowohl in prinzipiell methodischer Sicht, als auch vor allem bezüglich der Chancen, die angesprochenen Quantitätsbarrieren zu überwinden.

Konkret scheint uns die Gefahr zu bestehen, daß potentiell relevante Information, also schon produziertes Wissen, in maschinenlesbaren Speichern verschwindet, ohne die Chance zu haben, bekannt zu werden. Die klassischen Nachweisformen, Bibliographien, Referateorgane, werden weiterhin benutzt werden, sind jedoch aufgrund ihrer linearen Anordnung und vor allem der mangelnden inhaltlichen Inhaltserschließung nicht ausreichend. Auf die Probleme des „Matching"-Paradigmas in Dokument-Retrieval-Systemen haben wir hingewiesen, und die Forschung ist sich nach verschiedenen Evaluierungsstudien einig (z. B. Blair/Maron 1985; Tenopir 1985; PADOK 1986), daß Volltextsysteme nur ein unzureichendes Mittel der Verarbeitung und des Nachweises textuell niedergelegten Wissens sind. Trotz der Verbesserung des Retrieval, z. B. durch die Verwendung von Kontextoperatoren[4], und des Benutzerkomforts, z. B. durch Menütechnik oder vereinfachten Zugriff über Gateway-Systeme (von Bassewitz 1990), oder durch die Verwendung optischer lokaler Speicher bleiben die Leistungen beschränkt. Der wesentliche Engpaß,

---

[4] Mit diesen Operatoren können Kontext- und Abstandsbedingungen in der Kombination von Suchausdrücken definiert werden, z. B. Berücksichtigung des Satz- oder Absatzkontextes, Lokalisierung der Suchterms an bevorzugten Stellen, z. B. am Anfang von Absätzen.

sowohl in quantitativer als auch qualitativer Hinsicht, ist nach wie vor die Inhaltserschließung. Entweder muß sie intellektuell betrieben werden, mit maximaler Qualität durch Verwendung intellektuell erstellter Thesauri[5] und mit entsprechendem Aufwand, oder sie wird qualitativ unbefriedigend ausfallen, wenn, wie es bei einer automatischen Volltextinvertierung der Fall ist, die Darstellung des Textwissens sich in der Regel lediglich auf die sprachoberflächlichen Textwörter abstützt. Verfahren der automatischen Indexierung auf kontrollierter Basis mit maschinell erstellten Wörterbüchern sind immer noch die Ausnahme (vgl. Lustig 1986), und auch diese stützen sich bislang kaum auf wissensbasierte Verfahren ab. Ist das Ziel lediglich der Referenznachweis von Dokumenten, dann ist dies allerdings auch nicht nötig. Ist man darüber hinaus an den Inhalten einzelner Textpassagen interessiert, dann dürften diese automatischen Verfahren der Indexierung nicht ausreichen.

Es ist allerdings nicht zu verkennen, daß zumindest in der Information-Retrieval-*Forschung* im letzten Jahrzehnt einiges in Bewegung gekommen ist (Salton 1989). Als Beitrag zur Entwicklung intelligenter Retrievalsysteme liegen verschiedene Prototypen vor, z. B. KOFIS (Appelrath et al. 1986), SCRABBLE (Tait 1985), CODER (Fox 1987), GRANT (Cohen/Kjeldsen 1987), IOTA (Defude/Chiamarella 1987), IT-NLII (Brajnik/Guida/Tasso 1987), I^{3}R (Croft/Thompson 1987), SCISOR (Rau 1987), TOPIC/TWRM-TOPOGRAPHIC (s. unten), um nur einige zu nennen. Die Beteiligung der Retrievalforscher und -entwickler an Hypertextkonferenzen (vgl. Frisse 1987; Hammwöhner/Thiel 1987; Croft/Turtle 1989) zeigt, daß der Zusammenhang zwischen (intelligenten) Retrievalsystemen und Hypertext aufgenommen ist, so daß zunehmend Alternativen zum bisherigen Boole'schen und probabilistischen Retrieval vorliegen werden.

Die Attraktivität von Hypertext für die Fachkommunikation liegt nicht zuletzt darin, daß Hypertext als realistische und wünschenswerte *Zwischenstufe* zwischen den bisherigen routinemäßig laufenden Retrievalsystemen (auf der Basis des „Matching"-Paradigmas) und den auf kleineren Gebieten schon vorhandenen Expertensystemen bzw. noch zu entwickelnden Wissensbanken[6] begriffen werden kann. *Realistisch* deshalb, weil der Aufbau von Hypertextbasen nicht annähernd so aufwendig zu sein scheint, wie der Aufbau großer wissensbasiertes Systeme; wünschenswert deshalb, weil der Benutzer beim

---

[5] Ansätze, Thesauri durch wissensbasierte Strukturen anzureichern, sind eher noch die Ausnahme, obgleich dies, wie die Experimente von Humphrey/Miller (1987) am Beispiel einer medizinischen Datenbank gezeigt haben, durchaus sinnvoll ist, da z. B. „Frame"-Sprachen in ihrer konzeptuellen Ausrichtung leicht in das Thesaurus-Konzept integriert werden können.

[6] Vgl. die Ausführungen und die Aufwandsabschätzungen zur Wissensbank CYC in Abschnitt 3.3.2.

Navigieren in Hypertextbasen in größerem Ausmaß die Kontrolle behalten kann als bei den in der Regel kaum mehr nachvollziehbaren Entscheidungsvorschlägen in Expertensystemen, die auf langen Inferenzketten beruhen können[7].

Um die Leistung der Zwischenstufe von Hypertext zu erreichen, muß man bislang, gemäß dem jetzigen Stand der Kunst, weitgehend auf intellektuelle Vorgaben bei den drei zentralen Aufgaben von Hypertext zurückgreifen: Segmentierung der informationellen Hypertexteinheiten, Verknüpfung der informationellen Einheiten und Aufbau sinnvoller Pfade. Es ist aber sehr zu bezweifeln, ob die Phase des ersten Interesses an einer neuen Technologie in die des routinemäßigen Einsatzes überwechseln kann, wenn nicht angesichts der Quantitätsanforderungen der Fachkommunikation automatische Verfahren für alle drei Aufgaben bereitgestellt werden können. Die Automatisierung ist deshalb nötig, weil der laufende intellektuelle Aufbau von Hypertextbasen kaum zu finanzieren sein wird und weil die Komplexität des entstehenden relationalen Geflechts intellektuell nicht mehr zu beherrschen sein wird, so daß fast unvermeidlich Inkonsistenzen und unsinnige Verknüpfungen bzw. Pfade entstehen werden.

4.2 WITH – wissensbasiertes textorientiertes Hypertextsystem

In WITH, Prototyp eines wissensbasierten textorientierten Hypertextsystems, sollen zur Bewältigung der Quantitäts- und Komplexitätsprobleme der Fachkommunikation automatische Verfahren der Textsegmentierung und Relationierung bei der Aufbereitung großer und ständig anwachsender Textmengen eingesetzt werden.

Das Ziel von WITH besteht im wesentlichen aus einer Integration von Wissenseinheiten aus heterogenen Wissenseinheiten am Arbeitsplatz eines informationsintensiven „knowledge worker" (vgl. Nastansky 1990a, b; Carlson/ Ram 1990). Mit „knowledge worker" sind Personen angesprochen (vgl. Engelbart 1984), die für ihre Arbeit in hohem Maß auf Zufuhr neuer Information angewiesen sind, vor allem deshalb, weil das Umfeld, auf das sich

---

[7] In Konstanz entsteht zur Zeit eine Dissertation (F.Yetim), die dieses Problem der schwierigen Erklär- und Nachvollziehbarkeit von Leistungen wissensbasierter Systeme dadurch zu lösen versucht, daß die Hypertextmethodologie zum Aufbau einer Erklärungskomponente verwendet wird, die dem Benutzer freie Navigation in der den Entscheidungen des Systems zugrundeliegenden Wissensbasis erlaubt. In diesem Fall handelt es sich um eine Wissensbasis, in der für einen Sachbearbeiter einer Kreditbank das Wissen verwaltet wird, das zur Entscheidung über einen Kreditantrag eines Existenzgründers benötigt wird (vgl. Kuhlen et al. 1989d).

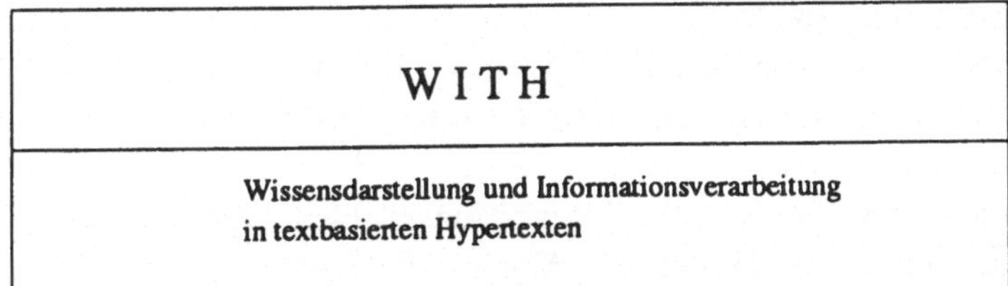

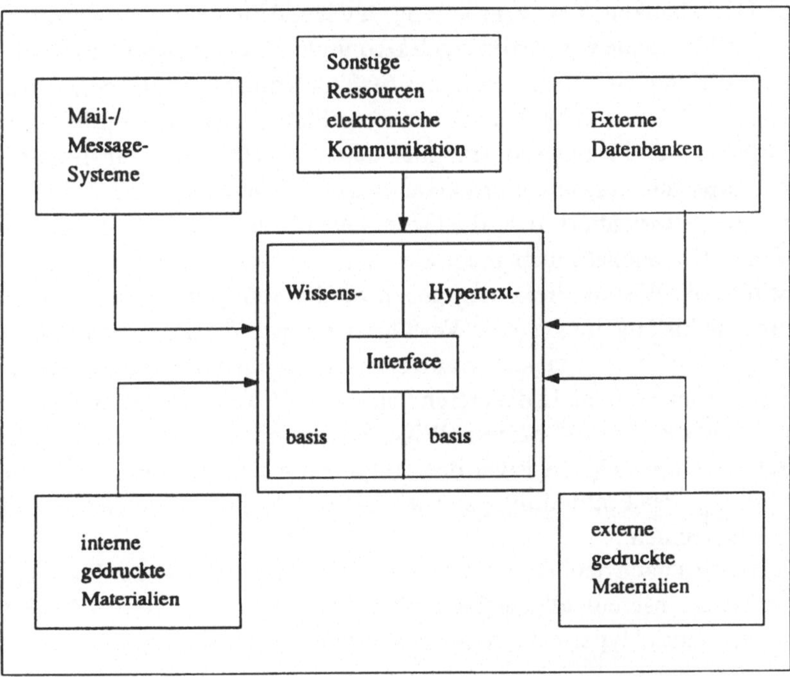

Abb. 4.2-1. Arbeitsumgebung für ein integratives Hypertextsystem

ihre Arbeit bezieht, nicht stabil ist. WITH ist kein Universalsystem, sondern bezieht sich, wie die meisten wissensbasierten Systeme (vgl. aber CYC/MCC, Abschnitt 3.3) auf einen bestimmten Weltausschnitt, im Falle von WITH auf das Gebiet der Informations- und Kommunikationstechnologie, das ganz besonders instabil ist, d. h. raschen Veränderungen unterworfen ist. Daher können sich Personen, die in diesem Tätigkeitsbereich arbeiten, nicht nur auf ihr erworbenes Wissen verlassen, sondern müssen sich einer Vielzahl externer Ressourcen bedienen.

Das ist die typische Situation für die Notwendigkeit eines Informationsressourcen-Management (IRM) (vgl. Kuhlen/Finke 1988), das zunehmend in

Organisationen für die Koordination interner und externer Wissensressourcen eingerichtet wird. Abb. 4.2-1 zeigt einige dieser Ressourcen, die an den Arbeitsplätzen für wissens-/informationsintensive Personen präsent sein sollten.

Hier stellt sich vor allem das Integrationsproblem (vgl. Malone 1987): Wie können die einzelnen Stücke an Wissen, die laufend an den Arbeitsplatz herangebracht werden, sei es durch eigene Initiative, z. B. durch On-line-Recherchen, sei es durch interne und externe laufende Informationsdienstleistungen, so verwaltet werden, daß nicht unerwünschte informationelle Medienbrüche entstehen? Eine Informationsverwaltung, die sich auf unverbundene interne Datenbanken, Textverarbeitungsdateien, Aktenmaterial, Manuskripte, Kopien und Exzerpte von Artikeln, elektronische Postverzeichnisse etc. abstützen muß, verlangt zumindest ein hohes Maß an Kontrolle und Gedächtnis, um effizient zu bleiben. Mit WITH soll ein Vorschlag unterbreitet werden, wie die Verknüpfungs- und Navigationsmöglichkeiten von Hypertext zur Bewältigung dieses komplexen Ressourcenproblems eingesetzt werden könne. WITH ist in erster Linie textorientiert, d. h. die Grundlage für das einzuarbeitende Wissen sind Texte. Das schließt aber nicht aus, daß von den Personen, denen WITH zuarbeiten soll, Wissen direkt eingegeben werden soll. Wir gehen im Abschnitt 4.2.1 auf die bislang erarbeiteten Verfahren ein, wie Texte automatisch durch semantisch fundierte Analyseverfahren (in Textkonstitutenten, s.unten) segmentiert werden können. In der ersten Phase von WITH wird die Analyse, unter Rückgriff auf die „Frame"-basierte Wissensbasis, jedoch weitgehend intellektuell geschehen, um sich intensiver den Aufgaben der intra- und intertextuellen Verknüpfung, der Einbindung externen Materials und den Navigationshilfen widmen zu können[8].

WITH wird nach den Vorarbeiten und dem jetzigen Stand der Planung und entsprechend unserem allgemeinen Vorschlag (vgl. Abschnitt 2.1) für die Architektur eines Hypertextsystems bestehen aus (vgl. Abb. 4.2-2):

einer *Hypertextbasis*, die in unserem Fall aus einer mehrdimensional verknüpften Textwissensbasis kontinuierlich aufgebaut wird;

einer *Analyse- und Relationierungskomponente* (Segmentierung und Verknüpfung), die in der Funktionalität im wesentlichen der einer Analyse-/Konversionskomponente entspricht, also dem Aufbau der Hypertextbasis dient;

einer *Navigations-/Suchkomponente* mit „Browsing" und „Zooming", die dem Benutzer das (selbständige oder vom System geleitete) „Wandern" in

---

[8] Parallel laufen Forschungsprojekte, in denen a) die automatische Analyse von Texten unter Weiterverführung der bisherigen Ansätze (s. unten) vorangetrieben wird und in denen b) automatische Verfahren des Konzeptlernens entwickelt werden, die beim Aufbau und der kontinuierlichen Pflege der Wissensbasis eingesetzt werden sollen. In längerer Perspektive sollen diese Forschungen in WITH zusammenlaufen.

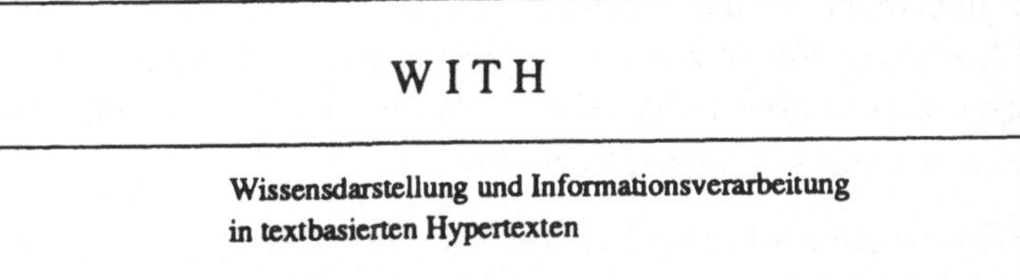

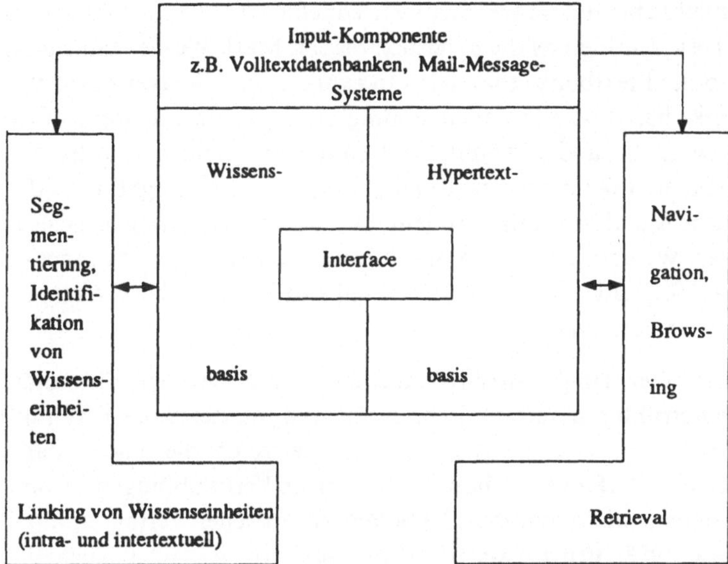

Abb. 4.2-2. Komponenten von WITH

der vom System erstellten strukturierten und relationierten Textwissensbasis
erlaubt;
eine *Wissensbasis*, in der zum Zwecke der automatischen Analyse das Wissen
des Fachgebietes verwaltet wird, im Falle von WITH über eine „Frame"-
basierte Sprache.

Der im folgenden näher darzustellende Vorschlag von WITH erweitert das zur
Zeit vorherrschenden Hypertextparadigma, vor allem bezüglich der maschinell
unterstützten Aufbauverfahren und der Kontrolle der Verknüpfungen auf
wissensbasierter Grundlage. Der Aufbau einer Hypertextbasis allgemein und
speziell aus textuellen Materialien wird zur Zeit eher aus zwei anderen
Positionen betrieben: entweder wird ein intellektueller Aufbau mit hohem
Anspruch und Aufwand gewählt, oder der automatischer Aufbau stützt sich auf
eher textoberflächenorientierten Ansätze (Ausnutzen formaler Textstrukturen
wie Absätze) bzw. auf weitgehend statistische Verfahren, analog der automatischen Indexierung, ab. Ist schon die automatische Segmentierung schwierig

genug, so überwiegt in der Fachwelt Skepsis bezüglich der Möglichkeit, qualitativ hochstehende intra- und intertextuelle Verknüpfungen oder gar Navigationsangebote über kohärente Pfade automatisch aufzubauen. Exemplarisch sei hier Glushko (1989, 58) zitiert:

„When we first began working in hypertext several years ago, we expected that it would soon be possible to extract these implicit links automatically with natural language processing or clever indexing techniques ..., but we have been disappointed so far and we are starting to conclude that implicit intra-document links are best identified by the hypertext reader. Mark Weaver came up with an analogy to used textbooks that helps to explain why. Weaver noted that if we created links based on our understanding of the document, some of the links won't fit with the understanding and context brought to the hypertext by another reader. Like a used textbook, some of the highlighting and margin notes may be useful to another student, but may be distracting or misleading at other times. We have decided in our current project to provide functions that make it easy for readers to create private links and notes rather than try to create many of them ourselves.“

Wir wollen hier einige Ansätze aufzeigen, wie auf der Grundlage von Textwissensstrukturen automatische intra- und intertextuelle Verknüpfungen in mehrfacher Hinsicht möglich ist. Wir vertreten die These, daß durch wissensbasierte Verfahren nicht nur referentielle Verknüpfungen automatisiert werden können, wie es auf der Grundlage statistischer Verfahren möglich ist (z. B. Frisse 1988; Frisse/Cousins 1989), sondern vor allem auch typisierte Verknüpfungen, und zwar sowohl semantische als auch pragmatische Verknüpfungen zur Erzeugung von Kohärenz.

WITH setzt, wie gesagt, auf den bislang abgeschlossenen Prototypen auf. Daher wollen wir zunächst kurz die Vorleistungen der bislang entwickelten Systeme zusammenfassen und anschließend die für WITH zentralen Punkte etwas näher herausarbeiten.

4.2.1 Erzeugung von Textwissensstrukturen: Textgraphen

Seit 1982 ist in der Fachgruppe Informationswissenschaft der Universität Konstanz der Prototyp eines Textanalysesystems entwickelt worden (TOPIC), der in der Lage ist, aus Texten Textkondensierungen auf flexible Weise zu erstellen. Die Texte sind dem Gebiet der Informations- und Kommunikationstechnologien entnommen. Das Analysesystem, so fassen wir es kurz zusammen und erläutern die hier wesentlichen Teile im folgenden näher, beruht auf einem „Frame“-Modell und einem semantischen partiellen Textparser und teilt den laufenden Text in semantisch kohärente Teile ein, die nicht isoliert bleiben, sondern durch TOPIC über Abstraktionsprozesse zu größeren Strukturen zusammengefaßt werden, die wir in der Gänze im folgenden als Textgraph ansprechen wollen. Ein Textgraph – im Prinzip nicht unähnlich den in Abschnitt 3.3.2 gezeigten Dokumentenkarten von Doyle oder den Textnetzen bei Strong – wird als Abbildung eines Textes auf Wissensstrukturen in die gesamte Textwissensbasis eingebracht. Die Textwissensbasis besteht aus der Menge der durch TOPIC analysierten und in Textgraphenform gebrachten Texte. Die Abbildung 4.2.1-1 zeigt im Überblick die Zusammenhänge der Analyse.

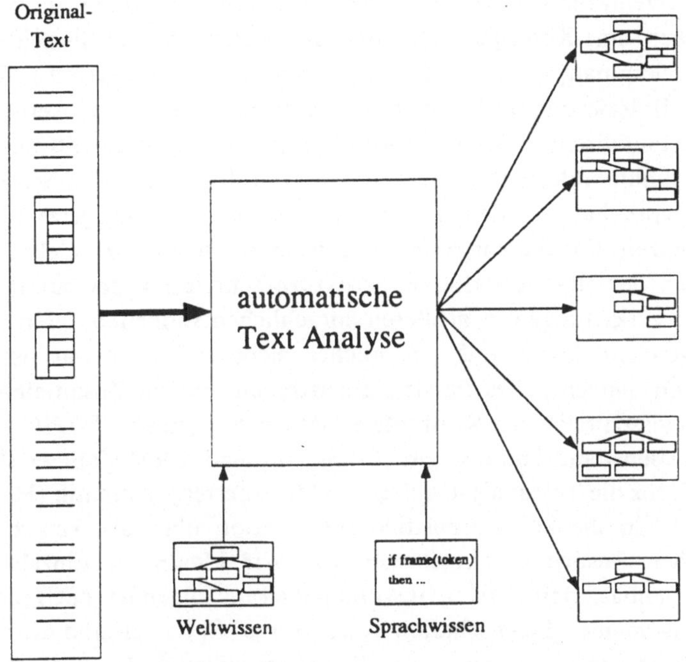

Abb. 4.2.1-1. Automatische Textanalyse in TOPIC (aus: Hammwöhner 1990)

Auf diesen Textgraphen setzt das zweite System, TWRM-TOPOGRAPHIC, auf, das, als Antworten auf Retrievalfragen, dem Benutzer das Wissen der Informationseinheiten, einzeln oder untereinander in sinnvollen Pfaden verkettet, in flexibler und multimedialer Form präsentiert. Uns interessieren hier mit Blick auf Hypertext besonders die verschiedenen Formen der referentiellen und typisierten Verknüpfung informationeller Einheiten. Bevor wir die Präsentationsleistung darstellen, wollen wir kurz auf die Analysekomponente eingehen, weil deren jeweils geliefertes Ergebnisse in Form eines Textgraphen für alle weiteren Ableitungen in einem Hypertextsystem zentral sind.

Textanalyse: Partitionierung und Konstruktion eines Textgraphen. Ein jedes wissensbasiertes Textanalysesystem muß als Grundausstattung über mindestens zwei verschiedene Komponenten verfügen: zum einen eine Wissensbasis, die Weltwissen über das zu analysierende Domänengebiet enthält, und zum andern einen Textparser, der die Texte des Domänengebietes entsprechend den Zielvorgaben analysiert. TOPIC zielt nicht auf eine vollständige semantische und textuelle Analyse ab, sondern will den Inhalt der Texte nur thematisch über die in ihnen dominanten Konzepte beschreiben. Dies ist erklärlich aus dem ursprünglichen Ziel des Projektes, nämlich im Sinne der indikativen Leistung von Zusammenfassungen Hinweise auf die Einschlägigkeit oder Irrelevanz von Texten zu liefern. Die Beschreibung des Inhalts von Texten über seine Konzepte – das sind in der Regel an der Sprachoberfläche einfache Nominalgruppen – hat lange informationspraktische Tradition. Auch zur Indexierung im Rahmen des Information Retrieval werden weitgehend substantivische Formen verwendet, die allerdings gemäß dem Prinzip des „coordinate indexing" nicht weiter verknüpft werden. Die Beschränkung auf Konzepte hat für den Textparser von TOPIC und jetzt für WITH Konsequenzen. Für die vorgesehene Anwendung war es unangebracht, einen Textparser, der eine vollständige Strukturbeschreibung der einzelnen Sätze und ihrer Verkettungen in größeren sprachlichen Einheiten liefert, einzusetzen. Abgesehen davon, daß ein solcher nicht verfügbar war, ist es auch angemessen, ein partielles Parsing anzustreben, um im Zusammenspiel mit dem Weltwissen relevante Konzepte erkennen zu können[9]. TOPIC verwendet für die Wissensrepräsentation ein „Frame"-Modell, FRM (Reimer 1989), und stützt sich für die Textanalyse auf eine Wortexpertengrammatik (Hahn 1990a und b) ab, in die kontextsensitive Information über die Verarbeitbarkeit sprachlicher Ausdrücke eingetragen ist. Wir klammern Einzelheiten des wortexpertenbasierten Parsing aus und gehen im folgenden auch nicht näher auf die allgemeinen Eigenschaften von „Frame"-Sprachen und die von FRM im besonderen ein, sondern verdeutlichen sie lediglich durch die Abbildung 4.2.1-2.

Abb. 4.2.1-2 zeigt ein typisches „Frame"-Geflecht aus dem Domänenbereich der Informations- und Kommunikationstechnologien. Die wesentlichen Komponenten eines „Frame" sind der *„Frame"-Name* (z. B. PC1-1 in 4.2.1-2), seine *„Slots"* (Preis, Cpu, Speichergröße) – das sind die ihn charakterisierenden Eigenschaften – und die *„Slot"-Einträge*, das sind die aktuellen Werte einer

---

[9] Wie wir weiter unten sehen werden, hat diese Beschränkung auf konzeptuelles, in Nominalgruppen dargestelltes Wissen ihren Preis, der vor allem in der unzureichenden Berücksichtigung prädikativer Information und der entsprechenden kohärenzstiftenden Verknüpfungen, wie Kausalität, Finalität etc., besteht.

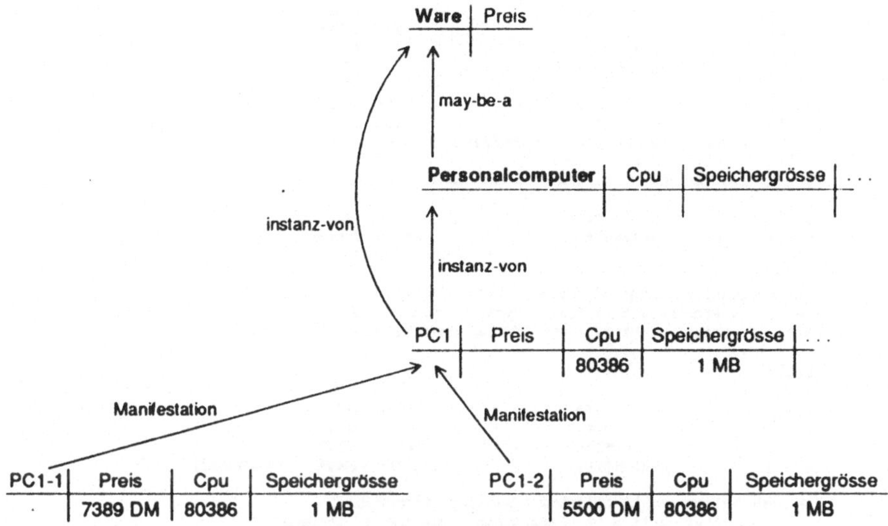

Abb. 4.2.1-2. „Frame"-Beispiel mit Vernetzung

realen Ausprägung eines „Frame" bzw. seiner „Slots" (7389,– DM. etc.). „Frames" auf dem obersten Niveau von Konzeptklassen haben keine „Slot"-Einträge, sondern nur Konzeptklassen als Instanzen auf den verschiedenen niedrigeren Ebenen. „Frames" sind untereinander vernetzt, d. h. „Slot"-Namen können „Frame"-Namen für weitere „Frames" sein. Das Weltwissen ist also in Form eines Netzes organisiert[10]. Abb. 4.2.1-2 zeigt einige Relationen, wie may-be-a, instanz-von, Manifestation. Folgen wir unserem Vorschlag zur Klassifikation von Verknüpfungstypen, dann handelt es sich bei den bislang realisierten typisierten Verknüpfungen weitgehend um hierarchische, wenn auch aus ihnen, z. B. über eine is-a-Relation, durchaus prädikative Information abgeleitet werden kann.

Die Analyse der Texte durch TOPIC besteht darin, die dominierenden Konzepte als „Frames" zu erkennen und aktuelle Werte zur Füllung der den „Frames" zugeordneten „Slots" den Texten zu entnehmen. Die Erkennung stützt sich auf das vorab erstellte Weltwissen, das allerdings im Verlaufe der

---

[10] „Frames" können daher als semantische Netze dargestellt werden, da die Beziehungen zwischen „Frame"-Name und „Slots" als Kanten in einem Netzwerk dargestellt werden können. Allerdings kann sich eine Transformation von „Frames" in semantische Netze durchaus sehr kompliziert gestalten, da „Slot"-Füllungsmechanismen, allgemeine Integritätsregeln, „Slot"-Typen, „Defaults"-Bestimmungen, etc. doch sehr auf das „Frame"-Modell bezogen sind (vgl. Reimer 1991).

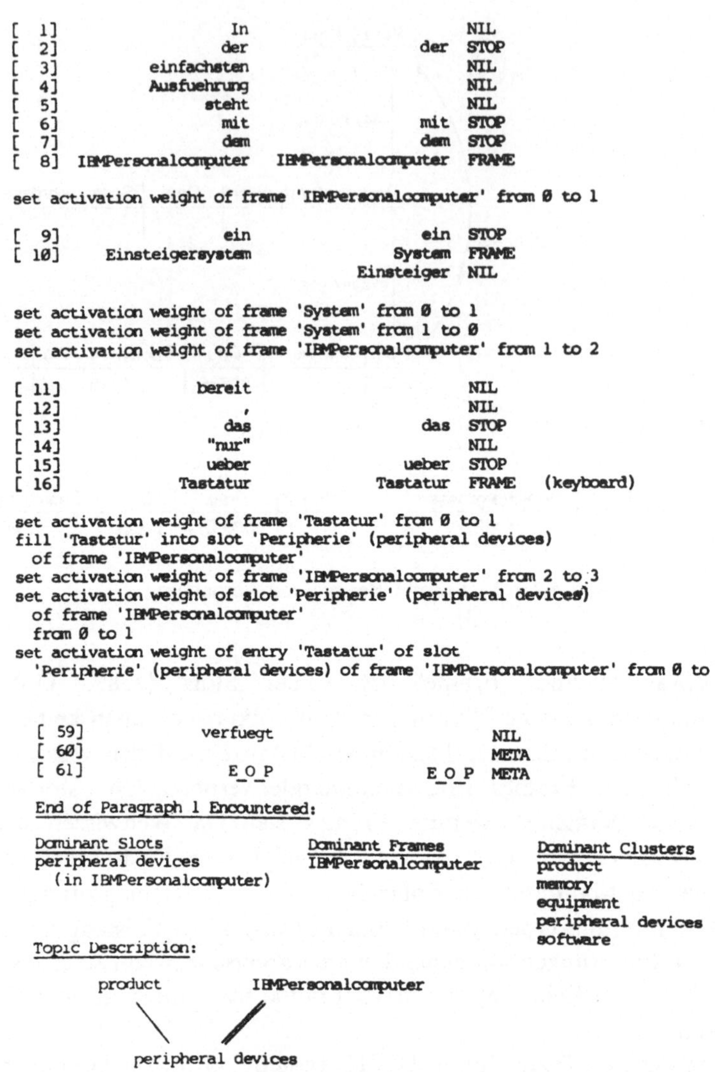

Abb. 4.2.1-3. Analyseprotokoll von TOPIC

Analysen sukzessive erweitert wird[11], und die Analysen des Wortexpertenparsers ab, der in der Lage ist, Kohäsionsprobleme, wie einfache Referenzierung,

---

[11] Der Aufbau großer Wissensbasen ist der Engpaß einer jeden wissensbasierten Verarbeitung (vgl. Abschnitt 3.2.2 zum Aufbau der CYC-Wissensbank). In Fortsetzung der Arbeiten zu TOPIC und zur Entwicklung von FRM werden daher in Konstanz unter Leitung von U.Reimer Arbeiten zum automatischen Konzeptlernen auf der Grundlage von Texten durchgeführt. In späteren Phasen von WITH wird daher die aufwendige Phase der Wissensakquisition weitgehend automatisiert bzw. maschinengestützt ablaufen können.

z.B Pronominaauflösung, oder lexikalische Kohäsion zu behandeln. Die Abbildung 4.2.1-3 zeigt einen Ausschnitt eines (aufbereiteten) Protokolls der Analyse eines Textabschnittes.

Bei der fortlaufenden Analyse des jeweiligen Textes wird dieser in sogenannte Textkonstituenten partitioniert. Textkonstituenten in ihrer elementaren Form sind Beschreibungen eines thematisch zusammenhängenden Textabschnittes und sind als Themenbeschreibungsgraphen organisiert, deren Knoten „Frames" bzw. „Slots" und „Slot"-Einträge sind. Die „Frames" in den Konstituenten können durch Ober-Unterbegriffsrelationen (*is-a*) oder durch Prototyp/Instanz-Relationen (*instance*) weiter vernetzt sein; sie können aber auch isoliert in einer Konstituente aufgelistet werden. Abb. 4.2.1-4 zeigt ein Beispiel für eine Textkonstituente. Textkonstituenten sind in sich kohärent, d. h. enthalten semantisch aufeinander bezogene Information aus einem im Text ebenfalls kohärenten Abschnitt.

Die Gesamtheit der Textkonstituenten spiegeln in ihrer Linearität die Abfolge der thematischen Organisation des Textes wider. Wie wir gesehen haben, kann Textkohärenz aber auch über diskontinuierliche Strukturen verwirklicht werden, und weiterhin ensteht Textkohärenz – auf den gesamten Text bezogen – durch sukzessive thematische Abstraktion zu immer größeren Einheiten. Diese Vorstellung führte in TOPIC zur Entwicklung des entscheidenden Konzepts des Textgraphen[12]. Ein Textgraph entsteht durch Abstraktionsprozesse, d. h. auf einem jeweils höheren hierarchischen Niveau werden die Textkonstituenten zusammengefaßt, die mindestens ein gemeinsames Thema, ausgedrückt in einem (mehr oder weniger) gefüllten „Frame", besitzen[13]. Abb. 4.2.1-5 zeigt diese Abstraktion über zwei elementare Textkonstituenten zu einer abgeleiteten.

Diese Zusammenfassungen können durchaus, wie aus Abbildung 4.2.1-6 ersichtlich, die lineare Struktur des Ausgangstextes durchbrechen, d. h. diskontinuierliche Strukturen zusammenfassen. Der Abstraktionsprozeß kann über mehrere Ebenen fortgesetzt werden, bis an der Spitze des Textgraphen die nicht mehr weiter zusammenfaßbaren Hauptthemen (oder sogar nur eins) erscheinen. Die Kanten des Textgraphen zeigen an, welche Abstraktionsbeziehungen[14]

---

[12] Im Kontext der TOPIC-Arbeiten ist dieser Textgraph verschiedentlich als Hypertext bezeichnet worden, also die formale Struktur, die als Ergebnis der wissensbasierten Analyse und der Abstraktionsprozesse über die textuelle Gestalt der Ausgangstexte gelegt wird. Wir wollen hier als Hypertext nur die aus diesen Textgraphen erarbeitete Menge der informationellen Einheiten als Hypertextbasis bezeichnen.

[13] Den Abstraktionsalgorithmen beschreiben ausführlich Hahn/Reimer (1988).

[14] Dies sind weitgehend erneut die bei den Textkonstituenten erwähnten Ober-Unterbegriff- und Prototyp/Instanz-Relationen. Eine weitere Differenzierung nehmen Hahn et al. (1990) vor.

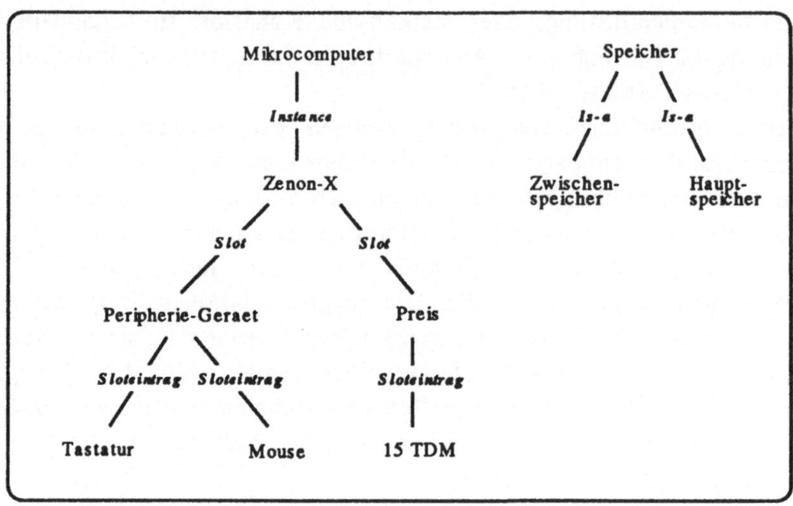

Abb. 4.2.1-4. Beispiel einer Textkonstituente als Themenbeschreibungsgraph
(aus: Kuhlen et al. 1989a)

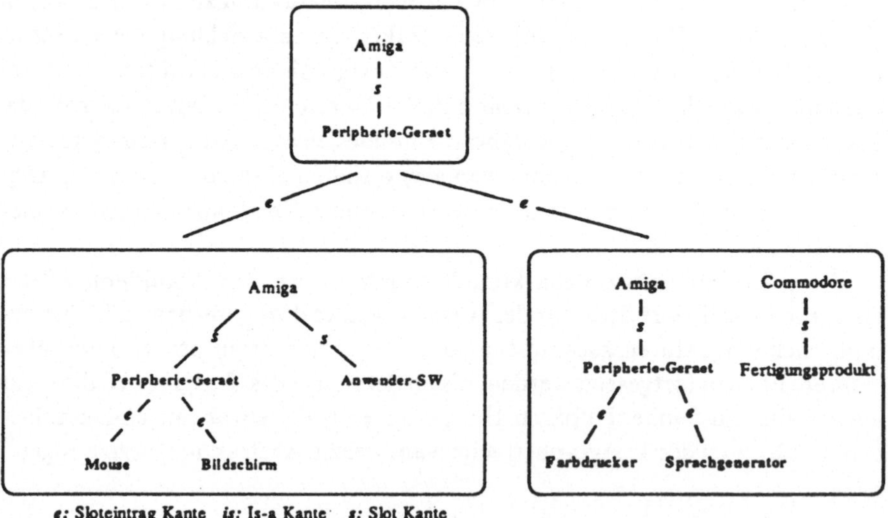

Abb. 4.2.1-5. Abstraktion von elementaren Textkonstituenten (aus: Kuhlen et al. 1989a)

zwischen den einzelnen Knoten des Textgraphen bestehen. Die Abbildung
4.2.1-6 zeigt einen solchen Textgraphen, dessen Information, vor allem in den
elementaren Textkonstituenten die entscheidende Grundlage für alle weitere
Verarbeitung ist.

Fassen wir kurz die wesentlichen Eigenschaften eines Textgraphen zusammen:

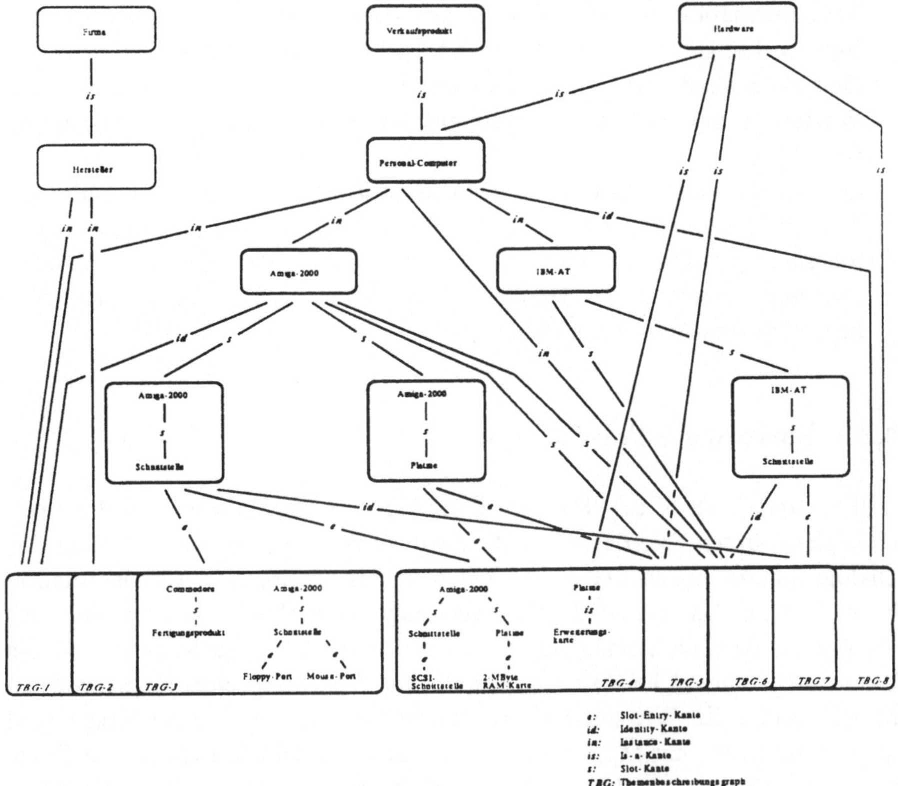

Abb. 4.2.1-6. Beispiel für einen Textgraphen

- Textgraphen spiegeln in der Gänze die thematische Struktur eines Textes wider, und zwar auf eingeschränkte Weise, nicht über Propositionen, sondern über Konzepte, ihre Eigenschaften und Verknüpfungen.

- Die Knoten im Textgraphen, die Textkonstituenten können in unserem eingeführten Vokabular als informationelle Einheiten angesehen werden, die allerdings für einen Benutzer nicht nur auf eine Weise, sondern flexibel gezeigt werden können. Wir redefinieren sie im folgenden genauer.

- Diese informationellen Einheiten (die Knoten eines Textgraphen) enthalten nicht unmittelbar textuelle Information, sondern auf der untersten Ebene Beschreibungen von Textpassagen in Form von „Frame"-(Teil)Netzen bzw. auf höheren Ebenen thematische Abstraktionen verschiedener zusammengefaßter elementarer Konstituenten. Informationelle Einheiten enthalten maschinell erarbeitete Wissensstrukturen, nicht intellektuell zusammengestellte oder aus Texten abgeleitete Einheiten. Dies macht wesentlich den wissensbasierten Charakter von WITH aus.

- Die informationellen Einheiten aus dem Textgraph können auf ihre ursprünglichen textuellen Einheiten (Textpassagen) bezogen werden, d.i. die

Textinformation wird über Referenzierung präsent gehalten. Die textuellen Entsprechungen sollten nach der Analyse die Bedingungen der kohäsiven Geschlossenheit erfüllen, d.h. wesentliche Leistung des angesprochenen Wortexpertenparser ist es, koreferentielle Bezüge, z. B. über Pronomina, aufzulösen.

- Die konzeptuelle Struktur der informationellen Einheiten erlaubt die Ableitung syntaktischer, semantischer und pragmatischer Beziehungen innerhalb von Textgraphen (bzw. innerhalb des zugrundeliegenden Textes), aber auch zwischen verschiedenen Textgraphen, in Erweiterung der offen liegenden Abstraktionsrelationen.

4.2.2 Kaskadierte Präsentation

TOPIC and TOPOGRAPHIC sind im Kontext des Information Retrieval konzipiert worden. Der Zugriff auf die Textwissensstrukturen war deshalb in eine Dialogsituation eingebettet, in der ein Benutzer, analog zur Anfragesituation beim Information Retrieval, eine Suchfrage formuliert. Dadurch daß das Weltwissen über den Domänenbereich systemintern verfügbar ist (primär für die Zwecke der Analyse), kann sich der Benutzer zur Erstellung seiner Fragen von den Möglichkeiten des Wissensnetzes on-line anregen lassen. Die Suchfrage wird unter Ausnutzung der Möglichkeit des „Frame"-Modells formuliert. Die Frage kann als Tabelle oder als Graph dargestellt werden. Die einzelnen Konzepte („Frames", „Slots") können weiterhin nach ihrer Bedeutung positiv und negativ gewichtet werden. Die Abbildung 4.2.2-1 zeigt eine entsprechend aufgebaute Suchfrage in Tabellenform, die, bislang nach einem relativ einfachen „Matching"-Verfahren, beim Retrieval mit der in der Struktur kompatiblen Textwissensbasis verglichen wird.

relevante Konzepte	
Amiga2000	2
Verkaufs-produkt	1
Software	−2

Relevante Konzepte mit Aktivierungsgewicht

Abb. 4.2.2-1. „Frame"-basierte Suchanfrage an die Textwissensbasis

Als Ergebnis wird eine Menge relevanter informationeller Einheiten (Textkonstituenten) geliefert, die sich der Benutzer auf flexible Weise anschauen, in denen er in der Gesamtheit herumwandern und die er als Ausgangspunkt für weitere Explorationen nehmen kann. Das führen wir in Abschnitt 4.2.4 näher aus. Zur Zeit verfügt das System über die folgenden Möglichkeiten der Darstellung des in den Textgraphen repräsentierten Wissens:

(i) graphische Darstellung der thematischen Struktur der relevanten Teile des Textes (gemäß den Möglichkeiten der Textkonstituenten;

(ii) eine tabellarische Ausdifferenzierung zentraler Konzepte entsprechend den Möglichkeiten des „Frame"-Ansatzes („Slots", „slot entries");

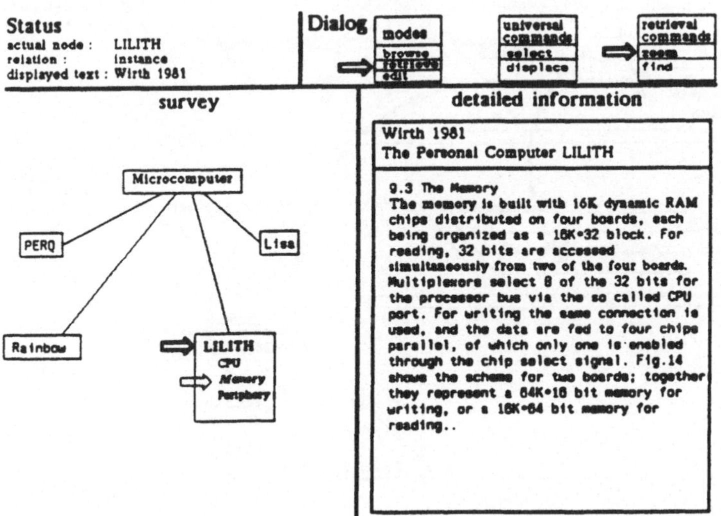

Abb. 4.2.2-2. „Frame" in tabellarischer Darstellung

Abb. 4.2.2-3. Textkonstituente und Volltext (aus: Thiel/Hammwöhner 1985)

(iii) automatisch generierte textuelle „Abstracts", die zur Fragezeit, reagierend auf die aktuelle Nutzungssituation, erstellt werden (vgl. Abb. 2.1.2-3);

(iv) Wiedergabe der im Originaltext enthaltenen Graphiken;

(v) Passagen des Volltextes mit der Möglichkeit des „Browsing" im Gesamttext.

Für diese flexible Präsentation des in den Textkonstituenten in Form von „Frame"-Netzen dargestellten Wissens haben wir den Ausdruck des kaskadierten Kondensierens geprägt (Kuhlen 1984), d.h. Wissen aus Texten wird auf hierarchisch unterschiedliche Weise, und auf der jeweiligen Stufe in unterschiedlicher medialer Form, dargestellt (vgl. Abb. 4.2.2-4).

Wir kommen damit der häufig geäußerten Forderung (z. B. Stibic 1985) nach Flexibilisierung und Individualisierung beim Umgang mit Information entgegen.

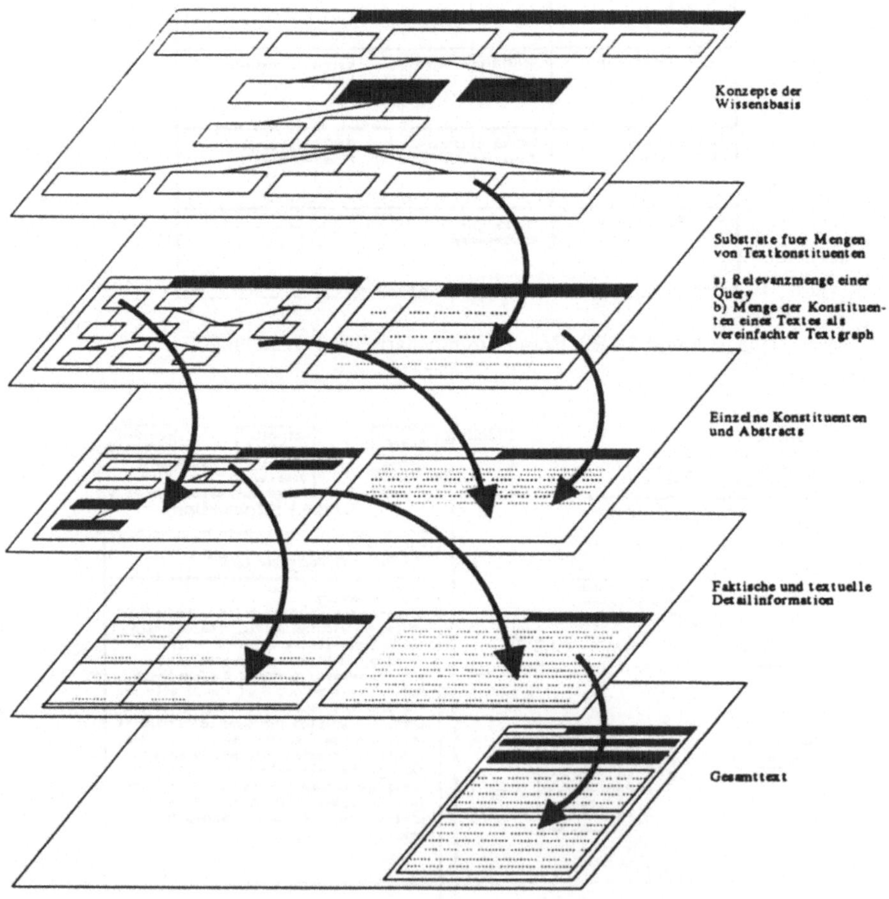

Abb. 4.2.2-4. Prinzip des kaskadierten Kondensierens bzw. der kaskadierten Präsentation von Information (aus: Kuhlen et al. 1989a)

Diese Merkmale werden inzwischen als allgemeines Kennzeichnen intelligenter Informationssysteme angesehen und sind, wie wir gezeigt haben, Grundprinzip von Hypertext. Eine sukzessive Konkretion der Information und eine Variabilität in ihrer Darstellung ist aus (von uns schon vorgetragenen) kognitiven Gründen erwünscht, da sie es erlauben, daß sich der Benutzer aus anfänglich globalen Mustern allmählich konkrete mentale Strukturen aufbauen kann.

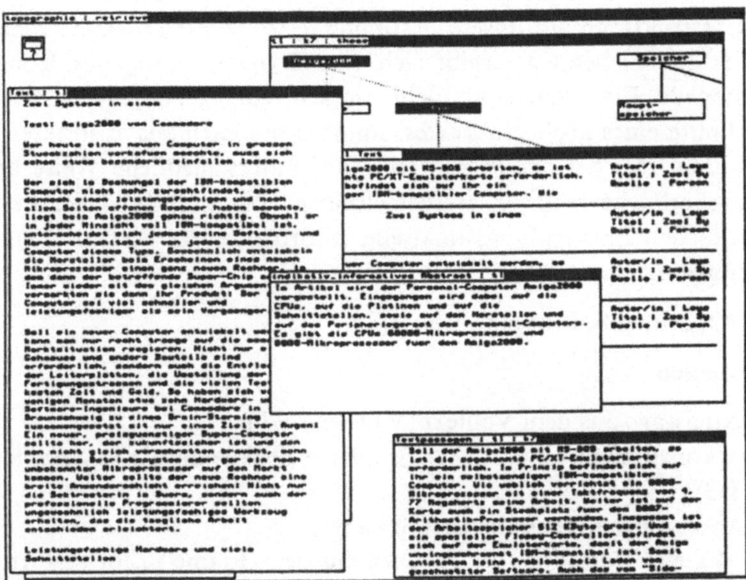

Darstellung des gesamten Bildschirms mit den Teilobjekten: Textpassage, Abstract und Volltext (im Hintergrund noch die Liste der relevanten Konstituenten und ein Themenprofil).

Abb. 4.2.2-5. Flexible Darstellung von Textwissen und Textwissensstrukturen
(aus: Kuhlen et al. 1989a)

Abb. 4.2.2-5 zeigt einige Möglichkeiten der Darstellung von Retrievalergebnissen. Man erkennt oben rechts eine auf die Frageformulierung passende Textkonstituente in graphischer, darunter in textueller Form. Ebenfalls sind auf dieser Ebene bibliographische Informationen erhältlich (angedeutet in der Gesamtübersicht in Abb. 4.2.2-5). Erweist sich eine Textkonstituente als besonders einschlägig, so kann die zugeordnete Textpassage in ihrer originalen textuellen Gestalt angeschaut werden (im unteren rechten Fenster von Abb. 4.4.2-5). Kommen im betreffenden Textabschnitt Graphiken vor, so können diese in einer „gescannten" Form ebenfalls abgerufen werden. Häufen sich relevante Textpassagen in einem Text, so kann dies (vom System und vom Benutzer) als Indikator für einen besonders einschlägigen Text interpretiert werden. Das System macht einen Benutzungsvorschlag, wird also von sich aus aktiv, und der Benutzer kann sich den Text in der Gänze oder in den einschlägigen Passagen anschauen. Da dem System eine (in der experimentellen Version allerdings kleine) Volltextdatenbank zugrundeliegt, kann der Benutzer in den Volltexten der als relevant ermittelten Textkonstituenten blättern, wobei die Passagen, die als Basis der als relevant erkannten Textkonstituenten fungiert haben, invertiert dargestellt werden können. Mit diesem Angebot kann ein semantisch gesteuertes Passagen-Retrieval angeboten werden.

Wenn wir dieses Prinzip der flexiblen kaskadierten Darstellung von Textwissensstrukturen auf unsere Bestimmung der *informationellen Einheiten* (Abschnitt 2.1) anwenden, ergibt sich eine Dynamisierung des Konzepts: Informationelle Einheiten sind nicht einfach vorgegeben, auch nicht als Textabschnitte eines größeren Textes, sondern bestehen aus abstrakten Wissensstrukturen, die bei der Präsentation auf unterschiedliche Weise an der Hypertextoberfläche realisiert werden können. Wir können daher bei dem augenblicklichen Entwicklungsstand eine informationelle Einheit (IE) als 5-Tupel definieren:

$$IE = <tp, tk, abb, f(tab, tk), f(abs,q)>$$

Dabei bedeuten:

tp: Textpassage aus dem Volltext (VT) (tp e VT);
tk: Textkonstituente als partieller Graph aus dem gesamten Textgraph (TG) (tk e TG);
abb: Abbildungen, Texttabellen (abb e tp);
f(tab, tk): eine Funktion, die Tabellen aus den „Frame"-„slot"-Informationen der Textkonstituente erzeugt;
f(abs,q): eine Funktion, die in Reaktion auf eine Frage (q) ein oder mehrere „Abstract(s)" (abs) erzeugt.

Der Vorteil einer solchen Bestimmung liegt u. a. darin, daß sie bei Hinzunahme weiterer multimedialer Materials ohne Probleme erweitert werden kann, denn die Wissensstrukturen informationeller Einheiten können sicherlich auf vielfältige Weise dargestellt werden. Mit dieser Dynamisierung informationeller Einheiten wird ein Navigieren in Hypertextbasen möglich, das wir, etwas vereinfachend, „Zooming" nennen wollen. Entsprechend dem Prinzip des kaskadierten Kondensierens kann Information in unterschiedlicher Detailstufe sukzessive angeschaut werden und, wie erwähnt, auf jeder Ebene ggf. in unterschiedlicher medialer Gestalt.

4.2.3 Hypertextverknüpfungen in WITH

Die Weiterentwicklung in Richtung eines im Aufbau automatisierten Hypertextsystems zielt darauf ab, das in den Textgraphen bereitgestellte strukturierte und relationierte Wissen für die Navigation in einzelnen und mehreren Textwissensstrukturen weiter auszunutzen. Zielte TOPIC noch in erster Linie auf Zusammenfassung und flexible Darstellung einzelner Texte bzw. deren Wissensstrukturen ab, so ermöglichte TWRM-TOPOGRAPHIC als eine Retrievalmaschine schon die Navigation über die Textgrenzen hinweg. WITH führt diesen Ansatz fort und baut eine sich auf viele Texte beziehende Hypertextbasis auf. Zwar überwiegen vermutlich zur Zeit noch eher die intratextuellen Hypertextsysteme, wir gehen aber davon aus, daß in Zukunft ein Benutzer eines Hypertextsystems die *gesamte Wissensdomäne* als ein Gebiet betrachtet, in dem er auf beliebigen Pfaden manövrieren will. Daher sollen in WITH Verknüpfungen zwischen ähnlichen informationellen Einheiten bzw. deren verschiedenen Repräsentationsformen in einem und verschiedenen Text(en) hergestellt werden. WITH ist ein intra- und intertextuelles Hypertextsystem, das zusätzlich als offen für die Einspeisung externen Wissens konzipiert ist, z. B. über Frage- und Kommunikationsverknüpfungen (vgl. Abschnitt 3.3.1)[15]. Die Navigation hängt, wie bei allen Hypertextsystemen, von der Qualität der bereitgestellten Verknüpfungen, ab. Diese sollen auf der Basis der Textwissensstrukturen automatisch erstellt, vom System kontrolliert und angeboten werden.

Nachdem wir das Konzept der informationellen Einheit an die Möglichkeiten von WITH angepaßt haben, wollen wir eine weitere Einteilung der Verknüpfungstypen vornehmen. Wir stellen diese zunächst in der Übersicht zusammen und gehen anschließend auf einige (link-4, 7, 8, 9) näher ein.

a) Unter Ausnutzung der formalen Eigenschaften der Analyseergebnisse von TOPIC können drei Formen *unspezifizierter referentieller* Verknüpfungen zwischen Themenbeschreibungen und anderen Präsentationsformen (Text, Fakten, Graphik) unterschieden und automatisch realisiert werden:
   - link-1 **Textpassagen-Relationen** zwischen Themenbeschreibungen und Volltextteilen
   - link-2 **Fakten-Relationen** zwischen Themenbeschreibungen und Fakteninformation in der Textwissensbasis (realisiert über die „Slot"-Einträge) und im zugrundeliegenden (ergänzenden) Weltwissen
   - link-3 **Mediale Relationen** zwischen Themenbeschreibungen und medialen Darstellungen (Graphiken, Tabellen etc.)

---

[15] Schon jetzt beziehen sich die Input-Materialien für das Analysesystem TOPIC auf die Volltextdatenbank „VDI-Nachrichten", aus denen Texte über den Domänenbereich, Informations- und Kommunikationstechnologien, in erster Linie für die Bürokommunikation, herausgezogen werden.

b) Beim unstrukturierten Navigieren in Texten sind *referentielle syntagmatische* Verknüpfungen nützlich, die den Zugriff auf Passagen erlauben, die durch *formalen Kontext* bestimmt sind. Wir nennen sie
   - link-4 **Referentielle syntagmatische Relationen** zum Verknüpfen kontextueller Passagen von Texten
c) Die Textgraphenstruktur erlaubt die Ableitung zweier Formen *hierarchischer Verknüpfung*:
   - link-5 **Abstraktionsrelationen-1** zur Spezifizierung von Konzepten (lexikalische Kohäsion)
   - link-6 **Abstraktionsrelationen-2** zum Navigieren auf verschiedenen Ebenen in einem Textgraph
d) *Intertextuelle Verknüpfungen* durch weitergehende lexikalische Kohäsion wird möglich durch
   - link-7 **Intertextuelle** Relationen auf der Basis semantischer Ähnlichkeiten informationeller Einheiten
e) Schließlich können orthogonal zu den bisherigen Verknüpfungstypen Beziehungen einzelner Texte/Themenbeschreibungen oder deren Teile untereinander durch *Kohärenzrelationen* beschrieben werden:
   - link-8 **Kohärenzrelationen-1** über formale Ableitungen thematischer Progressionsmuster
   - link-9 **Kohärenzrelationen-2** zum Aufbau themenspezifischer Pfade unter Ausnutzung „rhetorischer" Strukturen

Wir klammern bei unserer Darstellung Kohärenzstrukturen aus, die über argumentative Verknüpfungen erzeugt werden. Die Ausklammerung der in Abschnitt 2.2.5 besprochenen argumentativen Verknüpfungen aus dem Automatisierungsvorschlag liegt vor allem daran – und dies hat Hammwöhner in seiner Dissertation (Hammwöhner 1990) herausgearbeitet und ausführlicher dargestellt, als es hier möglich ist –, daß durch die oben angedeuteten Analyseverfahren keine Propositionen als ganze repräsentiert werden, sondern (in Nominalgruppen dargestellte) Konzepte. Argumentationsstrukturen werden in der natürlichen Sprache jedoch zu großen Teilen über Verben bzw. den semantischen Beziehungen zwischen Verben und ihren Referenten/Argumenten aufgebaut. Diese können z. B. im Rahmen der Kasus-Grammatik oder von Theta-Rollen (Rauh 1988) modelliert werden.

Darüberhinaus ist eine Automatisierung dieser eher globaleren Kohärenzrelationen (z. B. über Kausalität) sehr aufwendig, da diese sich nicht alleine textinhärent begründen lassen, wenngleich durch Kohäsionsstrukturen wie Konnektiva wichtige textsyntaktische Indikatoren für das Bestehen bestimmter Kohärenzrelationen gegeben sein können. Zu großen Teilen hängt es von dem Vorwissen und den Erwartungen des Lesers eines Textes ab, inwieweit er eine Äußerung z. B. als Begründung oder Widerlegung einer vorangegangenen

Äußerung erkennt und akzeptiert (Lundquist 1989). Verknüpfungen, die derartige argumentativ-prädikative Relationen in Hypertexten repräsentieren, sind die Voraussetzung für argumentative Hypertexte, die über Begriffsexplikationen und die Entwicklung thematischer Bezüge hinausgehen. Typischerweise werden einschlägige Systeme, z. B. TEXTNET (Trigg/Weiser 1986), gIBIS (Conklin/Begeman (1989), SEPIA (Streitz/Hannemann/Thüring 1989), bislang intellektuell aufgebaut, wenn auch zunehmend maschinell unterstützt.

Dieser Verzicht auf argumentativ-prädikative Beziehungen bedeutet aber keinen allgemeine Verzicht auf prädikative Beziehungen, denn auch im Rahmen des eingesetzten „Frame"-Modells können prädikative Beziehungen, die sprachlich z. B. über Appositionen („der Hersteller Siemens") oder Adjektiv-Substantiv-Beziehungen realisiert werden, erkannt werden. Weiterhin bestehen, wie die Arbeiten von Hobbs (1983, 1985) gezeigt haben, semantische Beziehungen auf der prädikativen Ebene innerhalb von und zwischen Sätzen oder Absätzen, mit denen Mikrokohärenz zwischen Propositionen, eventuell auch zwischen größeren Texteinheiten, gebildet werden können.

Die Verknüpfungstypen link-1, link-2, link-3, link-5 und link-6 sind bei den bisherigen Ausführungen zum „Zooming" ausreichend beschrieben worden. Navigation in Hypertext ist aber sicherlich nicht nur „Zooming", sondern, wie wir gesehen haben, auch „Browsing", d. h. ein assoziatives, aber auch nach semantischen und pragmatischen Prinzipien gesteuertes Durchstöbern einer Hypertextbasis. Wir gehen im folgenden auf einige „Browsing"- und Navigationsformen auf der Grundlage der vorgelegten Verknüpfungstypen ein:

Formales „Browsing". Link-4 verwirklicht referentielle Beziehungen in erster Linie intratextuell als syntagmatische Beziehungen. Syntagmatische Relationen geben Beziehungen zwischen den Oberflächenstrukturen von Texten an, wie z. B. „next-passage-within-the-same-text". Diese Relationen sind am ehesten den Kontextoperatoren im Volltextretrieval vergleichbar. Syntagmatische Relationen sind zur Orientierung in Texten nützlich,

a) um sich sukzessive in Textpassagen bzw. deren in Textkonstituenten dargestellten Textwissensstrukturen vorwärts und rückwärts bewegen zu können,

b) um gezielt auf besonders exponierte Textpassagen bzw. Textkonstituenten zugreifen zu können. So wird in wohlgeformten Texten häufig zu Beginn größerer Einheiten, wie Kapitel, Abschnitte oder Absätze, das Thema der folgenden Einheiten angeschlagen, ebenso wie häufig in einer Abschlußpassage die wesentlichen Aussagen zusammengefaßt werden[16].

---

[16] In der „Abstracting"-Theorie bezeichnet man solche exponierten Sätze zu Beginn und Ende, z. B. von Absätzen, als „topic"-Sätze, die sich als Satzkandidaten für das automatische „Extracting" anbieten. Auch bei Hypertext gibt es solche exponierten Stellen, z. B. zu Beginn und Ende von Pfaden, die gezielt und direkt ansprechbar gemacht werden sollten.

Bislang sind die folgenden syntagmatischen, eher formalen Verknüpfungen realisiert worden:

- next-passage-within-the-same-text;
- previous-passage-within-the-same-text;
- first-passage-within-the-same-text;
- last-passage-within-the-same-text.

Semantisch gesteuertes „Browsing". Besonders produktiv können die formalen Strukturen der Wissensrepräsentation in einem „Frame"-Modell in informationellen Einheiten für die automatische Ableitung semantischer Verknüpfungen der lexikalischen Kohäsion ausgenutzt werden. Link-7-Typen können sowohl zwischen den Informationseinheiten des selben Textes als auch zwischen den Informationseinheiten verschiedener Texte bestehen. Sie beruhen auf strukturellen Ähnlichkeiten oder Differenzen zwischen den Wissensrepräsentationen der informationellen Einheiten. Zur Zeit sind die folgenden Möglichkeiten vorgesehen. Wir stellen hier nur die Etikettierungen und Kurzbeschreibungen der Verknüpfungen zusammen und verdeutlichen sie an einigen Beispielen[17]:

- **share-concept:** zwei Textkonstituenten tk1 und tk2 besitzen mindestens einen Knoten gemeinsam;
- **have-same-features:** zwei Textkonstituenten haben gleiche „Frame"-Knoten, die gleiche „Slot"-Knoten besitzen;
- **have-same-info:** erweitert have-same-feature um die Bedingung, daß die „Slot"-Einträge identisch sind;
- **have-additional-info:** eine Textkonstituente ist eine echte Teilmenge einer anderen, die z. B. mindestens einen weiteren „Slot"-Eintrag hat;
- **have-complement-info:** zwei Textkonstituenten ergänzen sich dadurch, daß die eine einen „Slot„Einträge zu einem „Slot" eines „Frame" hat und die andere einen „Slot"-Einträge zu einem anderen „Slot" des gleichen „Frame"
- **have-alternative-feature:** Zwei Textkonstituenten haben mindestens zwei gleiche „Frame"-Knoten, die keinen gemeinsame „Slot" haben;
- **feature-coincidence:** zwei Textkonstituenten haben unterschiedliche „Frame"-Knoten, die mindestens einen gemeinsamen „Slot"-Knoten besitzen;
- **property-coincidence:** ist eine Spezifizierung von feature-coincidence dadurch, daß die entsprechenden „Slots" mindestens einen Eintrag gemeinsam haben;
- **alternative-info-to-feature:** zwei Textkonstituenten haben gleiche „Frame„/ „Slot"-Struktur, aber jeweils alternative „Slot"-Einträge

---

[17] Vgl. Hammwöhner/Thiel (1987); Kuhlen/Yetim (1989); Yetim (1989); die Zusammenstellung ist leicht modifiziert Yetim (1989) entnommen.

– **same-property:** zwei Textkonstituenten haben mindestens einen „Slot"-Eintrag zu demselben „Slot" gemeinsam, wobei die dazugehörigen „Frames" verschieden sind.

Die Abbildungen 4.2.3-1-2 verdeutlichen einige dieser Verknüpfungen, wobei **have-same-features** ein Beispiel für eine sehr einfache semantisch etikettierte Verknüpfung ist. Zwischen zwei Textkonstituenten tk1 und tk2 besteht die Verknüpfung ‚have-same-features', wenn sie gemeinsame „Frame"-Namen besitzen, die gleiche „Slot"-Namen haben. Durch das wiederholte Selektieren dieser Relation kann man z. B. Informationseinheiten ansehen, die gleiche Themen bzw. Themenaspekte behandeln. Man könnte z. B. alle Belege über denselben Themenaspekt unterschiedlicher Autoren sammeln.

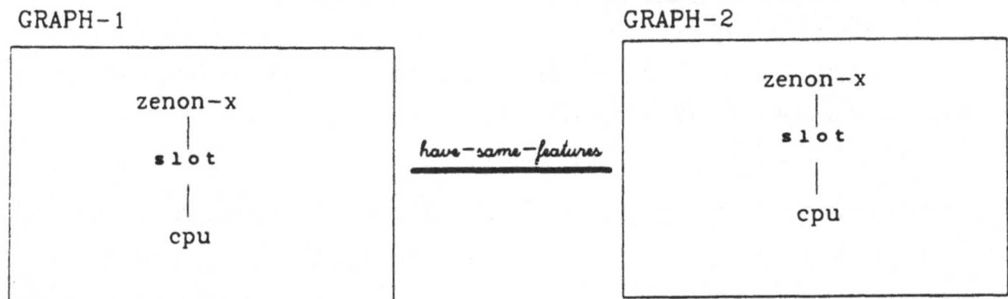

Abb. 4.2.3-1. Graphische Darstellung von <have-same-features> (aus: Yetim 1989)

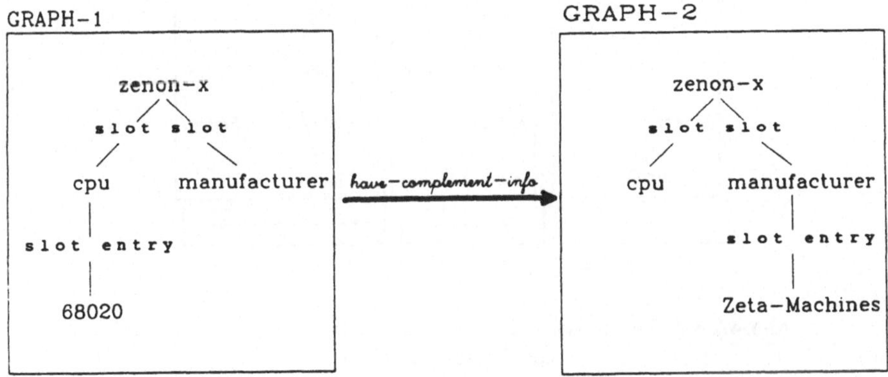

Abb. 4.2.3-2. Graphische Darstellung von <have-complement-information>
(aus: Yetim 1989)

Thematisch gesteuerte Navigation. Der Aufbau der Verknüpfungen nach Link-Typ-8 stützen sich auf die in der Textlinguistik (Danes 1974) entwickelten thematischen Progressionsmuster ab, die die unterschiedlichen Entwicklungen von Themen und deren rhematische (spezifizierende) Ausführungen zunächst mehr innerhalb von Sätzen, dann aber über mehrere Textpassagen hinweg beschreiben (vgl. Janos 1979; Hutchins 1987; Hammwöhner 1990). Eine Übertragung dieser textlinguistischen Konstrukte auf die Wissensstrukturen in den Textkonstituenten ist leicht möglich, dadurch daß das Thema durch einen „Frame" („Frame"-Namen) angeschlagen wird, das in seinen rhematischen Aspekten durch die zugeordneten „Slots" bzw. „Slot"-Einträge modifiziert wird. In den bisherigen Arbeiten sind drei Typen von Progressionsmustern unterschieden worden (vgl. Sonnenberger 1988; Hahn 1990b; Hahn et al. 1990) (ti beziehen sich auf Themen, ri auf rhematisierende Spezialisierungen des Themas):

1) Konstantes Thema:
   t1 (r1), t1 (r2), t1 (r3)
2) Einfache lineare Progression von Thema und Rhema:
   t1 (r1), t2=r1(r2), t3=r2(r3)
3) Abgeleitetes Thema (alle verschiedenen angeschlagenen Themen haben einen gemeinsamen Oberbegriff):
   (t1, t2), (t1, t3), (t1, t4)

Wir stellen nur den ersten Typ eines Progressionsmusters detaillierter dar (vgl. Abb. 4.2.3-3):

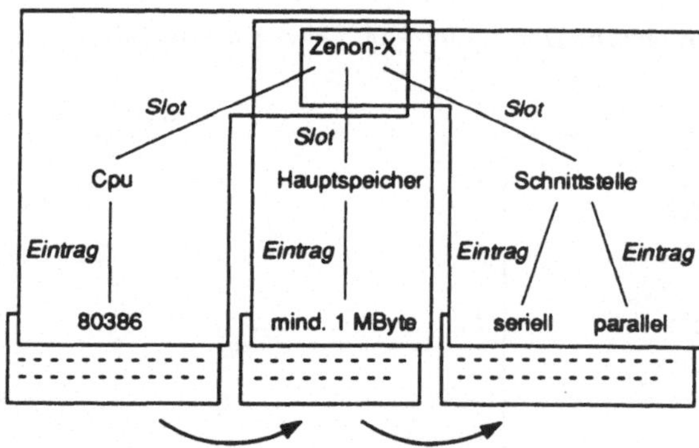

Abb. 4.2.3-3. Thematisches Progressionsmuster „konstantes Thema"
(aus: Hahn et al. 1990)

Ein Thema wird über ein Konzept („Frame") in einer informationellen Einheit eingeführt und anschließend in der gleichen oder in mehreren folgenden Einheiten rhematisch ausgeführt. Die intertextuelle Verknüpfung zu verschiedenen informationellen Einheiten kann zunächst z. B. über die oben angegebene semantische Verknüpfung „share-concept" hergestellt werden, aus denen sich die thematischen Bezüge ableiten lassen. Hahn et al. (1990) geben aus dem Domänenbereich das folgende Beispiel:

Der Zenon-X ist mit einem 80386-Prozessor als CPU ausgestattet. Dieser Prozessor ... Der Rechner wird mit mindestens 1 MByte Hauptspeicher geliefert. Er ist ausbaufähig bis ... Neben einer seriellen Schnittstelle verfügt der Zenon-X auch über einen parallelen Anschluß ...

und stellen es in einem Kohärenzgraphen dar (Abb. 4.2.3-4):

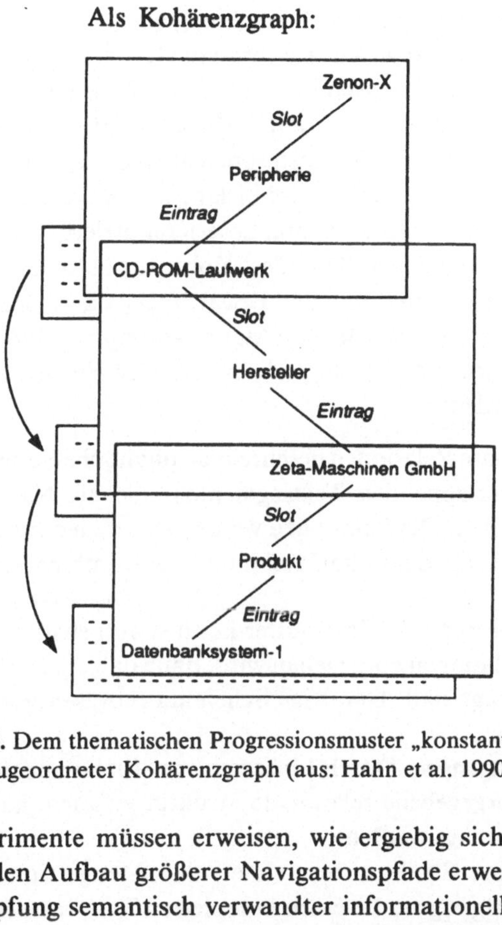

Als Kohärenzgraph:

Zenon-X
Slot
Peripherie
Eintrag
CD-ROM-Laufwerk
Slot
Hersteller
Eintrag
Zeta-Maschinen GmbH
Slot
Produkt
Eintrag
Datenbanksystem-1

Abb. 4.2.3-4. Dem thematischen Progressionsmuster „konstantes Thema" zugeordneter Kohärenzgraph (aus: Hahn et al. 1990)

Weitere Experimente müssen erweisen, wie ergiebig sich solche Progressionsmuster für den Aufbau größerer Navigationspfade erweisen werden. Zur direkten Verknüpfung semantisch verwandter informationeller Einheiten reichen sicher zunächst die oben angegebenen semantischen Verknüpfungen aus. Thematische Progressionsmuster können aber eine Basis thematisch verwandter Einheiten bereitstellen, die ggfs. durch andere Bezüge aus anderen Verknüpfungstypen angereichert werden können, so daß sich ein größeres kohärentes Navigationsangebot automatisch wird ableiten lassen.

Rhetorisch gesteuerte Navigation. Kohärenz wird in Texten – und modifiziert in Hypertexten – durch referentielle, semantische, thematische und rhetorische Mittel erzeugt. Bei den rhetorischen Mitteln kann zwischen prädikativargumentativen (deren Ausklammerung haben wir oben begründet) und rhetorisch-illokutiven unterschieden werden. Wir wollen auf die letzteren kurz eingehen, weil durch sie den Anforderungen an eine pragmatische, die Rahmenbedingungen des aktuellen „Lesers" berücksichtigende Gestaltung von Hypertext entsprochen werden kann. Die Ableitung illokutiver Kohärenzrelationen aus den besprochenen Wissensstrukturen mit Blick auf Hypertext hat R. Hammwöhner in seiner Dissertation besprochen (Hammwöhner 1990)[18]. Wir lehnen uns im folgenden an seine Darstellung an.

Wie wir in vorangegangenen Abschnitten (1.3, 2.4, 3.3) betont haben, läßt sich Kohärenz nicht semantisch immanent aus Textstrukturen ableiten; vielmehr lassen sich Funktion und damit Adäquatheit der semantischen Struktur eines Textes nur in Bezug auf die Intentionen des Autors und das Rezeptionsverhalten des Lesers erfassen. Dabei wird bislang aus ökonomischen Gründen auf idealtypische Muster von Autoren und Lesern rekurriert, d. h. eine weitgehende Individualisierung vermieden. Die Idee, Kohärenz als eine strukturelle Eigenschaft eines Textes, rezipiert von den Erwartungen eines idealtypischen Leser, zu bestimmen, leitet sich von der von Mann/Thompson (1986, 1988) vorgelegten „Rhetorical Structure Theory" ab, in der vier Ebenen der Beschreibung unterschieden werden:

1. **Relationen**: Binäre Relationen beschreiben inhaltliche Beziehungen zwischen zwei nicht überlappenden Textsegmenten, die als Nukleus und Satellit bezeichnet werden. Die Relationen werden spezifiziert, indem Bedingungen (constraints) für Nukleus und Satellit und die Kombination beider definiert werden.
2. **Schemata**: Prototypische Textmuster können aufgebaut werden, indem ein Gerüst von Relationen vorgegeben wird, ohne daß die zugehörigen Textsegmente ausgeprägt sind. Derartige Schemata repräsentieren Konventionen des Textaufbaus.
3. **Schema-Ausprägungen**: Durch Einsetzen von Textsegmenten, die die durch ein Schema vorgegebene relationale Struktur erfüllen, kann eine Schema-Ausprägung erzeugt werden.
4. **Strukturen**: Eine Struktur bezeichnet eine Menge zusammenhängender Schema-Ausprägungen, die einen kompletten Text beschreiben.

Relationierte Textsegmente können anhand von Schemata zu Einheiten zusammengefaßt werden, welche wiederum relationiert und in übergeordnete

---

[18] Dort werden weitergehende Vorschläge zum Aufbau von Textplänen über Skripts gemacht, die die Navigation entsprechend dem bisherigen Dialogverhalten und den aus exemplarischen Benutzertypen (vgl. Thiel 1990) abgeleiteten Benutzererwartungen vorstrukturieren. Mit diesen Orientierungs- und Navigationshilfen wird sich in nächster Zeit das Projekt WITH intensiver beschäftigen.

Schemata eingeordnet werden können. Die „Rhetorical Structure Theory" (RST) erlaubt daher die Wahl eines auf die Anforderungen des jeweiligen Textanalyse-bzw. Generierungsziels angemessenen Niveaus für die Textsegmentierung (Phrase, Satz oder Paragraph). Von den im Rahmen der RST definierten Relationen sind vor allem die mit eher *referentiellem* Charakter interessant, die aus der Struktur der Objekte bzw. Situationen, auf die sich der Text bezieht, abgeleitet werden, z. B.

- **Elaboration**: Im Satellit wird ein im Nukleus eingeführter Sachverhalt detaillierter behandelt.
- **Abfolge**: Die in den Textsegmenten beschriebenen Ereignisse geschehen in zeitlicher Abfolge.
- **Problemlösung**: Der Satellit präsentiert die Lösung eines im Nukleus konstatierten Problems.

Können gemäß den Prinzipien dieser Texttheorie für die Ausgestaltung von Navigationspfaden in Hypertext prototypische Argumentationsschemata angeboten werden, so kann damit ein vernünftiger Mittelweg zwischen dem vollständig freien assoziativen „Browsing" und den eher restringierenden Vorgaben von „guided tours" (s. Abschnitt 2.3) eingeschlagen werden. Schemata der angedeuteten Art dienen dem Leser als allgemeine Orientierungsrahmen bei der Navigation, wobei bei jeder tatsächlichen Navigation die Schemata durch die Information der aktuellen informationellen Einheiten konkretisiert werden. Wir stellen im folgenden zusammen, welche rhetorisch-illokutiven Schemata bislang in dem beschriebenen Domänenbereich für die Verwendung in Hypertext vorgesehen sind:

- **Bestätigung (*confirm*)** (vgl. Abb. 4.2.3-4). Durch Einführung kontrollierter Redundanz, z. B. durch Textsegmente, die bisher getroffene Feststellungen bestätigen, kann die Akzeptanz von Hypertexteinheiten durch den Leser gesteigert werden. Eine solche Bestätigung kann erfolgen durch:
  - Wiederholung von Faktenangaben;
  - Subsumption von Fakten unten einen umfassenden Begriff;
  - Aufsuchen eines Faktums, von dem aus auf das zu bestätigende Datum geschlossen werden kann.

Zusätzlich dürfen in den betroffenen informationellen Einheiten keine inkompatiblen Angaben enthalten sein, selbst wenn sie das abzusichernde Faktum nicht unmittelbar betreffen.

Eine andere Form der Bestätigung ergibt sich aus einer Wiederholung des Sachverhalts unter veränderter Perspektive durch Umkehrung der zugehörigen Aggregierungsrelation. Wurde z. B. ein Computer unter dem Gesichtspunkt seiner Bauteile untersucht, wird nun das Vorkommen eines Bauteils in verschiedenen Rechnern, darunter auch der vorgegebene, betrachtet. Damit ergibt sich zusätzlich ein Wechsel des Diskurs-Fokus.

– **Elaboration (*elaborate*)** (vgl. Abb 4.2.3-4). Im Gegensatz zur Bestätigung, die ein retardierendes Element in die Texte bzw. die Textrezeption einführt, wird die Navigation in einem Hypertext durch Elaboration im Sinne eines lokalen Diskurszieles vorangetrieben, indem allgemeine Begriffe durch konkretere ersetzt werden oder die Konsequenzen vorgegebener Prämissen aufgezeigt werden. Von dieser Form der Elaboration, die auf eingeführte Fakten Bezug nimmt, läßt sich die Vervollständigung unterscheiden, die völlig neue Angaben zu einem Objekt erfordert.

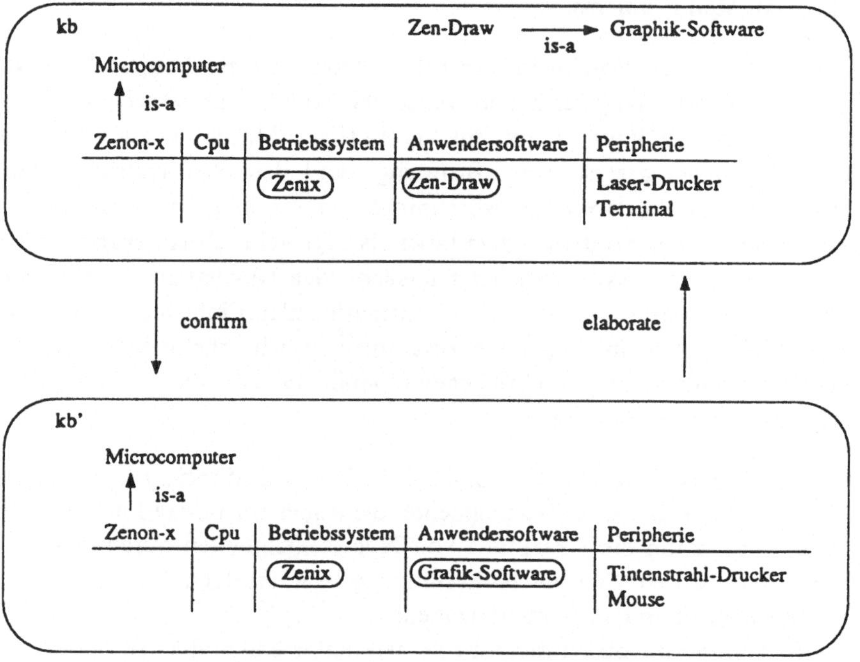

Abb. 4.2.3-5. Rhetorisch-illokutive Schemata: Bestätigung, Elaboration
(aus: Hammwöhner 1990)

– **Inkompatibilität.** Eine auf ein Konzept zu beziehende Inkompatibilität zwischen den Ausführungen zweier Textfragmente, wie sie nicht nur durch unrichtige Angaben, sondern auch durch Zeitversionen etc. vorkommen kann, liegt dann vor, wenn in ihnen Merkmalsausprägungen zugewiesen werden, die aufgrund modell- bzw. domänenspezifischer Integritätsregeln nicht gemeinsam in einem „Frame" auftreten dürfen.

- **Rollenwechsel.** Diese Verknüpfung bezeichnet die Diskussion eines Objekts unter unterschiedlichen Perspektiven. Ein Perspektivenwechsel zwischen zwei Texteinheiten findet genau dann statt, wenn in jeder von ihnen Aspekte des Objekts diskutiert werden, die sich nur einem dieser Oberbegriffe zuordnen läßt. Behandelt z. B. eine Textpassage ein Software-Paket unter dem Gesichtspunkt des Programmierstils, während eine andere auf Preis und Marktchancen abhebt, so liegt ein Wechsel der Perspektive vor, der durch den Übergang vom Oberbegriff „Software" zum Oberbegriff „Produkt" gekennzeichnet ist.
- **Ähnlichkeit.** Übereinstimmung zweier Instanzen eines Prototyps bezüglich der zu einem Merkmal erhobenen Fakten ist eine sinnvolle Voraussetzung für eine vergleichende Gegenüberstellung, insbesondere im Zusammenhang mit einer Kontrastierung hinsichtlich zweier anderer Merkmale.
- **Kontrast.** Sind zwei Instanzen eines Prototyps Fakten zugeordnet, die aufgrund modellinhärenter oder domänenspezifischer Integritätsregeln inkompatibel sind, so sind die Voraussetzungen für eine kontrastive Gegenüberstellung informationeller Einheiten gegeben, die speziell bei Übereinstimmung hinsichtlich anderer Merkmale informativ sein kann.

Unsere Zusammenstellung der verschiedenen Möglichkeiten der Navigation in Hypertextbasen durch „Zooming" und „Browsing" diente in erster Linie dem Hinweis, daß eine qualitativ anspruchsvolle Segmentierung *und* intra- und intertextuelle Verknüpfung auf automatischem oder maschinenunterstütztem Wege möglich ist. Voraussetzung ist aber in jedem Fall eine ebenfalls mächtige Wissensrepräsentation der Ausgangstexte bzw. der durch die Analyse segmentierten informationellen Einheiten. Die hier zugrundeliegende „Frame"-Modellierung ist dabei nur eine der denkbaren Formen, die sich aber wegen der weitgehenden semantischen Spezifizierung als kontrollierbar und ableitbar erweist. Wir gehen im folgenden Abschnitt kurz auf eine weitere Ableitungsmöglichkeit aus Textwissensstrukturen ein, die für eine Orientierung in größeren Hypertextbasen nützlich ist.

4.2.4 Exkurs: Generierung textueller „Abstracts" zur Orientierung in Hypertext

Wenn wir uns noch einmal auf Abb. 4.2.2-5 beziehen, so erkennt man in der Mitte noch ein Fenster mit dem Titel „indikativ-informatives Abstract". Wie schon angedeutet, wird Textwissen nicht nur über graphische Objekte dargestellt, sondern, entsprechend immer wieder bei Systemdemonstrationen geäußerten Nutzerwünschen, in quasi-natürlichsprachlichen „Abstracts". Da wir schon in anderen Abschnitten die Wichtigkeit und Funktion von Zusammenfassungen für die Rezeption konkreter Information in den Hypertexteinheiten erwähnt haben, wollen wir auf das im Rahmen von TWRM-TOPOGRAPHIC entwickelte Verfahren zur automatischen Generierung flexibler „Abstracts" (vgl. Sonnenberger 1988) eingehen, zumal dieses in seiner grundsätzlichen wissensbasierten Fundierung die Defizite früherer statistischer Ansätze überwinden helfen kann und unter den verschiedenen Zusammenfassungs-Verfahren der Künstlichen Intelligenz (z. B. Lehnert 1982) durch seine Flexibilität hervorsticht. Die im folgenden kurz beschriebene Methodologie kann darüber hinaus auf andere Hypertextanwendungen übertragen werden, kann also nicht nur zur Erzeugung einzeltextbezogener „Abstracts" verwendet werden, sondern auch zur Überblicksinformation über größere Komplexe, wie Pfade, über die sich ein Benutzer vorab informieren möchte.

Um den Überblick über die beim Retrieval nachgewiesenen Texte bzw. Textteile möglich zu machen, kann das System anfragenspezifische „Abstracts" liefern, je nach Wunsch des Benutzers als indikatives, informatives oder gemischtes Referat. Diese „Abstracts" sind nicht vorfabriziert abgespeichert, sondern werden im Augenblick des Retrieval aufgrund der speziellen Frageformulierung aus den Textwissensstrukturen „in question time" generiert (Sonnenberger 1988). Ausgangspunkt ist eine aktuelle Benutzerfrage, die auf die Textwissensbasis abgebildet wird. Aus der Menge der für die Frage als relevant identifizierten Basis-Konstituenten (die untere Ebene eines Textgraphen), die zu einem Text gehören, werden zunächst die *zentralen Textthemen* (die Hauptthemen, im „Frame"-Modell die Instanz-„Frames"), deren *generische Klassen* (im „Frame"-Modell die Prototype-„Frames") und ihre *Merkmale* (im „Frame"-Modell die „Slots") nebst ihren *Ausprägungen* (im „Frame"-Modell die „Slot"-Einträge) bestimmt. Abb. 4.2.4-1 zeigt ein solchermaßen klassifiziertes Textgraphenfragment, das als einschlägig für eine Benutzeranfrage identifiziert wurde.

Unter Ausnutzung der hierarchischen Relationen im jeweiligen Textgraphenfragment können Abstraktionsebenen des Diskurses abgeleitet werden, die wir hier mit

- generische Klasse
- zentrales Textthema (Hauptthema)
- Themenmerkmal
- Merkmalsausprägungen (konkrete Angaben)

bezeichnet haben.

Dieses etikettierte Textgraphenfragment wird nun auf ein passendes Textgenerierungsmuster hin überprüft. Diese Muster beruhen auf der Beobachtung, daß Texte, vor allem in fachsprachlichen Umgebungen, häufig entsprechend ihrer Art der Themenentwicklung strukturiert sind. Wir sind auf diese in der Prager Schule (Danes 1974) entwickelten thematischen Progressionsmuster

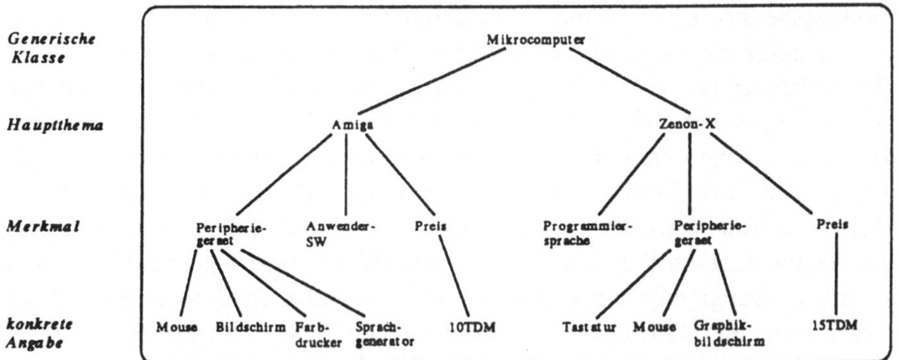

Abb. 6 Beispiel für die Relationierung der potentiell relevanten Konzepte im Textgraphen-Muster "Vergleichende Gegenüberstellung mehrerer verwandter Hauptthemen"

Abb. 4.2.4-1. Nach Hierarchiestufen etikettiertes Textgraphenfragment
(aus: Kuhlen et al. 1989a)

schon bei der Diskussion des Verknüpfungstyps „link-8 Kohärenzrelationen 1 über formale Ableitungen thematischer Progressionsmuster" eingegangen und können sie hier für die automatische Erzeugung von „Abstracts" erneut verwenden.

In dem Beispiel in Abb. 4.2.4-1 ist das Muster „vergleichende Gegenüberstellung mehrerer verwandter Hauptthemen", das eine Ausprägung des oben angegebenen dritten Musters „abgeleitetes Thema" ist, als adäquat für die Struktur-/Themenbeschreibung der Konstituente erkannt worden. Zur automatischen Generierung wird noch cinc Diskursstrategie benötigt, die das Muster in einen abarbeitbare Handlungsanweisung überträgt. Diese besteht aus Regeln, z. B.

Regel 1: Nenne die Hauptthemen des Textes und deren gemeinsame generische Klasse!

Regel 2: Nenne die Merkmale, die allen Hauptthemen gemeinsam sind!

Regel 3: Thematisiere ein gemeinsames Merkmal und gib die konkreten Angaben aus dem Textgraphen für eines dieser Hauptthema wieder!

Regel 4: Thematisiere ein anderes gemeinsames Merkmal und nenne die konkreten Angaben für die verschiedenen Hauptthema!

....,

mit denen die Produktion eines realen Textes gemäß dem Muster gesteuert werden kann. Für jedes Progressionsmuster müssen solche Diskursstrategien entwickelt werden.

Aus unseren bisherigen Ausführungen zur Mächtigkeit der verwendeten Wissensrepräsentationssprache (konzeptorientiertes „Frame"-Modell) folgt, daß aus dem Textgraphenfragment kein natürlichsprachliches „Abstract" direkt generiert werden kann[19]. Entsprechend bei der Textgenerierung kommen ersatzweise standardisierte Syntaxmuster, sogenannte „Templates" (Strukturmuster) zum Einsatz[20]. Regelvorgaben bei Strukturmustern bestehen aus vorgegebenen Syntaxfragmenten mit Variablen, in die die durch die Textanalyse ermittelten aktuellen Werte („Frames", „Slots", „Slot"-Einträge) eingesetzt werden. Beides zusammen – standardisiertes Fragment und aktuelle Werte – ergeben einen Satz, der in natürlichsprachlicher Form erscheint. Für den Endbenutzer sollten sich keine Unterschiede zwischen natürlichen und künstlich erzeugten Sätzen erkennen lassen. Die oben angegebene Regel 1 der hier relevanten Diskursstrategie kann in einem Strukturmuster wie folgt dargestellt werden (die vorgegebene Struktur ist halbfett gekennzeichnet; die Variablen sind geklammert; das Fragezeichen bedeutet, daß „Artikel" optional ist):

Der Artikel handelt über ((?ART) (GENERISCHE KLASSE)) (HAUPTTHEMEN)

Schließlich müssen die Platzhalter im Strukturmuster, die hier durch Großbuchstaben gekennzeichneten Variablen, mit den aktuellen Werten aus dem Textgraphenfragment gefüllt und noch morphologisch und oberflächen-syntaktisch angepaßt werden (Kasusinformation, Einfügen von Konjunktionen, hier zwischen zwei Hauptthemen), damit in formaler Hinsicht akzeptable Sätze entstehen können. Der erste Satz eines zu generierendes „Abstracts" kann wie folgt generiert werden:

Der Artikel handelt über *die Mikrocomputer* [GENERISCHE KLASSE] Amiga [HAUPTTHEMA 1] *und Zenon-X* [HAUPTTHEMA 2].

Unter Anwendung sämtlicher Regeln der hier einschlägigen Diskursstrategie für das gewählte Progressionsmuster und nach Ausfüllen der zugeordneten Strukturmustern kann das folgende vollständige „Abstract" aus dem Teilgraph

---

[19] Das in Abb. 4.2.4-1 dargestellte Textwissen ist syntaktisch nicht differenziert genug strukturiert, vor allem fehlt die für eine Generierung zentrale prädikative Information aus den Verben. Im Prinzip kann aber das „Frame"-Modell durch die Verwendung eines Lexikons mit fachübergreifenden und fachspezifischen Verben erweitert werden. Ein weiteres Problem liegt darin, daß im bisherigen FRM-Modell die Beziehungen zwischen einem „Frame" und seinen „Slots" semantisch nicht explizit werden können. Gelänge dies, über das reine Feststellen des Vorkommens hinaus, würde ein Gutteil der die Generierung erschwerenden Ambiguitäten verschwinden.

[20] Solche Syntaxmuster werden als Vorgaben zur intellektuellen Erstellung von Referaten benutzt, so z. B. beim mehrsprachig angelegten Textilinformationssystem TITUS. Untersuchungen der sprachlichen Gestaltung von Referaten (vgl. Kuhlen 1989d, 1990c) haben ergeben, daß menschliche Referatehersteller ohnehin restringierte Syntaxmuster (Passivsätze, geringfügig parataktische Konstruktionen etc.) verwenden.

von Abb. 4.2.4-1 generiert werden (die aktuellen Werte aus Abb. 4.2.4-1 sind hervorgehoben):

(1) Der Artikel handelt über die **Mikrocomputer Amiga und Zenon-X**.
(2) Die **Peripheriegeräte** und die **Preise der Mikrocomputer** werden vergleichend gegenübergestellt.
(3) Für den **Amiga** gibt es die **Peripheriegeräte Maus, Bildschirm, Farbdrucker** und **Sprachgenerator**; für den **Zenon-X Tastatur, Maus** und **Graphik-Bildschirm**.
(4) Der **Amiga** kostet **10 000,– DM**, während der **Zenon-X 15 000,– DM** kostet.
(5) Außerdem wird auf die **Anwendungssoftware** des **Amiga** und die **Programmiersprache des Zenon-X** eingegangen.

Wollte ein Benutzer anstelle des informativen Referats ein indikatives anschauen, würde die Generierung auf der unteren Ebene entfallen, d. h. es blieben die Sätze bzw. Strukturmustern ausgespart, in denen die Variablen mit konkreten Angaben (aktuelle „Slot„Einträge) gefüllt werden. Aus dem obigen Beispiel-„Abstract" blieben die Sätze 3 und 4 unberücksichtigt.

An dem knapp vorgestellten Verfahren ist weiterhin attraktiv, daß es wegen seiner Konzeptorientierung und seiner Generierungsstrategie – sowohl die Klassifikation der Themenhierarchie als auch die Diskursstrategien sind sprachunabhängig – ohne großen Probleme auf andere natürliche Sprachen übertragbar ist. Dies ist wegen der Referenzfunktion von „Abstracts" besonders nützlich. Lediglich die Strukturmustern und die morphosyntaktischen Komponenten müssen angepaßt und die aktuellen Konzepte des Welt- und Textwissens (die „Frame"- und „Slot"-Namen und die konkreten „Slot"-Einträge) in die jeweils andere Sprache übertragen werden. Letzteres ist eine vergleichsweise leichte terminologische Übertragungsaufgabe, zumal in Fachtexten aus dem hier einschlägigen Gebiet ohnehin englischsprachige Ausdrücke überwiegen.

Automatisch produzierte „Abstracts" als Reaktionen auf konkrete Benutzeranfragen zur Fragezeit lösen auf besonders plastische Weise die Forderung nach Flexibilisierung und Individualisierung von Information ein. Zusammen mit den oben erwähnten anderen Formen stellen sie Möglichkeiten dar, Wissen aus Texten in Formen aufzubereiten und zu präsentieren, die unterschiedlichen Rezeptions- und Informationsverarbeitungsgewohnheiten unterschiedlicher Benutzer entgegenkommen können.

4.3 Ausblick

Aufbau und Nutzen von Hypertextsystemen ist als „Kunst" angelegt, d. h. Hypertext soll die kreativen Potentiale von Nutzern fördern. Wir haben gezeigt, daß „Browsing"- und „Serendipity"-Effekte auch in elektronischen Formen der

Erarbeitung von Information in hohem Maße erwünscht sind und daß entsprechende Möglichkeiten in elektronischen Informationssystemen erhalten bleiben sollten. Die Frage kann daher mit einiger Berechtigung gestellt werden, ob eine weitgehende Automatisierung des Aufbaus von Hypertextsystemen und von Orientierungs- bzw. Navigationshilfen, durch die spontanere Navigationsformen eingeschränkt werden, erwünscht oder eher kontraproduktiv ist. Nicht alles, das haben die Technologiedebatten der letzten Jahre gezeigt, was möglich ist, ist von vorneherein sinnvoll. Uns scheinen die Eingriffe in menschliche Spontaneität durch die besprochenen Verfahren aber nicht so einschneidend zu sein, als daß nicht weitere Experimente zur Ermittlung der Leistungsfähigkeit wissensbasierter und pragmatisch konzipierter Methoden für den Einsatz auf dem Gebiet von Hypertext angebracht wären. Dabei wird die gegenwärtige Diskussion um die Reichweite des logischen und konnektionistischen Paradigmas in der Künstlichen Intelligenz auch für Hypertext folgenreich sein. Im ersten Zugriff sind konnektionistische Verfahren offenbar dem gleichen Paradigma zuzurechnen, das seit Memex' assoziativem Indexieren die Weichen für Hypertext gestellt hat. Die zu Beginn gestellten Fragen nach dem informationellen Mehrwert von Hypertext und den Möglichkeiten hypertextspezifischer Kohärenz sollten durch die als realistisch in Aussicht gestellten Systemleistungen tendenziell positiv beantwortet werden können.

Epilog

Hypertext ist ohne Zweifel eine Variation auf die klassischen Themen der Informationswissenschaft – Wissensverwaltung, Darstellung von Wissen, Erarbeitung und Präsentation von Information – kein Wunder, daß sehr viele Informationswissenschaftler Hypertext zum Thema und Gegenstand ihrer Forschung machen und dabei kaum Probleme haben, ihre bisherigen Arbeiten unter das neue Etikett zu subsumieren. Systeme, vor einigen Jahren als „intelligente Information-Retrieval-Systeme" dargestellt, sind jetzt Hypertext-Systeme. Entsprechend bieten die Fachleute aus der experimentellen Phase des Information Retrieval, z. B. Salton, neuerdings Croft, Frisse oder Fuhr, ihre Methoden der (weitgehend statistisch basierten) Textanalyse als Mittel zum automatischen Aufbau von Hypertextbasen an. Auf die Darstellungsmöglichkeiten von Hypertext für vernetzte Wissensstrukturen haben wir hingewiesen, ebenso auch auf die Eignung von Hypertext als Mittel der Koordination überbordender elektronischer Kommunikation. Ganz offensichtlich können viele Themen der experimentellen Informationswissenschaft unter dem neuen Hypertextparadigma weiter und vielleicht erfolgsversprechender behandelt werden.

Der von Kuhn in die wissenschaftstheoretische Diskussion eingebrachte Begriff des Paradigmas sollte sich gewiß nicht auf kurzfristige Modeerscheinungen beziehen, sondern Neuansätze, ja Kehrtwendungen in einer wissenschaftlichen Disziplin kennzeichnen, durch die die bisherigen Objekte unter einem ganz neuen Gesichtspunkt untersucht werden können. Fühlen sich ausreichend viele Forscher von diesem Paradigma angesprochen, so bilden sich Schulen, Begriffe, Methoden und natürlich Publikationsorgane und, in experimentellen Disziplinen wie der Informationswissenschaft, auch neue Entwicklungen und schließlich Produkte. Was könnte denn als zum Paradigma von Hypertext oder Hypermedia gehörend formuliert werden?

Auch die Skeptiker werden einräumen müssen, daß Text, jedenfalls in dem klassischen Sinne als lineare, auf Sprache bezogene, vielleicht noch Graphik einbeziehende Form der Darstellung von Wissen und der Erarbeitung von Information zumindest Konkurrenz bekommt. Von Substitution wollen wir nicht sprechen. Hypertext bzw. Hypermedia ist weiterhin eine höchst adäquate Reaktion auf die durch moderne Informationstechnik möglich gewordene Mediensymbiose (mit allen Synergie-, aber auch Show-Effekten). Systematisch wird durch Hypertext die auch in traditionellen Texten auszumachende Nicht-Linearität zum bestimmenden Prinzip der Darstellung von Wissen und der Erarbeitung von Information gemacht. Hypertext läßt die Vermutung zu einiger Gewißheit werden, daß Bücher keineswegs sozusagen als das naturgegebene Medium des Umgangs mit Wissen anzusehen sind – das historische Argument, daß wir Wissen erst seit 400 Jahren in „Texten" unserer gewohnten Form niederlegen, spricht schon zu eindeutig dagegen. Auch diese Texte, schon mit ihren nicht-linearen Mitteln, wurden einmal gegenüber den Rollen als revolutionär empfunden. Sind Hypertexte eine konsequente Evolution von Texten?

Ebenso sind wir uns bei der weitergehenden Fragestellung keineswegs sicher, ob nämlich die lineare Form der menschlichen kognitiven Kompetenz angemessen ist oder ob wir aufgrund unserer kognitiven Ausstattung zumindest nicht dafür geeignet sind, mit nicht-linearen Formen mit Aussicht auf Erfolg zu experimentieren. Das sicherlich werden sehr viele in der näheren Zukunft tun.

Wirklich faszinierend scheint uns zu sein, daß die Entlinearisierung gleichzeitig Fragmentierung und Kontextualisierung bedeutet, ganz in dem Sinne, wie wir es bei der Intertextualitätsdiskussion am Beispiel von Arno Schmidts „Zettels Traum" etwas spekulativ und bei der ausführlichen Darstellung der verschiedenen Orientierungs- und Navigationsmittel konkreter gezeigt haben. Wir halten den Vorwurf der Atomisierung von Wissen in Knoten, Karten, Hypermoleküle, „units", „items", „information blocks", „chunks" – oder wie auch immer wir mit Rekurs auf die Literatur die kleinen „autonomen" informationellen Hypertexteinheiten genannt haben – nicht für gerechtfertigt. Zu zahlreich und qualitativ reichhaltig sind die Mittel, die Hypertext anzubieten hat: über differenzierte Verknüpfungsmöglichkeiten semantischer und argumentativer Art, über autoren-, nutzer- und systemgesteuerte Navigationshilfen bis hin zu pragmatischen Komponenten, die durch das zu erwartende stärkere Engagement der Künstlichen-Intelligenz-Forschung bei der Hypertextentwicklung leistungsstärker und stärker rechnergestützt bereitgestellt werden. Hypertext ist vom Prinzip her keine Konfektionsware. Individualisierte Informationsdienstleistung hat auch ihren Preis. Hypertext ist, entgegen der Vorurteile, kein leichtes, wohl aber, bei gutem Design und kompetenter Nutzung ein sehr „belohnendes" Medium. Hypertext radikalisiert den schon für Texte zutreffenden Kohärenzbegriff, indem die Relevanz von Wissen von der Rezeption des „Lesers", seiner kognitiven Ausstattung und seinen situativen Gegebenheiten abhängig gemacht wird. Information muß aus Hypertexten erarbeitet werden, wenn auch hoffentlich auf spielerische Weise.

Zu Anfang unserer Diskussion haben wir, im Anschluß an Eco, die Frage gestellt, ob Hypertext sozusagen die Hyperrealität von Text ist. Hypertext wäre dann, in der ironischen Zurückweisung – so wie die Kunst der amerikanischen Hyperrealisten oder wie die gemalten Bilder in Dalis Bildern, die Fotografien ähnlicher sehen als montierte Fotografien, oder wie die nachgebauten antiken Schlösser in der Wüste von Nevada – „the real thing", um eines der von Eco spöttisch eingebrachten Lieblingswörter der Amerikaner noch einmal zu strapazieren. Ob nun tatsächlich Wissen aufgrund der Leichtigkeit, es (bzw. seine Repräsentanten) über beliebig festzulegende, qualitativ reiche Relationen mit anderen Wissensfragmenten zu verknüpfen, „realer" strukturiert werden kann, ob es für „Autoren" durch Hypertext leichter und besser wird, interne mentale Strukturen, die ebenfalls als assoziativ vernetzt vermutet werden, in externe, materiell greifbare, nachvollziehbare zu transformieren, ob die zweifellos in Hypertext möglichen „Browsing"- und „Serendipity"-Effekte nun die „wirklichen" Informationen, d. h. die auf den individuellen Benutzer in seiner konkreten Situation zugeschnittenen Informationen, erarbeiten lassen – diese Fragen sind zur Zeit kaum abschließend zu beantworten.

Die Hypertextforschung und erst recht die Entwicklung verwendbarer Hypertextbasen stehen zwar nicht mehr am Beginn, aber noch sind mehr Probleme als Lösung auszumachen. Wir können hier die Forschungsperspektiven und die Pflichtenhefte nicht ausformulieren, sondern verweisen auf einige Arbeiten, die programmatisch angelegt sind, z. B. Baird/MacMorrow/Hardman (1988); Beeman et al. (1987); Begeman/Conklin (1988); Bush (1945); Conklin (1987); van Dam (1988); Engelbart (1962); Halasz (1988); Nelson (1980, 1987); Yankelovic/Meyrowitz/van Dam (1985). Zwar enthalten einige dieser Arbeiten zum Glück auch Phantasien, wissenschaftliche Utopien, die meisten dort angesprochenen Probleme sind aber sehr real. Hypertext scheint uns damit zum Glück nicht zu der Kategorie der „real things" zu gehören – die konkreten Dinge werden uns bei der Hypertextarbeit erhalten bleiben.

Diese Aussage ist unsere eigene Einschätzung. Wir wollen dennoch, wie begonnen, im Sinne des ironischen *Hyperrealität*-Arguments, skeptisch enden. Zwar ist Hypertext, so wie es jetzt als neuer Typ eines Informationssystems auszumachen ist, kaum auf die Verlustrechnung beim Umgang mit begründeten und argumentativ aufgebauten Wissen zu setzen und kaum nur weiterer Ausdruck eines positivistischen Umgangs mit Wissen. Könnte denn aber das Ganze nur der Beginn einer Entwicklung sein, die uns schließlich wirklich in die Eco'sche Hyperrealität des Wissens und der Erfahrung überführen wird? Aus „Hyper" ist schnell „Virtual" gemacht. Genau das tut Horn (1989) am Schluß seines Hypertextbuchs über Hypertext. Wir zitieren die ganze Passage (Horn 1989, 244):

Virtual Reality is another newly emerging technology which will significantly change the way people interact with computers. Still in the protype stage, virtual reality interfaces will impact the design of hypertext and hypermedia systems.

Virtual Reality ... The Basics

Virtual reality provides the illusion to users that they are inside a three dimensional world rather than observing an image. The minimum virtual reality hardware-software system consists of

- stereoscopic screens mounted in front of the eyes that project computer created images in 3-D
- a sensing system that recognizes the user's head position and as the head turns, rapidly updates the picture
- some means of interacting with virtual objects that appear in the virtual space (in one such system a gesture glove is worn by the user and appears as a hand-like object moving in virtual space). Several versions of virtual reality hardware are available today ...
- a navigational system which can be as simple as pointing gestures with the glove.

Inexpensive displays of reality currently are „wire frame" representations ... But technicolor geometric shaded solids are also available in much more expensive versions.

Virtual Reality – The Next Step

You put on goggles, earphones, and a glove and you are suddenly transported into another reality. Whatever you can imagine can be made to seem real – literally anything. As John Warner, a founder of Autodesk, the CAD firm says, virtual reality „is an amusement park where anything that can be imagined and programmed can be experienced. The richness of the experiences that will be available ... can barely be imagined today."

And these virtual realities can be shared by more than one person interactively, the so-called „reality built for two" experience. We will experience Alice in Wonderland and beyond!

Demgegenüber sind die Sorgen eines klassischen Programmierers, der sich angesichts der betörenden Attraktivität von Hypertext und dessen raschen Erfolgskarriere zu einer Verzweiflungsproklamation am „Bulletin Board" der zweiten ACM-Hypertextkonferenz im Pittsburgher Hilton (November 1989) veranlaßt sah, eher überschaubarer:

I am long time computer professional (30 years in data processing). We are concerned with the widespread emergence of and popularity of hypertext. This dangerous concept has the potential to further the already alarming tendencies in todays' society towards anarchy and degeneration. Randomness is not a factor which can be controlled. True knowledge is not self-spawning. We know that nothing generated of man alone can be representative of the true word of God.

Dann schließen wir doch lieber mit einem anderen Eco-Zitat, diesmal aus dem Foucaultschen Pendel. Ziemlich zu Beginn (Eco 1989, 36–38 passim) wird, nicht nur ironisch, die Faszination beschrieben, der gerne Nicht-Techniker, in diesem Fall Verlagslektoren, unterliegen, wenn sie auf einmal entdecken, daß ein Computer und ein Programm, in diesem Fall eine einfache Textverarbeitungssoftware, durchaus bedienbar und kreativitätsfördernd sein können („der Geist streift die Tastatur, die Gedanken fliegen auf goldenen Schwingen, endlich meditiert die strenge Kritische Vernunft über das Glück des ersten Anhiebs"). Casaubon und Diotallevi, bei ihren Versuchen eine Kunst des Vergessens zu entwerfen, entdecken die simple Überlegenheit des Rechners:

Dies hier ist besser als das wahre Gedächtnis, denn das wahre Gedächtnis kann bestenfalls lernen, sich zu erinnern, nicht aber zu vergessen … gelang es uns nicht, die Regeln für das Vergessen zu finden. Es hat keinen Zweck, man kann sich zwar auf die Suche nach der verlorenen Zeit begeben, indem man verwehten Spuren folgt wie der kleine Däumling im Walde, aber es gelingt nicht, die wiedergefundene Zeit absichtlich zu verlieren … Doch Abu [so wird der Rechner mit Namen lebendig gemacht – R.K.] erlaubt nun auch kleine lokale Selbstmorde, provisorische Amnesien, schmerzlose Sprachverluste.

Wo warst du gestern, L.

Nein, indiskreter Leser, du wirst es nie erfahren, aber die abgebrochene Zeile hier oben, die da so einfach im Leeren hängt, die war effektiv der Anfang eines langen Satzes, den ich geschrieben hatte, aber dann wollte ich ihn nicht geschrieben haben (und nicht mal gedacht haben), weil ich wollte, es wäre nie geschehen, was ich das geschrieben hatte. Es genügte ein Befehl, ein milchiges Licht ergoß sich über den fatalen und deplacierten Absatz, ich drückte die Löschtaste und pffft war alles verschwunden.

Aber damit nicht genug. Die Tragödie des Selbstmörders ist, daß er, kaum hat er den Sprung aus dem Fenster getan, zwischen der siebten und sechsten Etage denkt: „O könnte ich doch zurück!" Nichts da. Nie passiert. Pflatsch. Abu dagegen ist nachsichtig, er erlaubt dir, dich zu besinnen, ich könnte meinen gelöschten Text wiederhaben, wenn ich mich rechtzeitig entschlösse, die Rückholtaste zu drücken. Welche Erleichterung! Im bloßen Wissen, daß ich, wenn ich wollte, mich erinnern könnte, vergesse ich sofort.

Ich werde nie mehr durch Bars ziehen, um fremde Raumschiffe mit Leuchtspurgeschossen zu zertrümmern, bis das Monster mich zertrümmert. Hier ist es schöner, hier kann man Gedanken zertrümmern. Der Bildschirm ist eine Galaxie aus Tausenden und Abertausenden von Asteroiden, säuberlich aufgereiht, weiß oder grün, und du bist es, der sie erschafft. Fiat Lux, Big Bang, sieben Tage, sieben Minuten, sieben Sekunden, und vor deinen Augen entsteht ein Universum in permanenter Verflüssigung, das keine präzisen kosmologischen Linien kennt und nicht mal zeitliche Fesseln. Kein Numerus Clausius hier geht man auch in der Zeit zurück, die Lettern erscheinen gleichmütig, tauchen hervor aus dem Nichts und kehren brav wieder dorthin zurück, ganz wie du befiehlst, und wenn du sie löschst, lösen sie sich auf und verfügen sich wieder als Ektoplasma an ihren natürlichen Ort, das Ganze ist eine unterseeische Symphonie aus weichen Verbindungen und Frakturen, ein galatinöser Reigen von autophagen Kometen, wie der Freßfisch in Yellow Submarine ....

Was würde Eco erst schreiben, wenn man ihm ein Hypertextsystem gäbe, nachdem er schon 1977 über das „offene Kunstwerk" spekuliert hatte. Warten wir ab, wann der erste Ansatz einer nachsichtigen hypertextspezifischen *ars oblivionalis* gemacht wird.

Literaturhinweise

ACM-Hypertext (1987/89): Proceedings of the Hypertext '87 Workshop, (Nov. 13–15, 1987, Chapel Hill, NC). New York: ACM 1989.

ACM-Hypertext (1989): Proceedings of the Hypertext '89 Conference, (Nov. 5–8, 1989, Pittsburgh, PA.). New York: ACM 1989.

Aders, A.; Ansel, B. (1990): Hypertext für den Unterricht – eine kritische Standortbestimmung; in: Gloor, P.A.; Streitz, N.A. (1990), 235–248.

Afrati, F.; Koutras, C.D. (1990): A hypertext model supporting query mechanisms; in: Rizk, A.; Streitz, N.; André, J. (1990), 52–66.

Agosti, M. (1988): Is hypertext a new model of information retrieval? in: Online Information (1988), 57–62.

Agosti, M. et al. (1989) [Agosti, M. Archi, A.; Colotti, R.; Di Giorgi, R.M.; Gradenigo, G.; Inghirami, R.; Mattiello, P.; Nannuncci, R.]: New perspectives in information retrieval techniques: A hypertext prototype in environmental law; in: Online Information (1989), 483–494.

Aigner, H.J.; Dittrich, G. (1990): SmallText^{HOT} Die Entwicklung eines Hypertext-Systems in Smalltalk zur Gestaltung von Online-Benutzerdokumentationen; in: Gloor, P.A.; Streitz, N.A. (1990), 53–64.

Akscyn, R.M.; McCracken, D.L.; Yoder, E.A. (1987/1988): KMS – a distributed hypermedia system for managing knowledge in organizations; in: ACM-Hypertext (1987/89), 1–20 [auch Communications of the ACM 31, 1988, 7, 820–835].

Akscyn, R.M.; Yoder, E.A.; McCracken, D.L. (1988): The data model is the heart of interface design; in: Proceedings of ACM CHI '88. Washington DC, 15–19 May 1988, 115–120.

Allinson, L.; Hammond, N. (1988/89): A learning support environment: the hitch-hiker's guide; in: McAleese, R. (1989), 62–74.

Ambron, S.; Hooper, K. (eds.) (1988): Interactive multimedia: visions of multimedia for developers, educators and information providers. Redmond: Microsoft Press 1988.

Andersen, M.H.; Nielsen, J.; Rasmussen, H. (1989): A similarity-based hypertext browser for reading the UNIX network news. Working paper JN-1989-19.2. Technical University of Denmark, Dep. of Comp. Sc. Lyngby Copenhagen 1989.

Andersen, P.B. (1990): Towards an aesthetics of hypertext systems: a semiotic approach; in: Rizk, A.; Streitz, N.; André, J. (1990), 224–237.

Appelrath, H.-J. (1985): Die Entwicklung von Datenbank- und Information-Retrieval-Systemen zu Wissensbasierten Systemen. Nachrichten für Dokumentation 38, 1985, 1, 13–21.

Appelrath, H.-J. et al. (1986) [Appelrath, H.-J.; Ester, M.; Jasper, H.; Ultsch, A.]: KOFIS: An expert system for information retrieval in offices; in: Lehmann, K.-D.; Strohl-Goebel, H. (eds.): The application of Micro-Computers in Information, Documentation and Libraries. Proceedings of the Second International Conference on the Application of Micro-Computers in Information, Documentation and Libraries, Baden-Baden, F.R.G., 17–21 March 1986. Amsterdam: North-Holland 1987, 427–433.

Asche, W. (1989): Superdatenbank Hypertext. Neue Konzepte der Informationsspeiche-
rung. Cogito 5, 1989, 3, 23–25.
Austin, D. (1974): The development of PRECIS. Journal of Documentation 30, 1974, 47–
102.
Austin, D. (1984): PRECIS, a manual of concept analysis and subject indexing. London:
The British Library Bibliographic Service Division 2. Auflage 1984.

Baird, P.; MacMorrow, N.; Hardman, L. (1988): Cognitive aspects of constructing
nonlinear documents: HyperCard and Glasgow Online; in: Online Information (1988),
207–218.
Baird, P.; Percival, M. (1988/89): Glasgow online: Database delevopment using Apple's
HyperCard. Proceedings Aberdeen I 1988; in: McAleese, R. (1989), 75–92.
Ballstaedt, S.P.; Mandl, H.; Schnotz, W.; Tergan, S.-O. (1981): Texte verstehen – Texte
gestalten. Wien: Urban u. Schwarzenberg 1981.
Barrett, E. (ed.) (1988): Text, ConText, and HyperText. Cambridge, MA: The MIT Press
1988.
Barrett, E. (ed.) (1989): The society of text: Hypertext, hypermedia, and the social
construction of information. Cambridge, MA: The MIT Press 1989.
von Bassewitz, K.-H. (1990): Gateways: Konzepte, Leistungen, Bewertungen. Diplomar-
beit. Universität Konstanz, Informationswissenschaft, März 1990.
Bates, M.J. (1986): An exploratory paradigm for online information retrieval; in: Brookes,
B.C. (1986), 91–99.
de Beaugrande, R.; Dressler, W. (1981): Introduction to text linguistics. London and New
York: Longman, 1981.
Bechtel, B. (1990): Inside Macintosh as hypertext; in: Rizk, A.; Streitz, N.; André, J. (1990),
312–323.
Beeman et al. (1987) [Beeman, W.O.; Anderson, K.T.; Bader, G.; Larkin, J.; McClara,
A.P.; McQuillan, P.; Shields, M.]: Hypertext and pluralism: From lineal to non-lineal
thinking; in: ACM-Hypertext (1987/89), 67–86.
Beeri, C.; Kornatzky, Y. (1990): A logical query language for hypertext systems; in: Rizk,
A.; Streitz, N.; André, J. (1990), 67–80.
Begeman, M.L.; Conklin, J. (1988): The right tool for the job. Byte, Oct. 1988, 255–268.
Benest, I.D. (1989/90): A hypertext system with controlled hype; in: McAleese, R.; Green.
C. (1990), 52–63.
Bereiter, C.; Scardamalia, M. (1987): The psychology of written composition. Hillsdale,
NJ: Lawrence Erlbaum 1987.
Bernstein, M. (1988): The bookmark and the compass: Orientation tools for hypertext
users. SIGOIS Bulletin 9, 1988, 4, 34–45.
Bernstein, M. (1990): An apprentice that discovers hypertext links; in: Rizk, A.; Streitz, N.;
André, J. (1990), 212–223.
Beyer, R. (1987): Psychologische Untersuchungen der Textverarbeitung unter besonderer
Berücksichtigung der Modelle von Kintsch und van Dijk. Zeitschrift für Psychologie
Suppl. 8, 1987.
Bieber, M.P.; Kimbrough, S.O. (1989a): On generalizing the concept of hypertext.
Technical Report BCCS-89-03. Boston College, Computer Science Department Nov.
1989
Bieber, M.P.; Kimbrough, S.O. (1989b): Towards a logic model for generalized hypertext.
Technical Report BCCS-89-07. Boston College, Computer Science Department Sept.
1989.
Bienner, F.; Guivarch, M.; Pinon, J.M. (1990): Browsing in hyperdocuments with the
assistance of a neural network; in: Rizk, A.; Streitz, N.; André, J. (1990), 288–297.

Bigelow, J.; Riley, V. (1987): Manipulating source code in DynamicDesign; in: ACM-Hypertext (1987/89), 397–408.

Bigelow, J. (1988): Hypertext and CASE. IEEE Software 5, 1988, 2, 23–27.

Billingsley, P.A. (1982): Navigation through hierarchical menu structures: does it help to have a map? in: Proceedings of the Human Factors Society 26th Annual Meeting, 103–107.

Billstein, A. (1990): Abstraktionsprozesse in Hypertextbasen: ein Beitrag zur Lösung des Orientierungsproblems in nicht-linearen Informationssystemen. Diplomarbeit. Universität Konstanz, Informationswissenschaft, April 1990.

Blair, D.C.; Maron, M.E. (1985): An evaluation of retrieval effectiveness for a full text document retrieval system. Communications of the ACM 28, 1985, 3, 289–299.

Bobrow, D.G.; Norman, D.A. (1975): Some principles for memory schemata; in: Bobrow, D.G.; Collins, A. (eds.): Representations and understanding: studies in cognitive science. New York: Academic Pess, 131–150.

Böcker, H.-D.; Hohl, H.; Schwab, Th. (1990): Hypadapter – Ein adaptives Hypertextsystem zur Präsentation von Lerninhalten; in: Gloor, P.A.; Streitz, N.A. (1990), 230–234.

Böhle, K.; Wingert, B.; Riehm, U. (1990): Zwischenbericht zur Prototypentwicklung eines elektronischen Buches. Kernforschungszentrum Karlsruhe GmbH. Abteilung für angewandte Systemanalyse (AFAS) März 1990.

Bolter, J.D.; Joyce, M. (1987): Hypertext and creative writing; in: ACM-Hypertext (1987/89), 41–50.

Bonsiepen, L. (1990): Tanz auf dem Bildschirm: Das Projekt TANZARCHIV; in: Gloor, P.A.; Streitz, N.A. (1990), 287–290.

Borko, H.; Bernier, C.L. (1975): Abstracting concepts and methods. New York: Academic Press 1975.

Bormann, U.; Bormann, C. (1990): Open document processing: status and future development. Information Technology – it 32, 1990, 3, 176–185.

Boyle, C.D.B.; Snell, J.R. (1989/90): Intelligent navigation for semistructured hypertext documents; in: McAleese, R.; Green, C. (1990), 28–42.

Brajnik, G.; Guida, G.; Tasso, C. (1987): User modeling in intelligent information retrieval. Information Processing & Management 23, 1987, 4, 305–320.

Broadbent, D.E. (1975): The magic number seven after fifteen years; in: Kennedy, A.; Wilkes, A. (eds.): Studies in long term memory. London: Wiley, 1975, 3–18.

Brondmo, H.P; Davenport, G. (1989/90): Creating and viewing the Elastic Charles – a hypermedia journal; in: McAleese, R; Green, C. (1990), 43–51.

Brookes, B.C. (ed.) (1986): Intelligent information systems for the information society. Proceedings of the 6th International Research Forum in Information Science (IRFIS 6); Frascati, Italy, Sept. 16–18, 1985. Amsterdam: Elsevier/North Holland, 1986.

Brooks, H.M.; Daniels, P.J.; Belkin, N.J. (1986): Research on information interaction and intelligent information provision mechanisms. Journal of Information Science 12, 1986, 37–44.

Brooks, L.; Simutis, Z.; O'Neill, H.F. (1985): The role of individual differences in learning strategies research; in: Dillon, R.F. (ed.): Individual differences in cognition Vol. 2. New York: Academic Press 1985, 219–251.

Brown, M.C. (1989): Human-computer interface design guidelines. Norwood: Ablex, 1989.

Brown, P.J. (1987): Turning ideas into products: the Guide system; in: ACM-Hypertext (1987/89), 33–40.

Brown, P.J. (1989): A hypertext system for Unix. Computing Systems 2, 1989, 1, 37–53.

Brown, P.J. (1990): Assessing the quality of hypertext documents; in: Rizk, A.; Streitz, N.; André, J. (1990), 1–12.

Bruillard, E.; Weidenfeld, G. (1989/90): Some examples of hypertext's applications; in: Jonassen, D.H.; Mandl, H. (1990), 377–386.

Bruza, P.D. (1990): Hyperindices: a novel aid for searching in hypermedia; in: Rizk, A.; Streitz, N.; André, J. (1990), 109–122.

Bruza, P.D./van der Weide, T.P. (1990): Two level hypermedia – an improved architecture for hypertext; in: Proceedings of the Data Base and Expert System Applications (DEXA 90). Wien: Springer 1990, 76–83.

Buder, M.; Seeger, T.; Rehfeld, W. (eds.) (1990): Grundlagen der praktischen Information und Dokumentation, 2 Vols. München: Saur. 3. Aufl. 1990.

Bullinger, H.-J.; Shackel, B. (eds.) (1987): Human-Computer Interaction – INTERACT '87. Amsterdam: Elsevier/North-Holland 1987.

Bush, V. (1945): As we may think. Atlantic Monthly 176, July 1945, 101–108.

Campagnoni, F.R.; Ehrlich, K. (1988–1989): Information retrieval using an hypertext-based help system. SIGIR Forum 23, 1988–1989, 1–2 (spec. issue), 212–220.

Campbell, B.; Goodman, J.M. (1987/88): HAM: A general purpose hypertext abstract machine; in: ACM-Hypertext (1987/89), 21–32 [auch: Communications of the ACM 31, 7, 1988, 856–861].

Canter, D.; Powell, J.; Wishart, J.; Roderick, C. (1986): User navigation in complex database systems. Behaviour and Information Technology 5, 1986, 3, 249–257.

Card, S.K.; Pavel, M.; Farrell, J. (1985): Window-based computer dialogues; in: Shackel, B. (ed.): Human-Computer Interaction – INTERACT '84. Proceedings of INTERACT '84, London 4–7 September, 1984. Amsterdam: North-Holland, 1985, 239–243.

Carlson, P.A. (1988): Hypertext: A way of incorporating user feedback into online documentation; in: Barrett, E. (1988), 93–110.

Carlson, P.A.; Ram, S. (1990): HyperIntelligence: the next frontier. Communications of the ACM 33, 1990, 3, 311–321.

Caspar, F. (1990): Hyper-T: Auf den Spuren subtiler Denkprozesse von Psychotherapeuten als Beispiel für Experten in komplexen, schlechtdefinierten Situationen; in: Gloor, P.A.; Streitz, N.A. (1990), 291–195.

Catano, J.V. (1979): Poetry and computers: experimenting with the communal text. Computers and the Humanities 13, 1979, 269–275.

Catlin, T.; Bush, P.; Yankelovich, N. (1989): InterNote: Extending a hypermedia framework to support annotative collaboration; in: ACM-Hypertext (1989), 365–378.

Catlin, T.; Smith, K.E. (1988): Anchors for shifting tides. Designing a ‚seaworthy‘ hypermedia system; in: Online Information (1988), 15–25.

Charney, D. (1987): Comprehending non-linear text: The role of discourse cues and reading strategies; in: ACM-Hypertext (1987/89), 109–120.

Chen, C.; Miranda, S.; Seidel, S. (1988): The new concept of HYPERBASE and its experimentation on the „First Emperor of China" videodisc. Microcomputers for Information Management 5, 1988, 4, 217–246.

Chen, J.C.; Ekberg, T.W.; Thompson, C. (1989/90): Querying an object-oriented hypermedia; in: McAleese, R.; Green, C. (1990), 231–238.

Chignell, M.H. (1987): Computer interfaces for the humanities; in: Salvendy, G. (ed.): Cognitive engineering in the design of human-computer interaction and expert systems. Proceedings of the Second International Conference on Human-Computer Interaction. Honolulu, HI, USA, 10–14 Aug. 1987. Vol. 2. Amsterdam: Elsevier 1987, 273–280.

Christodoulakis, S.; Ho, F.; Theodoridou, M. (1986): The multimedia object presentation manager of MINOS: a symmetric approach. SIGMOD Record 15, 1986, 2, 295–310.

Clark, R.E. (1983): Antagonism between achievement and enjoyment in ATI studies. Educational Pychologist 17, 1983, 2, 92–101.

Clitherow, P.; Riecken, D; Muller, M. (1989): VISAR: A system for inference and navigation of hypertext; in: ACM-Hypertext (1989), 293–304.

Cohen, P.R.; Kjeldsen, R. (1987): Information retrieval by constrained spreading activation in semantic networks. Information Processing & Management 23, 1987, 4, 255–268.

Colbourn, C.J.; Cockerton-Turner, T. (1989/90): Using hypertext for educational ‚help' facilities; in: McAleese, R.; Green, C. (1990), 105–113.

Collier, G.H. (1987): Thoth-II: Hypertext with explicit semantics; in: ACM-Hypertext (1987/89), 269–290.

Collins, A.; Gentner, D. (1980): A framework for a cognitive theory of writing; in: Gregg, L.W.; Steinberg, E. (eds.): Cognitive processes in writing: An interdisciplinary approach. Hillsdale, NJ: Lawrence Erlbaum, 1980, 51–72.

Conklin, J. (1987): Hypertext – An introduction and a survey. IEEE Computer 20, 1987, 9, 17–41.

Conklin, J.; Begeman, M.L. (1987): gIBIS: A hypertext tool for team design deliberation; in: ACM-Hypertext (1987/89), 247–251.

Conklin, J.; Begeman, M.L. (1989): gIBIS: A tool for all reasons. Journal of American Society for Information Science 40, 1989, 3, 200–213.

Consens, M.P.; Mendelzon, A.O. (1989): Expressing structural hypertext queries in GraphLog; in: ACM-Hypertext (1989), 269–292.

Cooke, P.; Williams, I. (1988/89): Design issues in large hypertext systems for technical documentation. Proceedings Aberdeen I 1988; in: McAleese, R. (1989), 93–104.

Cove, J.F.; Walsh, B.C. (1988): Online text retrieval via browsing. Information Processing & Management 24, 1988, 1, 31–37.

Coy, W. (1989): Après Gutenberg. Über Texte und Hypertexte; in: Technik und Gesellschaft Jahrbuch 5. Frankfurt a.M., New York: Campus Verlag 1989.

Coy, W. (1990): „Film als Buch": Hyperdokumente zur Filmanalyse; in: Gloor, P.A.; Streitz, N.A. (1990), 178–286.

Crane, G. (1987): From the old to the new: Integrating hypertext into traditional scholarship; in: ACM-Hypertext (1987/89), 51–56.

Croft, W.B.; Thompson, R.H. (1987): I³R: A new approach to the design of document retrieval systems. Journal of the American Society for Information Science 38, 1987, 6, 389–404.

Croft, W.B.; Turtle, H. (1989): A retrieval model incorporating hypertext links; in: ACM-Hypertext (1989), 213–224.

Crouch, D.B.; Crouch, C.J.; Andreas, G. (1989): The use of cluster hierarchies in hypertext information retrieval; in: ACM-Hypertext (1989), 225–238.

Dambon, P.; Yetim, F. (1990): Integration of hypertext into a decision support system; in: Kuhlen, R.; Herget, J. (1990), 64–77.

Danes, F. (1974): Functional sentence perspective and the organization of text; in: Danes, F. (ed.): Papers on functional sentence perspective. Prague: Academia 1974, 106–128.

Davenport, E. (1989): Promiscuous publishing: Some problems of protection; in: Online Information (1989), 233–239.

Defude, B.; Chiamarella, V. (1987): A prototype of an intelligent system for information retrieval: IOTA. Information Processing & Management 13, 1987, 4, 284–303.

Delfs, H. (1990): Diagnose-Expertensysteme brauchen Hypertext – Das Beispiel MAX; in: Gloor, P.A.; Streitz, N.A. (1990), 171–184.

Delisle, N.M.; Schwartz, M.D. (1986): Neptune: A hypertext system for CAD applications; in: Proceedings of ACM SIGMOD '86. International Conference on Management of Data (Washington, D.C., May 28–30, 1986) (= SIGMOD Record 15, 1986, 2), 132–143.

Delisle, N.M.; Schwartz, M.D. (1989): Collaborative writing with hypertext. IEEE Transactions on Professional Communication 32, 1989, 3, 183–188.

DeRose, S.J. (1989): Expanding the notion links; in: ACM-Hypertext (1989), 249–258.

DeYoung, L. (1989): Hypertext challenges in the auditing domain; in: ACM-Hypertext (1989), 169–180.

DeYoung, L. (1990): Linking considered harmful; in: Rizk, A.; Streitz, N.; André, J. (1990), 238–249.

Dillon, A. (1989/90): Designing the human-computer interface to hypermedia applications; in: Jonassen, D.H.; Mandl, H. (1990), 185–195.

diSessa, A.; Abelson, H. (1986): BOXER: A reconstructible computational medium. Communications of the ACM 29, 1986, 9, 859–868.

DOCDEL (1987): Evaluation of experiments in electronic document delivery and electronic publishing. Bureau Marece van Dijk SA: Final report for the Commission of the European Communities. EUR 11208. Brüssel, Paris 1987.

Doland, V.M. (1989): Hypermedia as an interpretive act. Hypermedia 1, 1989, 1, 6–19.

Doyle, L.B. (1961): Semantic road maps for literature searchers. Journal of the ACM 4, 1961, 553–578.

Doyle, L.B. (1962): Indexing and abstracting by association. American Documentation 4, 1962, 378–390.

Duchastel, P.C. (1989/90): Discussion: formal and informal learning with hypermedia; in: Jonassen, D.H.; Mandl, H. (1990), 135–143.

Duffy, T.M.; Knuth, R.A. (1989/90): Hypermedia and instruction: where is the match; in: Jonassen, D.H.; Mandl, H. (eds.) (1990), 199–225.

Dufresne, A. (1989/90): Hypertext documents for the learning of procedures; in: McAleese, R.; Green, C. (1990), 96–104.

Duncan, E.B. (1988/89): A faceted approach to hypertext? Proceedings Aberdeen I 1988; in: McAleese, R. (1989), 157–163.

Duncan, E.B. (1989): Structuring knowledge bases for designers of learning materials. Hypermedia 1, 1989, 1, 20–33.

Dürr, M.; Neske, R. (1990): Hypertext und Datenbanken – Gegensatz oder Symbiose? in: Gloor, P.A.; Streitz, N.A. (1990), 149–161.

Dyer, A. (1989/90) An examination of hypertext as an authoring tool in art and design education; in: McAleese, R.; Green, C. (1990), 130–141.

Eco, U. (1985): Über Gott und die Welt. Essays und Glossen. München/Wien: Carl Hanser Verlag 1985; insbesondere Kap. II: Reise ins Reich der Hyperrealität, 36–99.

Eco, U. (1989): Das Foucaultsche Pendel. München/Wien: Carl Hanser Verlag 1989.

Edwards, D.M.; Hardman, L. (1988/89): ‚Lost in hyperspace': Cognitive mapping and navigation in a hypertext environment. Proceedings Aberdeen I 1988; in: McAleese, R. (1989), 105–125.

Egan, D.E. et al. (1989a) [Egan, D.E.; Remde, J.R.; Gomez, L.M.; Landauer,T.K.; Eberhardt, J.; Lochbaum, C.C.]: Formative design-evaluation of SuperBook; in: ACM Transactions on Information Systems 7, 1989, 1, 30–57.

Egan, D.E. et al. (1989b) [Egan, D.E.; Remde, J.R.; Landauer,T.K.; Lochbaum, C.C.; Gomez, L.M.]: Behavioural evaluation and analysis of a hypertext browser, in: Proceedings of ACM CHI '89 Conference Human Factors in Computing Systems (Austin, TX, 30.4.–4.5.198) (= SIGCHI Bulletin, 1989, May, spec. iss.), 205–210.

Egido, C.; Patterson, J. (1988): Pictures and category labels as navigational aids for catalog browsing; in: Proceedings ACM CHI' 88 Conference on Human Factors in Computing Systems. Washington, DC, 15–19 May 1988, 127–132.

Eherer, S.; Jarke, M.; Hahn, U. (1990): Eine Software-Umgebung für die Erstellung von Hypermedia-Dokumenten durch Autorengruppen; in: Gloor, P.A.; Streitz, N.A. (1990), 79–96.

Ellis, S. (1989): A behavioural model for information retrieval system design. Journal of Information Science, Principles and Practice 15, 1989, 4/5, 237–247.

Endres-Niggemeyer, B. (1988): Informationsorientiertes Schreiben oder die Produktion von textuell dargestelltem Wissen. Eine Übersicht über den Stand der Kenntnis in den Fachgebieten Wissenschaftssoziologie, Technisches Schreiben, Schreibforschung und Textverarbeitung. LDV-Forum 5, 1988, 4, 21–37.

Engelbart, D.C. (1984): Authorship provisions in AUGMENT; in: Digest of Papers COMPCON Spring '84. 28th IEEE Computer Society International Conference (San Francisco, CA, 27 Feb–1 March 1984). Silver Spring, MD: IEEE Computer Society Press 1984, 465–472.

Evenson, S.; Rheinfrank, J.; Wulff, W. (1989): Towards a design language for representing hypermedia cues; in: ACM-Hypertext (1989), 83–92.

Feiner, S. (1988): Seeing the forest for the trees: Hierarchical display of hypertext structure; in: Proceedings of ACM Conference Office Information Systems. Palo Alto, CA, 23–25 March 1988 (= SIGOIS Bulletin 9, 1988, 2–3), 205–212.

Festinger, L. (1968): A theory of cognitive dissonance. Stanford, CA: Stanford University Press 1968.

Fiderio, J. (1988): A grand vision. Byte, 1988, 10, 237–246.

Fischer, G.; McCall, R.; Morch, A. (1989): JANUS: Integrating hypertext with a knowledge-based design environment; in: ACM-Hypertext (1989), 105–118.

Fischer, P.M.; Mandl, H. (1989/90): Toward a psychophysics of hypermedia; in: Jonassen, D.H.; Mandl, H. (1990), xix-xxv.

Fletton, N.T. (1989/90): A hypertext approach to browsing and documentation software; in: McAleese, R.; Green, C. (1990), 193–204.

Foelsche, O. (1989/90): Hypertext/Hypermedia-like environments and language learning; in: Jonassen, D.H.; Mandl, H. (1990), 291–310.

Foss, C.L. (1988): Effective browsing in hypertext systems; in: RIAO 88 Program. (Conference: User-Oriented Content-Based Text and Image Handling. Cambridge, MA, USA, 21–24 March 1988.) Vol. 1. Paris 1988, 82–98.

Foss, C.L. (1989a): Tools for reading and browsing hypertext. Information Processing and Management 25, 1989, 4, 407–418.

Foss, C.L. (1989b): Detecting lost users: empirical studies on browsing hypertext. Le Chesnay, France, Inst. Nat. 1989.

Fountain, A. et al. (1990) [Fountain, A.; Hall, W.; Heath, I.; Davis, H.C.]: MICROCOSM: an open model for hypermedia with dynamic linking; in: Rizk, A.; Streitz, N.; André, J. (1990), 298–311.

Fox, E.A. (1987): Development of the CODER system: a textbed for artificial intelligence methods in information retrieval. Information Processing & Management 23, 1987, 4, 341–366.

Fox, M.S.; Palay, A.J. (1979): The BROWSE system: An introduction; in: Proceedings 42nd Annual Meeting of the ASIS (American Society for Information Science), 1979, 183–193.

Franklin, C. (1988): An annotated hypertext bibliography. Online 12, 1988, 2, 42–46.

Franklin, C. (1989): Mapping hypertext structures with ArchiText. Database 12, 1989, 4, 50–61.

Franklin, C.; Bessmer, L. (1990): A bibliography on hypertext continues ... HyperCard stacks and tuorials.: Database April 1990, 38–45.

Freeman, H. (1989): HyperCard or hyperbole? Computer Education, Feb. 1989, Nr. 61, 19–21.

Frei, H.P.; Jauslin, J.F. (1983): Graphical representation of information and services: an user-oriented interface. Information Technology – Research and Development 2, 1983, 23–42.

Frey, D. (1981): Informationssuche und Informationsbewertung bei Entscheidungen. Verlag H. Huber: Berlin, Stuttgart, Wien 1981.

Frisse, M. (1987/1988): Searching for information in a hypertext medical book; in: ACM-Hypertext (1987/89), 57–66 [auch Communications of the ACM 31, 1988, 7, 880–886].

Frisse, M. (1988: From text to hypertext. Byte 1988, 10, 247–254.

Frisse, M.E. Cousins, S.B. (1989): Information retrieval from hypertext: Update on the dynamic medical handbook project; in: ACM-Hypertext (1989), 199–212.

Fuhr, N. (1990): Hypertext und Information Retrieval; in: Gloor, P.A.; Streitz, N.A. (1990), 101–111.

Fuhr, N. (1990b): Repräsentation und Anfragefunktionalität in multimedialen Informationssystemen; in: Kuhlen, R.; Herget, J. (1990), 274–285.

Fum, D.; Guida, G.; Tasso, C. (1985): Evaluating importance: a step towards text summarization; in: IJCAI-85: Proceedings of the 9th International Joint Conference on Artificial Intelligence, Los Angeles, August 18–23, 1985, 840–844.

Furnas, G.W (1986): Generalized fisheye views; in: Proceedings of the ACM CHI '86 Conference on Human Factors in Computing Systems. Boston, Mass. 13.–17. April 1986. New York: ACM, 16–23.

Furuta, R.; Stotts, P.D. (1989): Programmable browsing semantics in Trellis; in: ACM-Hypertext (1989), 27–42.

Furuta, R.; Stotts, P.D. (1989/90): Separating hypertext content from structure in Trellis; in: McAleese, R.; Green, C. (1990), 205–213.

Garg, P.K. (1987/1988): Abstraction mechanism in Hypertext; in: ACM-Hypertext (1987/89), 375–396 [auch Communications of the ACM 31, 1988, 7, 862–870].

Garg, P.K.; Scacchi, W. (1987): On designing intelligent hypertext systems for information management in software engineering; in: ACM-Hypertext (1987/89), 409–432.

Gartshore, P.J. (1989/90): Hypertext as a programming environment for the authoring and production of interactive videodisc training packages; in: McAleese, R.; Green, C. (1990), 214–223.

Gennette, G. (1989): Paratexte. Das Buch vom Beiwerk des Buches. Campus: Frankfurt a.M. 1989.

Gilyarevskii, R.S.; Subbotin, M. (1988): Evaluating the prospects for new information technologies (A study of hypertext technology). Scientific and Technical Information Processing 15, 1988, 6, 43–48.

Gloor, P.A. (1990): Hypermedia – Anwendungsentwicklung. Stuttgart: D.G. Teubner 1990 [Leitfäden der angewandten Informatik].

Gloor, P.A.; Streitz, N.A. (eds.) (1990): Hypertext und Hypermedia. Von theoretischen Konzepten zur praktischen Anwendung. Berlin: Springer 1990 [Informatik-Fachberichte 249].

Glushko, R.J. (1989): Design issues for multi-document hypertexts; in: ACM-Hypertext (1989), 51–60.

Gordon, S. et al. (1988) [Gordon, S.; Gustavel, J.; Moore, J.; Hankey, J.]: The effects of hypertexts on reader knowledge representation; in: Proceedings of the Human Factors Society 32nd Annual Meeting, 1988, 296–300.

Gray, S.H.; Shasha, D. (1989): To link or not to link? Empirical guidance for the design of nonlinear text systems. Behavior Research Methods, Instruments, & Computers 21, 1989, 2, 326–333.

Grice, H.P. (1957): Meaning. Philosophical Review 66, 1957, 377–388.

Grice, H.P. (1975): Logic and conversation, in: Cole, R.; Morgan, J.L. (eds.): Syntax and semantics. Vol. 3: Speech Acts. New York: Academic Press 1975, 41–58.

Haake, J.; Schütt, H. (1990): Eine Systemarchitektur für ein wissensbasiertes Hypertext-Autorensystem; in: Gloor, P.A.; Streitz, N.A. (1990), 65–78.

Haertwig et al. (1990) [Haertwig, C.; Mayerhofer, R.; Rieser, A.; Rößmann, M.; Unterriker, S.]: Hyperlearning. Projektkurs in der Fachgruppe Informationswissenschaft. Universität Konstanz, Informationswissenschaft 1990.

Hahn, U. (1986): Methoden der Volltextverarbeitung in Informationssystemen: ein State-of-the-art Bericht; in: Kuhlen, R. (ed.): Informationslinguistik. Theoretische, experimentelle, curriculare und prognostische Aspekte einer informationswissenschaftlichen Teildisziplin. Tübingen: Niemeyer 1986, 196–216.

Hahn, U. (1990a): Topic parsing: accounting for text macro structures in full-text analysis. Information Processing & Management 26, 1990, 1, 135–170.

Hahn, U. (1990b): Lexikalisch verteiltes Text-Parsing: eine objektorientierte Spezifikation eines Wortexpertensystems auf der Grundlage des Aktorenmodells. Berlin: Springer 1990 [Informatik-Fachberichte 243] [zugl. Diss., Universität Konstanz, Sozialwiss. Fakultät, 1987].

Hahn, U.; Reimer, U. (1985): The TOPIC project: text-oriented procedures for information management and condensation of expository texts. Final report. Bericht TOPIC-17/85. Universität Konstanz, Informationswissenschaft, May 1985.

Hahn, U.; Reimer, U. (1988): Automatic generation of hypertext knowledge bases, in: Proceedings of ACM Conference Office Information Systems. Palo Alto, CA, 23–25 March 1988, 182–188.

Hahn, U. et al. (1990) [Hahn, U.; Hammwöhner, R.; Reimer, U.; Thiel, U.]: Inhaltsorientierte Navigation in automatisch generierten Hypertext-Basen; in: Gloor, P.A.; Streitz, N.A. (1990), 205–219.

Halasz, F.G. (1987/1988): Reflections on Notecards: seven issues for the next generation of hypermedia systems; in: ACM-Hypertext (1987/89), 345–366 [auch Communications of the ACM 31, 1988, 7, 836–852].

Halasz, F.G.; Moran, T.P.; Trigg, R.H. (1987): NoteCards in a Nutshell; in: Carroll, J.M.; Tanner, P.P. (eds.): Proceedings of the CHI and GI '87 Conference on Human Factors in Computing Systems. April 1987, Toronto, New York: ACM 1987, 45–52.

Halliday, M.A.K.; Hasan, R. (1976): Cohesion in English. London: Longman 1976.

Halin, G.; Hamon; C. (1989): A hypermedia structure for an interactive and progressive image retrieval system; in: Online Information (1989), 477–481.

Hammond, N.; Allinson, L. (1987): The travel metaphor as design principle and training aid for navigating around complex systems; in: Diaper, D.; Winder, R. (eds.): People and Computers III. Cambridge: Cambridge University Press 1987, 75–90.

Hammwöhner, R. (1989/90): Macro-operations for hypertext construction; in: Jonassen, D.H.; Mandl, H. (1990), 71–95.

Hammwöhner, R. (1990): Ein Hypertext-Modell für das Information Retrieval. Dissertation. Universität Konstanz, Sozialwissenschaftliche Fakultät, 1990.

Hammwöhner, R.; Thiel, U. (1987): Content oriented relations between text units – a structural model for hypertext; in: ACM-Hypertext (1987/89), 155–176.

Hammwöhner, R. et al. (1988) [Hammwöhner, R.; Kuhlen, R.; Sonnenberger, G.; Thiel, U.]: TWRM-TOPOGRAPHIC: ein wissensbasiertes System zur situationsgerechten Aufbereitung und Präsentation von Textinformation in graphischen Retrievaldialogen. Bericht TOPOGRAPHIC-12/88. Universität Konstanz, Informationswissenschaft, Juni 1988.

Hancock, P.A.; Chignell, M.H. (1989): Intelligent interfaces: theory, research and design. Amsterdam: North-Holland, 1989.

Hansen, W.; Haas, Chr. (1988): Reading and writing with computers: a framework for explaining differences in performance. Communications of the ACM, 31, 1988, 9, 1080–1089.

Hardman, L. (1988): Hypertext tips: experience in developing a hypertext tutorial; in: Jones, D.M.; Winder, R. (eds.): People and computers IV. Cambridge: Cambridge University Press 1988, 437–451.

Hardman, L. (1989): Evaluating the usability of the Glasgow online hypertext. Hypermedia 1, 1989, 1, 34–63.

Hardman, L.; Sharratt, B.S. (1989/90): User-centred hypertext design: the application of HCI design principles and guidelines; in: McAleese, R.; Green, C. (1990), 252–259.

Harland, S.J. (1988/89): Human factors engineering and interface development: A hypertext tool aiding prototyping activity; in: McAleese, R. (1989), 126–137.

Harriman, C. (1987): Hypertext comes to the small screen. Seybold Outlook on Professional Computing, 5, 1987, 7, 14–18.

Harvey, G. (1989): Understanding HyperCard. San Francisco, CA: Sybex, 2. ed. 1989.

Hayes, J.R.; Flower, L.S. (1980): Identifying the organisation of writing processes: in: Gregg, L.W.; Steinberg, E.R (eds.): Cognitive processes in writing. Hillsdale, NJ: Lawrence Erlbaum 1980, 3–30.

Hayes, J.R.; Pepper, J. (1989): Towards an integrated maintenance advisor; in: ACM-Hypertext (1989), 119–128.

Helander, M. (ed.) (1988): Handbook of human-computer interaction. Amsterdam: North-Holland, 1988.

Hellingrath, B.; Kloth, M.; Tembrink, A. (1990): Hypermediale Schulungssoftware für die innerbetriebliche Standortplanung; in: Gloor, P.A.; Streitz, N.A. (1990), 263–267.

Hermes, H. (1988): Syntax-Regeln für den elektronischen Datenaustausch. DIN Normenausschuß für Bürowesen, EDIFACT, 1988, 7–12.

Hirakawa, Y.; Uchida, A.; Monden, M. (1989/90): Hypermedia as a communication design software support; in: McAleese, R.; Green, C. (1990), 244–251.

Hjerppe, R. (1986): Project HYPERCATalog: Visions and preliminary conceptions of an extended and enhanced catalog; in: Brookes, B.C. (1986), 211–232.

Hoadley, E.D. (1990): Investigating the effects of color. Communications of the ACM 33, 1990, 2, 120–125.

Hobbs, J.R. (1983): Why is discourse coherent?; in: Neubauer, F. (ed.): Coherence in natural language texts. Hamburg 1983, 29–70.

Hobbs, J.R. (1985): On the coherence and structure of discourse. Report CSLI-85-37. Stanford University 1985.

Hofmann, J. (1990): Das Unterstützungspotential von Hypertext für kooperatives Arbeiten. Unter besonderer Berücksichtigung der kooperativen Texterstellung. Diplomarbeit. Universität Konstanz, Informationswissenschaft, November 1990.

Hofmann, M.; Schreiweis, U.; Langendörfer, H. (1990): An integrated approach of knowledge acquisition by the hypertext system CONCORDE; in: Rizk, A.; Streitz, N.; André, J. (1990), 166–179.

Hofmann, M. et al. [Hofmann, M.; Cordes, R.; Langendörfer, H.; Lübben, E.; Peyn, H.; Süllow, K.; Töpperwien, T.] (1990): Vom lokalen Hypertext zum verteilten Hypertextsystem; in: Gloor, P.A.; Streitz, N.A. (1990), 28–42.

Homann, K. (1974): Artikel „Geschichtslosigkeit"; in: Ritter, J. (ed.): Historisches Wörterbuch der Philosophie Band 3 (G-H). Basel/Stuttgart: Schwabe & Co., 1974, Sp. 413–416.

Hoppe-Graff; S.; Schöler, H.; Haas, W. (1981): Ein Modell zur Beschreibung und Vorhersage des Zusammenfassens einfacher Geschichten; in: Mandl. H. (ed.): Zur Psychologie der Textverarbeitung. Ansätze, Befunde, Probleme. München: Urban und Schwarzenberg 1981.

Horn, R.E. (1989): Mapping hypertext. The analysis, organization and display of knowledge for the text generation of on-line-text and graphics. Waltham, MA: Information Mapping, Inc. 1989.

Howell, G. (1989/90): Hypertext meets interactive fiction; in: McAleese, R.; Green, C. (1990), 136–141.

Huber, F.; Makedon, F.; Maurer, H. (1989): HyperCOSTOC: a comprehensive computer-based teaching support system. Journal of Microcomputer Applications 12, 1989, 293–317.

Humphrey, S.M.; Miller, N.E. (1987): Knowledge-based indexing of the medical literature: the indexing AID project. Journal of the American Society for Information Science 38, 1987, 3, 184–196.

Hunger, H. et al. (1975/1988) [Hunger, H.; Stegmüller, O.; Erbse, H.; Imhof, M.; Büchner, K.; Beck, H.-G.; Rüdiger, H.]: Die Textüberlieferung der antiken Literatur und der Bibel. München: Deutscher Taschenbuchverlag, 2. Auflage 1988.

Hutchins; J. (1987): Summarization: some problems and methods; in: Jones, K.P. (ed.): Informatics 9. Proceedings of Informatics 9, King's College, Cambridge, 26–27 March 1987, 151–173.

Idensen, H.; Krohn, M. (1990): Vom Hypertext in der Kunst zur Kunst des Hypertext; in: Gloor, P.A.; Streitz, N.A. (1990), 296–300.

Inzelsperger, B.; Simon, L. (1990): Handlungsorientierte Hypertextdokumente für die ärztliche Praxis; in: Kuhlen, R.; Herget, J. (1990), 286–296.

Irish, P.M.; Trigg, R.H. (1989): Supporting collaboration in hypermedia. Issues and experiences. Journal of the American Society for Information Science 40, 1989, 40, 192–199.

Irler, W.J.; Barbieri, G. (1990): Non-intrusive hypertext anchors and individual colour markings; in: Rizk, A.; Streitz, N.; André, J. (1990), 261–273.

Irler, W.J.; Colazzo, L. (1990): Hypertext systems and computer-supported learning. Education in Computing Newsletter 2, 1990, 1, 39–58.

Jacob, R.J.K. (1989): Direct manipulation in the intelligent interface; in: Hancock, P.A.; Chignell, M.H. (eds.): Intelligent interfaces: Theory, research and design. Amsterdam: North-Holland, 1989, 165–212.

Janos, J. (1979): Theory of functional sentence perspective and its application for the purposes of automatic extracting. Information Processing & Management 15, 1979, 1, 19–25

Jonassen, D.H. (1985) (ed.): The technology of text. Vols. 1 u.2. Englewood Cliffs, NJ: Educ. Techn. Pubns. 1985.

Jonassen, D.H. (1986): Hypertext principles for text and courseware design. Educational Psychologist 21, 1986, 4, 269–292.

Jonassen, D.H. (1989/90): Semantic network elication: tools for structuring hypertext; in: McAleese, R.; Green, C. (1990), 142–153.

Jonassen, D.H.; Grabinger, R.S. (1989/90): Problems and issues in designing hypertext/hypermedia for learning; in: Jonassen, D.H.; Mandl, H. (1990), 3–25.

Jonassen, D.H.; Mandl, H. (eds.) (1990): Designing Hypermedia for Learning [Proceedings NATO Advanced Research Workshop on Designing Hypertext/Hypermedia for Learning, Rottenburg, 3.-8. Juli 1989]. Heidelberg: Springer 1990 [CSS, Vol. 67].

Jones, T. (1989): Incidental learning during information retrieval: A hypertext experiment; in: Maurer, H. (ed.): Proceedings SO Computer Assisted Learning. 2nd International Conference, ICCAL '89, Dallas, TX, USA, 9–11 May 1989. Berlin: Springer 1989, 235–253.

Jones III, H.W. (1987): Developing and distributing hypertext tools: Legal imputs and parameters; in: ACM-Hypertext (1987/89), 367–374.

Jones, M; Myers, D. (1988): Hands-on Hypercard. Designing your own applications. New York: Wiley 1988.

Jones, W.P. (1987): How dow we distinguish the hyper from the hype in non-linear text? in: Bullinger, H.-J.; Shackel, B. (1987), 1107–1113.

Jones, W.P.; Dumais, S.T. (1986): The spatial metaphor for user interface: Experimental tests for reference by location versus name; in: ACM Transactions on Office Information Systems 4, 1986, 42–63.

Jordan, D.S. et al. (1989) [Jordan, D.S.; Russell, D.M.; Jensen, A.-M.S.; Rogers, R.A.]: Facilitating the development of representations in hypertext with IDE; in: ACM-Hypertext (1989), 93–104.

Joyce, M. (1989): Interview. Discover. The World of Science, Nov. 1989.

Kahn, P.; Meyrowitz, N. (1988): Guide, HyperCard and Intermedia: A comparison of hypertext/hypermedia systems. IRIS Technical Report No. 88-7. Providence, RI: Brown University, IRIS 1988.

Katz, B.: Text processing with the START natural language system; in: Barrett, E. (1988), 55–76.

Kellog, R.T. (1987): Effects of topic knowledge on the allocation of processing time and cognitive effort to writing processes. Memory & Cognition 15, 3, 1987, 256–266.

Kesselman, M.; Trapasso, L. (1988): Hypertext and the end-user; in: Online Information (1988), 219–225.

Khanzhin, A.G. (1986): Subject, title, and indexing. Automatic Documentation and Mathematical Linguistics 20, 1986, 4, 39–49.

Kibby, M.R.; Mayes, J.T. (1988/89): Towards intelligent hypertext; in: McAleese, R. (1989), 164–172.

Kinnell, S.K. (1988): Information retrieval in the humanities using hypertext. Online 12, 1988, 2, 34–35.

Kinnell, S.K. (1989): Hypertext on the PC. Guide, version 2.0 ... Database 12, 1989, 4, 62–66.

Kinnell, S.K.; Richards, T. (1989): An online interface within a hypertext system. Project Jefferson's electronic notebook. Online 13, 1989, 4, 33–38.

Kintsch, W.; van Dijk, T.A. (1978): Toward a model of text comprehension and production. Psychological Review 85, 1978, 363–394.

Kirste, T.; Hübner, W. (1990): HyperPicture – ein Archivierungs- und Retrievalsystem auf optischen Speichermedien; in: Gloor, P.A.; Streitz, N.A. (1990), 144–148.

Knopik, T.; Ryser, S. (1989/90): AI methods for structuring hypertext information; in: McAleese, R.; Green, C. (1990), 224–230.

Kobsa, A. (1985): Benutzermodellierung in Dialogsystemen. Berlin: Springer 1985 [Informatik-Fachberichte 115].

Kobsa, A.; Wahlster, W. (eds.) (1989): User models in dialog systems. Berlin: Springer 1989.

Koh, T.-T.; Loo, P. L.; Chua, T.-S. (1989/90): On the design of a frame-based hypermedia system; in: McAleese, R.; Green, C. (1990), 154–165.

Kommers, P.A.M. (1984): Webteaching as a design consideration for the adaptive presentation of textual information; in: van der Veer, G.C.; Tauber, M.J.; Green, T.R.G.; Gorny, P. (eds.): Readings on cognitive ergonomics – mind and computers. Proceedings of the 2nd European Conference. Gmünden, Österreich, Sept. 1984. Berlin: Springer 1984 [LNCS 178], 161–169.

Kommers, P.A.M. (1989/90): Graph computation as an orientation device in extended and cyclic hypertext networks; in: Jonassen, D.H.; Mandl, H. (1990), 117–134.

Koved, L.; Shneiderman, B. (1986): Embedded menus: selecting items in context. Communications of the ACM 29, 1986, 4, 312–318.

Kuhlen, R. (1979) (ed.): Datenbasen – Datenbanken – Netzwerke. Zur Praxis des Information Retrieval. München: Saur. Bd. 1: Aufbau von Datenbasen [Bd. 2: Konzepte von Datenbanken 1979; Bd. 3: Nutzung und Bewertung von Retrievalsystemen 1980].

Kuhlen, R. (1984/1986): Some similarities and differences between intellectual and machine text understanding for the purpose of abstracting; in: Dietschmann, H.D. (ed.): Representation and exchange of knowledge as a basis of information processes. Proceedings of IRFIS 5, Heidelberg, 5.–7. September 1983. Amsterdam: North Holland/Elsevier 1984, 87–109 [auch in: Kuhlen, R. (ed.) (1986): Informationslinguistik. Tübingen: Niemeyer 1986, 133–151].

Kuhlen, R. (1987): Ambivalenz fortgeschrittener informationeller Arbeitsteilung bei komplexen Verwaltungsvorgängen; in: Windhoff-Héretier, A. (ed.): Verwaltung und ihre Umwelt. Festschrift für Thomas Ellwein. Opladen: Westdeutscher Verlag 1987, 234–257.

Kuhlen, R. (1989a): Pragmatischer Mehrwert von Information. Sprachspiele mit informationswissenschaftlichen Grundbegriffen. Bericht 1/89. Universität Konstanz, Informationswissenschaft, Okt. 1989 [engl. Version Computer and the Humanities 1991].

Kuhlen, R. (1989b): Hypertext – nur ein neues „-hyper" oder eine realistische Form der Darstellung von Wissen und der Erarbeitung von Information; in: Deutscher Dokumentartag, Okt. 1989, Bremen. [Vortragsmanuskript]

Kuhlen, R. (1989c): „Knowledge is becoming hypertextified". Zur zweiten ACM-Hypertext Konferenz 11/89, Pittsburgh. Informationswissenschaft Konstanz, Bericht 2/89. Konstanz, Nov. 1989 [gekürzt: Nachrichten für Dokumentation 41, 1, 1990, 33–45].

Kuhlen, R. (1989d): Information retrieval: Verfahren des Abstracting; in: Batori, I.S.; Lenders, W.; Putschke, W. (eds.): Computational linguistics / Computerlinguistik. Berlin: de Gruyter 1989, 688–696.

Kuhlen, R. (1990a): Nutzeffekte nicht-linearer Eigenschaften von Hypertext in einem informationswissenschaftlichen Aufbau-Studium; in: Proceedings Kongreß „Informationsspezialisten für Europa", 17.–19. Okt. 1989, Hannover, 103–120.

Kuhlen, R. (1990b): Informationstechnische Potentiale – nutzbar gemacht, auch für Geisteswissenschaftler, in informationswissenschaftlicher Ausbildung; in: Zimmerli,

W.Ch. (ed.): Wider die „Zwei Kulturen". Fachübergreifende Inhalte in der Hochschulausbildung. Berlin: Springer 1990, 148–170.

Kuhlen, R. (1990c): Abstracts. Abstracting. Intellektuelle und maschinelle Verfahren; in: Buder, M.; Seeger, T.; Rehfeld, W. (1990), 90–121.

Kuhlen, R. (1991): Aktivierung von Online-Informationsbanken aus Hypertextbasen; in: Proceedings Online '91. Hamburg 4.–8. Febr. 1991.

Kuhlen, R.; Finke, W: (1988): Informationsressourcen-Management. Informations- und Technologiepotentiale professionell für die Organisation verwerten. Teil 1. Zeitschrift für Führung und Organisation (ZfO) 57, 1988, 5, 314–323; Teil II. Zeitschrift für Führung und Organisation (ZfO) 57, 1988, 6, 399–403.

Kuhlen, R.; Herget, J. (eds.) (1990): Pragmatische Aspekte beim Entwurf und Betrieb von Informationssystemen. Konstanz: Universitäts-Verlag 1990 [Konstanzer Schriften zur Informationswissenschaft Band 1]

Kuhlen, R.; Yetim, F. (1989): HYPER-TOPIC – a system for the automatic construction of a hypertext-base with intertextual relations; in: Online Information (1989), 257–264.

Kuhlen, R. et al. (1989a) [Kuhlen, R.; Hammwöhner, R.; Sonnenberger, G.; Thiel, U.]: TWRM-TOPOGRAPHIC: Ein wissensbasiertes System zur situationsgerechten Aufbereitung und Realisierung von Textinformation in graphischen Retrievaldialogen. Informatik – Forschung und Entwicklung 4, 1989, 89–107.

Kuhlen, R. et al. (1989b) [Kuhlen, R.; Böhlen, M.; Diefenbach, M.; Reck, W.; Weber, H.]: Hypertext – Grundlagen und Funktionen der Entlinearisierung von Text. Teil I: Modellierung und Realisierung einer Hypertextbasis in einem Ausbildungssystem. Nachrichten für Dokumentation 40, 1989, 5, 295–307.

Kuhlen, R. et al. (1989c) [Kuhlen, R.; Böhlen, M.; Diefenbach, M.; Reck, W.; Weber, H.]: Hypertext – Grundlagen und Funktionen der Entlinearisierung von Text. Teil II: System HEIDI – Hypertext-Einführung in die Informationwissenschaft. Nachrichten für Dokumentation 40, 1989, 6, 361–369.

Kuhlen, R. et al. (1989d) [Kuhlen, R.; Dambon, P.; Glasen, F.; Thost, M.; Wolf, M.]: WISKREDAS: ein wissensbasiertes Kreditabsicherungssystem. Bericht SFB 221, B3-3/89. Universität Konstanz, Informationswissenschaft, August 1989.

Kuhlen, R. et al. (1989e) [Kuhlen, R.; Hammwöhner, R.; Sonnenberger, G.; Thiel, U.; Yetim, F.]: TWRM-TOPOGRAPHIC: Abschlußbericht. Bericht TOPOGRAPHIC-15/89. Universität Konstanz, Informationswissenschaft, Juni 1989.

Kuhn, A.D. (1988): DoD Gateway Information System (DGIS): the development toward artificial intelligence and hypermedia in Common Command Language; in: Online Information (1988), 691–704.

Kukich, K. (1983): Knowledge-based report generation: a technique for automatically generating natural language reports from databases; in: Proceedings of the 6th Annual International ACM SIGIR Conference on Research and Development in Information Retrieval, Bethesda, June 6–8, 1983, 246–250 (= SIGIR Forum 17, 4).

Kunz, W; Rittel, H. (1979): Issues as elements of information systems (Working paper 131). Berkeley, CA: University of California, Center for Planning and Development Research, 1979.

Landow, G.P. (1987): Relationally encoded links and the rhetoric of hypertext; in: ACM-Hypertext (1987/89), 331–344.

Landow, G.P. (1989/90): Popular fallacies about hypertext; in: Jonassen, D.H.; Mandl, H. (1990), 27–37.

Landow, G.P. (1989): Hypertext in literary education, criticism, and scholarship. Computers and the Humanities 23, 1989, 3, 173–198.

Larson, R. (1988): Hypertext and information retrieval: towards the next generation of information systems; in: ASIS '88. Proceedings of the 51st Annual Meeting, Atlanta, Georgia, October 23–27, 1988. Washington, DC: ASIS, 1988, 190–204.

Lawler; R.W. (1989/90): CASE: a case analysis support environment; in: McAleese, R.; Green, C. (1990), 174–182.

Ledwith, R.H. (1988): Development of a large, concept-oriented database for information retrieval; in: Chiaramella, D. (ed.): 11. International Conference on Research and Development in Information Retrieval, Grenoble, June 13–15, 1988. Grenoble: Presses Univ. de Grenoble 1988, 651–661.

Leggett, J.; Schnase, J.L.; Kacmar, C. (1989/90): Hypertext for learning; in: Jonassen, D.H.; Mandl, H. (1990), 27–37.

Lehnert, W.G. (1982): Plot units: a narrative summarization strategy; in: Lehnert, W.G.; Ringle, M.H. (eds.): Strategies for Natural Language Processing. London: Hillsdale 1982, 375–412.

Lenat, D.B.; Prakash, M.; Shepherd, M. (1986): CYC: Using common sense knowledge to overcome brittleness and knowledge acquisition bottlenecks. AI Magazine 6, 1986, 4, 65–85.

Lenat, D.B. et al. (1983): Knoesphere: Building expert systems with encyclopedic knowledge; in: Proceedings of IJCAI-83, Karlsruhe, 1983, 167–169.

Lenat, D.B.; Guha, R.V. (1988): The world according to CYC. MCC Techn. Report, ACA-AI-300-88, Sept. 1988.

Lesk, M. (1989): What to do when there's too much information; in: ACM-Hypertext (1989), 305–318.

Lindemann, B. (1985): Machine vs. reader: on representing process in discourse description. Journal of Literary Semantics 14, 1985, 1, 3–40.

Lodewijks, H.G.L.C. (1982): Self-regulated versus teacher-provided sequencing of information in learning from text; in: Flammer, A.; Kintsch, W. (eds.): Discourse Processing. Amsterdam: North Holland 1982 [Advances in Psychology], 509–520.

Lopez-Suarez, A.; Carey, T.T. (1988): MetaReference: the architecture and construction of a hypertext system. Canadian Journal of Information Science 13, 1988, 3–4, 63–78.

Lucarella, D. (1990): A model for hypertext-based information retrieval; in: Rizk, A.; Streitz, N.; André, J. (1990), 81–94.

Luhn, H.P. (1958): The automatic creation of literature abstracts. IBM Journal of Research and Development 2, April 1958, 2, 159–165.

Lundquist, L. (1989): Coherence in Scientific Texts; in: Heydrich, W.; Neubauer, F.; Petöfi, J.; Sözer, E. (eds.): Connexity and coherence. Berlin, New York 1989.

Lustig, G. (ed.) (1986): Automatische Indexierung zwischen Forschung und Anwendung. Hildesheim: Olms 1986.

MacCafferty, M.; Gray, K. (eds.) (1979): The analysis of meaning – Informatics 5. Proceedings. Conference at The Queens College, Oxford, GB, 26.03.–28.03.1979, ASLIB Informatics Group and BCS Information Retrieval Specialist Group, London: ASLIB 1979.

MacGregor, J.N. (1987): Short-term memory capacity: Limitation or optimization? Psychological Review 94, 1987, 1, 107–108.

MacMorrow, N. (1990): Pragmatic aspects of multimedia systems; in: Kuhlen, R.; Herget, J. (1990), 272–273.

MacMorrow, N.; Baird, P. (1988): Moving into hypermedia: hypertext and interactive video; in: Online Information (1988), 227–237.

MacMorrow, N.; Baird, P. (1989): Integration of voice and text using authoring tools with hypercard; in: Online Information (1989), 13–22.

Malone, T. (1987): The information lens. An intelligent system for sharing information in organizations; in: Carroll, J.; Tanner, P. (eds): CHI GI 1987 Conference Proceedings „Human Factors in Computing Systems ans Graphics Interface". ACM 1987.

Mann, T. (1990): Grafische Benutzeroberflächen am Beispiel eines Einsatzleitsystems. Diplomarbeit. Universität Konstanz, Informationswissenschaft, April 1990.

Mann, W.C. (1984): Discourse structures for text generation; in: COLING 84: Proceedings of the 10th International Conference on Computational Linguistics & 22nd Annual Meeting of the Association for Computational Linguistics, Stanford, July 2–6, 1984, 367–375.

Mann, W.C.; Thompson, S.A. (1986a): Relational proposition in discourse. Discourse Processes 9, 1986, 1, 57–90.

Mann, W.C.; Thompson, S.A. (1986b): Rhetorical structure theory: Description and construction of text structures; in: Kempen, H. (ed.): Natural language generation. New results in artificial intelligence, psychology and linguistics. Dordrecht 1986, 85–95.

Mann, W.C.; Thompson, S.A. (1988): Rhetorical structure theory: toward a functional theory of text organization. Text 8, 1988, 3, 243–281.

Marchionini, G. (1989): Making the transition from print to electronic encyclopedias. Adaptation of mental models. International Journal of Man-Machine Studies 30, 1989, 6, 591–618.

Marchionini, G. (1989/90): Evaluating hypermedia-based learning; in: Jonassen, D.H.; Mandl, H. (1990), 355–373.

Marchionini, G.; Shneiderman, B. (1988): Finding facts versus browsing knowledge in hypertext systems. IEEE Computer, 1988, Jan., 70–81.

Marshall, C.C. (1987): Exploring representation problems using hypertext; in: ACM-Hypertext (1987/89), 253–268.

Marshall, C.C.; Irish, P.M. (1989): Guided tours and on-line presentations: How authors make existing hypertext intelligible for readers; in: ACM-Hypertext (1989), 15–26.

Maurer, H.; Schinnerl, W.; Tomek, I. (1990): Kommunikation in einem Hypermedia-System; in: Gloor, P.A.; Streitz, N.A. (1990), 124–133.

Maurer, H.; Tomek, I. (1990a): Some aspects of hypermedia systems and their treatment in Hyper-G. Wirtschaftsinformatik 1990 (forthcoming).

Maurer, H.; Tomek, I. (1990b): Hypermedia in teleteaching; in: WCCE '90, Sydney, Australien (forthcoming).

Mayes, T.; Kibby, M.R.; Anderson, A. (1989/90a); Signposts for conceptual orientation: some requirements for learning from hypertext; in: McAleese, R.; Green, C. (1990), 121–129.

Mayes, J.T.; Kibby, M.R.; Anderson, A. (1989/90b): Learning about learning from hypertext; in: Jonassen, D.H.; Mandl, H. (1990), 227–250.

McAleese, R. (1987): The graphical representation of knowledge as an interface to knowledge based systems; in: Bullinger, H.-J.; Shackel, B. (1987), 1089–1093.

McAleese, R. (1988/89): Navigation and browsing in hypertext; in: McAleese, R. (1989), 6–44.

McAleese, R. (1989/90): Concepts as hypertext nodes: the ability to learn while navigating through hypertext nets; in: Jonassen, D.H.; Mandl, H. (1990), 97–115.

McAleese, R. (ed.) (1989): Hypertext: Theory into practice. London: Intellect Limited; Norwood, N.J.: Ablex Publishing Corporation, 1989 [Proceedings Hypertext I Aberdeen 1988].

McAleese, R.; Green, C.(eds.) (1990): Hypertext: State of the art. London: Intellect Limited; Norwood, N.J.: Ablex Publishing Corporation, 1990.

McCall, R. (1978/79): On the structure and use of issue systems design. Doctoral Dissertation, University of California, Berkeley 1978. University Microfilms 1979.

McCall, R. et al. (1990) [McCall, R.; Bennett, P.; d'Ornozio, P.; Ostwald, J.; Shipman, F.; Wallace, N.]: PHIDIAS: integrating CAD-graphics into dynamic hypertext, in: Rizk, A.; Streitz, N.; André, J. (1990), 152–165.

McClelland, B. (1989a): Hypertext and online. A lot that's familiar. Online 13, 1989, 1, 20–25.

McClelland, B. (1989b): Online hypertext: intelligent linking across databases; in: Online Information (1989), 291–293.

McKeown, K.R. (1985): Text generation. Cambridge 1985.

McKnight, C.; Richardson, J.; Dillon, A. (1988): The construction of hypertext documents and databases. The Electronic Library 6, 1988, 338–342

McKnight, C.; Dillon, A.; Richardson, J. (1989/90): A comparison of linear and hypertext formats in information retrieval; in: McAleese, R.; Green, C. (1990), 10–19.

McKnight, C.; Richardson, J.; Dillon, A. (1989a): The authoring of hypertext documents; in: McAleese, R. (1989), 138–147.

McKnight, C.; Richardson, J.; Dillon, A. (1989b): The construction of hypertext documents and databases. Infomediary 3, 1989, 33–39 [zuerst The Electronic Library 6, 1989, 5].

McKnight, C.; Richardson, J.; Dillon, A. (1989/90): Journal articles as learning resource: what can hypertext offer? in: Jonassen, D.H.; Mandl, H. (1990), 277–290.

McMath, C.F.; Tamaru, R.S.; Rada, R. (1989): A graphical thesaurus-based information retrieval system. International Journal of Man-Machine Studies 31, 1989, 121–147.

Micco, M.; Smith, I.: Designing a workstation for information seekers. The Reference Librarian 23, 1989, 135–152.

Miller, G.A. (1956): The magical number seven, plus or minus two: Some limits on our capacity to process information. Psychological Review 63, 1956, 2, 81–97.

Mittelstraß, J. (1989): Computer und die Zukunft des Denkens. Vortrag (Manuskript Konstanz 1989).

Monk, A.F. (1989/90): Getting to known locations in a hypertext; in: McAleese, R.; Green, C. (1990), 20–27.

Monk, A.F.; Walsh, P.; Dix, A.J. (1988): A comparison of hypertext, scrolling and unfolding as mechanisms for program browsing; in: Jones, D.M.; Winder, R. (eds.): People and Computers IV. Cambridge: Cambridge University Press, 1988, 421–435.

Monty, M.L.; Moran, T.P. (1986): A longitudinal study of authoring using NoteCards. ACM SIGCHI Bulletin 18, 1986, 59–60.

Mössenböck (1990): Ein Programmeditor mit Hypertext-Fähigkeiten; in: Gloor, P.A.; Streitz, N.A. (1990), 43–52.

Moulthrop, S. (1989): Hypertext and „the Hyperreal"; in: ACM-Hypertext (1989), 259–268.

Mühlhäuser, M. (1989/90): Hyperinformation requirements for an integrated authoring/ learning environment; in: Jonassen, D.H.; Mandl, H. (1990), 387–405.

Mylonas, E.; Heath, S. (1990): Hypertext from the data point of view: paths and links in the Perseus Project; in: Rizk, A.; Streitz, N.; André, J. (1990), 324–336.

Nagler, M. (1990): Ausbildung mit Hypertext/Hypermedia-Systemen; in: Gloor, P.A.; Streitz, N.A. (1990), 249–252.

Nastansky, L. (1990a): Objektorientierte Systeme im Endbenutzercomputing. Wirtschaftsinformatik 32, 1990, 3, 238–252 [auch: Arbeitsbericht 55 des Instituts für Wirtschaftsinformatik der Hochschule St.Gallen].

Nastansky, L. (1990b): Computergestützte Planung am Arbeitsplatz in verteilten Systemen. Arbeitsbericht 56 des Instituts für Wirtschaftsinformatik der Hochschule
St.Gallen [erscheint in: Proceedings GI – 20. Jahrestagung „Informatik auf dem Weg
zum Anwender". Berlin: Springer 1990].

Nastansky, L. (1990c): Materialiensammlung Groupware und Notes. Arbeitsbericht 60 des
Instituts für Wirtschaftsinformatik der Hochschule St.Gallen. HSG IWI-3, AP-60, Juli
1990.

Nelson, T.H. (1965): A file structure for the complex, the changing, and the indeterminate;
in: ACM 20th National Conference – Proceedings (Cleveland, Ohio, 1965), 84–100.

Nelson, T.H. (1973): As we will think; in: Online 72: Conference Proceedings of the
International Conference on Online Interactive Computing. Uxbridge, UK: Online
Computer Systems Ltd. 1973, 439–454.

Nelson, T.H. (1974): Dream machines: New freedoms through computer screens – A
minority report. Computer Lib: You can and must understand computers now.
Chicago, Il.: Hugo's Book Service 1974 (Nachdruck Microsoft Press 1988).

Nelson, T.H. (1980): Replacing the printed word: a complete literary system; in:
Proceedings IFIP Congress 1980. Amsterdam: North-Holland 1980, 1013–1023.

Nelson, T.H. (1987): Literary machines, Edition 87.1. (erhältlich von den Verteilern: 702
South Michigan, South Bend, IN 46618).

Nesbit, K. (1990): BRS/LINKS to the future: online hypertext is born. Online May 1990,
34–36.

Neuwirth, Ch.; Kaufer (1989): The role of external representations in the writing process:
implications for the design of hypertext-based writing tools; in: ACM-Hypertext (1989),
319–341.

Neuwirth, Ch.; Kaufer, D.; Chimera, R.; Gillespie, T. (1987): The notes program: A
hypertext application for writing from source texts; in: ACM-Hypertext (1987/89), 121–
141.

Nicolson, R.I. (1989/90): Towards the third generation: the case for the (IKBH) intelligent
knowledge based hypermedia environment; in: McAleese, R.; Green, C. (1990), 166–173.

Niegemann, H.M. (1982): Influences of titles on the recall of instructional texts; in:
Flammer, A.; Kintsch, W. (eds.): Discourse Processing. Amsterdam: North Holland
1982 [Advances in Psychology], 392–399.

Nielsen, J. (1989): The matters that really matter for hypertext usability; in: ACM-
Hypertext (1989), 239–248.

Nielsen, J. (1990): Hypertext and hypermedia. New York: Academic Press 1990.

Nielsen, J. (1989/90): Evaluating hypertext usability; in: Jonassen, D.H.; Mandl, H. (1990),
147–168.

Nielsen, J.; Lyngbaek, U. (1989/90): Two field studies of hypermedia usability; in:
McAleese, R.; Green, C. (1990), 64–72.

Noerr, P.L.; Bivins-Noerr, K.T. (1985): Browse and navigate. An advance in database
access methods. Information Processing and Management 21, 1985, 205–213.

Noerr, P.L. (1979): Information navigation; in: MacCafferty, M.; Gray, K. (eds.): The
analysis of meaning – Informatics 5. Proceedings Conference at The Queens College,
Oxford, GB, 26.03.–28.03.1979, ASLIB Informatics Group and BCS Information
Retrieval Specialist Group, London: ASLIB 1979, 221–226.

Norman, D.A. (1973): Memory, knowledge and the answering of questions; in: Solso, R.L.
(ed.): Contemporary issues in cognitive psychology. New York, NY,: John Wiley &
Sons 1973, 135–167.

Norman, D.A. (1984): Cognitive engineering principles in the design of human-computer interfaces; in: Alavendy, G. (ed.): Human-computer interaction. Amsterdam: Elsevier 1984, 11–16.

Nyce, J.M.; Kahn, P. (1989): Innovation, pragmaticism, and technological continuity: Vannevar Bush's Memex. Journal of the American Society of Information Science 40, 1989, 3, 214–220.

Ogawa, R.; Harada, H.; Kameko, A. (1990): Scenario-based hypermedia: a model and a system; in: Rizk, A.; Streitz, N.; André, J. (1990), 38–51.

Oliveira, A.J.; Pereira, D.C.(1989/90): Psychopedagogic aspects of hypermedia courseware; in: Jonassen, D.H.; Mandl, H. (1990), 251–262.

Online Information (1988): Proceedings 12th International Online Information Meeting. Vol. 1. Oxford: Learned Information 1988.

Online Information (1989): Proceedings 13th International Online Information Meeting. Vol. 1. Oxford: Learned Information 1989.

OWL International Inc. (ed.) (1988): GUIDE – Hypertext for the PC (= Benutzerhandbuch zu Guide Version 2), 1988.

Oppenhorst, G. (1990): Hypertextunterstützung bei Erstellung und Nutzung von Expertensystemen mit der Shell „1st Card"; in: Gloor, P.A.; Streitz, N.A. (1990), 185–189.

Oppermann, R. (1989): Gestaltung der Mensch-Maschine Kommunikation. it – Informationstechnik 31, 1989, 3, 181–188.

Oren, T. (1987): The architecture of static hypertexts; in: ACM-Hypertext (1987/89), 291–306.

PADOK (1986): Test und Vergleich von Texterschließungssystemen für das Deutsche Patent- und Fachinformationssystem. Endbericht. 1.1.1985–31.3.1986. Universität Regensburg, Linguistische Informationswissenschaft 1986.

Parsaye, K. et al. (1989) [Parsaye, K.; Chignell, M.; Khoshafian, S.; Wong, H.]: Intelligent databases. Object-oriented, deductive, hypermedia technologies. New York: Wiley 1989.

Parunak, H.V.D. (1989): Hypermedia topologies and user navigation; in: ACM-Hypertext (1989), 43–50.

Paz, N.; Leigh, W.; Yim, R. (1989): Using graphical study trees to present HELP knowledge. Microcomputers for Information Management 6, 1989, 1, 47–67.

Pearl, A. (1989): Sun's link service: a protocol for open linking; in: ACM-Hypertext (1989), 137–146.

Percival, M.; MacMorrow, N. (1989): Evaluating the feasibility of using hypercard as an interface prototyping tool with reference to online services: the impact of ISDN; in: Online Information (1989), 265–276.

Perlman, G. (1989): Asynchronous design/evaluation methods for hypertext technology development; in: ACM-Hypertext (1989), 61–82.

Perlman, G.; Moorhead, A.J. (1988): Applying hypertext method for the effective utilization of standards; in: Proceedings of the Computer Standards Conference 1988 – Computer Standards Evolution: Impact and Imperatives. Washington, DC, USA, 21–23 March 1988. Washington, DC: IEEE Computer Society Press, 1988, 55–59.

Phillips, M. (1985): Aspects of text structure – an investigation of the lexical organization of text. Amsterdam 1985.

Pintado, W.J.; Tsichritzis, D. (1990): Sa^{Tell}ite: hypertext navigation by affinity; in: Rizk, A.; Streitz, N.; André, J. (1990), 274–287.

Potter, W.D.; Trueblood, R.P. (1988): Traditional, semantic, and hyper-semantic approaches to data modeling. IEEE Computer 21, 1988, 5, 53–63.

Prätor, K. (1990): Integration von Hypertext und Expertensystemen; in: Kuhlen, R.; Herget, J. (1990), 319–328

Pshenichnaya, L.E. (1985): Relevance of a scientific document to an information query as regards the relation between the title and the complete text. Nauchno-Tekhnicheskaya Informatsyia, Seriya 2, 19, 1985, 11, 7–13 (= Automatic Documentation and Mathematical Linguistics 19, 1985, 6, 12–23).

Puttress, J.; Guimaraes, N.M. (1990): The toolkit approach to hypermedia; in: Rizk, A.; Streitz, N.; André, J. (1990), 25–37.

Rada, R. (1989): Writing and reading hypertext. An overview. Journal of the American Society for Information Science 40, 1989, 3, 164–171.

Rahtz, S.; Carr, L.; Hall, W. (1989/90): Creating multimedia documents: hypertext processing; in: McAleese, R.; Green, C. (1990), 183–204.

Rapp, R.; Wettler, M. (1990): Simulation der Suchwortgenerierung im Information-Retrieval durch Propagierung in einem konnektionistischen Wortnetz. Nachrichten für Dokumentation 41, 1990, 1, 27–32.

Raskin, J. (1987): The hype in hypertext: A critique; in: ACM-Hypertext (1987/89), 325–330.

Rau, L.F. (1987): Spontaneous retrieval in a conceptual information system; in: Proceedings of the 10th International Joint Conference on Artificial Intelligence, 23.–28.8.1987, Milan, 1987, 155–162.

Rau, L.F.; Jacobs, P.S.; Zernik, U. (1989): Information extraction and text summarization using linguistic knowledge acquisition. Information Processing & Management 25, 1989,4, 419–428.

Rauh, G. (1988): Tiefenkasus, thematische Relationen und Thetarollen. Tübingen 1988.

Raymond, D.R.; Tompa, F.W. (1987/1988): Hypertext and the New Oxford English Dictionary; in: ACM-Hypertext (1987/89), 143–153. [auch Communications of the ACM 31 1988, 7, 871–879].

Reimer, U. (1989): FRM: Ein Frame-Repräsentationsmodell und seine formale Semantik. Zur Integration von Datenbank- und Wissensrepräsentationsansätzen. Berlin: Springer 1989.

Reimer, U. (1991): Einführung in die Wissensrepräsentation. Netzartige und strukturierte Repräsentationsformate und ihre Anwendung [Arbeitstitel – erscheint 1991].

Reimer, U.; Hahn, U. (1988): Text condensation as knowledge base abstraction; in: Proceedings of the Fourth Conference on Artificial Intelligence Applications. San Diego, CA, USA, 14–18 March 1988. Washington, DC: IEEE Computer Society Press 1988, 338–344.

Remde, J.R.; Gomez, L.M.; Landauer, Th.K. (1987): SuperBook: An automatic tool for information exploration – hypertext? in: ACM-Hypertext (1987/89), 175–188.

Richartz, M.; Rüdebusch, T.D. (1989/90): Colloboration in hypermedia environments; in: Jonassen, D.H.; Mandl, H. (1990), 311–317.

Richartz, M.; Schaper, J. (1990): Das Projekt NESTOR; in: Gloor, P.A.; Streitz, N.A. (1990), 253–257.

Riehm, U. et al. (1986a) [Riehm, U.; Böhle, K.; Wingert, B.; Gabel-Becker, I.; Loeben, M.]: Endnutzer und Volltextdatenbanken. Empirische Untersuchungen zur Nutzung von Volltextdatenbanken in den Fachbereichen Medizin, Recht und Wirtschaft. Bericht KfK 4586. Karlsruhe: Kernforschungszentrum Karlsruhe GmbH Juni 1986.

Riehm, U. et al. (1986b) [Riehm, U.; Böhle, K.; Wingert, B.; Gabel-Becker, I.; Loeben, M.]: Begleit- und Wirkungsuntersuchungen des Elektronischen Publizierens. 12.05.01P06A. Karlsruhe: Kernforschungszentrum Karlsruhe GmbH Dezember 1986.

Riley, V.A. (1989): An interchange format for hypertext systems: the Intermedia model. IRIS Technical Report 89-6. Providence, RI: Brown University, IRIS 1989.

Ritland, L. et al. (1990) [Ritland, L.; Jerke, K.H.; Szabo, P.; Lesch, A.; Rößler, H.]: Das RACE-Projekt MCPR; in: Gloor, P.A.; Streitz, N.A. (1990), 134–138.

Rizk, A.; Streitz, N.; André, J. (eds.) (1990): Hypertext: concepts, systems and applications. Proceedings of the European Conference on Hypertext, INRIA, France, November 1990. Cambridge University Press [The Cambridge Series on Electronic Publishing], 1990.

Robertson, C.K.; McCracken, D.L.; Newell, A. (1979/(1981)): The ZOG Approach to man-machine-communication. (CMU-CS-79-148). Department of Computer Science, Carnegie-Mellon University. Pittsburg, PA, Oct. 1979 [auch International Journal of Man-Machine Studies 14, 1981, 461–488].

Romiszowski, A.J.(1989/90): The hypertext/hypermedia solution – but what exactly is the problem? in: Jonassen, D.H.; Mandl, H. (1990), 321–354.

Rostek, L.; Fischer, D.H. (1988): Objektorientierte Modellierung eines Thesaurus auf der Basis eines Frame-Systems mit graphischer Benutzerschnittstelle. Nachrichten für Dokumentation 39, 1988, 4, 217–226.

Rouet, J.F. (1990): Interactive text processing in inexperienced (hyper-) readers; in: Rizk, A.; Streitz, N.; André, J. (1990), 250–260.

Rumelhart, D.E. et al. (1986) [Rumelhart, D.E.; Smolensky, P; McClelland, J.L.; Hinton, G.E.]: Schemata and sequential thought processes in PDP models; in: Rumelhart, D.E.; McClelland, J.L. (eds.): The PDP research group: parallel distributed processing: explorations in the microstructure of cognition. Vol. 2. Cambridge, MA: MIT Press 1986, 7–57.

Russell, D.M. (1989/90): Alexandria: a learning resources management architecture; in: Jonassen, D.H.; Mandl, H. (1990), 439–457.

Russell, D.M. (1990): Hypermedia and representation; in: Gloor, P.A.; Streitz, N.A. (1990), 1–9.

Russell, D.M. et al. (1989) [Russell, D.M.; Burton, R.R.; Jordan, D.S.; Jensen, A.-M.S.; Rogers, R.A.; Cohen, J.C.]: Creating instruction with IDE: Tools for instructional designers. Report P88-00076. Palo Alto, CA: Xerox Palo Alto Research Center, System Sciences Laboratory 1989.

Salton, G.; McGill, M.J. (1983): Introduction to modern information retrieval. New York: McGraw-Hill 1983.

Salton, G. (1989): Automatic text processing: The transformation, analysis, and retrieval of information by computer. Reading, MA: Addison-Wesley, 1989.

Sarre, F.; Güntzer, U. (1990): Einsatz des Hypertextsystems „HyperMan" für Online-Datenbankmanuale; in: Gloor, P.A.; Streitz, N.A. (1990), 112–123.

Saxer, K.H.; Gloor, P. (1990): Navigation im Hyperraum: Fisheye Views in HyperCard; in: Gloor, P.A.; Streitz, N.A. (1990), 190–204.

Scacchi, W. (1989): On the power of domain-specific hypertext environments. Journal of the American Society for Information Science 40, 1989, 3, 183–191.

Scardamalia, M.; Bereiter, C. (1987): Knowledge telling and knowledge transforming in written composition; in: Rosenberg (ed.): Advances in applied psycholinguistics Vol. 2. Reading, writing. and language learning. Cambridge: Cambridge University Press 1987, 142–175.

Schnase, J.L.; Leggett, J.J. (1989): Computational hypertext in biological modelling; in: ACM-Hypertext (1989), 181–198.

Schnase, J.L; Leggett, JJ.; Kacmar, C.; Boyle, C. (1988): A comparison of hypertext systems. Technical Report TAMU 88-017. Texas A and M University, Hypertext Research Lab. September 1988.

Schneider, K. (1976): Computer aided subject indexing system for the life sciences. München: Verlag Dokumentation 1976.

Schnotz, W. (1987): Mentale Kohärenzbildung beim Textverstehen: Einflüsse der Textsequenzierung auf die Verstehensstrategien und die subjektiven Verstehenskriterien. Universität Tübingen, Deutsches Institut für Fernstudien (DIFF), Forschungsbericht 42, 1987.

Schnotz, W. (1988): Textverstehen als Aufbau mentaler Modelle; in: Mandl, H.; Spada, H. (ed.): Wissenspsychologie. München, Weinheim: Psychologie Verlags Union 1989, 299–330.

Schnupp, P. (1989): Ein Hyper-Kartensystem unter UNIX. [InterFace – Gesellschaft für anwenderorientierte Kommunikationssysteme GmbH München]. Report unix/mail 3/1989.

Schnupp, P. (1990): XCard: Ein Hypertextsystem für Zeichenterminals; in: Gloor, P.A.; Streitz, N.A. (1990), 97–100.

Schoop, E: (1990): HERMES – Botschafter eines neuen Ausbildungskonzeptes für die Betriebswirtschaftslehre; in: Gloor, P.A.; Streitz, N.A. (1990), 258–262.

Schuler, W.; Smith, J. (1990): Author's Argumentation Assistant (AAA): a hypertext-based authoring tool for argumentative texts; in: Rizk, A.; Streitz, N.; André, J. (1990), 137–151.

Schütt, H.; Streitz; N. (1990): HyperBase: A hypermedia engine based on a relational database management system; in: Rizk, A.; Streitz, N.; André, J. (1990) 95–108.

Schwabe, D.; Feijó, B.; Krause, W.G. (1990): Intelligent hypertext for normative knowledge engineering; in: Rizk, A.; Streitz, N.; André, J. (1990), 123–136.

Schwartz, M.; Russell, D.M. (1989): FL-IDE: Hypertext for structuring a conceptual design for computer-assisted language learning. Instructional Science 18, 1989, 5–26.

Sherman, M. et al. [Sherman, M.; Hansen, W.J.; McInerny, M.; Neuendorffer, T.] (1990): Building hypertext on a multimedia toolkit: an overview of Andrw Toolkit hypermedia facilities; in: Rizk, A.; Streitz, N.; André, J. (1990), 13–24.

Shipman, F.M.; Chaney, J.; Gorry, G.A. (1989): Distributed hypertext for collaborative research: the virtual notebook system; in: ACM-Hypertext (1989), 129–136.

Shneiderman, B. (1987a): Designing the user interface. Reading, MA: Addison-Wesley, 1987.

Shneiderman, B. (1987b): User interface design for the hyperties electronic encyclopedia; in: ACM-Hypertext (1987/89), 189–194.

Shneiderman, B. (1989): Reflections on authoring, editing, and managing hypertext; in: Barrett, E. (1989), 115–131.

Shneiderman, B.; Brethauer, D.; Plaisant, C.; Potter, R. (1989): Evaluating three museum installations of a hypertext system. Journal of the American Society for Information Science 40, 1989, 3, 172–182.

Shneiderman, B.; Kearsley, G. (1989): Hypertext hands-on! An introduction to a new way of organizing and accessing information. Reading, MA: Addison-Wesley 1989.

Simon, L.; Wedekind, K. (eds.): Beiträge zum 1. Workshop „Hypertext und KI". Erlangen, München, Passau: Bayerisches Forschungszentrum für wissensbasierte Systeme (FORWISS). FR-1990-001 April 1990.

Simpson, A. (1989): Navigation in hypertext: design issues; in: Online Information (1989), 241–255.

Simpson, A.; McKnight, C.M. (1989/90): Navigation in hypertext: structural cues and mental maps; in: McAleese, R.; Green, C. (1990), 73–83.

Slatin, J.M. (1988): Hypertext and the teaching of writing; in: Barrett, E. (1988), 111–129.

Smith, J.B.; Weiss, S. (1988): Hypertext. Communications of the ACM 31, 1988, 7, 816–819.

Smith, J.B.; Weiss, S.F.; Ferguson, G.J. (1987): A hypertext writing environment and its cognitive basis; in: ACM-Hypertext (1987/89), 195–214.

Smith, K.E. (1988): Hypertext – Linking to the future. Online 12, 1988, 3, 32–40.

Smith, L.C. (1981): ‚Memex‘ as an image potentiality in information retrieval research and development; in: Oddy, R.N. (ed.): Information retrieval research. London: Butterworths 1981, 345–369.

Smolensky, P. et al. [Smolensky, P.; Bell, B.; Fox, B.; King, R.; Lewis, C.] (1987): Constraints-based hypertext for argumentation; in: ACM-Hypertext (1987/89), 247–252.

Soergel, D. (1977): An automatic encyclopedia – a solution of the information problem? International Classification 4, 1977, 1, 4–10.

Soergel, D. (1979): Indexing languages and thesauri – construction and maintenance. Amsterdam: North-Holland 1979.

Sommerville, I. et al. [Sommerville, I.; Haddley, N.; Mariani, J.A.; Thomson, R.](1989/90): The designer's notepad – a hypertext system tailored for design; in: McAleese, R.; Green, C. (1990), 260–266.

Sonnenberger, G. (1988): Flexible Generierung von natürlichsprachigen Abstracts aus Textrepräsentationsstrukturen; in: Trost, H. (ed.): Proceedings 4. Österreichische Artificial Intelligence Tagung, Wien, 29.–31. August 1988. Wiener Workshop 'Wissensbasierte Sprachverarbeitung'. Berlin: Springer 1988 [Informatik-Fachberichte 176], 72–82.

Stanton, N.A.; Stammers, R.B. (1989): A comparison of structured and unstructured navigation through a computer based training package for a simulated industrial task. Vortrag Symposium on Computer Assisted Learning (CAL 89). University of Sussex 1989.

Stanton, N.A.; Stammers, R.B. (1989/90): Learning styles in a non-linear training environment; in: McAleese, R.; Green, C. (1990), 114–120.

Stark, H.A. (1989/90): What do readers do to pop-ups, and pop-ups do to readers? in: McAleese, R.; Green, C. (1990), 2–9.

Steiner, T. (1989): Elektronischer Geschäftsverkehr mit EDIFACT. Diplomarbeit. Universität Konstanz, Informationswissenschaft 1989.

Stibic, V. (1985): Printed versus displayed information. Nachrichten für Dokumentation 36, 1985, 415, 172–178.

Stieger, D: (1990): Zur Integration von klassischen und hypermedialen Dokumenten und dem Retrieval in Datenbanken; in: Gloor, P.A.; Streitz, N.A. (1990), 162–170.

Storrs, G. (1988/89): The Alvey DHSS large demonstrator project Knowledge Analysis Tool: KANT. Proceedings Aberdeen I 1988; in: McAleese, R. (1989), 148–156.

Stotts, P.D.; Furuta, R. (1988): Adding browsing semantics to the hypertext model; in: Proceedings of the ACM Conference Document Processing Systems. Santa Fe, NM, 5–9 Dec. 1988, 43–50.

Stotts, P.D.; Furuta, R. (1989): Petri-net-based hypertext Document structure with browsing semantics. ACM Transactions on Information Systems 7, 1989, 1, 3–29.

Stotts, P.D.; Furuta, R. (1990): Hierarchy, composition, scripting languages, and translators for structured hypertext; in: Rizk, A.; Streitz, N.; André, J. (1990), 180–193.

Streitz, N.A. (1990): Hypertext: Ein innovatives Medium zur Kommunikation von Wissen; in: Gloor, P.A.; Streitz, N.A. (1990), 10–27.

Streitz, N.A. (1990b): Werkzeuge zum pragmatischen Design von Hypertext; in: Kuhlen, R.; Herget, J. (1990), 297–304.

Streitz, N.A.; Hannemann, J. (1988): Writing is rewriting: a cognitive framework for computer-aided authoring; in: Proceedings 4th European Conference on Cognitive Ergonomics (ECCE 4), Cambridge, U.K., 1988.

Streitz, N.A.; Hannemann, M.; Thüring, M. (1989): From ideas and arguments to hyperdocuments: travelling through activity spaces; in: ACM-Hypertext (1989), 343–364.

Streitz, N.A.; Hannemann, M.; Thüring, M. (1989/90): Elaborating arguments: writing, learning, and reasoning in an hypertext based environment for authoring; in: Jonassen, D.H.; Mandl, H. (1990), 407–437.

Strong, S.M. (1974): An algorithm for generating structural surrogates of English texts. Journal of the American Society of Information Science 1, 1974, 10–24.

Subbotin, M.M. (1988): A new information technology: Generation and processing of hypertext. Nauchno-Tehhnischeskaya Informatsiya, Seriya 2, 22, 1988, 5, 1–8.

Süllow, K.; Cordes, R. (1990): Einbeziehung von Hypermediatechniken in die multimediale Kommunikation; in: Gloor, P.A.; Streitz, N.A. (1990), 139–143.

Tait, J.I. (1985): Generating Summaries using a scriptbased language analyzer; in: Steels, L.; Campbell, J.A. (eds.): Progress in artificial intelligence. Chichester 1985, 312–318.

Tan, Y. (1990): Frageverknüpfungen („query links") als Integration eines Hypertextsystems mit einem Information-Retrieval-System. Diplomarbeit Universität Konstanz Informationswissenschaft Nov. 1990.

Taylor, R.S. (1986): Value-added processes in information systems. Norwood, NJ: Ablex 1986.

Tenopir, C. (1985): Full text database retrieval perfomance. Online Review 9, 1985, 2, 149–164.

Thiel, U. (1990): Konversationale graphische Interaktion mit Informationssystemen: ein sprechakttheoretischer Ansatz. Dissertation. Universität Konstanz, Sozialwissenschaftliche Fakultät 1990.

Thiel, U.; Hammwöhner, R. (1985): TOPOGRAPHIC: Die graphisch interaktive Schnittstelle des Textkondensierungssystems TOPIC. BMFT-FB-ID 85-006. Eggenstein-Leopoldshafen: FIZ Karlsruhe Dez. 1985.

Thomas, P.J.; Norman, M.A. (1989/90): Interacting with hypertext: functional simplicity without conversational competence; in: McAleese, R.; Green, C. (1990), 239–243.

Thost, M. (1990): Bewertung der Glaubwürdigkeit von Meinungen mit Hilfe von Informationsquellenmodellen. Dissertation. Universität Konstanz, Sozialwissenschaftliche Fakultät 1990.

Tombaugh, J.; Wright, P.; Lickorish, A. (1987): Multi-window displays for readers of lenghty texts. International Journal of Man-Machine Studies 16, 5, 597–616.

Tompa, F.W. (1989): A data model for flexible hypertext database systems. ACM Transactions on Information Systems 7, 1989, 1, 85–100.

Travers, M. (1989): A visual presentation for knowledge structures; in: ACM-Hypertext (1989), 147–158.

Triebe, J.K.; Wittstock, M.; Schiele, F. (1987): Arbeitswissenschaftliche Grundlagen der Software-Ergonomie [Schriftenreihe der Bundesanstalt für Arbeitsschutz, Sonderschrift S 24]. Berlin: Bundesanstalt für Arbeitsschutz 1987.

Trigg, R.H. (1988): Guided tours and tabletops: tools for communicating in a hypertext environment; in: Proceedings of the 2nd Conference computer-supported co-operative work. Portland, OR, 26–28 Sept. 1988, 216–226.

Trigg, R.H.; Irish, P.M. (1987): Hypertext habitats: Experience of writers; in: ACM-Hypertext (1987/89), 89–107.

Trigg, R.H.; Suchman, L.A. (1988/89): Collobarative writing in NoteCards. Procedings Hypertext I Aberdeen 1988; in: McAleese, R. (ed.): Hypertext: theory into practice. London: Intellect Limited 1989, 45–61.

Trigg, R.H.; Weiser, M.: TEXTNET (1986): A network-based approach to text handling. ACM Transactions on Office Information Systems 4, 1986, 1–23.

Utting, K.; Yankelovich, N. (1989): Context and orientation in hypermedia networks. ACM Transactions on Information Systems 7, 1989, 1, 58–84.

Valdez, F.; Chignell, M. (1988): Browsing models for hypermedia databases; in: Proceedings of Human Factors Society 32nd Annual Meeting 1988, 318–322.

van Dam, A. (1987/88): Hypertext 87 Keynote Address. Communications of the ACM 31, 1988, 7, 887–895.

van de Velde, R. (1985): Inferences and coherence in text interpretation; in: Sözer, E. (ed.): Text connexity, text coherence. (Papiere zur Textlinguistik Band 49). Hamburg 1989, 261–298.

van Dijk, T.A. (1980): Macrostructures. Hillsdale, NJ: Lawrence Erlbaum 1980.

Ventura, A. (1990): Benützerorientierter Entwurf von Hypertexten; in: Gloor, P.A.; Streitz, N.A. (1990), 220–229.

Verreck, W.A.; Lkoundi, A.(1989/90): From instructional text to instructional hypertext: an experiment; in: Jonassen, D.H.; Mandl, H. (1990), 263–276.

Vickers, J.N.; Gaines, B.R. (1988): A comparison of books and hypermedia for knowledge-based sports coaching. Microcomputers for Information Management 5, 1988, 1, 29–44.

Vogel, R. (1990): Berücksichtigung individueller Lesermerkmale beim Aufbau nicht-linearer Texte: Ein Beitrag zur Lösung des Relevanzproblems bei Hypertexten. Diplomarbeit. Universität Konstanz, Informationswissenschaft, April 1990.

Wahlster, W. (1985): Cooperative access systems; in: Bernold, T.; Albers, G. (eds.): Artificial intelligence: towards practical applications. Amsterdam: North Holland 1986, 33–45.

Walker, J.H. (1987): Document examiner: delivery system for hypertext documents; in: ACM-Hypertext (1987/89), 307–324.

Walker, J.H. (1988a): Supporting document development with Concordia. IEEE Computer 21, 1988, 1, 48–59.

Walker, J.H. (1988b): The role of modularity in document authoring systems; in: Proceedings of the ACM Conference on Document Processing Systems, 1988, 117–124.

Walker, J.H. (1987): Document examiner: delivery system for hypertext documents; in: ACM-Hypertext (1987/89), 307–324.

Wallmannsberger, J. (1990): Pragmatische Perspektiven auf die soziale Konstruktion von Bedeutung: Hypertext als Modell und Paradigma; in: Kuhlen, R.; Herget, J. (1990), 383–397.

Wang, X.; Liebscher, P. (1988): Information seeking in hypertext. Effects of physical format and search strategy; in: ASIS '88, Proceedings of the 51st annual meeting,

Atlanta, Georgia, October 23–27, 1988: Information and technology: planning for the second 50 years. Medford, NJ: ASIS 1988, 200–204.

Warnke, M. (1990): Das Thema ist die ganze Welt: Hypertext im Museum; in: Gloor, P.A.; Streitz, N.A. (1990), 268–277.

Wersig, G. (1985): Thesaurus-Leitfaden. Eine Einführung in das Thesaurus-Prinzip in Theorie und Praxis. 2. Aufl. München: Saur 1985.

Weyer, S.A. (1982): The design of a dynamic book for information search. International Journal of Man-Machine Studies 17, 1982, 1, 87–107.

Weyer, S.A. (1988): As we may learn; in: Ambron, S.; Hooper, K. (eds.) : Interactive multimedia. Visions of multimedia for developers, educators and information providers. Redmond: Microsoft Press 1988, 87–103.

Weyer, S.A.; Borning, A.H. (1985): A prototype electronic encyclopedia. ACM Transactions on Office Information Systems 3, 1985, 1, 63–88.

Whalley, P. (1989/90): Models of hypertext structure and learning; in: Jonassen, D.H.; Mandl, H. (1990), 61–67.

Whitby, M. (1989): Brave new worlds. MacUser No. 38, 1989, 28–35.

Williams, G. (1987): HyperCard. Byte 1987, 12, 109–117.

Wilson, E. (1988): Integrated information retrieval for law in a hypertext environment; in: Chiaramella, V. (ed.): 11. International Conference on Research and Development in Information Retrieval, Grenoble, June 13–15-1988. Grenoble: Presses Univ. de Grenoble 1988, 663–677.

Wilson, E. (1990): Links and structures in hypertext databases for law; in: Rizk, A.; Streitz, N.; André, J. (1990), 194–211.

Wright, P. (1989/90): Hypertexts as an interface for learners: some human facor issues; in: Jonassen, D.H.; Mandl, H. (1990), 169–184.

Wright, P.; Lickorish, A. (1989/90): An empirical comparison of two navigation systems for two hypertexts; in: McAleese, R.; Green, C. (1990), 84–95.

Yankelovich, N.; Haan, B.J.; Meyrowitz, N.K.; Drucker, S.M. (1988): Intermedia: the concept and the construction of a seamless information environment. IEEE Computer 21, 1988, 1, 81–96.

Yankelovich, N.; Landow, G.; Heywood, P. (1987): Designing hypermedia „ideabases" – the Intermedia experience. IRIS Technical Report 87-4. Providence, RI: Brown University, IRIS 1987.

Yankelovich, N.; Landow, G.; Cody, D. (1987): Creating hypermedia materials for English literatur students. ACM SIGCUE Outlook 19, 1987, 3–4, 12–25.

Yankelovich, N.; Meyrowitz, N.; van Dam, A. (1985): Reading and writing the electronic book. IEEE Computer 18, 1985, 10, 15–30.

Yetim, F. (1989): Ein Hypertextmodell für intertextuelle Relationen. Diplomarbeit. Universität Konstanz, Informationswissenschaft, Februar 1989.

Yoder, E.; Wettach, T.C. (1989): Using hypertext in a law firm; in: ACM-Hypertext (1989), 159–168.

Zbornik, S. (1990): ESURS: Ein experimentelles System für die Übersetzung von Retrievalsprachen. Diplomarbeit. Universität Konstanz, Informationswissenschaft 1990.

Zellweger, P.T. (1988): Active paths through multimedia documents; in: van Vliet, J.C. (ed.): Document manipulation and typography. Cambridge: Cambridge University Press, 1988, 19–34.

Zellweger, P.T. (1989): Scripted Documents: A hypermedia path mechanism; in: ACM-Hypertext (1989), 1–14.

Ziegler, J.E.; Fähnrich, K.-P. (1988): Direct manipulation; in: Helander, M. (ed.): Handbook of human-computer interaction. Amsterdam: North-Holland 1988, 123–133.

Systembeispiele für experimentelle und kommerzielle Hypertextsysteme

In dieser Übersicht sind Informationen zu einigen Hypertextsystemen zusammengestellt, die in den letzten Jahren entwickelt worden sind. Vollständigkeit konnte dabei nicht das Ziel sein, dafür ist das Gebiet zu schnell in der Entwicklung, und in zu vielen Institutionen wird an neuen Systemen gearbeitet, als daß man von ihnen allen Kenntnis nehmen könnte[1]. Auch ist häufig die Grundlage der Information zu schwach, als daß eine Gewähr für die Richtigkeit der Angaben gegeben werden könnte. Dies gilt vor allem für die Preisangaben.

Entwicklungen von Hypertextbasen aus bestehender Hypertextsoftware wurden nur in Ausnahmefällen aufgenommen. Zwar sind viele solcher „stacks", wie sie bei HyperCard heißen, durchaus von beträchtlichem Forschungs- und Entwicklungswert – man vergleiche nur die enorme kreative Arbeit, die z. B. in die HyperCard-Entwicklung-„Glasgow on-line" gesteckt wurde –, diese alle aber noch aufzuzählen, ist heute nicht mehr möglich. Die Übersicht verzeichnet also *kommerzielle* Hypertextsoftware, aus denen jedermann oder Hypertextingenieure professionell Hypertextbasen erstellen können, und *experimentelle* Systeme, in der Regel Forschungsarbeiten universitärer Gruppen oder anderer wissenschaftlicher Institutionen, die sich durch besondere Merkmale auszeichnen[2]. Vielleicht sind bei letzteren eher die aufgenommen worden, die intensiver als andere auf Konferenzen bzw. Ausstellungen präsent waren. Hier wird vermutlich viel unberücksichtigt geblieben sein. Einige experimentelle Systeme stellen eher historische Stufen in der Entwicklung von Hypertext dar, d. h. an ihnen wird nicht mehr weiterentwickelt.

Wie wenig vollständig die ausführlichere strukturierte Beschreibung ist, zeigt eine bloße Auflistung von Systemen, die entweder im Text schon ausführlich behandelt sind oder die dem Verfasser nicht auf der Detaillierungsstufe bekannt geworden sind, als daß sie in das ausführlichere Verzeichnis hätten aufgenommen werden können:

---

[1] Irler/Colazzo (1990) zählen mehr als 100 Hypertextsysteme.

[2] Wir bitten die Verwendung einer zum Teil sehr elliptischen und mit Anglizismen durchsetzten Jargonsprache nachzusehen. Dies ist zum Teil durch die auch ausgewerteten kommerziellen Produktbeschreibungen bedingt. Nicht in jedem Fall lohnte es sich, eine flüchtige Information adäquat zu übersetzen.

AAA (Author's Argumentation Assistant) (Schuler/Smith 1990)
DIF (Garg/Scacchi 1987)
DynamicDesign (Bigelow/Riley 1987)
Dynamic Medical Handbook (Frisse 1987/88; Frisse/Cousins 1989)
Electronic Encyclopedia (Weyer/Borning 1985)
Euclid (Smolensky et al. 1987)
ExpertBook (Simon 1990; in: Simon/Wedekind 1990)
GERM (MCC-Produkt neben gIBIS, s. dort)
Hermes (Betriebswirtschaftliches Hypertextinformationssystem; Wirtschaftsinformatik, Universität Würzburg, Prof. Thome; Schoop 1990)
HOT (Hypermedia object-oriented Toolkit) (Puttress/Guimaraes 1990)
HYP (Entwicklungssystem bis zu 1 MByte; M. Cronin, München)
Hypadapter (Böcker/Hohl/Schwab 1990)
Hyper-T (Caspar 1990)
HyperBase (Schütt/Streitz 1990)
HyperMan (Sarre/Güntzer 1990)
HyperNews (automatische Verknüpfungen von Meldungen aus UNIX-Netz; vgl. Andersen/Nielson/Rasmussen 1989)
HypertPicture (Kirste/Hübner (1990)
Hypertext Data Exchange (für Datenaustausch zwischen Hypertextsystemen; Halasz; Apple Comp. Corp.)
HyperWord (Autorensystem; K. Sinkel, Belmort, MA)
IGD („Brown Browser", Feiner 1988)
IMAD (Hayes/Pepper 1989)
InfoNavigator (K. Pugh Durham, NC)
InterNote (Catlin/Bush/Yankelovich 1989)
KANT (Storrs 1988/89)
KnowledgePro (PC-Software)
MAX (für interaktive Dokumente; Bhargava/Bieber/Kimbrough, Computer Science College, Boston College Chestnut Hill, MA)
MCPR (Ritland et al. 1990)
MENUAL (Wollmann 1990; in: Simon/Wedekind 1990)
MetaReference (Lopez-Suarez/Carey (1988)
MICROCOSM (Fountain et al. 1990)
MIKROPLIS (Fischer/McCall/Morch 1989)
MUE (Travers 1989)
NESTOR (Richartz/Schaper 1990)
New Oxford English Dictionary Hypertext (Raymond/Tompa 1987)
Notes (Neuwirth et al. 1987)
NTERGAID (auf Macintosh, jetzt auch PC; vgl. K. Scott Johnson. NTERGAID Inc., Fairfield, CT)
Perseus (Mylonas/Heath; in: Simon/Wedekind 1990; Mylonas/Heath 1990)
PHIDIAS (McCall et al. 1990)
Proxhy (C. Kacmar; Department of Computer Science, Texas, A&M University)
Sa^{TELL}**ITE** (Pintado/Tsichritzis 1990) (unterstützt Hypertextnavigation durch kontextabhängige Abstandsinformation; auf SUN 3/60 unter UNIX in C++)
SemNet (McAleese 1989/90, 105ff)
SINS (Semistructured Intelligent Navigation System) (Boyle/Snell 1989/90)
SmallText^{HOT} (Aigner/Dittrich 1990)
SPRINT (Carlson/Ram 1990)

Textvision (Kommers 1989/90)
Thoth-II (Collier 1987)
TWRM-TOPOGRAPHIC (Hammwöhner et al. 1988; Kuhlen et al. 1989a)
Videobook (MS-DOS OS/2) (Ogawa/Harada/Kameko 1990)
VIEWPOINTS (Fischer/McCall 1989)
VISAR (Clitherow/Riecken/Muller 1989)
XCard (Schnupp 1989 1990).

Die ausführlichere Zusammenstellung ist nach dem folgenden Schema strukturiert. Dabei ist in jeder Instantiierung ein nicht ausgefülltes Feld weggelassen.

Struktur

 Produkt-/System-Name:
 Hardware:
 Software:
 Preis (unverbindlich):
 Beginn:
 Versionen:
 Anwendungsbeispiele:
 Besondere Eigenschaften:
 Autoren:
 Literatur:
 Allgemeine Einschätzung/Bewertung:
 Quelle:
 Institution:
 Kommerzieller Vertrieb:
 Telefon:
 E-Mail:

ALT

 Produkt-/System-Name: ALT (Advanced Learning Technologies)
 Hardware: IBM PC-AT, Digital Video Interactive boards, CD-ROM-player
 Versionen: Beta Test 1. Viertel 1990; Release Mitte 1990
 Anwendungsbeispiele: Ausbildung, selbst bestimmtes Lernen; interaktives Training,
 Besondere Eigenschaften: „still and motion digital video"
 Autoren: Stanley M. Przybylinski
 Quelle: Hypertext '89 (Demonstrations)
 Institution:
 Software Engineering Institute
 Pittsburgh Carnegie Mellon University
 Pittsburgh, PA 15213-3890
 Telefon: +1-412-268-637
 E-Mail: smp@sei.cmu.edu

ArchiText

 Produkt-/System-Name: ArchiText
 Hardware: Macintosh
 Software: unter System 6.02 Finder und MultiFinder
 Preis (unverbindlich): $350 798.- DM (Demo: 28.- DM)
 Versionen: 1.03, ab Ende 89 auch 2.0 erhältlich

Anwendungsbeispiele: zielt auf Ausbildung und Marktforschung ab (Demonstrations-
beispiel: Information über Boston); Verwaltung von unstrukturierten Tagesnotizen
Besondere Eigenschaften: (auf der Basis der Information Franklin 1989) intensive
Benutzung von Übersichtskarten (ungewöhnlich für PC-Umgebung); Daten über
Clipboard importierbar; Retrieval mit gängigen Boole'schen (nicht NOT) und Kontext-
operatoren möglich; auch Trunkierung; gut allgemein zur Verknüpfung von Dokumen-
ten (z. B. Geschäftskorrespondenz) geeignet; Dokumentation bislang schwach; Fehlen
einer eigenen Programmiersprache zur Entwicklung; unzureichende Kennzeichnung
der Verknüpfungen; (bei Version 2.0 Möglichkeit der Stichwortindexierung und direkte
Addressierbarkeit externer Dateien, z. B. ASCII- oder Microsoft-Word-Dateien)
Literatur: C. Franklin (1989)
Quelle: C. Franklin (1989)
Institution: Brainpower, Inc.
Kommerzieller Vertrieb:
Brainpower, Inc.
24009 Ventura Blvd, Suite 250
Calabase, CA 91302
Telefon: +1-800-345-0519

AUGMENT

Produkt-/System-Name: Augment
Hardware: zunächst Großrechner-Entwicklung, später „Workstations"
Beginn: seit Mitte der sechziger Jahre bei SRI International (Stanford, CA) zuerst
vorgestellt auf der '68 Spring Joint Computer Conference von Engelbart
Quelle: Hypertext '89 (Demonstrations)
Anwendungsbeispiele: Unterstützung von „e-mail, Telekonferenzen, integrierte Text-
Dateien (Graphik erst später)
Besondere Eigenschaften: beruht auf dem Prinzip der Ko-Evolution (Rechner und
menschliches System) soll also individuelles und organisationelles Wissen von „know-
ledge workers" anreichern („to augment")
Autoren: Doug Engelbart
Literatur: Engelbart (1984)
Allgemeine Einschätzung/Bewertung: historisch erstes lauffähiges „Hypertextsystem"
(ohne zunächst dafür den Namen dafür zu verwenden) mit den heute üblichen
Unterstützungsfunktionen (Graphik, Maus, Mehrfachfenster)
Institution:
AIR/Bootstrap
Third Floor, Sweet Hall
Stanford University
Stanford, CA 94305-3090
Telefon: +1-415-725-8426
Kommerzieller Vertrieb: McDonell Douglas
Mail: e.engelbart@macbeth.stanford.edu

Black Magic (PC)

Produkt-/System-Name: Black Magic
Hardware: PC-Kompatible (512 KB RAM), Graphikkarte (CGA, EGA oder Hercules,
nicht VGA)

Preis (unverbindlich): ist eher Shareware-Programm; 49.80.- DM für Programm; 16.80 für deutsches Handbuch
Versionen: 1.3 (4/90)
Anwendungsbeispiele: nicht anwendungsspezifisch
Besondere Eigenschaften: 5 Arten der Verknüpfung: Glossen-, Austausch-, Quer-, Datei- und Graphikverbindungen mit Textverarbeitungsroutinen; verarbeitet auch deutsche Umlaute; Unterstützung durch speicherbare Makros; gutes deutsches Handbuch
Literatur: Zietlow in: DOS 4/90, 182
Kommerzieller Vertrieb:
Systhema Verlag GmbH
8000 München 82
auch: Redysoft, 8150 Holzkirchen

CONCORDE

Produkt-/System-Name: CONCORDE
Hardware: SUN-„Workstations" 3/60 (jede Maschine mit SMALLTALK-80, V.2.5)
Software: SMALLTALK-80, V.2.5
Preis (unverbindlich): Forschungsvorhaben
Beginn: Frühjahr 1988
Versionen: 1. Prototyp März 1989; 3. Prototyp Frühjahr 1991
Anwendungsbeispiele: „Authoring", Wissenserwerb und -verwaltung
Besondere Eigenschaften: Navigationsfunktionen mit systemgesteuertem Graphiklayout Ableitung privater Hypertexte neben dem allgemeinen (private Kontexte); Entwicklung auf der Basis eines objektorientierten Modells und in SMALLTALK-Umgebung
Autoren: M. Hofmann; H. Langendörfer (Institutsleiter)
Literatur: Hofmann et al. 1990; Hofmann/Schreiweis/Langendörfer (1990)
Institution:
TU Braunschweig, Institut für Betriebssysteme
Bültenweg 74-75
D-3000 Braunschweig
Kommerzieller Vertrieb: nicht vorgesehen, Forschungsprojekt
Telefon: +49-531-391-3249 FAX: +49-531-391-4577
E-Mail: hofmann@dbsinf6.BITNET oder: hofmann@infbs.uucp

Document Examiner

Produkt-/System-Name: Document Examiner
Hardware: Symbolics-Maschinen
Software: LISP Teil der „Symbolics General Software Environment"
Beginn: 1982
Versionen: Release 1983
Anwendungsbeispiele: Schulung; Benutzungsservice; On-line-/Hypertext-Version der Symbolics Nutzer-Dokumentation; beruht auf etwa 8000 Seiten gedruckter Dokumentation mit 10000 Knoten und 23000 expliziten und 100000 impliziten Verknüpfungen; Umfang ca. 10 MB (Stand 1987)
Besondere Eigenschaften: Design beruht insgesamt auf der Buch-Metapher, eingesetzt werden entsprechende Übersichtsmittel wie Inhaltsverzeichnisse; in der Regel werden ganze Datensätze („records") verknüpft, aber auch „points" im Text zu ganzen Datensätzen; „Authoring-Interface" ist CONCORDIA (Walker 1988) mit „template"-basiertem Ansatz; unterstützt kollaboratives Schreiben

Literatur: Walker (1987)
Quelle: Hypertext '87 (Chapel Hill)
Institution:
Symbolics Inc.
11 Cambridge Center, Cambridge, MA 02142
Kommerzieller Vertrieb: Symbolics Inc.

FRESS

Produkt-/System-Name: FRESS (File Retrieval and Editing System)
Beginn: seit den sechziger Jahren; entstanden aus HES= Hypertext Editing System (van Dam/Nelson 1968)
Versionen: Release 1971
Anwendungsbeispiele: Ausbildung, Textverarbeitung (vor allem in geisteswissenschaftlichen Umgebungen)
Besondere Eigenschaften: Annotationsmöglichkeiten; Dokumente bestehen aus Textblöcken, mit Vektorgraphik-Bildern; bidirektionale „jumps" intra-und intertextuell; differenzierte Stichwortanzeige mit Gewichtung; wird nicht mehr weiterentwickelt
Literatur: Yankelovich/Meyrowitz/van Dam (1985)
Quelle: Hypertext '89 (Demonstration: David G. Durand; Steven J. DeRose)
Institution:
Brandeis
321 Harvard Street #31
Cambridge, MA 021239
E-Mail: Bitnet: Durand@Brandeis

gIBIS

Produkt-/System-Name: gIBIS (graphical Issue Based Information Systems)
Hardware: Sun-„Workstations" (mit Farbe)
Preis (unverbindlich): Forschungsprototyp
Versionen: 4.0 (1989); jetzt auf der Basis von Germ
Anwendungsbeispiele: „groupware tool" für streitfragenorientiertes Planen und Entwerfen (zunächst im Architekturbereich) (auf der Basis von IBIS – Rittel/Kunz); auch für Software-Entwicklung
Besondere Eigenschaften: „entity relationship-browser"; graphischer Editor; „browser"-orientiert gegenüber der traditionellen „node-link"-Orientierung; „groupware tool" durch GERM
Autoren: Conklin et al.
Literatur: Conklin/Begeman (1989); Begeman/Conklin (1988)
Quelle: Hypertext '89 (Demonstrations)
Institution:
MCC Software Technology Program
P.O. Box 200195
Austin, Tx. 78720
Telefon: +1-512-338-3562
Kmmerzieller Vertrieb: bislang nicht vorgesehen
E-Mail: conklin@mcc.com

GUIDE

Produkt-/System-Name: GUIDE

Hardware: Macintosh, IBM PC, XT, AT, PS/2 (640K; 1 MB empfohlen; mindestens 2.5 MB freier Plattenspeicher); UNIX-Maschinen

Software: GUIDE/OWL unter MS-DOS/PC-DOS2.0 und weiter; Version 3.0 unter Windows 3.0; „Guide Reader" als „Read-Only"-Version (für Vertrieb von Guidelines; auch für Einsatz in Netzwerken); ab 3.0 eingebaute Programmiersprache LOGiiX (PASCAL-ähnlich); Guide Library System für CD-ROM-EInsatz

Preis (unverbindlich): 1198.- DM (2.0); Demo: 28.- DM

Beginn: 1982; 1983 erster Prototype

Versionen: Release 1986; 2.0 (1989); 3.0 (1990)

Anwendungsbeispiele: (universell einsetzbar) HEIDI (Ausbildungssystem der Informationswissenschaft Konstanz, Kuhlen et al. 1989); zur Navigation in UNIX-Handbüchern (Brown 1989); ACM-Hypertext '87 für Macintosh

Besondere Eigenschaften: Unterscheidung in „note buttons" (für Annotationen), „replacement buttons" (Zooming); „reference buttons" (Verknüpfung zu anderen Guide-Dokumenten) und (ab Version 2.0) „command buttons" (Zugang zu externen Anwendungen); funktionale Erweiterung in Richtung multimedialen Materials; erweiterte Import- und Exportmöglichkeiten (weitgehend Texte als ASCII- und RTF-Dateien; Graphik: PCX, Windows Metafile, bitmap, Microsoft Paint, TIFF Graphik-Formate); Videobild kann im vollem Umfang auch in Text eingesetzt werden; eingebettete Programmierbarkeit ab 3.0

Autoren: Peter Brown (University of Kent); Weiterentwicklung durch OWL

Literatur: Brown (1987); Kinnell (1989); Nielson/Lyngbaek (1989); Kahn/Meyrowitz (1988)

Allgemeine Einschätzung/Bewertung: erheblich erweiterter Funktionsumfang mit 3.0; Laufzeitverhalten verbessert unter Windows 3.0

Quelle: Hypertext '89 (Demonstrations)

OWL (Office Workstations Limited) International, Inc.

2800 156th Avenue Southeast

Bellevue, WA 98007

Tel: +1-206-747-3203 FAX +1-206-641-9367

Kommerzieller Vertrieb:

(s. Institution)

in Europa:

Office Workstations Limited

Rosebank House

144 Broughton Road

Edinburgh EH7 4LE, UK

Telefon: +44-31-557-5720 FAX: +44-31-557-5721

Forschungsversion für UNIX-„Workstations" (Wilson 1990):

Judith Farmer

The Computing Laboratory

The University of Kent at Canterbury

Kent CT2 7NF, UK

E-Mail: Mark Wheadon: mcw@ukc.ac.uk

HAM

Produkt-/System-Name: HAM (Hypertext abstract machine)
Anwendungsbeispiele: für CASE (computer-aided software engineering; Bigelow 1988)
Besondere Eigenschaften: HAM ist eher ein „server" für ein Hypertext-System; kann also als Speichermodell für verschiedene Hypertext-Strukturen (z. B. die „buttons" bei GUIDE, die „web views" bei Intermedia oder die „fileBoxes" bei NoteCards) verwendet werden.
Autoren: Campbell/Goodman (1987/88)
Literatur: Campbell/Goodman (1987/88); Bigelow/Riley (1987)
Institution:
Tektronix, Inc. Computer-aided software engineering division
P.O. Box 4600, M.S. 94-480
Beaverton, Oregon 97076

HYPERCARD

Produkt-/System-Name: HyperCard
Hardware: Macintosh
Software: Entwicklungssprache HyperTalk (ab 2.0 erweitert um ca. 60 Attribute, Funktionen und Messages)
Preis (unverbindlich): wird von Apple beim Kauf von Macintosh-Maschinen mitgeliefert
Beginn: 1987
Versionen: 2.0 (9/90)
Anwendungsbeispiele: mindestens so viele wie Macintosh-Maschinen; Beispiel für einen großen „stack": Glasgow-Online (MacMorrow/Baird 1988); auch geeignet als Schnittstelle zu anderen Informationssystemen (z. B. Datenbanken, On-line-Informationsbanken; Expertensysteme, Spreadsheet-Programme)
Besondere Eigenschaften: Programmiermöglichkeit mit (ansatzweise Objekt-orientierter) Sprache HyperTalk; an den „buttons" können Skripts angehängt werden, mit denen die Aktionen gesteuert werden; ab 2.0: Skripts werden nicht mehr interpretiert, sondern compiliert beim ersten Aufruf und sind dann verfügbar; „Multi-Window", wobei mehrere „Stacks" gleichzeitig geöffnet werden können
Autoren: Bill Atkinson, Apple
Literatur: Harvey (1988) Freeman (1989)
Allgemeine Einschätzung/Bewertung: Kahn/Meyrowitz (1988); gute Dokumentation; große Verbreitung; viele „Utilities" für die Entwicklung verfügbar; nur darstellbar auf 512x512 pixel Bildschirm (ab 2.0 von 64x64 bis 1280 x 1289 einstellbar); keine Farbe keine Datenbankverwaltung
Institution:
Apple Computer, Inc.
20525 Mariani Avenue, MS 33G
Cupertino, CA 95014-6299, USA
Kommerzieller Vertrieb:
wird mit Macintosh-Geräten mitgeliefert

HyperCOSTOC

Produkt-/System-Name: HyperCOSTOC (= Computer Supported Teaching of Computer Science)
Hardware: weitgehend hardwareunabhängig, aber microcomputer-orientiert; bevorzugt verteilte Umgebungen in Universitäten mit heterogener Ausstattung; für den „Authoring"-Teil werden leistungsstarke „Workstations" (z. B. SUN oder Apollo) empfohlen

Anwendungsbeispiele: vor allem als Ausbildungsinstrument in akademischer Umgebung, anknüpfend an Methoden der computerunterstützten Ausbildung

Besondere Eigenschaften: dient sowohl als Autorensystem (zur Erstellung von Ausbildungsmaterialien) als auch als „Browsing"-System für Lernende; Verwaltung der Materialien über zentrale Speicher mit On-line- und Down-loading-Möglichkeiten; erweiterbar durch Zugriff auf externe Bestände, z. B. über Bildschirmtext; Möglichkeit individualisierter (bedingter) Pfade („H-tours"); graphische Übersichten Annotationsmöglichkeiten.

Autoren: Maurer et al.

Literatur: Huber/Makedon/Maurer (1989)

Allgemeine Einschätzung/Bewertung: experimentelles System in universitären Umgebungen

Institution:

Institut für Grundlagen der Informationsverarbeitung und Computergestützte Neue Medien (IIG) (Institutes for Information Processing) (Graz)
Schießgasse 41
A-8010 Graz
auch: Computer Science Program and the Computer Learning Research Center
The University of Texas at Dallas

HYPERDOC

Produkt-/System-Name: HyperDoc

Hardware: auf IBM-(kompatiblen) Personal Computern

Software: DOS-based VGA-Graphik empfohlen

Preis (unverbindlich): in USA Lizenzgebühr $250 (Rabatte bei Großeinsatz); in Deutschland für „Hyperdoc Viewer" ca. 1000.- DM

Anwendungsbeispiele: „Authoring"-System für multimediale Anwendungen; viele kommerzielle Anwendungen, aber primär für Präsentationen: kommerzielle Kataloge, Referenzhandbücher, technische Dokumentationen; Automobilbau

Besondere Eigenschaften: ist Multimedia-Software mit Schnittstellen zu verschiedensten Ein- und Ausgabemedien (auch Video, CD-ROM); kann Suchpfade von Benutzern in einer Datenbank festhalten und graphisch aufbereitet anzeigen; keine eigene Datei-Verwaltung für Graphik, sondern über DOS

Autoren: Dick Davison

Quelle: Hypertext '89 (Demonstrations) und Literatur/Broschüren

Institution:

Hyperdoc, Inc.
1 Almaden Blvd. Suite 620
San Jose, CA 95113
Telefon: +1-408-292-7970
Europa:
Hyperdoc Software Products B.V.
Keizergracht 231 DS Amsterdam, The Netherlands
Kommerzieller Vertrieb:
Elekluft GmbH
Justus von Liebig-Straße 18
D-5300 Bonn 1
Telefon: +49-228-6681-314; Fax: +49-228-6681-319

HYPERGATE WRITER

Produkt-/System-Name: Hypergate (TM) WRITER
Hardware: Macintosh Plus, II, SE
Preis (unverbindlich): $200 (1989)
Anwendungsbeispiele: „The Election of 1912" (moderne Geschichte); „King of space" (Hypertextfiktion mit Musik); historisches Beispiel für Krisenmanagement (1812-1815)
Besondere Eigenschaften: reiche Verknüpfungsmöglichkeiten („deeply intertwingled hypertexts"), dafür viele Navigations-Tools: „thumb tabs", „bread crumbs", „book marks", Register, schnelle Textsuche; nachvollziehbare Pfade und Dialoghistorien; Kartenmetapher regionale Verknüpfungsanzeiger; Zielpunkte ganze Seiten; Basis beruht nicht auf einer a priori linearen oder Baumstruktur; „link-by-name-strategy"; Trennung von Informations-, Verknüpfungs- und Orientierungsteil; favorisiert intellektuell erstellte Übersichten gegenüber automatisch generierten Karten; Volltextsuche mit Suchergebnissen in Menüform präsentiert
Autoren: Mark Bernstein
Literatur: Bernstein (1988, 1990)
Quelle: Hypertext '89 (Demonstrations)
Institution:
Eastgate Systems, Inc.
P.O. Box 1307
Cambridge, MA 02238
Kommerzieller Vertrieb:
Eastgate Systems, Inc. (s.oben)
Telefon: +1-617-924-9044

HyperPAD

Produkt-/System-Name: HyperPAD (Personal Application Design)
Hardware: IBM (kompatible) PC; läuft auf 8088 Maschinen mit 384 RAM
Software: eingebaute objektorientierte Programmiersprache; PADtalk (Pascal nicht unähnlich)
Preis (unverbindlich): $99.95; für $495 Lizenz für bis zu 25 Benutzer; in der BRD 275.- DM Einzellizenz
Beginn: ab 4/1989
Versionen: 1.0
Anwendungsbeispiele: geeignet für Tutorials, Präentationen, Dokumentationen
Besondere Eigenschaften: in Form von „Pads" organisiert; viele vordefinierte „Pads" vorhanden; bislang keine direkte Graphikunterstützung, aber Graphik-Import von GX-2-Dateien über eine Capture-Utility möglich; eingeschränkter Datenaustausch (z. B. ASCII-Dateien, dBase-DBF-Dateien); Fremdprogramme einbindbar; leichte Erstellung von Masken und Menüs; sehr kleiner residenter Teil; bietet CASE-Strukturen an, Boole'sche Operatoren für die Suche und viele Funktionen zur Konversion von Text
Literatur: Zerbe in: PC World 7, 1989, 6, 66-67
Allgemeine Einschätzung/Bewertung: noch fehlende Unterstützung für deutsche Anwender, z. B. unzureichende Tastaturtreiber
Quelle: Zerbe (1989)

Institution:
Brightbill-Robert & Co., Ltd.
120 E Washington St. #421
Syracuse, NY 13202
Telefon: +1-315-474-3400
Kommerzieller Vertrieb: in BRD Firma SienerSoft/Wiesbaden

HyperTIES

Produkt-/System-Name: HyperTIES (TIES= The Electronic Encyclopedia System)
Hardware: SUN-Systeme 3 und 4; IBM PC, XT, AT, PS/2
Software: HyperTies
Preis (unverbindlich): $349 (1989) (Demo mit Handbuch $25) (gilt für die PC-Version)
Beginn: 1983 an der University of Maryland
Versionen: Vorläufer ist TIES (Shneiderman 1987)
Anwendungsbeispiele: Enzyklopädien, Handbücher, Dokumentationen, Ausbildung, Präsentation, Kataloge, Newsletter, „videodisc"-Anwendungen; [Anwendungsbeispiele aus einer Werbebroschüre für Hyperties: executive training course catalog for a computer manufacturer; on-line safety manual for a major chemical company; competitive analysis for a major financial company; laptop-based sales training and presentation system for a chemical company; interactive exhibits at the Smithsonian; videodisc training for the National Library Agriculture Library]
Besondere Eigenschaften: mehr zur Präsentation als zur Wissensorganisation gedacht; Verknüpfungen referenzieren zu ganzen Artikeln; Verknüpfungsanzeiger sind im Text durch „Highlighting" erkennbar; Einheiten sind differenziert nach Titel, Zusammenfassung und informativem Teil Dialoghistorien; Register (Anzeige der Titel aller Dokumente); Suchfunktion mit Boole'schen Operatoren im Volltext; inkorporierte Graphiken mit „embedded menu"-Ansatz; einfach zu bedienende „Authoring"- und „Browsing"-Funktionen; Graphik eher unterrepräsentiert bzw. schwierig ins Verknüpfungskonzept zu integrieren; Linearisierung der Datenbasis für den Ausdruck bei Museumsanwendungen mit „touch screen"
Autoren: Ben Shneiderman et al.
Literatur: Shneiderman (1989); Marchionini/Shneiderman (1988); Shneiderman/Kearsley (1989) (auch als HyperTIES-Version „Hypertext hands-on" mit dem Buch erhältlich)
Quelle: Hypertext '89 (Demonstrations)
Institution:
Human-Computer Interaction Laboratory
A.V. Williams Building
University of Maryland, College Park, MD 20742
Telefon: +1-321-454-2788
Kommerzieller Vertrieb: (gilt nur für PC-Version; SUN-Version ist nach wie vor Forschungsobjekt an der University of Maryland)
Cognetics Corporation
55 Princeton Hightstown Road
Princeton Jct., NJ 08550
Telefon: +1-609-799-5505 FAX: +1-609-799-8555
E-Mail: ben@cs.umd.edu oder: plaisant@cs.umd.edu

IDE

Produkt-/System-Name: IDE (The Instructional Design Environment)
Hardware: sowohl XEROX- als auch Sun-„Workstations" (ab 1990 auch auf Macintosh)
Software: NoteCards-Applikation/Weiterentwicklung
Versionen: 1.6 (11/89)
Anwendungsbeispiele: Ausbildung (über Statistik-, Fremdsprachen-Kurse); zur Vorbereitung und zum Entwurf von Kursen; Anleitung zur Reparatur von Kopierern
Besondere Eigenschaften: verfügt über sogenannte „structure accelerators", mit denen über einfache Menüs semantische Netzstrukturen, Knoten mit strukturiertem Inhalt und Schnittstellen für Präsentationszwecke flexibel dargestellt werden
Autoren: Dan Russell; Anne-Marie Jensen; Daniel S. Jordan; Russell Rogers; Stephen Miner; Loretta Kelley
Literatur: Jordan/Russell/Jensen/Rogers (1989)
Quelle: Hypertext '89 (Demonstrations)
Institution:
System Sciences Laboratory
Xerox Palo Alto Research Center
3333 Coyote Hill Road
Palo Alto, CA 94304
Kommerzieller Vertrieb:
Research on Learning (IRL)
2550 Hanover St.
Palo Alto, CA 94304

IDEX

Produkt-/System-Name: IDEX Document Manager
Hardware: Macintosh, IBM PC (vgl. Guide)
Software: Weiterentwicklung/Netzwerkversion von Guide/OWL
Beginn: 1989
Anwendungsbeispiele: „file-server-based" Hypertext-Document-Management-System (also mehrplatzfähig)
Besondere Eigenschaften: soll multi-user-fähig; sein nach einem traditionellem Bibliothekskatalog modelliert; Verbindung Datenbank-Suche mit „Browsing"; unterstützt die automatische Transformation von Text in Hypertext unter Ausnutzung hierarchischer Text(-Makro-)Strukturen oder Text-Marker, wie sie von Textverarbeitungssystemen oder standardisierten Textsprachen (z. B. SGML-ISO 8879) gesetzt werden.
Autoren: Alister M. Gibson
Literatur: Cooke/Williams (1989)
Quelle: Hypertext '89 (Demonstrations)
Institution:
OWL Systems, Inc., s. Guide
Telefon: +1-206-747-3203

IMAD

Produkt-/System-Name: IMAD (Integrated Maintenance Advisor)
Anwendungsbeispiel: Fehleranalyse für komplexe Systeme
Besondere Eigenschaften: konvertiert Seiten einer geschriebenen „maintenance documentation" in Hypertext-Knoten; verwendet begriffsorientierte (nicht Keyword-) Indexing-Techniken (CONSTRUE-Ansatz)

Autoren: Phil Hayes; Jeff Pepper
Literatur: Hayes/Pepper (1989)
Quelle: Hypertext '89
Institution:
Carnegie Group, Inc
5 PPG Place
Pittsburgh, PA 15222

INTERMEDIA

Produkt-/System-Name: IRIS Intermedia
Hardware: Macintosh-Rechner; IBM RT/PC; SUN-„Workstations"
Software: IRIS-Entwicklung; setzt auf BSD-UNIX auf
Anwendungsbeispiele: zahlreiche Ausbildungsapplikationen (z. B. englische Literatur, Biomedizin); Houghton-Mifflin's „American Heritage Dictionary";
Besondere Eigenschaften: verwendet das Macintosh-Interface-Paradigma; multimediale Dokumente; „built-in dictionary server"; erweitert durch InterNote; Textverarbeitungsprogramm (InterText); Volltextsuchmöglichkeiten; „structured graphics editor" (InterDraw); „timeline editor" (InterVal); „bitmap viewer" (InterPix); „videoclip editor"; „animation editor"; „spelling checker"; Darstellung und Manipulation von dreidimensionalen Objekten (InterSpect); Thesaurus; flexible Übersichten durch „web view" (kontextanzeigende Verknüpfungsabhängigkeiten); Trennung von Informations- und Verknüpfungs-Teil
Literatur: u. a. Yankelovich/Haan/Meyrowitz/Drucker (1988); Utting/Yankelovich (1989) (viele IRIS Technical Reports)
Allgemeine Einschätzung/Bewertung: vgl. Kahn/Meyrowitz (1988)
Quelle: Hypertext '89 (Demonstrations)
Institution:
Interdisciplinary Institute for Research in Information and Scholarship (IRIS), Brown University (Leiter A. van Dam)
Providence, RI
Telefon: +1-401-863-1584
Kommerzieller Vertrieb:
Apple Programmers and Developers Association, APDA
c/o Apple
20525 Mariani Avenue, MS 33G
Cupertino, CA 95014-6299
E-Mail:atl@iris.brown.edu

JANUS

Produkt-/System-Name: JANUS (Vorläufer MICROPLIS, VIEWPOINTS)
Hardware: VIEWPOINTS auf Macintosh
Software: benutzt Symbolics' Concordia und Document Examiner Software
Anwendungsbeispiele: Architektur-Design;
Besondere Eigenschaften: unterstützt Konstruktion (graphisch-gestützt) und Argumentation (beruht zum Teil auf Rittels IBIS-Modell)
Autoren: Gerhard Fischer; Raymond McCall; Anders Morch
Literatur: Fischer/McCall (1989)
Quelle: Hypertext '89

Institution:
a) University of Colorado, Boulder
Boulder, Colorado 80309
b) Intelligent Interfaces Group
NYNEX Science and Technology
White Plains, NY 10604

KMS

Produkt-/System-Name: KMS (Knowledge Management System)
Hardware: Sun-, Apollo-„Workstations"
Beginn: 1981, kommerziell seit 1983 (Vorläufer: ZOG-Projekt, ab 1975 an der Carnegie Mellon University; vgl. Robertson/McCracken/Newell (1979)
Anwendungsbeispiele: Technische Handbücher, Programm-Management, Elektronisches Publizieren
Besondere Eigenschaften: Hypertexteinheiten werden „frames" genannt, sind strukturiert, z. B.: Name, Titel, „body"; zwei Verknüpfungstypen (hierarchisch, assoziativ); Verknüpfungen unidirektional; beliebige Größe in NFS-zugänglichen Speichern; kontextsensitive Maus (ändert Erscheinungsbild); 1/2 sec durchschnittliche Systemantwortzeit; kein Blättern; schwache Interaktion mit anderen Systemen; keine PC-Version; die Entwicklungssprache („action-language") ist nicht objekt-orientiert; „multi-user collaboration"
Autoren: Robert Akscyn, Don MacCracken, Elise Yoder
Literatur: Akscyn/McCracken/Yoder (1988; auch in Proc. Hypertext 1987 Chapel Hill); Schnase/Leggett (1989)
Quelle: Hypertext '89 (Demonstrations)
Institution: Knowledge Systems Inc., 4750 Old William Penn Hwy.; Murrysville, PA 15668
Kommerzieller Vertrieb:
Scribe Systems
Commerce Court, Suite 240
4 Station Square
Pittsburgh, PA 15219, USA
Telefon: (Scribe): +1-412-281-5959
(Knowledge Systems) +1-412-733-8333
E-Mail: rma@zog.cs.cmu.edu

LinkWay

Produkt-/System-Name: LinkWay
Hardware: IBM PC
Software: unter MS-DOS
Preis (unverbindlich): Einzelkopie $110; 50-user-LAN-package $660
Beginn: 1989
Anwendungsbeispiele: „desk-top organizer"; für Ausbildungszwecke
Besondere Eigenschaften: ist ein „Database Manager", speichert Daten in Clustern; verfügt über „Text Editor" und „Picture Editor"; Graphik mit IBM's „storyboard", ZSoft's PC Paintbrush und LWPaint
Autoren: Larry Kheriaty; Washington Computer Services, Bellingham, Washington
Institution: IBM
Kommerzieller Vertrieb: IBM-Handel

NaviText (TM) SAM

Produkt-/System-Name: NaviText (TM) SAM
Hardware: IBM-kompatible PC (mindestens 384K)
Software: unter MS/PC-DOS
Beginn: 1986
Versionen: experimentelles System; Version 1.0 Juli 1988
Anwendungsbeispiele: UNIX-Manuals
Besondere Eigenschaften: beruht auf der Buch-Metapher; Einheiten sind „guidelines";
erlaubt direkte Keyword-Volltext-Suche und „Browsing"-Techniken, z. B. über Inhalts-
verzeichnisse, Querverweise
Autoren: Gary Perlman; Tony Moorhead
Literatur: Perlman (1989)
Quelle: Hypertext '89
Institution:
Department of Computer and Information Science
The Ohio State University
Columbus, OH 43210-1277
Kommerzieller Vertrieb:
Northern Lights Software Corporation
24A Pilgrim Drive
Post Office Box 1599
Westford, MA 01886
Telefon: +1-508-692-3600
E-Mail: perlman@cis.ohio-state.edu

NTERGAID

Produkt-/System-Name: NTERGAID
Hardware: zunächst Macintosh, Culture 1.0, jetzt auch auf PC
Software: HyperWriter
Anwendungsbeispiele: REGINBOX der Environmental Protection Agency (zur Über-
wachung von „underground storage tanks"); HyperWriter als „Authoring"-System;
Help System II (HS II) unterstützt Software-Entwicklung; Exempt Employment
Advisor (Arbeitsgesetzgebung)
Besondere Eigenschaften: Text, Graphik, Ton, „index card metaphor"
Autoren: K. Scott Johnson
Quelle: Hypertext '89 (Demonstrations)
Institution:
NTERGAID, Inc.
2490 Black Rock Turnpike Suite 337
Fairfield, CT 06430
Telefon: +1-203-368-063

Neptune

Produkt-/System-Name: Neptune s. HAM
Software: „User interface" in SMALLTALK; ergänzt durch HAM (s. dort)
Anwendungsbeispiele: Datenbankunterstützung für CAD-Systeme; Software Engineer-
ing (CASE)
Besondere Eigenschaften: verfügt über drei „Browser": „Graph Browser" zeigt Einheiten
als Ikonen im Netzwerk an; „Document Browser" für die Manipulation hierarchisch

strukturierter Dokumente; „Node Browser" zum Editieren einzelner Einheiten/Karten mit Anfügen von Verknüpfungen
Autoren: s. Literatur
Literatur: Delisle/Schwartz (1986); Bigelow (1988); Campbell/Goodman (1987/88)
Institution: Tektronix

NoteCards

Produkt-/System-Name: NoteCards
Hardware: Xerox-„Workstations" (vgl. bei IDE)
Software: mit INTERLISP geschrieben; bietet mächtige Programmierhilfe mit über 150 Funktionen zur Erweiterung bzw. Anpassung von/an NoteCards durch LISP-offene Schnittstelle
Anwendungsbeispiele: „idea processing"; gut zur Präsentation („guided tours")
Besondere Eigenschaften: erhebt insgesamt hohe Ansprüche an „adaptability", „taylorability" (also benutzerflexibel); vernetzter Kartenansatz; weitgehend Knoten-/Objektorientiert; elementare Einheit eine „Notecard" (davon ca. 50 spezielle Typen); jede Karte muß in einer „FileBox" (= hierarchisch verschachtelte Ansammlung thematisch zusammengehöriger Karten) enthalten sein; Verknüpfungen gekennzeichnet durch Ikonen, auch als Karten verwaltet; keine Datenbankunterstützung, Karten werden in einem „notefile" verwaltet; keine „multi-user"-Unterstützung; erlaubt „guided tours" (als Navigationsunterstützung) mit verzweigenden Pfaden: „guided tours" können über „table tops" oder graphische Übersichten angezeigt werden; durch InterNote-Erweiterung: reiche Annotationsmöglichkeiten für „collaborative writing"; erlaubt „warm linking" (traversiert Werte); unterstützt Vererbung über „types mechanism"; wird nicht mehr weiterentwickelt
Autoren: s. Literatur
Literatur: Halasz/Moran/Trigg (1987); Marshall/Irish (1989); Halasz (1988-ACM); Foss (1988)
Institution: Xerox, Palo Alto Research Center

PERSEUS

Produkt-/System-Name: Perseus
Hardware: Macintosh (Mac II 4 or more MB of RAM, CD-player (Apple CD SC compact disk player), videodisc player and color monitor)
Software: HyperCard (TM) (soll leicht auf andere System portierbar sein); ist nutzbar über AppleShare(TM)- oder Tops (TM)-Netzwerke
Versionen: 1.0 Anfang 1990
Anwendungsbeispiele: Ausbildung; multimediale Basis für alte griechische Literatur, Geschichte und Archäologie
Besondere Eigenschaften: wird auf CD-ROM und einer Bildplatte verteilt; enthält Texte und Graphiken; enthält zur Orientierung Übersichtskarten (topologische Karten von Griechenland) und -pläne; griechisch-englische Texte mit kritischem Apparat und Anmerkungen; geplant Video-Bilder und Graphiken von archäologischen Objekten
Autoren: Editor in Chief: Gregory Crane; Managing Editor: Elli Mylonas (Perseus Project)
Quelle: Hypertext '89 (Demonstrations)
Literatur: Mylonas/Heath (1990)

Institution:
Department of Classics
319 Boylston Hall
Harvard University, Cambridge, MA 02138
Kommerzieller Vertrieb:
E-Mail: crane @wjh12.harvard.edu; elli@wjh12.harvard.edu

PLUS

Produkt-/System-Name: PLUS
Hardware: auf Macintosh und IBM-Kompatible (DOS)
Software: für Macintosh; auch unter Windows 3.0 und OS/2 Presentation Manager; in PLUS eingebettete (interpretative) Skript-Sprache
Preis (unverbindlich): 898.- DM (Demo: 68.- DM); US-Version 1.11 $448
Beginn: seit 1983
Versionen: 2.0 (1990)
Anwendungsbeispiele: Hypermedia-Entwicklungs-Tool
Besondere Eigenschaften: gedacht auch als Migrationshilfe für HyperCard-Anwendungen; erlaubt die Erstellung farbiger Karten; 3D-Businessgraphik; variable Fonts; unterstützt große Bildschirme; stellt für die Eingabe Datenbankfelder zur Verfügung (mit Plausibilitätsprüfungen); kann andere Applikationen starten
Autoren: Dokumentation von Dan Shafer
Allgemeine Einschätzung/Bewertung: Migration von Macintosh auf PC im Prinzip möglich, aber nicht trivial
Quelle: S. Müller-Zantop in: PC Magazin 39/90, 54-57
Institution: Format Software GmbH und Olduvai Corporation
7520 Red Road, Suite A
South Miami, FL 33143
Kommerzieller Vertrieb: über Spinnaker

Scripted Documents

Produkt-/System-Name: Scripted Documents
Hardware: Dorado-„Workstations"; über Ethernet vernetzt
Software: implementiert in Cedar-Programmierumgebung
Anwendungsbeispiele: ist Teil des XEROX-Etherphone-Projektes; bei Zellweger (1989, 7) erwähnt: „idea organization, interpersonal communication, user documentation, programming tasks, memoranda, audio-visual presentations"
Besondere Eigenschaften: verwendet ausschließlich Pfade (über Skripts organisiert) als Verknüpfungsmechanismus; besondere Betonung von multimedialen Materialien (akustischer Output)
Autoren: Zellweger et al.
Literatur: Zellweger (1989)
Institution:
XEROX Palo Alto Research Center
3333 Coyote Hill Road
Palo Alto, California 94304, USA

SEPIA

Produkt-/System-Name: SEPIA
Hardware: SUN-„Workstations"
Software: SMALLTALK-Entwicklung, eingebettet relationales Datenbanksystem SYBASE
Preis (unverbindlich): [Forschung]
Beginn: 1987
Anwendungsbeispiele: „Authoring", Problemlösung
Besondere Eigenschaften: baut verschiedene Aktivitätsräume auf, die argumentativ verknüpft werden; verwendet argumentativ-rhetorische Verknüpfungen
Autoren: Streitz, N. et al.
Literatur: Streitz/Hannemann/Thüring (1989)
Institution: IPSI/GMD-Darmstadt
Kommerzieller Vertrieb: [nicht vorgesehen]
Telefon: +1-49-6151-875-907; FAX: +49-6151-875-818
E-Mail: streitz@darmstadt.gmd.dbp.de (EAN)

Sun 386i Hypertext

Produkt-/System-Name: Sun 386i Hypertext Help System
Hardware: Sun-386i-„Workstations"
Anwendungsbeispiele: on-line-Hilfe zur Benutzung der Sun-386i-„Workstation"
Besondere Eigenschaften: beruht auf einfachem Netzwerk-Modell; mehrere Hilfsfenster gleichzeitig; Benutzer kann leicht eigene Dokumente einfügen
Autoren: Martin Hardee
Quelle: Hypertext '89 (Demonstrations)
Institution:
Sun Microsystems, Inc.
Two Federal Street
Billerica, MA 01821
Telefon: +1-508-671-0483
E-Mail: mhardee@east.sun.com

SuperBook

Produkt-/System-Name: SuperBook
Hardware: SUN-„Workstations", Macintosh
Software: Eigenentwicklung bei Bellcore; geschrieben in Franz Lisp
Preis (unverbindlich): kein kommerzielles Produkt
Anwendungsbeispiele: „Text-Browser", Autorensystem nach Buchmetapher
Besondere Eigenschaften: Indexierung der Einheiten („full content indexing", Synonymenkontrolle); dynamische Inhaltsverzeichnisse (mit Häufigkeitsangaben der Wörter), „fisheye view"; nutzerangepaßte Textanzeige; unterstützt Fußnoten, Annotationen, die der Leser selber einfügen kann (gekennzeichnet durch benutzerspezifische Ikonen, z. B. Namensabkürzung)
Autoren: s. Literatur
Literatur: Remde/Gomez/Landauer (1989); Egan et al. (1989a, b)
Quelle: Hypertext '87 und Literatur
Institution:
Bell Communications Research
435 South St. Morristown NJ 07960
Kommerzieller Vertrieb: nicht vorgesehen

SuperCard

Produkt-/System-Name: SuperCard
Hardware: auf Macintosh (sinnvoll II, IIx oder IIcx mit 8 MByte)
Software: Skript-Sprache SuperTalk; Software getrennt in SuperCard und SuperEdit; englische Software mit englischer Dokumentation
Preis (unverbindlich): 398.- DM; Version 1.5 ca. 650.- DM
Versionen: ab Ende 1989 auf dem Markt; angekündigt ab Mitte 90 Version 1.5
Anwendungsbeispiele: beliebig (wie HyperCard); ist HyperCard-Weiterentwicklung von Version 1.2.5; Oberfläche sieht wie bei Macintosh-Applikationen aus
Besondere Eigenschaften: unterstützt farbige, beliebig große Bildschirmfenster (zur Zeit 256 Farben); arbeitet mit virtuellen Karten (also größer als der Bildschirm zeigt); Editierwerkzeuge für Pixel- und Vektor-Graphiken; ab 1.5 mit On-line-Hilfe, Animation, 8-Bit-Graphik; unterstützt Ton und Video
Allgemeine Einschätzung/Bewertung: offenbar noch Laufzeitprobleme
Institution: Silicon Beach Software
Kommerzieller Vertrieb:
Silicon Beach Software
9770 Carroll Center Rd., Suite J.
San Diego, CA 92126
USA
Telefon: +1-619-695-6956

TOOLBOOK

Produkt-/System-Name: TOOLBOOK
Hardware: MS-DOS-Rechner (sinnvoll ab 386er Rechner, 8MB RAM, 100 MB externer Speicher)
Software: unter WINDOWS 3.0; mit script-orientierter Programmiersprache OpenScript (vergleichbar mit HyperTalk)
Preis (unverbindlich): ca. 1100.-DM
Beginn: 1989
Anwendungsbeispiele: universale Einsatzmöglichkeiten
Besondere Eigenschaften: Design ähnlich wie HyperCard, Grafik, Farbe, Mehrfachfenster, programmierbare Templates (mit HyperCard austauschbar), Export/Import von Daten mit Konversionsunterstützung
Literatur: Irler/Barbieri (1990)
Allgemeine Einschätzung/Bewertung: durch Programmierbarkeit mächtige Software; problematisches Laufzeitverhalten bei unzureichender Ausstattung (s.oben); in der Leistung vergleichbar mit HyperCard; günstige Einsatzchancen wegen MS-DOS-Orientierung
Quelle: TOOLBOOK-Handbücher
Institution: Asymetrix Corporation
Kommerzieller Vertrieb:
Asymetrix Corporation
110-110th Avenue N.E. Suite 717
Bellevue, Washington 98004
Telefon: +1-206-637-1600

VNS

Produkt-/System-Name: VNS (Virtual Notebook System)
Hardware: Sun-„Workstations" (am vollständigsten), Macintosh, UNIX-based PC, NCD-X-terminals
Software: ursprünglich basierend auf NoteCards, später KMS; jetzt basierend auf relationaler Datenbasis Sybase, für Interface-X-Window-System
Anwendungsbeispiele: Ersatz von „Notebooks" in medizinischen Forschungsumgebungen
Besondere Eigenschaften: beruht auf relationaler Datenbank; erlaubt mehrfachen Zugriff (verteiltes Hypertextsystem)
Autoren: Frank M. Shipman III; R. Jesse Chaney; G. Anthony Gorry
Literatur: Shipman/Chaney/Gorry (1989)
Quelle: Hypertext '89 und Literatur
Institution:
Baylor College of Medicine
Houston, Texas

WE

Produkt-/System-Name: Writing Environment (WE)
Anwendungsbeispiele: Autorensystem; zur Unterstützung des kognitiv schwierigen Prozeß des Schreibens
Besondere Eigenschaften: unterstützt die drei Prozesse der Ideengenerierung, der Strukturierung und der Linearisierung von Texten über Netz-, Baum- und Textmodus; soll in Verbindung mit einem objektorientierten Datenbanksystem genutzt werden; soll später mit einem Volltextretrievalsystem gekoppelt werden (MICROARRAS)
Literatur: Smith/Weiss/Ferguson (1987); Schuler/Smith (1990)
Institution:
Department of Computer Science
University of North Carolina
Chapel Hill, NC 27599-3175
Telefon: +1-919-962-1792

Window Book Technology

Produkt-/System-Name: Window Book Technology
Hardware: IBM PC
Beginn: 1984 Release von Box Company
Anwendungsbeispiele: Versicherungen (in Frankreich und USA), US Postal Service, US Banken, Computer-Hersteller
Besondere Eigenschaften: basiert auf Buchmetapher; hohe Komprimierungsleistung, um auf Floppies verteilen zu können; auch CD-Rom anschließbar; leichte Graphik-Integration; externe „Window Books" können aufgerufen werden
Autoren: Jeffrey Peoples
Quelle: Hypertext '89 (Demonstrations)
Institution:
Jeffrey Peoples, Window Book, Inc.
61 Howard Street
Cambridge, MA. 02139
Telefon: +1-617-661-9515

XANADU

Produkt-/System-Name: Xanadu
Hardware: Zugriff von größeren PC und Macintosh; Sun-„Workstations"
Software: Eigenentwicklung
Beginn: seit den sechziger Jahren experimentell von T. Nelson
Versionen: Commercial Release Ende 1989/Anfang 1990; zunächst auf Sun-„Workstations"; dann Macintosh dann 386-Rechner (PC)
Anwendungsbeispiele: ist ein „Hypermedia Information Server" oder „Backend" für Hypertextanwendungen
Besondere Eigenschaften: unterstützt die Verwaltung und das (schnelle) Retrieval von unstrukturierten, multimedialen, im Umfang unbegrenzten Informationen; für kollaboratives Schreiben; mit komfortabler Versionenkontrolle und „History Tracking"; Trennung von privaten und öffentlichen Daten möglich; Abrechnung nach Benutzung; flexible bidirektionale Verknüpfungsmöglichkeiten („basic links", „link sensors", „large grain links", „fine grain links")
Autoren: T. Nelson
Literatur: Nelson (1965, 1973, 1974, 1980, 1987)
Quelle: Xanadu Information Packet, April 7, 1989, Xanadu Operating Company
Institution:
Xanadu Operating Co. Bob Perez (Manager)
550 California Ave., Suite 101
Palo Alto, CA 94306
USA
Telefon: +1-415-856-4112; Fax:+1-415-856-2251
Kommerzieller Vertrieb: Xanadu Operating Company
E-Mail: uucp:bobp@xanadu.com
Compuserve Autodesk Forum (Go ADESK): 70007, 2336

Glossar

In das Glossar sind, neben den zentralen Hypertextausdrücken, vor allem auch Begriffe aus der Informationswissenschaft aufgenommen worden, da der dieses Buch bestimmende informationswissenschaftliche Kontext nicht jedem/r Leser/in präsent sein dürfte. Die Einträge bleiben auf einem allgemeineren Niveau. Für speziellere Probleme sollte das Register genutzt werden. Die in den Textteilen des Glossars kursiv hervorgehobenen Ausdrücke verweisen auf andere Glossareinträge.

Abstracts, Abstracting (*abstracts, abstracting*)

Abstracts (Referate) sind in der Regel textuelle Zusammenfassungen von ebenfalls textuellen Dokumenten. In der dokumentarischen Tradition werden indikative, also den Inhalt bloß anzeigende, und informative, also auf informative Details eingehende Abstract-Typen unterschieden. Häufig kommen in der Praxis jedoch Mischformen vor. Indikative Abstracts haben referentielle Funktion, d.h. sollen bei Relevanz auf die Orginaltexte verweisen. Informative Abstracts können Originale substituieren. Darüber hinaus erfüllen Abstracts eine kognitive Funktion, indem sie Orientierungshilfen geben und Verstehensprozesse erleichternde „Vorurteile" bilden helfen. Abstracts können Teile von strukturierten *informationellen Hypertexteinheiten* sein. Textuelle Abstracts werden in multimedialen Systemen und Hypertextumgebungen auch durch andere Darstellungsformen, z. B. Graphiken, Tabellen, semantische Strukturen (*Templates, Frames*) ergänzt. Dafür werden die neutraleren Bezeichnungen „Kondensat" bzw. „Kondensieren" vorgeschlagen.

Anapher (*anaphora*)

Anaphern gehören zu den textlinguistischen Prinzipien, nach denen Referenzen zwischen sprachlichen Einheiten und deren referentiellen Bezügen, z. B. Pronomen und vorausgehenden Nomen (Antecedent), hergestellt werden. Anaphern verketten textuelle Einheiten, z. B. Sätze, allgemeiner: Propositionen, und zählen somit zu den Kohäsionsmitteln der Sprache. Anaphern, sofern sie aus einer informationellen Hypertexteinheit herausverweisen, sollten im Falle einer Konversion von Text in Hypertext durch Explizitmachen des referentiellen Bezuges aufgelöst werden, da Hypertexteinheiten *kohäsiv geschlossen* sein sollten.

Annotation (*annotation*)

Aus der Buchtradition stammende Kommentierungsmöglichkeit zu Texten, z. B. in gesondert geführten Kolumnen. Die Möglichkeiten von Hypertext erlauben eine Flexibilisierung und Dynamisierung von Annotationen, zum Beispiel dadurch, daß Annotationen individualisiert, selber wieder annotiert, editiert, strukturiert und graphisch aufbereitet werden können.

Autoren-/Konversionskomponente (*authoring/conversion component*)

Teil des Gesamthypertextsystems, mit dem die *Hypertextbasis* aufgebaut wird, sei es durch direkte Eingabe von Wissen bzw. repräsentiertem Wissen in die Hypertextbasis („authoring" im engeren Sinne), sei es durch die Überführung/Konversion vorgegebener Objekte, z. B. Texte, in die *Hypertextbasis.*

Benutzermodell (*user model*)

In der *Künstlichen Intelligenz* benutztes Konzept, um Informationssysteme mit *Wissen* über individuelle oder stereotypisch definierte Nutzer oder Nutzerklassen zu versorgen, damit Systeme selektiv auf Bedürfnisse der Nutzer beim Antwortverhalten oder beim Problemlösen eingehen können. Benutzermodelle können a) vorab bereitgestellt werden, b) interaktiv, d. h. im Frage-Antwort-Spiel zwischen System und Nutzer, aufgebaut werden, c) aus dem Verhalten des Nutzers vom System erschlossen werden (s. *Dialoggeschichte*). Zur Modellierung werden die in der Künstlichen Intelligenz üblichen Wissensrepräsentationssprachen, z. B. *Frames*, Skripts, *Templates, semantische Netze*, Produktionsregeln, verwendet. Benutzermodelle sind bei Hypertext notwendig, um die mit dem *dialogischen Prinzip* verknüpften Erwartungen einlösen zu können.

Browsing (*browsing*)

Möglichkeit der Aufnahme von *Information* während der Suche nach einer bestimmten Information. „Browsing" ermöglicht kreative Mitnahmeeffekte. „Browsing", obgleich als Effekt auch in traditionellen linearen Speichern (Büchern, Bibliotheksregalen) bekannt, gilt als typisches Kennzeichen nicht-linearer Darstellungs- und Erarbeitungsformen von *Wissen* (wie Hypertext), bei denen sich während der *Navigation* die Mitnahmeeffekte ergeben können. Dem „Browsing"-Effekt verwandt ist der „Serendipity"-Effekt, bei dem der Mitnahmeeffekt so stark werden kann, daß das ursprüngliche Ziel aus dem Auge verloren wird.

Coordinate indexing s. Indexing, Indexieren

Desktop Publishing (*desktop publishing*)

Fortgeschrittene Form der Textverarbeitung, bei der wesentliche Funktionen der Erstellung zur Publikation bestimmter Texte am Arbeitsplatz des Autors verwirklicht werden. Dazu gehören z. B. Schreiben, Editieren, Formatieren, Layout, Umbruch, Korrektur, Druckausgabe. Desktop-Publishing-Systeme integrieren in der Regel Textverarbeitung und Graphik-Programme und stellen Möglichkeiten hochwertiger Druckausgabe (über Laser) bereit.

Dialoggeschichte (*dialog history*)

Gesamtheit der während einer Dialogsitzung durchgeführten Operationen und Anzeigen von Nutzer und System. Die Dialoggeschichte wird verwendet, um dem System zur Einlösung des *dialogischen Prinzips* Hinweise auf Benutzerverhalten (vgl. *Benutzermodell*) und Benutzererwartungen zu geben.

Dialogisches Prinzip (kooperativer Dialog) (*mixed initiative*)

Konzeption von Hypertext, nach der System und Nutzer wechselnde Initiative im Dialog haben sollten, d. h. weder soll die Nutzung über vordefinierte *Pfade* vom System gesteuert werden, noch soll dem Nutzer, gemäß dem Prinzip der *direkten Manipulation*, die Zuständigkeit für das *Navigieren* alleine überlassen werden. Vielmehr soll das System in der Lage sein, dem Benutzer situationsgemäße Nutzungsangebote, z. B. über

Pfade, zu machen, denen er folgen kann (oder auch nicht). Voraussetzung für die Realisierung dialogischer Prinzipien sind reiche, wissensbasierte Strukturierung der Hypertexteinheiten und differenzierte Verknüpfungsstrukturen sowie pragmatische Komponenten, wie z. B. *Benutzermodelle, Dialoggeschichte*, Inferenzmechanismen.

Direkte Manipulation (*direct manipulation*)

Allgemeines Prinzip der Mensch-Maschine-Kommunikation, das bei Hypertext zum Einsatz kommt. Direkte Manipulation erlaubt schnelle, in der Regel reversible, inkrementelle Aktionen. Entsprechend beruhen Aktionen in Hypertextsystemen im wesentlichen darauf, daß *informationelle Einheiten* bzw. deren *Verknüpfungsanzeiger* als Ausgangspunkte von Verknüpfungen von den Nutzern direkt manipuliert werden können – in der Regel durch einen Maus-Klick. Als Ergebnis der Manipulation wird unmittelbar der Endpunkt der aktivierten Verknüpfung angezeigt.

Dynamische Glossare (*dynamic glossaries*) s. Glossar

Expertensystem (*expert system*)

Muster eines wissensbasierten dialogischen Informationssystems. Expertensysteme sollen dem Anspruch nach das Wissen von (spezialisierten) Experten in formalisierter Form enthalten, das entweder direkt abgefragt werden kann oder aus dem durch entsprechende Inferenzverfahren neues Wissen oder Problemlösungsvorschläge abgeleitet werden können. Expertensysteme enthalten neben der Interaktionskomponente eine Wissensbasis, eine Inferenzmaschine sowie in der Regel auch Erklärungs- und *Wissensakquisition*skomponenten. Expertensysteme sind in der Leistung abhängig von der Qualität der verwendeten *Wissensrepräsentation*ssprache und der Inferenzverfahren, aber vor allem von der Qualität der *Wissensakquisition*.

Fachkommunikation (*domain-specific/professional communication*)

Austausch von *Wissen* in professionellen Umgebungen, z. B. Wissenschaft, Technik, Wirtschaft, Verwaltung, Politik. Der Ausdruck „Fachkommunikation" hat als Bereichsbezeichnung die bis Mitte der achtziger Jahre gebräuchliche Bezeichnung „Information und Dokumentation" (IuD) abgelöst. Obgleich die Grenzen (durch die Entwicklung der Neuen Medien) fließend werden, soll der Begriff der Fachkommunikation Bereiche wie Alltags-, Massenkommunikation oder reine Computerkommunikation in Netzen ab- bzw. ausgrenzen.

Fischauge-Prinzip (*fish-eye view*)

Möglichkeit der Flexibilisierung bzw. Dynamisierung von Information dadurch, daß der aktuell im Fokus des Interesses stehende Kontext in allen Details und die weitere Umgebung nur auf einem generischen Niveau gezeigt wird.

Frame-Modell/Sprache (*frame model/language*)

Ein ursprünglich in der kognitiven Psychologie (Minsky) entwickeltes Prinzip der Darstellung und Kontextualisierung von Wissen, das seitdem in der *Künstlichen Intelligenz* und allgemein bei der Entwicklung von wissensbasierten Systemen weit verbreitet ist. Frames beruhen auf der Idee, daß Konzepte (realisiert über die Framenamen) durch ihre Eigenschaften definiert werden (realisiert über Slots bzw. deren Sloteinträge) und untereinander durch Relationen verknüpft sind (vgl. *semantische Netze*). Aus Slots können andere Frames oder Regeln aktiviert werden. Für die Slotfüllung werden in der Regel Integritäts-/Restriktionsbestimmungen vorgegeben. Frameeigenschaften können in hierarchischen Strukturen vererbt werden.

Gateways/front-ends (*gateways/front-ends*)

Im Kontext des On-line-Retrieval speziell bzw. in dem der elektronischen Kommunikation allgemein eingesetzte Software, um die Nutzung von Informationsbanken auch für nicht in der Technik des Retrieval und der elektronischen Kommunikation erfahrene Endbenutzer zu erleichtern. Man spricht im allgemeinen von „front-ends", wenn die bereitgestellten Funktionen den Aufbau der Kommunikation mit einem Host (Datenbanken anbietender Rechner) erleichtern. Gateways bieten eine erweiterte Funktionalität an, indem sie z. B. Erleichterungen bei der Frageformulierung anbieten, die Auswahl relevanter Datenbanken und Datenbankanbieter unterstützen oder automatisieren oder die Verwaltung der Retrievalaktivitäten, z. B. Paßwortvergabe, Kostenabrechnung, übernehmen. Gatewayfunktionen können als Software dezentral beim Benutzer, bei externen Gateway-Systemen, Mailboxen (elektronische Postsysteme) „Bulletin Boards" (elektronische Mitteilungssysteme) oder bei den Datenbankanbietern selber gespeichert sein.

Glossar (*glossary*)

Eine in Fachtexten gebräuchliche Form von *Metainformation*. In Glossaren werden in definierender oder erläuternder Form die für das Verständnis des zugrundeliegenden Textes wichtigen Begriffe dem Leser verständlich gemacht. Glossare ergänzen damit die Informationsfunktion von *Registern*. Einträge in Glossaren sind häufig nicht nur die fachspezifischen Ausdrücke, die über das Register ohnehin aus dem Text nachgearbeitet werden können, sondern vor allem auch die aus Nachbardisziplinen entlehnten Begriffe, die im Text nicht immer ausführlich erklärt werden können. Entsprechend dem Hypertextprinzip, daß textuelle Strukturen, also auch *Metainformationen*, nicht imitiert, sondern an das Medium angepaßt werden sollten, bieten sich für Hypertext dynamische Glossare an, die bei Bedarf direkt aus den jeweiligen Hypertexteinheiten aufgerufen werden können.

Hypertextbasis (*hypertext base*)

Eine Hypertextbasis ist der materiale Teil eines Hypertextsystems, d. h. der Teil, in dem die Gegenstände des Objektbereichs in entsprechenden *informationellen Einheiten* dargestellt und über Verknüpfungen miteinander verbunden werden. Der Aufbau der Hypertextbasis wird über die *Autoren-/Konversionskomponente* organisiert, der Zugriff auf ihre Einheiten über die Navigations-/Suchkomponente. Die Hypertextbasis wird im *Hypertext-Managementsystem* verwaltet.

Hypertext-Managementsystem (*hypertext management system*)

In der Regel werden Hypertextbasen zur Zeit noch über einfache Dateiverwaltungssysteme mit entsprechender direkter „Verpointerung" verwaltet. Es ist zu erwarten, daß in näherer Zukunft bislang zuweilen verwendete relationale Datenbanksysteme durch objektorientierte abgelöst werden. Die Leistung von Hypertextsystemen mit entsprechend großen *Hypertextbasen* wird wesentlich von der Organisation bzw. Verwaltung der Hypertexteinheiten (*informationelle Einheiten*) abhängen, d. h. eine datenbankmäßige Verwaltung von Hypertexten wird in Zukunft auch mit Blick auf den Austausch von Hypertextdaten wichtig sein.

Indexing, Indexieren (*indexing*)

Form der Inhaltserschließung im Kontext des *Information Retrieval*. Man unterscheidet zwischen Indexieren nach dem Prinzip des *coordinate indexing*, bei dem eine Menge einzelner sprachlicher Ausdrücke unverbunden den Inhalt von Dokumenten beschreiben, und syntaktischer Indexierung, bei dem zusätzlich die relationellen Beziehungen zwischen den sprachlichen Einheiten berücksichtigt werden. Das Indexieren kann sich auf die Formulierungen in den Texten selber abstützen oder auf ein freies oder in entsprechenden Wörterbüchern (z. B. Thesauri) kontrolliertes Fachvokabular. Indexieren geschieht in der Dokumentationspraxis weitgehend intellektuell, verschiedentlich auch unter Einsatz automatischer, linguistisch und/oder statistisch basierter Verfahren. Auch Hypertexteinheiten können indexiert werden. Die Indexierungen dienen in der Gesamtheit der Übersicht bzw. *Orientierung*. Die Indexierungsausdrücke erleichtern als potentielle Suchargumente (in einfachen oder über Boole'sche Ausdrücke kombinierten komplexen Frageformulierungen) die gezielte Suche in großen Hypertextbasen und haben damit die gleiche Funktion wie in Dokument-Retrieval-Systemen. Indexierungsausdrücke in Hypertexteinheiten können explizite Verknüpfungsanzeiger als Ausgangspunkte zu verknüpften Einheiten sein oder Einträge in *dynamischen Glossaren* oder *Registern*.

Information (*information*)

Unter Information als zentralem Begriff der *Informationswissenschaft* wird die Teilmenge von *Wissen* verstanden, die in Handlungssituationen benötigt wird und die im jeweils konkreten Fall nicht vorhanden ist. Information muß also unter Berücksichtigung der jeweiligen Rahmenbedingungen aus Wissen, das in Rechnern rekonstruiert sein kann, erarbeitet werden. Information ist *Wissen* in Aktion. Information ist in seinem Nutzwert abhängig von der Kontextsituation. Der semantische Gehalt von Information kann jedoch als *Wissen* (als Wissensstrukturen in Informationssystemen) abgespeichert und in neuen Situationen aktiviert werden. Hypertextsysteme könnten dadurch den Anspruch von *Informations*systemen einlösen, als durch sie eine individuelle *Informationserarbeitung*, sowohl gemäß dem Prinzip der *direkten Manipulation* als auch gemäß dem *dialogischen Prinzip*, möglich ist.

Information Retrieval (*information retrieval*)

Zentrale Teildisziplin der *Informationswissenschaft*, die sich mit Methoden der (automatischen oder intellektuellen) Inhaltserschließung informationeller Objekte, der Speicherung der erarbeiteten Strukturen und des Zugriffs auf diese beschäftigt. Traditionell wird zwischen bibliographischen Dokument-Retrieval- und Fakten-Retrieval-Systemen unterschieden. Neuere Entwicklungen, z. B. Volltextbanken oder multimediale Systeme, lassen diese Einteilungen fragwürdig werden. Das Information Retrieval steht mit seinen gezielten Suchtechniken (*„Matching-Paradigma"*) in gewissem Gegensatz zu Hypertext mit den dort verwendeten freien Navigationstechniken bzw. mit dem dort geltenden *„Browsing"*-Paradigma. Jedoch können die bei der automatischen *Indexierung* entwickelten Methoden durchaus auch zur *Konversion* (Segmentierung und Relationierung) von Texten in Hypertexte eingesetzt werden, und gezielte Retrievaltechniken können dazu verwendet werden, um in großen *Hypertextbasen* Vorselektionen vorzunehmen, in denen dann navigiert werden kann. Insofern sind Hypertext und Information Retrieval als komplementär anzusehen.

Informationelle Einheiten (*information units*)

Als „informationelle Einheiten" werden hier die sonst auch häufig als Objekte, Knoten oder Karten in Netzen bzw. „stacks" bezeichneten elementaren Hypertexteinheiten bezeichnet, die über *Verknüpfungen* verbunden werden. Sie können unterschieden werden nach informativen und referentiellen Teilen. Informative Teile sollten *kohäsiv geschlossen*, kontextoffen und untereinander relationiert sein. Sie können multimediale Materialien jeder Art enthalten. Sie können weiterhin zu Einheiten größerer Komplexität zusammengefaßt werden und sollten über Namen etikettiert sein. Referenzierende Teile dienen in ihrer begriffsorientierten Ausrichtung der Übersicht und der Selektion von Einheiten beim Retrieval und als (textuelle oder strukturelle) Zusammenfassungen zusätzlich der Relevanzentscheidung und dem Aufbau kognitiv wichtiger „Vorurteile".

Informationelle Funktionen (*information functions*)

Informationelle Funktionen konstituieren zusammen mit den *informationellen Einheiten* eine *Hypertextbasis*. Zu den informationellen Funktionen zählen die *Verknüpfungen* und die *Navigations-/Orientierungshilfen* (auch *Metainformationen*). Informationelle Funktionen sind nicht Selbstzweck, sondern stellen Bezüge zwischen informationellen Einheiten her und versuchen, sinnvolle, in sich *kohärente* Teilbereiche aus der gesamten *Hypertextbasis* für Benutzer zu selektieren oder Übersichten und Zugriffswege bereitzustellen.

Informationeller Mehrwert (*value-added information*)

Informationeller Mehrwert wird im Prozeß der *Informationsarbeit* dadurch erzeugt, daß Wissensobjekte, z. B. Texte, durch entsprechende Verfahren der Auswertung (Inhaltserschließung, *Wissensrepräsentation*) aufbereitet, veredelt, umgeformt werden. Die Erzeugung informationellen Mehrwertes gegenüber dem Ausgangsobjekt ist Ursache dafür, daß *Information* als Ware auf dem Markt gehandelt wird. Informationeller Mehrwert wird in der Informations- und Dokumentationspraxis in der Regel pauschal, d. h. auf stereotype Benutzerklassen ausgerichtet, erzeugt, sollte aber unter dem *pragmatischen Primat* von *Informationsarbeit* auf individuelle Bedürfnisse hin ausgerichtet sein.

Informationsarbeit (*information work*)

Aus *informationswissenschaftlicher* Sicht die Einheit der verschiedenen Verfahren/ Methoden der *Wissensrepräsentation*/Wissensrekonstruktion (Abbildung von Wissensobjekten auf formal definierte Sprachen der Inhaltserschließung bzw. der *Wissensrepräsentation*), der *Informationserarbeitung* (Erarbeitung relevanter Information aus informationellen Ressourcen), *Informationsaufbereitung* (Veredlung relevanter Information unter Berücksichtigung der aktuellen Kontextbedingungen), *Informationsverarbeitung* (Einbindung relevanter und aufbereiteter Information in Handlungen, z. B. Entscheiden) und *Informationsverwaltung* (Rückverwandlung benutzter Information in abgespeichertes, potentiell wiederverwendbares *Wissen*).

Informationsaufbereitung s. Informationsarbeit

Informationserarbeitung s. Informationsarbeit

Informationsverarbeitung s. Informationsarbeit

Informationsverwaltung s. Informationsarbeit

Informationswissenschaft (*information science*)

Wissenschaftliche Disziplin im Schnittbereich von Informatik, Künstlicher Intelligenz, Psychologie, Linguistik und Wirtschaftswissenschaft (kurz: aller Disziplinen, die sich mit „Information" wissenschaftlich beschäftigen). Die eigene Fragestellung und Methodik des Faches leitet sich aus dem pragmatischen Primat von Informationsarbeit ab, d. h. im Zentrum des wissenschaftlichen Interesses steht die Untersuchung der Rahmenbedingungen für eine produktive Nutzung vorhandenen Wissens. Wird Wissen tatsächlich genutzt, spricht man von Information.

Informatisierung (*computerization*)

Die der Tendenz nach vollständige Durchdringung eines Lebensbereichs mit Informations- und Kommunikationstechnologien. Von informatisierter Gesellschaft spricht man, wenn die gesamte Gesellschaft in ihren wesentlichen Ausprägungen von diesen Technologien bestimmt wird.

Kaskadiertes Kondensieren, kaskadierte Präsentation (*cascaded condensation*)

Prinzip, nach dem Zusammenfassungen von informationellen Objekten, z. B. Texten, nicht wie bei *traditionellen* Abstracts in einer Form und mit Blick auf einen anonymen Benutzerkreis, sondern flexibel, multimedial unterstützt und nutzerspezifisch erstellt werden. Über das Kondensieren hinaus kann das Kaskadierungsprinzip allgemein auf jede Darstellung von Wissen in Hypertextsystemen angewendet werden. In vertikaler Hinsicht folgt die Kaskadierung dabei dem hierarchischen Prinzip. Auf jeder Kaskadierungsstufe können in horizontaler Sicht alternative (multimediale) Darstellungsformen gewählt werden. Kaskadiertes Kondensieren bzw. kaskadierte Darstellung kann damit auf exemplarische Weise den in der *Informationswissenschaft* formulierten *pragmatischen Primat* von *Informationsarbeit* einlösen.

Kognitive Plausibilität (*cognitive plausibility*)

Anspruch, formuliert z. B. in der Kognitionspsychologie oder der *Künstlichen Intelligenz*, daß Modelle, hier in erster Linie der *Informationsverarbeitung*, entsprechend Vorgängen im menschlichen Verstand konzipiert sind. So sind z. B. für *semantische Netze* oder *Frames* Ansprüche kognitiver Plausibilität erhoben worden. In der Hypertextliteratur werden solche Ansprüche sowohl bezüglich der *Autoren-* als auch der *Navigationskomponente* erhoben, weitgehend unter der Annahme, daß intellektuelle Prozesse beim Menschen nicht-linear organisiert seien und daher eine nicht-lineare Darstellung von *Wissen* in Hypertexten kognitiv plausibler sei als eine lineare Darstellung, wie sie in Texten überwiegt. Daraus folgt, daß einerseits durch Hypertext der intellektuell schwierige Prozeß des Schreibens zumindest unterstützt werden kann und daß andererseits Lernerfolge durch nicht-lineare Unterstützung besser erzielt werden können als durch traditionelle lineare Präsentationsformen. Die empirische Basis zur Stützung des Argumentes kognitiver Plausibilität von Hypertext ist zur Zeit für eine weitergehende Theoriebildung noch nicht ausreichend.

Kohärenz (*coherence*)

Die semantische und thematische Stimmigkeit von Informationsobjekten, häufig auf Texte oder textuelle Einheiten angewendet.

Kohäsion (*cohesion*)

Die Verkettung von Informationsobjekten, in der Regel auf textuelle Einheiten, z. B. Sätze, angewendet.

Kohäsionsverletzung s. kohäsiv geschlossen

Kohäsiv geschlossen (*cohesively bounded*)

Kohäsive Geschlossenheit sollte vor allem bei der Konversion von Text in Hypertext erreicht werden, d. h. implizite referentielle Bezüge, wie sie in natürlichsprachlichen Texten, z. B. über *Anaphern* oder diskontinuierliche Kohäsionsmittel („wie ich im folgenden zeigen werde") gebräuchlich sind, sollten entweder direkt aufgelöst (z. B. durch Ersetzung eines Pronomens durch sein referenziertes Nomen) oder durch eine Verknüpfung explizit gemacht werden. Bleiben *informationelle Hypertexteinheiten* partiell kohäsiv offen, so spricht man von *Kohäsionsverletzung*. Das Prinzip der kohäsiven Geschlossenheit trägt dem Rechnung, daß in *informationellen Einheiten* nicht auf die in Texten üblichen kohäsiven Gestaltungsmittel über die Grenzen von Einheiten hinweg zurückgegriffen werden kann. *Informationelle Einheiten* müssen in kohäsiver Sicht autonom sein und entsprechend autonom rezipiert werden können. Dies ist auch Voraussetzung dafür, daß auf sie von verschiedenen anderen *informationellen Einheiten* referenziert werden kann.

Kondensate, Kondensieren s. Abstracts, Abstracting

Konversion (*conversion*)

Die Übertragung von Informationsobjekten, z. B. Texten, in entsprechende Einheiten von *Hypertextbasen*. Übertragen werden können sowohl *Metainformationen* als auch die inhaltlichen Teile, z. B. Textpassagen. Sofern die Konvertierung nicht auf der einfachen Eins-zu-eins-Übertragung beruht, besteht sie a) in der Zerlegung (Segmentierung) der Ausgangsobjekte in *informationelle Einheiten*, b) der Restrukturierung der Einheiten nach *Kohärenz*prinzipien und c) der Verknüpfung der Einheiten. Bei der Konversion sollten *informationelle Mehrwerte* entstehen, z. B. durch Flexibilisierung oder Dynamisierung der entstehenden neuen Einheiten. Die automatische Konversion kann sich auf formale Eigenschaften der Ausgangsobjekte abstützen, z. B. Makrostrukturen von Texten oder Strukturen entsprechender formaler Auszeichnungssprachen. Aufwendiger ist die automatische Konversion nach *Kohärenz*prinzipien, da sie auf einer automatischen Analyse der semantischen und argumentativen Strukturen der Ausgangsobjekte beruht. Bei der Konversion heterogener Ausgangsobjekte kommen im Prinzip die gleichen Techniken zum Einsatz, zusätzlich sind Duplizitäts- und Konsistenzkontrollen erforderlich.

Künstliche Intelligenz (*artificial intelligence*)

Wissenschaftliche Disziplin im Überlappungsbereich von Fächern wie Psychologie, *Informationswissenschaft* und Informatik. Die Forschung folgt entweder dem Simulationsparadigma, d. h. durch Computersimulationen (z. B. über Formen der Rekonstruktion/Repräsentation von *Wissen*) sollen das Wissen über menschliche Intelligenz erweitert und Rechner analog menschlicher Intelligenz „intelligent" gemacht werden, oder sie folgt dem Performanzparadigma, d. h. intelligente, wissensbasierte Verfahren werden eingesetzt, um bestimmte Leistungen von Informationssystemen, z. B. Übersetzen, Problemlösen, Textzusammenfassen, erreichen zu können, die sich nicht unbedingt an menschlichen Vorgaben orientieren und die nicht *kognitiv plausibel* sein müssen.

Matching-Paradigma s. Information Retrieval

Metainformationen (*metainformation*)

Metainformationen sind nicht-lineare Orientierungsformen von im Prinzip linearen Informationsobjekten (Texten), die einen direkten Zugriff zu der relevanten *Informa-*

tion ermöglichen. Zu ihnen zählen *Register*, Inhaltsverzeichnisse, *Glossare*, grundsätzlich alle Formen von extratextuellen Verzeichnissen. Bei Hypertext werden die Metainformationen zu den *informationellen Funktionen* gerechnet, die den Zugriff zu den *informationellen Einheiten* ermöglichen.

Navigation (*navigation*)

Zentrales Hypertextkonzept zur Kennzeichnung der typischen Hypertextbewegung in vernetzten Räumen. Navigation läßt den Spielraum offen, ein (in der Regel vorgegebenes) Ziel auf unterschiedlichen Wegen zu erreichen.

Navigations-/Suchkomponente (*navigation/search component*)

Teil des Gesamthypertextsystems, der dem Benutzer den Zugriff zu den in der *Hypertextbasis* enthaltenen *informationellen Einheiten* gestattet. In dieser Komponente vereinigen sich in der Regel hypertextspezifische *Navigations-/Browsing*-Techniken mit eher retrievalspezifischen gezielten Suchtechniken (Verbindung von Suchargumenten mit logischen Operatoren).

Orientierungsverfahren (*orientation means*)

Angebote von Hypertextsystemen, der Gefahr des Orientierungsverlustes in Hypertext, die durch freies Assoziieren entsteht, gegenzusteuern. Zu diesen Verfahren gehören hypertextangepaßte klassische Verfahren wie Inhaltsverzeichnisse oder *Register* (*Metainformationen*), graphische (globale und lokale) Übersichten, Verzeichnisse der *Dialoggeschichte*, Backtracking-Angebote (Rückwärtsverfolgen der bisherigen *Navigations*schritte), aber auch Angebote an thematisch strukturierten, vorgegebenen *Pfaden.*

Parsing (*parsing*)

Verfahren der maschinellen Analyse von Texten. Man unterscheidet syntaktisches Parsing, bei dem die syntaktische Struktur von Sätzen festgestellt wird, semantisches Parsing, das sich auf die Erkennung der semantischen Strukturen bezieht, und textuelles Parsing, das satzübergreifende Textstrukturen identifiziert. Parsing beruht in der Regel auf einer Grammatik, die sich auf ein entsprechendes Modell abstützt, und einem Abarbeitungsverfahren, das die Regeln der Grammatik anwendet. Man unterscheidet zwischen vollständigem und partiellem Parsing. Letzteres erhebt nicht den Anspruch, auf der jeweiligen Ebene Texte vollständig zu analysieren, sondern nur die Information zu erarbeiten, die entsprechend dem Anwendungszweck benötigt wird. Ein Beispiel für partielles semantisches Parsing ist das Wortexpertenparsing. Für Zwecke der Segmentierung von in Hypertextbasen einzubringenden textuellen Objekten in Hypertexteinheiten werden Verfahren des semantischen und textuellen partiellen Parsing benötigt.

Pfade (*paths*)

Pfade sind Nutzungsangebote zur Navigation in Hypertextbasen, die mehrere Hypertexteinheiten nach inhaltlichen Gesichtspunkten zusammenfassen. Pfade sind damit die größten *kohärenten* Einheiten in *Hypertextbasen*. Pfade können entweder zur Zeit des Aufbaus der *Hypertextbasis* von Hypertextautoren vorab festgelegt oder zur Nutzungszeit, z. B. durch Suchaktivitäten des Benutzers oder durch Auswerten von *Benutzermodellen* oder des bisherigen Dialogverhaltens, durch das System dynamisch aufgebaut werden. Auch festgelegte Pfade können bei Hypertext in der Regel durch aktives Eingreifen von Benutzern verlassen werden. Aus der Tradition der computerunterstützten Unterweisung stammt die Technik der bedingten Pfade, nach der der Benutzer vor dem Traversieren einer weiteren Verknüpfung bestimmte Leistungen erbringen muß (Lernkontrolle).

Pragmatischer Primat (*pragmatic principle*)

Grundprinzip der *Informationswissenschaft*, durch das der Handlungsrelevanz von *Information* Rechnung getragen werden soll. Nach diesem Grundverständnis ist *Information Wissen* in Aktion. Handlungsrelevant kann *Information* in der Regel nur werden, wenn die Kontextbedingungen der Nutzung, z. B. individuelle Informationsverarbeitungskapazität oder organisationelle Ziele, berücksichtigt werden. Zur Einlösung des pragmatischen Primats bei Hypertextsystemen wird das *dialogische Prinzip* in Ergänzung zu dem der *direkten Manipulation* vorgeschlagen. Dafür sind u. a. die im Kontext der *Künstlichen Intelligenz* entwickelten *Benutzermodelle* nützlich.

Register/Index (*index*)

In linearen Speichern, z. B. Büchern, verwendete Form der *Metainformation*, um einen direkten Zugriff zu als relevant vermuteter *Information* zu ermöglichen. Register sind in der Regel alphabetisch sortiert und verwenden, in der Form von Stichwortregistern, die Formulierungen der Texte selbst. Bei der Verwendung eines kontrollierten Vokabulars können auch Schlagwörter oder Deskriptoren aus *Thesauri* verwendet werden. Register können einfache Ausdrücke oder syntaktisch oder semantisch strukturierte Einträge enthalten, und sie können über (mehrere) hierarchische Ebenen aufgebaut sein. Invertierte Dateien (Einträge mit Referenzen auf die Informationsobjekte) im *Information Retrieval* können als Register/Indexe von elektronischen Texten angesehen werden. Register können bei Hypertext durch Dynamisierung, z. B. unter Verwendung des *Fischauge*ansatzes, flexibilisiert und attraktiv gestaltet werden.

Semantische Netze (*semantic networks*)

Semantische Netze zählen zu den *Wissensrepräsentations*formen, die vor allem in der *Künstliche-Intelligenz*-Forschung und der Kognitionspsychologie (dort, zum Teil mit dem Anspruch *kognitiver Plausibilität*, als Modelle des menschlichen Gedächtnisses) seit den sechziger Jahren entwickelt worden sind. In semantischen Netzen werden Konzepte durch Beziehungen zu anderen Konzepten, in der ursprünglichen Form rein assoziativer Art, bestimmt. Semantische Netze bestehen in der Tradition der Künstlichen Intelligenz aus Konzepten bzw. Konzeptklassen und sie verbindenden Kanten, welche die Relationsarten festlegen. Während der frühere assoziative Ansatz heute durch Propagierungsverfahren der Theorie neuronaler Netze eine Renaissance erlebt, hat sich in der *Künstlichen Intelligenz* und – analog in der Hypertextforschung – der typisierte Ansatz durchgesetzt, d. h. die Beziehungen (Relationen, *Verknüpfungen*) zwischen Konzepten werden etikettiert oder rechnerintern derart semantisch spezifiziert, daß entsprechende Aktionen angestoßen werden (vgl. Verknüpfungen). Hierarchisch verknüpfte Konzepte unterliegen dem Vererbungsprinzip, d. h. Eigenschaften (relationale Verknüpfungen) von Konzeptklassen werden auf Klassenelemente vererbt. Der Begriff des Konzepts bzw. der Konzeptklassen wird mit Blick auf Hypertext in der Regel so weit gefaßt, daß Objekte beliebiger Art als Knoten in semantischen Netzwerken aufgefaßt werden können, so daß das Modell des semantischen Netzwerkes auch als Modell zur Strukturierung von *Hypertextbasen* verwendbar wird. Prinzipiell können mit Hilfe semantischer Netzwerke alle Sachverhalte dargestellt werden, die auch mit Hilfe der Prädikatenlogik erster Ordnung darstellbar sind, also auch Vorgänge und regelhafte Zusammenhänge, wodurch sich für die Anwendung auf Hypertext ein breites Spektrum eröffnet, z. B. über argumentative Verknüpfungen.

Serendipity s. Browsing

Templates (*templates*)

Bei der Systementwicklung vorgegebene, in der Regel semantisch definierte Strukturen bzw. Muster, in die aktuelle Informationen eingetragen werden können. Templates werden bei Hypertext verwendet, um z. B. für *informationelle Einheiten* bzw. für deren informative Teile gleiche Strukturvorgaben festzulegen, nach denen diese real gefüllt werden können. Templates können hierarchisch geordnet sein, so daß Struktureigenschaften von Templates auf höherer Ebene auf solche unterer Ebenen vererbt werden können.

Thesaurus (*thesaurus*)

Ein in den fünfziger Jahren dieses Jahrhunderts für die Zwecke der Dokumentation entwickeltes und im *Information Retrieval* eingesetztes Wörterbuchprinzip, nach dem die Begriffe (das Vokabular) eines in der Regel begrenzten Gebietes der *Fachkommunikation* kontrolliert (Festlegung von Vorzugsbenennungen/Deskriptoren, Auflösen von Homonymie und Synonymie) und über einfache (hierarchische und assoziative) Verknüpfungen relationiert werden. Thesauri sind in der Regel polyhierarchisch organisiert. In der Praxis kommen vereinzelt auch facettierte Formen vor, d. h. die einzelnen Einträge (Deskriptoren) können nach verschiedenen Gesichtspunkten angeordnet werden. Thesauri werden in der *Fachkommunikation*spraxis in der Regel intellektuell aufgebaut und verwaltet. Im experimentellen *Information Retrieval* sind jedoch statistisch fundierte Verfahren entwickelt worden, durch die auf automatische Weise Konzepte relationiert und zu Clustern zusammengefaßt werden können.

Trunkierung/Maskierung (*truncation*)

Verfahren bei der automatischen Textverarbeitung, z. B. beim Volltextretrieval, durch das als relevant erachtete Zeichenketten unter Vernachlässigung irrelevanter Endzeichenketten (Rechtstrunkierung) bzw. irrelevanten Anfangszeichenketten (Linkstrunkierung) identifiziert werden können. In entwickelteren Systemen wird die Ersetzung der ad-hoc-Verfahren der Trunkierung durch linguistisch fundierte Stammformen- oder Grundformenanalysen angestrebt.

Verknüpfungen (*links*)

Zentrales Hypertextkonzept. Allgemein wird zwischen Verknüpfung als bloß assoziativer Verbindung und Verknüpfung als semantisch spezifizierter Typisierung unterschieden. Typisierte (auch strukturierte) Verknüpfungen können sich auf bloße Etikettierungen beschränken, die also die Art der Verknüpfung, z. B. eine hierarchische oder kausale Relation, anzeigen, oder aber es kann mit ihnen auf rechnerinterne, semantisch spezifizierte Strukturen verwiesen werden, die bei der Aktivierung der jeweiligen *Verknüpfungsanzeiger* zu bestimmten Aktionen führen. Man unterscheidet weiterhin Intra-, Inter- und Extra-Verknüpfungen: Verknüpfungen innerhalb einer Einheit, zwischen Einheiten und aus der *Hypertextbasis* herausführende Verknüpfungen.

Verknüpfungsanzeiger (*hot words, buttons*)

Verknüpfungsanzeiger sind Ausgangs-, zuweilen auch Zielpunkte von Verknüpfungen. Sie geben dem Nutzer eines Hypertextsystems die Möglichkeit, Verknüpfungen zwischen verschiedenen Hypertexteinheiten oder Punkten in ihnen zu erkennen. Verknüpfungsanzeiger können innerhalb der inhaltlichen Teile von *informationellen Einheiten* (häufig dann „hot words" genannt) oder in *Metainformation*steilen, z. B. Menüleisten, angebracht werden. Verknüpfungsanzeiger werden in den verschiedenen Systemen unterschiedlich graphisch bzw. ikonographisch gestaltet.

Weltwissen (*world knowledge*)

Domänenspezifisches Wissen (gerade nicht allgemeines umfassendes Weltwissen), das in maschinellen Systemen bereitgestellt werden muß, damit erwartete Problemlösungen erarbeitet werden können. Weltwissen ergänzt bei wissensbasierten Systemen das domänenunabhängige, z. B. enzyklopädische Wissen, bei natürlichsprachlichen Systemen das dann ebenfalls erforderliche Sprachwissen.

Wissen (*knowledge*)

Menge der zu einem Zeitpunkt in einem Individuum vorhandenen Modelle über Objekte (Konzepte) und Sachverhalte mit einem nach allgemein akzeptierten Kriterien festzulegenden Gültigkeitsanspruch. Das traditionelle, auf Individuen bezogene Verständnis von Wissen wird heute zunehmend erweitert. So wird auch von Wissen von Organisationen, Wissen in Rechnern (besser: in Rechnern rekonstruiertes Wissen) oder der Darstellung von Wissen in Hypertextsystemen gesprochen. Entsprechend dem *informationswissenschaftlichen* Verständnis (vgl. *pragmatischer Primat*) muß Wissen unter Berücksichtigung aktueller Kontextbedingungen in Information transformiert werden. Dabei ist *Information* natürlich weiterhin durch die semantischen Eigenschaften von Wissen definiert. Kurz: *Information* ist Wissen in Aktion.

Wissensakquisition (*knowledge acquisition*)

Techniken der Bereitstellung von *Wissen* für maschinelle Informationssysteme. Dazu gehören Verfahren a) der direkten Eingabe von Wissen durch Experten selber (eventuell erleichtert durch Strukturvorgaben), b) der empirischen Erhebung von *Wissen*, wie Expertenbefragung oder teilnehmende Beobachtung, c) der Ableitung von *Wissen* aus vorgegebenen Problemen und Problemlösungen oder d) der automatischen Ableitung von *Wissen* aus Texten über Verfahren des automatischen Lernens.

Wissensbanken (*knowledge bases*)

Als mögliche Übersetzung (neben Wissensbasis) des englischen Ausdrucks „knowledge base" der Teil eines jeden wissensbasierten maschinellen Systems, in dem das für die angestrebte Anwendung benötigte *Wissen* abgespeichert ist. In einem engeren Verständnis kann Wissensbank als ein neuartiger Typ von Informationssystemen verstanden werden, aus dem *Wissen* bzw. *Wissen* rekonstruierende Strukturen direkt abgefragt werden können. Zu Wissensbanken gehören grundsätzlich die Komponenten, die auch für *Expertensysteme* notwendig sind. Der Schwerpunkt der Forschung liegt zur Zeit auf unterschiedlichen Formen des automatischen Lernens mit Blick auf die *Wissensakquisition*.

Wissensbasen s. Wissensbanken

Wissensrepräsentation/Wissensrekonstruktion (*knowledge representation*)

Verfahren der Darstellung von *Wissen* in entsprechenden Sprachen. Kann in einem allgemeinen Verständnis die natürliche Sprache als Form der Repräsentation von *Wissen* angesehen werden, so werden spezieller in der *Künstlichen Intelligenz* oder in der Anwendung der dort entwickelten Sprachen formal bestimmte Modelle verwendet, um das *Wissen* für Zwecke der Rechnerverarbeitung rekonstruieren zu können. Entsprechend verarbeiten Rechner nicht *Wissen*, sondern in (formalen) Sprachen rekonstruiertes *Wissen*. Zu solchen formalen Wissensrepräsentationsmodellen zählen semantische Netze, Frame-Sprachen oder Produktionsregeln. Man unterscheidet zwischen konzeptuellen und prozeduralen Wissensrepräsentationssprachen.

Wortexpertenparsing s. Parsing

Stichwortregister